国家体育总局科教司
中国体育科学学会 资助项目

美国运动医学学会经典教材

高等教育体育学精品教材

ACSM运动测试与运动处方指南（第十版）

ACSM's Guidelines for Exercise Testing and Prescription (Tenth Edition)

美国运动医学学会　编
主译审　王正珍
副译审　罗曦娟
译　者　（以姓氏笔画为序）
王　艳　王　娟　李博文
李　新　邱俊强　张　禹
张献博　钱菁华　高瑞芳

北京体育大学出版社

策划编辑　佟　晖
责任编辑　佟　晖
责任校对　未　茗
版式设计　佟　晖　博文宏图

北京市版权局著作权合同登记号：01-2019-1239

图书在版编目（CIP）数据

ACSM 运动测试与运动处方指南：第十版/美国运动医学学会编；王正珍等译. －－北京：北京体育大学出版社，2018. 11（2019. 12 重印）
体育学精品教材
ISBN 978－7－5644－3085－6

Ⅰ. ①A…　Ⅱ. ①美…　②王…　Ⅲ. ①人体测量（运动医学）－教材②运动疗法－教材　Ⅳ. ①G804. 49②R455

中国版本图书馆 CIP 数据核字（2018）第 280604 号

美国运动医学学会　编
ACSM 运动测试与运动处方指南（第十版）
王正珍　等译

出版发行：北京体育大学出版社
地　　址：北京市海淀区农大南路 1 号院 2 号楼 4 层办公 B－421
邮　　编：100084
网　　址：http：//cbs. bsu. edu. cn
发 行 部：010－62989320
邮 购 部：北京体育大学出版社读者服务部 010－62989432
印　　刷：北京昌联印刷有限公司
开　　本：787mm×1092mm　1/16
成品尺寸：260mm×185mm
印　　张：29. 75
字　　数：762 千字
版　　次：2019 年 6 月第 1 版
印　　次：2019 年 12 月第 2 次印刷
定　　价：100. 00 元

本书如有印装质量问题，请与出版社联系调换

序

人才培养是高等学校的根本任务，对处于学校工作中心地位的教学工作来说，其质量建设是高等学校的永恒主题。作为传授知识、掌握技能、提高素质的载体，教材在人才培养过程中起着非常重要的作用，是高等学校提高教学质量，促进内涵发展的有力抓手。

一本好的教材，不仅要充分体现教材应有的基础性、示范性和权威性，还要正确把握教学内容和课程体系的改革和创新方向，充分反映学科的教育思想观念、人才培养模式以及教学科研的最新成果，集中展现教材体系的创新，教材内容的更新和教学方法、手段的革新，善于处理好理论与实践、继承与创新、广度与深度、知识与技能、利学与利教的关系，成为开拓学生视野、引导学生探索、鼓励学生奋进的学业与人生兼备的“工具书”。

从中央体育学院到北京体育学院再到北京体育大学，这 60 年的办学历程，是继承发展的 60 年，是改革创新的 60 年，也是教材建设硕果累累的 60 年。学校不断探索教材建设的内在规律，引领高等体育教育教材建设的创新之路，发展了具有自身特色的教材体系，形成了特色鲜明的三个发展阶段。第一阶段是在 20 世纪 50 年代至 60 年代，我校教师在苏联专家的指导下，制订和编写了各专业的教育计划、大纲和主要教材。这批教师在主持和参与 1961 年国家体委组织的体育院校 18 门课程教材编著工作中发挥了重要作用；而这批教材也成为我国独立编写的、对苏联教材模式有所突破的第一批体育院校教材。第二阶段是 20 世纪 70 年代末至 90 年代，我校教师在大量承担第二次重编体育院校教材牵头组织工作的同时，针对学校“三结合”的办学目标和人才培养模式，开始了多学科、多专业的自编教材建设。第三阶段是进入 21 世纪以后，特别是国家体育总局于 2002 年下拨教材建设专款 480 万元之后，我校教材建设在数量和质量上都取得了重大突破。至 2010 年共立项建设了涵盖我校各专业课程的 187 项教材，其中有 4 项教材获得国家级优秀（精品）教材称号，14 项教材获得北京市精品教材称号。可以说上述三个阶段的发展，使我校教材建设水平达到了一个空前的高度，为高等体育人才的培养发挥了重要的作用。

为全面提高高等体育教育质量，深化高等体育教育教学改革，继续加强体育学精品教材建设，2012 年初，在北京体育大学教学指导与教材建设委员会的具体指导下，我们启动了高等教育体育学精品教材建设工程。学校遴选教育部新颁布的体育学类所属的体育教育、运动训练、社会体育指导与管理、武术与民族传统体育、休闲体育、运动康复、运动人体科学7个本科专业的部分基础课程和主干课程开展精品教材建设。我们整合了全校的优质资源，组织专家、教授全程参与教材的规划、编写、初审、终审等过程。按照精品教材的要求，以优秀的教学团队编写优质的教材，以出精品、出人才为建设思路，编委会优选学术水平与教学水平兼备、具有创新精神的专家、教授担任教材主编，组织优秀教学团队成员参与教材编写；精确定位教材适用对象，准确把握专业知识结构、能力结构和综合素质要求，深刻领会课程内涵，简洁洗练地表达知识点、能力点和素质点；融入最新的教改成果和科研成果，吸收国外优秀教材的先进理念和成果，创新利于学生自学和教师讲授的教材体例；学校还投入专项资金，对教材进行一体规划、一体设计、一体编审，并采用多色印刷技术增加教材的可读性；为全力保证教材编写质量，北京体育大学出版社资深编辑深度介入教材编写的所有环节。当这批教材展现在读者面前时，我们充满了期待。

岁月如流，薪火相传。60年的教材建设成绩斐然，推动着体育学教材建设步入新的起点、站在新的高度。展望未来，一批批体育学精品教材将随世界一流体育大学的建设进程应运而生，不仅在学校内涵式发展的改革进程中发挥重要作用，而且在全国高等体育院校人才培养中做出积极贡献，在高等教育教材建设中留下浓墨重彩的一笔。

北京体育大学校长
校教学指导与教材建设委员会主任
2013年9月

北京体育大学高等教育体育学精品教材编委会

主译审简介

王正珍，博士，北京体育大学教授，博士生导师。1983年毕业于原山东医学院临床医学专业，后在北京体育大学获得运动人体科学硕士学位和博士学位。1995年和2002年分别在美国和澳大利亚做访问学者。

王正珍的主要研究方向是大众健身理论与应用、慢性疾病运动干预。从事医学教学、运动医学教学、科研工作30余年。先后主持和参加多项国家级和多项省部级课题。近20年来，主要从事科学健身方面研究，是科技支撑计划“十五”课题、“十一五”课题的主要研究者，是“十二五”课题的负责人之一，国家重点研发计划“重大慢性非传染性疾病防控研究”专项的课题负责人。在国内外学术期刊发表论文110余篇，主编学术专著《糖尿病前期人群运动处方研究与应用》《高血压病人群运动指南》2部，编写各类教材200余万字，是全国体育院校通用教材《运动医学》副主编，主编教材《运动处方》（第2版）、《运动处方概要》等2部，主译《ACSM运动测试及运动处方指南》（第8版、第9版、第10版）、《美国运动医学会认证复习指导》（第4版）、《运动损伤预防——国际奥委会医学手册》《颈背疼痛康复手册》等6部。曾承担病理学、运动处方、慢性疾病运动干预、运动营养学等多门课程的本科生、硕士和博士研究生的教学工作。

王正珍是我国科学健身研究领域的主要学术带头人，现任中国体育科学学会运动医学分会委员、北京医学会北京健康管理分会常委、北京医学会运动医学专业委员会常委、美国运动医学会资深会员（Fellow of American College of Sports Medicine）、中国营养学会运动营养分会副主任委员等职，是“运动是良医中国工作组”成员、中国体育科学学会“运动处方师”培训首席专家，她的研究成果获国家级教学成果二等奖、北京市教学成果一等奖、中国体育科学学会一等奖。国家科技部、中国科学技术协会和中宣部于2016年联合授予王正珍教授“全国科普先进工作者”称号。

本书谨献给从 1975 年起为更新这本指南贡献了大量时间和专业知识的成百上千的专业志愿者。本书为第十版，是为运动专业人员制定的最广为传播的指南。本书要特别感谢编辑、写作团队和本版及先前版本的评论家，他们不仅提供了宝贵的专业知识，而且牺牲了大量与同事、朋友、家人共处的时光，以确保该指南能够满足科学和实践的最高标准。

这本美国运动医学（ACSM）指南来源于 ACSM 认证和注册委员会（CCRB，之前称为“认证与教育委员会”和“预防与运动康复委员会”）。今天，这本指南仍然由 CCRB 主办，并且已经成为实施运动测试或运动项目最主要的教科书。同时，它也成为 ACSM 出版的其他书籍的基础，包括《ACSM 认证复习指导》（第五版）、《ACSM 私教训练手册》（第五版）、《ACSM 运动生理学资源手册》（第二版）、《ACSM 健康相关体适能评估手册》（第五版），以及其他重要的以 ACSM 为标题的书籍。

本指南的第一版在 1975 年出版，之后每 4 ~ 6 年更新一次。以下是自 1975 年以来担任每一版主要负责人和编辑的杰出科学家和临床医生。

First Edition, 1975

Karl G. Stoedefalke, PhD, FACSM, Cochair
John A. Faulker, PhD, FACSM, Cochair

Second Edition, 1980

Anne R. Abbott, PhD, FSACM, Chair

Third Edition, 1986

Steven N. Blair, PED, FACSM, Chair

Fourth Edition, 1991

Russell R. Pate, PhD, FSACM, Chair

Fifth Edition, 1995

Larry W. Kenney, PhD, FACSM, Senior Editor
Reed H. Humphrey, PhD, PT, FACSM, Associate Editor Clinical
Cedric X. Bryant, PhD, FACSM, Associate Editor Fitness

Sixth Edition, 2000

Barry A. Franklin, PhD, FACSM, Senior Editor
Mitchell H. Whaley, PhD, FACSM, Associate Editor Clinical
Edward T. Howley, PhD, FACSM, Associate Editor Fitness

Seventh Edition, 2005

Mitchell H. Whaley, PhD, FACSM, Senior Editor
Peter H. Brubaker, PhD, FACSM, Associate Editor Clinical
Robert M. Otto, PhD, FACSM, Associate Editor Fitness

Eighth Edition, 2009

Walter R. Thompson, PhD, FACSM, Senior Editor
Neil F. Gordon, MD, PhD, FACSM,

Associate Editor

Linda S. Pescatello, PhD, FACSM, Associate Editor

Paul D. Thompson, MD, FACSM, Associate Editor

Ninth Edition, 2013

Linda S. Pescatello, PhD, FACSM, Senior Editor

Ross Arena, PhD, PT, FACSM, Associate Editor

Deborah Riebe, PhD, FACSM, Associate Editor

Tenth Edition, 2016

Deborah Riebe, PhD, FACSM, Senior Editor

Jonathan K. Ehrman, PhD, FACSM, FAACVPR, Associate Editor

Gary Liguori, PhD, FACSM, Associate Editor

Meir Magal, PhD, FACSM, Associate Editor

前　言

《ACSM 运动测试与运动处方指南》（第十版）（以下简称《指南》）在第八版和第九版的基础上，将继续努力成为真正的指南而非单一的信息汇总。为使《指南》更加方便、易用，并且为实施运动测试和制定运动处方的专业人士提供当前最重要的信息，本版中尽量减少了描述性文字，更多采用表格、专栏和插图的形式。此外，每章还列出了重要的网站，便于读者获得更多信息。

本版《ACSM 运动测试与运动处方指南》的读者将会发现以下几处更新。与先前版本最明显的区别是，第十版《指南》增加了 ACSM 对运动前健康筛查流程的新推荐，运动处方的要素、频率、强度、时间和类型（FITT）采用新的简洁格式叙述，便于快速查阅。对其中的一些内容进行了重组，使信息检索更容易。最后，本版书大幅增加了外部评审人员的数量。第十版不是进行整章的评审，而是邀请专家对每一章中具体的内容进行评审。一个专家小组在进行多次会面后形成了一套新的运动前健康筛查流程。我们整合了最新的《指南》和 ACSM 立场声明里的推荐信息，以及其他相关专业组织的科学论述。因此，本《指南》是当前运动测试和运动处方领域最新、最重要的信息来源。读者需要了解，第十版中所包含的主题和内容更新来自项目开始前邮件调查得到的 ACSM 会员意见，以及在 2014 年 ACSM 年会期间与会者和被调查者的建议。

在本《指南》公开发行后，任何在下一版《指南》出版前的更新都可以在 ACSM 认证网站上查询（http://certification. acsm. org/updates）。而且，读者可以在 ACSM 认证清单（www. acsmcertification. org/get - certified）上访问 ACSM 认证的链接（http://certification. acsm. org/outlines for detailed exam content outlines）。

致 谢

在此序言处，第十版的编写者感谢众多帮助完成此书的人。首先要感谢我们家人和朋友的理解，过去三年多来，我们花费了大量时间完成此书，牺牲了与他们共处的时光。

感谢为此书出版贡献力量的作者们，他们所奉献的专业知识和宝贵时间确保了本书成为运动科学和实践领域的最高标准。本书第十版的相关作者会在下文中予以介绍。

本书的评审范围广，为保证最高质量而进行过多次专家评审。感谢 ACSM 认证和注册委员会（CCRB）以及其他评审者的评审意见。评审者的姓名会在致谢后列出。

感谢 ACSM 出版部主任 Katie Feltman 耐心、专业的指导；感谢 ACSM 认证全国指导 Richard T. Cotton，认证助理指导 Traci Sue Rush，认证协调人 Kela Webster，认证助理 Robin Ashman 和 Dru Romanini，ACSM 编辑部 Angela Chastain，ACSM 出版委员会主席 Jeffrey Potteiger 和出色的出版委员会委员。

感谢出版商，尤其是执行编辑 Michael Nobel，高级产品发展部编辑 Amy Millholen，市场经理 Shauna Kelley。

感谢 ACSM 认证和注册委员会对第十版内容的宝贵见解，以及完成本书所给予的管理建议。他们孜孜不倦地审读草稿，确保本书的内容达到运动科学与实践最高标准。

就个人而言，感谢我的三位助理编辑——Jonathan Ehrman 博士、Gary Liguori 博士和 Meir Magal 博士，他们为本书第十版无私地奉献了宝贵的时间和专业的知识。他们的这种无私奉献精神源自于编辑团队对本书在运动科学和实践领域的启示和指导作用的重视。任何文字都无法表达我对他们三位最诚挚的谢意。

本书主编

Deborah Riebe，PhD，FACSM

附加资源

《ACSM 运动测试与运动处方》（第十版）包含了更多信息资源，可通过本书配套网站（http：//thepoint. lww. com/）获得。

指导员

被认证的指导员可以进入以下资源的网站。

- Brownstone test generator
- PowerPoint presentations（幻灯片讲义）
- Image bank（图片库）
- Angel/Blackboard/Moodle ready cartridges

注：

《ACSM 运动测试与运动处方指南》（第十版）所包含的观点和信息是实践指南而非实践标准。这个区别十分重要，因为标准可能具有特殊的法律内涵，而本书却没有。这一区别的关键之处在于它使运动专业人士在运动过程中可以根据需要适时地改进本书，并可自由地做出独立而明智的判断。《ACSM 运动测试与运动处方指南》（第十版）给出了一个框架，根据这个框架可以专业地、尽责地满足运动者或病人的需要，同时满足制度或法律上的要求。

第十版作者

Stamatis Agiovlasitis，PhD，FACSM，ACSM-CEP
Mississippi State University Mississippi State，Mississippi
第十一章　其他慢性疾病和健康问题人群的运动测试和运动处方

Meghan Baruth，PhD
Saginaw Valley State University University Center，Michigan
第十二章　行为理论和运动促进策略

Tracy Baynard，PhD，FACSM
University of Illinois at Chicago Chicago，Illinois
第十一章　其他慢性疾病和健康问题人群的运动测试和运动处方

Darren T. Beck，PhD
Edward Via College of Osteopathic Medicine—Auburn Campus
Auburn，Alabama
附录 A　常用药物
附录 C　心电图分析

Clinton A. Brawner，PhD，FACSM，ACSM-RCEP，ACSM-CEP
Henry Ford Hospital Detroit，Michigan
第五章　临床运动测试和结果分析

Monthaporn S. Bryant，PT，PhD
Michael E DeBakey VA Medical Center Houston，Texas
第十一章　其他慢性疾病和健康问题人群的运动测试和运动处方

John W. Castellani，PhD
United States Army Research Institute of Environmental Medicine
Natick，Massachusetts

第八章　运动处方中的环境注意事项
Linda H. Chung，PhD
UCAM Research Center for High Performance Sport；Universidad Católica de Murcia

Guadalupe，Murcia，Spain
第十一章　其他慢性疾病和健康问题人群的运动测试和运动处方

Sheri R. Colberg-Ochs，PhD，FACSM
Old Dominion University Norfolk，Virginia
第十章　代谢性疾病及存在心血管疾病危险因素人群的运动处方

Marisa Colston，PhD，ATC
The University of Tennessee at Chattanooga Chattanooga，Tennessee
第七章　健康人群在特殊情况下的运动处方

Michael R. Deschenes，PhD，FACSM
College of William & Mary in Virginia Williamsburg，Virginia
第六章　运动处方的基本原则

Charles L. Dumke，PhD，FACSM
University of Montana Missoula，Montana
第四章　健康相关体适能测试和结果分析

Jonathan K. Ehrman，PhD，FACSM，FAACVPR，ACSM-CEP，ACSM-PD
Henry Ford Hospital Detroit，Michigan
第五章　临床运动测试和结果分析
第九章　心脏、外周血管、脑血管肺部疾病病人的运动处方
第十章　代谢性疾病及存在心血管疾病危险因素人群的运动处方
第十一章　其他慢性疾病和健康问题人群的运动测试和运动处方

Stephen F. Figoni，PhD，FACSM
VA Long Beach Healthcare System Long Beach，California
第十一章　其他慢性疾病和健康问题人群的运动测试和运动处方

Charles J. Fountaine，PhD
University of Minnesota Duluth Duluth，Minnesota
第七章　健康人群在特殊情况下的运动处方

Barry A. Franklin，PhD，FACSM，ACSM-PD，ACSM-CEP
William Beaumont Hospital Royal Oak，Michigan
第二章　运动前健康筛查

Carol Ewing Garber，PhD，FACSM，ACSM-ETT，ACSM-RCEP，ACSM-HFS，ACSM-PD
Teachers College，Columbia University New York，New York
第六章　运动处方的基本原则

Gregory A. Hand，PhD，MPH，FACSM
West Virginia University Morgantown，West Virginia
第十一章　其他慢性疾病和健康问题人群的运动测试和运动处方

Samuel A. Headley，PhD，FACSM，ACSM-RCEP，ACSM-CEP，ACSM-ETT
Springfield College Springfield，Massachusetts
第三章　运动前评估
第十一章　其他慢性疾病和健康问题人群的运动测试和运动处方

Jason R. Jaggers, PhD
University of Louisville Louisville, Kentucky
第十一章　其他慢性疾病和健康问题人群的运动测试和运动处方

Josh Johann, MS, EIM
University of Tennessee at Chattanooga Chattanooga, Tennessee
第十章　代谢性疾病及存在心血管疾病危险因素人群的运动处方

Robert W. Kenefick, PhD, FACSM
United States Army Research Institute of Environmental Medicine
Natick, Massachusetts
第八章　运动处方中的环境注意事项

Steven J. Keteyian, PhD, ACSM-RCEP
Henry Ford Hospital Detroit, Michigan
第九章　心脏、外周血管、脑血管和肺部疾病病人的运动处方

Peter Kokkinos, PhD
Veterans Affairs Medical Center Washington, District of Columbia
第十章　代谢性疾病及存在心血管疾病危险因素人群的运动处方

Kathy Lemley, PT, PhD
Concordia University Wisconsin Mequon, Wisconsin
第十一章　其他慢性疾病和健康问题人群的运动测试和运动处方

Andrew Lemmey, PhD
Bangor University
Bangor Gwynedd, Wales, United Kingdom
第十一章　其他慢性疾病和健康问题人群的运动测试和运动处方

Gary Liguori, PhD, FACSM, ACSM-CEP
University of Rhode Island Kingston, Rhode Island
第十章　代谢性疾病及存在心血管疾病危险因素人群的运动处方

Meir Magal, PhD, FACSM, ACSM-CEP
North Carolina Wesleyan College Rocky Mount, North Carolina
第一章　体力活动的益处与风险

Kyle J. McInnis, ScD, FACSM
Merrimack College
North Andover, Massachusetts
附录 B　紧急事件的风险管理

Miriam C. Morey, PhD, FACSM
Durham VA Medical Center Durham, North Carolina
第七章　健康人群在特殊情况下的运动处方

Stephen R. Muza, PhD, FACSM
United States Army Research Institute of Environmental Medicine
Natick, Massachusetts
第八章　运动处方中的环境注意事项

David L. Nichols, PhD, FACSM
Texas Woman's University Denton, Texas

第十一章　其他慢性疾病和健康问题人群的运动测试和运动处方

Jennifer R. O'Neill, PhD, MPH
University of South Carolina Columbia, South Carolina
第七章　健康人群在特殊情况下的运动处方

Quinn R. Pack, MD, MSc
Baystate Medical Center Springfield, Massachusetts
第十章　代谢性疾病及存在心血管疾病危险因素人群的运动处方

Russell R. Pate, PhD, FACSM
University of South Carolina Columbia, South Carolina
第七章　健康人群在特殊情况下的运动处方

Ken Pitteti, PhD
Wichita State University Wichita, Kansas
第十一章　其他慢性疾病和健康问题人群的运动测试和运动处方

Elizabeth J. Protas, PhD, FACSM
University of Texas Medical Branch Galveston, Texas
第十一章　其他慢性疾病和健康问题人群的运动测试和运动处方

Amy E. Rauworth, MS
National Center on Health, Physical Activity and Disability Birmingham, Alabama
第十一章　其他慢性疾病和健康问题人群的运动测试和运动处方

Deborah Riebe, PhD, FACSM, ACSM EP-C
University of Rhode Island Kingston, Rhode Island
附录 D　美国运动医学会认证
附录 E　运动科学计划认证

Mickey Scheinowitz, PhD, FACSM
Tel-Aviv University and Neufeld Cardiac Research Institute at Sheba Medical Center Ramat-Aviv; Tel-Hashomer, Israel
第一章　体力活动的益处与风险

Kathryn H. Schmitz, PhD, MPH, FACSM
University of Pennsylvania Philadelphia, Pennsylvania
第十一章　其他慢性疾病和健康问题人群的运动测试和运动处方

Thas Wom. Storer, PhD
Brigham and Women's Hospital, Harvard Medical School Boston, Massachusetts
第九章　心脏、外周血管、脑血管和肺部疾病病人的运动处方

Cooker Storm, PhD
Pepperdine University Malibu, California
第七章　健康人群在特殊情况下的运动处方

Dennis A. Tighe, MD
University of Massachusetts Medical School Worcester, Massachusetts
第三章　运动前评估

Jared M. Tucker，PhD
Helen DeVos Children's Hospital Grand Rapids，Michigan
第七章　健康人群在特殊情况下的运动处方

Sara Wilcox，PhD，FACSM
University of South Carolina Columbia，South Carolina
第十二章　行为理论和运动促进策略

第十版审稿人

Robert S. Axtell, PhD, FACSM, ACSM-ETT
Southern Connecticut State University New Haven, Connecticut

Marie Hoeger Bement, MPT, PhD
Marquette University Milwaukee, Wisconsin

Robert Berry, MS, ACSM-RCEP, ACSM-CEP, EIM 3
Henry Ford Medical Group Detroit, Michigan

Susan Bloomfield, PhD, FACSM
Texas A & M University College Station, Texas

*Andrew M. Bosak, PhD, ACSM EP-C
Liberty University Lynchburg, Virginia

Douglas Casa, PhD, ATC, FACSM
University of Connecticut Storrs, Connecticut

James Churilla, PhD, MPH, FACSM, ACSM-PD, ACSM-RCEP, ACSM-CEP, ACSM EP-C
University of North Florida Jacksonville, Florida

*Robert J. Confessore, PhD, FACSM, ACSM-RCEP, ACSM-CEP, ACSM EP-C, EIM 3
Kalispell Regional Medical Center Kalispell, Montana

*Richard T. Cotton, MA, ACSM-PD, ACSM-CEP
American College of Sports Medicine Indianapolis, Indiana

Matthew Delmonico, PhD
University of Rhode Island Kingston, Rhode Island

Devon Dobrosielski, PhD, ACSM-CEP
Towson University Towson, Maryland

David R. Dolbow, PhD, DPT, RKT
University of Southern Mississippi Hattiesburg, Mississippi

J. Larry Durstine, PhD, FACSM
University of South Carolina Columbia, South Carolina

Gregory Dwyer, PhD, FACSM,
ACSM-PD, ACSM-RCEP, ACSM-CEP, ACSM-ETT, EIM 3
East Stroudsburg University East Stroudsburg, Pennsylvania

*Michael R. Esco, PhD, ACSM-RCEP, ACSM EP-C, EIM 2
The University of Alabama Tuscaloosa, Alabama

Nicholas H. Evans, MHS, ACSM-CEP
Shepherd Center Atlanta, Georgia

Kelly Evenson, PhD, FACSM
The University of North Carolina at Chapel Hill
Chapel Hill, North Carolina

*Yuri Feito, PhD, MPH, FACSM, ACSM-RCEP, ACSM-CEP, EIM 3
Kennesaw State University Kennesaw, Georgia

Carl Foster, PhD, FACSM
University of Wisconsin—La Crosse La Crosse, Wisconsin

Charles Fountaine, PhD
University of Minnesota Duluth Duluth, Minnesota

Paul Gallo, PhD, ACSM-CEP, ACSM EP-C, ACSM-GEI
Norwalk Community College Norwalk, Connecticut

Myriam Guerra-Balic, MD, PhD
Universitat Ramon Llull Barcelona, Spain

Kim M. Huffman, MD, PhD
Duke Molecular Physiology Institute Durham, North Carolina

John M. Jakicic, PhD, FACSM, ACSM-CEP, ACSM-ETT
University of Pittsburgh Pittsburgh, Pennsylvania

Leonard Kaminsky, PhD, FACSM, ACSM-PD, ACSM-ETT
Ball State University Muncie, Indiana

Stavros Kavouras, PhD, FACSM
University of Arkansas Fayetteville, Arkansas

NiCole Keith, PhD, FACSM
Indiana University—Purdue University Indianapolis
Indianapolis, Indiana

Dennis Kerrigan, PhD, ACSM-CEP
Henry Ford Heart and Vascular Institute Detroit, Michigan

* Wanda S. Koester Qualters, MS, ACSM-RCEP, ACSM-CEP, EIM 3
Indiana University Bloomington
Bloomington, Indiana

James J. Laskin, PT, PhD
University of Montana Missoula, Montana

* Shel Levine, MS, ACSM-CEP
Eastern Michigan University Ypsilanti, Michigan

Beth Lewis, PhD
University of Minnesota Minneapolis, Minnesota

* Catherine Lisowski, MS, ACSM-RCEP, EIM 3
Kalispell Regional Medical Center Kalispell, Montana

* Michael Lynch, MS, RDN, ACSM-RCEP, CDE
University of Washington Medicine/ Valley Medical Center
Seattle, Washington

Peter Magyari, PhD, FACSM, ACSM EP-C
University of North Florida Jacksonville, Florida

* Patti Mantia, EdD, ACSM-CPT, EIM 1
Holyoke Community College Holyoke, Massachusetts

Patrick McBride, MD, MPH
University of Wisconsin School of Medicine and Public Health
Madison, Wisconsin

* Anthony A. Musto, PhD, ACSM-CEP
University of Miami Coral Gables, Florida

Laura Newsome, PhD, FACSM, ACSM-CEP, EIM 3
Radford University Radford, Virginia

Claudio Nigg, PhD
University of Hawaii Honolulu, Hawaii

Patricia Painter, PhD
University of Utah Salt Lake City, Utah

Madeline Paternostro-Bayles, PhD, FACSM, ACSM-PC, ACSM-CEP
Indiana University of Pennsylvania
Indiana, Pennsylvania

Linda S. Pescatello, PhD, FACSM, ACSM-PD
University of Connecticut Storrs, Connecticut

* Janet T. Peterson, DrPH, FACSM, ACSM-RCEP, ACSM EP-C
Linfield College McMinnville, Oregon

* Peter J. Ronai, MS, FACSM, ACSM-PD, ACSM-RCEP, ACSM-CEP, ACSM EP-C, ACSM-ETT, EIM 3
Sacred Heart University Fairfield, Connecticut

* Brad A. Roy, PhD, FACSM, ACSM-CEP, EIM 3
Kalispell Regional Medical Center Kalispell, Montana

John M. Schuna Jr, PhD
Oregon State University Corvallis, Oregon

JoAnn Eickhoff-Shemek, PhD, PACSM, FAWHP, ACSM-HFD, ACSM EP-C, ACSM-ETT
University of South Florida Tampa, Florida

Ronald J. Sigal, MD, MPH, FRCPC
University of Calgary Alberta, Canada

Barbara Smith, PhD, RN, FACSM, ACSM-PD
Michigan State University East Lansing, Michigan

Erin M. Snook, PhD
Datalys Center for Sports Injury Research and Prevention Indianapolis, Indiana

Bradford Strand, PhD
North Dakota State University Fargo, North Dakota

*Amy Jo Sutterluety, PhD, FACSM, ACSM-CES, EIM 3
Baldwin Wallace University Berea, Ohio

*Ann M. Swank, PhD
University of Louisville Louisville, Kentucky

*Benjamin C. Thompson, PhD, FACSM, ACSM EP-C, EIM 2
Metropolitan State University of Denver
Denver, Colorado

Dennis A. Tighe, MD
University of Massachusetts Medical School
Worcester, Massachusetts

David Verrill, MS, ACSM-PD, ACSM-RCEP, ACSM-CEP
The University of North Carolina at Charlotte
Charlotte, North Carolina

Sean Walsh, PhD, FACSM
Central Connecticut State University
New Britain, Connecticut

*Christie Ward-Ritacco, PhD, ACSM EP-C, EIM 2
University of Rhode Island Kingston, Rhode Island *Michael Webster, PhD, FACSM, ACSM-CEP
Valdosta State University Valdosta, Georgia

*M. Allison Williams, PhD, FACSM, ACSM EP-C
Queens College Queens, New York

*：标记人员同时也是 ACSM 认证和注册委员会成员。

目录 CONTENTS

缩略语

AACVPR	American Association of Cardiovascular and Pulmonary Rehabilitation	美国心肺康复协会
ABI	ankle/brachial pressure index	踝臂指数
ACC	American College of Cardiology	美国心脏病学会
ACE-I	angiotensin-converting enzyme inhibitors	血管紧张素转换酶抑制剂
ACLS	advanced cardiac life support	高级心脏生命支持
ACS	Acute coronary syndrome	急性冠状动脉综合征
ACSM	American College of Sports Medicine	美国运动医学会
ADL	activities of daily living	日常生活中的体力活动
ADT	androgen deprivation therapy	雄激素剥夺疗法
AEDs	automated external defibrillators	自动体外除颤仪
AHA	American Heart Association	美国心脏协会
AHFS	American Hospital Formulary Service	美国医院药典服务
AIDS	acquired immune deficiency syndrome	获得性免疫缺陷综合征
ALT	alanine transaminase	丙氨酸转氨酶
AMI	acute myocardial infarction	急性心肌梗死
AMS	acute mountain sickness	急性高山病
ARBs	angiotensin II receptor blockers	血管紧张素 II 受体阻滞剂
ART	antiretroviral therapy	抗逆转录病毒治疗
AS	ankylosing spondylitis	强直性脊柱炎

ASH	American Society of Hypertension	美国高血压学会
AST	aspartate aminotransferase	天门冬氨酸氨基转移酶
ATP III	Adult Treatment Panel III	成年人治疗专家小组 III
ATS	American Thoracic Society	美国胸科协会
AV	atrioventricular	房室
AVD	atherosclerotic vascular disease	动脉粥样硬化性血管病
BIA	Bioelectrical impedance analysis	生物电阻抗分析
BLS	basic life support	基本生命支持
BMD	bone mineral density	骨密度
BMI	body mass index	体重指数
BMT	bone marrow transplantation	骨髓移植
BP	blood pressure	血压
BUN	blood urea nitrogen	血尿素氮
CAAHEP	Commission on Accreditation of Allied Health Education Programs	联合健康教育项目评审委员会
CABG (S)	coronary artery bypass graft (surgery)	冠状动脉旁路移植术（外科手术）
CAC	coronary artery calcium	冠状动脉钙化
CAD	coronary artery disease	冠状动脉疾病
CCB	calcium channel blockers	钙离子通道阻滞剂
CDC	Centers for Disease Control and Prevention	疾病预防与控制中心
CEP	ACSM Certified Clinical Exercise Physiologist ®	ACSM 临床运动生理学家认证®
CHF	congestive heart failure	充血性心力衰竭
CKD	chronic kidney disease	慢性肾脏疾病
CM	cardiomyopathy	心肌病
CNS	central nervous system	中枢神经系统
CoAES	Committee on Accreditation for the Exercise Sciences	运动科学评审委员会
COPD	chronic obstructive pulmonary disease	慢性阻塞性肺部疾病
CP	cerebral palsy	脑瘫
CPET	cardiopulmonary exercise test	心肺运动测试
CPISRA	Cerebral Palsy International Sport and Recreation Association	脑瘫国际运动休闲协会
CPR	Cardiopulmonary resuscitation	心肺复苏

CPT	ACSM Certified Personal Trainer ^{SM}	ACSM 私人教练认证 ^{SM}
CR	cardiac rehabilitation	心脏康复
CRF	cardiorespiratory fitness	心肺耐力
CVD	cardiovascular disease	心血管疾病
CWR	constant work rate	稳定负荷
DASH	Dietary Approaches to Stop Hypertension	高血压饮食控制法
Db	body density	身体密度
DBP	diastolic blood pressure	舒张压
DBS	deep brain stimulation	脑深部电刺激
DEXA	dual-energy X-ray absorptiometry	双能 X 线吸收测定法
DM	diabetes mellitus	糖尿病
DMARD	disease-modifying antirheumatic drug	抗风湿药物
DOMS	delayed onset muscle soreness	延迟性肌酸痛
DRI	direct renin inhibitor	直接肾素抑制剂
DS	Down syndrome	唐氏综合征
DVR	dynamic variable resistance	动态变阻
EAS	European Atherosclerosis Society	欧洲动脉硬化协会
ECG	Electrocardiogram （electrocardiographic）	心电图（心电图仪）
EDSS	Kurtzke Expanded Disability Status Scale	Kurtzke 残疾状况评分扩展量表
EE	energy expenditure	能量消耗
EI	energy intake	能量摄入
EIB	exercise-induced bronchoconstriction	运动性哮喘
EIM	Exercise is Medicine	运动是良医
EMS	emergency medical service	急诊医疗服务
EP-C	ACSM Certified Exercise Physiologist^{SM}	ACSM 运动生理学家认证^{SM}
EPS	European Respiratory Society	欧洲呼吸学会
ESC	European Society of Cardiology	欧洲心脏病学会
ESRD	end-stage renal disease	终末期肾病
ETT	exercise tolerance testing	运动能力测试
Ex R_X	exercise prescription	运动处方
FES-LCE	functional electrical stimulation-leg cycle ergometry	功能性电刺激—下肢功率自行车
$FEV_{1.0}$	forced expiratory volume in one second	第 1 秒用力呼气量

FFBd	fat-free body density	去脂身体密度
FFM	fat-free mass	去脂体重
FITT-VP	Frequency, Intensity, Time, Type, Volume, and Progression	运动频率、强度、时间、方式、量和进阶
FM	fat mass	脂肪重
FN	false negative	假阴性
FP	false positive	假阳性
FPG	fasting plasma glucose	空腹血糖
FRAX	Fracture Risk Algorithm	骨折风险算法
FRIEND	Fitness Registry and the Importance of Exercise National Database	体适能注册和运动重要性国家数据库
FVC	forced vital capacity	用力肺活量
GEI	ACSM Certified Group Exercise Instructor^{SM}	ACSM 团体运动指导员认证
GFR	glomerular filtration rate	肾小球滤过率
GLP-1	glucagon-like peptide 1	胰高血糖素样肽 1
GOLD	Global Initiative for Chronic Obstructive Lung Disease	慢性阻塞性肺部疾病全球倡议
GXT	graded exercise test	递增负荷运动测试
HACE	high-altitude cerebral edema	高原脑水肿
HAPE	high-altitude pulmonary edema	高原肺水肿
HbA1C	glycolated hemoglobin	糖化血红蛋白
HBM	health belief model	健康信念模型
HCTZ	hydrochlorothiazide	氢氯噻嗪
HDL-C	high-density lipoprotein cholesterol	高密度脂蛋白胆固醇
HFpEF	heart failure with preserved ejection fraction	射血分数正常的心力衰竭
HFrEF	heart failure with reduced ejection fraction	射血分数下降的心力衰竭
HIIT	high intensity interval training	高强度间歇训练
HIPAA	Health Insurance Portability and Accountability Act	医疗保险通用性与责任法案
HIV	human immunodeficiency virus	人类免疫缺陷病毒
HMG-CoA	hydroxymethylglutaryl-CoA	羟甲基戊二酰－辅酶 A
HR	heart rate	心率
HR_{max}	maximal heart rate	最大心率
HR_{peak}	peak heart rate	峰值心率

HRR	heart rate reserve	储备心率
HR_{rest}	resting heart rate	安静心率
hs-CRP	high-sensitivity C-reactive protein	高敏C反应蛋白
HSCT	hematopoietic stem transplantation	造血干细胞移植
HTN	hypertension	高血压
ICD	implantable cardioverter defibrillator	植入式心脏除颤仪
ID	intellectual disability	智力残疾
IDF	International Diabetes Federation	国际糖尿病联盟
IDL	intermediate-density lipoprotein	中密度脂蛋白
IFG	impaired fasting glucose	空腹血糖受损
IGT	impaired glucose tolerance	糖调节受损
IHD	ischemic heart disease	缺血性心脏病
IMT	inspiratory muscle training	吸气肌训练
ISH	International Society of Hypertension	国际高血压学会
IVC	inspiration vital capacity	吸气肺活量
IVCD	intraventricular conduction delay	室内传导阻滞
JTA	job task analysis	工作任务分析
KSs	knowledge and skills	知识和技能
LABS	Longitudinal Assessment of Bariatric Surgery	减肥手术的纵向评估
LBP	low back pain	腰痛
LDL-C	low-density lipoprotein cholesterol	低密度脂蛋白胆固醇
L-G-L	Lown-Ganong-Levine	LGL综合症
LLN	lower limit of normal	正常值下限
LVAD	left ventricular assist device	左心室辅助装置
LVEF	left ventricular ejection fraction	左心室射血分数
LVH	left ventricular hypertrophy	左心室肥厚
MAP	mean arterial pressure	平均动脉压
MET	metabolic equivalent	代谢当量
Metsyn	metabolic syndrome	代谢综合征
MI	myocardial infarction	心肌梗死
MR	mitral regurgitation	二尖瓣返流
MS	multiple sclerosis	多发性硬化

MSI	musculoskeletal injury	肌肉骨骼损伤
MVC	maximal voluntary contraction	最大随意收缩
MVV	maximal voluntary ventilation	最大通气量
6MWT	6-min walk test	6 分钟步行试验
NCCA	National Commission for Certifying Agencies	美国国家职业资格认证委员会
NCEP	National Cholesterol Education Program	美国国家胆固醇教育计划
NFCI	nonfreezing cold injuries	非冻结性冷伤
NHANES	National Health and Nutrition Examination Survey	美国国家健康与营养调查
NHLBI	National Heart, Lung, and Blood Institute	美国国家心肺血液研究所
NOTF	National Obesity Task Force	美国国家肥胖工作组
NSAIDs	nonsteroidal antiinflammatory drugs	非甾体抗炎药
NSTE	non-ST-segment elevation	非 ST 段抬高
NSTEMI	non-ST-segment elevation myocardial infarction	非 ST 段抬高性心肌梗死
NYHA	New York Heart Association	纽约心脏协会
OA	osteoarthritis	骨关节炎
OGTT	oral glucose tolerance test	口服糖耐量试验
OSHA	Occupational Safety and Health Administration	职业安全与健康管理局
OUES	oxygen uptake efficiency slope	摄氧效率斜率
PA	physical activity	体力活动
PAD	peripheral artery disease	外周动脉疾病
$PaCO_2$	partial pressure of carbon dioxide	二氧化碳分压
PAH	pulmonary arterial hypertension	肺动脉高压
P_aO_2	partial pressure of arterial oxygen	动脉氧分压
PAR-Q +	Physical Activity Readiness Questionnaire +	体力活动准备问卷 +
PCI	percutaneous coronary intervention	经皮冠状动脉介入治疗
PD	Parkinson disease	帕金森氏病
PEF	peak expiratory flow	呼气峰值流速
PG	plasma glucose	血糖
PKU	phenylketonuria	苯丙酮尿症
PNF	Proprioceptive neuromuscular facilitation	神经肌肉本体感觉促进法
PPMS	primary progressive multiple sclerosis	原发进展型多发性硬化
PR	pulmonary rehabilitation	肺部康复

PRMS	progressive relapsing multiple sclerosis	进行性复发型多发性硬化
PTCA	percutaneous transluminal coronary angioplasty	经皮冠状动脉成形术
PVC	premature ventricular contraction	室性早搏
$\dot{Q}$	cardiac output	心输出量
QTc	QT corrected for heart rate	心率校正的 QT 间期
RA	rheumatoid arthritis	类风湿性关节炎
RCEP	ACSM Registered Clinical Exercise Physiologist ®	ACSM 注册临床运动生理学家®
RER	respiratory exchange ratio	呼吸交换率
RHR	resting heart rate	安静心率
1-RM	one repetition maximum	1 次最大重复次数
ROM	range of motion	关节活动度
RPE	rating of perceived exertion	主观疲劳感觉
RRMS	relapsing-remitting multiple sclerosis	复发—缓解型多发性硬化
RVH	right ventricular hypertrophy	右心室肥大
SaO_2	percent saturation of arterial oxygen	动脉血氧饱和度
SBP	systolic blood pressure	收缩压
SCA	sudden cardiac arrest	心脏骤停
SCD	sudden cardiac death	心源性猝死
SCI	spinal cord injury	脊髓损伤
SCT	social cognitive theory	社会认知理论
SD	standard deviation	标准差
SDT	self-determination theory	自我决定理论
SEE	standard error of the estimate	估计标准误
SET	social ecological theory	社会生态学理论
SIT	sprint interval training	间歇短距离速度训练
SpO_2	percent saturation of arterial oxygen	动脉血氧饱和度
SPPB	Short Physical Performance Battery	简易身体表现量表
SRT	shuttle run test	折返跑测试
T1DM	Type 1 diabetes mellitus	1 型糖尿病
T2DM	Type 2 diabetes mellitus	2 型糖尿病
TAVR	transcatheter aortic valvereplacement	经导管主动脉瓣置换术
TG	triglycerides	甘油三酯

THR	target heart rate	靶心率
TLC	total lung capacity	肺总量
TN	true negative	真阴性
TOBEC	total body electrical conductivity	全身电传导
TP	true positive	真阳性
TPB	theory of planned behavior	计划行为理论
TTM	transtheoretical model	跨理论模型
VAT	ventilatory-derivedanaerobic threshold	通气无氧阈
VC	vital capacity	肺活量
$\dot{V}CO_2$	volume of carbon dioxideper minute	每分二氧化碳生成量
$\dot{V}E$	expired ventilation per minute	每分通气量
VF	ventricular fibrillation	心室颤动
VHD	valvular heart disease	心瓣膜病
VLDL	very low-density lipoprotein	极低密度脂蛋白胆固醇
$\dot{V}O_2$	volume of oxygen consumed per minute	每分耗氧量
$\dot{V}O_2max$	maximal volume of oxygen consumed per minute（maximal oxygen uptake，maximal oxygen consumption）	最大摄氧量
$\dot{V}O_2peak$	peak oxygen uptake	峰值摄氧量
$\dot{V}O_2R$	oxygen uptake reserve	储备摄氧量
$\%\dot{V}O_2R$	percentage of oxygen uptake reserve	储备摄氧量百分比
VT	ventilatory threshold	通气阈
WBGT	wet-bulb globe temperature	湿球温度计
WCT	Wind Chill Temperature Index	风寒温度指数
WHR	waist-to-hip ratio	腰臀比
W-P-W	Wolff-Parkinson-White	预激综合征

第一章　体力活动的益处和风险

概　述

本章旨在介绍目前体力活动（PA）和/或运动风险的常用信息。为了表述清楚，本章对指南中与体力活动和体适能相关术语做出定义。疾病、残疾或健康状况的补充信息在其讨论的章节中加以解释。体力活动在预防和治疗多种慢性疾病、健康状况及其风险中的地位日益增高。因此，第一章着重于阐述当前体力活动推荐的公共健康观点的形成[5,26,34,70,93]。第一章还包括一级和二级预防项目中降低运动相关并发症发生率和重要性的建议。

第一节　体力活动和体适能术语

体力活动和运动往往交替使用，但这两个术语并不是同义词。体力活动是指任何可以引起骨骼肌收缩并在静息能量消耗基础上引起能量消耗增加的体力活动[14,78]。运动是有计划、有组织、可重复的体力活动，是一种旨在促进或维持一个或多种体适能组成的体力活动[14]。体适能有多种定义的方法，但普遍接受的定义是，个体能够精力充沛而又机敏警觉地进行日常工作，没有过度疲劳，充分地享受闲暇，并且能够应对不可预见的紧急情况的能力[76]。体适能包括多种不同要素，这些要素通常可分为健康相关和技能相关体适能（见专栏 1.1）。

为了定义体力活动（physical activity）、运动（exercise）和体适能（physical fitness），首先必须明确定义体力活动的强度范围（见表 6.1）。体力活动的强度范围可以由储备摄氧量（$\dot{V}O_2R$）、储备心率（HRR）、摄氧量（$\dot{V}O_2$）、心率（HR）或代谢当量（METs）的百分比（见专栏 6.2）表示。每一种描述 PA 强度的方法各有优缺点。尽管还缺乏最合适的方法用于运动专业测试，但第六章提供了选择适当测量方法的指南。

代谢当量（METs）是一种有效、便捷、标准的描述多种体力活动强度的方法。低强度

PA 为 2.0 ~2.9 METs，中等强度体力活动为 3 ~5.9 METs，较大强度及以上体力活动≥6 METs[26]。表 1.1 针对每个强度区间给出了不同体力活动的代谢当量值。各种活动的完整列表及其相关能量消耗评价的有关内容请参阅其他文章[2]。

最大有氧耐力（最大摄氧量）通常随年龄增长而下降[26]。为此，当年龄较大和年龄较小的个体在同一代谢当量水平运动时，相对运动强度（如% $\dot{V}O_2max$）是不同的（见第六章）。换句话说，年龄较大者比年龄较小者相对运动强度（% $\dot{V}O_2max$）更高。此外，年龄较大且体力活动活跃的个体，其有氧能力可优于静坐少动的年龄较小者。

专栏 1.1　健康相关和技能相关体适能组成

健康相关体适能组成

1. 心肺耐力：持续体力活动中循环和呼吸系统供氧的能力。
2. 身体成分：肌肉、脂肪、骨骼及身体其他重要组分的相对含量。
3. 肌肉力量：肌肉最大用力能力。
4. 肌肉耐力：肌肉在无疲劳状态下连续运动的能力。
5. 柔韧性：关节运动的有效范围。

技能相关体适能组成

1. 灵活性：快速准确改变身体空间位置的能力。
2. 协调性：运用感觉，如视觉和听觉，共同协调身体完成流畅准确的动作的能力。
3. 平衡性：在静止或运动中保持平衡的能力。
4. 做功能力：个体完成工作的能力或效率。
5. 反应时间：受到刺激与做出反应的时间。
6. 速度：在短时间内完成动作的能力。

改编自［96］。见 http：//www.fitness.gov/digest_mar2000.htm.

表 1.1　轻、中或较大强度体力活动对应的代谢当量（METs）

极低/低（<3.0 METs）	中（3.0~5.9METs）	较大（≥6.0 METs）
步行	**步行**	**步行、慢跑和跑步**
在住宅、商店或办公室周围漫步=2.0[a]	步行3.0 mph=3.0[a]	非常快的健步走（4.5 mph）=6.3[a]
	快速健步走（4 mph）=5.0[a]	中速步行/徒步旅行没有或有轻便随身物品（<10 磅）=7.0
		在陡峭的路上徒步旅行随身物品 10~42 磅=7.5-9.0
		慢跑 5 mph=8.0[a]
		慢跑 6 mph=10.0[a]
		慢跑 7 mph=11.5[a]
居家和工作	**居家和工作**	**居家和工作**
站立时轻度工作，如铺床、洗碗、熨衣服、做饭或储藏杂物=2.0-2.5	较重的清扫-擦窗户、擦车、打扫储藏室=3.0	铲沙子、煤等=7.0
	扫地或地毯吸尘、拖地=3.0-3.5	搬重物，如砖头=7.5
	木工工作-主要=3.6	做重农活，如排水=8.0
	搬运和堆积木材=5.5	铲或挖沟=8.5
	割草-推割草机=5.5	
休闲时间和运动	**休闲时间和运动**	**休闲时间和运动**
绘画和手工、打牌=1.5	打羽毛球-娱乐性=4.5	平地自行车-低速（10-12 mph）=6.0
台球=2.5	打篮球-投篮=4.5	打篮球=8.0
划船（手动）=2.5	跳舞-慢舞=3.0；快舞=4.5	平地自行车-中速（12-14 mph）=8
门球=2.5	在河边步行钓鱼=4.0	快速（14-16 mph）=10
飞镖=2.5	打高尔夫-发球区之间步行=4.3	越野滑雪-慢速（2.5 mph）=7.0；快速（5.0-7.9 mph）=9.0
钓鱼（坐）=2.5	帆船，有风帆=3.0	踢足球-随意=7.0；竞赛=10.0
演奏多数乐器=2.0-2.5	乒乓球=4.0	游泳-休闲=6.0[b]
	网球双打=5.0	游泳-中/强=8-11[b]
	打排球-非竞争性=3.0-4.0	网球单打=8.0
		打排球-馆内或沙滩竞赛性=8.0

a 平地，表明凹凸不平。

b MET 水平可因不同个体选择的不同泳姿或游泳水平而不同

改编自［2］。

第二节　当前推荐的公众健康观点

20 多年前，美国运动医学会（American College of Sports Medicine，ACSM）联合美国疾病控制和预防中心（Disease Control and Prevention，CDC）[73]、美国卫生总署[93]和美国国立卫生研究院[75]针对体力活动和健康发表了标志性的出版物。这些出版物的重要目标是让运动专业人士和公众明确满足改善健康、降低疾病的易感性（发病率）和降低早期死亡率[73,75,93]所需的体力活动的量和强度。此外，这些报告发布了体力活动和健康的量效关系（如，活动比不活动好、多活动至某一水平比少活动好）。

1995 年美国 CDC 和 ACSM 发表建议，“所有美国成年人至少需要每天 30 min 或每周多数天中等强度体力活动”[73]。这一建议旨在增加公众对中等强度体力活动健康获益重要性的认识。由于越来越多的人意识到体力活动不足对健康的不利影响，加之对最初的体力活动推荐存在误解，ACSM 和美国心脏协会（American Heart Association，AHA）于 2007 年更新了体力活动和健康的建议（专栏 1.2）[34]。

专栏 1.2　ACSM－AHA 初级体力活动建议[33]

1. 所有 18 岁至 65 岁的健康成年人至少需要每天 30 min、每周 5 天中等强度有氧运动，或每天 20 min 较大强度活动、每周 3 天。
2. 建议进行中等强度和较大强度相结合的运动。
3. 30 min 中等强度有氧运动可分多次进行，但每次至少持续 10 min。
4. 每个成年人应该每周至少 2 天进行维持或增加肌肉力量和耐力的运动。
5. 基于体力活动和健康之间的量效关系，希望可以改善自己体适能、降低慢性疾病和残疾的风险或预防不健康体重增加的个体可完成超过此最低限度的体力活动建议而获益。

ACSM：美国运动医学学会；AHA：美国心脏协会。

指南顾问委员会报告指出，影响体力活动建议发展的因素如下：

1. 重要的健康获益可通过每天或每周多数天中等量的体力活动获得。

2. 体力活动量增加可获得更多的健康收益。规律的体力活动并坚持更长时间和/或更大强度的体力活动将比体力活动少者得到更显著的健康益处。

类似建议是基于2008 体力活动指南顾问委员会报告[76]（专栏 1.3）的 2008 年联邦体力活动指南（http：//www.health.gov/PAguideline）[93]。

继 1996 年美国医学总监报告[93]公布以来，多个报告提倡体力活动水平应高于 CDC－ACSM 最低的体力活动建议[22,26,80,92]。这些指南和建议提到预防体重增加和/或肥胖的基本体力活动量是不容置疑的。换句话说，可以降低慢性疾病的进展并可降低死亡率的体力活动量不足以预防或逆转由典型美国生活方式引起的体重增加和/或肥胖。进行高于最低体力活动推荐量的运动与合理营养能够使许多人保持和/或预防体重增加和肥胖[22,42]。

多项大规模流行病学研究阐述了体力活动与心血管疾病（CVD）及早期死亡率之间的量效关系[52,57,72,79,88,107]。Williams[104]对23项共涉及1,325,004不同性别个体的体力活动或心肺耐力（cardiorespiratory fitness，CRF）水平的多年个人随访资料进行了Meta分析，结果显示PA、CRF与冠状动脉疾病（Coronary artery disease，CAD）及CVD风险之间存在量效关系（见图1.1）。增加的体力活动或提高体适能水平可以提供更多的健康收益是显而易见的。表1.2提供了体力活动和大量健康结局间量效关系的证据力度。

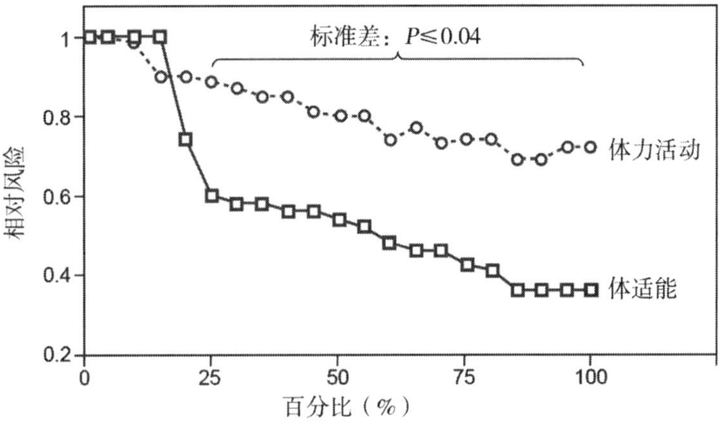

图1.1 体适能和体力活动的抽样百分比与动脉粥样硬化性心血管疾病的相对风险的估算量效关系曲线

经允许，引自［104］。

专栏1.3	2008体力活动指南顾问委员会报告中的初级体力活动建议[93]

1. 所有美国居民应参加能量消耗相当于每周150 min中等强度的有氧活动，或者每周75 min较大强度的有氧活动，或两者搭配的相等能量消耗的活动以获得健康收益。
2. 这些指南进一步明确了量效关系，即要获得更多的健康收益，需要进行每周300 min及以上中等强度有氧活动；或每周150 min及以上较大强度有氧活动；或进行中等强度和较大强度相结合的、达到相同能量消耗水平的有氧活动。
3. 成年人要进行中等及以上强度、涉及所有主要肌群的肌肉力量训练，每周2天及以上，以获得更多的健康收益。

ACSM和AHA也发布了两份关于老年人体力活动与公共健康的声明[5,70]。总体来说，这些建议与更新的成年人指南类似[26,34]，但推荐的有氧运动强度与老年人CRF水平相关。此外，与年龄相关的建议中考虑了柔韧性、神经肌肉练习和增强肌肉力量活动的重要性。此外，《美国人 2008 体力活动指南》制定了与 ACSM 和 AHA 推荐类似的针对成年人（18～64 岁）、老年人（≥65 岁）、儿童及青少年（6～17 岁）等不同人群的个性化建议（http://www.health.gov/PAguidelines）[93]。

尽管体力活动的健康益处众所周知，然而体力活动不足已在全球流行，成为导致人类过早死亡的四大主要原因之一[30,50]。全世界有 31.1% 的成年人体力活动不足[30]；美国仅有 51.6% 的成年人能够达到有氧运动指南的标准，仅有 29.3% 的人达到肌肉力量运动的标准，而同时满足有氧运动和肌肉力量指南的人仅有 20.6%[15]。

第三节　静坐少动行为与健康

长时间久坐或静坐少动行为与不利健康结局（见第六章）[35,36,44,47]有关，并且其相关性独立于体力活动水平[8,51,63,82]。从公众健康的角度考虑，令人担忧的是，基于人群研究表明，超过 50% 的普通人在从睡眠中醒来的一天中会长时间地保持静坐少动状态，如看电视、用电脑[62]。近期的一项 Meta 分析表明，调整 PA 水平后，成年人的静坐时间与更大的全因死亡风险、CVD 发生率或死亡率、癌症（乳腺癌、结肠癌、结直肠癌、子宫内膜癌、上皮性卵巢癌）发生率或死亡率、2 型糖尿病（T2DM）独立相关[8]。但是与低体力活动水平者相比，高水平的体力活动能够抵消与静坐时间相关的 30% 的全因死亡风险，静坐时间所带来的不利影响在体力活动活跃的人中下降[8]。

第四节　规律体力活动和运动的健康益处

支持规律的体力活动和/或运动与早期死亡率、CVD/CAD、高血压、中风，骨质疏松、T2DM、代谢综合征（Metabolic syndrome，MetSyn）、肥胖、13 种癌症（乳腺癌、膀胱癌、直肠癌、头颈部癌症、结肠癌、骨髓瘤、髓系白血病、子宫内膜癌、贲门癌、肾癌、肺癌、肝癌、食管腺癌）、抑郁、功能性健康、跌倒风险及认知功能的负相关关系的证据越来越多[26,67,76]。以上多种疾病及健康状况与体力活动间存在强有力的量效关系（见表 1.2）。这些证据来源于实验室研究及大规模基于人群的观察性研究[26,34,37,45,54,69,94,100,103]。

多项大规模的流行病学研究已经清楚地阐述了不同种族男性和女性体力活动与 CVD 风险及早期死亡率之间的量效关系[52,57,69,71,76,88,107]。同样需要着重指出的是，有氧能力（如 CRF）与全因死亡特别是心血管疾病的早期死亡率存在负相关关系，较高水平的 CRF 与较高水平的习惯性体力活动相关，同时与多种健康获益相关[10,11,26,49,84,99,103]。专栏 1.4 总结了规律体力活动和/或运动的益处。

表 1.2　体力活动与健康结局的量效关系证据

变量	负性量效关系证据	证据级别[a]
全因死亡率	是	强
心肺健康	是	强
代谢相关健康	是	中
能量平衡：维持体重	数据不充分	弱
减轻体重	是	强
减重后维持体重	是	中
腹型肥胖	是	中
肌肉骨骼健康：骨骼	是	中
关节	是	强
肌肉	是	强
功能性健康	是	中
结肠和乳腺癌	是	中
精神健康：抑郁和痛苦	是	中
幸福感：焦虑，认知健康，睡眠	数据不充分	弱

a 证据级别分类：

强：研究和人群中的稳定结果；

中：中度或合理，合理一致的；

弱：弱或有限，研究和人群中的结果不一致。

改编自［76］。

专栏 1.4　规律体力活动和/或运动的收益

心血管和呼吸功能的改善

1. 通过改善中枢和外周的适应能力而增加最大摄氧量。
2. 进行同样的绝对次大强度活动每分钟通气量降低。
3. 进行同样的绝对次大强度活动心肌耗氧量下降。
4. 进行同样的绝对次大强度活动心率和血压降低。
5. 骨骼肌毛细血管密度增加。
6. 运动时血乳酸阈值增加。
7. 运动时出现疾病症状或体征的阈值增加（如心绞痛、缺血性 ST 段压低、跛行）。

心血管疾病危险因素减少

1. 静息收缩压/舒张压降低。
2. 血清高密度脂蛋白胆固醇水平增加和甘油三酯水平下降。
3. 总脂肪量减少，腹腔内脂肪减少。
4. 胰岛素需要量减少，葡萄糖耐量改善。
5. 血小板黏附和凝集下降。
6. 炎症水平下降。

发病率和死亡率降低

1. 一级预防（干预以预防初次发病）。
2. 较高的活动和/或体适能水平与降低 CAD 死亡率相关。
3. 较高的活动和/或体适能水平与降低 CVD、CAD、中风、2 型糖尿病、代谢综合征、骨质疏松性骨折、结肠癌、乳腺癌及胆囊疾病的发生率相关。
4. 二级预防（一次心脏事件后的干预以预防下次发作）。
5. 基于 Meta 分析（合并多项研究的数据），心肌梗死（myocardial infarction，MI）后患者参与心脏康复性运动训练可减低心血管疾病和全因死亡率，并且是多因素危险因素降低的组成成分。（注：随机对照试验并不支持心肌梗死后患者心脏康复运动训练可减少非致死性再梗死的发生。）

其他收益

1. 减轻焦虑和抑郁。
2. 改善认知功能。
3. 增强老年人的体质和独立生活能力。
4. 增加幸福感。
5. 增加工作、娱乐和体育活动能力。
6. 减少老年人摔倒或因摔倒而受伤的风险。
7. 预防或缓解老年人的功能受限。
8. 增强许多老年人慢性疾病的疗效。

CAD：冠状动脉疾病；CVD：心血管疾病。

改编自［45，70，94］。

第五节　提高肌肉适能的健康益处

提高肌肉适能（如肌肉力量、耐力、爆发力）的健康获益已很明确[26,93,102]。较大的肌肉力量，能够明显降低心脏代谢相关危险因素的聚集，降低全因死亡率、CVD 发生率、功能受限和非致死性疾病的风险[26]。规律参与抗阻训练的个体，健康相关生物标记物会发生有利改变，身体成分、血糖、胰岛素敏感性以及轻中度高血压患者的血压都能够得到改善[17,26,74]。近来的证据显示，抗阻训练与有氧训练在 T2DM 患者的治疗[106]和超重/肥胖者的血脂改善方面效果相同[83]。抗阻训练对外周动脉疾病（peripheral artery disease，PAD）患者步行距离和速度有积极影响[6,106]。抗阻训练对健康还有其他方面的益处。最近发表 Meta 分析证实，进行中低强度等长收缩训练，使血压正常者和高血压患者降低血压的效果优于有氧运动或动态抗阻训练[13]。此外，抗阻训练对于代谢综合征等危险因素的治疗和预防也有一定作用[26]（见第十章）。

增加肌肉力量和体积的运动也能增加骨量（骨矿物质密度和含量），增强特定骨的骨强度，可以作为防止、减缓或逆转骨质疏松症患者骨量丢失的有效措施[5,26,93]（见第十一章）。抗阻训练可以改善骨性关节炎患者的疼痛和残疾[26,65]，并且能够有效治疗慢性腰痛[57,97]。初步的研究表明，抗阻运动可以预防和改善抑郁与焦虑，增加活力，减少疲劳[26,86]。

第六节　体力活动和运动相关风险

进行规律体力活动的益处已众所周知，但不可忽视参加运动也会带来肌肉骨骼损伤（musculoskeletal injury，MSI）和心血管并发症[26]。MSI 是最常见的与运动有关的并发症，通常与运动强度、活动的性质、运动前身体状况以及肌肉骨骼异常联系在一起。与运动有关的心血管不良事件[3,66,93]包括，心源性猝死（sudden cardiac death，SCD）和急性心肌梗死（acute myocardial infarction，AMI）。SCD 和 AMI 比 MSI 要少得多，但可能导致远期的发病和死亡[4]。

一、运动相关肌肉骨骼损伤

参加运动和体力活动能够增加 MSI 的风险[68,76]。运动强度和类型可能是伤害发生最重要的因素[26]。步行和中等强度体力活动发生 MSI 的风险很小，然而慢跑、跑步和竞技运动与损伤风险增加有关[26,39,40]。与较少直接接触的活动（如棒球、跑步、行走）相比，参与者之间或参与者与地面之间直接接触的活动（如摔跤、足球）中，MSI 的风险较高[38,76]。2012 年，超过 600 万美国人因运动相关损伤就医，在 12 岁至 17 岁的儿童中发生率最高（每 1000 人中有 91.34 次受伤），高于年龄小于 12 岁的儿童（每 1000 人中有 20.03 次受伤）[1]。发生 MSI 最常见的解剖部位是下肢，膝关节最易损伤，其次是足踝部[39-40]。

与运动损伤有关的研究对象通常是并不具有代表性的男性（例如军人、运动员）[43]。一项针对社区女性的前瞻性研究发现，达到每周 150 min 中等到较大强度体力活动的人出现 PA 相关 MSI 比没有达到推荐量者略有增加[68]。然而，发生 MSI 的风险与体适能水平负相关[76]。对于任何给定剂量的 PA，体力活动水平较低者出现 MSI 的概率高于体力活动水平高者[76]。

常用的减少 MSI 的方法（如拉伸、热身、放松，逐步提高运动强度和量）在某种情况下可能会有用，但是目前缺乏实验研究来印证上述方法的有效性[26]。综合的锻炼方法或许可以预防 MSI[12,28]。

第七节　年轻人猝死

表 1.3 列出了年轻运动员运动相关猝死的心血管因素[4]。数据清楚地显示，年轻个体致死的常见原因是先天性和遗传缺陷，包括肥厚性心肌病、冠状动脉异常和主动脉狭窄。美国高中和大学运动员中运动相关的绝对年死亡率分别为男性 1/133000 及女性 1/769000[95]。需要说明的是这个比例尽管很低，但包括了所有运动相关的非创伤性死亡。在可确定死亡原因的 136 例死亡者中有 100 例是死于心血管疾病。一项更新的评估发现美国年轻竞赛型运动员的心血管疾病的年死亡率为男性 1/185000 和女性 1/150000[58]。有些专家认为，年轻体育活动参与者运动相关猝死的风险已达到每年 1/40000 到 1/80000 [32]。然而，非裔美国男性运动员和篮球运动员的死亡率可能更高[32,59]。专家们争论不同研究中运动相关猝死的发生率不同的原因。这些区别可能存在于：(1) 基于人群的研究；(2) 估测的体育活动参与者的数目；(3) 评估个体和/或事件。为了减少 SCD 在年轻人中发生的风险，公认的国际组织如国际奥委会和 AHA 公布了运动前心血管筛查的实践[19,53,61]。最近的美国医学会运动医学分会的立场声明中提供了基于运动员运动前心血管筛查的最新证据[23]。

表 1.3　青年运动员运动相关猝死的心血管原因[a]

疾病	Van Camp 等 (n = 100)[b][95]	Maron 等 (n = 134)[60]	Corrado 等 (n = 55)[c][18]
肥厚性心肌病	51	36	1
可疑肥厚性心肌病	5	10	0
冠状动脉异常	18	23	9
瓣膜和瓣膜下主动脉狭窄	8	4	0
心肌炎可能	7	3	5
扩张性和非特异性心肌病	7	3	1
动脉粥样硬化性心血管疾病	3	2	10
主动脉撕裂/破裂	2	5	1
右室节律运动障碍性心肌病	1	3	11
心肌瘢痕	0	3	0
二尖瓣脱垂	1	2	6
其他先天畸形	0	1.5	0
长 QT 综合征	0	0.5	0
预激综合征	1	0	1
心脏传导疾病	0	0	3
心脏肉瘤	0	0.5	0
冠状动脉瘤	1	0	0
尸检正常心脏	7	2	1
肺血栓栓塞	0	0	1

a 年龄范围 13 ~ 24 岁[95]、12 ~ 40 岁[60]和 12 ~ 35 岁[18]。参考文献［95］和［60］应用同一个数据库且其中包括很多相同的运动员。所有[95]，90%[60]和 89%[18]在运动中或训练或比赛的 1 小时内出现症状。

b 总数超过 100%，因为其中的一些运动员有多种异常。

c 包括并不是与近期运动相关的运动员死亡。包括异常动脉出现原因和进展，穿支动脉和其他异常。

经允许，引自［4］。

第八节　成年人运动相关心血管事件

总的来说，心血管系统正常的健康个体进行运动不会引起心血管事件的发生。健康个体进行中等强度体力活动发生 SCD 和 AMI 的风险很低[76,101]。进行较大强度运动时，发生 SCD 和 AMI 的风险会短暂地快速上升，尤其是具有已诊断或隐匿性心血管疾病的静坐少动男女[3,4,29,66,85,90,105]。但随着运动量有规律的增加，上述风险随之下降[89]。第二章提到的运动前健康筛查公式有助于人们鉴别可能出现运动性心血管事件发生的风险。

与安静状态相比，进行短时间剧烈运动时发生 SCD 和 AMI 的风险急剧增高[29,66,85,91,105]。最近的一些 Meta 分析报告，较大强度体力活动期间和之后较短时间内，出现 SCD 的风险增加 5 倍，出现 AMI 的风险增加 3.5 倍[20]。由于年龄较大者 CVD 患病率较高，在中老年人发生 SCD 或 AMI 的风险比年轻人高，而平日里静坐少动的个体偶尔进行不习惯的运动时发生 SCD 和 AMI 的风险大大增加[4]。例如，有研究表明[65]，与每周 5 天以上、每次 1h 较大强度运动者相比，静坐少动者进行一次较大强度运动中或运动后即刻出现 AMI 的风险是前者的 50 倍（图 1.2）。

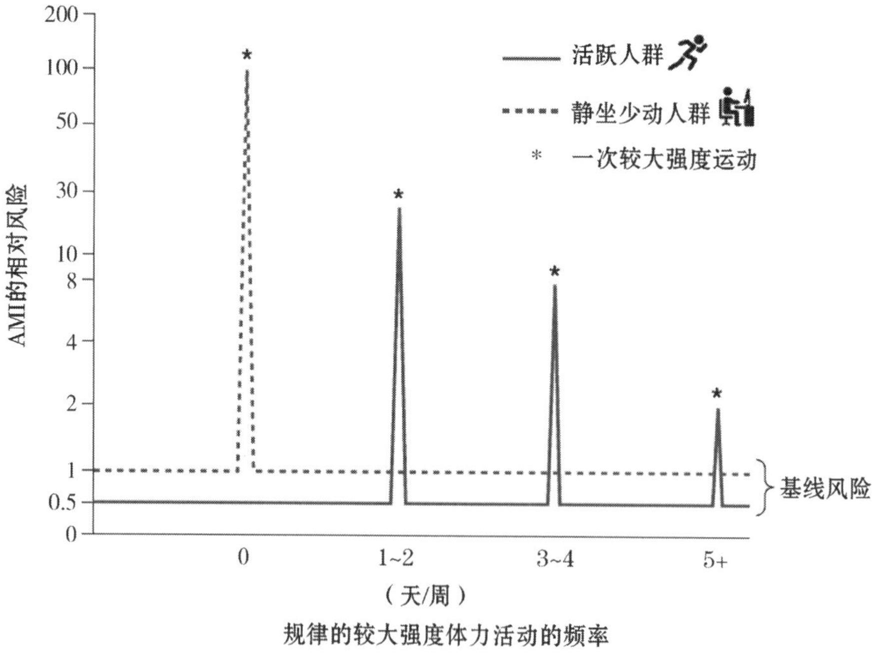

图 1.2　经常参与较大强度体力活动与发生 AMI 相对风险的关系

经允许，引自［24］。

虽然进行较大强度体力活动时发生 SCD 和 AMI 的相对风险高于安静状态，但是其绝对风险很低。来自内科医师健康研究和护士健康研究的前瞻性证据表明，发生一次 SCD 的概率是，男性较大强度运动 150 万次[3]，女性中等到较大强度运动 3650 万小时[101]。回顾性研究也支持此类事件发生的稀有性。Thompson 等[90]报告每慢跑 396,000 小时死亡 1 人。在 YMCA 运动中心进行的运动性心血管事件分析显示，每 2,897,057 人时运动，出现 1 例死亡，但是没有记录运动强度[55]。Kim 等[46]研究了 1000 多万马拉松和半程马拉松运动员，整体的心脏停搏率为 1/184000，SCD 发病率为 1/256000，这意味着每跑步 100,000 人时，只有 0.20 的心脏骤停风险和 0.14 的 SCD 风险。

虽然危险性极低，但较大强度运动仍然存在小而可测量的 CVD 并发症的急性风险，因此，在易感人群中降低这种风险是很重要的（见第二章）。健康无症状成年人较大强度运动中发生 SCD 的确切机制尚不完全明了。然而，有证据显示心脏收缩频率和冠状动脉搏动幅度的增加加大了冠脉的扭曲。这可能会导致动脉粥样硬化斑块的破裂，引起血小板凝集，或急性血栓形成。这一过程已通过血管造影，在运动诱导的心脏事件个体中证实[9,16,31]。

第九节　运动测试中发生心血管事件的风险

如前所述较大强度运动时，运动测试中心脏事件的风险随着人群中心血管疾病的流行率而变化。多项研究对运动测试中的风险进行阐述[7,27,41,48,64,78,87]。表 1.4 总结了多种心脏事件的风险，包括 AMI、心室纤颤、住院治疗和死亡。这些数据表明，在混合人群中运动测试的风险是很低的，每进行 10,000 次测试，约发生 6 次心脏事件。其中一项研究的试验数据是非内科医师提供的[48]。此外，多数研究应用症状限制性运动负荷试验。因此，可以预见在正常人群中次大强度测试的风险是较低的。

表 1.4　运动测试期中的心脏并发症[a]

文献	年	地点	测试次数	MI	VF	死亡	住院治疗	注释
Rochmis 和 Blackburn[78]	1971	73 美国中心	170,000	NA	NA	1	3	34% 的测试是症状限制性的；50% 的死亡发生在 8 小时内，50% 发生在 4 天后
Irving 等[41]	1977	15 西雅图 facilities	10,700	NA	4.67	0	NR	
Mchenry[64]	1977	医院	12,000	0	0	0	0	

续表

文献	年	地点	测试次数	MI	VF	死亡	住院治疗	注释
Atterhög 等[7]	1979	20 瑞典中心	50,000	0.8	0.8	6.4	5.2	
Stuart 和 Ellestad [87]	1980	1,375 美国中心	518,448	3.58	4.78	0.5	NR	VF 包括其他需要治疗的心律失常
Gibbons 等[27]	1989	Cooper 诊室	71,914	0.56	0.29	0	NR	仅 4% 的男性和 2% 的女性患 CVD
Knight 等[48]	1995	Geisinger 心脏病中心	28,133	1.42	1.77	0	NR	25% 是对住院病人的测试，为非内科医生所监测

a 是指每一万次测试中心脏意外（心肌梗死、心室纤颤、死亡、住院治疗）。

CVD：心血管疾病；MD：医学博士；MI：心肌梗死；NA：不适用；NR：无报告；VF：心室纤维性颤动

第十节　心脏康复中发生心血管事件的风险

明确诊断患有 CAD 者在运动中发生心血管意外的风险最高。一项调查显示，心脏康复过程中非致死性心血管疾病并发症的发生率是每 34,673 小时 1 次，致死性心血管疾病并发症发生率是每 116,402 小时 1 次[33]。有研究显示了更低的发生率，心脏骤停发生率是 1/116906 人时，AMI 发生率为 1/219970 人时，每 752,365 人时死亡 1 例，每 81,670 人时出现 1 例主要并发症[21,25,96,98]。这些研究结果见表 1.5[4]。近期一项研究显示了心脏康复过程中更低的心血管疾病并发症的发生率，每 169,344 人时出现 1 例心脏骤停，每 338,638 人时 0 例 AMI、1 例死亡[81]。尽管这些并发症的发生率很低，需要注意的是患者需要进行筛查并在可进行医学心脏急救设备支持下进行运动。当患者在缺乏有效心脏骤停处理措施支持下运动时死亡率将增加 6 倍[4,21,25,96,98]。有趣的是，一篇关于家庭心脏康复项目的综述发现心血管并发症的发生率并不增加，这恰与正规医疗中心运动项目的数据相反[100]。

表 1.5　以运动为基础的心脏康复项目中并发症的发生率

调查者	年	患者运动小时数	心搏停止	心肌梗死	死亡事件	主要并发症[a]
Van Camp 和 Peterson[96]	1980—1984	2,351,916	1/111,996[b]	1/293,990	1/783,972	1/81,101
Digenio 等[21]	1982—1988	480,000	1/120,000[c]	—	1/160,000	1/120,000
Vongvanich 等[98]	1986—1995	268,503	1/89,501[d]	1/268,503[d]	0/268,503	1/67,126
Franklin 等[25]	1982—1998	292,254	1/146,127[d]	1/97,418[d]	0/292,254	1/58,451
平均			1/116,906	1/219,970	1/752,364	1/81,670

a 心肌梗死和心脏骤停。

b 死亡率 14%。

c 死亡率 75%。

d 死亡率 0%。

经许可，引自［4］。

第十一节　运动相关心血管事件的预防

由于与较大强度运动有关的心脏事件发生率很低，因此测试减少这些事件发生相关策略的有效性十分困难。根据近期 ACSM 和 AHA 的声明[4]“内科医师不应过度评价运动风险，因为习惯性体力活动的收益显著高于运动的风险”，报告中还提出了数种降低较大强度运动中心脏事件发生率的策略[4]：

1. 专业健康护理人员应了解运动相关事件的病理基础，从而可以对参加体力活动的儿童和成年人进行大致评估。

2. 体力活动活跃的个体应了解心脏病的前驱症状（如，极度不寻常的疲劳感和胸部和/或肩背部疼痛）并在类似症状出现时及时寻求医学治疗（见表 2.1）。

3. 高中和大学运动员应接受有认证的专业人员进行的运动前筛查。

4. 运动员应了解其心脏状况或通过已有指南在竞赛前对家族史进行评估。

5. 健康护理机构应确认其工作人员接受过处理心脏急诊的训练，并有专门的计划及相关急救设备（见附录 B）。

6. 对于体力活动活跃的个体应根据他们不同的运动能力、日常活动水平和环境来调整他们的运动计划（见第六章和第八章）。

尽管减少较大强度运动中心血管事件发生次数的策略仍未被系统地研究过，当个体希望自己更加活跃/健壮和/或提高体力活动/体适能水平时，运动专业人士有责任提高警惕。当进行较大强度活动时特别要注意。尽管很多静坐少动个体可以安全地开始一项低至中等强度体力活动项目，但各年龄个体均应进行运动前筛查以确定机体是否满足医学许可（见第二章）。

指导运动和健身计划的运动专业人员应该接受基本和/或高级心脏生命支持和急诊程序的培训。急救过程应在固定的时间内有规律地复习和练习（见附录 B）。最后，人群应当接受有关 CVD 相关的症状和体征的教育，也应该通过内科医师来评估远期是否有出现这些症状的可能。

在线资源

美国运动医学会有关运动量和质量的立场声明：http：//www.acsm.org
2008 美国人体力活动指南：http：//www.health.gov/PAguideline

（李新，张献博　译）

参考文献

1. Adams PF, Kirzinger WK, Martinez M. Summary health statistics for the U. S. population: National Health Interview Survey, 2012. *Vital Health Stat.* 2013;10(259):1 – 95.
2. Ainsworth BE, Haskell WL, Whitt MC, et al. Compendium of physical activities: an update of activity codes and MET intensities. *Med Sci Sports Exerc.* 2000;32(Suppl 9):S498 – 504.
3. Albert CM, Mittleman MA, Chae CU, Lee IM, Hennekens CH, Manson JE. Triggering of sudden death from cardiac causes by vigorous exertion. *N Engl J Med.* 2000;343(19):1355 – 61.
4. American College of Sports Medicine, American Heart Association. Exercise and acute cardiovascular events: placing the risks into perspective. *Med Sci Sports Exerc.* 2007;39(5):886 – 97.
5. American College of Sports Medicine, Chodzko – Zajko WJ, Proctor DN, et al. American College of Sports Medicine Position Stand. Exercise and physical activity for older adults. *Med Sci Sports Exerc.* 2009;41(7):1510 – 30.
6. Askew CD, Parmenter B, Leicht AS, Walker PJ, Golledge J. Exercise & Sports Science Australia (ESSA) position statement on exercise prescription for patients with peripheral arterial disease and intermittent claudication. *J Sci Med Sport.* 2014;17(6):623 – 9.
7. Atterhög JH, Jonsson B, Samuelsson R. Exercise testing: a prospective study of complication rates. *A m Heart J.* 1979;98(5):572 – 9.
8. Biswas A, Oh PI, Faulkner GE, et al. Sedentary time and its association with risk for disease incidence, mortality, and hospitalization in adults: a systematic review and meta – analysis. *Ann Intern Med.* 2015;162(2):123 – 32.
9. Black A, Black MM, Gensini G. Exertion and acute coronary artery injury. *Angiology.* 1975;26(11):759 – 83.
10. Blair SN, Kohl HW III, Barlow CE, Paff enbarger RS Jr, Gibbons LW, Macera CA. Changes in physical fi tness

and all – cause mortality. A prospective study of healthy and unhealthy men. *JAMA.* 1995;273(14):1093 – 8.

11. Blair SN, Kohl HW III, Paff enbarger RS Jr, Clark DG, Cooper KH, Gibbons LW. Physical fi tness and all – cause mortality. A prospective study of healthy men and women. *JAMA.* 1989;262(17):2395 – 401.
12. Bullock SH, Jones BH, Gilchrist J, Marshall SW. Prevention of physical training – related injuries recommendations for the military and other active populations based on expedited systematic reviews. *Am J Prev Med.* 2010;38: S156 – 181.
13. Carlson DJ, Dieberg G, Hess NC, Millar PJ, Smart NA. Isometric exercise training for blood pressure management: a systematic review and meta – analysis. *Mayo Clin Proc.* 2014;89(3):327 – 34.
14. Caspersen CJ, Powell KE, Christenson GM. Physical activity, exercise, and physical fi tness: defi – nitions and distinctions for health – related research. *Public Health Rep.* 1985;100(2):126 – 31.
15. Centers for Disease Control and Prevention. Adult participation in aerobic and muscle – strengthening activities—United States, 2011. *MMWR Morb Mortal Wkly Rep.* 2013;62(17):326 – 30.
16. Ciampricotti R, Deckers JW, Taverne R, el Gamal M, Relik – van Wely L, Pool J. Characteristics of conditioned and sedentary men with acute coronary syndromes. *Am J Cardiol.* 1994;73(4):219 – 22.
17. Colberg SR, Sigal RJ, Fernhall B, et al. Exercise and type 2 diabetes: the American College of Sports Medicine and the American Diabetes Association: joint position statement. *Diabetes Care.* 2010;33(12):e147 – 67.
18. Corrado D, Basso C, Rizzoli G, Schiavon M, Th iene G. Does sports activity enhance the risk of sudden death in adolescents and young adults? *J Am Coll Cardiol.* 2003;42(11):1959 – 63.
19. Corrado D, Pelliccia A, Bjørnstad HH, et al. Cardiovascular pre – participation screening of young competitive athletes for prevention of sudden death: proposal for a common European protocol. Consensus Statement of the Study Group of Sport Cardiology of the Working Group of Cardiac Rehabilitation and Exercise Physiology and the Working Group of Myocardial and Pericardial Diseases of the European Society of Cardiology. *Eur Heart J.* 2005;26(5):516 – 24.
20. Dahabreh IJ, Paulus J. Association of episodic physical and sexual activity with triggering of acute cardiac events: systematic review and meta – analysis. *JAMA.* 2011;305(12):1225 – 33.
21. Digenio AG, Sim JG, Dowdeswell RJ, Morris R. Exercise – related cardiac arrest in cardiac rehabilitation. The Johannesburg experience. *S Afr Med J.* 1991;79(4):188 – 91.
22. Donnelly JE, Blair SN, Jakicic JM, et al. American College of Sports Medicine Position Stand. Appropriate physical activity intervention strategies for weight loss and prevention of weight regain for adults. *Med Sci Sports Exerc.* 2009;41(2):459 – 71.
23. Drezner JA, O'Connor FG, Harmon KG, et al. AMSSM position statement on cardiovascular preparticipation screening in athletes: current evidence, knowledge gaps, recommendations and future directions. *Curr Sports Med Rep.* 2016;15(5):359 – 75.
24. Franklin BA. Preventing exercise – related cardiovascular events: is a medical examination more urgent for physical activity or inactivity? *Circulation.* 2014;129(10):1081 – 4.
25. Franklin BA, Bonzheim K, Gordon S, Timmis GC. Safety of medically supervised outpatient cardiac rehabilitation exercise therapy: a 16 – year follow – up. *Chest.* 1998;114(3):902 – 6.
26. Garber CE, Blissmer B, Deschenes MR, et al. American College of Sports Medicine position stand. The quantity and

quality of exercise for developing and maintaining cardiorespiratory, musculoskeletal, and neuromotor fi tness in apparently healthy adults: guidance for prescribing exercise. *Med Sci Sports Exerc.* 2011;43(7):1334 – 559.

27. Gibbons L, Blair SN, Kohl HW, Cooper K. The safety of maximal exercise testing. *Circulation.* 1989;80(4):846 – 52.
28. Gilchrist J, Jones BH, Sleet DA, Kimsey C. Exercise – related injuries among women: strategies for prevention from civilian and military studies. *MMWR Recomm Rep.* 2000;49(RR – 2):15 – 33.
29. Giri S, Th ompson PD, Kiernan FJ, et al. Clinical and angiographic characteristics of exertionrelated acute myocardial infarction. *JAMA.* 1999;282(18):1731 – 6.
30. Hallal PC, Andersen LB, Bull FC, et al. Global physical activity levels: surveillance progress, pitfalls, and prospects. *Lancet.* 2012;380(9838):247 – 57.
31. Hammoudeh AJ, Haft J. Coronary – plaque rupture in acute coronary syndromes triggered by snow shoveling. *N Engl J Med.* 1996;335(26):2001.
32. Harmon KG, Drezner JA, Wilson MG, Sharma S. Incidence of sudden cardiac death in athletes: a state – of – the – art review. *Heart.* 2014;100(16):1227 – 34.
33. Haskell WL. Cardiovascular complications during exercise training of cardiac patients. *Circulation.* 1978;57(5): 920 – 4.
34. Haskell WL, Lee IM, Pate RR, et al. Physical activity and public health: updated recommendation for adults from the American College of Sports Medicine and the American Heart Association. *Med Sci Sports Exerc.* 2007;39(8):1423 – 34.
35. Healy GN, Dunstan DW, Salmon J, et al. Breaks in sedentary time: benefi cial associations with metabolic risk. *Diabetes Care.* 2008;31(4):661 – 6.
36. Healy GN, Matthews CE, Dunstan DW, Winkler EA, Owen N. Sedentary time and cardiometabolic biomarkers in US adults: NHANES 2003 – 06. *Eur Heart J.* 2011;32(5):590 – 7.
37. Hollingworth M, Harper A, Hamer M. Dose – response associations between cycling activity and risk of hypertension in regular cyclists: the UK Cycling for Health Study. *J Hum Hypertens.* 2015;29(4):219 – 23.
38. Hootman JM, Dick R, Agel J. Epidemiology of collegiate injuries for 15 sports: summary and recommendations for injury prevention initiatives. *J Athl Train.* 2007;42(2):311 – 9.
39. Hootman JM, Macera CA, Ainsworth BE, Addy CL, Martin M, Blair SN. Epidemiology of musculoskeletal injuries among sedentary and physically active adults. *Med Sci Sports Exerc.* 2002;34(5):838 – 44.
40. Hootman JM, Macera CA, Ainsworth BE, Martin M, Addy CL, Blair SN. Association among physical activity level, cardiorespiratory fi tness, and risk of musculoskeletal injury. *Am J Epidemiol.* 2001;154(3):251 – 8.
41. Irving JB, Bruce RA, DeRouen TA. Variations in and signifi cance of systolic pressure during maximal exercise (treadmill) testing. *Am J Cardiol.* 1977;39(6):841 – 8.
42. Jensen MD, Ryan DH, Apovian CM, et al. 2013 AHA/ACC/TOS guideline for the management of overweight and obesity in adults: a report of the American College of Cardiology/American Heart Association Task Force on Practice Guidelines and The Obesity Society. *J Am Coll Cardiol.* 2014;63(25):2985 – 3023.
43. Kaplan RM, Hermann AK, Morrison JT, DeFina LF, Morrow JR Jr. Costs associated with women's physical activity musculoskeletal injuries: the women's injury study. *J Phys Act Health.* 2014;11(6):1149 – 55.

44. Katzmarzyk PT, Church TS, Craig CL, Bouchard C. Sitting time and mortality from all causes, cardiovascular disease, and cancer. *Med Sci Sports Exerc.* 2009;41(5):998 – 1005.

45. Kesaniemi YK, Danforth E Jr, Jensen MD, Kopelman PG, Lefèbvre P, Reeder BA. Dose – response issues concerning physical activity and health: an evidence – based symposium. *Med Sci Sports Exerc.* 2001;33(Suppl 6):S351 – 8.

46. Kim JH, Malhotra R, Chiampas G, et al. Cardiac arrest during long – distance running races. *N Engl J Med.* 2012;366(2):130 – 40.

47. Kim Y, Wilkens LR, Park SY, Goodman MT, Monroe KR, Kolonel LN. Association between various sedentary behaviours and all – cause, cardiovascular disease and cancer mortality: the Multiethnic Cohort Study. *Int J Epidemiol.* 2013;42(4):1040 – 56.

48. Knight JA, Laubach CA Jr, Butcher RJ, Menapace FJ. Supervision of clinical exercise testing by exercise physiologists. *Am J Cardiol.* 1995;75(5):390 – 1.

49. Kodama S, Saito K, Tanaka S, et al. Cardiorespiratory fi tness as a quantitative predictor of allcause mortality and cardiovascular events in healthy men and women: a meta – analysis. *JAMA.* 2009;301(19):2024 – 35.

50. Kohl HW III, Craig CL, Lambert EV, et al. The pandemic of physical inactivity: global action for public health. *Lancet.* 2012;380(9838):294 – 305.

51. Koster A, Caserotti P, Patel KV, et al. Association of sedentary time with mortality independent of moderate to vigorous physical activity. *PLoS One.* 2012;7(6):e37696.

52. Lee IM, Rexrode KM, Cook NR, Manson JE, Buring JE. Physical activity and coronary heart disease in women: is "no pain, no gain" passe? *JAMA.* 2001;285(11):1447 – 54.

53. Ljungqvist A, Jenoure P, Engebretsen L, et al. The International Olympic Committee (IOC) consensus statement on periodic health evaluation of elite athletes, March 2009. *Br J Sports Med.* 2009;43(9):631 – 43.

54. Loprinzi PD, Lee H, Cardinal BJ. Dose response association between physical activity and biological, demographic, and perceptions of health variables. *Obes Facts.* 2013;6(4):380 – 92.

55. Malinow M, McGarry D, Kuehl K. Is exercise testing indicated for asymptomatic active people? *J Cardiac Rehab.* 1984;4:376 – 9.

56. Manniche C, Lundberg E, Christensen I, Bentzen L, Hesselsøe G. Intensive dynamic back exercises for chronic low back pain: a clinical trial. *Pain.* 1997;47(1):53 – 63.

57. Manson JE, Greenland P, LaCroix AZ, et al. Walking compared with vigorous exercise for the prevention of cardiovascular events in women. *N Engl J Med.* 2002;347(10):716 – 25.

58. Maron BJ, Doerer JJ, Haas TS, Tierney DM, Mueller FO. Sudden deaths in young competitive athletes: analysis of 1866 deaths in the United States, 1980 – 2006. *Circulation.* 2009;119(8):1085 – 92.

59. Maron BJ, Haas TS, Murphy CJ, Ahluwalia A, Rutten – Ramos S. Incidence and causes of sudden death in U. S. college athletes. *J Am Coll Cardiol.* 2014;63(16):1636 – 43.

60. Maron BJ, Shirani J, Poliac LC, Mathenge R, Roberts WC, Mueller FO. Sudden death in young competitive athletes. C linical, demographic, and pathological profi les. *JAMA.* 1996;276(3):199 – 204.

61. Maron BJ, Th ompson PD, Ackerman MJ, et al. Recommendations and considerations related to preparticipation screening for cardiovascular abnormalities in competitive athletes: 2007 update: a scientifi c statement from the A-

merican Heart Association Council on Nutrition, Physical Activity, and Metabolism: endorsed by the American College of Cardiology Foundation. *Circulation.* 2007;115(12):1643 –455.

62. Matthews CE, Chen KY, Freedson PS, et al. Amount of time spent in sedentary behaviors in the United States, 2003—2004. *Am J Epidemiol.* 2008;167(7):875 – 81.
63. Matthews CE, George SM, Moore SC, et al. Amount of time spent in sedentary behaviors and cause – specifi c mortality in US adults. *Am J Clin Nutr.* 2012;95(2):437 – 45.
64. McHenry PL. Risks of graded exercise testing. *Am J Cardiol.* 1977;39(6):935 – 7.
65. Messier SP. Obesity and osteoarthritis: disease genesis and nonpharmacologic weight management. *Med Clin North Am.* 2009;93(1):145 – 159.
66. Mittleman MA, Maclure M, Tofl er GH, Sherwood JB, Goldberg RJ, Muller JE. Triggering of acute myocardial infarction by heavy physical exertion. Protection against triggering by regular exertion. Determinants of Myocardial Infarction Onset Study Investigators. *N Engl J Med.* 1993;329(23):1677 – 83.
67. Moore SC, Lee I, Weiderpass E, et al. Association of leisure – time physical activity with risk of 26 types of cancer in 1. 44 million adults. *JAMA Intern Med.* 2016;176(6):816 – 25. doi:10. 1001/jamainternmed. 2016. 1548
68. Morrow JR Jr, DeFina LF, Leonard D, Trudelle – Jackson E, Custodio MA. Meeting physical activity guidelines and musculoskeletal injury: the WIN study. *Med Sci Sports Exerc.* 2012;44(10):1986 – 92.
69. Naci H, Ioannidis J. Comparative eff ectiveness of exercise and drug interventions on mortality outcomes: metaepidemiological study. *BMJ.* 2013;347:f5577.
70. Nelson ME, Rejeski WJ, Blair SN, et al. Physical activity and public health in older adults: recommendation from the American College of Sports Medicine and the American Heart Association. *Med Sci Sports Exerc.* 2007;39(8):1435 – 45.
71. Paff enbarger RS Jr, Hyde RT, Wing AL, Lee IM, Jung DL, Kampert JB. The association of changes in physical – activity level and other lifestyle characteristics with mortality among men. *N Engl J Med.* 1993;328(8):538 – 45.
72. Paff enbarger RS Jr, Lee IM. Smoking, physical activity, and active life expectancy. *Clin J Sport Med.* 1999;9(4):244.
73. Pate RR, Pratt M, Blair SN, et al. Physical activity and public health. A recommendation from the Centers for Disease Control and Prevention and the American College of Sports Medicine. *JAMA.* 1995;273(5):402 – 7.
74. Pescatello LS, Franklin BA, Fagard R, et al. American College of Sports Medicine position stand. Exercise and hypertension. *Med Sci Sports Exerc.* 2004;36(3):533 – 53.
75. Physical activity and cardiovascular health. NIH Consensus Development Panel on Physical Activity and Cardiovascular Health. *JAMA.* 1996;276(3):241 – 6.
76. Physical Activity Guidelines Advisory Committee. *P hysical Activity Guidelines Advisory Committee Report*, 2008 [Internet]. Washington(DC): U. S. Department of Health and Human Services; 2008 [updated Sep 24]. 683 p. Available from: http://www. health. gov/paguidelines/Report/pdf/CommitteeReport. pdf.
77. President's Council on Physical Fitness and Sports. *Defi nitions—Health, Fitness, and Physical Activity* [Internet]. Washington(DC): President's Council on Physical Fitness and Sports; 2000[cited 2016 Jun 6]. Available from: http://purl. access. gpo. gov/GPO/LPS21074.

78. Rochmis P,Blackburn H. Exercise tests. A survey of procedures,safety,and litigation experience in approximately 170,000 tests. *JAMA*. 1971;217(8):1061 -6.

79. Rockhill B,Willett WC,Manson JE,et al. Physical activity and mortality:a prospective study among women. *Am J Public Health*. 2001;91(4):578 -83.

80. Saris WH,Blair SN,van Baak MA,et al. How much physical activity is enough to prevent unhealthy weight gain? Outcome of the IASO 1st Stock Conference and consensus statement. *Obes Rev*. 2003;4(2):101 -14.

81. Scheinowitz M, Harpaz D. Safety of cardiac rehabilitation in a medically supervised, communitybased program. *Cardiology*. 2005;103(3):113 -7.

82. Schmid D,Ricci C,Leitzmann MF. Associations of objectively assessed physical activity and sedentary time with all - cause mortality in US adults:the NHANES study. *PLoS One*. 2015;10(3):e0119591.

83. Schwingshackl L,Missbach B,Dias S,Kōnig J,Hoff mann G. Impact of diff erent training modalities on glycaemic control and blood lipids in patients with type 2 diabetes: a systematic review and network meta - analysis. *Diabetologia*. 2014;57(9):1789 -97.

84. Sesso HD,Paff enbarger RS Jr,Lee IM. Physical activity and coronary heart disease in men:the Harvard Alumni Health Study. *Circulation*. 2000;102(9):975 -80.

85. Siscovick DS,Weiss NS,Fletcher RH,Lasky T. The incidence of primary cardiac arrest during vigorous exercise. *N Engl J Med*. 1984;311(14):874 -7.

86. Strickland JC,Smith M. The anxiolytic eff ects of resistance exercise. *Front Psychol*. 2014;5:753.

87. Stuart RJ Jr,Ellestad MH. National survey of exercise stress testing facilities. *Chest*. 1980;77(1):94 -7.

88. Tanasescu M,Leitzmann MF,Rimm EB,Willett WC,Stampfer MJ,Hu FB. Exercise type and intensity in relation to coronary heart disease in men. *JAMA*. 2002;288(16):1994 -2000.

89. Th ompson PD,Franklin BA,Balady GJ,et al. Exercise and acute cardiovascular events placing the risks into perspective:a scientifi c statement from the American Heart Association Council on Nutrition,Physical Activity,and Metabolism and the Council on Clinical Cardiology. *Circulation*. 2007;115(17):2358 -68.

90. Th ompson PD,Funk EJ,Carleton RA,Sturner WQ. Incidence of death during jogging in Rhode Island from 1975 through 1980. *JAMA*. 1982;247(18):2535 -8.

91. Th ompson PD,Stern MP,Williams P,Duncan K,Haskell WL,Wood PD. Death during jogging or running. A study of 18 cases. *JAMA*. 1979;242(12):1265 -7.

92. U. S. Department of Agriculture, U. S. Department of Health and Human Services. *Dietary Guidelines for Americans*,2010. 7th ed. Washington(DC):U. S. Government Printing Offi ce;2010. 112 p.

93. U. S. Department of Health and Human Services. 2008 *Physical Activity Guidelines for Americans* [Internet]. Washington(DC):U. S. Department of Health and Human Services;2008 [cited 2016 Jun 6]. Available from:http://health. gov/paguidelines/pdf/paguide. pdf.

94. U. S. Department of Health and Human Services. *Physical Activity and Health:A Report of the Surgeon General*. Atlanta(GA):U. S. Department of Health and Human Services,Public Health Service,Centers for Disease Control and Prevention,National Center for Chronic Disease Prevention and Health Promotion;1996. 278 p.

95. Van Camp SP,Bloor CM,Mueller FO,Cantu RC,Olson HG. Nontraumatic sports death in high school and college athletes. *Med Sci Sports Exerc*. 1995;27(5):641 -7.

96. Van Camp SP, Peterson RA. Cardiovascular complications of outpatient cardiac rehabilitation programs. *JAMA*. 1986;256(9):1160 – 3.

97. Vincent HK, George SZ, Seay AN, Vincent KR, Hurley RW. Resistance exercise, disability, and pain catastrophizing in obese adults with back pain. *Med Sci Sports Exerc*. 2014;46(9):1693 – 701.

98. Vongvanich P, Paul – Labrador MJ, Merz CN. Safety of medically supervised exercise in a cardiac rehabilitation center. *Am J Cardiol*. 1996;77(15):1383 – 5.

99. Wang CY, Haskell WL, Farrell SW, et al. Cardiorespiratory fi tness levels among US adults 20 – 49 years of age: findings from the 1999 – 2004 National Health and Nutrition Examination Survey. *Am J Epidemiol*. 2010;171(4): 426 – 35.

100. Wenger NK, Froelicher ES, Smith LK, et al. Cardiac rehabilitation as secondary prevention. Agency for Health Care Policy and Research and National Heart, Lung, and Blood Institute. *Clin Pract Guidel Quick Ref Guide Clin*. 1995;(17):1 – 23.

101. Whang W, Manson JE, Hu FB, et al. Physical exertion, exercise, and sudden cardiac death in women. *JAMA*. 2006;295(12):1399 – 403.

102. Williams MA, Haskell WL, Ades PA, et al. Resistance exercise in individuals with and without cardiovascular disease: 2007 update: a scientifi c statement from the American Heart Association Council on Clinical Cardiology and Council on Nutrition, Physical Activity, and Metabolism. *Circulation*. 2007;116(5):572 – 84.

103. Williams PT. Dose – response relationship of physical activity to premature and total all – cause and cardiovascular disease mortality in walkers. *PLoS One*. 2013;8(11):e78777.

104. Williams PT. Physical fi tness and activity as separate heart disease risk factors: a meta – analysis. *Med Sci Sports Exerc*. 2001;33(5):754 – 61.

105. Willich SN, Lewis M, Löwel H, Arntz HR, Schubert F, Schröder R. Physical exertion as a trigger of acute myocardial infarction. Triggers and Mechanisms of Myocardial Infarction Study Group. *N Engl J Med*. 1993;329(23): 1684 – 90.

106. Yang Z, Scott CA, Mao C, Tang J, Farmer AJ. Resistance exercise versus aerobic exercise for type 2 diabetes: a systematic review and meta – analysis. *Sports Med*. 2014;44(4):487 – 99.

107. Yu S, Yarnell JW, Sweetnam PM, Murray L. What level of physical activity protects against premature cardiovascular death? The Caerphilly study. *Heart*. 2003;89(5):502 – 6.

第二章　运动前健康筛查

概　述

过去，运动参与者的健康筛查流程的核心是对所有个体进行危险分层（低、中、高危分层），这种危险分层是基于心血管疾病（CVD）危险因素数量和确诊的心血管（CV）、代谢和/或肺部疾病及其症状和体征的，运动前医学检查和运动测试的推荐也是基于危险分层和预期的运动强度的。这些推荐用于避免确诊的或隐匿性的 CVD 静坐少动个体由于不适应较大强度运动而导致的暂时性运动风险增高，包括猝死（SCD）和急性心肌梗死（AMI）的风险，详见第一章。

运动前健康筛查的总体目标在之前各版本的指南中保持一致，但本书的第二章对其进行了以下的更新：

1. 运动前健康筛查流程包括如下几个方面：（1）个体当前的体力活动（PA）水平；（2）确诊的 CV、代谢或肾脏疾病及其症状和体征；（3）预期的运动强度。这三个方面已被证明是运动相关 CV 事件的重要危险因素。

2. 不再将 CVD 危险因素评估作为决定是否将运动参与者转介给健康管理机构进行中等到较大强度运动计划的一部分。

3. 不再推荐低、中、高危险分层流程。

4. 提供针对医学筛查和特殊医学检查或运动测试的一般推荐，让健康管理者选择筛查方式。

5. 不再推荐有肺部疾病的个体在开始运动训练计划前进行医学筛查。

这一版本的指南不仅继续鼓励有意向开始运动或提高运动水平或参与其他 PA 项目的人们进行运动前健康筛查，还寻求到一种比第九版中所更新的更简单的运动前健康筛查流程，为适应活跃的生活方式去除不必要的障碍[23]。当确诊疾病或存在疾病相关症状和体征的患者遇到问题时，或担心个体的能力在参加运动计划时存在任何其他安全性问题时，这一版本的指南仍然继续推荐运动专家与医学专家一起提供咨询。新的运动前健康筛查推荐并不能替代必要的临床诊断，仍然要根据个体的情况决定是否转介给健康管理机构在开始运动计划前进行医学筛查。

更新的运动前健康筛查流程是基于 2014 年美国运动医学学会（ACSM）组织的科学圆桌会的讨论结果[25]确定的。全体专家组一致同意 CV 事件的相对风险与安静时相比，在较大强度运动时会有暂时性的增高，但运动相关急性心脏事件的绝对风险在健康、无症状的个体中是很低的（见图 1.2）[1,15,19,20,28-30,35]。因此，运动前健康筛查当然是必须的，但推荐的筛查流程需要提炼，以便更好地体现科学性并减少参与 PA 的潜在障碍。新的有证据支持的运动前健康筛查模型是根据个体当前的 PA 水平，确诊的 CV、代谢或肾脏疾病及其症状或体征，以及参与或预期的运动强度进行医学筛查推荐的筛查流程[25]。纳入这些因素是因为在成年人中，已证明体力活动相关的 SCD 和 AMI 风险在隐匿性 CVD 人群进行不适应的较大强度 PA 时最高[7,20,29]。在较大到接近最大强度运动时，SCD 和 AMI 的相对危险度与是否存在 CVD 和/或劳力性症状[29]呈正相关，且与习惯的 PA 水平呈负相关[1,2,5,8,20,23,24]。没有症状的个体即使在进行较大强度运动时，运动中负性 CV 事件的相对和绝对风险也极低[26,28,30]。

有不充分证据显示，存在 CVD 危险因素但没有隐匿性疾病时，仍有发生运动相关负性 CV 事件的风险。成年人 CVD 危险因素[36]的发病率虽然很高，但其运动相关的 SCD 和 AMI 发病率却极低，这说明成年人通过评估危险因素来预测这些发生率极低的事件的能力是很差的，特别是在其他方面均健康的成年人中[29,31]。此外，近期的研究证明危险因素的发生率很高，特别是在老年人中，因此传统的基于 CVD 危险因素的运动前健康筛查可能过于保守，而且会导致过多地向医生转诊[36]。尽管这一版本的指南已从运动前健康筛查中去掉了 CVD 危险因素评估，但仍然肯定了明确和控制 CVD 危险因素的重要性，它可以作为整体 CV 和代谢疾病预防和管理的重要目标。鼓励运动专家将患者或顾客的 CVD 危险因素评估作为运动前评估的一部分（见第三章），运动专家不用考虑危险因素的数量，但要应用临床诊断并基于个体情况决定是否转介给健康管理机构进行医学筛查。

在新的运动前健康筛查流程中，不再推荐有肺部疾病的个体进行筛查，因为肺部疾病并不会增加运动中或运动后即刻非致死性或致死性 CV 并发症的风险，实际上，许多肺部疾病患者这类事件风险的增加是由其静坐少动的生活方式引起的[13]。然而，慢性阻塞性肺部疾病（COPD）和 CVD 常常与吸烟这个最常见的危险因素相关，而且患有 COPD 且正在抽烟或曾长期抽烟是所有 CV 事件的独立预测因子[6]。因此，在运动前健康筛查的流程中关注 COPD 患者 CV 和代谢疾病的症状和体征是必要的。虽然进行了这些改变，但肺部或其他疾病的存在仍然是制订最安全、最有效的运动处方（Ex R_x）所要考虑的重要因素[25]。

新的 ACSM 运动前健康筛查流程的目标是确定：（1）在开始运动计划前或在增加当前计划的运动频率、强度和/或运动量前，是否需要进行医学筛查；（2）有临床疾病的患者，是否能在参与有医务监督的运动计划中获益；（3）有医学问题者是否需要暂停运动计划，直到问题得到较好的控制或解决。本章提供了使用新版运动前健康筛查流程的指南，包括：

1. 确定当前的 PA 水平。
2. 确定隐匿性 CV、代谢和肾脏疾病的症状和体征（表 2.1）。
3. 确定确诊了 CV 和代谢性疾病的患者。
4. 在症状、体征、病史及当前的运动情况和预期的运动强度的基础上确定医学筛查推荐。

表 2.1　心血管、代谢和肾脏疾病的主要症状或体征[1]

症状或体征	解释/临床意义
疼痛，可能由缺血引起的胸部、颈部、下颌、手臂或其他部位不适（或其他类似心绞痛的感觉）	心脏疾病，尤其是冠状动脉疾病的主要表现之一 局部缺血的主要特点包括： 1. 性质：紧缩感、压榨感、烧灼感、“沉重”感 2. 位置：胸骨下、胸前区、单侧或双侧手臂、下颌、肩部、颈部、面颊、牙齿、前臂、手指、肩胛间 3. 诱发因素：运动或用力、兴奋、应激、冷环境、餐后发生 非局部缺血的主要特点包括： 1. 性质：钝痛、“刀割样”痛、锐痛、刺痛、呼吸时刺痛加重 2. 位置：左乳区、左半胸 3. 诱发因素：运动后、某一特定的身体动作
休息或轻度活动时呼吸困难	呼吸困难（定义为反常不适的呼吸感觉）是心脏和肺部疾病的主要症状之一。通常在健康而训练有素的个体进行剧烈活动时和健康未经训练的个体进行中等强度活动时发生是正常的。但如果在进行原本不会引起呼吸困难的活动时发生这种情况，则考虑为异常现象。异常的劳力性呼吸困难提示心肺功能失调，特别是左心室功能紊乱或 COPD。
眩晕或晕厥	晕厥（定义为意识丧失）通常由脑部缺血引起。眩晕，特别是运动过程中晕厥，可能是由心脏功能失调导致心输出量不能正常增加（甚至出现下降）造成。这种心脏功能失调有潜在的致命危险，包括严重的冠状动脉疾病、肥厚型心肌病、主动脉狭窄和严重的室性心律失常。不应该忽视运动后即刻发生的眩晕或晕厥，但也要注意，在静脉回流减少的健康人中也会出现这样的症状。
端坐呼吸或夜间阵发性呼吸困难	端坐呼吸是发生在卧位休息时的呼吸困难，坐起或站立后缓解。夜间阵发性呼吸困难通常在入睡后 2 ~5 小时发生，能通过坐在床边或下床得到缓解。两者都是左心室功能紊乱的症状。虽然夜间阵发性呼吸困难也可以发生在 COPD 患者中，但是两者是有区别的，COPD 的呼吸困难通常在排痰后得到缓解，而不是通过坐起来缓解。
脚踝水肿	夜间明显的双侧脚踝水肿是心力衰竭或双侧慢性静脉功能不全的典型体征。单侧下肢水肿通常是由该侧肢体的静脉血栓或淋巴回流障碍引起的。全身性水肿发生在有肾病综合症、严重的心力衰竭或肝硬化的患者中。

续表

症状或体征	解释/临床意义
心悸或心动过速	心悸（定义为心脏快速或强有力地跳动产生的不适感）可以由各种心律失常引起，包括：心动过速、阵发性心动过缓、异位节律、代偿间歇和瓣膜反流引起的每搏输出量增加。心悸通常是由焦虑或高心输出量（或功能亢进）引起的，如贫血、感冒、甲状腺功能亢进、动静脉瘘和先天性心脏功能亢进综合症。
间歇性跛行	间歇性跛行是运动诱发的、供血不足（通常是动脉粥样硬化引起的）引起的下肢疼痛。在站位或坐位时疼痛不发生，每天重复发生，上楼梯或爬山时加重，常被描述为“抽筋”，停止运动后 1 ~ 2 min 内症状消失。冠状动脉疾病在有间歇性跛行的人中较常见。糖尿病患者发生间歇性跛行的风险增加。
确诊的心脏杂音	虽然有些心脏杂音没有临床意义，但存在心脏杂音可能意味着有瓣膜疾病或其他心血管疾病。从运动安全的角度出发，排除肥厚型心肌病和主动脉狭窄引起的心脏杂音是特别重要的，因为它们是劳力性猝死比较常见的原因。
日常活动时异常的疲劳或呼吸困难	虽然这些症状可能并非疾病引起的，但是它们也可能提示存在心血管或代谢性疾病或这些疾病状态发生变化。

这些症状或体征必须结合临床来解释，因为它们不全是心血管、代谢或肾脏疾病的特异性表现。

经允许，改编自［12］。

根据运动前健康筛查流程，考虑上述几点能使运动专家更好地确定参与者运动或 PA 相关的 CV 并发症的发生风险。设计该流程是用来确定在开始运动计划或增加当前计划的运动频率、强度和/或运动量前，是否需要进行医学筛查；还能帮助确定有临床疾病的患者，是否能在参与有医务监督的运动计划中获益；以及有医学问题者是否需要暂停运动计划，直到问题得到较好的控制或解决[18,25]。

第一节　运动前健康筛查

此部分为服务于大众和非临床人群的运动专家提供了运动前健康筛查指南。针对临床或心脏康复机构的工作人员的推荐，在后面的章节单独描述。

开始进行 PA 或运动计划前的运动前健康筛查包括两个步骤：

1. 开始运动或运动进阶前是否需要进行医学筛查可使用新版修正的 ACSM 筛查流程（见图 2.2）在注册运动或健康管理专家的帮助下确定。在没有专家协助时，感兴趣者可以使用自我筛查方法（见后文）。

2. 如果在筛查中发现指征（见图 2.2），相应的健康管理人士（如初级治疗师或内科医生、心脏病专家）应考虑进行医学筛查，筛查方式应根据临床判断由健康管理人士来确定。

开始运动计划前的运动前健康筛查应与定期的医学检查相区别[23]，应该鼓励将定期的医学检查作为日常健康管理的一部分。

第二节 自我筛查方法

所有想要开始运动计划的个体都应使用运动前健康筛查的自我筛查工具进行筛查。此部分一个明显的变化是将体力活动准备问卷（PAR－Q）和 AHA/ACSM 健康/体适能机构运动前健康筛查问卷简化为“PAR－Q＋”问卷[3,34]。传统的 AHA/ACSM 问卷不再使用，因为它主要依赖危险因素评估，而危险因素评估已不再是运动前健康筛查流程的一部分。PAR－Q 问卷近期已更新为 PAR－Q＋（见图2.1），该问卷包括一些附加的问题可以更好地指导运动前推荐[34]。新版的 PAR－Q＋是在大量证据的基础上发展而来，可以一定程度地减少运动障碍和筛查的假阳性率[14]，此工具使用附加问题更好地完善了基于近期医学史和症状的运动前推荐。PAR－Q＋可作为自我运动前健康筛查工具，也可以作为专家的辅助工具用于收集新版筛查流程外的其他筛查信息。值得注意的是，完整地填写 PAR－Q＋问卷所需要的认知能力可能高于以前的 PAR－Q 问卷，因此，有些个体可能需要帮助才能完成 PAR－Q＋。

第三节 ACSM 运动前筛查流程

ACSM 运动前筛查流程（见图2.2）是一个新的用于确定参与者在有氧运动中或运动后即刻是否存在 CV 并发症风险的方法。尽管抗阻训练越来越流行[32]，目前的证据还不足以证明抗阻训练中 CV 并发症的风险，进而确定正规的运动前筛查推荐。由于抗阻训练中 CV 并发症的数据非常少，因此目前很难确定其风险，但此风险似乎很低[10,11,38]。

一、筛查流程

筛查流程（见图2.2）最开始需要确认个体目前是否有规律运动习惯，目的是更好地确定这些个体是否已经适应了规律的体力活动的用力程度，对于还没有适应者，运动可能会对其 CV 系统产生过度的负荷并增加 CV 并发症的风险。当前有运动习惯的参与者是指其有进行有计划的、系统性的 PA 的习惯，并在过去的 3 个月进行至少每周 3 天、至少 30 min 中等强度的运动。

2014 PAR－Q＋

全人群体力活动准备问卷

规律的体力活动带来的健康益处已得到公认，应该鼓励更多的人每天进行体力活动。体力活动对大多数人来说是非常安全的，此问卷会告诉你是否有必要在开始进一步的运动前向医生或注册运动专家进行咨询。

常规健康问题

请认真阅读以下 7 个问题并根据真实情况选择“是”或“否”。	是	否
（1）是否曾经听医生说过你有心脏病 □ 或高血压 □？	□	□
（2）在日常生活中**或**进行体力活动时是否出现过胸痛？	□	□
（3）在过去的 12 个月中，是否因头晕而失去平衡**或**失去知觉？ 如果你的头晕与过度通气（包括进行较大强度运动时）有关，请回答“**否**”。	□	□
（4）是否确诊患有其他慢性疾病（除心脏病或高血压外）？ **请填写疾病名称：**________________	□	□
（5）是否正在服用治疗慢性疾病的药物？ **请填写药物名称及其治疗的疾病：**________________	□	□
（6）目前（或在过去的 12 个月内）是否存在运动时加重的骨、关节或软组织（肌肉、韧带或肌腱）问题？ 如果你过去有问题，但现在并不影响你开始进一步的运动，请回答“**否**”。 **请填写存在的问题：**________________	□	□
（7）是否曾经听医生说过你只能在医务监督（有专业人士监督或仪器监测）下进行体力活动？	□	□

如果以上问题你的回答都为“否”，说明你可以安全地参加进一步的体力活动。
你可以跳过第2页和第3页，直接在第4页的“参与者声明”中签名。

- 应循序渐进地开始进一步的运动。
- 根据国际体力活动指南对应年龄的推荐（www.who.int/dietphysicalactivity/en/）进行运动。
- 可以进行健康和体适能评估。
- 如果你的年龄超过45岁且没有规律的较大强度到最大强度运动的习惯，请在参加这类强度较大的运动前咨询注册运动专家。
- 如果你有其他问题，请联系注册运动专家。

如果以上问题你有一个或多个回答为“是”，请继续填写第2页和第3页。

如果有以下任何情形，请暂缓开始进一步的运动：

- 急性疾病期间，如：严重感冒或发烧，请在病情缓解后再开始运动。
- 妊娠期，请在开始进一步的运动前咨询医生、注册运动专家，并填写ePARmed-X+问卷（www.eparmedx.com）。
- 如果你的健康状况发生改变，请在开始任何一种体力活动前填写此问卷的第2页和第3页，并咨询医生或注册运动专家。

OSHF

 1/4
08-01-2014

图 2.1　体力活动准备问卷＋（PAR－Q＋）　（待续）

经允许引自 PAR－Q 合作方和 PAR－Q＋【3】的作者。

2014 PAR－Q＋

疾病补充问题

1. 是否有关节炎、骨质疏松症或腰背问题？ 是□ 否□

如果回答为“是”，继续回答问题1a－1c；如果回答为“否”，跳到问题2

1a. 是否在药物或其他医学治疗后仍然无法很好地控制病情？（如果你目前并没有服用药物或进行其他治疗，请回答“否”） 是□ 否□

1b. 是否有引起疼痛的关节问题、近期骨折或由骨质疏松症或癌症引起的骨折、椎体移位（如：滑脱），和/或峡部裂/峡部缺陷（脊柱背侧的椎骨弓裂纹）？ 是□ 否□

1c. 是否定期注射或服用类固醇药物超过3个月？ 是□ 否□

2. 是否患有癌症？ 是□ 否□

如果回答为“是”，继续回答问题2a－2b；如果回答为“否”，跳到问题3

2a. 是否有已确诊的肺部/支气管、多发性骨髓瘤（血癌）、头部和颈部的癌症？ 是□ 否□

2b. 目前是否正在接受癌症治疗（如：化疗和放疗）？ 是□ 否□

3. 是否有心脏或心血管疾病？包括冠状动脉疾病、心力衰竭、确诊的心律失常。 是□ 否□

如果回答为“是”，继续回答问题3a－3d；如果回答为“否”，跳到问题4

3a. 是否在药物或其他医学治疗后仍然无法很好地控制病情？（如果你目前并没有服用药物或进行其他治疗，请回答“否”） 是□ 否□

3b. 是否存在需要治疗的心律失常？（如：心房颤动、室性早搏） 是□ 否□

3c. 是否有慢性心力衰竭？ 是□ 否□

3d. 是否有确诊的冠状动脉（心血管）疾病，且在最近的2个月中没有参加规律的体力活动？ 是□ 否□

4. 是否有高血压？ 是□ 否□

如果回答为“是”，继续回答问题4a－4b；如果回答为“否”，跳到问题5

4a. 是否在药物或其他医学治疗后仍然无法很好地控制血压？（如果你目前并没有服用药物或进行其他治疗，请回答“否”） 是□ 否□

4b. 无论服药与否，安静血压是否都大于160/90 mmHg？（如果不知道安静血压是多少，请回答“是”） 是□ 否□

5. 是否患有代谢性疾病？包括1型和2型糖尿病、糖尿病前期。 是□ 否□

如果回答为“是”，继续回答问题5a－5e；如果回答为“否”，跳到问题6

5a. 是否在饮食控制、药物治疗或其他医学治疗后仍然经常无法很好地控制血糖水平？ 是□ 否□

5b. 是否经常在运动和/或日常生活活动后出现低血糖症状和体征？低血糖的症状包括颤抖、紧张、异常烦躁、异常出汗、眩晕或轻度头晕、精神错乱、说话困难、虚弱或嗜睡。 是□ 否□

5c. 是否有糖尿病并发症的症状或体征？如心脏或心血管疾病和/或眼部、肾脏并发症，**或**足部感觉障碍？ 是□ 否□

5d. 是否有其他代谢性疾病（如：当前存在的妊娠糖尿病、慢性肾脏疾病或肝脏问题）？ 是□ 否□

5e. 近期是否打算参加对你来说强度非常高（或较大强度）的运动？ 是□ 否□

 2/4
08-01-2014

图2.1 体力活动准备问卷+（PAR－Q＋） （续）

2014 PAR－Q＋

6. 是否有精神问题或学习障碍？包括老年痴呆症、痴呆、抑郁症、焦虑症、饮食紊乱、精神异常、智力残疾、唐氏综合征。 如果回答为“是”，继续回答问题 6a－6b；如果回答为“**否**”，跳到问题 7	是☐ 否☐
6a. 是否在药物或其他医学治疗后仍然无法很好地控制病情？ （如果你目前并没有服用药物或进行其他治疗，请回答“**否**”）	是☐ 否☐
6b. 你有唐氏综合征或影响神经、肌肉的背部问题吗？	是☐ 否☐
7. 你有呼吸道疾病吗？包括慢性阻塞性肺病、哮喘、肺高压。 如果回答为“是”，继续回答问题 7a－7d；如果回答为“**否**”，跳到问题 8	是☐ 否☐
7a. 是否在药物或其他医学治疗后病情仍然无法控制？ （如果你目前并没有服用药物或进行其他治疗，请回答“**否**”）	是☐ 否☐
7b. 是否曾经听医生说过你的血氧水平在休息或运动时偏低？和/或你需要进行支持性吸氧治疗？	是☐ 否☐
7c. 如果你有哮喘，现在是否有胸闷、喘息、呼吸困难、持续咳嗽（超过 2d/wk）的症状，或者你在最近的一周是否用过两次以上的抢救药物？	是☐ 否☐
7d. 是否曾经听医生说过你的肺部血管血压高？	是☐ 否☐
8. 是否有脊髓损伤？包括四肢瘫和截瘫。 如果回答为“是”，继续回答问题 8a－8c；如果回答为“**否**”，跳到问题 9	是☐ 否☐
8a. 是否在药物或其他医学治疗后仍然无法很好地控制病情？ （如果你目前并没有服用药物或进行其他治疗，请回答“**否**”）	是☐ 否☐
8b. 是否经常出现安静血压偏低并引起头晕、眩晕或晕厥的情况？	是☐ 否☐
8c. 是否曾经听医生说过你有突发性高血压（自主神经功能紊乱）？	是☐ 否☐
9. 是否发生过中风？包括短暂性脑缺血发作（TIA）或脑血管事件。 如果回答为“是”，继续回答问题 9a－9c；如果回答为“**否**”，跳到问题 10	是☐ 否☐
9a. 是否在药物或其他医学治疗后仍然无法很好地控制病情？ （如果你目前并没有服用药物或进行其他治疗，请回答“**否**”）	是☐ 否☐
9b. 是否有步行或活动障碍？	是☐ 否☐
9c. 在过去 6 个月内是否有过中风或神经/肌肉损害？	是☐ 否☐
10. 是否有以上未列出的其他疾病，或是否有两个或两个以上的疾病？ 如果回答为“是”，继续回答问题 10a－10c；如果回答为“**否**”，直接阅读第 4 页的推荐	是☐ 否☐
10a. 在过去的 12 个月内，是否发生过由头部受伤导致的晕厥、晕倒、**或**失去知觉的情况？或最近的 12 个月内是否曾经确诊过脑震荡？	是☐ 否☐
10b. 是否有未列出的疾病（如：癫痫、神经系统疾病、肾脏问题）？	是☐ 否☐
10c. 目前是否同时存在两个或两个以上的疾病？	是☐ 否☐

请填写疾病及其治疗药物的名称：＿＿＿＿＿＿＿＿＿＿＿＿＿＿＿＿

＿＿＿＿＿＿＿＿＿＿＿＿＿＿＿＿

请阅读第 4 页：基于你的健康状况的推荐，并在“参与者声明”中签字。

图 2.1 体力活动准备问卷＋（PAR－Q＋） **（续）**

2014 PAR－Q＋

如果所有的疾病补充问题你的回答都为“否”，说明你可以安全地参加进一步的体力活动，请在下面的“参与者声明”中签字。

- 咨询注册运动专家，请他帮你制订一个安全、有效的体力活动计划以达到目的。
- 循序渐进：从每周3~5次20~60分钟低到中等强度的有氧运动和力量训练开始。
- 逐步增加到每周150分钟或更长时间的中等强度运动。
- 如果你的年龄超过45岁，且**没有**规律的较大强度到最大强度运动的习惯，请在参加这类强度较大的运动前咨询注册运动专家。

如果疾病补充问题中你有一个或多个回答为“是”。

在参加进一步的体力活动或体适能评估之前咨询专家。填写专门设计的筛查问卷并进行运动咨询：如填写www.eparmedx.com上的**ePARmed-X+问卷**，和/或在注册运动专家的帮助下填写该问卷并获得更多的帮助。

如果有以下任何情形，请暂缓开始进一步的运动：

- 急性疾病期间，如严重感冒或发烧，请在病情缓解后再开始运动。
- 妊娠期：在开始运动前咨询医生、注册运动专家，并填写ePARmed-X+问卷。
- 如果你的健康状况改变，请在开始任何体力活动前咨询医生或注册运动专家。

- 使用该问卷时应完全遵照完整的原文，不允许进行任何改变。
- 问卷作者和合作方、合作组织及其代理机构不承担体力活动者和/或使用PAR－Q＋和PARmed－X＋问卷者的责任。如果对问卷填写有疑问，请在开始体力活动前咨询医生。

参与者声明

- 完成PAR－Q＋问卷者，请阅读下面的声明并签字确认。
- 未达到法定年龄者需要进行咨询或得到医生许可，请父母、监护人和医生同时在下方签字。

本人已经阅读、完全理解并认真填写此问卷，认可此声明自签署之日起12个月内有效，当本人健康状况改变时失效。本人知晓委托人（如雇主、社团/体适能中心、医生或其他签名者）可同时得到该问卷的复印件存档。因此，委托人必须遵守地方、国家的个人健康信息存储法规，确保委托人对私人信息进行保密，并不会滥用或错误公开此信息。

姓名：＿＿＿＿＿＿＿＿＿＿＿＿　　日期：＿＿＿＿＿＿＿＿＿＿＿＿

签名：＿＿＿＿＿＿＿＿＿＿＿＿　　证明人：＿＿＿＿＿＿＿＿＿＿＿＿

父母/监护人/医生签名：＿＿＿＿＿＿＿＿＿＿＿＿＿＿＿＿＿＿＿＿

更多信息请访问

www.eparmedx.com，联系方式：eparmedx@gmall.com。

问卷出处：Warburton DER, Jamnik VK, Bredin SSD, and Gledhill N on behalf of the PAR-Q+ Collaboration. The Physical Activity Readiness Questionnaire for Everyone (PAR-Q+) and Electronic Physical Activity Readiness Medical Examination (ePARmed-X+). Health & Fitness Journal of Canada 4(2):3-23, 2011.

此PAR-Q+问卷是由PAR-Q+合作方主管Darren E.R. Warburton医生和Norman Gledhill医生、Veronica Jamnik医生、以及Donald C. McKenzie[2]医生根据询证AGREE流程[1]创造的。此文档的运营已得到加拿大公共卫生部和BC健康服务部的资助，但问卷中的观点并不代表这两个部门的观点。

主要参考文献：

1. Jamnik VK, Warburton DER, Makarski J, McKenzie DC, Shephard RJ, Stone J, and Gledhill N. Enhancing the effectiveness of clearance for physical activity participation; background and overall process. APNM 36(S1):S3-S13, 2011.
2. Warburton DER, Gledhill N, Jamnik VK, Bredin SSD, McKenzie DC, Stone J, Charlesworth S, and Shephard RJ. Evidence-based risk assessment and recommendations for physical activity clearance; Consensus Document. APNM 36(S1):S266-S298, 2011.

图2.1　体力活动准备问卷＋（PAR－Q＋）　　（续）

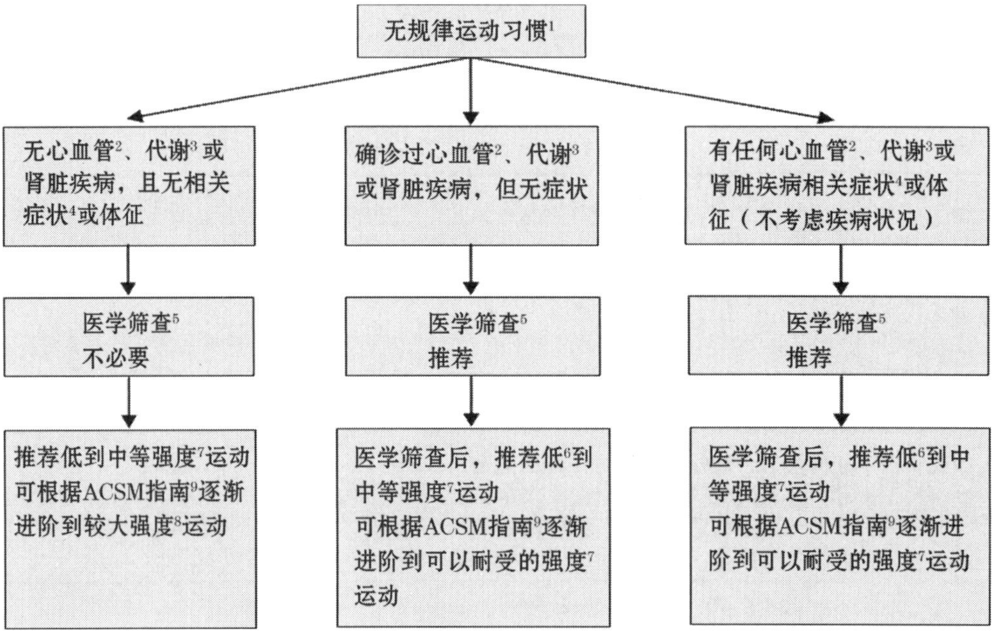

1 运动习惯：进行至少 3d/wk、30 min/d、中等强度的有计划、系统性的体力活动，持续至少 3 个月。

2 心血管（CV）疾病：心脏、外周血管或脑血管疾病。

3 代谢疾病：1 型和 2 型糖尿病。

4 症状和体征：安静或活动时。包括：疼痛，可能由缺血引起的胸、颈、下颌、手臂或其他部位的不适，安静或轻度用力时呼吸困难，眩晕或晕厥，端坐呼吸或夜间阵发性呼吸困难，脚踝水肿，心悸或心动过速，间歇性跛行，确诊的心脏杂音，常规运动时出现异常疲劳或呼吸困难。

5 医学筛查：健康管理专业机构提供运动许可证明。

6 低强度运动：30% ~39% HRR 或 $\dot{V}O_2R$；2 ~2.9 METs，RPE 9 ~11，HR 和呼吸略加快。

7 中等强度运动：40% ~59% HRR 或 $\dot{V}O_2R$；3 ~5.9 METs，RPE 12 ~13，HR 和呼吸明显加快。

8 较大强度运动：60% HRR 或 $\dot{V}O_2R$；≥6 METs，RPE≥14，HR 和呼吸显著加快。

9ACSM 指南：见 ACSM 运动测试与运动处方指南，第 10 版，2017.

图 2.2　ACSM 运动前健康筛查流程　（待续）

经允许，引自［25］。

ACSM：美国运动医学学会；HR：心率；HRR：储备心率；METs：代谢当量；RPE：主观疲劳感觉；$\dot{V}O_2R$：储备摄氧量。

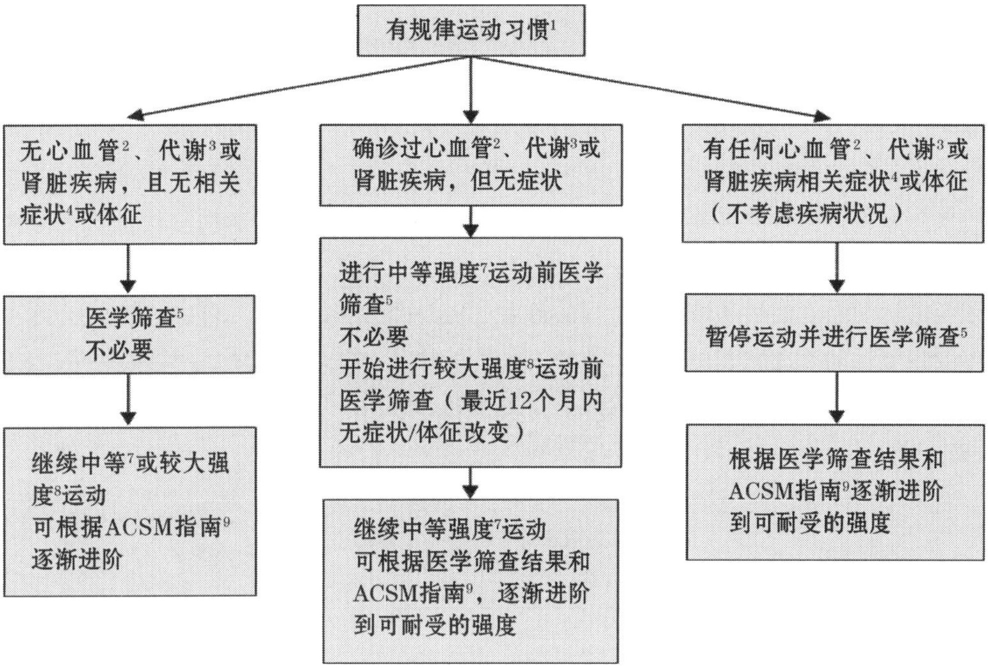

1 运动习惯：进行至少 3d/wk、30 min/d、中等强度的有计划、系统性的体力活动，持续至少 3 个月。

2 心血管（CV）疾病：心脏、外周血管或脑血管疾病。

3 代谢疾病：1 型和 2 型糖尿病。

4 症状和体征：安静或活动时。包括：疼痛，可能由缺血引起的胸、颈、下颌、手臂或其他部位的不适，安静或轻度用力时呼吸困难，眩晕或晕厥，端坐呼吸或夜间阵发性呼吸困难，脚踝水肿，心悸或心动过速，间歇性跛行，确诊的心脏杂音，常规运动时出现异常疲劳或呼吸困难。

5 医学筛查：健康管理专业机构提供运动许可证明。

6 低强度运动：30% ~39% HRR 或 $\dot{V}O_2R$；2 ~2.9 METs，RPE 9 ~11，HR 和呼吸略加快。

7 中等强度运动：40% ~59% HRR 或 $\dot{V}O_2R$；3 ~5.9 METs，RPE 12 ~13，HR 和呼吸明显加快。

8 较大强度运动：≥60% HRR 或 $\dot{V}O_2R$；≥6 METs，RPE≥14，HR 和呼吸显著加快。

9ACSM 指南：见 ACSM 运动测试与运动处方指南，第 10 版，2017.

图 2.2　ACSM 运动前健康筛查流程　　　　**（续）**

下一步则需要确定已确诊 CV、代谢或肾脏疾病，或有心脏、外周血管或脑血管疾病，1 型和 2 型糖尿病（DM）和肾脏疾病相关症状或体征者。在进行运动前筛查时，应该询问参与者，是否有医生或其他认证的健康管理人士曾经诊断过他们有这些疾病。在运动前健康筛查的过程中，高血压应考虑为 CVD 危险因素但不是心脏疾病[4]。其他有关 CVD 危险因素评估的内容请参考第三章。

一旦某个体的疾病状态确定，就要将注意力转向此疾病相关的症状和体征。运动前健康筛查关注的 CV、代谢和肾脏疾病可能存在于运动参与者中，但未必得到诊断。为了更好地鉴别出这类可能存在未诊断疾病的个体，应该筛查参与者是否存在这些疾病相关的症状和体征（详见表2.1）。应该注意结合参与者近期的健康史解释这些症状和体征，并结合其他信息来解释不明确的反应。比如，参与者可能会说其近期有气喘的现象，而这个现象并非CVD的特异性症状，很多因素都会引起呼吸困难。相关的附加问题可以包括："发生这种情况时你在做什么?"或"除做这种活动外，其他时候会不会出现更严重的气喘?"。这些问题可以提供更好地解释以更好地区分是否是潜在的疾病症状和体征。运动参与者运动前健康筛查清单（见图2.3）可以在运动前筛查过程中协助运动专家工作。

预期的运动强度是运动前筛查流程的最后一步。因为在特定的人群中，较大强度运动与低到中等强度运动相比更有可能诱发急性CV事件[20,29]，因此，确定参与者希望进行的运动强度是很重要的。在流程图的脚注处提供了上述名词和低、中等、较大强度运动的定义。有关运动强度的其他信息可以在表6.1中查到。

运动前健康筛查问卷（专家版）

评估顾客的健康情况，勾选对应情况。

第1步：

症状和体征

☐ 劳力性胸部不适

☐ 无原因的呼吸困难

☐ 眩晕、晕厥、黑蒙

☐ 踝关节水肿

☐ 剧烈、快速或不规则的心跳产生的不适感

☐ 短距离行走时下肢灼烧感或"抽筋样"感觉

☐ 已知的心脏杂音

如果症状栏**勾选**了任何情况，**停止**询问，该顾客在开始或恢复运动前应该进行医学筛查。该顾客可能同时需要医务监督（使用设备并有**专业医务人员**在场）。

如果没有勾选任何症状，继续第2和第3步。

第2步：

当前活动

顾客是否进行至少3d/wk、30 min/d、中等强度的有计划、系统性的体力活动，持续至少3个月。

是☐　否☐

继续第3步

图2.3　运动前健康筛查问卷　　**（待续）**

第3步：

医学情况

顾客是否曾经或现在存在：

☐ 心脏骤停

☐ 心脏手术、心脏导管插入术、冠状动脉成型术

☐ 心脏起搏器、植入性心脏除颤器、心律失常

☐ 心瓣膜病

☐ 心力衰竭

☐ 心脏移植

☐ 先天性心脏病

☐ 糖尿病

☐ 肾脏疾病

评估第2和第3步

- 如果**没有勾选第3步的任何情况**，不需要进行医学筛查。
- 如果第2步勾选了**"是"**并**勾选了第3步的任何情况**，顾客可以在无医学筛查时继续进行低到中等强度运动，如果要进行较大强度运动，则推荐进行医学筛查。
- 如果第2步勾选了**"否"**并**勾选了第3步的任何情况**，推荐进行医学筛查。顾客可能同时需要医务监督（使用设备并有专业医务人员在场）。

图2.3 运动前健康筛查问卷（专家版） **（续）**

经允许，引自［18］

二、筛查流程的应用

根据运动前筛查流程，参与者可被分为6类，每一类按图2.2从左到右的具体解释见下文。重要的是，运动专家使用该流程时需要监督参与者发生的变化，特别是可能改变其分类和推荐的变化。比如：在开始运动前声明没有任何疾病的症状或体征的参与者可能在开始运动后会出现症状或体征，这将会导致需要推荐进一步的筛查。

1. 当前没有运动习惯且没有CV、代谢、肾脏疾病史及其症状或体征的健康参与者可以不进行医学筛查，即刻开始低到中等强度的运动计划。如果需要的话，由中等强度进阶更高强度需要遵从第六章的Ex R_x 原则。

2. 当前没有运动习惯但有确诊的CV、代谢或肾脏疾病且无相应症状的参与者需要在开始任何强度的系统性运动计划前进行医学筛查。经过医学筛查后，该个体可以开始一些低到中等强度的运动并在耐受后根据ACSM指南逐步进阶。

3. 当前没有运动习惯但有症状的参与者应该进行医学筛查，不管有没有疾病。如果症

状或体征发生在日常生活活动时，则需立即进行医学筛查。经过医学筛查后，该个体可以开始一些低到中等强度的运动并在耐受后根据 ACSM 指南进行进阶（见第六章）。

4. 有规律运动习惯且没有 CV、代谢、肾脏疾病史及其症状或体征的参与者可以继续他们当前的运动量或强度，或进行适宜的进阶，不需要进行医学筛查。

5. 有规律运动习惯且有确诊的 CV、代谢或肾脏疾病，但当前无相应症状和体征（即临床状态“稳定”）的参与者可以继续中等强度运动而不需要医学筛查。但如果这些个体想要进阶到较大强度有氧运动，则推荐进行医学筛查。

6. 有规律运动习惯但有 CV、代谢或肾脏疾病相关症状或体征的参与者（不管有没有疾病），应该暂停运动并在继续任何强度运动前进行医学筛查。

当确定参与者需要进行医学筛查后，应该推荐他们去咨询相应的专科医生或健康管理人士。注意，因为并没有一个简单、通用的筛查检查推荐，故医学筛查的方式应留给推荐的健康管理人士根据临床判断决定。不同的健康管理人士筛查时使用的流程和方式可能会千差万别，包括：沟通咨询、安静或运动负荷心电图（ECG）或超声心动图、计算机断层扫描（CT）以评估冠状动脉硬化，以及核医学影响检查或血管造影术。运动专家可以要求有问题的参与者提供书面的说明和特殊指导或注意事项（如运动强度），并且强烈建议健康管理人士与运动专家保持持续沟通。为了更好地理解运动前筛查流程，可参考专栏 2.1 中的案例分析。

专栏 2.1　决定是否需要进行运动前医学筛查的案例分析

案例分析 1

男性，50 岁，无吸烟习惯，近期受同事邀请参加 10km 路跑比赛。自述每周一、三、五步行 40 min 并坚持了数年，他的目标是完成比赛且中途不休息，并且他已经找了教练进行指导。自述在 45 岁时有“轻度的心脏病发作”，进行过心脏康复，且从那时候起未再出现任何问题。目前每天服用他汀类药物、ACE 抑制剂和阿司匹林。2 年前最后一次看心内科医生时，医生说其病情没有变化。

案例分析 2

女性，22 岁，6 个月前大学毕业后从事会计工作，现在到健身房锻炼。自从毕业后就没再坚持在校时的步行和足球运动，现在属于静坐少动的生活方式。尽管她的 BMI 略高于正常值，但她说她没有明确的疾病史，也没有任何疾病的症状，即使回公寓时爬 3 层楼梯也没有任何症状。她想开始玩高尔夫球。

案例分析 3

男性，45 岁，前大学游泳运动员，转为从事铁人三项，要求帮助进行跑步训练。他唯一明确的疾病史是严重的肩部和跟腱劳损。近几周，他发现他训练特别困难，而且感觉运动时胸部有压榨感——他认为这种情况是因为他的核心力量不足。在进一步的询问中，他解释这种胸部压榨感休息时候会缓解，并且他在休息恢复时常觉得头晕。

案例分析 4

女性，60 岁，开始进行一个有专家指导的步行计划。2 年前，她在一次常规的运动负荷试验中发现明显的 ST 段压低后，进行过一次冠状动脉左前降支支架药物洗脱。术后 2 个月内，她完成了一个短期的心脏康复计划，但从那以后就不太活动了。她说自己没有症状或体征，并且正在服用医生给她开的他汀类降胆固醇和抗血小板药物。

案例分析 5

女性，35 岁，业务顾问，近 2 周准备加入村镇体适能俱乐部成为临时会员。她和她的朋友已经为一个长距离慈善骑行活动进行了 16 周的训练，她无法带着她的自行车旅行，但她想保持她的体适能状态。她说自己目前没有 CV 或代谢疾病相关症状，且除了高血脂外没有其他病史。她每天服用 HMG－CoA 还原酶抑制剂来治疗高血脂。

	案例分析 1	案例分析 2	案例分析 3	案例分析 4	案例分析 5
有规律运动习惯？	是	否	是	否	是
确诊 CV、代谢或肾脏疾病？	是	否	否	是	否
有疾病相关症状、体征？	否	否	是	否	否
预期的运动强度？	较大	中等	较大	中等	较大
是否需要医学筛查？	是	否	是	是	否

第四节　心脏康复和医疗体适能机构患者的危险分层

本章前文叙述了普通人、非临床人群的运动前健康筛查流程。但针对确诊 CVD 的病人进行以运动为基础的心脏康复时和在医疗体适能机构工作时，建议运动专家使用更细致的危险分层流程[37]。美国心肺康复协会（AACVPR）的危险分层标准详见专栏 2.2[37]。

AACVPR 的指南提供了针对病人的推荐，和/或病人的医务监督和运动监测，以及体力活动处方和注意事项。临床运动专家应该知道 AACVPR 指南没有考虑并存疾病（如 2 型糖尿病、肥胖症、严重的肺部疾病、严重的神经和骨关节疾病），而这些疾病的存在可能导致需要修改运动训练时的医务监督和运动监测的推荐。

专栏 2.2　美国心肺康复协会的心血管病人危险分层标准

低危

运动参与者中，低危病人的特征（要确定病人处于低危水平，所有列出来的特征都必须同时存在）：

1. 运动测试和恢复期间没有复杂的室性心律失常。
2. 运动测试和恢复期间没有心绞痛或其他有意义的症状（如异常的呼吸困难、头晕、或晕厥）。
3. 运动测试和恢复期间有正常的血流动力学变化（随着负荷的增加和降低，心率和收缩压适度上升和下降）。
4. 功能能力≥7METs。

非运动测试特征：

1. 安静状态下射血分数≥50%。
2. 非复杂性心肌梗死或血管重建术。
3. 安静状态下没有复杂的室性心律失常。
4. 没有充血性心力衰竭。
5. 发病后/手术后没有心肌缺血的症状或体征。
6. 没有抑郁症。

中危

运动参与者中，中危病人的特征（有其中一项或几项特征即可确定病人属于中危）：

1. 有心绞痛或其他有意义的症状（如：只在高强度运动时，≥7METs 时，出现异常的呼吸困难、头晕或晕厥）。
2. 运动测试或恢复期间有轻到中等程度的无症状缺血（ST 段比基线压低 <2mm）。
3. 功能能力≤5METs。

非运动测试特征：

安静状态下射血分数为 40% ~49%。

高危

运动参与者中，高危病人的特征（有其中一项或几项特征即可确定患者属于高危）：

1. 运动测试或恢复期间有复杂的室性心律失常。
2. 有心绞痛或其他有意义的症状，如：在低强度运动（<5METs）时，或恢复期间有异常的呼吸困难、头晕或晕厥。
3. 运动测试或恢复期间有严重的无症状缺血（ST 段比基线压低≥2mm）。
4. 运动测试时有异常的血流动力学变化（随着工作负荷的增加，心率变时性异常、心率不增或收缩压下降）或恢复期有异常的血流动力学变化（如严重的运动后低血压）。

非运动测试特征：

1. 安静状态下射血分数 <40%。
2. 心脏骤停或猝死史。
3. 安静状态下复杂的心律失常。
4. 复杂的心肌梗死或血管重建术。
5. 有充血性心力衰竭。
6. 发病后/手术后有心肌缺血的症状或体征。
7. 有抑郁症。

经 Elsevier 许可，引自［37］。

小　结

1. ACSM 新版运动前健康筛查流程（见图 2.2）是为运动专家设计的，用于系统性地判断参与者在开始运动计划前是否需要医学筛查。

2. 开始运动计划前是否需要医学筛查取决于当前的运动习惯，CV、代谢或肾脏疾病史，CV、代谢或肾脏疾病相关症状或体征（见表 2.1），以及预期的运动强度。

3. 刚开始运动的个体，没有得到任何帮助或在体适能机构外自己锻炼者，可以选择使用 PAR－Q＋（见图 2.1）问卷作为自我筛查的工具。

4. 医学筛查的方法或流程由健康管理人士决定。

5. 鼓励心脏康复和医疗体适能机构使用 AACVPR 分层，详见专栏 2.2。

运动前健康筛查的目的是确定个体是否存在运动相关的 CV 事件的风险。总的来说，在参加运动项目时发生 SCD 和 AMI 的风险很低，而且大多数与较大强度运动有关的风险通过逐渐增加运动时间和运动强度的循序渐进的过渡阶段（约 2～3 个月）的适应都可以得到降低[23,25]。当原本静坐少动的个体开始一个运动计划时，强烈推荐该个体从低到中等运动强度（如 2～3 METs）开始，逐渐增加运动强度（如 3～5 METs），这能保证该个体不出现任何症状。这样一个循序渐进的计划似乎是比较保守的，因为这些运动强度都低于较大强度（≥6 METs）的范围，而较大强度运动通常会诱发易感人群的急性 CV 事件[21,29]。这个"循序渐进的过渡阶段"可以最大程度地帮助降低骨骼肌损伤风险，同时也让静坐少动的个体可以提高他们的心肺耐力，而避免经历较大强度运动带来 CV 相关风险大幅提高的阶段[27]。

在线资源

ACSM 运动是良医网站：http：//exerciseismedicine. org
2008 美国人体力活动指南：http：//www. health. gov/PAguidelines

（罗曦娟　译）

参考文献

1. Albert CM, Mittleman MA, Chae CU, Lee IM, Hennekens CH, Manson JE. Triggering of sudden death from cardiac causes by vigorous exertion. *N Engl J Med.* 2000;343(19):1355－61.

2. Berlin JA, Colditz GA. A meta－analysis of physical activity in the prevention of coronary heart disease. *Am J Epidemiol.* 1990;132:612－28.

3. Bredin SS, Gledhill N, Jamnik VK, Warburton DE. PAR－Q and ePARmed－X: new risk stratifi cation and physical activity clearance strategy for physicians and patients alike. *Can Fam Physician.* 2013;59(3):273－7.

4. Contractor AS, Gordon TL, Gordon NF. Hypertension. In: Ehrman JK, Gordon PM, Visich PS, Keteyian SJ, editors. *Clinical Exercise Physiology.* Champaign(IL): Human Kinetics; 2013. p. 137－53.

5. Dahabreh IJ, Paulus JK. Association of episodic physical and sexual activity with triggering of acute cardiac events: systematic review and meta – analysis. *JAMA*. 2011;305(12):1225 – 33.

6. de Barros e Silva PG, Califf RM, Sun J, et al. Chronic obstructive pulmonary disease and cardiovascular risk: insights from the NAVIGATOR trial. *Int J Cardiol*. 2014;176(3):1126 – 8.

7. Franklin BA. Preventing exercise – related cardiovascular events: is a medical examination more urgent for physical activity or inactivity? *Circulation*. 2014;129(10):1081 – 4.

8. Franklin BA, McCullough P. Cardiorespiratory fi tness: an independent and additive marker of risk stratifi cation and health outcomes. *Mayo Clin Proc*. 2009;84(9):776 – 9.

9. Gibbons RJ, Balady GJ, Bricker JT, et al. ACC/AHA 2002 guideline update for exercise testing: summary article. A report of the American College of Cardiology/American Heart Association Task Force on Practice Guidelines (Committee to Update the 1997 Exercise Testing Guidelines). *J Am Coll Cardiol*. 2002;40(8):1531 – 40.

10. Goodman JM, Th omas SG, Burr J. Evidence – based risk assessment and recommendations for exercise testing and physical activity clearance in apparently healthy individuals. *Appl Physiol Nutr Metab*. 2011;36:S14 – 32.

11. Gordon NF, Kohl HW III, Pollock MI, Vaandrager H, Gibbons LW, Blair SN. Cardiovascular safety of maximal strength testing in healthy adults. *Am J Cardiol*. 1995;76(11):851 – 3.

12. Gordon SMBS. Health appraisal in the non – medical setting. In: Durstine JL, editor. *ACSM's Resource Manual for Guidelines for Exercise Testing and Prescription*. 2nd ed. Philadelphia (PA): Lea & Febiger; 1993. p. 219 – 28.

13. Hill K, Gardiner P, Cavalheri V, Jenkins S, Healy G. Physical activity and sedentary behavior: applying lessons to chronic obstructive pulmonary disease. *Intern Med J*. 2015;45(5):474 – 82.

14. Jamnik VK, Warburton DE, Makarski J, et al. Enhancing the eff ectiveness of clearance for physical activity participation: background and overall process. *Appl Physiol Nutr Metab*. 2011;36:S3 – 13.

15. Kim JH, Malhotra R, Chiampas G, et al. Cardiac arrest during long – distance running races. *N Engl J Med*. 2012; 366(2):130 – 40.

16. Lahav D, Leshno M, Brezis M. Is an exercise tolerance test indicated before beginning regular exercise? A decision analysis. *J Gen Intern Med*. 2009;24(8):934 – 8.

17. Lauer M, Froelicher ES, Williams M, Kligfi eld P. Exercise testing in asymptomatic adults: a statement for professionals from the American Heart Association Council on Clinical Cardiology, Subcommittee on Exercise, Cardiac Rehabilitation, and Prevention. *Circulation*. 2005;112(5):771 – 6.

18. Magal M, Riebe D. New preparticipation health screening recommendations: what exercise professionals need to know. *ACSM Health Fitness J*. 2016;20(3):22 – 7.

19. Malinow M, McGarry D, Kuehl K. Is exercise testing indicated for asymptomatic active people? *J Cardiac Rehabil*. 1984;4:376 – 9.

20. Mittleman MA, Maclure M, Tofl er GH, Sherwood JB, Goldberg RJ, Muller JE. Triggering of acute myocardial infarction by heavy physical exertion. Protection against triggering by regular exertion. Determinants of Myocardial Infarction Onset Study Investigators. *N Engl J Med*. 1993;329(23):1677 – 83.

21. Mittleman MA, Mostofsky E. Physical, psychological and chemical triggers of acute cardiovascular events. Prevention strategies. *Circulation*. 2011;124(3):346 – 54.

22. Moyer VA. Screening for coronary heart disease with electrocardiography: U. S. Preventive Services Task Force rec-

ommendation statement. *Ann Intern Med.* 2012;157(7):512 – 8.

23. Physical Activity Guidelines Advisory Committee. *Physical Activity Guidelines Advisory Committee Report*, 2008 [Internet]. Washington(DC): U. S. Department of Health and Human Services; 2008 [updated Sep 24]. 683 p. Available from: http://www. health. gov/paguidelines/Report/pdf/CommitteeReport. pdf.
24. Powell KE, Th ompson PD, Caspersen CJ, Kendrick JS. Physical activity and the incidence of coronary heart disease. *Annu Rev Public Health.* 1987;8:253 – 87.
25. Riebe D, Franklin BA, Th ompson PD, et al. Updating ACSM's recommendations for exercise preparticipation health screening. *Med Sci Sports Exerc.* 2015;47(11):2473 – 9.
26. Rognmo Ø, Moholdt T, Bakken H, et al. Cardiovascular risk of high – versus moderate – intensity aerobic exercise in coronary heart disease patients. *Circulation.* 2012;126(12):1436 – 40.
27. Sallis R, Franklin B, Joy L, Ross R, Sabgir D, Stone J. Strategies for promoting physical activity in clinical practice. *Prog Cardiovasc Dis.* 2015;57(4):375 – 86.
28. Siscovick DS, Weiss NS, Fletcher RH, Lasky T. The incidence of primary cardiac arrest during vigorous exercise. *N Engl J Med.* 1984;311(14):874 – 7.
29. Th ompson PD, Franklin BA, Balady GJ, et al. Exercise and acute cardiovascular events placing the risks into perspective: a scientifi c statement from the American Heart Association Council on Nutrition, Physical Activity, and Metabolism and the Council on Clinical Cardiology. *Circulation.* 2007;115(17):2358 – 68.
30. Th ompson PD, Funk EJ, Carleton RA, Sturner WQ. Incidence of death during jogging in Rhode Island from 1975 through 1980. *JAMA.* 1982;247(18):2535 – 8.
31. Th ompson PD, Stern MP, Williams P, Duncan K, Haskell WL, Wood PD. Death during jogging or running. A study of 18 cases. *JAMA.* 1979;242(12):1265 – 7.
32. Th ompson WR. Now trending: worldwide survey of fi tness trends for 2014. *ACSM Health Fitness J.* 2013;17(6): 10 – 20.
33. Warburton DE, Gledhill N, Jamnik VK, et al. Evidence – based risk assessment and recommendations for physical activity clearance: Consensus Document 2011. *Appl Physiol Nutr Metab.* 2011;36:S266 – 98.
34. Warburton DE, Jamnik VK, Bredin SS, et al. Evidence – based risk assessment and recommendations for physical activity clearance: an introduction. *Appl Physiol Nutr Metab.* 2011;36:S1 – 2.
35. Whang W, Manson JE, Hu FB, et al. Physical exertion, exercise, and sudden cardiac death in women. *JAMA.* 2006; 295(12):1399 – 403.
36. Whitfi eld GP, Pettee Gabriel KK, Rahbar MH, Kohl HW III. Application of the American Heart Association/American College of Sports Medicine Adult Preparticipation Screening Checklist to a nationally representative sample of US adults aged 40 years from the National Health and Nutrition Examination Survey 2001 to 2004. *Circulation.* 2014;129(10):1113 – 20.
37. Williams MA. Exercise testing in cardiac rehabilitation. Exercise prescription and beyond. *Cardiol Clin.* 2001;19(3):415 – 31.
38. Williams MA, Haskell WL, Ades PA, et al. Resistance exercise in individuals with and without cardiovascular disease: 2007 update: a scientifi c statement from the American Heart Association Council on Clinical Cardiology and Council on Nutrition, Physical Activity, and Metabolism. *Circulation.* 2007;116(5):572 – 84.

第三章　运动前评估

概　述

本章的主要内容是运动前评估，同时，对第二章运动前健康筛查、第四章健康相关体适能测试和结果分析，以及第五章临床运动测试和结果分析而言，本章也起着承上启下的作用。本章的内容（如知情同意书、病史和心血管疾病危险因素评估、体检和实验室测试及参与者指导）与健康/体适能和临床运动测试都有关系。

如果获得了医疗许可，运动前评估可以由健康管理人士决定（见第二章）。当运动专家或健康管理人士需要了解对方的健康状况或需要掌握更多信息才能制定运动处方（Ex R_x）时，抑或当运动参与者担心是否能够耐受锻炼计划的强度时，都需要进行运动前评估。运动前评估包括体格检查、运动测试和/或实验室测试。

在健身场所锻炼的多为健康人群，通常采用较为简单的方法进行运动前评估即可。但是慢性疾病患者或者有其他健康问题的人也可能会来这些场所，因此运动专业人士必须认真辨别哪些人需要进行医学筛查。

在临床环境下，一个全面的运动前评估通常包括病史、危险因素评估、体检和实验室测试，所有结果归档于客户或病人的文件夹中。本章的目的并非完全囊括或补充更多的运动特殊注意事项，而是为运动前评估的各项内容提供一个简明指南。

第一节　知情同意书

无论是在健康/体适能机构还是在临床机构，运动测试前获得参与者充分的知情同意从道德和法律的角度都是十分重要的。虽然不同的知情同意书内容不同，但是要呈现某些必要的信息以确保参与者了解运动测试或运动计划的目的及相关风险。知情同意书需要进行口头阐述和解释，而且在此过程中客户或病人能够有机会就相关步骤或内容进行咨询。需要注意同意书上参与者的具体问题以及所提供的回答，而且同意书必须指出参与者可以随时退出该过程。如果参与者是未成年人，其法定监护人或父母必须签署同意书。最好能够与权威机构（如医院风险管理、机构审查委员会、法律顾问）进行核对确定合适的知情同意程序。同时，必须按照 1996 年健康保险流通与责任法案（HIPAA）的要求保护病人健康信息（例如病史、测试结果）的隐私权。图 3.1 提供了运动测试的知情同意书样本。除非经当地法律顾问和/或适当的机构审查委员会批准，否则不应为特定的测试或程序制定样本。

当运动测试用于诊断或治疗以外的目的（例如用于研究）时，应在征得知情同意的过程中向参与者说明，并在知情同意书上反映出来，应采用适用于测试受试者的策略。健康管理人士和科学家在进行研究性试验时，应得到机构审查委员会的批准。

因为大多数知情同意书都包括“急救程序”和“可用设备”，故测试人员必须经过专门培训并有资格开展急救。书面的急救程序和策略应提前准备，至少每 3 个月进行一次急救演练，当工作人员有变动时更要增加演练频率[28]。附录 B 提供了更多有关急救管理的信息。

运动测试知情同意书

1. 测试目的和说明

你将在功率自行车或跑台上进行运动测试，运动强度从低强度开始，根据你的体适能水平逐级递增。我们将根据主观疲劳感觉、心率、心电图、血压或可能出现的症状及时终止测试。注意：当你感到疲劳或其他不适时，可以要求停止测试。

2. 可能出现的风险和不适

测试过程中可能出现某些情况，包括血压异常、头晕、心动过速或过缓、心律不齐，也可能发生心脏病、中风和死亡等罕见情况。我们会通过测试前对健康和体适能相关信息的评价和测试中的仔细观察，最大限度地降低风险。测试现场有急救设备和接受过训练的专业人员以保证及时处理异常情况。

3. 参与者的责任

参与者应了解身体用力时自己的健康状况和曾经经历过的心脏相关症状（如低强度体力活动引起的呼吸困难，胸、颈、下颌、后背和/或手臂等处的疼痛、压榨感、沉重感）可能影响你在运动中的安全性。在尽力完成运动测试过程中，你应及时报告出现的这些症状和其他异常感觉。你有义务提供全部病史和在测试中可能出现的症状。此外，你还要提供所有的药物治疗记录（包括非处方药），尤其是最近和当天服用的药物。

4. 预期获益

运动测试的结果有助于疾病诊断、药物疗效评价，或评价在低风险状态下你能从事哪种类型的体力活动。

5. 咨询

你可以提出任何有关测试步骤和结果的问题。如果你有疑虑，请咨询我们获得进一步解释。

图 3.1 症状限制性运动测试知情同意书模板 **（待续）**

运动测试知情同意书

6. 医疗记录的用途

正如1996年医疗保险通用性和责任法案所述，我们会尽最大努力保护在运动测试中获得的参与者的信息的隐私权。没有本人的书面同意，不得将相关信息透露给医生以外的任何人。但是在保护个人隐私的前提下，可以将测试中所获信息用于统计分析和科学研究。

7. 自愿参与

我同意参加运动测试以确定我的运动能力和心血管健康状况。我承诺参加这个运动测试是自愿的，如果我要求停止，随时可以停止。

我已阅读这份知情同意书，清楚测试程序和可能出现的风险和不适，我有随时提问的权利直至获得满意的答复，我愿意参加此项测试。

日期：______________ 受试者（病人）签名：______________

日期：______________ 担保人签名：______________

日期：______________ 内科医生或授权代表签名：______________

图3.1 症状限制性运动测试知情同意书模板 （续）

第二节 医学史和心血管疾病危险因素评估

运动前医学史应包括过去到现在的所有信息。专栏3.1列出了医学史的主要内容。确定和控制CVD危险因素虽然不是运动前健康筛查的一部分，但在心血管疾病和代谢性疾病的预防与管理中仍然是一个重要目标[10,15]。如果病人/客户具有表3.1中所列的任何一项CVD危险因素，有资质的运动或健康管理专业人士就应该鼓励他们进行CVD危险因素评估。对于不明确或不易获得的CVD危险因素，应将其记为危险因素。在对病人/客户进行教育和生活方式咨询时，通常会计算正性危险因素的总和。高密度脂蛋白胆固醇（high-density lipoprotein cholesterol，HDL-C）具有保护作用，故该指标被认为是负性CVD危险因素。当个体HDL-C≥60mg/dL（1.55mmol/L），就可以从正性的CVD危险因素总数中减去1。专栏3.2提供了进行CVD危险因素评估时的参考案例。

当为客户/病人开具运动处方时，或者他/她需要改善生活方式时，CVD危险因素评估能够提供重要的信息。同时，还可以利用此项评估对患者进行CVD危险因素的教育。

专栏3.1　医学史主要内容

医学史应包括以下内容：

1. 医学诊断和医疗程序：心血管疾病危险因素，包括高血压、肥胖、血脂异常和糖尿病；心血管疾病包括心力衰竭、瓣膜功能障碍（如主动脉狭窄、二尖瓣病变）、心肌梗死和其他急性冠状动脉综合征；经皮冠状动脉介入治疗包括血管成形术和冠状动脉支架、冠状动脉旁路移植术和其他心脏手术（如瓣膜手术、心脏移植、心脏起搏器和/或植入式复律除颤器）；心律失常射频消融术；外周血管疾病；肺部疾病（包括哮喘、肺气肿和支气管炎）；脑血管疾病，包括脑卒中和一过性脑缺血；贫血及其他血液系统异常（如红斑狼疮）；静脉炎、深静脉血栓形成或栓塞；癌症；妊娠；骨质疏松症；肌肉骨骼疾病；情绪障碍；进食障碍。

2. 以前的体检结果：心脏听诊有杂音、喀喇音、奔马律和其他异常心音，以及其他心脏血管异常；肺部异常（例如哮鸣音、水泡音、爆破音），高血压，水肿。

3. 实验室检查结果：血糖、糖化血红蛋白、高敏C反应蛋白、血脂和脂蛋白或其他实验室检查异常。

4. 症状：身体不适（如胸、下颌、颈、背或上肢等处压榨感、麻木、疼痛、沉重感、烧灼感、紧缩感、挤压感）；轻度头痛、头晕眼花或晕厥，暂时性视觉或语言能力丧失；单侧肢体一过性麻木或虚弱；呼吸困难；心动过速或心悸，特别是在体力活动、饮食过量、心情沮丧时或暴露于寒冷环境（或这些因素的综合作用）时出现的心悸。

5. 近期患病史、住院史、医疗诊断或外科手术史。

6. 骨关节异常，包括关节炎、关节肿胀、移动障碍或运动测试困难等情况。

7. 用药史（包括饮食和保健品）、过敏史。

8. 其他生活习惯：如咖啡因、饮酒、吸烟、烟草，或出于娱乐需要服用违禁药物。

9. 运动习惯：为改变生活方式所做的准备和日常体力活动水平FITT。

10. 工作经历：强调当前的情况或期望达到的身体要求，记录最高或最低限度的要求。

11. 家族史：心脏病、肺部疾病、代谢性疾病、脑卒中或猝死。

FITT：运动频率、强度、时间和类型；HbA1C：糖化血红蛋白；hs-CRP：高敏C反应蛋白。

表 3.1　动脉粥样硬化 CVD 危险因素及其判断标准[27,41]

危险因素[a]	判断标准
年龄	男≥45 岁，女性≥55 岁
家族史	心肌梗死、冠状血管重建，父亲或其他一级男性亲属 55 岁前猝死；母亲或其他一级女性亲属 65 岁前猝死
吸烟	吸烟或戒烟不足 6 个月或吸二手烟[42]
静坐少动的生活方式	至少 3 个月没有参加每周至少 3 次，每次至少 30 min 的中等强度体力活动（40% ~60% $\dot{V}O_2R$）[31,40]
肥胖	BMI≥30 kg/m^2，或男性腰围 >102 cm，女性腰围 >88 cm[20]
高血压	收缩压≥140 mmHg 和/或舒张压≥90 mmHg，至少进行两次测量确定，或者正在服用降压药
血脂异常	低密度脂蛋白胆固醇≥130 mg/dL（3.37 mmol/L）或高密度脂蛋白胆固醇（HDL－C）<40 mg/dL（1.04 mmol/L）或正在服用降脂药物。血清总胆固醇≥200 mg/dL（5.18 mmol/L）
糖尿病	空腹血糖≥126 mg/dL（7.0 mmol/L）或口服糖耐量试验（OGTT）2 h 血糖≥200 mg/dL（11.1 mmol/L）或 HbA1C≥6.5%[1]
负性危险因素	判断标准
HDL－C[b]	≥60 mg/dL（1.55 mmol/L）

a 对于不能明确或不易获得的 CVD 危险因素，应将其计为危险因素。

b 高 HDL－C 是有利因素。如果 HDL－C≥60 mg/dL（1.55 mmol/L），可以从正性危险因素总数中减去 1。

HbA1C：糖化血红蛋白；$\dot{V}O_2R$：储备摄氧量。

专栏 3.2 CVD 危险因素评估案例

案例一

女，年龄 21 岁，周末社交时吸烟（大约 10 ~ 20 支）。每周饮酒 1 ~ 2 次，通常在周末。身高 63 in（160 cm），体重 124 lb（56.4 kg），BMI = 22.0 kg/m^2。RHR = 76 bpm，安静 BP = 118/72 mmHg。TC = 178 mg/dL（4.61 mmol/L）、LDL - C = 98 mg/dL（2.54 mmol/L）、HDL - C = 62 mg/dL（1.60 mmol/L），FBG = 96 mg/dL（5.33 mmol/L）。常规口服避孕药。每周参加 2 ~ 3 次运动。父母身体健康。

案例二

男，年龄 45 岁，不吸烟。身高 72 in（182.9 cm），体重 168 lb（76.4 kg），BMI = 22.8 kg/m^2。RHR = 64 bpm，安静 BP = 124/78 mmHg。TC = 187 mg/dL（4.84 mmol/L）、LDL - C = 103 mg/dL（2.67 mmol/L）、HDL - C = 39 mg/dL（1.01 mmol/L），FBG = 88 mg/dL（4.84 mmol/L）。业余竞赛型跑者，每周跑步 4 ~ 7 天，每年完成 1 ~ 2 次马拉松赛和许多其他公路赛。除用过非处方药物布洛芬，其他药物均未使用。父亲 51 岁时死于心脏病；母亲 81 岁时死于癌症。

案例三

男，年龄 44 岁，不吸烟。身高 70 in（177.8 cm），体重 216 lb（98.2 kg），BMI = 31.0 kg/m^2。RHR = 62 次/min，安静 BP = 128/84 mmHg。TC = 184 mg/dL（4.77 mmol/L）、LDL - C = 106 mg/dL（2.75 mmol/L）、HDL - C = 44 mg/dL（1.14 mmol/L），FBG = 130 mg/dL（7.22 mmol/L）。平时没有时间锻炼身体。父亲曾患 T2DM，67 岁时死于心脏病；母亲健在，无 CVD。本人无用药史。

案例四

女性，年龄 36 岁，不吸烟。身高 64 in（162.6 cm），体重 108 lb（49.1 kg），BMI = 18.5 kg/m^2。RHR = 61 bpm，安静 BP = 142/86 mmHg。TC = 174 mg/dL（4.51 mmol/L），通过注射胰岛素控制血糖在正常范围。7 岁时诊断为 T1DM。每周教 3 次有氧舞蹈课，每周步行 4 次，每次大约 45 min。父母身体健康，无 CVD 病史。

CVD 危险因素	案例一	案例二	案例三	案例四
年龄	无	有	无	无
家族史	无	有	无	无
吸烟	是	否	否	否
体力活动不足	否	否	是	否
肥胖	无	无	有	无
高血压	无	无	无	有
血脂异常	无	有	无	无
糖尿病	无	无	有	有
负性危险因素：HDL - C≥60 mg/dL	有	无	无	无
CVD 危险因素总量	0	3	3	2

BMI：体重指数；BP：血压；CVD：心血管疾病；FBG：空腹血糖；HDL - C：高密度脂蛋白胆固醇；LDL - C：低密度脂蛋白胆固醇；RHR：安静心率。

第三节　体检和实验室测试

初步的体检最好由内科医生或其他有资质的健康管理人士进行检查。专栏 3.3 列出了进行运动测试前需要专门进行的体检内容，专栏 3.4 列出了推荐进行的实验室测试。本指南不会把所有体检步骤和推荐的实验室测试都进行详细介绍，但是关于血压（blood pressure，BP）、血脂和脂蛋白、其他血液化学成分分析以及肺功能相关基础测试信息会在下文中介绍。关于这些评估的详细内容，读者可以参考 Bickley 的著作[7]。

专栏 3.3　体格检查的内容

体检项目主要包括以下内容：

1. 体重：在多数情况下，测定 BMI、腰围和/或身体成分（体脂百分比）。
2. 脉率和心律。
3. 安静血压：坐位、仰卧位、站立位。
4. 肺部听诊，特别注意肺部各个区域的呼吸音是否一致（是否有啰音、哮鸣音和其他呼吸音）。
5. 心尖搏动和搏动最强点触诊。
6. 心脏听诊，特别注意杂音、奔马律、喀喇音、摩擦音。
7. 颈动脉、腹主动脉、股动脉触诊和听诊。
8. 肠鸣音、腹部肿块、内脏体积和软硬度评价。
9. 下肢水肿和外周动脉搏动的触诊和检查。
10. 是否存在腱黄瘤和皮肤黄瘤。
11. 与骨关节或其他可能影响运动测试的医学检查相关的后续检查。
12. 神经功能检查，包括反射和认知能力测试（特定人群）。
13. 皮肤检查，特别是糖尿病患者的下肢皮肤检查。

改编自［7］。

通过回顾以前的检查结果，如冠状动脉造影、心肌灌注显像、超声心动图、冠状动脉钙化（CAC）得分、踝臂指数，或超敏 C 反应蛋白（hs－CRP）等检查，可以更容易地判断 CVD 和 CVD 高危人群，并进行危险分层[15,17]。其他检查包括动态心电图（ECG）或 Holter 监控和药物负荷试验，它们能够进一步明确干预的必要性和范围、评价疗效（如药物治疗和血管再生过程）、决定是否进行其他评估。专栏 3.4 列举了基于患者的临床情况进行的实验室检查，特别是糖尿病患者。这些实验室测试包括：血清生化、全血细胞计数、血脂和脂蛋白、炎症标志物、空腹血糖、葡萄糖耐量试验、糖化血红蛋白（HbA1c）和肺功能检查，但不仅限于这些项目。

对年龄在 40 ~79 岁、低密度脂蛋白胆固醇（LDL – C）<190 mg · dL^{-1}、无确诊的冠状动脉疾病（CAD）或危险因素（如外周动脉病、症状性颈动脉疾病或腹主动脉瘤）、无临床症状的成年人，通过分析人口统计学因素、脂蛋白、是否存在糖尿病、吸烟状态、血压水平和治疗情况，利用危险因素计算器，如美国心脏病学会（ACC）/美国心脏协会（AHA）指南中推荐的汇集队列方程 CV 风险计算器[15]（ACC/AHA CVD 风险计算器，请见 http：//tools. cardiosource. org/ASCVD – Risk – Estimator[6]），可以预测特定性别和种族个体未来 10 年发生 CVD 事件的风险。用于开发这种风险计算器的数据来自非西班牙裔白人和美国黑人，因此，使用该工具预测其他族裔群体（例如亚裔美国人、西班牙裔美国人和美洲印第安人）具有明显的局限性。

专栏 3.4　推荐的实验室测试

所有人群：

1. 空腹血清总胆固醇、低密度脂蛋白胆固醇、高密度脂蛋白胆固醇和甘油三酯。

2. 空腹血糖。所有的病人，尤其是超重（亚裔美国人 BMI≥23 kg/m^2）、肥胖（亚裔美国人 BMI≥25 kg/m^2）者，应该在 45 岁开始测试。对于超重肥胖并且有 1 个以上其他 2 型糖尿病危险因素的成年人来说，无论年龄多大，都应该进行此项测试。其他 T2DM 危险因素有：一级亲属中有糖尿病者，高危种族人群（例如非裔美国人、拉丁美洲人、本土美国人、亚裔美国人、太平洋岛民），生育过体重≥4. 08kg 的婴儿或有妊娠糖尿病史，高血压（成人 BP≥140/90 mmHg）或正在治疗高血压，HDL – C <35 mg/dL（<0. 90 mmol/L）和/或甘油三酯≥250 mg/dL（≥2. 82 mmol/L），多囊卵巢综合征，先前发现糖耐量受损或空腹血糖受损（空腹血糖≥100mg/dL，≥5. 55 mmol/L）或 HbA1C≥5. 7%，静坐少动的生活方式，其他与胰岛素抵抗（如重度肥胖、黑棘皮病）和动脉粥样硬化性血管疾病相关的临床情况[1]。

有心血管疾病症状/体征或患有心血管疾病的个体：

1. 上述检查结合相关的心血管实验室测试（如安静 12 导 ECG、Holter ECG 监测、冠状动脉造影、放射性核素检查或超声心动图、运动测试）。

2. 颈动脉和其他的外周血管超声检查。

3. 存在或怀疑心力衰竭者应进行胸部 X 线检查。

4. 既往史和体格检查发现需要进行全面的血清化学成分和血常规测试（见表 3. 4）。

肺部疾病病人：

1. 胸部 X 线检查。

2. 肺功能测试（见表 3. 5）。

3. 一氧化碳扩散能力。

4. 其他特殊的肺部检查（如血氧饱和度或血气分析）。

ECG：心电图；HbA1C：糖化血红蛋白；HDL：高密度脂蛋白；LDL：低密度脂蛋白。

一、血　压

安静血压测量是运动前评估的一个重要组成部分。测量结果应该取两次或两次以上正确测量结果的平均值，应将在门诊就诊时测量的两次或两次以上的血压值记为坐位血压[2,33]。测量血压的技术是获得准确血压值和诊断高血压的关键因素，方法见专栏3.5。血压测量的潜在误差来源见专栏3.6。除了高血压，异常的低血压也具有重要的临床意义。

专栏3.5	安静血压的测量步骤

1. 病人应在有靠背的椅子（优于在检查床上）上至少静坐5 min，双脚着地，双臂与心脏平齐。测试前30 min禁止吸烟或摄入咖啡因。
2. 在特殊情况下可以测量仰卧位或站立位血压值。
3. 袖带在心脏水平处紧紧包裹上臂，覆盖肱动脉。
4. 为确保测量准确，应采用适当宽窄的袖带，袖带至少包裹上臂的80%。一些成年人需要较宽的袖带。
5. 将听诊器置于袖带下肘前侧的肱动脉上，使听诊器有效测量血压[22]。
6. 听到心音时，迅速充气，使压力升高20 mmHg。
7. 以平均每秒2~3 mmHg速度缓慢放气。
8. 听到第一个心音时的数值为SBP，心音消失时对应的数值是DBP。
9. 至少测量两次血压（至少间隔1 min），取二者平均值。
10. 首次测量时应测双臂血压，双臂间血压值不同时，记录较高的数值。
11. 应以口头或书面的形式告诉病人血压值和血压控制目标。

BP：血压；DBP：舒张压；SBP：收缩压。

改编自［38］。此外，更多详细推荐见［33］。

专栏 3.6　血压测量的误差来源

1. 血压计不准。
2. 袖带大小不合适。
3. 测量者听觉过敏。
4. 袖带压力增大或减小的速度。
5. 测量者的经验。
6. 设备有缺陷。
7. 放置或按压听诊器不当。
8. 袖带未同心脏位置平齐。
9. 特殊生理异常（如肱动脉损害，锁骨下动脉窃血综合征，动静脉瘘）。
10. 测量者的反应时间[a]。
11. 环境噪声。
12. 允许病人抓握跑台扶手或弯曲肘部[a]。

a 特别应用于运动测试中。

成年人高血压分级方案详见《美国预防、检测、评估和治疗高血压全国联合委员会第七报告》（JNC 7）[38]（表3.2）。虽然最近公布了《2014 成年人高血压管理循证指南》（JNC 8）[19]，但其内容并不是具体刊载成年人高血压前期或高血压的分级而是推荐了药物治疗的血压阈值。因此 JNC7 中提到的分级方案仍然被采纳[43]。高血压管理的推荐药物见 JNC8[19]和美国高血压协会（ASH）、国际高血压协会（ISH）临床实践指南[43]。

血压和心血管事件风险相关，并独立于其他危险因素。40～70 岁的个体，血压在 115/75～185/115 mmHg 范围内，收缩压（SBP）每增加 20 mmHg，或舒张压（DBP）每增加 10 mmHg，CVD 风险就增加 1 倍。SBP 在 120～139 mmHg 和/或 DBP 在 80～89 mmHg 属于高血压前期，应选择健康的生活方式预防心血管疾病[2,38]。

生活方式的改变是抗高血压治疗的基石，包括 PA、体重控制、控高血压饮食（DASH）计划（增加水果、蔬菜摄入，饮用饱和脂肪和总脂肪含量低的乳制品，低脂饮食）、低钠饮食（每天钠摄入量不超过 2 克）、控制酒精摄入量。当生活方式干预没有达到预期的目标时需要配合药物治疗[2,10,19,38,43]。但大多数高血压患者除了改变生活方式外，还需要两种或两种以上的抗高血压药物才能达到血压控制目标[43]。

血压治疗的主要目标是降低 CVD 发病率、死亡率及肾脏疾病的发病率。一般来说，大多数病人血压控制的目标是 <140/90 mmHg。基于年龄和病因（如糖尿病、慢性肾病），有些人群安静血压的控制目标可能不同[38,43]。虽然目前仍缺乏老年人血压控制的专业共识，但大多数指南（如 ACC 基金会/AHA 老年人高血压共识、ASH/ISH 社区高血压管理临床实践、欧洲高血压学会［ESH］/欧洲心脏病学会［ESC］）认为 60～79 岁患者血压控制目标

应＜140/90 mmHg，美国运动医学会推荐的血压控制目标也是基于上述指南形成的[5,23,43]。然而，最近 JNC 8 指南建议：对 60 岁以上、无糖尿病或慢性肾脏疾病的患者，当其 SBP≥150 mmHg 或 DBP≥90 mmHg 时，需要进行药物治疗以达到 SBP＜150 mmHg 或 DBP＜90 mmHg 的目标[19]。因为老年人总体健康状况的差异，血压控制目标可比＜140/90 mmHg 高一些，治疗方案应按照个人具体情况制定[5,23,43]。

表 3.2　成人血压（BP）分类与管理[a]

BP 分类	SBP（mmHg）	DBP（mmHg）	生活方式调整	药物治疗	
				无并发症	有并发症
正常	＜120	且＜80	鼓励		
高血压前期	120～139	或 80～89	调整	不使用抗高血压药物	强制药物治疗[b]
1 级高血压	140～159	或 90～99	调整	抗高血压药物	强制药物治疗[b]，必要时使用其他抗高血压药物
2 级高血压	≥160	或≥100	调整	抗高血压药物，多数人使用两种药物[c]	

a 按照最高类别的血压治疗

b 并发症包括心力衰竭、冠心病、糖尿病、慢性肾脏疾病和脑卒中。

c 对存在直立性低血压风险的人群，药物联合治疗应谨慎。

DBP：舒张压；SBP：收缩压。

改编自［19，38］。

二、血　脂

美国国家胆固醇教育计划关于诊断、评价和治疗成年人高胆固醇血症专家小组第三份报告（成年人治疗小组 III 或 ATP III）和随后由美国国家心肺血液研究所（NHLBI）、AHA/ACC、ESC 和欧洲动脉粥样硬化学会（EAS）更新的立场声明，以及最近 ACC/AHA 关于治疗高胆固醇血症降低成年人动脉粥样硬化性心血管疾病风险的指南均指出：低 LDL－C 是降胆固醇治疗的首要目标[16,35－37,39]。这一结论是经由大量研究证据证实：LDL－C 升高是心血管疾病的一个重要危险因素，降低 LDL－C 可以显著减少 CVD 发病率。表 3.3 总结了临床承认的 ATP III 对 LDL－C、总胆固醇、HDL－C 和甘油三酯的分类，这一分类在 2013 ACC/AHA 指南[37]中并没有具体说明，但这一分类与国家脂质联合会倡导的分类一致[18]。

有证据表明甘油三酯升高与 CVD 发生风险相关，但是调整其他的风险因素，尤其是调整 HDL－C，也能够降低其相关性[9,24]，而且非空腹时测得的甘油三酯水平与 CVD 风险的关联度高于空腹甘油三酯[21]。研究表明，富含甘油三酯的脂蛋白颗粒，尤其是小的极低密度脂蛋白（VLDLs）和中间密度脂蛋白（IDLs），会促进动脉粥样硬化和 CVD 的发生。由于 VLDLs 和 IDLs 对动脉粥样硬化的促进作用与 LDL－C 相似，控制非 HDL－C（VLDL 加 IDL 加 LDL－C；计算方法为总胆固醇减去 HDL－C）水平应作为治疗高甘油三酯（甘油三酯≥200mg/dL）个体的二级目标[39]。而当甘油三酯≥500mg/dL 时，由于发生胰腺炎风险增加，控制非 HDL－C 就成为治疗的首要目标。

表 3.3　LDL－C、总胆固醇、HDL－C 和甘油三酯的分类（mg/dL）

LDL－C	
<100	理想水平
100～129	接近理想水平
130～159	稍高
160～189	高
≥190	非常高
总胆固醇	
<200	正常
200～239	稍高
≥240	高
HDL－C	
<40	低
≥60	高
甘油三酯	
<150	正常
150～199	稍高
200～499	高
≥500	非常高

注：将 LDL－C、总胆固醇和 HDL－C 从 mg/dL 转换为 mmol/L 应乘以 0.0259；将甘油三酯从 mg/dL 转换为 mmol/L 应乘以 0.0113。

HDL：高密度脂蛋白；LDL：低密度脂蛋白。

改编自［39］。

低 HDL－C 是一种可以逆转的与 CVD 密切相关的风险因素。临床试验证明，提高 HDL－C 能够降低 CVD 风险，但低血清 HDL－C 促进 CVD 的机制尚不清楚。此外，提高 HDL－C 本身是否总能独立于其他脂质和/或非脂质危险因素而降低 CVD 的风险尚无定论。鉴于此，治疗中 HDL－C 需要达到的具体目标尚未被确认。但是目前的指南[18,35,37]强调，动脉粥样硬化性血脂异常的管理中所采用的生活方式调整和药物疗法对提高 HDL－C 的水平也可能有所帮助。

指南中推荐的治疗血脂异常的基本原则和治疗强度应根据个人发生 CVD 的绝对风险进行调整[4,11,16－18,35－37,39]。治疗性生活方式改善是治疗的基础[10,37]，同时配合使用降低 LDL－C 的药物（主要是羟甲基戊二酰辅酶 A［HMG－CoA］还原酶［他汀类药物］）以达到治疗目标。与 ATP III 一致，ESC/EAS 发布了血脂异常管理指南[35]，国家脂质协会[18]也发布了基于 CVD 发病风险的脂质水平切点及 LDL－C 治疗目标。近期的 2013 ACC/AHA 指南对治疗胆固醇血症以降低成年人动脉粥样硬化性心血管疾病风险方面[37]显示了与其他指南不同的立场（不追求 LDL－C 控制目标），在临床随机对照实验中只关注 CVD 风险的降低，在一级或二级预防中鉴别最能够在适度或高强度的他汀类药物治疗中获益的个体。对年龄在 40 ~75 岁、未确诊 CVD 或糖尿病、LDL－C 水平介于 70 ~189 mg/dL 者，2013 ACC/AHA 指南推荐使用"汇集队列方程 CV 风险计算器"[15]预测未来 10 年的 CVD 风险；当 10 年 CVD 风险评估结果≥7.5%（高危）时，一致推荐高强度他汀类药物治疗；当 10 年动脉粥样硬化性心血管疾病（ASCVD）风险评估结果为 5% ~7.5%（中危）时，有一定的证据支持服用他汀类药物。中等强度或高强度他汀类药物治疗可分别降低 LDL－C 30% ~50% 和 50% 以上，可以按照患者的患病风险和治疗目标分别用于降脂初期的治疗[37]。

三、血液成分分析

多种血液指标分析已广泛应用于临床运动计划中，这些分析能够为全面了解个体的健康状况和运动能力提供信息，也可能有助于解释某些心电图异常状况。由于检测血液样本的方法多种多样，所以比较不同实验室测试结果时应慎重。表 3.4 给出了部分血液化学成分的正常范围。对于许多 CVD 患者来说，都会普遍使用药物来治疗血脂异常和高血压，一些药物可通过作用于肝脏来降低血液中的胆固醇，一些药物可作用于肾脏从而降低血压（见附录 A）。虽然目前的指南不建议接受他汀类药物治疗的患者进行持续的肝功能测试，但是丙氨酸转氨酶（ALT）和天冬氨酸转氨酶（AST）等结果的异常可提示药物引起了肝脏损害。此外，使用这些药物的个体要定期进行肾功能测试，如肌酐、肾小球滤过率（GFR）、血尿素氮（BUN）、尿素氮/肌酐、血清钠和钾水平，以便发现肾脏功能异常。测定血清钾、钠可用于判断体液量和血钾异常。

表 3.4　成年人部分血液成分的正常范围[a]

分类	男性	无性别差异	女性	SI 转换系数
血红蛋白（g/dL）	13.5～17.5		11.5～15.5	10（g/L）
红细胞压积（%）	40～52		36～48	0.01（proportion of 1）
红细胞计数（$\times 10^6$/μL）	4.5～6.5 百万		3.9～5.6 百万	1（$\times 10^{12}$/L）
白细胞计数（$\times 10^3$/μL）		4～11 千		1（$\times 10^9$/L）
血小板计数（$\times 10^3$/μL）		150～450 千		1（$\times 10^9$/L）
空腹血糖[b]（mg/dL）		60～99		0.0555（mmol/L）
HbA1C		≤6%		N/A
血尿素氮（BUN；mg/dL）		4～24		0.357（mmol/L）
肌酐（mg/dL）		0.3～1.4	88.4（μmol/L）	
BUN/肌酐		7～27		
血尿酸（mg/dL）		3.6～8.3		59.48（μmol/L）
钠（mEq/dL）		135～150		1.0（mmol/L）
钾（mEq/dL）		3.5～5.5		1.0（mmol/L）
氯（mEq/dL）		98～110		1.0（mmol/L）
渗透压（mOsm/kg）		278～302		1.0（mmol/kg）
钙（mg/dL）		8.5～10.5		0.25（mmol/L）
钙离子（mg/dL）		4.0～5.0		0.25（mmol/L）
磷（mg/dL）		2.5～4.5		0.323（mmol/L）
总蛋白（g/dL^{-1}）		6.0～8.5		10（g/L）
白蛋白（A）（g/dL）		3.0～5.5		10（g/L）
球蛋白（G）（g/dL）		2.0～4.0		10（g/L）
A/G 比值		1.0～2.2		10
总铁（μg/dL）		40～190	35～180	0.179（μmol/L）
肝功能检查				
胆红素（mg/dL）		<1.5		17.1（μmol/L）
谷草转氨酶 AST（U/L）	8～46		7～34	1（U/L）
谷丙转氨酶 ALT（U/L）	7～46		4～35	1（U/L）

a 在涉及实验室测试数据的正常范围时应对特定变量进行说明。

b 空腹血糖 100～125 mg/dL 表示空腹血糖受损或糖尿病前期。

注意：国际制单位（SI）转换系数的完整清单，请见 http：//jama. ama－assn. org/content/vol295/issue1/images/data/103/DC6/JAMA_ auinst_ si. dtl。

ALT：丙氨酸转氨酶（旧称血清谷丙转氨酶［SGPT］）；AST：天冬氨酸氨基转移酶（旧称血清谷草转氨酶［SGOT］）；HbA1C：糖化血红蛋白；N/A：不适用。

四、肺功能

对于 45 岁以上的吸烟者和有呼吸困难（气短）、慢性咳嗽、哮鸣音或较多黏痰者，应通过肺活量测定法测试肺功能[12]。肺活量测定法是一种简单易行的无创测试。表 3.5 列出了肺活量测试的适应证。进行肺活量测试时应按照美国胸科协会（ATS）制定的测试标准进行测定[25]。

通过肺活量测试可以获得一些数据，常用的包括用力肺活量（FVC），第一秒最大呼气量（$FEV_{1.0}$）、$FEV_{1.0}$/FVC 和峰值呼气量（PEF）。这些检查可用于鉴别病人是否出现限制性或阻塞性呼吸异常，有时可在出现某些疾病的症状或体征前发现。发生呼吸道阻塞性疾病，如哮喘、慢性支气管炎、肺气肿、慢性阻塞性肺疾病（COPD）时，$FEV_{1.0}$/FVC 会降低；而存在气道限制（如脊柱后侧凸、神经肌肉疾病、肺纤维化和其他间质性肺病）时，$FEV_{1.0}$/FVC 仍然正常。

表 3.5　肺活量测试的适应证

A. 肺活量测试的适应证
诊断
评估症状、体征或实验室测试结果
测量疾病对肺功能的影响
筛查有肺部疾病风险的个体
评估术前风险
评估预后
在开始较大强度体力活动计划之前评估健康状况
监测
评估疗效
描述影响肺功能的疾病进程
监测暴露于有害因素下的人群
监测已知有肺毒性药物的不良反应

续表

残障/损伤评估		
评估康复项目中的病人		
作为保险鉴定的一部分评估风险		
因法律问题对个人进行评估		
公共卫生		
流行病学调查		
推导参考公式		
临床研究		
B. 慢性阻塞性肺部疾病全球倡议（GOLD）对基于支气管扩张后 $FEV_{1.0}$ 值的 COPD 严重程度进行的肺活量分类		
GOLD I	轻度	$FEV_{1.0}$/FVC ＜0.70 $FEV_{1.0}$≥80% 预测值
GOLD II	中度	$FEV_{1.0}$/FVC ＜0.70 50%≤$FEV_{1.0}$＜80% 预测值
GOLD III	重度	$FEV_{1.0}$/FVC ＜0.70 30%＜$FEV_{1.0}$＜50% 预测值
GOLD IV	极重度	$FEV_{1.0}$/FVC ＜0.70 $FEV_{1.0}$＜30% 预测呼吸衰竭
C. 美国胸科协会和欧洲呼吸协会基于 $FEV_{1.0}$ 肺活量异常的严重程度分级		
严重度		$FEV_{1.0}$% 预测值
轻度		＜LLN 但是≥70
中度		60～69
中重度		50～59
重度		35～49
极重度		＜35

COPD：慢性阻塞性肺疾病；$FEV_{1.0}$：第一秒最大呼气量；FVC：用力肺活量；呼吸衰竭：在海平面呼吸空气的条件下，动脉氧分压（PaO_2）＜8.0kPa（60 mmHg），伴有或不伴有动脉二氧化碳分压（$PaCO_2$）＞6.7 kPa（50 mmHg）；LLN：正常值下限。

改编自［32，34］。

慢性阻塞性肺部疾病全球倡议将 COPD 按照严重程度进行了分类，见表 3.5[14,34]。COPD 是指慢性支气管炎和肺气肿单独或同时存在，且肺活量测试显示阻塞性异常。ATS 和欧洲呼吸协会（ERS）肺功能标准工作组采用不同方法对阻塞性和限制性异常的严重程度进行了分类，见表 3.5[32]。这个 ATS/ERS 工作组应用的最大有效肺活量（VC），可通过吸气（IVC）、缓慢呼气（SVC）或用力呼气（FVC）获得。阻塞性异常是指 $FEV_{1.0}$/FVC 低于预测值的第 5 个百分位，使用低于预测值的第 5 个百分位作为正常值的下限不会导致高估老年人的阻塞性异常，而用 $FEV_{1.0}$/FVC 或 $FEV_{1.0}$/FVC 固定值小于 0.7 作为划分正常和异常的界限[26]更容易高估老年人的阻塞性异常。在一项肺容量研究中，限制性异常的特征是肺总量（TLC）降低至低于预测值的第 5 个百分位，同时 $FEV_{1.0}$/FVC 正常[26]。

肺部疾病的肺功能分级可用于预测个体健康状况、医疗相关支出和死亡率。肺活量异常可提示肺癌、心脏病和脑卒中的风险增加，并可判断患者采取何种干预措施能获得最大益处，比如：戒烟和使用药物能获得最大益处。肺活量测试也可以帮助确定能使肺功能下降的慢性疾病（如 COPD 和心力衰竭），并可通过呼吸肌训练获得益处[4,30]。

常规肺活量测试也可以得到最大通气量（MVV）[25,32]。MVV 可以用来评估最大强度运动时的呼吸储备。在实践中，最好能直接测定 MVV，而不是用 $FEV_{1.0}$ 乘以恒定值来获得[32]。

第四节　参与者指导

运动测试前对参与者进行指导能够增加测试有效性和数据的准确性。在预约时应提供包含评估描述的书面说明，使客户或病人可以做充分的准备。当进行连续的跟踪测试时，应尽可能确保运动测试的步骤一致[3]。参与者说明书中应包括以下几个基本内容，但具体指导应随测试类型和用途而异。

1. 参与者在测试前 3 小时内应避免进食、摄入酒精或咖啡因，或使用烟草制品。

2. 在测试当天，参与者应该注意休息，避免明显费力的体力活动或运动。

3. 穿便于运动的服装，包括适合步行或跑步的鞋。女性应穿宽松的短袖、前开式上衣，不要穿紧身内衣。

4. 如果是对门诊病人进行评估，参与者应该了解运动测试可能会引起疲劳，可能需要有人陪伴测试，并在测试结束后送其回家。

5. 如果运动测试是用于诊断目的，病人最好能够停止服用心血管处方药，但必须得到内科医生许可。抗心绞痛药物能够改变血流动力学对运动的反应，显著降低心电图对缺血性变化的敏感性。服用中等或大剂量 β 受体阻滞剂的患者要求在 2～4 天内逐渐减量，以减少肾上腺功能亢进的反弹现象（见附录 A）。

6. 如果测试是出于功能评估或开具运动处方的目的，患者应继续按日常需要服药，测试中的反应将与运动训练中预期的反应一致。

7. 参与者应提供所服用药物的名称、剂量和次数，尤其是测试前最后一次实际服药量。

参与者可以带上药物以便测试人员进行记录。

8. 运动测试前 24 小时，参与者需要喝大量的水以保证测试前的正常水平衡。

（李新　译）

在线资源

American College of Cardiology 美国心脏病学会网站：http：//www. cardiosource. org http：//tools. cardiosource. org/ASCVD – Risk – Estimator/

American College of Sports Medicine Exercise is Medicine 美国运动医学学会运动是良医网站：http：//www. exerciseismedicine. org

American Diabetes Association 美国糖尿病协会网站：http：//www. diabetes. org

American Heart Association 美国心脏协会网站：http：//www. americanheart. org

European Society of Cardiology 欧洲心脏病学会网站：http：//www. escardio. org

National Heart，Lung，and Blood Institute Health Information for Professionals 美国国家心脏、肺部和血液研究所卫生专业人员信息网站：http：//www. nhlbi. nih. gov/health/indexpro. htm

参考文献

1. American Diabetes Association. 2. Classifi cation and diagnosis of diabetes. *Diabetes Care*. 2015;38:S8 – 16.

2. Appel L J, Brands MW, Daniels SR, et al. Dietary approaches to prevent and treat hypertension: a scientifi c statement from the American Heart Association. *Hypertension*. 2006;47(2):296 – 308.

3. Arena R, Myers J, Williams MA, et al. Assessment of functional capacity in clinical and research settings: a scientifi c statement from the American Heart Association Committee on Exercise, Rehabilitation, and Prevention of the Council on Clinical Cardiology and the Council on Cardiovascular Nursing. *Circulation*. 2007;116(3):329 –43.

4. Arena R, Pinkstaff S, Wheeler E, Peberdy MA, Guazzi M, Myers J. Neuromuscular electrical stimulation and inspiratory muscle training as potential adjunctive rehabilitation options for patients with heart failure. *J Cardiopulm Rehabil Prev*. 2010;30(4):209 – 23.

5. Aronow WS, Fleg JL, Pepine CJ, et al. ACCF/AHA 2011 expert consensus document on hypertension in the elderly: a report of the American College of Cardiology Foundation Task Force on Clinical Expert Consensus documents developed in collaboration with the American Academy of Neurology, American Geriatrics Society, American Society for Preventive Cardiology, American Society of Hypertension, American Society of Nephrology, Association of Black Cardiologists, and European Society of Hypertension. *J Am Coll Cardiol*. 2011;57(20):2037 – 114.

6. *ASCVD risk estimator* [Internet]. Washington(DC): American College of Cardiology/American Heart Association; [cited 2015 Aug 12]. Available from: http://tools. cardiosource. org/ASCVD – Risk – Estimator.

7. Bickley LS. *Bates' Pocket Guide to Physical Examination and History Taking*. 6th ed. Baltimore(MD): Lippincott Williams & Wilkins; 2008. 453 p.

8. Chobanian AV, Bakris GL, Black HR, et al. Seventh report of the Joint National Committee on Prevention, Detection, Evaluation, and Treatment of High Blood Pressure. *Hypertension*. 2003;42(6):1206 – 52.

9. Di Angelantonio E, Sarwar N, Perry P, et al. Major lipids, apolipoproteins, and risk of vascular disease. *JAMA*. 2009;

302(18):1993 – 2000.

10. Eckel RH, Jakicic JM, Ard JD, et al. 2013 AHA/ACC guideline on lifestyle management to reduce cardiovascular risk: a report of the American College of Cardiology/American Heart Association Task Force on Practice Guidelines. *J Am Coll Cardiol.* 2014;63:2960 – 84.
11. Expert Panel on Detection, Evaluation, and Treatment of High Blood Cholesterol in Adults. Executive Summary of the Th ird Report of The National Cholesterol Education Program (NCEP) Expert Panel on Detection, Evaluation, and Treatment of High Blood Cholesterol in Adults (Adult Treatment Panel III). *JAMA.* 2001;285(19):2486 – 97.
12. Ferguson GT, Enright PL, Buist AS, Higgins MW. Offi ce spirometry for lung health assessment in adults: a consensus statement from the National Lung Health Education Program. *Chest.* 2000;117(4):1146 – 61.
13. Gibbons RJ, Balady GJ, Bricker JT, et al. ACC/AHA 2002 guideline update for exercise testing: summary article. A report of the American College of Cardiology/American Heart Association Task Force on Practice Guidelines (Committee to Update the 1997 Exercise Testing Guidelines). *J Am Coll Cardiol.* 2002;40(8):1531 – 40.
14. Global Initiative for Chronic Obstructive Lung Disease Web site [Internet]. Global Initiative for Chronic Obstructive Lung Disease; [cited 2015 Aug 12]. Available from: http://www. goldcopd. org/.
15. Goff DC Jr, Lloyd – Jones DM, Bennett G, et al. 2013 ACC/AHA guideline on the assessment of cardiovascular risk: a report of the American College of Cardiology/American Heart Association Task Force on Practice Guidelines. *J Am Coll Cardiol.* 2014;63:2935 – 59.
16. Grundy SM, Cleeman JI, Merz CN, et al. Implications of recent clinical trials for the National Cholesterol Education Program Adult Treatment Panel III Guidelines. *J Am Coll Cardiol.* 2004;44(3):720 – 32.
17. Hendel RC, Berman DS, Di Carli MF, et al. ACCF/ASNC/ACR/AHA/ASE/SCCT/SCMR/SNM 2009 appropriate use criteria for cardiac radionuclide imaging: a report of the American College of Cardiology Foundation Appropriate Use Criteria Task Force, the American Society of Nuclear Cardiology, the American College of Radiology, the American Heart Association, the American Society of Echocardiography, the Society of Cardiovascular Computed Tomography, the Society for Cardiovascular Magnetic Resonance, and the Society of Nuclear Medicine. *Circulation.* 2009;119(22):e561 – 87.
18. Jacobson TA, Ito MK, Maki KC, et al. National Lipid Association recommendations for patient – centered management of dyslipidemia: part 1—executive summary. *J Clin Lipidol.* 2014;8(5):473 – 88.
19. James PA, Oparil S, Carter BL, et al. 2014 evidence – based guideline for the management of high blood pressure in adults: report from the panel members appointed to the Eighth Joint National Committee (JNC 8). *JAMA.* 2014;311(5):507 – 20.
20. Jensen MD, Ryan DH, Apovian CM, et al. 2013 AHA/ACC/TOS Guidelines for the management of overweight and obesity in adults: a report of the American College of Cardiology/American Heart Association Task Force on Practice Guidelines and The Obesity Society. *J Am Coll Cardiol.* 2014;63(25):2985 – 3023.
21. Kannel WB, Vasan RS. Triglycerides as vascular risk factors: new epidemiologic insights. *Curr Opin Cardiol.* 2009;24(4):345 – 50.
22. Kantola I, Vesalainen R, Kangassalo K, Kariluoto A. Bell or diaphragm in the measurement of blood pressure? *J Hypertens.* 2005;23(3):499 – 503.
23. Mancia G, Fagard R, Narkiewicz K, et al. 2013 ESH/ESC guidelines for the management of arterial hypertension:

the Task Force for the Management of Arterial Hypertension of the European Society of Hypertension(ESH) and of the European Society of Cardiology(ESC). *Eur Heart J.* 2013;34(28):2159–219.

24. Miller M, Stone NJ, Ballantyne C, et al. Triglycerides and cardiovascular disease: a scientifi c statement from the American Heart Association. *Circulation.* 2011;123(20):2292–333.
25. Miller MR, Hankinson J, Brusasco V, et al. Standardisation of spirometry. *Eur Respir J.* 2005;26(2):319–38.
26. Miller MR, Quanjer PH, Swanney MP, Ruppel G, Enright PL. Interpreting lung function datausing 80% of predicted and fi xed thresholds misclassifi es more than 20% of patients. *Chest.* 2011;139(1):52–9.
27. Mozaff arian D, Benjamin EJ, Go AS, et al. Heart disease and stroke statistics—2015 update: a report from the American Heart Association. *Circulation.* 2015;131(4):e29–322.
28. Myers J, Arena R, Franklin B, et al. Recommendations for clinical exercise laboratories: a scientific statement from the American Heart Association. *Circulation.* 2009;119(24):3144–61.
29. National Cholesterol Education Program (NCEP) Expert Panel on Detection, Evaluation, and Treatment of High Blood Cholesterol in Adults (Adult Treatment Panel III). Th ird Report of the National Cholesterol Education Program (NCEP) Expert Panel on Detection, Evaluation, and Treatment of High Blood Cholesterol in Adults (Adult Treatment Panel III) final report. *Circulation.* 2002;106(25):3143–421.
30. Nici L, Donner C, Wouters E, et al. American Th oracic Society/European Respiratory Society statement on pulmonary rehabilitation. *Am J Respir Crit Care Med.* 2006;173(12):1390–413.
31. Pate RR, Pratt M, Blair SN, et al. Physical activity and public health. A recommendation from the Centers for Disease Control and Prevention and the American College of Sports Medicine. *JAMA.* 1995;273(5):402–7.
32. Pellegrino R, Viegi G, Brusasco V, et al. Interpretative strategies for lung function tests. *Eur Respir J.* 22005;26(5):948–68.
33. Pickering TG, Hall JE, Appel LJ, et al. Recommendations for blood pressure measurement in humans and experimental animals: part 1: blood pressure measurement in humans: a statement for professionals from the Subcommittee of Professional and Public Education of the American Heart Association Council on High Blood Pressure Research. *Hypertension.* 2005;45(1):142–61.
34. Rabe KF, Hurd S, Anzueto A, et al. Global strategy for the diagnosis, management, and prevention of chronic obstructive pulmonary disease: GOLD executive summary. *Am J Respir Crit Care Med.* 2007;176(6):532–55.
35. Reiner Z, Catapano AL, De Backer G, et al. ESC/EAS guidelines for the management of dyslipidaemias: the Task Force for the management of dyslipidaemias of the European Society of Cardiology(ESC) and the European Atherosclerosis Society(EAS). *Eur Heart J.* 2011;32(14):1769–818.
36. Smith SC Jr, Allen J, Blair SN, et al. AHA/ACC guidelines for secondary prevention for patients with coronary and other atherosclerotic vascular disease: 2006 update: endorsed by the National Heart, Lung, and Blood Institute. *Circulation.* 2006;113(19):2363–72.
37. Stone NJ, Robinson JG, Lichtenstein AH, et al. 2013 ACC/AHA guideline on the treatment of blood cholesterol to reduce atherosclerotic cardiovascular risk in adults: a report of the American College of Cardiology/American Heart Association Task Force on Practice Guidelines. *Circulation.* 2014;129:S1–45.
38. The Seventh Report of the Joint National Committee on Prevention, Detection, Evaluation, and Treatment of High Blood Pressure [Internet]. Bethesda (MD): National High Blood Pressure Education Program; 2004 [cited 2015

Aug 12]. 104 p. Available from: http://www.nhlbi.nih.gov/guidelines/hypertension/jnc7full.pdf.

39. Third Report of the National Cholesterol Education Program (NCEP) Expert Panel on Detection, Evaluation, and Treatment of High Blood Cholesterol in Adults (Adult Treatment Panel III) [Internet]. Bethesda (MD): National Cholesterol Education Program; 2004 [cited 2015 Aug 12]. 284 p. Available from: http://www.nhlbi.nih.gov/guidelines/cholesterol/index.htm.

40. U. S. Department of Health and Human Services. 2008 Physical Activity Guidelines for Americans [Internet]. Washington (DC): U. S. Department of Health and Human Services; 2008 [cited 2015 Aug 12]. Available from: http://health.gov/paguidelines/pdf/paguide.pdf.

41. U. S. Preventive Services Task Force. Screening for coronary heart disease: recommendation statement. A nn Intern Med. 2004; 140 (7): 569 – 72.

42. Verrill D, Graham H, Vitcenda M, Peno – Green L, Kramer V, Corbisiero T. Measuring behavioral outcomes in cardiopulmonary rehabilitation: an AACVPR statement. J Cardiopulm Rehabil Prev. 2009; 29 (3): 193 – 203.

43. Weber MA, Schiff rin EL, White WB, et al. Clinical practice guidelines for the management of hypertension in the community: a statement by the American Society of Hypertension and the International Society of Hypertension. J Clin Hypertens (Greenwich). 2014; 16 (1): 14 – 26.

第四章　健康相关体适能测试和结果分析

第一章中列举的多项证据明确指出参加规律体力活动（PA）及系统性运动计划的多种健康获益。健康相关体适能的组成成分与整体健康状态存在密切关系，健康相关体适能是以能够精力充沛地完成日常生活活动为特征，且与慢性疾病、健康状况及其危险因素的低流行率相关[95]。健康相关体适能的测评已应用到疾病预防和健康促进当中，其结果可通过规律的 PA 和系统性的运动计划得到改善。一级、二级预防和康复计划的基本目标是促进健康，因此，运动计划应以提高健康相关体适能组成成分为目标。本章主要讲述健康相关体适能的测试和分析[36,40]。

与本书上一版相比，因授权发生变更，新版指南第四章未纳入 YMCA 方案和标准数据。

第一节　健康相关体适能测试的目的

体适能测试在预防和康复运动项目中是一种普遍的易于实践的措施。健康相关体适能测试的最低要求是有信度、效度和合理性，且相对经济。通过将健康相关体适能测试收集的信息与个人医疗及运动史结合，其结果可应用于以下几个方面：

1. 指导受试者了解自身健康/体适能状况与同年龄、性别人群标准健康状况之间的差距。
2. 为制定个性化运动处方（Ex R_x）提供所有健康/体适能数据。
3. 收集干预后数据，以便评价受试者 Ex R_x 的执行情况并根据受试者年龄进行长期监测。
4. 通过建立合理、可行的体适能目标，激励受试者参与运动（见第十二章）。

第二节　基本原则和指南

一、测试前说明

提供所有测试前说明并粘贴在相关测试设备前方。进行健康相关体适能测试前应遵循以下几个步骤，并确保受试者安全和舒适。

1. 签署知情同意书，给予受试者充足的时间便于了解测试过程，并充分解答他们的疑问（见图 3. 1）。

2. 运动测试前进行健康筛查（见第二章）。

3. 完整的运动前评估包括病史和心血管疾病（CVD）危险因素评估（见第三章）。每个受试者要完成一份自我评估问卷，如体力活动准备问卷 + （PAR－Q + ）（见图 2. 1）。也可选用其他更细致的病史问卷。

4. 第三章的“参与者指导”中列出了针对所有参与者的测试前指导，这些指导可根据特殊需要或环境要求而改进。

二、测试的组织

在受试者到达测试地点前要完成下列步骤：

1. 准备好所有表格、评分表、图表及其他测试文件确保可被测试管理者所用。

2. 至少每月校准测试仪器（如功率车记功计、运动跑台和血压计）一次以确保测量的准确性，或根据使用频率来增加校准频率。某些特殊的设备，如气体分析系统，应根据仪器说明书在每个测试者测试前进行校准，并有序地排列好所有测试用文件。皮褶厚度计应进行常规校准，必要时可送还制造商进行校准。

3. 保持室温在 68～72 ℉（20～22℃），湿度低于 60%，空气流通[60]。

根据要评价的体适能组成成分进行多项测试时，测试顺序很重要。应首先测量安静状态下的指标，如：HR、BP、身高、体重和身体成分。目前还没有研究提供多种健康相关体适能（CRF、肌肉耐力和柔韧性）的最佳测试顺序，但测试之间应间隔充分的时间使心率和血压恢复到基础水平。此外，应恰当安排测试过程以避免同一组肌群反复用力。为了确保结果可信，参与者在测试过程中应按照预定的顺序进行测试。此外，由于某些药物会影响体适能测试的结果（如 β－受体阻滞剂可降低心率），应用此类药物时应注明（见附件 A）。

三、测试环境

测试环境对测试的准确性和可靠性十分重要，应尽量调节测试时受试者的焦虑情绪、缓和情感问题及控制室温、室内通风等因素。为了尽量减少受试者的焦虑情绪，应详尽解释测试过程，语速不宜过快，保持测试环境安静并注意保护受试者个人隐私。测试房间内，应配备舒适的椅子用以测量血压和心率。工作人员的言谈举止应随和且自信，以使受试者放松。此外，健身教练也应熟悉急救流程（见附录 B）。

第三节　健康体适能综合评估

健康/体适能综合评估包括以下几个方面：（1）受试者知情同意及运动前健康筛查（见第二章和第三章）；（2）运动前评估（见第三章）；（3）安静状态下各项指标测量；（4）围度和身体成分分析；（5）心肺耐力测试；（6）肌肉适能测试；（7）灵活性测试。还可以增加其他的评估内容，但应将健康/体适能评估的所有项目安排在同一天内完成。测试数据应由高级运动专家解读后呈递给受试者。这些信息的核心是便于受试者了解自身体适能状况，并为制定 Ex R_x 短期和长期目标提供数据支持，以及为后续评估提供参考依据。

对某些个体而言，健康相关体适能测试的风险可能会超过其潜在获益，某些测试的风险较低（如身体成分），而其他测试的风险略高（如 CRF 和 1 – RM）。对于这些个体，在测试前进行风险获益评估十分重要。运动测试前应按照第三章所述方式仔细询问病史，鉴别出潜在的禁忌证并增加健康相关体适能测试的安全性。运动测试的绝对和相对禁忌证见专栏 5. 2。

第四节　安静心率和血压的测量

综合体适能评估包括安静心率和血压的测量。可使用多种技术测量心率，包括脉搏触诊、心音听诊或使用心率监测设备。脉搏触诊是用食指和中指搭在手腕拇指侧的桡动脉上“感觉”动脉的搏动，并计时 30 s 或 60 s。计时 30 s 的搏动次数乘以 2 即是 1 min 的安静心率（次/min，bpm）。心音听诊时，听诊器听头贴在受试者胸骨左侧乳头水平之上的胸壁上。当受试者心音可以闻及且可以配合时，听诊是最准确的方法。受试者到达测试现场时，应允许其休息（至少 5 min）至达到安静心率和血压稳定后再进行测量。安静血压测量的详细描述见其他章节（见专栏 3. 5）。

第五节　身体成分

研究已充分证实体脂过多尤其是腹部脂肪过多与高血压、代谢综合征（MetSyn）、2 型糖尿病（T2DM）、中风、CVD 和血脂异常等多种慢性疾病相关[102]。近三分之二的美国人属于超重或肥胖（BMI≥25 kg/m^2），超过三分之一（34.9%）为肥胖（BMI≥30 kg/m^2）[85]。接近三分之一（31.8%）的美国儿童和青少年属于超重或肥胖[85]（见第十章）。令人担忧的成年人和儿童超重/肥胖流行数据，以及相应的健康隐患，使人们提高了对体重过高个体鉴别和治疗的意识[24,29,65,115]。其实，2013 年美国医学会已将肥胖列为一种疾病[1]。

认识到伴随衰老发生的相关身体成分的改变十分重要。肌少症是衰老和 PA 减少导致的肌肉量和肌肉力量下降的一种退行性改变，它与日常生活能力下降和骨骼肌损伤风险增加相关[34,81]。因此，身体成分测量可用于监测瘦体重的变化，尤其适用于老年人。

身体成分可以用脂肪组织和非脂肪组织与体重的相对百分比来表示，即两种成分模式。身体成分测量结果受测试方法的复杂性、成本和准确度的影响[30,66]。本节将简要回顾不同的测量技术，但本书未涵盖测量和计算评价身体成分的所有技术细节，相关细节信息可参考其他资料[38,42,45]。在获得身体成分测量数据之前，技术人员必须经过培训，具有操作经验，其测量可靠性已得到认可，并可独立操作。

一、人体测量方法

（一）身高、体重和体重指数

可通过平衡秤或电子秤测量体重，测量时穿单衣，掏空口袋。通过身高测量仪测量身高时需脱鞋测量净身高。

体重指数或 Quetelet 指数可用来表示身高与体重的相对关系，其计算方法是将以千克为单位的体重除以以米为单位的身高的平方（kg/m^2）。成年人超重和肥胖诊断、评估和治疗专家组[31]将 BMI＜18.5 kg/m^2 定义为低体重，18.5～24.9 kg/m^2 为正常体重，25.0～29.9 kg/m^2 为超重，≥30 kg/m^2 为肥胖。虽然体重指数无法区分身体脂肪、肌肉重量或骨骼，但除了肌肉量较大的个人外，BMI 仍被广泛接受，因为当 BMI＞30 kg/m^2 仅是提示体脂过多。当 BMI≥30 kg/m^2 时肥胖相关疾病、健康问题及死亡率升高（表 4.1）[31,93]。这种相关关系并不完全适用于所有情况，有证据表明 BMI≥30 kg/m^2 的充血性心力衰竭（CHF）患者的存活率得到相应改善，这一现象称为“肥胖悖论”[2,86]。

与肥胖个体相比，超重水平的 BMI（25.0～29.9 kg/m^2）与较高死亡率之间的联系尚不明确。然而，BMI 处于 25.0～29.9 kg/m^2 与 2 型糖尿病、血脂异常、高血压和某些癌症等其他健康问题之间的联系是确定的[69]。BMI < 18.5 kg/m^2 也会使死亡风险增加[32]。这是将BMI作为X轴、风险作为Y轴时，J形曲线的低值部分[39]。BMI曾被推荐用于评价体脂百分比，但由于标准差（±5%脂肪）较大[35]，还需要在体适能评估中使用其他身体成分评价方法评估体脂百分比[30]。

表4.1　基于BMI和腰围的疾病风险分级

		相对于正常BMI和腰围的疾病风险[a]	
	BMI（kg/m^2）	男性，腰围≤102 cm 女性，腰围≤88 cm	男性，腰围>102 cm 女性，腰围>88 cm
低体重	<18.5	–	–
正常	18.5～24.9	–	–
超重	25.0～29.9	增加	高
肥胖分级			
I	30.0～34.9	高	非常高
II	35.0～39.9	非常高	极高
III	≥40	极高	极高

"–"表示处于这种BMI水平时无附加风险。体重正常者腰围增加也是风险增加的标志。

a 罹患2型糖尿病、高血压和心血管疾病疾的风险。

引自［31］。

（二）围　度

身体局部围度测量可用于估测体脂分布，其中腰围和臀围是两个关键指标。体脂分布类型是健康及疾病预后的重要指标[26,96]。向心性肥胖的特点是脂肪堆积在身体躯干部位（腹型肥胖），其高血压、代谢综合征、T2DM、血脂异常、CVD和早期死亡率较离心性肥胖（脂肪分布在臀部和大腿）者高[92]。此外，腹腔内脂肪增加的个体比皮下脂肪增多的个体患代谢综合征的风险增加[33]。因此，身体围度的测量可作为体现受试者整体脂肪分布及伴随风险的指标，不同性别、年龄组个体均可通过测量围度估测身体成分（SEE = 2.5% ～ 4.0%）[113,114]。用带有橡皮绳的卷尺（如Gulick卷尺）测量可限制测量时卷尺对皮肤的压迫程度从而提高测量的准确性。建议针对每个部位进行重复测量，并用轮流测量代替连续测量（如：测量所有部位后，再按照之前的顺序重复测量）。如果两次测量值相差不到5 mm，可取其平均值。专栏4.1描述了常用测量位点。

腰臀比（WHR）是腰围（髂嵴之上）除以臀围（见专栏4.1，臀部测量）的值，是评价身体脂肪分布和判断腹腔内脂肪量的简单常用的方法[30,92]。健康风险随WHR的增加而升高，且因年龄和性别差异而不同。例如，年轻男性 WHR >0.95 及年轻女性 WHR >0.86 时，健康风险极高。对于 60 ~69 岁的人群，当男性 WHR >1.03 和女性 WHR >0.9 时具有与之前所述年轻人相同程度的极高健康风险水平[45]。

专栏 4.1	标准化围度测量部位与过程
腹围：	受试者直立、放松，在髂嵴上方水平测量，通常与脐水平。
上肢：	受试者直立，两臂自然下垂于身体两侧，掌心朝向大腿，在肩峰与尺骨鹰嘴连线中点处水平测量。
臀围：	受试者直立、两脚并拢，水平测量臀部隆起最明显处。此测量用于腰臀比的计算。
小腿围：	受试者直立（两脚分开约 20 cm），水平测量膝与踝之间围度最大处，注意与纵轴线垂直。
前臂围：	受试者直立，两臂自然下垂稍离开躯干，掌心向前，垂直于纵轴线测量围度最大处。
臀下大腿围：	受试者直立，两腿稍分开（不超过 10 cm），水平测量臀部至靠近大腿围度最大处，在臀横纹下。
大腿中围：	受试者直立，一条腿踏在凳子上，使膝关节屈曲成 90°，在腹股沟皱褶到髌骨上缘连线中点处测量，注意与纵轴线垂直。
腰围：	受试者直立，双臂垂于两侧，两脚并拢，腹部放松，水平测量躯干最细处（脐以上剑突以下）。美国国家肥胖工作组（NOTF）建议直接测量髂嵴上部，所得数据更标准。然而，目前的惯例尚未采用 NOTF 所建议的部位。

测量过程注意事项：

1. 测量尺应是可弯曲而无弹性的带状尺。
2. 尺子应该置于皮肤表面，不能压迫皮下脂肪组织。
3. 如果用 Gulick 弹性手柄，其手柄应每次都能延伸到同一标记处。
4. 同一部位应进行两次测量，若两次测量结果相差 5 mm 以上需要再次进行测量。
5. 重复测量时更换测量部位或等该处皮肤恢复正常状态。

引自［16］。

因为腹部肥胖是最根本的问题，故腰围可作为一种健康风险评价指标单独使用[19,26]，且在这方面优于 BMI[28,51]。腰围的特别之处在于它虽然与 BMI 有良好的相关性，但在给定的 BMI 下根据腹部脂肪量的多少，腰围数据可相差很多，因此腰围可更好地评价腹部脂肪[28]。腹部脂肪是肥胖相关疾病的主要危险因素之一，腰围或 WHR 可作为评价健康风险的重要指标[28]。表 4.1 列出了成年人超重和肥胖诊断、评估和治疗专家组制定的基于体重指数和腰围的健康风险分级[31]。之前的研究已证明在不同 BMI 分级下，随腰围水平增加，健康风险逐渐增加[50]（见表4.1）。因此，进一步提出了一种新的基于腰围的成年人风险分级方案（见表4.2）[13]。需要着重指出的是这一风险分级标准的数据来源于高加索人群，其他民族/种族可能会有所不同。例如，非洲裔美国男性和女性 BMI 和腰围可能有不同的切点[17,57]。帕宁顿生物医学研究中心纵向研究发现：BMI、体脂百分比、腰围身高比和 WHR 均与高加索人群的死亡率相关，与非洲裔美国人的死亡率无关；但腰围与死亡风险的关系已在多个种族中得以确认[57]。此外，用于判定心血管代谢健康风险的 BMI 和腰围阈值在高加索和非洲裔美国人之间也存在差异[56]。

表4.2 成人腰围风险分级

风险分级	腰围 cm（in）	
	女性	男性
极低	<70（<27.5）	<80（31.5）
低	70~89（27.5~35.0）	80~99（31.5~39.0）
高	90~109（35.5~43.0）	100~120（39.5~47）
极高	>110（>43.5）	>120（47.0）

经允许，引自［13］。

从多个解剖部位测量的腰围均可以使用。操作人员需注意对于某种特定疾病风险来说应该具体测量哪个解剖部位的腰围。例如，表4.2中的数据是测量髂嵴水平的腰围[13,51]，而帕宁顿生物医学研究中心纵向研究选用肋弓下缘和髂嵴上缘连线中点水平作为腰围测量的部位[17,56,57]。研究证明，所有常用、可靠的腰围测量方法都同样可信、有效，且均可用于评价个体健康风险增加是否[103,117]。

（三）皮褶测量

BMI 和围度作为身体测量学指标可用于评估健康风险，但这并不是直接测量身体成分。皮褶测量是通过测量身体多处皮褶厚度来判断体脂百分比的一种方法。通过皮褶厚度测量确定，身体成分与水下称重法的测量结果高度相关（$r=0.70\sim0.90$）[42]。此技术的测量原理是皮下脂肪与身体总脂肪量成一定比例，假设皮下脂肪约占总体脂的三分之一[72]。但肌肉内脂肪、肌肉间脂肪和器官间脂肪分布因人而异[22,72]，皮下脂肪与身体总脂肪量的确切比例也受性别、年龄和种族的影响[72,101]，因此，用回归方程将皮褶厚度之和转化为身体密度和体脂百分比时要考虑这些变量以减少预测误差。专栏4.2列举了标准皮褶测量的部位和过程，更详细的皮褶厚度测量部位的描述请参考文献[38,42,45]。用皮褶厚度评估身体成分对技术人员的专业性要求较高，因此，为提高测量的准确性，工作人员应进行适当的训练（了解解剖学标志）并经常练习技术。在使用正确技术和公式的前提下，由皮褶厚度预测体脂百

分比的准确性在 ±3.5%[45]。

专栏 4.2　皮褶测量部位和过程的标准描述

皮褶位置

腹部	脐右侧 2 cm 处，皮褶垂直走向。
三头肌	手臂自然下垂于身体两侧，在上臂后侧肩峰和鹰嘴连线的中点测量，皮褶垂直走向。
二头肌	上臂前侧肱二头肌肌腹上方，约三头肌皮褶点水平以上 1 cm 测量，皮褶垂直走向。
胸部/胸壁	腋前线和乳头连线中点（男），或腋前线和乳头连线的中部偏外三分之一处（女）测量，皮褶斜行。
小腿内侧	小腿最大围度中线内侧测量，皮褶垂直走向。
腋中线	腋中线胸骨剑突水平测量，皮褶垂直走向；另一种方法是剑突/胸骨交界，水平腋中线处水平捏起皮褶。
肩胛下	肩胛骨下角下部 1～2 cm 处测量，皮褶斜行（45°）。
髂前上嵴	腋前线髂前上嵴上方，沿髂骨翼自然走行处斜行测量皮褶。
大腿	大腿前部中线、髌骨上缘与腹股沟连线中点处测量，皮褶垂直走向。

测量过程注意事项：

- 所有测量者要在受试者身体右侧进行测试，受试者直立位。
- 皮褶钳应置于皮肤表面，垂直于皮褶，测量点位于距拇指和食指边缘处约 1 cm、皮褶游离缘与基底部中间。
- 读数时要捏住皮褶不能松开。
- 读数前等 1～2 s。
- 每一部位要进行两次测试，如果两次测量结果差别大于 1～2 mm，应重新测量。
- 重复测试时应更换测量点或给予皮肤充分时间让其恢复正常纹理和厚度。

在皮褶厚度测量中，导致测量误差的因素包括：解剖部位定位不准确、测量技术差、测量者缺乏经验、受试者极度肥胖或消瘦以及测径器未校准[43,44]。多个回归方程可通过皮褶厚度预测身体密度或体脂百分比。专栏 4.3 中列举的方程可准确计算大部分人群的身体密度[43,48]，其他针对不同性别、年龄、种族、肥胖和运动的特异性公式也已经发布[45]。此外，还可通过皮褶厚度的变化或多部位皮褶厚度之和来估算体脂含量。

专栏 4.3 通用皮褶测量计算公式

男性

· 七点法（胸、腋中线、肱三头肌、肩胛下、腹部、髂前上嵴上、大腿）

身体密度 = 1.112 − 0.00043499 ×（7 处皮褶厚度之和）+ 0.00000055 ×（7 处皮褶厚度之和）^{2} − 0.00028826 × 年龄［SEE 0.008 ~ 或 3.5% 脂肪］

· 三点法（胸、腹、大腿）

身体密度 = 1.10938 − 0.0008267 ×（3 处皮褶厚度之和）+ 0.0000016 ×（3 处皮褶厚度之和）^{2} − 0.0002574 × 年龄［SEE 0.008 ~ 或 3.4% 脂肪］

· 三点法（胸、肱三头肌、肩胛下）

身体密度 = 1.1125025 − 0.0013125 ×（3 处皮褶厚度之和）+ 0.0000055 +（3 处皮褶厚度之和）^{2} − 0.000244 × 年龄［SEE 0.008 ~ 或 3.6% 脂肪］

女性

· 七点法（胸、腋中线、肱三头肌、肩胛下、腹部、髂前上嵴上、大腿）

身体密度 = 1.097 − 0.00046971 ×（7 处皮褶厚度之和）+ 0.00000056 ×（7 处皮褶厚度之和）^{2} − 0.00012828 × 年龄［SEE 0.008 ~ 或 3.8% 脂肪］

· 三点法（三头肌、髂前上嵴上、大腿）

身体密度 = 1.099421 − 0.0009929 ×（3 处皮褶厚度之和）+ 0.0000023 ×（3 处皮褶厚度之和）^{2} − 0.0001392 × 年龄［SEE 0.008 ~ 或 3.9% 脂肪］

· 三点法（肱三头肌、髂前上嵴上、腹部）

身体密度 = 1.089733 − 0.0009245 ×（3 处皮褶厚度之和）+ 0.0000025 ×（3 处皮褶厚度之和）^{2} − 0.0000979 × 年龄［SEE 0.008 ~ 或 3.9% 脂肪］

SEE：标准估计误差。

引自［49，94］。

二、身体密度法

可通过身体重量与身体体积的比值计算全身密度来评价身体成分。虽然双能 X 线吸收法（DEXA）和多部位建模是更普及的标准测量方法，但身体密度法作为评价身体成分的参考或标准已被使用了多年。身体密度测量的局限性主要在于身体体积的准确测量，因为体重测量的准确性已经很高，故可通过水下称重或体积描记法测量身体体积。

水下称重法是基于阿基米德原理，即身体浸入水中后，受到向上的浮力，浮力大小等于身体排开水所受重力。通过在陆上和水中测得的体重之差可以计算身体体积。骨骼和肌肉组织密度比水大，而脂肪组织密度比水小。因而，陆上体重相同，去脂体重（FFM）较大的人，与 FFM 较小个体相比水中体重较重；身体密度较高，体脂百分比较低。尽管水下称重是测量身体体积和身体成分的标准方法，但需要特殊的设备，剩余体积的精确计算、人群特定的计算公式以及受试者的良好合作等[37]。身体体积也可以通过体积描记法测量（如，在密室中空气排出的量）。尽管价格昂贵，但因为可以减少受试者进行水下称重时浸入水中的焦虑，依然沿用至今[27,37,71]。此技术的详细介绍见其他文献[38,42,45]。

（一）通过身体密度计算身体成分

身体密度确定后可计算体脂百分比。以下是基于身体成分的两成分模型理论最常用的，由身体密度推算体脂百分比的公式[108]：

$$体脂百分比 = \left[\frac{4.95}{身体密度} - 4.50\right] \times 100$$

通过身体密度预测体脂是基于同一人群 FM 和 FFM 的密度相对一致的假设。但不同年龄、性别、种族和某些疾病状态会影响 FFM 的密度，并与 FFM 中骨密度的变化密切相关。因此，基于年龄、性别、种族、运动训练状态和疾病状态的人群特异性两成分模型理论的转换公式需进行相应转换（见表 4.3）。由于上述因素可对身体密度转换为体脂的数据造成较大影响，建议运动专家选择最适用于受试者的公式进行计算[44]。

表 4.3 特殊人群身体密度与体脂百分比的转换公式

人群		年龄	性别	%BF	FFBd[a]（g/cm³）
种族	非洲裔美国人	9~17	女	(5.24/Db) -4.82	1.088
		19~45	男	(4.86/Db) -4.39	1.106
		24~79	女	(4.86/Db) -4.39	1.106
	美国印第安人	18~62	男	(4.97/Db) -4.52	1.099
		18~60	女	(4.81/Db) -4.34	1.108
	日本人	18~48	男	(4.97/Db) -4.52	1.099
			女	(4.76/Db) -4.28	1.111
		61~78	男	(4.87/Db) -4.41	1.105
			女	(4.95/Db) -4.50	1.100

续表

	人群	年龄	性别	%BF	FFBd[a]（g/cm^3）
种族	新加坡人（华人、印度人、马来人）		男	（4.94/Db）－4.48	1.102
			女	（4.84/Db）－4.37	1.107
	高加索人	8～12	男	（5.27/Db）－4.85	1.086
			女	（5.27/Db）－4.85	1.086
		13～17	男	（5.12/Db）－4.69	1.092
			女	（5.19/Db）－4.76	1.090
		18～59	男	（4.95/Db）－4.50	1.100
			女	（4.96/Db）－4.51	1.101
		60～90	男	（4.97/Db）－4.52	1.099
			女	（5.02/Db）－4.57	1.098
	西班牙人		男	无	无
		20～40	女	（4.87/Db）－4.41	1.105
运动员	抗阻训练后	24±4	男	（5.21/Db）－4.78	1.089
		35±6	女	（4.97/Db）－4.52	1.099
	耐力训练后	21±2	男	（5.03/Db）－4.59	1.097
		21±4	女	（4.95/Db）－4.50	1.100
	各种运动	18～22	男	（5.12/Db）－4.68	1.093
		18～22	女	（4.97/Db）－4.52	1.099
临床状况[b]	神经性厌食	15～44	女	（4.96/Db）－4.51	1.101
	肝硬化(Child 分级) A 级			（5.33/Db）－4.91	1.084
	B 级			（5.48/Db）－5.08	1.078
	C 级			（5.69/Db）－5.32	1.070
	肥胖	17～62	女	（4.95/Db）－4.50	1.100
	脊髓损伤（截瘫/四肢瘫）	18～73	男	（4.67/Db）－4.18	1.116
		18～73	女	（4.70/Db）－4.22	1.114

a 乘以 100 为体脂百分比。

bFFBd：去脂身体密度，基于参考文献中的平均报告值。

c 缺乏充分的多因素模型评价以下几种临床状况的 FFBd 均值：冠状动脉疾病、心/肺移植、慢性阻塞性肺部疾病、囊性纤维化、糖尿病、甲状腺疾病、HIV 感染/艾滋病、癌症、肾衰竭（透析）、多发性硬化及肌营养不良。

%BF：percentage of body fat，体脂百分比；Db：body density，身体密度。

引自［45］。

三、其他技术

其他身体成分测量技术包括双能量 X 射线（DEXA）和全身电阻抗（TOBEC）法，但是因为这些技术测试成本高，而且要求技术人员经过严格培训，因而很少用于常规健康/体适能测试[42]。而生物电阻抗分析技术（BIA）经常用于普通健康/体适能测试。一般来说，进行严格遵循测试要求（如保证正常补水）且编入测试仪器的公式适用于多种人群的测试时，BIA 的准确性与皮褶测量法相当[25,41]。需要指出的是，因与正常体重者相比，肥胖者体内水分分布不同，BIA 测量肥胖者体脂百分比的准确度受限[30]。

四、身体成分评价标准

尚无普遍适用的身体成分评价标准。表 4.4 和表 4.5 分别列出了不同人群、不同性别者，通过皮褶厚度测量估算的体脂百分比百分位数。尽管准确的体脂百分比与降低健康风险间的关系有待确定，但目前多认为男性和女性体脂百分比分别在 10% ~22% 和 20% ~32% 范围内是较为健康的[71]。近期更多数据指出，除性别外，健康体脂百分比区间还受年龄和种族的影响[35,58]。

表 4.4　不同年龄男性身体成分体适能分类（体脂百分比%）

百分位数		年龄					
		20 ~ 29	30 ~ 39	40 ~ 49	50 ~ 59	60 ~ 69	70 ~ 79
99	非常瘦[a]	4.2	7.3	9.5	11.0	11.9	13.6
95		6.4	10.3	12.9	14.8	16.2	15.5
90	极好	7.9	12.4	15.0	17.0	18.1	17.5
85		9.1	13.7	16.4	18.3	19.2	19.0
80		10.5	14.9	17.5	19.4	20.2	20.1
75	良好	11.5	15.9	18.5	20.2	21.0	21.0
70		12.6	16.8	19.3	21.0	21.7	21.6
65		13.8	17.7	20.1	21.7	22.4	22.3
60		14.8	18.4	20.8	22.3	23.0	22.9

续表

百分位数		年龄					
		20 ~ 29	30 ~ 39	40 ~ 49	50 ~ 59	60 ~ 69	70 ~ 79
55	一般	15.8	19.2	21.4	23.0	23.6	23.7
50		16.6	20.0	22.4	23.6	24.2	24.1
45		17.5	20.7	22.8	24.2	24.9	24.7
40		18.6	21.6	23.5	24.9	25.6	25.3
35	较差	19.7	22.4	24.2	25.6	26.4	25.8
30		20.7	23.2	24.9	26.3	27.0	26.5
25		22.0	24.1	25.7	27.1	27.9	27.1
20		23.3	25.1	26.6	28.1	28.8	28.4
15	差	24.9	26.4	27.8	29.2	29.8	29.4
10		26.6	27.8	29.2	30.6	31.2	30.7
5		29.2	30.2	31.3	32.7	33.3	32.9
1		33.4	34.4	35.2	36.4	36.8	37.2
n =		1844	10099	15073	9255	2851	522

总 n = 39 644

a 非常瘦：男性不少于3%的体脂含量。

引自《成年人体适能评估方法表格及实施方案》。库珀研究所，得克萨斯州，达拉斯市，2009。

更多的信息请访问 www. cooperinstitute. org.

表 4.5　不同年龄女性身体成分体适能分类（体脂百分比%）

百分位数		年龄					
		20 ~ 29	30 ~ 39	40 ~ 49	50 ~ 59	60 ~ 69	70 ~ 79
99	非常瘦[a]	11.4	11.2	12.1	13.9	13.9	11.7
95		14.0	13.9	15.2	16.9	17.7	16.4
90	出色	15.1	15.5	16.8	19.1	20.2	18.3
85		16.1	16.5	18.3	20.8	22.0	21.2
80		16.8	17.5	19.5	22.3	23.3	22.5
75	良好	17.6	18.3	20.6	23.6	24.6	23.7
70		18.4	19.2	21.7	24.8	25.7	24.8
65		19.0	20.1	22.7	25.8	26.7	25.7
60		19.8	21.0	23.7	26.7	27.5	26.6

续表

百分位数		年龄					
		20～29	30～39	40～49	50～59	60～69	70～79
55	一般	20.6	22.0	24.6	27.6	28.3	27.6
50		21.5	22.8	25.5	28.4	29.2	28.2
45		22.2	23.7	26.4	29.3	30.1	28.9
40		23.4	24.8	27.5	30.1	30.8	30.5
35	较胖	24.2	25.8	28.4	30.8	31.5	31.0
30		25.5	26.9	29.5	31.8	32.6	31.9
25		26.7	28.1	30.7	32.9	33.3	32.9
20		28.2	29.6	31.9	33.9	34.4	34.0
15	很胖	30.5	31.5	33.4	35.0	35.6	35.3
10		33.5	33.6	35.1	36.1	36.6	36.4
5		36.6	36.2	37.1	37.6	38.2	38.1
1		38.6	39.0	39.1	39.8	40.3	40.2
n =		1250	4130	5902	4118	1450	295

总 n = 17 145

[a]非常瘦：女性不少于 10%～13% 的体脂含量。

引自《成年人体适能评估方法表格及实施方案》。库珀研究所，得克萨斯州，达拉斯市，2009。

更多的信息请访问 www.cooperinstitute.org.

第六节　心肺耐力

心肺耐力（CRF）与全身大肌肉群参与的，动力性中等到较大强度的长时间运动能力相关。进行中等至较大强度的体力活动有赖于呼吸、心血管、骨骼肌系统的生理及功能状态。基于以下几点认为心肺耐力是健康相关体适能的组成成分：（1）低水平 CRF 与明显增加的全因早期死亡风险有关，特别是与心血管疾病（CRF）死亡风险相关；（2）提高 CRF 与降低全因死亡率相关；（3）高水平的 CRF 与较高水平的 PA 习惯有关，形成这种习惯可获得多种健康益处[9,10,64,105,116]。因此，心肺耐力评估是任何一级或二级预防及康复项目中的一个重要组成部分，详细解其评估结果是运动专家的重要责任。

一、最大摄氧量的概念

单位时间最大摄氧量（$\dot{V}O_2max$）是心肺耐力的标准评价指标。临床上用这一变量的相对值（mL/kg/min）和绝对值（mL/min）表示，这样可以在不同体重人群之间/之中进行有效的比较。$\dot{V}O_2max$ 由最大心输出量（Q：L 血液/min）和最大动静脉氧差（mL O_2/L 血液）决定。$\dot{V}O_2max$ 在不同人群中的差异较大，这主要与体适能水平和心输出量相关。因此，$\dot{V}O_2max$ 与心脏功能能力密切相关。在递增负荷运动测试中，最终的 $\dot{V}O_2max$ 可以反映个体的真实生理极限水平，在最后两级测试中可观察到摄氧量的平台期。然而，这一平台期在心血管疾病和肺脏疾病患者中很少能观察到。峰值摄氧量（$\dot{V}O_2peak$）用于表示当氧气（O_2）趋于稳定但局部肌肉因素或血流动力学因素受限时的最高摄氧量[75]。峰值摄氧量用于描述这类患有慢性疾病和健康状况人群的心肺耐力[3]。

气体分析仪可用于测量 ramp 方案递增负荷运动测试达到最大强度时的 $\dot{V}O_2max$，也称作间接热量测定。在此方法测量过程中，受试者夹住鼻孔（或使用呼吸面罩）通过一个低阻阀门呼吸，在呼吸过程中测量 O_2 和二氧化碳（CO_2）的浓度。此外，通过气体分析仪在最大强度运动测试中可准确测量无氧/通气阈值并直接测量 $\dot{V}O_2max$ 或 $\dot{V}O_2peak$。很多便于使用的自动系统可下载测试数据，校正这些系统是获得准确数据的关键[82]，选择的测试方式（如下肢功率车或跑台）也可影响测试结果（见第五章）。运动测试的执行和结果的全面解读都需要经过培训的专业人士充分理解运动科学的相关知识。因为设备经费、场地及个人需求能够决定是否进行这些测试，因此直接测量 $\dot{V}O_2max$ 并不总是可行的方案。

当无法进行 $\dot{V}O_2max$ 的直接测量时，多种最大强度和次大强度运动测试方法均可用于估算 $\dot{V}O_2max$。这些测试已通过多种方式得到验证：（1）通过次大强度测试时的被测者的生理反应（如在某一强度下的 HR）估算的 $\dot{V}O_2max$ 与直接测量的 $\dot{V}O_2max$ 相关；（2）场地测试（如 1 mi 或 1.5 mi，即 1.6 km 或 2.4 km 跑）或通过标准递增负荷运动测试方案达到的主观疲劳程度与直接测量的 $\dot{V}O_2max$ 相关。但需要指出的是，间接测量可能会过高评价或过低评价 $\dot{V}O_2max$，过高评价通常发生于：（1）对于某些人群，运动测试方案（见第五章）强度过大（心衰患者进行 Bruce 跑台试验）；（2）跑台测试中被测者过度依赖于扶手的支撑[3]。应尽量选择适当的运动测试方案，并在跑台测试时尽量减少扶手的使用[82]。

二、最大强度与次大强度运动测试

选择最大强度或次大强度运动测试主要取决于测试的目的、被测者的健康风险水平以及可使用的设备及测试人员（见第五章）。最大强度测试要求被测者运动到力竭，因此不适用于某些特殊个体并且需要配备急救设备（见附录 B）。由于最大强度运动测试不适于某些人的健康/体适能状态，运动专家通常选用次大强度运动测试来评估受试者的 CRF。次大强度运动测试的基本目的是测试一级或多级次大负荷下的心率反应，并据此预测 $\dot{V}O_2max$。此试验通常是通过心率负荷反应预测 $\dot{V}O_2max$，但更重要的是可同时获得受试者运动时的其他参数。测试人员应利用多级次大强度下测试的心率、血压、负荷量、RPE 和其他主观指标数据评价受试者对运动的功能性反应。可在控制环境条件的情况下，评价受试者随时间变化的次大强度运动反应，并依此优化运动处方（Ex R_x）。

达到以下几个设定条件后，可通过次大强度运动测试中的心率反应准确估算 $\dot{V}O_2max$[38,44]：

1. 在每级运动负荷下达到稳定心率。
2. 心率与运动负荷之间存在线性关系。
3. 预测心率数据与实际数据相差最小。
4. 每个人的机械效率（在给定负荷下的 $\dot{V}O_2$）相同。
5. 受试者未服用影响运动时心率反应的药物（见附录 A）。
6. 不存在受试者摄入高浓度的咖啡因、生病或在高温环境下等影响心率的因素。

三、心肺耐力的测试顺序和方法

在风险筛查后，应在运动测试前确定要监测的基线指标。在测试过程中至少监测 HR、BP 和 RPE。HR 可以选择触诊脉搏或听诊的方法，具体已在本章前面章节描述。在没有外部电子干扰的情况下，胸壁粘贴电极片遥测 HR 或无线电监测技术也是准确可信的[67]。若采用触诊或听诊测量 HR，通常在达到某一稳定状态时测量 10 s 或 15 s 后计算 HR。多种采用运动后 HR 来评估 CRF 的方案也会因为终止运动后 HR 快速下降而选择更短的心率测量时间。

测量 BP 时，应在受试者手臂放松并且没有抓握扶手（跑台）或把手（功率车）时于其心脏水平处测量。收缩压（SBP）和舒张压（DBP）的测量可作为运动测试终止的指标（见专栏 4.4）。为了准确测量运动中的 BP，应遵照第三章安静 BP 的测量指南（见专栏 3.5）进行测量，同时保持运动时的体位。已证实，多种运动测试中自动 BP 测量设备可达到合理的准确程度[82]，这些设备也支持测试人员通过听诊确认测量数据。若在运动测试中选用自动 BP 测量系统，必须定时校准以保证自动测量的数据准确[82]。

RPE 可作为监测受试者运动耐受程度的一个指标，同时，RPE 也与运动中的 HR 和运动负荷相关，但要注意健康人群及病人之间的 RPE 个体差异较大[118]。RPE 评分是用于评价运动者运动时的主观疲劳感觉[12]，其数值会受到心理、情绪、环境[11]、运动模式、年龄[100]以及渴感[98]等的影响。因此，运动专家应尽可能多地控制各种影响因素，并避免在不同模式和受试者之间比较 RPE 反应。目前有两种常用的 RPE 评分系统：原始 Borg 或根据运动强度形成的 6 ~ 20 分级评分（见表 4.6）和分类 - 比值评分，分为 0 ~ 10 分（见表 5.2）。两种 RPE 评分均可用于主观评价[11]。

表 4.6 Borg 主观疲劳感觉分级（RPE）表

6	毫不费力
7	非常轻松
8	
9	很轻松
10	
11	轻松
12	
13	有些吃力
14	
15	吃力（沉重）
16	
17	很吃力
18	
19	非常吃力
20	竭尽全力

引自［11］。版权归属 Gunnar Borg，已允许使用。为了正确使用 Borg 主观疲劳感觉分级表，附有正确指导的评分表可从 Borg Perception，Radisvagen 124，16573 Hasselby，Sweden 获得，也可访问主页：http：//www. borgperception. se/index. html。

在运动测试过程中，RPE 可用于提示即刻的疲劳程度。多数健康个体达到主观疲劳极限的 RPE 为 Borg 评分 18～19 分（非常吃力），或分类 - 比值评分 9～10（非常剧烈）。因此，RPE 可在运动测试中监测整个过程直至受试者最大用力状态。

四、测试的终止指征

无论是最大强度还是次大强度递增负荷运动测试（GXT），在按照筛查和测试指南进行操作，并由接受过训练的运动专家执行时都是安全的。有时出于安全考虑，运动测试可能会在受试者未达到测得的或预计的 $\dot{V}O_2max$、主观疲劳或预定终止点（如 50%～70% HRR 或 70%～85% 年龄预测 HRmax）时提前终止。由于 HRmax 的个体差异，以推算的 85% HRmax 作为上限可能会导致某些人竭尽全力，而另一些人则仅达到次大强度。专栏 4.4 中列出了常见的终止运动测试的指征。

专栏 4.4 运动测试的常见终止指征[a]

1. 出现心绞痛或心绞痛样症状。
2. 运动负荷增加时 SBP 下降≥10 mmHg，或 SBP 低于基线血压。
3. BP 过度升高：收缩压 >250 mmHg 和/或舒张压 >115 mmHg。
4. 呼吸困难、哮鸣音、下肢痉挛或跛行。
5. 低灌注体征：轻度头疼、意识不清、共济失调、脸色苍白、发绀、恶心或皮肤湿冷。
6. HR 不随着运动强度增加而增加。
7. 触诊或听诊发现受试者心律显著改变。
8. 受试者要求停止。
9. 受试者口头或身体表现出极度疲劳。
10. 测试设备故障。

a 假设测试是非诊断性的，并且没有内科医生和心电图监测。对于临床测试，专栏 5.4 提供了更权威和特殊的测试终止指征。

BP：血压；HR：心率；SBP：收缩压。

五、测试方式

常用的运动测试方式包括跑台、功率车、台阶和场地测试。运动测试的方式取决于环境、可用设备和人员培训水平。以下是不同测试方式的优缺点。

场地测试 是指在固定时间或距离内步行或跑步的测试（如 1.5 mi/2.4 km 走/跑测试；1 min 和 6 min 步行试验）。场地测试的优点是便于在同一时间管理大量测试人群，且设备简单（如只用 1 块秒表即可）。缺点是场地测试可能会成为最大强度测试，尤其对于有氧运动能力低的个体而言，且不利于监测潜在测试终止指征（见专栏 4.4）以及运动中的血压、心率反应。因此，场地测试不适用于静坐少动、心血管和/或骨骼肌肉并发症风险增加的个体。每个人的动机和跑步能力对测试结果也有很大影响。

电动跑台 可用于次大强度和最大强度测试，在美国常用于诊断性测试中。其运动形式简单，当选择适当的方案时（激进地或保守地增加负荷），通过循序渐进地从步行递增至跑步，能够适用于体适能最差和最好的个体。但对于某些人来说，需进行练习以适应这种运动方式来减少焦虑。此外，运动跑台设备较昂贵，不易运输，使某些测试（如 BP、ECG 测试）操作比较困难，尤其是在受试者运动时。为了保证测试数据的准确性，运动跑台应进行校正，尤其是无法直接测得 O_2 时[82]。此外，为了保证代谢指标结果的准确性，尤其是将 $\dot{V}O_2max$ 与直接测量数据相比较时，不建议使用支撑扶手。与实际值相比，过度使用支撑扶

手通常会使 $\dot{V}O_2max$ 值偏高。

机械负荷功率车　也是次大强度和最大强度运动测试方式的选择之一，多为诊断性测试，常用于欧洲实验室[82]。功率车的优点包括：成本相对低、便于运输，并且在测试过程中易于监测 BP 和 ECG（如果需要），而且功率车是一种非负重测试，测试功率易于通过小幅度的功率递增进行调节。但骑自行车对很多人来说并不是熟悉的运动方式，这也是此项测试的主要缺点，而且易导致肌肉局部疲劳和 $\dot{V}O_2max$ 值偏低。功率车需要校准，受试者必须维持规定的蹬踏速率，因为大多数测试都要求在特定功率下测定心率[82]。在规定的蹬踏速率（转/分，rpm）范围内，电动功率车能提供相同的负荷。任何原因导致功率车无法校准或缺少校准需要的特殊仪器时，都不能用其进行体适能测试来估算 CRF。

台阶试验　是一种低成本的测试方式。可通过测量给定频率和/或给定高度上下台阶时受试者的的心率或运动后恢复期心率来预测 CRF。台阶试验设备要求简单，所需台阶运输方便，上下台阶技术几乎不需要培训，测试时间短，特别适用于群体测试[110]。运动后（恢复期）心率随心肺耐力的改善而降低，测试结果易于向受试者解释[53]。但要特别注意那些有平衡问题或体能特别差的人群，某些单次台阶试验所需能耗是 7～9 代谢当量（METs），这可能超过某些人的最大功能能力[4]。因此，测试方案的选择应基于受试者的体适能水平。此外，不按节拍上下台阶和优势腿过度疲劳会影响测试结果。由于在台阶试验中不易测量心率和血压，因此多数台阶试验没有监控。

（一）场地测试

最常用的用于评价 CRF 的两种测试是库柏（Cooper）12 min 跑和 1.5 mi（2.4 km）跑测试（受试者可走、跑或二者结合完成测试）。Cooper 12 min 跑是测试指定时间内跑动的最大距离，1.5 mi 跑是评估完成固定距离的最短时间。$\dot{V}O_2max$ 可通过以下公式计算得出：

1.5 mi 走/跑测试

$\dot{V}O_2max$（mL/kg/min）$=3.5+483/1.5$ mi 时间（min）

12 min 走/跑测试

$\dot{V}O_2max$（mL/kg/min）$=$（跑步距离 m -504.9）$/44.73$

Rockport 1 mi 体适能步行测试也是熟知的用于评估 CRF 的场地测试方法。在此测试中，受试者在跑道或水平地面上以最快的速度步行 1 mi（1.6 km），并测试最后 1 min 的 HR。还可在步行 1 mi 结束时即刻测 10 s HR，但与运动中监测 HR 相比，可能会高估 $\dot{V}O_2max$。$\dot{V}O_2max$ 可通过以下公式计算[61]：

$\dot{V}O_2max$（mL/kg/min）$=132.853-0.1692\times$ 体重（kg）$-0.3877\times$ 年龄（岁）$+6.315\times$ 性别 $-3.2649\times$ 时间（min）$-0.1565\times$ HR

（SEE =5.0 mL/kg/min；性别 = 女性 0，男性 1）

除了独立预测发病率和死亡率之外[20,104]，6 min 步行试验可用于评价老年人和某些病人（如 CHF 或肺部疾病病人）的 CRF。美国胸科协会发布了有关 6 min 步行试验的流程和说明的指南[6]。尽管这是一种次大强度测试，但对于那些体适能水平低或疾病人群来说，这种测试可能是接近他们最大强度的运动[57]。如果患者 6 min 内完成的距离小于 300 m（984 ft)，与超过这一水平的个体相比，其短期存活率较差[14]。根据 6 min 步行试验的结果，可以通过若干个多元方程推算 $\dot{V}O_2peak$，其中需要临床信息最少的方程如下[14]：

$O_{2\ peak} = \dot{V}O_2$（mL/kg/min）$= 0.02 \times$ 距离（m）$- 0.191 \times$ 年龄（岁）$- 0.07 \times$ 体重（kg）$+ 0.09 \times$ 身高（cm）$+ 0.26 \times RPP \times 10^{-3} + 2.45$

注：RPP = 心率血压乘积，即 HR × SBP（mmHg）；SEE = 2.68（mL/kg/min）

（二） 次大强度运动测试

单级或多级次大强度运动测试均可通过简单的 HR 测试来推算 $\dot{V}O_2max$。准确的 HR 测试是运动测试有效性的关键。虽然通常是通过触诊来测量 HR，但这一方法的准确性依赖于测试人员的经验和技术，通常推荐使用 ECG、HR 监测仪或听诊器测 HR。次大强度 HR 反应容易受环境（如高温、潮湿，见第八章）、饮食（如咖啡因、距离上次用餐的时间）和行为（如焦虑、PA 前吸烟）等因素的影响。为了获得准确的、可为体适能项目提供参考的推算结果，必须控制以上这些影响因素。除此之外，测试方式（如功率车、运动跑台及台阶试验）应与受试者习惯的运动方式相一致，以说明训练结果的特异性。专栏 4.5 列出了次大强度测试的标准测试过程。第五章列出的多种跑台递增负荷方案均可用于评估次大强度运动反应。

专栏 4.5　次大强度心肺耐力测试的一般过程

1. 运动前即刻测量运动体位下的安静心率和血压。
2. 受试者要熟悉记功器。若使用功率车，受试者应保持正确的姿势（上半身挺直、下肢在最大伸直位时膝关节应屈曲不超过 25°，双手握在扶手的正确位置上[89,90]）。
3. 运动测试开始前要进行 2 ~ 3 min 的准备活动，让受试者熟悉记功器并能适应第一级的测试强度。
4. 一个特定的运动测试方案应为每 2 ~ 3 min 一级，每级递增适宜的负荷直到若干级。
5. 在测试过程中，至少在每一级的第 2 和第 3 min 末监测 2 次 HR。当 HR > 110 bpm 时，增加负荷前要达到稳定 HR（两次心率相差不到 5 bpm）。
6. 在每级结束前 1 min 测量 BP，血压过低或过高时应进行重复测量（核实）。
7. 在每级接近最后 1 min 末时应使用 RPE（使用 Borg 分级或分类 - 比值评分量表，见表 4.6 和图 5.2）或其他量表进行评估。
8. 监测并及时记录受试者的体征和症状。
9. 在受试者达到 70% HRR（85% 年龄预测 HRmax）、不能继续运动方案、出现不利体征或症状、受试者要求停止或出现紧急状况时应终止试验。

10. 需包含以下任何一种形式的整理/恢复阶段：
(1) 保持或低于运动方案第一阶段的运动功率进行恢复；
(2) 如果受试者出现不适体征或紧急状态，应完成被动整理。
11. 在恢复阶段，所有监测的生理指标（如 HR、BP、症状和体征）需要至少持续监测 5 min，如果出现异常反应，应延长监护时间。持续进行低水平的运动直到 HR、BP 稳定，但不需要达到运动前水平。

1. **功率车测试**

Astrand – Ryhming 功率车测试是一项持续 6 min 的单级试验[5]。蹬踏速率为 50 rpm，目标是在运动的第 5 和第 6 min 时测心率，并获得在 125 ~ 170 bpm 的 HR 值。用两次心率的平均值通过列线图评价 $\dot{V}O_2max$（见图 4. 1）。基于性别和个体体适能状态，建议运动测试中的功率如下：

男，无运动习惯：300 或 600 kg · m/min（50 或 100W）

男，有运动习惯：600 或 900 kg · m/min（100 或 150W）

女，无运动习惯：300 或 450 kg · m/min（50 或 75W）

女，有运动习惯：450 或 600 kg · m/min（75 或 100W）

因为最大心率随年龄增长而下降，因此得出的 $\dot{V}O_2max$ 数值要根据年龄通过下列修正系数进行修正[4]：

年龄	修正系数
15	1. 10
25	1. 00
35	0. 87
40	0. 83
45	0. 78
50	0. 75
55	0. 71
60	0. 68
65	0. 65

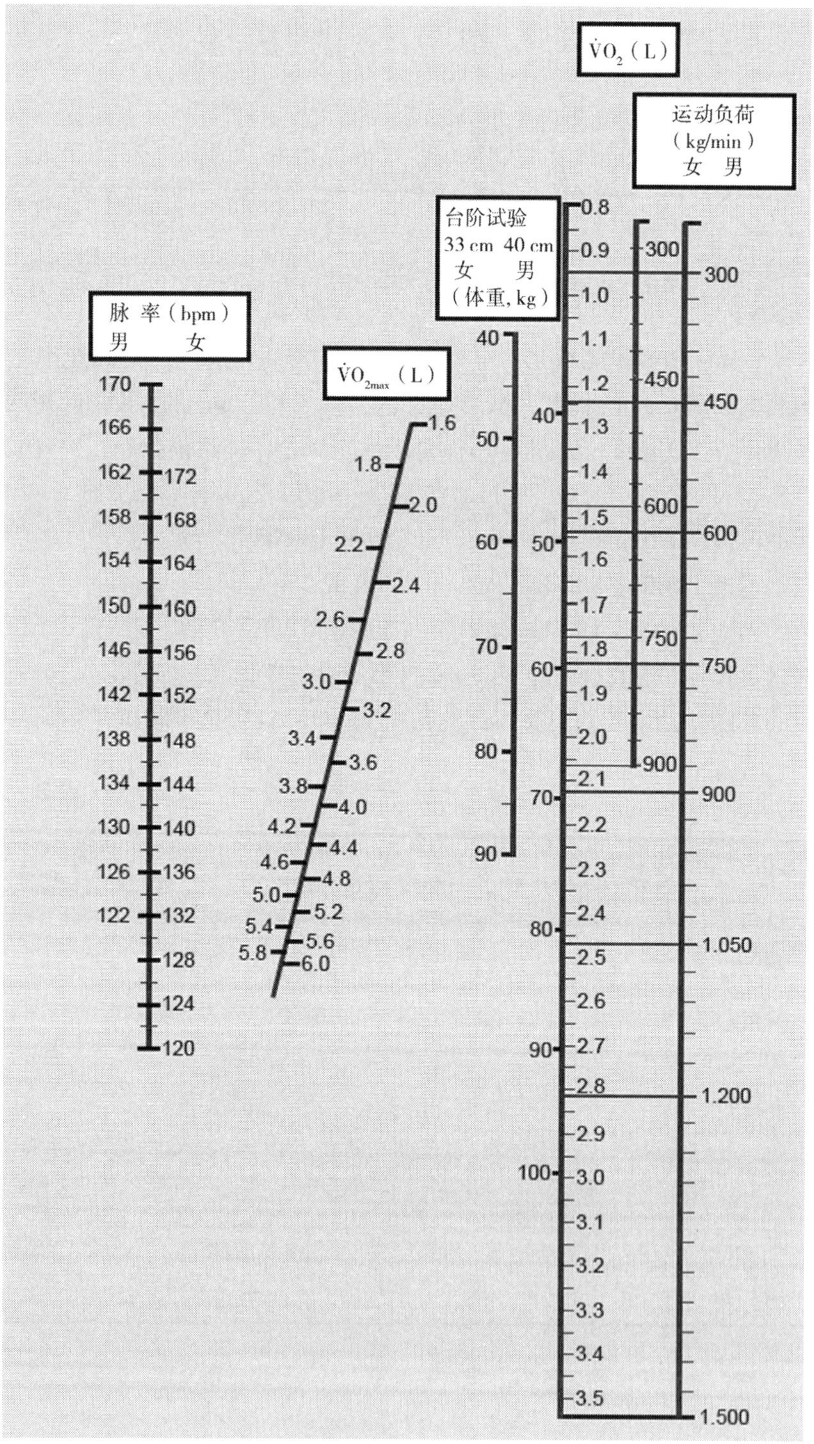

图 4.1 改良 Astrand – Ryhming 列线图

引自［5］。

与 Astrand – Ryhming 功率车单级试验比较，Maritz 等人[73]测试受试者达到次大强度功率前的一系列 HR 反应，并推算出受试者年龄预测最大 HR。这是推算 $\dot{V}O_2max$ 最常用的方法之一，即：测试至少两级的稳定心率，通过两点连线即可得到年龄预测的 HRmax，然后对应到 X 轴评估受试者最大用力程度下的功率。小于 110 bpm 的 HR 测试结果不应该用于估算 $\dot{V}O_2max$，因为此种状态下存在较多的个体因素会影响 HR，进而影响估算的准确性。次大强度运动测试的终止点是受试者运动中心率达到 70% HRR（85% HRmax）。因此应在 HR 处于 110 bpm 与 70% HRR（85% HRmax）之间获得连续两级测试的 HR 来推算 $\dot{V}O_2max$。

图 4.2 展示了如何通过达到次大强度负荷前的两级 HR 评估 $\dot{V}O_2max$。两条虚线标注的是 ±1 个标准差（SD）对应的摄氧量，表示当受试者实际最大心率在 168 bpm 或 192 bpm 时推算出的 $\dot{V}O_2max$，而不是最大心率在 180 bpm 时推算出的 $\dot{V}O_2max$。通过测试负荷估算 $\dot{V}O_2max$ 可采用表 6.3 的公式，此公式适用于推算次大强度稳定状态下 300 ~ 1200 kg · m/min（50 ~ 200W）功率时的 $\dot{V}O_2$，但如果负荷不在此范围内应慎用。但次大强度测试估算 $\dot{V}O_2max$ 时的误差其实大多来源于 HRmax 的预测（见表 6.2）[112]。准确记录次大强度 HR 也是很重要的，因为推算可以使很小的误差放大。此外，误差也可来源于不准确的蹬车速度（负荷）、未准确达到稳定 HR 状态，以及用功率推算最大强度时的摄氧量。最后，测试者应该了解通过年龄预测的 HRmax（见表 6.2）产生的误差，并监测受试者测试的全过程以保证测试为次大强度测试。

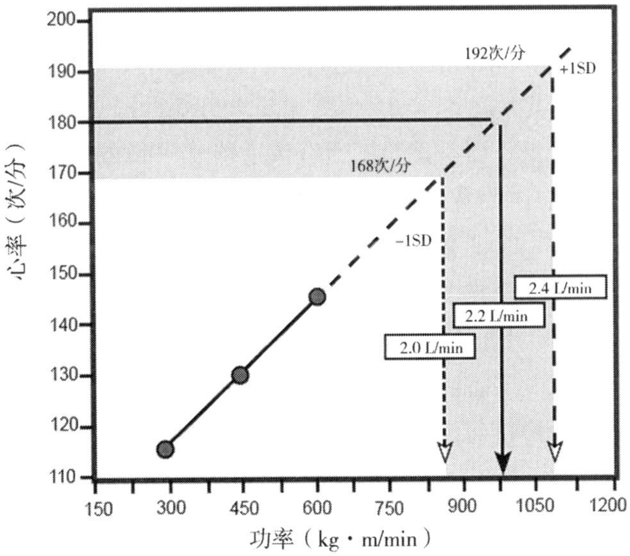

图 4.2　一位体重 64 kg 的 40 岁静坐少动女性两级次大强度功率下的 HR 反应

根据 HR 变化直线和 180 bpm（220 – 年龄）的年龄预测 HRmax 推算出最大运动负荷。此最大运动负荷是根据 HR 直线上与 HRmax 对应的点投影到 X 轴（实线）所得。另外两条虚线是受试者年龄预测 HRmax180 bpm ±1 个 SD 所对应的运动负荷。$\dot{V}O_2max$ 可通过第六章中的公式计算，单位为 L/min，此受试者的 $\dot{V}O_2max$ 为 2.2 L/min。

改良 YMCA 方案是一个 2～4 级的、每级 3 min、并维持蹬踏速度为 50 rpm 的连续测试[38,88]，是多级次大强度功率车测试的典型事例。受试者第一级的阻力为 0.5 kg（25 W；150 kg · m/min），第二级的负荷由第一级最后 1 min 达到的稳定心率决定，具体如下：

HR <80 bpm，调整阻力为 2.5 kg（125 W，750 kg · m/min）

HR 80～89 bpm，调整阻力为 2.0 kg（100 W，600 kg · m/min）

HR 90～100 bpm，调整阻力为 1.5 kg（75 W，450 kg · m/min）

HR >100 bpm，调整阻力为 1.0 kg（50 W，300 kg · m/min）

按需进行第三级和第四级测试，以获取两个处于 110 bpm 与 70% HRR（85% HRmax）之间的稳定 HR。第三级和第四级测试的负荷为第二级测试负荷增加 0.5 kg。YMCA 方案的标准测试表格见其他出版物[120]。

2. **跑台测试**

虽然次大强度运动测试仍以功率车为基本运动方式，但跑台测试已在多种情况下被应用。测试时应用相同的次大强度定义（70% HR 或 85% 年龄预测 HRmax），且测试的每一级至少为 3 min 以确保获得每一级的稳定 HR。根据受试者在测试中最大用力时达到的最高速度和/或坡度，可通过年龄预测 HRmax 及表 6.3 中的公式推算 $\dot{V}O_2max$。常用的跑台测试方案见图 5.1，但每一级至少持续 3 min。

3. **台阶试验**

台阶试验也可以用于评估 $\dot{V}O_2max$。在 Astrand 和 Ryhming[5] 使用的单级台阶试验中，女性使用的台阶高度是 33 cm（13 in），男性使用的台阶高度是 40 cm（15.7 in），频率为 22.5 次/min（仅记录前脚），测试时间 5 min。此测试要求男女性摄氧量分别达到 25.8 mL/kg/min 和 29.5 mL/kg/min。因此，台阶试验不适合体适能水平低或患病个体。按照 Astrand - Ryhming 功率车测试中的描述测量最后 1 min 的 HR，通过标准表格评价 $\dot{V}O_2max$（见表 4.1）。多级台阶试验也是可行的。Maritz 等人[73] 使用高度为 12 in（30.5 cm）的固定高度单级台阶、以 4 级频率逐级递增负荷，测量每级功率的稳定心率，连接各级心率成一条直线并以此推算出年龄预测 HRmax 对应的功率，最大功率确定方法与 YMCA 功率车测试相同，然后通过表 6.3 中的公式推算 $\dot{V}O_2max$。应用时应对台阶试验进行改良以适合不同人群。加拿大家庭体适能测试证明这些测试适用于大规模测试，而且成本低[106]。

除了以多级次大强度负荷下的 HR 变化推算 $\dot{V}O_2max$ 以外，多种台阶试验还可根据受试者标准试验后恢复期的 HR 进行 CRF 分级，这样可以解决台阶测试中无法测量 HR 的问题。3 minYMCA 台阶试验就是一个很好的示例。此测试用 12 in（30.5 cm）高的台阶，上下台阶频率为 24 次/min（推算氧耗为 25.8 mL/kg/min），试验结束后，受试者立即坐下测 1 min HR，HR 计数必须在试验结束后的 5 s 内开始，根据心率值从已经发表的标准表格中可推算受试者的体适能状态[120]。Queens College 台阶测试（也称作 McArdle 台阶测试）需要男性和女性受试者分别按照 24 步/min 和 22 步/min 的频率进行测试，台阶高度为 16.25 in（41.25

cm)，测试完成后受试者保持站立，等待 5 s 后测量 15 s 的 HR 并乘以 4 以计算 1 min 的心率。$\dot{V}O_2max$ 通过下列公式计算[76]：

男性：

$\dot{V}O_2max$（mL/kg/min）=111.33 -（0.42 × HR）

女性：

$\dot{V}O_2max$（mL/kg/min）=65.81 -（0.1847 × HR）

注：HR 为心率（bpm）

六、结果分析

表 4.7 提供了年龄和性别各异的通过运动跑台直接测试得到的 $\dot{V}O_2max$（mL/kg/min）的标准数据。本数据取自国家体适能登记及运动价值研究数据库（FRIEND 研究），登记参与项目的男女性受试者均排除了已知的 CVD。研究表明，低 CRF，尤其是运动测试结果最差的四分之一或五分之一的人群，其 CVD 或全因死亡率增加 2 ~ 4 倍，并独立于其他 CVD 危险因素[8,64,83,111]。

表 4.7　不同年龄和性别的心肺耐力（$\dot{V}O_2max$）分级

$\dot{V}O_2max$（mL O_2/kg/min）

男性						
		年龄分组				
百分位数		20 ~ 29	30 ~ 39	40 ~ 49	50 ~ 59	60 ~ 69
95	出色	66.3	59.8	55.6	50.7	43.0
90	优秀	61.8	56.5	52.1	45.6	40.3
85		59.3	54.2	49.3	43.2	38.2
80		57.1	51.6	46.7	41.2	36.1
75	良好	55.2	49.2	45.0	39.7	34.5
70		53.7	48.0	43.9	38.2	32.9
65		52.1	46.6	42.1	36.3	31.6
60		50.2	45.2	40.3	35.1	30.5
55	一般	49.0	43.8	38.9	33.8	29.1
50		48.0	42.4	37.8	32.6	28.2
45		46.5	41.3	36.7	31.6	27.2
40		44.9	39.6	35.7	30.7	26.6

续表

男性						
		年龄分组				
百分位数		20～29	30～39	40～49	50～59	60～69
35	差	43.5	38.5	34.6	29.5	25.7
30		41.9	37.4	33.3	28.4	24.6
25		40.1	35.9	31.9	27.1	23.7
20		38.1	34.1	30.5	26.1	22.4
15	极差	35.4	32.7	29.0	24.4	21.2
10		32.1	30.2	26.8	22.8	19.8
5		29.0	27.2	24.2	20.9	17.4
		(n=513)	(n=963)	(n=1 327)	(n=1 078)	(n=593)
女性						
		年龄分组				
百分位数		20～29	30～39	40～49	50～59	60～69
95	出色	56.0	45.8	41.7	35.9	29.4
90	优秀	51.3	41.4	38.4	32.0	27.0
85		48.3	39.3	36.0	30.2	25.6
80		46.5	37.5	34.0	28.6	24.6
75	良好	44.7	36.1	32.4	27.6	23.8
70		43.2	34.6	31.1	26.8	23.1
65		41.6	33.5	30.0	26.0	22.0
60		40.6	32.2	28.7	25.2	21.2
55	一般	38.9	31.2	27.7	24.4	20.5
50		37.6	30.2	26.7	23.4	20.0
45		35.9	29.3	25.9	22.7	19.6
40		34.6	28.2	24.9	21.8	18.9
35	差	33.6	27.4	24.1	21.2	18.4
30		32.0	26.4	23.3	20.6	17.9
25		30.5	25.3	22.1	19.9	17.2
20		28.6	24.1	21.3	19.1	16.5

续表

女性						
		年龄分组				
百分位数		20～29	30～39	40～49	50～59	60～69
15	极差	26.2	22.5	20.0	18.3	15.6
10	极差	23.9	20.9	18.8	17.3	14.6
5	极差	21.7	19.0	17.0	16.0	13.4
		(n=410)	(n=608)	(n=843)	(n=805)	(n=408)

运动跑台测试 $\dot{V}O_2max$（mL O_2/kg/min）的百分位数。本数据取自国家体适能登记及运动价值研究数据库（FRIEND 研究），参与登记的男女性受试者均排除了已知的 CVD。

引自［55］。

尽管次大强度运动测试的结果不如最大强度运动测试准确，但可通过较廉价、风险较低、耗时较短以及受试者费力程度较低的方式反映受试者的体适能状态。尽管次大强度运动测试不如最大强度运动测试精确，但也可提供反映个体体适能状态的信息，并且具有费用低、负性事件潜在风险小、耗时短和个体用力程度小等优势。次大强度测试更易达到预设的稳定水平（如可被证实的稳定 HR），但其他指标（如预测的 HRmax）会在估算 $\dot{V}O_2max$ 时引入未知误差。尽管如此，在执行 Ex R_x 后重复次大强度运动测试，在固定负荷下的 HR 反应会出现下降，这提示受试者的 CRF 提高，并独立于准确的 $\dot{V}O_2max$ 预测值。尽管测试的准确性和方法不同，但所有评估方式都可以确立基线水平，并可用于运动训练中改善程度的评估。

现存多个通过年龄、性别进行回归估算 $\dot{V}O_2max$ 的公式。这些公式可计算出对应百分位数的单个预测耗氧量数值。在众多可用的公式中，研究指出，Veterans 群体试验（预测 METs = 18 − 0.15 × 年龄）和 St. James 女性心脏研究（预测 METs = 14.7 − 0.13 × 年龄）中的预测数值能够分别提供更好的男女性预测信息[59]。当无法进行 CRF 测试时这些预测公式是较实用的。

第七节　肌肉适能

肌肉力量和肌肉耐力是健康相关体适能的组成成分，并能改善或维持下列情况：

1. 骨骼重量：与骨质疏松相关；
2. 肌肉重量：与肌少症相关；
3. 糖耐量：与糖尿病前期及糖尿病相关；

4. 肌肉和肌腱的完整性：与较低的损伤风险相关，包括腰痛（low - back pain）；
5. 完成日常活动能力：与精神健康中的生活质量认知和自我评价相关；
6. FFM 和基础代谢率：与体重控制相关。

ACSM 将肌肉力量、耐力和做功能力统称为肌肉适能，在改善和维持体适能的运动量和质量的立场声明中把它作为健康相关体适能的一部分[37]。肌肉力量是指肌肉单次最大用力的能力，肌肉耐力是指肌肉持续收缩或对抗次大强度负荷重复收缩的能力，肌肉做功能力是指肌肉单位时间内做功的情况（功率）[95]。传统的力量测试指肌肉少数几次重复用力（<3 次）以达到瞬间疲劳时测定肌力，而多次（>12）重复用力以达到瞬间疲劳时测得肌力的测试为耐力测试。此外，在较大范围内完成最大重复次数（即在特定阻力下重复 4、6 或 8 次）时的表现也可用于测定肌肉力量。

一、测试原理

在开始运动训练之前或作为健康/体适能筛查评价的一部分而进行的、用于评价肌肉力量和耐力的体适能测试可以为受试者基线体适能水平提供有价值的信息。例如：肌肉适能测试结果可以与已知标准进行对比以协助确定特定肌肉群是否存在肌力弱或肌肉失衡的情况，进而使其成为运动训练计划的目标。通过基线肌肉适能评价获得的信息也可作为设计个体化运动训练计划的依据。进行相同的随访体适能测试是为了观察受试者经过一段时间训练后自身状况的改善情况，同时也可作为反馈信息以利于促进其长期坚持运动。

二、测试原则

肌肉功能测试对被测肌群和关节来说是一种非常特殊的测试，涉及肌肉收缩类型、肌肉收缩速度、设备类型、关节活动范围（range of motion，ROM）等。每一种测试结果都与相应的测试程序对应，没有一种测试能够独立评价全身肌肉耐力和肌肉力量。为了获得能够用于真正反映随年龄变化的生理适应性的可靠结果，受试者应参加一些熟悉/习惯的、使用器材的运动，并遵循预先确定的有特定重复次数、持续时间及关节活动范围的运动方案。此外，应当在肌肉适能测试之前进行适当的准备活动，包括 5～10 min 低强度的有氧运动（如运动跑台或功率车）、动态拉伸和重复几次低强度的预定测试动作。这些准备活动可提高肌肉温度、增加局部血流并促进运动中的心血管反应。肌肉适能评估的标准内容应包括：

1. 有氧运动热身；
2. 熟悉运动器械；
3. 动作标准；
4. 重复一个动作所需要的持续时间一致（动作速度）；
5. 全关节活动范围；

6. 监护人（必要时）。

用外加负荷或阻力的绝对值，如牛顿（N）、千克（kg）或磅（lb），可以评价肌肉适能随时间变化而发生的变化，但是在进行个体之间比较时，应该使用相对值（kg/kg 体重）来表示。在上述任何一种情况下，由于存在超出正常范围的特殊受试者、未采用标准运动方案或未进行准确的测试（如无负重与机械重量）等因素，因而要注意对相应的评分进行说明。此外，抗阻运动的生物力学可因使用不同生产厂家的仪器而产生显著的差异，进一步影响测试的一致性。

三、肌肉力量

虽然肌肉力量指的是施加在某一特定肌肉或肌群的外力（主要用 N 表示，有时也用 kg 和 lb 表示），但通常用抗阻这一术语表示。力量可以是静态的（如某一关节或某一组关节无明显肌肉运动）或动态的（如外部负荷或身体某一部分运动使肌肉长度改变）。静态或等长力量可以方便地用多种设备进行测量，包括电子拉力计和握力计。但是静态力量测试是针对相关肌群和关节角度的，因而限制了其对整体肌肉力量的代表性。尽管存在多种限制，但诸如握力等常规测试仍然可以预测老年人的死亡风险和功能状态[99,109]，这些测试用最大随意收缩（MVC）表示峰值肌肉力量。握力测试的具体流程见专栏 4.6，握力的评价标准见表 4.8。

专栏 4.6　握力测试的标准流程

1. 调整握力计把手使第二指间关节可触及把手并可以拿起测试设备。将设备归零。
2. 受试者坐着，手握握力计，前臂与大腿水平，并离开身体。
3. 受试者用最大的力量握紧握力计，避免屏气（以避免 Valsalva 动作）。手或握力计均不能接触任何物体。
4. 每只手重复两次测试。取两次测试中的最高读数为测试结果（四舍五入，以 kg 记）并将两手测试结果相加。

引自 [18]。

表 4.8　不同性别和年龄的握力分级[a]

性别	男性	女性	男性	女性	男性	女性
年龄	15～19		20～29		30～39	
出色	≥108	≥68	≥115	≥70	≥115	≥71
非常好	98～107	60～67	104～114	63～69	104～114	63～70
良好	90～97	53～59	95～103	58～62	95～103	58～62
一般	79～89	48～52	84～94	52～57	84～94	51～57
差	≤78	≤47	≤83	≤51	≤83	≤50
年龄	40～49		50～59		60～69	
出色	≥108	≥69	≥101	≥61	≥100	≥54
非常好	97～107	61～68	92～100	54～60	91～99	48～53
良好	88～96	54～60	84～91	49～53	84～90	45～47
一般	80～87	49～53	76～83	45～48	73～83	41～44
差	≤79	≤48	≤75	≤44	≤72	≤40

[a] 表格数据为左右手测试结果之和。

引自［18］。

通常，1 次最大重复次数（1－RM），即在正确姿势和一定规则下全关节活动范围所遇到的最大阻力值，已成为动态力量的标准评价指标。运动专家应知道不同设备测得的 1－RM 不同[97]。熟悉测试过程后，1－RM 是表示肌肉力量的可信指标[68,91]。多次最大重复力量（如 5－RM 或 10－RM）也可作为肌肉力量的评价指标，但要注意当进行 5－RM 或 10－RM 运动测试时，受试者有可能无法完成测试。若采用多次重复（如 2－10RM）来推算 1－RM，重复次数越少的方案推算的准确度越高[7,97]。根据多次重复测试的结果可以用多个表格和公式推测 1－RM[7,74,97]。在无法评估 1－RM 时，跟踪力量增加的程度也是可行的。例如：受试者以 6－RM 至 8－RM 进行力量训练，其达到 6－RM 至肌肉瞬时疲劳的测试数据可以作为肌肉力量随时间变化的基础指标，其疲劳出现独立于实际的 1－RM。

针对心血管疾病高危或已知心血管疾病、肺部疾病、代谢相关疾病及某些健康问题的个体应采取保守的方法评估最大肌肉力量。针对这一人群，接近训练推荐的 10－RM 至 15－RM 的测试是相对慎重的[119]。

一般上半身肌肉力量的有效评价指标包括卧推或推举 1－RM 值。而下半身肌肉力量有效评价指标包括蹬腿或伸腿 1－RM 值。表 4.9 和表 4.10 分别列出了卧推和蹬腿测试中外加阻力除以体重的正常值。常值数据在应用时应注意特别说明，因为产生这些数据的等动（DVR）抗阻测试设备目前已无法购买。无负重测试和目前更常用的其他品牌抗阻运动测试设备提供的体重－力量比值有所不同，而且没有可用的数据[54]。用熟悉/习惯的运动测试

1－RM（或多 RM）的基本步骤见专栏 4.7。

专栏 4.7　评估肌肉力量的 1 次最大重复次数（1－RM）和多次最大重复次数（RM）测试流程

1. 受试者只有在熟悉/进行练习后才能开始测试；
2. 受试者用 1－RM 测试的动作进行多次次大强度练习作为准备活动；
3. 在 4 次测试内获得 1－RM（或多 RM）值，两次测试之间休息 3～5 min；
4. 在受试者预测能力范围内选择起始阻力（50%～70% 最大力量）；
5. 上半身和下半身分别以之前成功完成的阻力的 5%～10% 和 10%～20% 递增，直至受试者不能完成重复预定的重复次数为止，所有重复动作要保持相同运动速度和 ROM，并保持测试的一致性；
6. 记录最后成功完成 1－RM 或多 RM 的阻力的绝对值。

注：ROM：关节活动度。

引自［7，70］。

等动力量测试是通过某一 ROM 内设定的某一恒定角速度（如 60°/s）评估最大肌肉张力。有商用设备可用于控制关节转动速度（°/s）并测试不同关节（如膝、髋、肘）的运动能力。这些设备可以测试峰值扭力或峰值力矩，但是相对其他力量测试设备而言，其主要缺点是价格非常昂贵[39]。

表 4.9　不同年龄和性别人群上半身力量分级

男性							
		年龄					
%		<20	20～29	30～39	40～49	50～59	60＋
99	出色	>1.76	>1.63	>1.35	>1.20	>1.05	>0.94
95	出色	1.76	1.63	1.35	1.20	1.05	0.94
90	优秀	1.46	1.48	1.24	1.10	0.97	0.89
85	优秀	1.38	1.37	1.17	1.04	0.93	0.84
80	优秀	1.34	1.32	1.12	1.00	0.90	0.82

续表

男性							
		年龄					
%		<20	20~29	30~39	40~49	50~59	60+
75	良好	1.29	1.26	1.08	0.96	0.87	0.79
70		1.24	1.22	1.04	0.93	0.84	0.77
65		1.23	1.18	1.01	0.90	0.81	0.74
60		1.19	1.14	0.98	0.88	0.79	0.72
55	一般	1.16	1.10	0.96	0.86	0.77	0.70
50		1.13	1.06	0.93	0.84	0.75	0.68
45		1.10	1.03	0.90	0.82	0.73	0.67
40		1.06	0.99	0.88	0.80	0.71	0.66
35	差	1.01	0.96	0.86	0.78	0.70	0.65
30		0.96	0.93	0.83	0.76	0.68	0.63
25		0.93	0.90	0.81	0.74	0.66	0.60
20		0.89	0.88	0.78	0.72	0.63	0.57
15	极差	0.86	0.84	0.75	0.69	0.60	0.56
10		0.81	0.80	0.71	0.65	0.57	0.53
5		0.76	0.72	0.65	0.59	0.53	0.49
1		<0.76	<0.72	<0.65	<0.59	<0.53	<0.49
n		60	425	1 909	2 090	1 279	343
总 n=6 106							
女性							
%		<20	20~29	30~39	40~49	50~59	60+
99	出色	>0.88	>1.01	>0.82	>0.77	>0.68	>0.72
95		0.88	1.01	0.82	0.77	0.68	0.72
90	优秀	0.83	0.90	0.76	0.71	0.61	0.64
85		0.81	0.83	0.72	0.66	0.57	0.59
80		0.77	0.80	0.70	0.62	0.55	0.54
75	良好	0.76	0.77	0.65	0.60	0.53	0.53
70		0.74	0.74	0.63	0.57	0.52	0.51
65		0.70	0.72	0.62	0.55	0.50	0.48
60		0.65	0.70	0.60	0.54	0.48	0.47

续表

女性							
		年龄					
%		<20	20 ~ 29	30 ~ 39	40 ~ 49	50 ~ 59	60 +
55	一般	0. 64	0. 68	0. 58	0. 53	0. 47	0. 46
50		0. 63	0. 65	0. 57	0. 52	0. 46	0. 45
45		0. 60	0. 63	0. 55	0. 51	0. 45	0. 44
40		0. 58	0. 59	0. 53	0. 50	0. 44	0. 43
35	差	0. 57	0. 58	0. 52	0. 48	0. 43	0. 41
30		0. 56	0. 56	0. 51	0. 47	0. 42	0. 40
25		0. 55	0. 53	0. 49	0. 45	0. 41	0. 39
20		0. 53	0. 51	0. 47	0. 43	0. 39	0. 38
15	极差	0. 52	0. 50	0. 45	0. 42	0. 38	0. 36
10		0. 50	0. 48	0. 42	0. 38	0. 37	0. 33
5		0. 41	0. 44	0. 39	0. 35	0. 31	0. 26
1		<0. 41	<0. 44	<0. 39	<0. 35	<0. 31	<0. 26
n		20	191	379	333	189	42
总 n = 1 154							

1 – RM 卧推，卧推体重比值 = 推起的阻力（lb）÷体重（lb）。1 – RM 通过 Universal Dynamic Variable Resistance（DVR）设备测试。

引自《成年人体适能评估方法表格及实施方案》。库珀研究所，得克萨斯州，达拉斯市，2009。更多的信息请访问 www. cooperinstitute. org。

表 4. 10 不同年龄和性别人群下肢力量分级[a]

男性						
%		年龄				
		20 ~ 29	30 ~ 39	40 ~ 49	50 ~ 59	60 ~ 69
90	显著高于平均值	2. 27	2. 07	1. 92	1. 80	1. 73
80	高于平均值	2. 13	1. 93	1. 82	1. 71	1. 62
70		2. 05	1. 85	1. 74	1. 64	1. 56
60	平均值	1. 97	1. 77	1. 68	1. 58	1. 49
50		1. 91	1. 71	1. 62	1. 52	1. 43

续表

男性						
%		年龄				
		20~29	30~39	40~49	50~59	60~69
40	低于平均值	1.83	1.65	1.57	1.46	1.38
30		1.74	1.59	1.51	1.39	1.30
20	显著低于平均值	1.63	1.52	1.44	1.32	1.25
10		1.51	1.43	1.35	1.22	1.16
女性						
%		年龄				
		20~29	30~39	40~49	50~59	60~69
90	显著高于平均值	1.82	1.61	1.48	1.37	1.32
80	高于平均值	1.68	1.47	1.37	1.25	1.18
70		1.58	1.39	1.29	1.17	1.13
60	平均值	1.50	1.33	1.23	1.10	1.04
50		1.44	1.27	1.18	1.05	0.99
40	低于平均值	1.37	1.21	1.13	0.99	0.93
30		1.27	1.15	1.08	0.95	0.88
20	显著低于平均值	1.22	1.09	1.02	0.88	0.85
10		1.14	1.00	0.94	0.78	0.72

1-RM 蹬腿，蹬腿体重比值=蹬起阻力÷体重。使用通用 DVR 仪器测试 1-RM。

此数据的研究人群主要为白人和在校大学生。引自有氧运动研究所，得克萨斯州，达拉斯市，1994。

四、肌肉耐力

肌肉耐力是表示某肌群在一定时间完成重复收缩至肌肉充分疲劳的能力，或保持 1-RM 特定百分比的持续时间。如果测量在一定阻力下总的重复次数，其结果表示绝对肌肉耐力。如果在试验前后分别测量 1-RM 的特定百分比（例如 70%）的重复次数，其结果表示相对肌肉耐力。简单的场地测试，如无间歇俯卧撑的最大重复次数可用于评价上半身肌群的耐力[18]。俯卧撑肌肉耐力测试过程见专栏 4.8，体适能分级见表 4.11。上一版指南中的简单场地测试涵盖了卷腹，用于评估肌肉耐力，但由于近期的研究发现卷腹测试的敏感性不足以用于分级，而且卷腹可能会导致腰背部损伤[77,78,107]，因此本指南未纳入卷腹。多数卷腹测试仪与腹部耐力呈中等相关（$r=0.46\sim0.50$），与腹部力量相关度较差（$r=-0.21\sim0.36$）[62,63]。

专栏 4.8　用于肌肉耐力测试的俯卧撑测试过程

1. 男性受试者进行俯卧撑测试时，是以标准向下的姿势开始（手指向前、双手置于肩部下方、背部挺直、抬头、脚趾作支撑）。女性受试者采用修正的“膝卧撑”姿势（双腿并拢，小腿着地跪于垫子上，踝跖屈、背挺直、双臂与肩同宽，抬头、用膝部支撑）。
2. 受试者必须伸肘撑起身体，然后返回到向下的姿势，直到下巴贴于垫子上。腹部不能触及垫子。
3. 无论对于男性还是女性受试者，背部均要挺直，撑起身体时双臂要伸直。
4. 记录无间歇、连续完成的俯卧撑次数。
5. 受试者感到肌肉紧张僵硬或出现两次以内不能按照技术要求完成动作时，应终止测试。

表 4.11　不同年龄、性别人群俯卧撑分级

分级	年龄									
	20~29		30~39		40~49		50~59		60~69	
性别	M	W	M	W	M	W	M	W	M	W
出色	≥36	≥30	≥30	≥27	≥25	≥24	≥21	≥21	≥18	≥17
优秀	29~35	21~29	22~29	20~26	17~24	15~23	13~20	11~20	11~17	12~16
良好	22~28	15~20	17~21	13~19	13~16	11~14	10~12	7~10	8~10	5~11
一般	17~21	10~14	12~16	8~12	10~12	5~10	7~9	2~6	5~7	2~4
差	≤16	≤9	≤11	≤7	≤9	≤4	≤6	≤1	≤4	≤1

M：男性；W：女性。
经允许，引自 [18]。

第八节　柔韧性

柔韧性是移动某一关节使其达到最大 ROM 的能力。它是一种重要的运动技能（如芭蕾、体操），也是日常生活活动中的重要能力。因此，保持所有关节的柔韧性有助于完成运动；相反，当某项运动使关节结构超出最大 ROM 时，会导致组织损伤。

柔韧性取决于一些特殊变量，如：关节囊的伸展性、充分的准备活动及肌肉黏滞性。此外，多种其他组织的顺应性（致密性）也可影响 ROM，如韧带和肌腱。正如肌肉力量和耐力是某一肌群的特性一样，柔韧性是关节的特性。因此，没有一个简单的柔韧性测试可用于评价全身柔韧性。实验室测试通常用 ROM 量化柔韧性，用度数表示。常用的测试仪器包括多种量角器、电动量角器、Leighton 曲率计、倾角计及测量尺。多种方式可用于评价大多数解剖学关节的柔韧性[21,87]。目测 ROM 可用于柔韧性筛查，但相对于直接测量的 ROM，准确性欠佳。这种目测的方法可用于颈部、躯干、髋部、下肢末端和肩部的柔韧性测量，以及姿势评价。

遵循严格的测量方法[21,87]并正确使用量角器，可更加准确地测量大多数解剖学 ROM。准确的测量要求测量者具有良好的骨骼、肌肉及关节解剖知识，以及管理评价的经验。表 4.12 提供了常见解剖学 ROM 的正常范围。更多信息详见其他文献[38,44]。

表 4.12　单关节活动范围（度数）

	度数		度数
肩带运动			
屈	90 ~ 120	伸	20 ~ 60
外展	80 ~ 100		
水平外展	30 ~ 45	水平内收	90 ~ 135
内旋	70 ~ 90	外旋	70 ~ 90
肘关节运动			
屈	135 ~ 160		
旋后	75 ~ 90	旋前	75 ~ 90
躯干运动			
屈	120 ~ 150	伸	20 ~ 45
侧屈	10 ~ 35	旋转	20 ~ 40
髋关节运动			
屈	90 ~ 135	伸	10 ~ 30
外展	30 ~ 50	内收	10 ~ 30
内旋	30 ~ 45	外旋	45 ~ 60
膝关节运动			
屈	130 ~ 140	伸	5 ~ 10
踝关节运动			
背屈	15 ~ 20	跖屈	30 ~ 50
内翻	10 ~ 30	外翻	10 ~ 20

引自［84］。

坐位体前屈常用于评估腰部和腘绳肌的柔韧性，但其与腰痛发生率的相关性有限[48]。相对腰部柔韧性来说，坐位体前屈测试能更好地评估腘绳肌的柔韧性[47]。然而，由于下肢柔韧性对于日常活动和运动训练的相对重要性，需要将坐位体前屈测试包含在健康相关体适能测试之中，直至出现腰部柔韧性测试标准。虽然关节和躯干长度不同可能影响坐位体前屈测试评分，但给每个受试者设定零点的修正测试方法并未增加腰部柔韧性或腰痛的预测指数[15,46,80]。

腰部和腘绳肌柔韧性较差的同时，腹部力量和耐力较差或其他因素，均与肌肉型腰痛的形成有关，但这一假设还有待证实[36]。坐位体前屈的测试管理方法详见专栏4.9。加拿大坐位体前屈测试的标准化数据见表4.13。

专栏4.9　加拿大躯干柔韧性（坐位体前屈）测试过程

测试前准备：受试者在测试前要进行短时间的准备活动，并包括一些拉伸运动（如改良 hurdler 拉伸）。建议受试者避免快速、突然的动作，这些动作可能增加损伤的风险。此外，受试者需要脱鞋。

1. 在加拿大体前屈测试中，受试者脱鞋坐下，脚底平放于坐位体前屈测试箱表面，零刻度标记在 26 cm 处，双脚内侧缘相距 6 in（15.2 cm）。
2. 受试者/患者双手应尽可能缓慢向前伸，保持这个姿势大约 2 s，确保两手臂平行，不能仅一只手前伸或依靠向前的弹性触及。指尖可重叠并应触及测量部分或坐位体前屈测试箱体上的码尺。
3. 根据指尖触及的最远点记分（cm）。应记录两次测试中最好的结果。为获得更好结果，受试者/患者在双手前伸时应呼气并使头下垂置于两臂之间。测试人员应保证受试者膝关节尽力伸展，但是不能下压。受试者/患者在测试中保持正常呼吸，任何时候都不要憋气。加拿大人群测试的正常值见表4.13。注意其正常值采自零点设在 26 cm 标记处的坐位体前屈测试箱，如果你使用的测试箱的零点标记在 23 cm 处（如 Fitnessgram），此表中数值相应要减去 3 cm。

引自［18］。

表4.13　不同年龄加拿大人群坐位体前屈测试（cm）得到的躯干柔韧性分级

分级	年龄									
	20～29		30～39		40～49		50～59		60～69	
性别	M	W	M	W	M	W	M	W	M	W
出色	≥40	≥41	≥38	≥41	≥35	≥38	≥35	≥39	≥33	≥35
优秀	34～39	37～40	33～37	36～40	29～34	34～37	28～34	33～38	25～32	31～34
良好	30～33	33～36	28～32	32～35	24～28	30～33	24～27	30～32	20～24	27～30
一般	25～29	28～32	23～27	27～31	18～23	25～29	16～23	25～29	15～19	23～26
差	≤24	≤27	≤22	≤26	≤17	≤24	≤15	≤24	≤14	≤22

M：男性；W：女性。

经允许，引自［18］。

在线资源

ACSM 认证：http：//acsm. org/certification

ACSM 运动是良医专家：http：//exerciseismedicine. org/support_ page. php？ p =91

美国心脏协会：http：//www. americanheart. org/HEARTORG

成年人超重和肥胖的诊断、评估和治疗临床指南—证据支持的报告[23]：http：//www. nhlbi. nig. gov/health – pro/guidelines/archive/clinical – guidelines – obesity – adults – evidence – report/ob_ gdlns. htm

Cooper 成年人体适能教育研究所：http：//www. cooperinstitute. org/education/

国家心肺和血液研究所专业健康信息：http：//www. nhlbi. nih. gov/health/indexpro. htm

美国 2008 体力活动指南：http：//www. health. gov/PAguidelines/guidelines/

Lippincott Williams & Wilkins 的体适能测试资源：http：//www. lww. com/search？ ProductType = All + Products&search = fitness = testing

（张献博　译）

参考文献

1. American Medical Association. *AMA Adopts New Policies on Second Day of Voting at Annual Meeting* [Internet]. Chicago(IL):American Medical Association;2013 [cited 2016 Jun 6]. Available from:http://www. ama – assn. org/ama/pub/news/news/2013/2013 – 06 – 18 – new – ama – policies – annual – meeting. page.
2. Arena R,Lavie C. The obesity paradox and outcome in heart failure:is excess bodyweight truly protective? *Future Cardiol.* 2010;6(1):1 – 6.
3. Arena R,Myers J,Williams MA,et al. Assessment of functional capacity in clinical and research settings:a scientifi c statement from the American Heart Association Committee on Exercise,Rehabilitation,and Prevention of the Council on Clinical Cardiology and the Council on Cardiovascular Nursing. *Circulation.* 2007;116(3):329 – 43.
4. Astrand PO. Aerobic work capacity in men and women with special reference to age. *Acta Physiol Scand.* 1960;49(Suppl 169):45 – 60.
5. Astrand PO,Ryhming I. A nomogram for calculation of aerobic capacity(physical fi tness)from pulse rate during sub – maximal work. *J Appl Physiol.* 1954;7(2):218 – 21.
6. ATS Committee on Profi ciency Standards for Clinical Pulmonary Function Laboratories. ATS statement:guidelines for the six – minute walk test. *Am J Respir Crit Care Med.* 2002;166(1):111 – 7.
7. Baechle TR,Earle RW,Wathen D. Resistance training. In:Baechle TR,Earle RW,editors. *Essentials of Strength Training and Conditioning.* 3rd ed. Champaign(IL):Human Kinetics;2008. p. 381 – 412.
8. Balady GJ,Larson MG,Vasan RS,Leip EP,O'Donnell CJ,Levy D. Usefulness of exercise testing in the prediction of coronary disease risk among asymptomatic persons as a function of the Framingham risk score. *Circulation.* 2004;110(14):1920 – 5.

9. Blair SN, Kohl HW III, Barlow CE, Paff enbarger RS Jr, Gibbons LW, Macera CA. Changes in physical fi tness and all – cause mortality. A prospective study of healthy and unhealthy men. *JAMA*. 1995;273(14):1093 – 8.

10. Blair SN, Kohl HW III, Paff enbarger RS Jr, Clark DG, Cooper KH, Gibbons LW. Physical fi tness and all – cause mortality. A prospective study of healthy men and women. *JAMA*. 1989;262(17):2395 – 401.

11. Borg GA. *Borg's Perceived Exertion and Pain Scales*. Champaign(IL): Human Kinetics; 1998. 104 p.

12. Borg GA. Psychophysical bases of perceived exertion. *Med Sci Sports Exerc*. 1982;14(5):377 – 81.

13. Bray GA. Don't throw the baby out with the bath water. *Am J Clin Nutr*. 2004;79(3):347 – 9.

14. Cahalin LP, Mathier MA, Semigran MJ, Dec GW, DiSalvo TG. The six – minute walk test predicts peak oxygen uptake and survival in patients with advanced heart failure. *Chest*. 1996;110(2):325 – 32.

15. Cailliet R. *Low Back Pain Syndrome*. 4th ed. Philadelphia(PA): F. A. Davis; 1988. 341 p.

16. Callaway CW, Chumlea WC, Bouchard C, Himes JH, Lohman TG, Martin AD. Circumferences. In: Lohman TG, Roche AF, Martorell R, editors. *Anthropometric Standardization Reference Manual*. Champaign(IL): Human Kinetics; 1988. p. 39 – 80.

17. Camhi SM, Bray GA, Bouchard C, et al. The relationship of waist circumference and BMI to visceral, subcutaneous, and total body fat: sex and race diff erences. *Obesity (Silver Spring)*. 2011;19(2):402 – 8.

18. Canadian Society for Exercise Physiology. *Physical Activity Training for Health (CSEP – PATH) Resource Manual*. Ottawa, Ontario(Canada): Canadian Society for Exercise Physiology; 2013. 210 p.

19. Canoy D. Distribution of body fat and risk of coronary heart disease in men and women. *Curr Opin Cardiol*. 2008; 23(6):591 – 8.

20. Casanova C, Cote C, Marin JM, et al. Distance and oxygen desaturation during the 6 – min walk test as predictors of long – term mortality in patients with COPD. *Chest*. 2008;134(4):746 – 52.

21. Clarkson HM. *Musculoskeletal Assessment: Joint Range of Motion and Manual Muscle Strength*. 2nd ed. Baltimore (MD): Lippincott Williams & Wilkins; 2000. 432 p.

22. Clarys JP, Martin AD, Drinkwater DT, Marfell – Jones MJ. The skinfold: myth and reality. *J Sports Sci*. 1987;5(1): 3 – 33.

23. *Clinical Guidelines on the Identifi cation, Evaluation, and Treatment of Overweight and Obesity in Adults: The Evidence Report* [Internet]. Bethesda(MD): National Institutes of Health; National Heart, Lung, and Blood Institute; 2008 [cited 2016 Jun 6]. Available from: http://www.nhlbi.nih.gov/guidelines/obesity/ob_gdlns.htm.

24. Daniels SR, Jacobson MS, McCrindle BW, Eckel RH, Sanner BM. American Heart Association Childhood Obesity Research Summit Report. *Circulation*. 2009;119(15):e489 – 517.

25. Dehghan M, Merchant A. Is bioelectrical impedance accurate for use in large epidemiological studies? *Nutr J*. 2008;7:26.

26. de Koning L, Merchant AT, Pogue J, Anand SS. Waist circumference and waist – to – hip ratio aspredictors of cardiovascular events: meta – regression analysis of prospective studies. *Eur Heart J*. 2007;28(7):850 – 6.

27. Dempster P, Aitkens S. A new air displacement method for the determination of human body composition. *Med Sci Sports Exerc*. 1995;27(12):1692 – 7.

28. Després JP. Body fat distribution and risk of cardiovascular disease: an update. *Circulation*. 2012; 126 (10): 1301 – 13.

29. Donnelly JE, Blair SN, Jakicic JM, et al. American College of Sports Medicine position stand. Appropriate physical activity intervention strategies for weight loss and prevention of weight regain for adults. *Med Sci Sports Exerc.* 2009;41(2):459 – 71.

30. Duren DL, Sherwood RJ, Czerwinski SA, et al. Body composition methods: comparisons and interpretation. *J Diabetes Sci Technol.* 2008;2(6):1139 – 46.

31. Expert Panel on the Identifi cation, Evaluation, and Treatment of Overweight and Obesity in Adults. Executive summary of the clinical guidelines on the identifi cation, evaluation, and treatment of overweight and obesity in adults. *Arch Intern Med.* 1998;158(17):1855 – 67.

32. Flegal KM, Graubard BI, Williamson DF, Gail MH. Excess deaths associated with underweight, overweight, and obesity. *JAMA.* 2005;293(15):1861 – 7.

33. Fox CS, Massaro JM, Hoff mann U, et al. Abdominal visceral and subcutaneous adipose tissue compartments: association with metabolic risk factors in the Framingham Heart Study. *Circulation.* 2007;116(1):39 – 48.

34. Freiberger E, Sieber C, Pfeifer K. Physical activity, exercise, and sarcopenia—future challenges. *Wien Med Wochenschr.* 2011;161(17 – 18):416 – 25.

35. Gallagher D, Heymsfi eld SB, Heo M, Jebb SA, Murgatroyd PR, Sakamoto Y. Healthy percentage body fat ranges: an approach for developing guidelines based on body mass index. *Am J Clin Nutr.* 22000;72(3):694 – 701.

36. Garber CE, Blissmer B, Deschenes MR, et al. American College of Sports Medicine position stand. The quantity and quality of exercise for developing and maintaining cardiorespiratory, musculoskeletal, and neuromotor fi tness in apparently healthy adults: guidance for prescribing exercise. *Med Sci Sports Exerc.* 2011;43(7):1334 – 559.

37. Going BS. Densitometry. In: Roche AF, editor. *Human Body Composition.* Champaign (IL): Human Kinetics; 1996. p. 3 – 23.

38. Haff GG, Dumke C. *Laboratory Manual for Exercise Physiology.* Champaign(IL): Human Kinetics; 2012. 449 p.

39. Hall SJ. *Basic Biomechanics.* 6th ed. New York(NY): McGraw – Hill; 2012. 560 p.

40. Haskell WL, Lee IM, Pate RR, et al. Physical activity and public health: updated recommendation for adults from the American College of Sports Medicine and the American Heart Association. *Circulation.* 2007;116(9):1081 – 93.

41. Hendel HW, Gotfredsen A, Højgaard L, Andersen T, Hilsted J. Change in fat – free mass assessed by bioelectrical impedance, total body potassium and dual energy X – ray absorptiometry during prolonged weight loss. *Scand J Clin Lab Invest.* 1996;56(8):671 – 9.

42. Heymsfi eld S. *Human Body Composition.* 2nd ed. Champaign(IL): Human Kinetics; 2005. 523 p.

43. Heyward VH. Practical body composition assessment for children, adults, and older adults. *Int J Sport Nutr.* 1998;8(3):285 – 307.

44. Heyward VH, Gibson A. *Advanced Fitness Assessment and Exercise Prescription.* 7th ed. Champaign(IL): Human Kinetics; 2014. 552 p.

45. Heyward VH, Wagner D. *Applied Body Composition Assessment.* 2nd ed. Champaign (IL): Human Kinetics; 2004. 280 p.

46. Hoeger WW, Hopkins D. A comparison of the sit and reach and the modifi ed sit and reach in the measurement of fl exibility in women. *Res Q Exerc Sport.* 1992;63(2):191 – 5.

47. Jackson AW, Baker A. The relationship of the sit and reach test to criterion measures of hamstring and back fl exi-

bility in young females. *Res Q Exerc Sport*. 1986;57(3):183 – 6.

48. Jackson AW, Morrow JR Jr, Bril PA, Kohl HW III, Gordon NF, Blair SN. Relations of sit – up and sit – and – reach tests to low back pain in adults. *J Orthop Sports Phys Ther*. 1998;27(1):22 – 6.
49. Jackson AW, Pollock M. Practical assessment of body composition. *Phys Sportsmed*. 1985;13(5):76,80,82 – 90.
50. Janssen I, Katzmarzyk PT, Ross R. Body mass index, waist circumference, and health risk: evidence in support of current National Institutes of Health guidelines. Arch Intern Med. 2002;162(18):2074 – 9.
51. Janssen I, Katzmarzyk PT, Ross R. Waist circumference and not body mass index explains obesity – related health risk. *Am J Clin Nutr*. 22004;79(3):379 – 84.
52. Jehn M, Halle M, Schuster T, et al. The 6 – min walk test in heart failure: is it a max or submaximum exercise test? *Eur J Appl Physiol*. 2009;107(3):317 – 23.
53. Jette M, Campbell J, Mongeon J, Routhier R. The Canadian Home Fitness Test as a predictor for aerobic capacity. *Can Med Assoc J*. 1976;114(8):680 – 2.
54. Kaminsky LA, American College of Sports Medicine. *ACSM's Health – Related Physical Fitness Assessment Manual*. 4th ed. Baltimore(MD): Lippincott Williams & Wilkins; 2014. 192 p.
55. Kaminsky LA, Arena R, Myers J. Reference standards for cardiorespiratory fi tness measured with cardiopulmonary exercise testing: data from the Fitness Registry and the Importance of Exercise National Database. *Mayo Clin Proc*. 2015;90(11):1515 – 23.
56. Katzmarzyk PT, Bray GA, Greenway FL, et al. Racial diff erences in abdominal depot – specifi cadiposity in white and African American adults. *Am J Clin Nutr*. 22010;91(1):7 – 15.
57. Katzmarzyk PT, Mire E, Bray GA, Greenway FL, Heymsfi eld SB, Bouchard C. Anthropometric markers of obesity and mortality in white and African American adults: the Pennington center longitudinal study. *Obesity (Silver Spring)*. 2013;21(5):1070 – 5.
58. Kelly TL, Wilson KE, Heymsfi eld SB. Dual energy X – Ray absorptiometry body composition reference values from NHANES. *PLoS One*. 2009;4(9):e7038.
59. Kim ES, Ishwaran H, Blackstone E, Lauer MS. External prognostic validations and comparisons of age – and gender – adjusted exercise capacity predictions. *J Am Coll Cardiol*. 2007;50(19):1867 – 75.
60. Kingma B, Frijns A, van Marken LW. The thermoneutral zone: implications for metabolic studies. *Front Biosci (Elite Ed)*. 2012;4:1975 – 85.
61. Kline GM, Porcari JP, Hintermeister R, et al. Estimation of $\dot{V}O_2$max from a one – mile track walk, gender, age, and body weight. *Med Sci Sports Exerc*. 1987;19(3):253 – 9.
62. Knudson D. The validity of recent curl – up tests in young adults. *J Strength Cond Res*. 2001;15(1):81 – 5.
63. Knudson D, Johnston D. Validity and reliability of a bench trunk – curl test of abdominal endurance. *J Strength Cond Res*. 1995;9(3):165 – 9.
64. Kodama S, Saito K, Tanaka S, et al. Cardiorespiratory fi tness as a quantitative predictor of allcause mortality and cardiovascular events in healthy men and women: a meta – analysis. *JAMA*. 2009;301(19):2024 – 35.
65. Kumanyika SK, Obarzanek E, Stettler N, et al. Population – based prevention of obesity: the need for comprehensive promotion of healthful eating, physical activity, and energy balance: a scientifi c statement from American Heart Association Council on Epidemiology and Prevention, Interdisciplinary Committee for Prevention(formerly the Ex-

pert Panel on Population and Prevention Science). *Circulation.* 2008;118(4):428 – 64.

66. Lee SY, Gallagher D. Assessment methods in human body composition. *Curr Opin Clin Nutr Metab Care.* 2008;11(5):566 – 72.
67. Leger L, Th ivierge M. Heart rate monitors: validity, stability, and functionality. *Phys Sportsmed.* 1988;16(5):143, 146, 148, 149, 151.
68. Levinger I, Goodman C, Hare DL, Jerums G, Toia D, Selig S. The reliability of the 1RM strength test for untrained middle – aged individuals. *J Sci Med Sport.* 2009;12(2):310 – 6.
69. Lewis CE, McTigue KM, Burke LE, et al. Mortality, health outcomes, and body mass index in the overweight range: a science advisory from the American Heart Association. *Circulation.* 2009;119(25):3263 – 71.
70. Logan P, Fornasiero D, Abernathy P. Protocols for the assessment of isoinertial strength. In: Gore CJ, editor. *Physiological Tests for Elite Athletes.* Champaign(IL): Human Kinetics; 2000. p. 200 – 21.
71. Lohman TG. Body composition methodology in sports medicine. *Phys Sportsmed.* 1982;10(12):46 – 7.
72. Lohman TG. Skinfolds and body density and their relation to body fatness: a review. *Hum Biol.* 1981;53(2):181 – 225.
73. Maritz JS, Morrison JF, Peter J, Strydom NB, Wyndham CH. A practical method of estimating an individual's maximal oxygen intake. *Ergonomics.* 1961;4:97 – 122.
74. Mayhew JL, Ball TE, Arnold MD, Bowen JC. Relative muscular endurance performance as a predictor of bench press strength in college men and women. *J Strength Cond Res.* 1992;6:200 – 6.
75. McArdle WD, Katch FI, Katch VL. *Exercise Physiology: Nutrition, Energy, and Human Performance.* Philadelphia (PA): Wolters Kluwer Health/Lippincott Williams & Wilkins; 2015.
76. McArdle WD, Katch FI, Pechar GS, Jacobson L, Ruck S. Reliability and interrelationships between maximal oxygen intake, physical work capacity and step – test scores in college women. *Med Sci Sports.* 1972;4(4):182 – 6.
77. McGill S. Core training: evidence translating to better performance and injury prevention. *Strength Cond J.* 2010;32:33 – 46.
78. McGill SM. *Ultimate Back Fitness and Performance.* Waterloo, Ontario(Canada): Backfi tpro Inc.; 2013. 325 p.
79. Melov S, Tarnopolsky MA, Beckman K, Felkey K, Hubbard A. Resistance exercise reverses aging in human skeletal muscle. *PLoS One.* 2007;2(5):e465.
80. Minkler S, Patterson P. The validity of the modifi ed sit – and – reach test in college – age students. *Res Q Exerc Sport.* 1994;65(2):189 – 92.
81. Montero – Fernández N, Serra Rexach J. Role of exercise on sarcopenia in the elderly. *Eur J Phys Rehabil Med.* 2013;49(1):131 – 43.
82. Myers J, Arena R, Franklin B, et al. Recommendations for clinical exercise laboratories: a scientifi c statement from the American Heart Association. *Circulation.* 2009;119(24):3144 – 61.
83. Myers J, Prakash M, Froelicher V, Do D, Partington S, Atwood JE. Exercise capacity and mortality among men referred for exercise testing. *N Engl J Med.* 2002;346(11):793 – 801.
84. Norkin CC, Levangie PK. *Joint Structure & Function: A Comprehensive Analysis.* 2nd ed. Philadelphia(PA): Davis; 1992. 512 p.
85. Ogden CL, Carroll MD, Kit BK, Flegal KM. Prevalence of childhood and adult obesity in the United States, 2011 –

2012. *JAMA*. 2014;311(8):806 – 14.

86. Oreopoulos A, Padwal R, Kalantar – Zadeh K, Fonarow GC, Norris CM, McAlister FA. Body mass index and mortality in heart failure: a meta – analysis. *Am Heart J*. 2008;156(1):13 – 22.
87. Palmer ML, Epler M. *Fundamentals of Musculoskeletal Assessment Techniques*. 2nd ed. Baltimore(MD): Lippincott Williams & Wilkins; 1998. 415 p.
88. Pescatello, L, Arena R, Riebe D, Th ompson P, American College of Sports Medicine. *ACSM's Guidelines for Exercise Testing and Prescription. 9th ed. Baltimore*(MD): Lippincott Williams & Wilkins; 2014. 480 p.
89. Peveler WW. Effects of saddle height on economy in cycling. *J Strength Cond Res*. 2008;22(4):1355 – 9.
90. Peveler WW, Pounders JD, Bishop PA. Effects of saddle height on anaerobic power production in cycling. *J Strength Cond Res*. 2007;21(4):1023 – 7.
91. Phillips WT, Batterham AM, Valenzuela JE, Burkett LN. Reliability of maximal strength testing in older adults. *Arch Phys Med Rehabil*. 2004;85(2):329 – 34.
92. Pi – Sunyer FX. The epidemiology of central fat distribution in relation to disease. *Nutr Rev*. 2004;62(7 Pt 2): S120 – 6.
93. Poirier P, Giles TD, Bray GA, et al. Obesity and cardiovascular disease: pathophysiology, evaluation, and effect of weight loss: an update of the 1997 American Heart Association Scientifi c Statement on Obesity and Heart Disease from the Obesity Committee of the Council on Nutrition, Physical Activity, and Metabolism. *Circulation*. 2006;113(6):898 – 918.
94. Pollack ML, Schmidt DH, Jackson AS. Measurement of cardiorespiratory fi tness and body composition in the clinical setting. *Compr Ther*. 1980;6(9):12 – 27.
95. President's Council on Physical Fitness and Sports. *Definitions—Health, Fitness, and Physical Activity* [Internet]. Washington(DC): President's Council on Physical Fitness and Sports; 2000[cited 2012 Jan 7]. Available from: http://purl. access. gpo. gov/GPO/LPS21074.
96. Reis JP, Macera CA, Araneta MR, Lindsay SP, Marshall SJ, Wingard DL. Comparison of overall obesity and body fat distribution in predicting risk of mortality. *Obesity*(*Silver Spring*). 2009;17(6):1232 – 9.
97. Reynolds JM, Gordon TJ, Robergs RA. Prediction of one repetition maximum strength from multiple repetition maximum testing and anthropometry. *J Strength Cond Res*. 2006;20(3):584 – 92.
98. Riebe D, Maresh CM, Armstrong LE, et al. Effects of oral and intravenous rehydration on ratings of perceived exertion and thirst. *Med Sci Sports Exerc*. 1997;29(1):117 – 24.
99. Rijk JM, Roos PR, Deckx L, van den Akker M, Buntinx F. Prognostic value of handgrip strength in people aged 60 years and older: a systematic review and meta – analysis. *Geriatr Gerontol Int*. 2015.
100. Robertson, RJ, Noble, BJ. Perception of physical exertion: methods, mediators, and applications. *Exerc Sport Sci Rev*. 1997;25:407 – 52.
101. Roche AF. Anthropometry and ultrasound. In: Roche AF, Heymsfi eld S, Lohman T, editors. *Human Body Composition*. Champaign(IL): Human Kinetics; 1996. p. 167 – 89.
102. Roger VL, Go AS, Lloyd – Jones DM, et al. Heart Disease and Stroke Statistics 2012 update: a report from the American Heart Association. *Circulation*. 2012;125(1):e2 – e220.
103. Ross R, Berentzen T, Bradshaw AJ, et al. Does the relationship between waist circumference, morbidity and mor-

tality depend on measurement protocol for waist circumference? *Obes Rev.* 2008;9(4):312 – 25.

104. Salzman SH. The 6 – min walk test: clinical and research role, technique, coding, and reimbursement. *Chest.* 2009;135(5):1345 – 52.

105. Sesso HD, Paff enbarger RS Jr, Lee IM. Physical activity and coronary heart disease in men: the Harvard Alumni Health Study. *Circulation.* 2000;102(9):975 – 80.

106. Shephard RJ, Th omas S, Weller I. The Canadian Home Fitness Test. 1991 update. *Sports Med.* 1991;11(6):358 – 66.

107. Shields M, Tremblay MS, Laviolette M, Craig CL, Janssen I, Connor Gorber S. Fitness of Canadian adults: results from the 2007 – 2009 Canadian Health Measures Survey. *Health Rep.* 2010;21(1):21 – 35.

108. Siri WE. Body composition from fl uid spaces and density: analysis of methods. *Nutrition.* 1961;9(5):480, 91; discussion 480, 492.

109. Stenholm S, Mehta NK, Elo IT, Heliövaara M, Koskinen S, Aromaa A. Obesity and muscle strength as long – term determinants of all – cause mortality—a 33 – year follow – up of the Mini – Finland Health Examination Survey. *Int J Obes.* 2014;38(8):1126 – 32.

110. Swain DP, American College of Sports Medicine. *ACSM's Resource Manual for Guidelines for Exercise Testing and Prescription.* 7th ed. Baltimore(MD): Lippincott Williams & Wilkins; 2014. 896 p.

111. Swift DL, Lavie CJ, Johannsen NM, et al. Physical activity, cardiorespiratory fi tness, and exercise training in primary and secondary coronary prevention. *Circ J.* 2013;77(2):281 – 92.

112. Tanaka H, Monahan KD, Seals DR. Age – predicted maximal heart rate revisited. *J Am Coll Cardiol.* 2001;37(1):153 – 6.

113. Tran ZV, Weltman A. Generalized equation for predicting body density of women from girth measurements. *Med Sci Sports Exerc.* 1989;21(1):101 – 4.

114. Tran ZV, Weltman A. Predicting body composition of men from girth measurements. *Hum Biol.* 1988;60(1):167 – 75.

115. U. S. Preventive Services Task Force, Barton M. Screening for obesity in children and adolescents: US Preventive Services Task Force recommendation statement. *Pediatrics.* 2010;125(2):361 – 7.

116. Wang CY, Haskell WL, Farrell SW, et al. Cardiorespiratory fi tness levels among US adults 20 – 9 years of age: fi ndings from the 1999—2004 National Health and Nutrition Examination Survey. *Am J Epidemiol.* 2010;171(4):426 – 35.

117. Wang J, Th ornton JC, Bari S, et al. Comparisons of waist circumferences measured at 4 sites. *Am J Clin Nutr.* 22003;77(2):379 – 84.

118. Whaley MH, Brubaker PH, Kaminsky LA, Miller CR. Validity of rating of perceived exertion during graded exercise testing in apparently healthy adults and cardiac patients. *J Cardiopulm Rehabil.* 1997;17(4):261 – 7.

119. Williams MA, Haskell WL, Ades PA, et al. Resistance exercise in individuals with and without cardiovascular disease: 2007 update: a scientifi c statement from the American Heart Association Council on Clinical Cardiology and Council on Nutrition, Physical Activity, and Metabolism. *Circulation.* 2007;116(5):572 – 84.

120. YMCA of the USA, Golding LA. *YMCA Fitness Testing and Assessment Manual.* 4th ed. Champaign(IL): Human Kinetics; 2000. 247 p.

第五章　临床运动测试和结果分析

概　述

对于疑似缺血性心脏病（IHD）患者，临床运动测试用作对其鉴别诊断的方法已有超过50年的时间。尽管临床运动测试有一些指征，但大多数测试都可以作为IHD诊断和评估的一部分。与临床运动测试的应用和实施有关的专业组织提供了一些循证报告，本章简要总结这些报告中有关在成年心脏疾病患者中进行无创的症状限制性最大强度运动测试的内容，经常进行或指导临床运动测试者应当熟悉本章提供的这些专业报告内容，特别是在诊所中常见的一些相关状况。

在临床运动测试过程中，患者使用标准化方案和程序进行经典的跑台或功率车递增负荷测试（最常用的）或恒定负荷测试[3,17,44]时要进行医务监督，其目的是观察受试者在递增或持续代谢需求下的生理反应。临床运动测试通常持续至患者出现体征（如ST段压低）或症状限制（如心绞痛、力竭）时的最大努力程度。临床运动测试常常还被称作递增负荷运动测试（GXT）、运动负荷测试或运动能力测试（ETT）。当一个运动测试包括了运动过程中的气体分析时，则被称为心肺运动测试（通常缩写为CPX或CPET）或运动代谢测试。

第一节　临床运动测试的适应证

临床运动测试的适应证一般包括3类：（1）诊断（如疾病或异常生理反应的存在），（2）预后（如判断不良事件的风险），（3）评估运动的生理反应（如血压和运动能力峰值）。最常见的诊断指征是对IHD隐匿症状的评估。美国心脏病学会（ACC）和美国心脏协会（AHA）建议采用逻辑学方法来确定用于评估稳定性胸痛患者的测试类型[21]。在这种方法中，如果一个IHD诊断不明确的患者，其安静心电图（ECG）可以解释（参见“心电图”

部分），并且能够运动，应该首先考虑使用仅有心电图监测的症状限制性最大强度运动测试（无须使用辅助心脏成像）[21,39]。

目前的证据不支持常规使用临床运动测试（无论有没有成像）来筛查 IHD 或 IHD 相关事件的风险，无论该患者是发病概率极低或低的无症状个体[21,43]，抑或是基于年龄、症状和性别预测的发病概率较高的个体[21]。IHD 的可能性评估见表 5.1。目前证据也不支持仅用运动心电图测试来诊断正服用洋地黄并伴有安静心电图 ST 段压低的患者，以及符合左心室肥大 ECG 标准伴有安静心电图 ST 段压低的患者[21]。另外，对于那些有预激综合征、室性早搏、安静心电图 ST 段压低 >1 mm 或左束支传导阻滞的患者仅用运动心电图测试诊断 IHD 的作用不大[21]。虽然这些 ECG 异常限制了仅用运动心电图测试来诊断 IHD，但是仅用运动心电图测试可以适用于其他适应证，例如测定运动能力。

表 5.1　缺血性心脏病的可能性评估[a]

年龄	性别	典型/明确的心绞痛	不典型/疑似心绞痛	非心绞痛性胸痛	无症状
30 ~ 39	男	中	中	低	极低
	女	中	极低	极低	极低
40 ~ 49	男	高	中	中	低
	女	中	低	极低	极低
50 ~ 59	男	高	中	中	低
	女	中	中	低	极低
60 ~ 69	男	高	中	中	低
	女	高	中	中	低

a 缺失年龄 <30 和年龄 >69 岁患者的数据，但是可以假设随年龄增加缺血性心脏病发病率升高。在一些病例中，患者年龄在表中所列的 10 年分界点上，可能会稍微超出上下限；高表示发病率 >90%；中表示发病率在 10% ~90%；低表示发病率 <10%；极低表示发病率 <5%。

经允许，引自［21］。

在一些基于证据的指南中，针对特定心脏疾病的诊断，对运动测试的临床效用进行了描述（专栏 5.1）。除了专栏 5.1 中列出的适应证外，运动测试还可用于评估由于胸痛而到急诊科就诊的患者。这种做法（1）可应用在处于低至中度 IHD 风险并由医生适当筛选出的患者；（2）可以提高诊断急性冠脉综合征的准确性；（3）可能通过减少额外测试及缩短住院时间而减少护理费用[5]。一般来说，运动测试可以适用于症状消退、ECG 正常、反映心肌损伤的酶没有变化的患者。在这种背景下（通常称为胸痛单元）运动测试仅可作为清晰界定临床护理途径的一部分[5]。

另外还有一些需要进行临床运动测试的适应证，包括评估各种肺部疾病（如慢性阻塞性肺病）[3,13]、运动不耐受和不明原因的呼吸困难[3,10,13]、运动诱发的支气管收缩[3,13,52]、运动性心律失常[21]、起搏器或心率（HR）对运动的反应[21]、手术前风险评估[3,13,16]、外周动脉病变性跛行[58]、残疾评估[3,10,13]以及体力活动（PA）咨询[3,13,21]。

专栏 5.1　心脏病患者临床运动测试效用的循征选择建议

情况：ST 段抬高的心肌梗死患者（STEMI）[2]

推荐："未进行冠状动脉造影检查，以及没有必须进行冠脉造影高危临床特征的 STEMI 患者，出院前应进行心肌缺血的无创性检查，以评估可诱导缺血的存在及程度。"（等级 I—应该执行）

注释："STEMI 后早期即可进行运动测试，以便①评估在家和工作中的功能能力和执行任务的能力；②评估药物治疗的疗效；③评估日后的心脏事件的风险。症状限制性运动测试是评估患者出院后是否需要进行≥2 周的心脏康复计划的一个关键指征。"

注释："如果患者进行过包括低水平运动的住院心脏康复；没有心绞痛或心力衰竭的症状并且在测试前 48 ~ 72 h 具有稳定的基线 ECG，那么此类患者心肌梗死后进行低水平运动测试是安全的。用于心梗后早期的运动测试宜使用两种不同的方案：传统的次极限强度运动测试（在 3 ~ 5 天内无并发症出现的患者中完成）或症状限制性运动测试（在 5 天或更晚进行），症状限制性运动测试不以预定的目标心率或代谢当量水平为终止指标。"

注释："没有接受冠脉造影，并且具有潜在再血管化可能性的无并发症患者，在出院前应进行诱发试验。在成功进行了 PCI 手术且病程不复杂的非梗阻性冠状动脉疾病患者，可在出院 3 ~6 周内密切跟进并合理计划开展包括负荷影像学在内的临床随访。"

情况：未进行侵入性干预的非 ST 段抬高（NSTE）的急性冠状动脉综合征（ACS）患者出院前的危险分层[6]

推荐："建议可对低危和中度危险患者（在休息时或进行至少 12 ~ 24 h 低强度体力活动后未发生心肌缺血的）进行无创的负荷测试。"（等级 I—应该执行）

推荐："能够运动并且安静心电图 ST 段改变不会干扰对 ECG 的解读的患者可进行（低强度或症状限制性）跑台运动测试。"（等级 I—应该执行）

注释："NSTE - ACS 的低危和中危患者可进行症状限制性运动负荷测试，前提是（不稳定型心绞痛）患者 12 ~ 24 h 临床症状稳定或与 NSTEMI 相似风险患者 2 ~ 5 天内临床症状稳定。"

情况：缺血性心脏病（IHD）[15]

指征：初步诊断疑似 IHD

推荐："对有中等可能性 IHD、可解释性 ECG 并且至少具有中等身体功能或未合并残疾的患者，推荐使用标准运动心电图测试。"（等级 I—应该执行）

推荐："对于有不可解释性 ECG 或身体功能低于中等或合并有残疾的患者，不推荐使用标准运动心电图测试。"（等级Ⅲ—无获益）

指征：稳定性 IHD 患者的风险评估

推荐：“对于能够完成足够的工作负荷并有可解释性ECG的（稳定性IHD）患者，推荐使用标准运动心电图测试进行风险评估。”（等级Ⅰ—应该执行）

指征：有症状的稳定性IHD患者的诊断评估

推荐：“对（稳定性IHD）患者推荐使用标准运动心电图测试，这些患者新发或恶化的症状与（不稳定型心绞痛）不一致，且具有（a）至少具有中等身体功能并未合并残疾，以及（b）可解释性的ECG。”（等级Ⅰ—应该执行）

指征：稳定性IHD患者的预后和运动处方

推荐：“对于所有患者，推荐进行体力活动习惯的风险评估和/或运动测试以指导预后和运动处方。”（等级Ⅰ—应该执行）

指征：已知稳定性无症状IHD患者的随访调查

推荐：“可以考虑在1年或更长时间段应用标准运动心电图测试对（稳定性IHD）患者进行随访评估，这些患者有无症状性缺血的前期证据或具有再发心脏事件的高风险，可完成充分的运动负荷并有可解释性ECG。”（等级Ⅱb—可以考虑）

推荐：“没有新发或恶化症状出现，或者没有无症状性缺血的前期证据并且再发心脏事件风险不高的患者，每年监测运动心电图测试的有效性尚未确定。”（等级Ⅱb—可以考虑）

情况：术前心血管评估[16]

推荐：“对于风险增高和功能能力不明的患者，合理的做法是改变操作方式之后再进行运动测试以评估功能能力。”（等级Ⅱb—可以考虑）

推荐：“无创负荷测试的常规筛查对非心脏手术的低风险患者无用。”（等级Ⅲ—无获益）

推荐：“对于正经历风险增高的过程且功能能力不明的患者，可以考虑进行心肺运动测试。”（等级Ⅱb—可以考虑）

推荐：“无创负荷测试的常规筛查对于经历低风险非心脏手术的患者无用。”（等级Ⅲ—无获益）

情况：慢性心力衰竭（HF）的成年人

推荐：“当不能确认HF所产生的影响时，为了帮助确认HF是否为运动受限的原因，可对HF患者进行最大运动测试，无论测试是否包含呼吸气体交换和/或血氧饱和度测定。”（等级Ⅱa—推荐执行）[26]

推荐：“包含呼吸气体交换测试的最大运动测试，可以用来鉴定HF患者是不是需要进行心脏移植或其他高级治疗的高风险患者。”（等级Ⅱa—推荐执行）[26]

推荐：“应考虑运动测试的（HF患者）：（i）检测出可逆性心肌缺血；（ii）将心脏移植和机械循环支持的患者作为评估的一部分；（iii）协助运动处方的制定；（iv）获得预后信息。”（等级Ⅱa—推荐执行）[36]

情况：经皮冠状动脉介入治疗（PCI）[31]

推荐：“PCI术后进行正规心脏康复计划的患者可以进行跑台运动测试。”（等级Ⅱa—推荐执行）

推荐：“PCI术后无症状患者没有特殊的临床指征可不进行定期的常规负荷测试。”（等级Ⅲ—无获益）

情况：心瓣膜病（VHD）[49]

推荐："筛选的无症状的严重 VHD 患者可以进行运动测试，其目的为：（1）确认不存在症状；或（2）评估运动时的血流动力学反应；或（3）确定预后。"（等级Ⅱa—推荐执行）

推荐："运动测试可用于评估运动中的生理变化，并确认伴有主动脉瓣钙化的无症状患者是否存在症状，患者的主动脉瓣口流速≥4 m/s，或者平均跨瓣压差≥40 mmHg（阶段 C）。"（等级Ⅱa—推荐执行）

推荐："有症状的 AS 患者主动脉瓣口流速≥4 m/s，或者平均跨瓣压差≥40 mmHg 时（阶段 D），不宜进行运动测试。"（等级Ⅲ—可能有害）

注释："运动测试可能有助于明确有严重 AS 患者的症状状态。"

注释："运动测试可用于评估 AS 患者的症状状态和功能能力。"

推荐："当静息时多普勒超声心动图的结果和临床症状或体征之间有差异时，推荐使用多普勒或侵入性血流动力学评估进行运动测试，以评估二尖瓣狭窄患者平均二尖瓣梯度和肺动脉压力。"（等级Ⅰ—应该执行）

推荐："有症状的慢性原发性 MR 患者，症状与安静时 MR 严重程度存在差异时（阶段 B 和 C），可以应用多普勒超声心动图或心导管进行运动血流动力学检测。"（等级Ⅱa—推荐执行）

推荐："运动测试可用于评估无症状或症状很轻的严重 TR 患者（阶段 C）的运动能力。"（等级Ⅱb—可以考虑）

推荐："在妊娠前无症状的严重 AS 患者（阶段 C）或者严重瓣膜返流的患者（阶段 C）可进行运动测试。"（等级Ⅱa—推荐执行）

注释："AS 患者并发（冠状动脉疾病）的评估难以实现，标准运动心电图测试不足以明确。"

AR：主动脉返流；AS：主动脉瓣狭窄；ECG：心电图；MI：心肌梗死；MR：二尖瓣返流；NSTEMI：非 ST 段抬高性心肌梗死；TR：三尖瓣返流

除了诊断，临床运动测试的数据可用于预测预后。运动测试得到的心肺耐力（CRF）与健康人[8]、有 IHD 风险的患者[47]，以及与心脏病[3,10,28]、心力衰竭[3,10]和肺部疾病[7,14,24,40]患者的死亡风险均呈反比关系[8]。除 CRF 之外，运动测试的其他数据也与预后相关，例如运动测试期间或之后的变时反应[12,30,42,50]。

临床运动测试可以用在指导心血管事件后重返工作的建议（见第九章）以及在已知心脏病患者[21]中开具运动处方（Ex R_x）。另外，最大运动测试是客观测算运动能力的金标准。尽管可用运动测试期间所得的运动时间和/或峰值负荷来估算峰值代谢当量（METs），但测算运动能力的最佳方法是应用开放式间接量热法分析呼吸气体从而确定单位时间的最大摄氧量（$\dot{V}O_2max$）[8,21]。

第二节　临床运动测试的实施

在进行临床运动测试时，重点要考虑禁忌证、运动测试方案和模式、终止测试指标、安全性、药物以及为急救准备的人员和设施[17,44]。AHA[17]对临床运动测试的绝对和相对禁忌证进行了概述（专栏 5.2）。这些禁忌证旨在避免运动测试过程中可能发生的不稳定性心肌缺血，以及节律或血流动力学或其他风险大于获益的情况。

在进行运动测试之前，应向患者提供知情同意书以确保他们了解与测试相关的目的、期望值和风险（参见第三章）[44]。从症状限制性最大强度运动测试中获得的数据的数值和质量取决于患者的能力和付出最大努力的意愿；因此，重要的是教育患者，告知他/她在测试期间可能会经历的状况（例如疲劳、呼吸困难、胸痛）[44]。在进行运动测试之前，应询问病史（包括当前和最近的症状）、目前服用的药物（见附录 A）和测试适应证[44]。最后，应检查安静 ECG 有无可能干扰测试的异常表现，如新发房颤或新发复极化改变[44]。此外，如果运动测试的目的是评估运动诱导的心肌缺血，安静 ECG 必须可以解释运动诱导的复极化变化[21,44]；否则，应考虑进行诸如核医学或超声心动图成像等辅助影像检查[21]。如果运动测试是为了评估除心肌缺血之外的情况，则可不进行额外的辅助影像检查。

专栏 5.2　症状限制性最大强度运动测试的禁忌证

绝对禁忌证

1. 2 天内的急性心肌梗死。
2. 持续性不稳定型心绞痛。
3. 伴血流动力学改变的未控制的心律失常。
4. 活动性心内膜炎。
5. 有症状的严重主动脉狭窄。
6. 心力衰竭失代偿期。
7. 急性肺栓塞、肺梗死或深静脉血栓。
8. 急性心肌炎或心包炎。
9. 急性主动脉夹层。
10. 有安全隐患和不能完成测试的身体残疾。

相对禁忌证

1. 确诊的阻塞性冠状动脉左干支狭窄。
2. 伴非典型症状的中、重度主动脉狭窄。
3. 伴未控制的室性心率的心动过速。
4. 获得性晚期或完全性心脏传导阻滞。
5. 近期中风或短暂性脑缺血发作。
6. 精神损害且不能很好地配合。
7. 收缩压 >200 mmHg 或舒张压 >110 mmHg 的安静高血压。
8. 未经纠正的医学情况，如重度贫血、重要电解质失衡和甲状腺功能亢进。

经允许，引自［17］。

一、测试人员

在过去的几十年中，在许多运动测试实验室里执行测试的人员已经由医师向诸如临床运动生理学家、护士、物理治疗师和医师助理等非医师类专职健康相关专业人士过渡。从医师到非医师人员的转变，能够节约人员费用并提高医师的时间利用率[46]。这类专职健康管理专业人士并不会取代医生的知识和技能[46]。临床运动测试实验室的整体监督以及对测试结果的解释仍然是监管医师的法定职责[44,46,57]。

根据 ACC 和 AHA 的建议，执行临床运动测试的非医师类专职健康管理专业人士应该具有与提供最终解释的医师相似的知识能力，但是可能没有医师知识面广[57]。这些能力见专栏 5.3。另外，这些专业人士在独立执行运动测试前应该由指导医师监督执行至少 50 次[57]。然而，也有人建议要接受监督执行 200 次运动测试[46]。另外，建议每年执行 25 次[57]至 50[46]次运动测试以维持执行能力。当有资质的医师“就在附近，并能提供急救”[46]，而且之后能审查测试结果并给予最终解释时，经过专门训练的非医务人员可以安全地执行最大强度临床运动测试[44]。由经过适当训练的专职健康相关专业人员执行的测试与由医师执行的测试比较，在最大强度运动测试相关的发病率和死亡率方面没有差异[46]。虽然 AHA 规定高风险病患人群建议由医师提供“个体监督”（医师直接在运动测试现场）[46]，但是实证证据表明，在美国，无论受试患者疾病严重程度如何，大多数非侵入性临床运动测试实验室中使用的模式是“直接监督”（医师就在测试现场附近待命）[46]和“一般监督”（医师可通过电话联系而赶到测试现场）[46]。

专栏 5.3　有效监督临床运动测试应具备的知识能力

1. 具有对运动测试进行恰当指导的知识。
2. 具有其他的生理性心血管测试的知识。
3. 具有适当的测试禁忌证、风险和风险评估的知识。
4. 具有快速识别并应对运动测试并发症的知识。
5. 具备心肺复苏的能力并完成美国心脏学会举办的高级心血管生命支持和有序复苏的课程。
6. 具有各种运动方案及其指征的相关知识。
7. 具有基本的心血管和运动生理学知识，包括运动时的血流动力学反应的相关知识。
8. 具有心律不齐的相关知识，能发现并诊断和治疗严重心律不齐（见附录 C）。
9. 具有心血管药物及其对运动实施、血流动力学和 ECG 影响的相关知识（见附录 A）。
10. 具有年龄和疾病对运动时血流动力学和 ECG 反应影响的相关知识。
11. 具有运动测试的原理和细节的相关知识，包括适当的导联放置及皮肤准备。
12. 具有运动测试终止点和终止运动测试指征的相关知识。

经允许摘自参考文献［57］

除了测试管理员（医师或非医师）外，至少应有 1 名技术支持人员协助测试[44]。此人应该具备的知识和技能包括获取知情同意和病史、备皮和 ECG 电极放置、设备操作、安静和运动时的血压测量以及与患者的有效沟通[44]。

二、测试方式和方案

运动测试方式的选择会影响结果，并应根据测试目的和患者偏好进行选择[17]。在美国跑台是最常用的运动测试方式，而在欧洲，功率自行车则比较常见。除了训练有素的自行车运动员以外，其他人员利用功率自行车进行最大强度运动测试时，受局部肌肉疲劳的影响，相比利用跑台进行测试运动能力［如峰值摄氧量（$\dot{V}O_2peak$）］可能会降低 5% ~ 20%[3,8,17,44]。这 5% ~20% 的范围显示不同研究和个体的差异。根据临床医生的经验，通常采用功率自行车和跑台进行测试所得到的峰值摄氧量大约相差 10%。在进行跟踪随访时每个时间点最好都采用相同的运动方式。可以根据需要考虑其他运动测试方式，例如上肢功率计、双动作功率计或轮椅功率计。这些设备对于有平衡问题、截肢、极度肥胖和其他运动缺陷的患者来说可能是非常实用的。

使用如图 5.1 所示的标准化运动方案对患者和监督测试的临床医师来说都可以再现一个方便且可重复实施的运动测试。选择运动方案的准则很少。大多数临床医师选择次大强度的递增运动负荷方案，且每级增加的负荷相似。在美国，Bruce 跑台方案是最常用的运动测试方案[48]。由于医生都对 Bruce 方案比较熟悉，并且基于该方案的研究也较为广泛，这一测试方案应该会继续使用下去[19,34,45]。

建议采用总运动时间为 6 ~ 12 min 的运动测试方案来进行症状和体征限制性最大强度运动测试[17,21,44]。运动测试方案的制订应考虑患者的病史、体力活动情况以及相关症状。Bruce 方案第 1 级对有氧能力要求较高（约 5 METs）并且每级之间的递增幅度较大（每级增加约 3 METs），使得选择该方案对于可能具有较差的功能能力的人来说并不理想。像这样，Bruce 方案会导致受试者过多使用扶手支撑身体，并且会根据运动持续时间或达到的峰值负荷而高估患者的峰值运动能力[23,34]。为了应对这些缺陷，已有学者对 Bruce 方案以及其他跑步机和功率自行车测试方案进行了修改，包括特殊患者加速方案[18,23,27,45,54]。图 5.1 展示了一些常见方案以及每种方案所估算出的代谢需求。

三、监测和测试终止指征

在临床运动测试中监测的变量通常包括 HR、ECG、心律、BP、主观用力程度、临床体征和患者报告的症状所提示的心肌缺血、血流灌注不足、气体扩散不足和肺通气限制[17,21,44]。在 CPET 测试期间可通过开放式气体分析仪分析呼出的气体，另外如有需要也可以通过脉搏血氧仪和/或动脉血气分析来获得血氧饱和度[3,8,10,44]。

表 5.2 列出了症状限制性最大强度运动测试期间进行监测的最佳做法。在运动测试期间可以跟踪到高质量的 ECG。然而，这与测定安静 ECG 相比需要更注重患者的准备和导联的放置。Fletcher 等人对测试 ECG 所需准备工作进行了详细论述[17]。测试时在极限运动期间应评估 HR 和 BP，并规律记录 ECG（如每 1 级或每 2 ~ 3 min 记录 1 次），在恢复期至少再规律测定 6 min[17,21,44]。在运动测试和极限运动期间，定时评估患者的主观用力程度非常重要。在整个测试过程中，应持续监测 ECG 以观察提示心肌缺血和心律失常的复极化变化[17,21,44]。

METS	功率车（为70 kg体重提供 1WATTS =6.1 Kpm/min；Kpm/min）	跑台方案：RAMP 每30 s MPH	RAMP %GR	改良BRUCE方案 每级3 min MPH	%GR	BRUCE方案 每级3 min MPH	%GR	NAUGHTON方案 每级2 min MPH	%GR	改良NAUGHTON方案（CHF）每级2 min MPH	%GR
21											
20				6.0	22	6.0	22				
19											
18				5.5	20	5.5	20				
17											
16											
15				5.0	18	5.0	18				
14	1 500									3.0	25
13		3.0	25.0	4.2	16	4.2	16			3.0	22.5
12	1 350	3.0 3.0 3.0	24.0 23.0 22.0								
11	1 200	3.0 3.0 3.0	21.0 20.0 19.0							3.0	20
10	1 050	3.0 3.0 3.0 3.0	18.0 17.0 16.0 15.0	3.4	14	3.4	14			3.0 3.0	17.5 15
9	900	3.0	14.0					2	17.5	3.0	12.5
8		3.0 3.0 3.0	13.0 12.0 11.0								
7	750	3.0 3.0 3.0	10.0 9.0 8.0	2.5	12	2.5	12	2	14.0	3.0	10
6	600	3.0 3.0	7.0 6.0							3.0	7.5
5	450	3.0 3.0	5.0 4.0	1.7	10	1.7	10	2 2	10.5 7.0	2.0	10.5
4	300	3.0 3.0	3.0 2.0					2	3.5	2.0 2.0	7.0 3.5
3	150	3.0 3.0	1.0 0	1.7	5			2	0	1.5	0
2		2.5 2.0	0 0	1.7	0						
1		1.5 1.0 0.5	0 0 0					1	0	1.0	0

图 5.1　症状限制性最大强度运动测试常用的跑步机和固定功率自行车方案，有一定的运动负荷和代谢要求

MET：代谢当量；MPH：英里/小时；% GR：坡度百分比；KPM：千磅米；min：分钟；kg：千克；CHF：充血性心力衰竭。METs 反映了每一阶段的预估值。

经允许，改编自［17］。

表 5.2　在症状限制性最大强度运动测试期间进行监测的最佳做法

变量	运动测试前	运动测试中	运动测试后
ECG	持续监测；在仰卧位及运动姿势下进行记录（如站立位）	持续监测；每级的最后 5 ~ 10 s 或每 2 min 进行记录（ramp 方案）	持续监测；运动后即刻、恢复期第 60 s 进行记录，之后每 2 min 记录 1 次
心率[a]	持续监测；在仰卧位及运动姿势下进行记录（如站立位）	持续监测；每分钟的最后 5 ~ 10 s 进行记录	持续监测；每分钟的最后 5 ~ 10 s 进行记录
血压[a,b]	持续监测；在仰卧位及运动姿势下进行记录（如站立位）	每级的最后 30 ~ 60 s 或每 2 min 进行测量并记录（ramp 方案）	运动后即刻、恢复期第 60 s 以及之后每 2 min 测量记录 1 次
症状和体征	持续监测；记录观察到的症状和体征	持续监测；记录观察到的症状和体征	持续监测；记录观察到的症状并记录症状的缓解
主观用力程度	解释 RPE 量表	每级的最后 5 ~ 10 s 或每 2 min 进行记录（ramp 方案）	运动终止即刻获得运动时的最高值

a 另外，无论何时出现异常症状或异常 ECG 改变时，都应评估和记录心率和血压。

b 在工作负荷增加时收缩压不变或降低都应重新测量（立即核实）。

经允许，引自：Brubaker PH，Kaminsky LA，Whaley MH. Coronary Artery Disease：Essentials of Prevention and Rehabilitation Programs. Champaign（IL）：Human Kinetics；2002.

在测试过程中和恢复期，临床医生还应监测患者的一些不良反应，如轻度头痛、心绞痛、呼吸困难、跛行（如果怀疑有相关病史）和疲劳情况（见表 2.1）[17,21,44]。当患者发生胸痛怀疑可能为心绞痛时，应描述疼痛的时间、性质、严重程度以及鉴别[44]。出现的症状应结合 HR、BP 和 ECG 异常（如果存在）。可以使用标准化的量表来评估主观用力程度（见表 4.6 和图 5.2）、心绞痛、呼吸困难和跛行（图 5.3）。尽管 AHA 推荐了评估这些症状的量表[44]，一些临床运动测试实验室仍使用 10 分视觉模拟疼痛量表进行评估（见图 11.1）。

Borg CR10 量表		
0	毫无感觉	
0.3		
0.5	极其轻松	刚刚能察觉
0.7		
1	非常轻松	
1.5		
2	轻松	轻
2.5		
3	中等	
4		
5	费力	吃力
6		
7	非常费力	
8		
9		
10	极其费力	“最大用力”
11		
ǀ		
·	绝对最大值	最高的可能性

图 5.2　Borg 分级量表

经允许，引自 Borg G，Borg E. The Borg CR Scales Folder. Hässelby（Sweden）：Borg Perception；2010.

在 CPET 中进行气体分析克服了通过峰值负荷（如跑步机速度和坡度）评估运动能力所导致的潜在不准确性。直接测量 O_2 是测试运动能力最精确的指标，也是评价心肺整体功能的优异指标[3,10]。若不进行气体分析就无法得到 CPET 所提供的附加数据，如呼吸交换率（RER）、通气无氧阈（VAT），以及运动时每分通气量［单位时间的呼气量（E）］的变化和每分二氧化碳生成量（CO_2）变化的比率（E/CO_2 斜率，并命名为通气效率）。CPET 可用于区分运动性呼吸困难的发生原因，可对患者特别是心力衰竭患者进行风险分级[3,8,10]。除此之外，从 CPET 还可以获得很多其他的信息[3,10,37]。

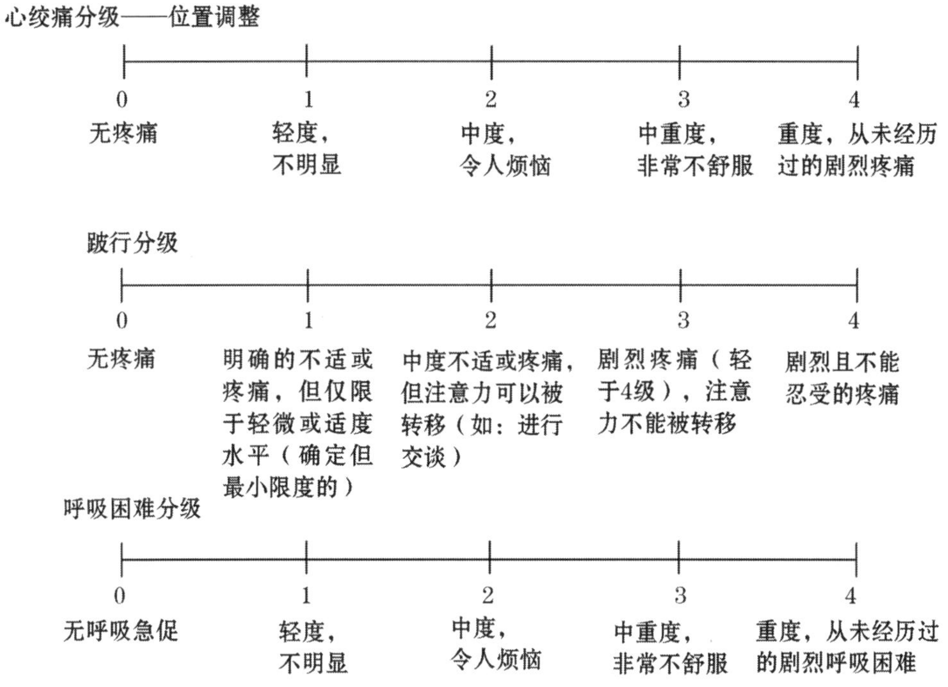

图 5.3　常用的评估患者心绞痛（上）、跛行（中）和呼吸困难（下）水平的分级方法

氧饱和度下降可能是某些患者发生运动性呼吸困难的一个原因。尽管通过动脉血气分析是测量动脉氧分压（P_aO_2）和动脉二氧化碳分压（P_aCO_2）的金标准，另外脉搏血氧饱和度测量也可以无创地间接测量动脉血氧饱和度（SpO_2）。对于患有肺部疾病的患者，只要 $SpO_2 > 85\%$，直接测量动脉血氧饱和度（SaO_2）与 SpO_2 相关度很高（$\pm 2\% \sim 3\%$）[3,10]。运动中 SpO_2 绝对值下降≥5% 提示可能发生了运动诱导的低氧血症，并且可以通过动脉血气测定来明确[3,10]。若在测试过程中 $SpO_2 \leq 80\%$ 并出现低氧血症的症状或体征应及时停止测试[3]。利用通过指尖探头检测 SpO_2 的脉搏血氧仪的测试结果可能会受一些因素影响，如低灌注或脉搏搏动过弱、血红蛋白血症（血红蛋白异常）、低血氧饱和度、肤色过暗、指甲油、水晶指甲[55]以及运动中的活动。可调整检测的位置，如在耳垂或额头处进行测试可能效果更好。

临床运动测试的终止标准由 AHA 和 ACC[17]确定（见专栏 5.4）。当进行症状限制性最大强度运动测试时，不应该使用预定强度作为结束测试的原因[17,21]，例如通过年龄估算的最大心率（HRmax）的 85%。未持续测试直到患者达到最大用力程度或临床极限将导致低估患者的峰值运动能力。一些临床医生认为达到年龄估算的最大心率的 85% 就足够达到诱发劳力性缺血的负荷；然而，当 HR 超过预估的最大心率的 85% 时，运动测试结果的灵敏性会增加[17]。

专栏 5.4　症状限制性最大强度运动测试终止的指征

绝对指征

1. 在无陈旧性 MI 所致的 Q 波存在的导联（除了 aVR、aVL 或 V_1 导联）中出现 ST 段抬高。
2. 随着负荷增加，收缩压下降 >10 mmHg，且伴有其他心肌缺血的证据。
3. 中度至重度心绞痛。
4. 中枢神经系统症状（如共济失调、头晕眼花或接近晕厥）。
5. 灌注不良征（黄萎病或苍白）。
6. 持续的室性心动过速或其他心律失常，包括运动期间干扰正常心输出量维持的二度或三度房室传导阻滞。
7. 有监测 ECG 或收缩压的技术上的困难。
8. 受试者要求停止。

相对指征

1. ST 段改变（怀疑心肌缺血的患者出现超过 J 点 60~80 ms 的 ST 段水平或下斜压低 >2 mm）。
2. 随着负荷的增加，收缩压下降 >10 mmHg（持续低于基线），但是没有其他心肌缺血的证据。
3. 胸痛加重。
4. 疲劳、呼吸困难、哮喘、腿抽筋或跛行。
5. 除了持续性室性心动过速之外的心律失常，包括多灶性异位心律、心室三联症、室上性心动过速和可能变得更复杂或干扰血流动力学稳定的缓慢性心律失常。
6. 显著的高血压反应（收缩压 >250 mmHg 或舒张压 >115 mmHg）。
7. 不能与室性心动过速区分的束支传导阻滞。
8. $SpO_2 \leqslant 80\%$[3]。

ECG：心电图；MI：心肌梗死；SpO_2：动脉血氧饱和度。

经允许，引自［21］

四、运动后阶段

当患者在运动后立即就座或仰卧，可以使运动测试对 IHD 诊断的灵敏性最大化[17,44]。因此，如果测试的主要目的是监测疑似 IHD 患者以及在峰值运动时观察到非显著的复极化改变，运动后应立即仰卧而不是进行主动恢复。然而，运动停止可导致静脉回流大幅下降，导致恢复期严重的低血压以及继发于心肌灌注压降低的心肌缺血。因此，为了维持静脉回流和血流动力学稳定性，往往需要在运动后继续进行低强度主动恢复。每个实验室应制定运动后恢复期的标准化程序（包括主动恢复与非主动恢复及其监测持续时间），由实验室的医疗主管根据运动测试的指征和患者的测试状态进行综合考虑。

五、安全性

虽然确实发生过不幸的事件，但由经过适当培训的临床医生进行的临床运动测试通常是安全的。来自 Rochmis 和 Blackburn[56]报道的经典数据，每 10 000 次测试发生 34 次严重的并发症事件（发病或死亡）。不包括对有危及生命的室性心律失常病史的患者进行测试的研究，在 17 项研究中，临床运动试验期间的严重并发症发生率为每万次试验 0 ~ 35 次，并且在已知具有较高死亡率如心力衰竭的患者中发生率更高[46]。然而，由于医学的进步，如植入式心律转复除颤器的应用，仍按照以前的研究可能会高估现在的患者的测试风险[46]。

在评估 IHD 患病可能性的测试中，一些医生可能会要求患者不服用限制运动时血流动力学反应的药物（如 β - 肾上腺素受体阻滞剂），因为它们可能会限制测试的灵敏性[17,21]。然而，大多数测试都会鼓励患者在测试当天继续服用药物[21]。如果运动测试的目的是评估药物治疗的效果（如运动能力的变化），则应指示患者继续其正常的药物治疗方案[21]。

第三节　临床运动测试结果分析

当我们分析运动测试数据的时候应该考虑多方面的因素，包括病人的症状、心电图改变、运动能力、血流动力学以及多重因素的综合效应，正如 Duke 跑台评分（稍后讨论）这种运动测试评分所反映出来的一样。

一、心率反应

递增负荷运动的正常心率反应是随着负荷的增加心率以每 MET 约 10 次/min 的速率增加[17]。最大心率会随着年龄的增长而下降，并且服用 β - 肾上腺素受体阻滞剂的患者最大心率也会降低。针对未服用 β - 肾上腺素受体阻滞剂的人群已经公布了一些公式来推算最大心率（见表 6. 2）[17]。但是所有的推算都有很大的个体差异，标准偏差在 10 次或更多[11]。

对于 IHD 辅助测试及未服用 β - 肾上腺素受体阻滞剂的患者来说，在尽最大努力的情况下，最大心率未能达到年龄预测的 85% 是心脏变时性功能不全的一个指标，并且与发病率和死亡率增加的风险具有独立相关性[17]。一个异常的变时性反应提供了独立于心肌灌注的预后信息。当心肌灌注和变时性反应都异常时比单一的异常预后更差[29]。

运动后心率下降的速度提供了与预后相关的独立信息[17]。在主动运动后的恢复中，心率不能在第 1 min 降低至少 12 次或者在第 2 min 末降低 22 次，与诊断为 IHD 或 IHD 高风险的患者的死亡风险增加显著相关[17,29]。心率恢复不良可能与副交感神经系统无法再激活心率的迷走神经控制有关，这是造成室性心律失常的易感因素[29]。

二、血压反应

正常的收缩压（SBP）对运动的反应是随着运动负荷增加以 10 mmHg 每 1 MET 的速率增加[17]。正常而言，这种反应在男性中更明显，并随着年龄而增加，在服用血管扩张剂、钙通道阻滞剂、血管紧张素转换酶抑制剂和 β－肾上腺素受体阻滞剂的患者中却减弱。特殊的 SBP 反应定义如下：

1. 高血压反应：SBP > 250 mmHg 是终止测试的一个相对指征（见表 5.4）[17]。运动中男性 SBP≥210 mmHg、女性 SBP≥190 mmHg 被认为是反应过大[17]。SBP 峰值 > 250 mmHg 或者与安静时相比运动时 SBP 增量 > 140 mmHg 可以预测将来会有静息高血压[53]。

2. 低血压反应：SBP 与运动前相比降低或者在初步增加后降低 > 10 mmHg，尤其有其他缺血指征并存的情况是不正常的，并且常与心肌缺血、左心室功能不全及随后发生心脏事件的风险增加相关[17]。

3. 迟钝反应：心输出量（Q）增加能力有限的患者，SBP 在运动过程中的反应与正常情况相比要慢一些。

4. 运动后反应：一般 SBP 恢复到运动前的水平或低于运动前的水平需要 6 min。研究表明，SBP 恢复延迟与缺血异常和不良预后都有高度相关性[4,35]。

在运动测试期间舒张压（DBP）通常没有变化或者略有下降。DBP 峰值 > 90 mmHg 或者运动期间与安静时相比 DBP 增加 > 10 mmHg 被认为是不正常的反应[17]，并且可能会发生劳力性缺血[53]。DBP > 115 mmHg 是过大的反应并且是终止测试的一个相对指征。（见专栏 5.4）[17]。

三、心率血压乘积

心率血压乘积（也称为双乘积）是将在休息或运动期间同一时刻的 HR 和 SBP 值进行乘法计算而得到的。心率血压乘积是心肌摄氧量的一种替代评价方法[17]。心肌摄氧量与冠状动脉血流量和运动强度之间均存在线性关系[17]。冠状动脉血流量随着心肌耗氧量的增加而增加，导致心率和心肌收缩力的增加。如果冠状动脉血流供应受损，可发生在阻塞性 IHD 中，就可能出现心肌缺血的指征和症状。在运动时发生这种情况的节点是缺血阈值。心率血压乘积可用来反复估算缺血阈值，并且比其他计算结果得来的更可靠[17]。心率血压乘积的正常峰值范围是 25 000 ~ 40 000 mmHg · 次/min[17]。应当报道在最大运动量和缺血阈值（适用时）时的心率血压乘积。

四、心电图

正常的运动 ECG 反应包括以下几条[17]：

1. P 波：在下壁导联中振幅增加。

2. PR 段：在下壁导联中变短并向下倾斜。

3. QRS：持续时间缩短，在侧壁导联中室间隔 Q 波加深，在下壁导联中 R 波振幅降低，S 波增宽。

4. J 点（J 波）：下降到等电位线之下，同时上斜 ST 段在 80 ms 以内达到等电位线。

5. T 波：在早期运动中振幅减小，在较高强度运动时返回到运动前的振幅，在恢复的过程中可能会超过运动前的振幅。

6. QT 间期：QT 间期绝对缩短，在运动早期 QT 间期随心率的增加而增加，然后在心率更快时缩短。

ST 段改变（压低和抬高）是被广泛接受的判断心肌缺血和损伤的标准。对 ST 段的解释受安静心电图结构和接受洋地黄治疗影响[17,21]。专栏 5.5 列出了可能仅凭运动心电图的某些征象不足以诊断缺血性心脏病的情况。

专栏 5.5	当有评定为缺血性心脏病的征象时需要做辅助影像学检查的情况[21]

1. 静息 ST 段压低 >1 mm。
2. 心室起搏节律。
3. 左心室肥厚伴复极异常。
4. 左束支传导阻滞。
5. V1 到 V3 导联无法判断的右束支传导阻滞。
6. 预激综合征。
7. 洋地黄治疗。

运动过程中 ST 段的异常反应包括以下几点[17]：

1. 同一导联至少有 3 个连续的心动周期出现 ST 段压低或抬高具有临床意义。ST 段的水平线应该与 PR 段的末端进行比较。自动化计算机得出的综合结论应当由人工确认。

2. 在 J 点后 80 ms 出现 ST 段水平或下斜型压低≥1 mm（0.1 mV）是心肌缺血的一个有力证据。

3. 运动后恢复期间出现临床上显著的 ST 段压低是心肌缺血的一个指征。

4. 在低负荷或低心率血压乘积时出现 ST 段压低与预后差和多支血管病变的可能性增加相关。

5. 当直立静息心电图出现 ST 段压低时，在运动中只有出现额外的 ST 段压低才认为是心肌缺血。

6. 当直立静息心电图中出现 ST 段抬高时，在运动中只有出现低于等电位线的 ST 段压低才认为是心肌缺血。

7. 在 J 点后 80 ms 出现的上斜型 ST 段压低≥2 mm（0.2 mV）可能代表心肌缺血，特别是在有心绞痛症状的情况下。但是此反应具有较低的阳性预测值，它常被认为是模棱两可的。

8. 在心肌梗死（MI）后患者中，Q 波引导的运动性 ST 段抬高（>1 mm 或者 60 ms 上抬 >0.1 mV）是一种异常反应，可能代表可逆性心肌缺血或室壁运动异常。

9. 在没有 MI 病史的患者中，运动性 ST 段抬高常代表短暂的心内膜和心外膜联合性缺血，但也可能是急性冠状动脉痉挛所致。

10. 静息 ECG 的复极化改变（ST 段压低或 T 波倒置）但在运动时反而正常，可能代表运动诱发的心肌缺血，但是年轻受试者的静息心电图早期复极化却被认为是正常反应。

一般来说，心率加快出现的心律失常或者在渐进性运动过程中表现的杂乱且合并缺血或血流动力学不稳定的心律失常，比单一的心律失常可能预后更差[17]。运动中的室性心律失常的临床意义也是多样的。虽然室性心律失常在一些病理改变中常见，比如心肌病，但一般来讲，在运动中特别是在恢复过程中出现频繁及复杂的室性心律失常，与心脏骤停的风险增加有关[17]。持续性室性心动过速是终止测试的绝对标准。专栏 5.4 中有几个关于房性和室性心律失常及传导阻滞的终止测试的相对标准，并根据心肌缺血或灌注不足的体征或症状的情况来考虑[17]。

五、症　状

出现与心肌缺血（如心绞痛、呼吸困难）或血流动力学不稳定（如头晕目眩）相一致的症状时应该引起注意，并且要与 ECG、HR 和 BP（如有监测）的异常联系起来。认识到呼吸困难与心绞痛同样危险且重要。运动诱发的心绞痛与 IHD 的风险增加有关[17]。当 ST 段压低也存在时风险更大[17]。与心绞痛或腿部疲劳相比，由于呼吸困难而被限制的运动测试与预后较差相关[17]。

六、运动能力

评价运动能力是运动测试的一个重要方面。高运动能力的一个指征是高的心输出量峰值，因此表明不存在左心室功能严重不足的情况。在过去的 20 年里，已经发表了几项研究证明运动能力对于心力衰竭或心血管疾病患者预后的重要性[3,8,10,37]。不管是绝对运动能力还是与年龄性别相关的运动能力都与生存高度相关[8,37]。与运动能力相关的一个重要问题是无法通过运动时间或峰值负荷来精确估算运动能力[8]。用各种公开发表的预测公式来估算运动能力的标准误差至少在 ±1 MET[18,19,23,27,45,53]。这种计量误差在年轻的健康人中意义较小，如峰值运动能力达到 13 ~ 15 METs（7% ~ 8% 的误差），但是在因心脏或肺部疾病导致运动能力降低的个体中有更重要的意义（4 ~ 8 METs；13% ~ 25% 的误差）。在跑步机上估算运动能力并不可靠，当患者使用扶手来支撑时将导致他们的运动能力被高估[34]。虽然存在用扶手支撑的运动测试来预测运动能力的公式，但估算的标准误差仍然很大[34]。跑步机上行走的安全性一直是一个重要的考虑因素，是否允许病人使用扶手应根据个体病例来确定。

除了用估算的 METs 峰值或测量的 $\dot{V}O_2$peak 来描述病人的运动能力，运动能力通常与年龄性别相关[3,10,37]（图 5.4）。这在 $\dot{V}O_2$peak 中尤为肯定。基于选择的人群统计资料（例如性别、年龄、身高、体重）有几个公式可以用来估算 $\dot{V}O_2$max[3]。参考表格还提供按性别和年龄计量的个人运动能力的百分等级（见表 4.7）。这些资料绝大多数都是基于健康的个体。为了给已有心血管疾病的患者提供一个比较参考，Ades 等人[1]研制了按年龄、性别以及心脏病患者进入心脏康复时的心脏疾病诊断分类的线形图。图 5.5 提供了一个列线图来预测患者的 $\dot{V}O_2$peak 以供心脏康复参考，并判断是否有指征需要药物（例如心绞痛、心肌梗死）或者外科手术［例如冠状动脉旁路移植术（CABG）、经皮冠状动脉介入治疗（PCI）、心脏瓣膜］的介入[1]。

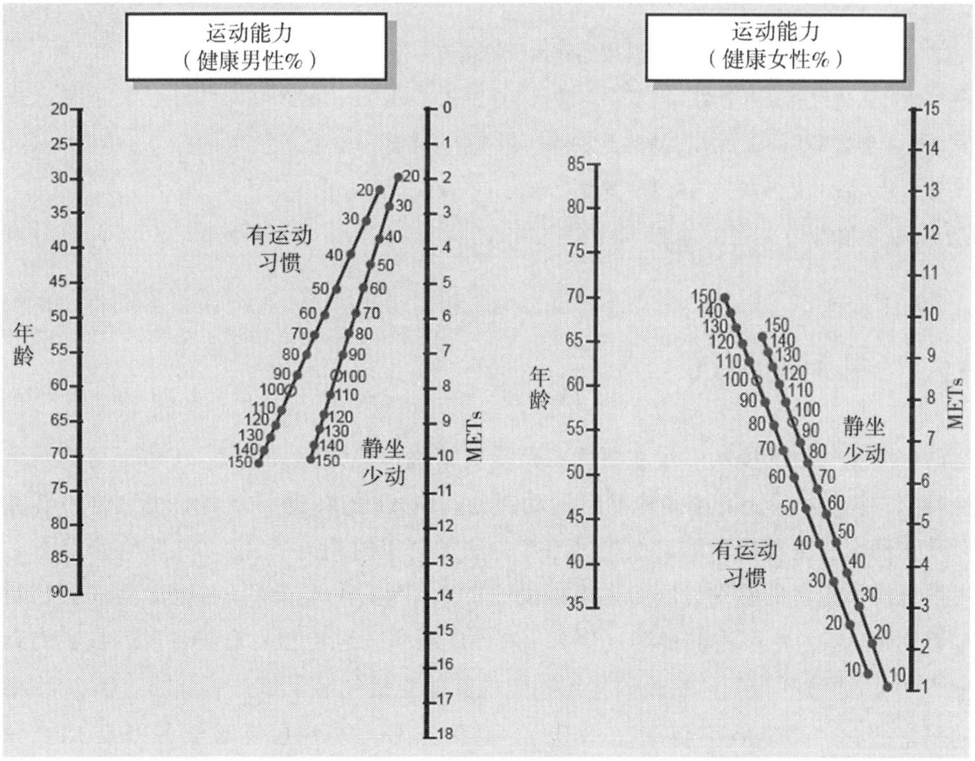

图 5.4　对照健康男女确定正常运动能力百分比的列线图

METs：代谢当量。

经允许，引自［22］和［41］。

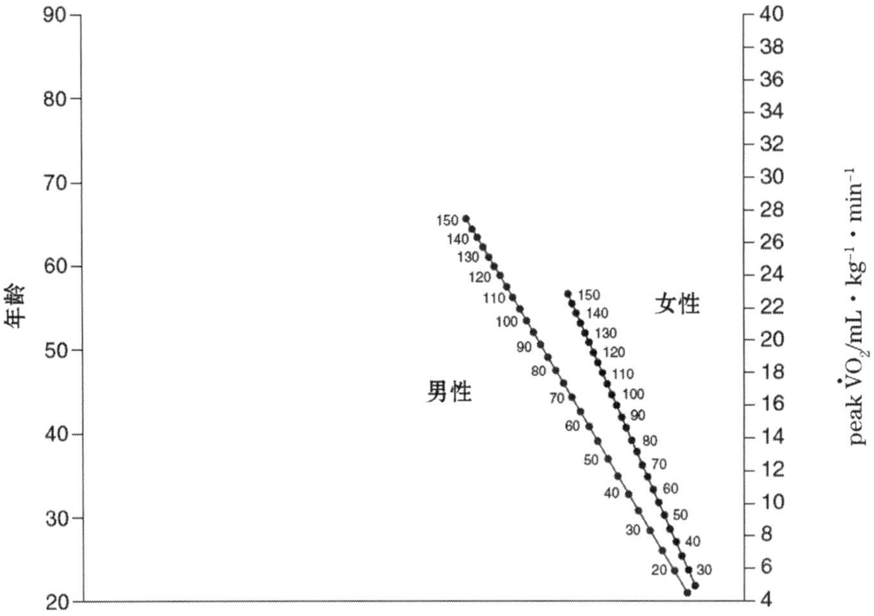

图 5.5　有内科或外科诊断的患者中 $\dot{V}O_2$peak 百分比预测

根据性别区分的所有患者的列线图，测量的 $\dot{V}O_2$peak（mL/kg · min）与年龄的关系，给出预测值的百分比。预测男性 $\dot{V}O_2$peak 的回归方程是 33.97 − 0.242 × 年龄，女性的是 21.693 − 0.116 × 年龄。在年龄和测量的 $\dot{V}O_2$peak 之间画一条直线来确定预测的 $\dot{V}O_2$peak 的百分比。

经允许，引自［1］。

七、心肺运动测试

运动中测量气体交换的一个主要优点是能更精确地测定运动能力。CPET 可进行多次全面的检验[3,10,14]。除了能更准确地测定运动能力，CPET 的数据可能对心力衰竭患者在判断预后以及在确定心脏移植术和其他先进治疗方法的时机时格外有用。CPET 在怀疑有心血管和呼吸系统疾病患者的鉴别诊断中也有帮助[3,10,14]。除了 $\dot{V}O_2$peak，在运动测试中 E 斜率变化对二氧化碳（CO_2）产生的影响（例如 E − CO_2 斜率）也与预后有关，尤其在心力衰竭的患者中[3,4,10]。通过呼吸气体交换测量可确定的其他变量包括 VAT、氧脉搏、O_2 工作率的改变中的斜率变化、摄氧效率斜率（OUES）、呼气末 CO_2 分压、呼吸储备以及 RER[3,10,14]。CPET 在确定呼吸困难的病因中是否有心脏或肺部的因素时尤其有用[3,10]。

八、最大和峰值心肺耐力测试

当运动测试作为评估 IHD 的一部分进行时，应鼓励病人尽全力，或直到观察到有终止测试的临床指征为止。然而，尽管判断什么是“最大”努力对解释测试结果很重要，但却很难做到。在 GXT 过程中有多种标准用来确认已经达到最大努力：

1. 随着运动负荷增加，O_2 却处于停滞期（或者 O_2 的增加不足 150 mL/min）[59,60]。由于在使用连续方案的极限运动测试中没有持续观察到停滞期，因此这一标准已经失去了优势[51]。

2. 随着运动负荷的增加，心率没有增加[59]。

3. 运动后的血乳酸浓度 >8.0 mmol/L[41]。

4. 极量运动时的主观疲劳感觉（RPE）以 6～20 分级时 >17，或者以 0～10 分级时 >7。

5. 峰值 RER≥ 1.10。峰值 RER 可能是在 GXT 期间判断主观努力最精确客观的非侵害性指标。

满足极限测试的标准值还没有达成一致意见[38]。此外，个体差异和测试方案的多样化，可能会限制这些标准的有效性[38]。在没有数据支持个体已达到生理最大值的情况下，极限运动的数据通常被描述为“峰值”（例如 HR 峰值、O_2 峰值），而不是“最大值”（例如 HR 最大值、O_2 最大值）[3,8,17]。

第四节　运动测试对缺血性心脏病的诊断价值

临床运动测试对发现 IHD 的诊断价值受条件可能性原理的影响（如以 IHD 潜在人群的发病率确定患有 IHD 的概率）。决定运动测试（及其他诊断性测试）诊断价值的因素是测试过程的灵敏性和特异性以及受试人群中 IHD 的流行情况[21]。

一、灵敏性、特异性和预测值

灵敏性是指能够明确识别真正患有 IHD 患者的能力[21]。判断运动心电图对 IHD 检测的灵敏性传统上是根据血管造影中至少有一支冠状动脉狭窄超过 70% 的证据。真阳性（TP）测试结果是，心肌缺血测试阳性（如 ST 段水平或下斜压低≥1.0 mm）并且患者确实患有 IHD。相反，假阴性（FN）测试是，心肌缺血测试是阴性的，但患者确实患有 IHD[21]。

导致运动测试假阴性结果的常见因素概括在专栏 5.6 中。运动测试敏感性降低是由于心肌负荷不当，服用了减少运动时心肌需求或改善心肌缺血的药物（如 β－肾上腺素受体阻滞剂、硝酸盐、钙离子通道阻滞剂）以及 ECG 导联监测问题。临床上很多时候，除非患者在达到预测 HRmax 的 85% 以上[17,21]和/或心率血压乘积峰值≥25000 mmHg·次/分的基础上获得足够的心肌负荷，否则测试不会归类为“阴性”。先前存在的 ECG 改变，如左心室肥厚、左束支传导阻滞（LBBB）或预激综合征（Wolff－Parkinson－White 综合征或 W－P－W），限制了运动诱发 ST 段改变的解释能力[21]。

专栏 5.6　导致诊断缺血性心脏病时症状限制性最大强度运动测试出现假阴性结果的原因

1. 未达到心肌缺血点
2. 监测的导联数量不足以发现 ECG 改变
3. 没有辨认出可能与潜在 CVD 有关的 ECG 信号和症状的情况（如，劳力性血压过低）
4. 血管造影本应显示的有临床意义的 CVD 被侧支循环掩盖
5. 骨骼、肌肉的运动限制在心脏异常之前出现

特异性是指能够正确地识别未患 IHD 的患者的能力。真阴性（TN）测试是，心肌缺血测试是阴性的，并且患者确实不患有 IHD[21]。相反，假阳性（FP）测试结果是，心肌缺血测试是阳性的，但患者并非患有 IHD。在没有严重 IHD 时可能导致异常运动心电图反应的条件见专栏 5.7[21]。

专栏 5.7　导致诊断缺血性心脏病时症状限制性最大强度运动测试出现假阳性结果的原因

1. 安静时 ST 段压低＞1.0mm
2. 左心室肥厚
3. 快速性传导障碍（如，预激综合征）
4. 洋地黄治疗
5. 非缺血性心脏病
6. 低血钾
7. 血管调节异常
8. 心包炎
9. 技术或观测者的错误
10. 冠状动脉痉挛

研究显示，运动心电图测试结果的特异性和灵敏性会存在差别，是因为患病率的队列研究、测试方案、阳性测试结果的 ECG 标准以及 IHD 的血管造影定义存在差异。在对这些变量做出说明的研究中，合并结果显示灵敏性达 68%，特异性达 77%[21]。不过，在排除工作偏倚后（仅评价一个 IHD 发病可能性更高的个体），灵敏性多少会变低，特异性会变高[20]。

通过灵敏性和特异性计算出的临床运动测试的预测值（专栏 5.8），是准确地衡量一个测试结果（阳性或阴性）正确识别患者是否患有 IHD 的方法[21]。阳性预测值是确实患有 IHD 的个体得出阳性测试结果的百分比[21]。阴性预测值是未患 IHD 的个体得出阴性测试结果的百分比[21]。

专栏 5.8 诊断缺血性心脏病（IHD）的症状限制性最大强度运动测试的灵敏性、特异性以及预测值

灵敏性 = ［TP/（TP + FN）］×100

· IHD 患者中测试结果为阳性的百分比

特异性 = ［TN/（FP + TN）］×100

· 无 IHD 患者中测试结果为阴性的百分比

阳性预测值 = ［TP/（TP + FP）］×100

· 阳性测试结果中确诊为 IHD 患者的百分比

阴性预测值 = ［TN/（TN + FN）］×100

· 阴性测试结果中确诊为非 IHD 患者的百分比

二、临床运动测试的数据与预后

1991 年 Duke 跑台评分出版时，首次介绍了各种运动测试的评分，普及了结合运动测试获取的信息所得到的预后评估。最被广泛接受并应用的预后评分是 Duke 跑台评分或相关的 Duke 跑台列线图[17,21]。这两者都适用于无心肌梗死或血管重建病史的，由冠状动脉造影明确有或没有 IHD 病史的患者。Duke 评分/列线图（图 5.6）考虑了运动能力、ST 段下降的程度以及心绞痛的严重程度。计算评分与年均死亡率和 5 年生存率相关，将患者分为低、中、高风险人群。这种分类可以帮助医生选择更保守或更激进的治疗方法。医生还可以应用基于其他血流动力学的研究，如：变时性功能不全或心率恢复异常，进行预后评估，以指导临床决策[17,21]。这些运动测试的每一种异常情况均能提供独立的预后信息。尽管人们普遍认为，医生只是非正式地整合了许多这类信息，而没有对运动测试评分进行特定的计算，但是，根据评分预估 IHD 的存在优于医生的评估以及仅仅分析 ST 段改变的结果[32]。

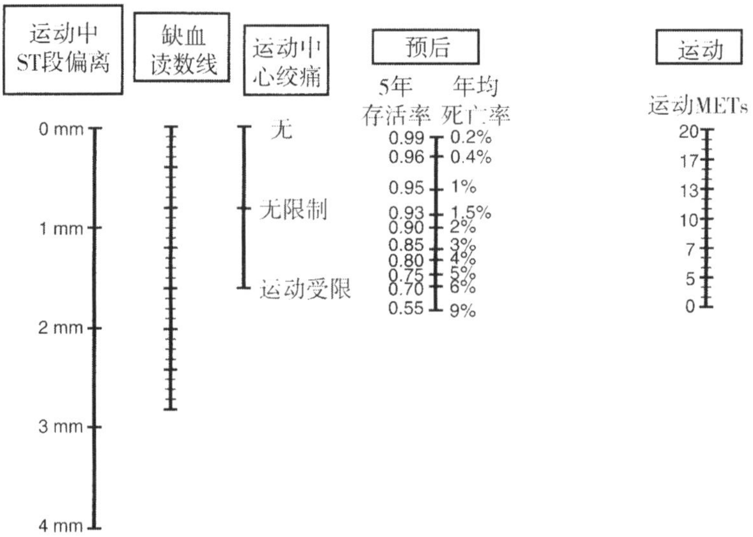

图 5.6　Duke 列线图

该列线图用 5 种变量为特定个体评估预后：(1) 将观察到的 ST 段压低数值标记在 ST 段离差线上；(2) 将观察到的心绞痛程度标记在心绞痛线上，并将上述两点相连；(3) 标记上述连线与缺血读数线的交叉点；(4) 将观察到的运动耐受程度标记在运动能力线上；(5) 连接缺血读数线上的标记点和运动能力线上的标记点，从这一连线与预后程度的交叉点上读出估计的 5 年存活率或年均死亡率。

经允许，引自［33］。

第五节　影像学临床运动测试

安静心电图异常时，运动测试可以与其他技术相结合，这些技术旨在补充心电图提供的信息，或在异常安静心电图（见专栏 5.5）不能评估运动过程的变化时代替心电图。各种放射性同位素可用于评估心肌灌注异常的存在，这是劳累性缺血的初始事件以及“缺血级联反应”的开始，或是常常伴随心肌梗死或心肌缺血的心室功能异常[17,21]。当运动测试与心肌灌注显像（如核压力测试）或超声心动图相结合时，运动测试的所有其他方面应保持一致，包括运动期间和运动后的 HR 和 BP 监测、症状评估、节律监测以及症状限制的最大用力。

心肌灌注显像可以用多种试剂和显像方法进行，最常见的两种同位素是铊 - 201 和锝 - 199m。同位素的摄取与冠状动脉血流成正比。这些药物主动地（铊）或被动地（锝）穿过代谢活跃的组织细胞膜。在心肌梗死的病例中，同位素不能穿过坏死组织的细胞膜，从而在显像上观察到同位素活性永久性下降，称为不可逆性或固定性灌注缺损。在劳力性心肌缺血的病例中，由于缺血组织的血液流动（和同位素）相对减少，因此运动时缺血区域的组织摄取减少。安静时评估心肌灌注时，这种异常是反向的，称为可逆性，或短暂性灌注缺损，是劳力性心肌缺血的诊断依据。

在运动测试中超声心动图也可以作为一个辅助手段，通常称为负荷超声心动图。超声心动图检查可以评估室壁运动、室壁厚度和瓣膜功能。虽然理论上可以在立式功率自行车的运动过程中进行超声心动图检查，但在技术上具有挑战性。典型的做法是让病人在完成运动测试（在跑步机或立式功率自行车上）或在卧式功率自行车上运动后立即左侧卧位，对左心室各节段的局部室壁运动进行评估。这样可以使得心脏的超声心动图窗口最优化。运动时（与安静时相比）局部室壁运动衰退是心肌缺血的标志。运动前和运动后也要测定左心室射血分数（LVEF）。

放射性核素心肌灌注显像和超声心动图等影像学技术，使医生能够确定心肌缺血的位置和范围。在不能运动的患者中，也可以应用药理学应激的心肌灌注显像或负荷超声心动图。这些技术超出了本章的介绍范围。

第六节　场地步行测试

本章重点介绍了传统的 ECG 监控下的症状限制性最大强度运动测试，测试通常在临床实验室的运动平板或功率自行车上进行。然而，非实验室条件下的临床运动测试也常常应用于慢性病患者。这通常被归类为场地或走道步行测试，是一种次级量运动测试。与最大强度运动测试相似，场地步行测试也可用于评估运动能力、判断预后以及评估疗效[8,9,25]。场地步行测试中应用最普遍的是 6 min 步行试验（6MWT），但有证据表明其他场地步行测试如递增步行测试和耐力往返步行测试应用也越来越普遍[25]。6MWT 最初是为评估肺部疾病而设计的[25]，然而，它现在已经应用于各种病患群体，并且成为评估心力衰竭患者的一种流行的手段。

场地步行测试的优点是简单而且成本低廉，通常只需要一个走道。另外，由于病人可以自行选择行走速度，场地步行测试可能更能代表一个患者的日常生活活动能力[8,25]。更多的有关场地步行测试的讨论见第四章。

在线资源

（略）

美国胸科协会——声明、指南和报道：https：//www. thoracic. org/statements/

美国心脏病学学会——指南：http：//www. acc. org/guidelines

美国心脏协会——指南和声明：http：//my. americanheart. org/professional/StatementsGuidelines/Statements – Guidelines_ UCM_ 316885_ SubHomePage. jsp

（高瑞芳，罗曦娟　译）

参考文献

1. Ades PA, Savage PD, Brawner CA, et al. Aerobic capacity in patients entering cardiac rehabilitation. *Circulation.* 2006;113(23):2706 – 12.
2. American College of Emergency Physicians, Society for Cardiovascular Angiography and Interventions. 2013 ACCF/AHA guideline for the management of ST – elevation myocardial infarction: a report of the American College of Cardiology Foundation/American Heart Association Task Force on Practice Guidelines. *J Am Coll Cardiol.* 2013;61(4):e78 – 140.
3. American Th oracic Society, American College of Chest Physicians. ATS/ACCP statement on cardiopulmonary exercise testing. *Am J Respir Crit Care Med.* 2003;167(2):211 – 77.
4. Amon KW, Richards KL, Crawford MH. Usefulness of the postexercise response of systolic blood pressure in the diagnosis of coronary artery disease. *Circulation.* 1984;70(6):951 – 6.
5. Amsterdam EA, Kirk JD, Bluemke DA, et al. Testing of low – risk patients presenting to the emergency department with chest pain: a scientifi c statement from the American Heart Association. *Circulation.* 2010; 122 (17): 1756 – 76.
6. Amsterdam EA, Wenger NK, Brindis RG, et al. 2014 AHA/ACC guideline for the management of patients with non – ST – elevation acute coronary syndromes: executive summary: a report of the American College of Cardiology/American Heart Association Task Force on Practice Guidelines. *Circulation.* 2014;130(25):2354 – 94.
7. Arena R, Lavie CJ, Milani RV, Myers J, Guazzi M. Cardiopulmonary exercise testing in patients with pulmonary arterial hypertension: an evidence – based review. *J Heart Lung Transplant.* 2010;29(2):159 – 73.
8. Arena R, Myers J, Williams MA, et al. Assessment of functional capacity in clinical and research settings: a scientifi c statement from the American Heart Association Committee on Exercise, Rehabilitation, and Prevention of the Council on Clinical Cardiology and the Council on Cardiovascular Nursing. *Circulation.* 2007;116(3):329 – 43.
9. ATS Committee on Profi ciency Standards for Clinical Pulmonary Function Laboratories. ATS statement: guidelines for the six – minute walk test. *Am J Respir Crit Care Med.* 2002;166(1):111 – 7.
10. Balady GJ, Arena R, Sietsema K, et al. Clinician's guide to cardiopulmonary exercise testing in adults. A scientifi c statement from the American Heart Association. *Circulation.* 2010;122(2):191 – 225.
11. Brawner CA, Ehrman JK, Schairer JR, Cao JJ, Keteyian SJ. Predicting maximum heart rate among patients with cor-

onary heart disease receiving beta – adrenergic blockade therapy. *Am Heart J.* 2004;148(5):910 – 4.

12. Cole CR, Blackstone EH, Pashkow FJ, Snader CE, Lauer MS. Heart – rate recovery immediately after exercise as a predictor of mortality. *N Engl J Med.* 1999;341(18):1351 – 7.
13. ERS Task Force, Palange P, Ward SA, et al. Recommendations on the use of exercise testing in clinical practice. *Eur Respir J.* 2007;29(1):185 – 209.
14. Ferrazza AM, Martolini D, Valli G, Palange P. Cardiopulmonary exercise testing in the functional and prognostic evaluation of patients with pulmonary diseases. *Respiration.* 2009;77(1):3 – 17.
15. Fihn SD, Gardin JM, Abrams J, et al. 2012 ACCF/AHA/ACP/AATS/PCNA/SCAI/STS Guideline for the diagnosis and management of patients with stable ischemic heart disease: a report of the American College of Cardiology Foundation/American Heart Association Task Force on Practice Guidelines, and the American College of Physicians, American Association for Th oracic Surgery, Preventive Cardiovascular Nurses Association, Society for Cardiovascular Angiography and Interventions, and Society of Th oracic Surgeons. *J Am Coll Cardiol.* 2012;60(24): e44 – 164.
16. Fleisher LA, Fleischmann KE, A uerbach AD, et al. 2014 ACC/AHA guideline on perioperative cardiovascular evaluation and management of patients undergoing noncardiac surgery: executive summary: a report of the American College of Cardiology/American Heart Association Task Force on Practice Guidelines. *Circulation.* 2014; 130 (24):2215 – 45.
17. Fletcher GF, Ades PA, Kligfi eld P, et al. Exercise standards for testing and training: a scientifi cstatement from the American Heart Association. *Circulation.* 2013;128(8):873 – 934.
18. Foster C, Crowe AJ, Daines E, et al. Predicting functional capacity during treadmill testing independent of exercise protocol. *Med Sci Sports Exerc.* 1996;28(6):752 – 6.
19. Foster C, Jackson AS, Pollock ML, et al. Generalized equations for predicting functional capacity from treadmill performance. *Am Heart J.* 1984;107(6):1229 – 34.
20. Froelicher VF, Lehmann KG, Th omas R, et al. The electrocardiographic exercise test in a population with reduced workup bias: diagnostic performance, computerized interpretation, and multivariable prediction. Veterans Aff airs Cooperative Study in Health Services #016 (QUEXTA) Study Group. Quantitative exercise testing and angiography. *Ann Intern Med.* 1998;128(12 Pt 1):965 – 74.
21. Gibbons RJ, Balady GJ, Bricker JT, et al. ACC/AHA 2002 guideline update for exercise testing: summary article. A report of the American College of Cardiology/American Heart Association Task Force on Practice Guidelines (Committee to Update the 1997 Exercise Testing Guidelines). *J Am Coll Cardiol.* 2002;40(8):1531 – 40.
22. Gulati M, Black HR, Shaw LJ, et al. The prognostic value of a nomogram for exercise capacity in women. *N Engl J Med.* 2005;353(5):468 – 75.
23. Haskell WL, Savin W, Oldridge N, DeBusk R. Factors infl uencing estimated oxygen uptake during exercise testing soon after myocardial infarction. *Am J Cardiol.* 1982;50(2):299 – 304.
24. Hiraga T, Maekura R, Okuda Y, et al. Prognostic predictors for survival in patients with COPD using cardiopulmonary exercise testing. *Clin Physiol Funct Imaging.* 2003;23(6):324 – 31.
25. Holland AE, Spruit MA, Troosters T, et al. An offi cial European Respiratory Society/American Th oracic Society technical standard: fi eld walking tests in chronic respiratory disease. *Eur Respir J.* 2014;44(6):1428 – 46.

26. Hunt SA, Abraham WT, Chin MH, et al. ACC/AHA 2005 guideline update for the diagnosis and management of chronic heart failure in the adult: a report of the American College of Cardiology/American Heart Association Task Force on Practice Guidelines (Writing Committee to Update the 2001 Guidelines for the Evaluation and Management of Heart Failure): developed in collaboration with the American College of Chest Physicians and the International Society for Heart and Lung Transplantation: endorsed by the Heart Rhythm Society. *Circulation.* 2005; 112 (12): e154 – 235.

27. Kaminsky LA, Whaley MH. Evaluation of a new standardized ramp protocol: the BSU/Bruce Ramp protocol. *J Cardiopulm Rehabil.* 1998; 18(6): 438 – 44.

28. Keteyian SJ, Brawner CA, Savage PD et al. Peak aerobic capacity predicts prognosis in patients with coronary heart disease. *Am Heart J.* 2008; 156(2): 292 – 300.

29. Lauer MS. Exercise electrocardiogram testing and prognosis. Novel markers and predictive instruments. *Cardiol Clin.* 2001; 19(3): 401 – 14.

30. Lauer MS, Francis GS, Okin PM, et al. Impaired chronotropic response to exercise stress testing as a predictor of mortality. *JAMA.* 1999; 281(6): 524 – 9.

31. Levine GN, Bates ER, Blankenship JC, et al. 2011 ACCF/AHA/SCAI guideline for percutaneous coronary intervention. A report of the American College of Cardiology Foundation/American Heart Association Task Force on Practice Guidelines and the Society for Cardiovascular Angiography and Interventions. *J Am Coll Cardiol.* 2011; 58 (24): e44 – 122.

32. Lipinski M, Froelicher V, Atwood E, et al. Comparison of treadmill scores with physician estimates of diagnosis and prognosis in patients with coronary artery disease. *Am Heart J.* 2002; 143(4): 650 – 8.

33. Mark DB, Shaw L, Harrell FE Jr, et al. Prognostic value of a treadmill exercise score in outpatients with suspected coronary artery disease. *N Engl J Med.* 1991; 325(12): 849 – 53.

34. McConnell TR, Foster C, Conlin NC, Th ompson NN. Prediction of functional capacity during treadmill testing: effect of handrail support. *J Cardiopulm Rehabil.* 1991; 11(4): 255 – 60.

35. McHam SA, Marwick TH, Pashkow FJ, Lauer MS. Delayed systolic blood pressure recovery after graded exercise: an independent correlate of angiographic coronary disease. *J Am Coll Cardiol.* 1999; 34(3): 754 – 9.

36. McMurray JJ, Adamopoulos S, Anker SD, et al. ESC guidelines for the diagnosis and treatment of acute and chronic heart failure 2012: the Task Force for the Diagnosis and Treatment of Acute and Chronic Heart Failure 2012 of the European Society of Cardiology. Developed in collaboration with the Heart Failure Association (HFA) of the ESC. *Eur Heart J.* 2012; 33(14): 1787 – 847.

37. Mezzani A, Agostoni P, Cohen – Solal A, et al. Standards for the use of cardiopulmonary exercise testing for the functional evaluation of cardiac patients: a report from the Exercise Physiology Section of the European Association for Cardiovascular Prevention and Rehabilitation. *Eur J Cardiovasc Prev Rehabil.* 2009; 16(3): 249 – 67.

38. Midgley AW, McNaughton LR, Polman R, Marchant D. Criteria for determination of maximal oxygen uptake: a brief critique and recommendations for future research. *Sports Med.* 2007; 37(12): 1019 – 28.

39. Mieres JH, Gulati M, Bairey Merz N, et al. Role of noninvasive testing in the clinical evaluation of women with suspected ischemic heart disease: a consensus statement from the American Heart Association. *Circulation.* 2014; 130 (4): 350 – 79.

40. Miki K, Maekura R, Hiraga T, et al. Impairments and prognostic factors for survival in patients with idiopathic pulmonary fi brosis. *Respir Med.* 2003;97(5):482 – 90.

41. Morris CK, Myers J, Froelicher VF, Kawaguchi T, Ueshima K, Hideg A. Nomogram based on metabolic equivalents and age for assessing aerobic exercise capacity in men. *J Am Coll Cardiol.* 1993;22(1):175 – 82.

42. Morshedi – Meibodi A, Larson MG, Levy D, O'Donnell CJ, Vasan RS. Heart rate recovery aft ertreadmill exercise testing and risk of cardiovascular disease events (The Framingham Heart Study). *Am J Cardiol.* 2002;90(8):848 – 52.

43. Moyer VA, U. S. Preventive Services Task Force. Screening for coronary heart disease with electrocardiography: U. S. Preventive Services Task Force recommendation statement. *Ann Intern Med.* 2012;157(7):512 – 8.

44. Myers J, Arena R, Franklin B, et al. Recommendations for clinical exercise laboratories: a scientific statement from the American Heart Association. *Circulation.* 2009;119(24):3144 – 61.

45. Myers J, Bellin D. Ramp exercise protocols for clinical and cardiopulmonary exercise testing. *Sports Med.* 2000;30(1):23 – 9.

46. Myers J, Forman DE, Balady GJ, et al. Supervision of exercise testing by nonphysicians: a scientific statement from the American Heart Association. *Circulation.* 2014;130(12):1014 – 27.

47. Myers J, Prakash M, Froelicher V, Do D, Partington S, Atwood JE. Exercise capacity and mortality among men referred for exercise testing. *N Engl J Med.* 2002;346(11):793 – 801.

48. Myers J, Voodi L, Umann T, Froelicher VF. A survey of exercise testing: methods, utilization, interpretation, and safety in the VAHCS. *J Cardiopulm Rehabil.* 2000;20(4):251 – 8.

49. Nishimura RA, Otto CM, Bonow RO, et al. 2014 AHA/ACC guideline for the management of patients with valvular heart disease: executive summary: a report of the American College of Cardiology/American Heart Association Task Force on Practice Guidelines. *J Am Coll Cardiol.* 2014;63(22):2438 – 88.

50. Nissinen SI, Mäkikallio TH, Seppänen T, et al. Heart rate recovery after exercise as a predictor of mortality among survivors of acute myocardial infarction. *Am J Cardiol.* 2003;91(6):711 – 4.

51. Noakes TD. Maximal oxygen uptake: "classical" versus "contemporary" viewpoints: a rebuttal. *Med Sci Sports Exerc.* 1998;30(9):1381 – 98.

52. Parsons JP, Hallstrand TS, Mastronarde JG, et al. An offi cial American Th oracic Society clinical practice guideline: exercise – induced bronchoconstriction. *Am J Respir Crit Care Med.* 2013;187(9):1016 – 27.

53. Pescatello LS, Franklin BA, Fagard R, et al. American College of Sports Medicine position stand. Exercise and hypertension. *Med Sci Sports Exerc.* 2004;36(3):533 – 53.

54. Peterson MJ, Pieper CF, Morey MC. Accuracy of VO2(max) prediction equations in older adults. *Med Sci Sports Exerc.* 2003;35(1):145 – 9.

55. Pretto JJ, Roebuck T, Beckert L, Hamilton G. Clinical use of pulse oximetry: offi cial guidelines from the Th oracic Society of Australia and New Zealand. *Respirology.* 2014;19(1):38 – 46.

56. Rochmis P, Blackburn H. Exercise tests. A survey of procedures, safety, and litigation experience in approximately 170,000 tests. *JAMA.* 1971;217(8):1061 – 6.

57. Rodgers GP, Ayanian JZ, Balady G, et al. American College of Cardiology/American Heart Association Clinical Competence statement on stress testing. A report of the American College of Cardiology/American Heart Associa-

tion/American College of Physicians – American Society of Internal Medicine Task Force on Clinical Competence. *Circulation*. 2000 Oct 3;102(14):1726 – 38.

58. Rooke TW, Hirsch AT, Misra S, et al. Management of patients with peripheral artery disease (compilation of 2005 and 2011 ACCF/AHA Guideline Recommendations): a report of the American College of Cardiology Foundation/American Heart Association Task Force on Practice Guidelines. *J Am Coll Cardiol*. 2013;61(14):1555 – 70.
59. Taylor HL, Buskirk E, Henschel A. Maximal oxygen intake as an objective measure of cardio – respiratory performance. *J Appl Physiol*. 1955;8(1):73 – 80.
60. Wasserman K, Whipp BJ, Koyl SN, Beaver WL. Anaerobic threshold and respiratory gas exchange during exercise. *J Appl Physiol*. 1973;35(2):236 – 43.

第六章　运动处方的基本原则

第一节　运动处方的基本原则概述

研究表明，对于大多数人来说，运动带来的益处远远大于其风险[19,37,75,80]（见第一章和第二章）。理想的运动训练计划应该是在运动者的健康状况、功能能力以及自然环境和社会环境允许的范围内，满足他们对健康和体适能的要求。本章所介绍的运动处方（Ex R_x）适用于以改善体适能和健康状况为目的的健康成年人。业余和职业运动员的训练方法比本章介绍的内容更为复杂。本章提到的一些 Ex R_x 专有名词的含义与 ACSM 立场声明相一致，包括频率（Frequency，多久一次）、强度（Intensity，费力程度）、时间（Time，持续时间或多久）、方式（Type，模式或类型），以及总量（Volume，总和）和进阶（Progression，进展），即 Ex R_x 的 FITT－VP 原则[37]。

本章所介绍的 Ex R_x 的 FITT－VP 原则是根据该原则在生理、心理和健康益处方面的科学证据[37]确定的（见第一章）。尽管如此，有些人通过运动可能不能达到预期的效果，这是因为人们对运动计划的反应程度存在明显的个体差异[31,91,94]。因此，Ex R_x 的 FITT－VP 原则可能不适用于某些特殊群体（如特殊的健康状况和身体素质或某些年龄段人群），以及以竞技和表演为目的的人群。专业人员在为有临床症状和有特殊健康状况者制定 Ex R_x 时，应对这些基本原则进行相应的调整，相关内容详见其他章节（见第七章、第九章、第十章和第十一章）。

对于大多数成年人来说，以促进和维持体适能和健康为目的的运动计划必须包含以下几个部分：有氧、抗阻、柔韧性和神经肌肉练习[37]。本章所推荐的 Ex R_x 的 FITT－VP 原则均是建立在科学研究的基础之上的，这些研究结果表明，大多数人按照指南推荐的量和强度进行运动都可以从中获益。然而，有些人想要或需要的训练计划仅包含部分健康相关体适能内容，或者有些人的训练计划并没有达到本章的推荐标准。但即便没有达到本章的推荐量，能够进行一些运动总是有好处的，尤其应该鼓励那些体力活动不足或体适能较低的人在保证安全的情况下积极运动。

本章所提出的运动建议与 ACSM 的其他观点立场[4,5,28,37,50,72]和科学声明[19,80,106,109]相一致。

第二节 运动处方的基本注意事项

对于大多数成年人来说，有规律的锻炼计划应该包含除日常体力活动以外的多种运动[37]。最好的 Ex R_x 应该能够全面促进健康相关体适能，即提高心肺耐力（CRF，有氧能力）、肌肉力量和耐力、柔韧性、身体成分和神经肌肉控制能力。除了规律的锻炼，减少静坐少动（如看电视、玩电脑、坐车或者坐在椅子上）对体力活动活跃和体力活动不足的人都很重要。具体来说，长期的静坐少动行为与心血管疾病（CAD）死亡率升高、心血管代谢指标恶化和抑郁症的发生均有关[19,29,37,76]。静坐少动的不良健康影响不仅在体力活动不足的成年人中更加明显，同时也影响着那些已经达到体力活动（Physical Acitivity，PA）推荐量的人们[12,19,29,37,76]。利用短时间的站立或者 PA（如在办公室或住处附近进行短时间散步）来打断静坐少动，可以减少静坐少动对健康的不利影响[9,19,29,37,76]。因此除了增加体力活动之外，Ex R_x 还应该包含减少静坐少动的计划[20,31,34]。

肌肉骨骼损伤（Musculoskeletal Injury，MSIs）是成年人在运动时比较关注的问题，热身、整理活动、拉伸、逐渐增加运动量和强度可以降低 MSIs 的发生概率[37]（见第一章）。中老年人要特别关注运动中 CVD 并发症的发生风险，通过以下方法可以将这些风险降到最低：（1）运动前进行健康筛查和风险评估，相关内容详见第二章和第三章；（2）运动计划的起始阶段采用低到中等强度；（3）循序渐进地增加运动量和强度[37]。行为因素对 Ex R_x 的执行也很重要，它可以提高运动者对锻炼计划的依从性和坚持性（见第十二章）。

骨骼健康对青年人和老年人都很重要（详见第七章和第十一章），对女性的意义尤为重要。ACSM 建议采用负重运动（如承重和抗阻运动）保持骨骼健康[3-5,37,72]，并且主张人们将负重运动纳入锻炼计划之中，特别是骨密度低（骨量减少）和骨质疏松症的人群更应进行这种运动。

在制定 Ex R_x 的 FITT - VP 时，应该充分考虑运动者的目标、体能、体适能、健康状况、日程安排、自然和社会环境以及可用的运动器材和设施。专栏 6.1 为健康成年人运动训练课的组成提供了一般性建议。本章提出的有关有氧、抗阻、柔韧性和神经肌肉练习的建议都是以实证为基础，并结合 Ex R_x 的 FITT - VP 原则提出的。接下来的各节将具体介绍改善健康和体适能的 Ex R_x 的具体内容。

专栏 6.1　运动训练课的组成

热身：至少 5 ~ 10 min 低到中等强度的心肺和肌肉耐力运动。

训练内容：至少 20 ~ 60 min 的有氧、抗阻、神经肌肉练习和/或体育运动（有氧训练也可以由多次运动累计达到 20 ~ 60 min，但是每次运动应持续不少于 10 min）。

整理活动：至少 5 ~ 10 min 小到中等强度的心肺耐力和肌肉耐力运动。

拉伸：在热身或整理活动之后进行至少 10 min 的拉伸。

改编自［37，107］

第三节　一次运动训练的基本组成

一次单纯的训练课应包括以下部分：

1. 热身
2. 体能训练和/或体育运动
3. 整理活动
4. 拉伸

热身阶段由 5 ~ 10 min 的低到中等强度有氧运动和肌肉耐力运动组成（运动强度的定义见表 6.1）。热身是训练课的传统步骤，通过热身可以使机体适应后续的“体能训练或体育运动”对机体生理、生物力和生物能的需要。热身活动不仅可以增加关节活动度（ROM），还可以降低损伤发生风险[37]。如果训练课的主要目的是提高心肺耐力，或者是进行有氧运动、体育运动或抗阻练习，特别是打算进行持续时间长或重复次数多的活动时，建议运动者采用动态的有氧运动进行热身，这种热身比拉伸的效果更好[37]。

训练阶段包括有氧、抗阻、柔韧性、神经肌肉练习和/或体育运动。有关这些运动的具体内容将在本章的后面部分详细介绍。训练阶段之后是整理活动，整理活动包括至少 5 ~ 10 min 的低到中等强度的有氧运动和肌肉耐力练习。进行整理活动的目的是使运动者的 HR 和 BP 逐渐恢复到正常水平，同时消除肌肉在较大强度运动时所产生的代谢产物。

热身和整理活动不能替代拉伸，由于肌肉温度升高可以提高 ROM，所以运动者可以将拉伸安排在热身或整理活动之后进行[37]。

表 6.1　心肺耐力和抗阻运动的强度计算方法

	心肺耐力运动											抗阻运动
	相对强度				相对于最大运动能力MET值的强度（% $\dot{V}O_2$max）			绝对强度	不同年龄的绝对强度（MET）			相对强度
强度	% HRR 或 % $\dot{V}O_2$R	% HRmax	% $\dot{V}O_2$max	RPE	20METs % $\dot{V}O_2$max	10METs % $\dot{V}O_2$max	5METs % $\dot{V}O_2$max	MET	青年人（20～39y）	中年人（40～64y）	老年人（≥65y）	% ROM
低	<30	<57	<37	很轻松（RPE <9）	<34	<37	<44	<2	<2.4	<2.0	<1.6	<30
较低	30～39	57～63	37～45	很轻松到轻松（RPE9～11）	34～42	37～45	44～51	2.0～2.9	2.4～4.7	2.0～3.9	1.6～3.1	30～49
中等	40～59	64～76	46～63	轻松到有些吃力（RPE12～13）	43～61	46～63	52～67	3.0～5.9	4.8～7.1	4.0～5.9	3.2～4.7	50～69
较大	60～89	77～95	64～90	有些吃力到很吃力（RPE14～17）	62～90	64～90	68～91	6.0～8.7	7.2～10.1	6.0～8.4	4.8～6.7	70～84
次大到最大	≥90	≥96	≥91	≥很吃力（RPE≥18）	≥91	≥91	≥92	≥8.8	≥10.2	≥8.5	≥6.8	≥85

HRmax：最大心率；HRR：心率储备；MET：梅脱；RPE：主观疲劳感觉；$\dot{V}O_2$max：最大摄氧量；$\dot{V}O_2$R：摄氧量储备。
改编自[37]。

第四节 有氧（心肺耐力）运动

一、运动频率

PA 的频率（每周执行运动计划的天数）在运动促进健康/体适能中有着重要的作用。推荐大多数成年人每周进行 3 ~ 5 天的有氧运动，频率随运动强度而变化[37,50,72,80,107]。当运动频率 <3d/wk 时，运动改善心肺耐力的效果随运动频率的减少而减弱，但是当运动频率 >5d/wk 时，心肺耐力的提高会出现平台期[37,75]。进行较大强度运动，频率 >5d/wk 时，MSIs 发生风险会升高，因此，不建议健康状况不佳的人进行这种频率的较大强度 PA[37]。但是，如果训练计划包含多种运动方式，从事这些运动时，机体的受力部位不同（如跑步和骑自行车）或者动员的肌群不同（游泳和跑步），那么可以向某些人推荐每天进行这类较大强度的 PA。或者每周进行 3 ~ 5 天的中等和较大强度相结合的运动，这种运动可能更适合于大多数人[37,72,107]。

有些人可以通过每周仅 1 ~ 2 次的、中等到较大强度的、运动量特别大的活动来促进健康/体适能，这些人被称为“周末勇士”[37]。但尽管有些运动者可以通过这种锻炼获得健康益处，但是由于锻炼不规律以及做不习惯的剧烈运动可能会增加运动者发生 MSIs 和心血管意外的风险，因此，我们不向大多数人推荐这种每周仅锻炼 1 ~ 2 次的运动计划[37]。

FITT

有氧运动频率推荐

为了促进或保持健康/体适能，推荐给大多数成年人的有氧运动建议为：每周进行至少5天的中等强度有氧运动；或每周进行至少3天的较大强度的有氧运动；或每周进行3~5天的中等和较大强度相结合的运动。

二、运动强度

运动强度与获得的健康/体适能益处有着明确的量效反应关系[37]。运动训练的超负荷原则指出，低于最小强度或阈值的运动无法刺激机体的最大摄氧量（$\dot{V}O_2max$）等生理指标发生改变[37]。但是，目前很多研究结果显示，人们通过运动获益的最小阈强度似乎与多种因素有关，包括运动者的 CRF 水平、年龄、健康状况、生理差异、基因、日常 PA，以及社会和心理等因素[37,94,98,99]。因此，我们很难为提高 CPF 准确定义一个通用的最小阈强度[37,98]。

例如，对于运动能力是 11 ~ 14METs 的人来说，至少需要 45% $\dot{V}O_2R$ 的强度来提高其 $\dot{V}O_2max$，但是对于基线运动能力不足 11 METs 的人并没有发现其阈值[37,98]。高水平运动员可能需要做“次大强度”的运动（95% ~100% $\dot{V}O_2max$）来提高他们的 $\dot{V}O_2max$，而对于中等水平的运动员来说，70% ~80% $\dot{V}O_2max$ 的运动就可以为他们提供有效的刺激了[37,98]。

间歇训练是指在训练课中包含多个不同运动强度的练习，这种训练可以提高训练课的总量和/或平均强度。对于健康成年人和患有代谢、心血管或肺部疾病的人来说，进行短期（≤3 个月）的间歇性训练可以改善运动者的 CRF 和心血管代谢生物标志物，提高的效果等于或优于中等到较大强度的持续运动[37,43,53,63,88,104,112]。

在间歇训练中，Ex R_x 的很多方面都可以根据训练课的目的、顾客或患者的体适能水平不同而发生变化。可变的 Ex R_x 内容包括运动方式、重复次数、持续时间、训练和间歇强度、间歇次数、间歇时间等[20]。研究证明，高强度间歇训练（High - intensity Interval Training，HIIT）和速度型间歇训练（Sprint Interval Training，SIT）可以有效提高 CRF、改善心血管代谢标志物以及其他健康相关生理指标，这类训练一般包括多次重复的、短时间（<45 ~ 240 s）的、较大到最大强度的运动，并在间歇时进行相等时间或更长时间（60 ~360 s）的低到中等强度的有氧运动[6,20-22,27,31,33,45,48,53,58,70,71,112]。HIIT 的效果受训练方式（工作恢复比）的影响[20,21,43,117]。

FITT

有氧运动强度推荐

推荐大多数成年人进行中等（如40%~59%HRR或 $\dot{V}O_2R$）到较大强度（如60%~89%HRR或 $\dot{V}O_2R$）的有氧运动；建议健康状况不好的人进行低（如30%~39%HRR或 $\dot{V}O_2R$）到中等强度的有氧运动。间歇训练可以提高一次训练课的总量/或平均强度，成年人可以从间歇训练中获益。

运动强度的计算方法

有很多有效的运动强度计算方法可以用于制定个性化的、以提高 CRF 为目的的 Ex R_X[37]。表 6.1 对实践中经常使用的运动强度计算方法进行了分类总结。由于目前尚无同时对所有计算方法进行比较的研究，因此没有必要要求不同计算方法的计算结果一致。此外，通过测试得到的能量消耗（EE）、绝对强度（O_2，METs）和相对强度（% HRR，% HRmax 和% $\dot{V}O_2max$）三者间的差异可能受多种因素的影响，包括运动测试的方案、运动方式、运动强度、客户或患者的身体特质（安静 HR、体适能水平、年龄和身体成分）等[37,54]。

建议采用 HRR、$\dot{V}O_2R$、阈值（无氧阈，VT）和呼吸补偿点（RCP）来制定运动处方，因为用 HR（% HRmax）法或 O_2（$\dot{V}O_2max$）法来估算运动强度时，结果可能过高或过低[37,70,96]。但是，上述任何一种方法的准确性都会受运动测试和推算方法的影响[37]。因此，通过递增（分级）负荷心肺测试直接测得运动中的生理指标可能是制定 Ex R_x 运动强度的首选方法。

公式“220 - 年龄”被普遍用于推测 HRmax[35]。虽然这个公式使用简单，但是与实际测量所得的 HRmax 相比，公式得出的推测值可能会过高或过低[38,47,101,118]。使用一些改良后的 HRmax 推测公式可能比“220 - 年龄”更为准确[38,51,101,118]。虽然这些改良公式具有前瞻性，但仍不推荐用于所有人群，可以将其用于与得出这些公式相似的人群[37]。表 6.2 列出了一些普遍使用的推测 HRmax 的公式。为了更加准确地制定运动处方的强度，使用直接测试法要比推测法更好，但是当条件不允许时也可用运动强度的推测值。

表 6.2 普遍使用的推测 HRmax 的公式

作者	公式	适用人群
Fox 等[35]	HRmax = 220 - 年龄	少部分男性和女性
Astrand 等[8]	HRmax = 216.6 - 0.84 × 年龄	4 ~ 34 岁男性和女性
Tanaka 等[101]	HRmax = 208 - 0.7 × 年龄	健康的男性和女性
Gelish 等[38]	HRmax = 207 - 0.7 × 年龄	所有年龄段和体适能水平的成年男女
Gulati 等[47]	HRmax = 206 - 0.88 × 年龄	运动负荷试验中无症状的中年女性

HRmax：最大心率。

直接测试或推测得到的绝对运动强度指标包括能量消耗（kcal/min），绝对耗氧量（mL/min 或 L/min）和 METs。应用绝对强度可能会导致运动强度的错误分类（如中等和较大运动强度错分），因为这些绝对数值并没有考虑到运动者的体重、性别以及体适能水平[1,2,55]。与直接测量得到的 EE 相比，使用推测法的误差和由此而产生的错误分类的可能性会更大一些，而且在生活条件下测试得到的数据也比在实验室测试得出的结果误差更大[1,2,55]。例如，某老年人以 6METs 运动时，相当于较大到最大强度的运动，但当 1 个年轻人同样以 6METs 运动时，仅仅属于中等强度[55]。因此在制定个体化运动处方时，使用相对强度（活动的能量消耗占个体最大能力的比例，如% O_2、HRR 和 $\dot{V}O_2R$）更为适合，相对强度尤其适用于老年人、健康状况不佳和慢性疾病人群[55,70,72]。

专栏 6.2 对使用 HR、O_2 和 METs 计算运动强度的方法进行了总结。运动训练的强度往往是一个范围，所以在使用专栏 6.2 中公式的时候，需要计算两次（分别是目标强度的上限和下限）。在确定运动处方强度范围时，专业人士应考虑很多因素，包括运动者的年龄、日常 PA 水平、体适能水平以及健康情况。图 6.1 列举了如何使用多种方法来确定运动处方强度。有关这些方法更详尽的解释和示例请读者参考其他 ACSM 的出版物[37,97]。

专栏 6.2　使用 HR、VO_2、METs 计算运动强度的方法总结

1. HRR 法：THR = （HR^a_max/peak－HRrest）×期望强度% + HRrest
2. $\dot{V}O_2R$ 法：靶 $\dot{V}O_2R^c$ = （O^b_2max/peak－O_2rest）×期望强度% + O_2rest
3. HR 法：靶心率 = HR^a_max/peak×期望强度%
4. O_2 法：靶 O^c_2 ♂ = O^b_2max/peak×期望强度%
5. MET 法：靶 MET^c = （O^b_2max/peak÷3.5mL·kg^{-1}·min^{-1}）×期望强度%

---

aHR_max/peak 是在最大强度运动负荷试验中测得的最大值，或是用"220－年龄"等其他推测公式得到的（见表 6.2）。

b$\dot{V}O_2$max/peak 是在最大强度运动负荷试验中测得的最大值，也可以是通过次大强度运动负荷试验推测出的最大值。$\dot{V}O_2$max 与 V$\dot{V}O_2$peak 的区别见第四章中最大摄氧量的内容。

c 活动的 $\dot{V}O_2$ 和 MET 可以使用体力活动概要[1,2]或代谢公式[46]（见表 6.3）计算得出。

HR_max/peak：最大心率或峰值心率；HRrest：安静心率；HRR：心率储备；$\dot{V}O_2R$：摄氧量储备。

应用多种方法计算运动处方强度的示例

HRmax：最大心率；HRrest：安静心率；MET：代谢当量；O_2：单位时间摄氧量；$\dot{V}O_2$max：最大摄氧量。

改编自［102］。

1. HRR 法

可用的数据：

HRrest：70 次/分

HRmax：180 次/分

计划运动强度范围：50%～60%

公式：靶心率（THR）=（HRmax－HRrest）×期望强度% + HRrest

（1）计算 HRR

HRR =（HRmax－HRrest）

HRR =（180 bpm－70 bpm）= 110 bpm

（2）以 HRR% 确定强度

将计划运动强度换算成小数：50% = 0.5，60% = 0.6

% HRR = 强度×HRR

% HRR = 0.5×110 bpm = 55 bpm

% HRR = 0.6×110 bpm = 66 bpm

（3）确定 THR 范围

THR = % HRR + HRrest

计算 THR 下限：

THR = 55 bpm + 70 bpm = 125 bpm

计算 THR 上限：

THR = 66 bpm + 70 bpm = 136 bpm

THR 范围：125 bpm - 136 bpm

2. $\dot{V}O_2R$ 法

可用的数据：

$\dot{V}O_2max$：30 mL/kg/min

$\dot{V}O_2rest$：3.5 mL/kg/min

计划运动强度范围：50% ~60%

公式：靶 O_2 =（$\dot{V}O_2max - \dot{V}O_2rest$）×% 期望强度 + $\dot{V}O_2rest$

（1）计算 $\dot{V}O_2R$

$\dot{V}O_2R = \dot{V}O_2max - \dot{V}O_2rest$

$\dot{V}O_2R$ = 30 mL/kg/min - 3.5 mL/kg/min

$\dot{V}O_2R$ = 26.5 mL/kg/min

（2）将期望强度换算成小数：50% = 0.5，60% = 0.6

% $\dot{V}O_2R$ = 强度 × $\dot{V}O_2R$

计算% $\dot{V}O_2R$：

% $\dot{V}O_2R$ = 0.5 × 26.5 mL/kg/min = 13.3 mL/kg/min

% $\dot{V}O_2R$ = 0.6 × 26.5 mL/kg/min = 15.9 mL/kg/min

（3）确定靶 $\dot{V}O_2R$ 范围

（% $\dot{V}O_2R$）+ $\dot{V}O_2rest$

计算靶 $\dot{V}O_2$ 下限：

靶 $\dot{V}O_2$ = 13.3 mL/kg/min + 3.5 mL/kg/min = 16.8 mL/kg/min

计算靶 $\dot{V}O_2$ 上限：

靶 $V\dot{V}O_2$ = 15.9 mL/kg/min + 3.5 mL/kg/min = 19.4 mL/kg/min

（4）确定 MET 范围（可选）

1 MET = 3.5 mL/kg/min

靶 MET = 靶 $\dot{V}O_2$ ÷ 1 MET

计算 MET 范围下限：

靶 MET = 16.8 mL/kg/min ÷ 3.5 mL/kg/min = 4.8 METs

计算 MET 范围上限：

靶 MET = 19.4 mL/kg/min ÷ 3.5 mL/kg/min = 5.5 METs

（5）体力活动消耗的能量可以使用体力活动概要[1,2]，或者是利用表 6.3 或其他文献[46]中的能量代谢计算公式得到，也可以参考下面的代谢公式计算示例。

3. % HRmax 法（可以使用测试或推测得出的 HRmax）

可用数据：45 岁男性

计划运动强度范围：70% ~80%

公式：THR = HRmax × 期望强度%

（1）推测 HRmax（无法通过测试得到 HRmax 时）

HRmax = 220 − 年龄

HRmax = 220 − 45 = 175 bpm

（2）确定 THR 范围

THR = HRmax × 期望强度%

将期望强度换算成小数：70% = 0.7，80% = 0.8

计算 THR 下限：

THR = 175 bpm × 0.7 = 123bpm

计算 THR 上限：

THR = 175 bpm × 0.8 = 140 bpm

THR 范围：123bpm − 140 bpm

4. % $\dot{V}O_2max$ 法（可以使用测试或推测得出的 $\dot{V}O_2max$）

可用数据：45 岁女性

推算的 $\dot{V}O_2max$：30 mL/kg/min

计划运动强度范围：50% ~60%

公式：$\dot{V}O_2max$ × 期望强度%

确定靶 $\dot{V}O_2$ 范围：

靶 $\dot{V}O_2$ = 期望强度% × $\dot{V}O_2max$

将期望强度换算成小数：50% = 0.5，60% = 0.6

计算靶 $\dot{V}O_2$ 下限：

靶 $\dot{V}O_2$ = 0.5 × 30 mL/kg/min = 15 mL/kg/min

计算靶 $\dot{V}O_2$ 上限：

靶 $\dot{V}O_2$ = 0.6 × 30 mL/kg/min = 18 mL/kg/min

靶 $\dot{V}O_2$ 范围：15 mL/kg/min − 18 mL/kg/min

（1）确定 MET 范围（可选）

1MET = 3.5 mL/kg/min

计算 MET 范围下限：

靶 MET = 15 mL/kg/min ÷ 3.5 mL/kg/min = 4.3METs

计算 MET 范围上限：

靶 MET = 18 mL/kg/min ÷ 3.5 mL/kg/min = 5.1METs

（2）体力活动消耗的能量可以使用体力活动概要[1,2]，或者是利用表 6.3 或其他文献[46]中的能量代谢计算公式得到，也可以参考下面的代谢公式计算示例。

5. 利用代谢公式[46]（表6.3）确定使用跑台跑步的速度

可用数据：32岁男性

体重：130lb（59kg）

身高：70in（177.8cm）

$\dot{V}O_2max$：54 mL/kg/min

计划跑台坡度：2.5%

期望强度：80%

公式：$\dot{V}O_2$ = 3.5 +（0.2 × 速度）+（0.9 × 速度 × 坡度%）

（1）确定靶 $\dot{V}O_2$

靶 $\dot{V}O_2$ = 期望强度% × $\dot{V}O_2max$

靶 $\dot{V}O_2$ = 0.80 × 54 mL/kg/min = 43.2mL/kg/min

（2）确定跑台速度

$\dot{V}O_2$ = 3.5 +（0.2 × 速度）+（0.9 × 速度 × 坡度%）

43.2mL/kg/min = 3.5 +（0.2 × 速度）+（0.9 × 速度 × 0.025）

39.7 =（0.2 × 速度）+（0.9 × 速度 × 0.025）

39.7 =（0.2 × 速度）+（0.0225 × 速度）

39.7 = 0.2225 × 速度

速度 = 178.4 m/min

跑台速度：10.5 km/h（6.5mph）

6. 利用代谢公式[46]（表6.3）确定使用跑台步行的坡度

可用数据：54岁男性，中等体力活动水平

体重：190lb（86.4kg）

身高：70in（177.8cm）

计划跑速：2.5mph（4 km/h；67 m/min）

计划MET：5 METs

公式：$\dot{V}O_2$ = 3.5 +（0.1 × 速度）+（1.8 × 速度 × 坡度%）

（1）确定靶 $\dot{V}O_2$

靶 $\dot{V}O_2$ = MET × 3.5 mL/kg/min

靶 $\dot{V}O_2$ = 5 × 3.5 mL/kg/min = 17.5 mL/kg/min

（2）确定坡度

$\dot{V}O_2$ = 3.5 +（0.1 × 速度）+（1.8 × 速度）× 坡度%

17.5mL/（kg · min）= 3.5 +（0.1 × 67）+（1.8 × 67 × 坡度%）

14 =（0.1 × 67）+（1.8 × 67 × 坡度%）

14 = 6.7 +（120.6 × 坡度%）

7.3 = 120.6 × 坡度%

坡度% = 0.06

坡度% = 6%

7. 利用代谢公式[46]（表 6.3）确定使用 Monarch 下肢功率车的功率负荷

可用数据：42 岁女性

体重：190lb（86.4kg）

身高：70in（177.8cm）

计划 $\dot{V}O_2$：18 mL/kg/min

公式：$\dot{V}O_2$ = 7.0 +（1.8 × 功率）/体重

计算功率车功率

$\dot{V}O_2$ = 7.0 +（1.8 × 功率）/体重

18 mL/kg/min = 7.0 +（1.8 × 功率）/86.4kg

11 =（1.8 × 功率）/86.4

950.4 = 1.8 × 功率

528 = 功率

功率 = 528 kg·m/min = 86.6W

表 6.3 常见体力活动的能量消耗［O_2，单位 mL/kg/min］计算方法

活动	三部分能量消耗总和			限制
	安静部分	水平运动部分	垂直运动部分/抗重力运动部分	
走路	3.5	0.1 × 速度[a]	1.8 × 速度[a] × 坡度[b]	速度在 1.9 ~ 3.7 mph（50 ~ 100 m/min）时最准确
跑步	3.5	0.2 × 速度[a]	0.9 × 速度[a] × 坡度[b]	速度 > 5 mph（134 m/min）时最准确
登台阶	3.5	0.2 × 每分钟登台阶次数	1.33 ×（1.8 × 台阶高度[c] × 每分钟登台阶次数）	登台阶速度在 12 ~ 30 次/分时最准确
下肢自行车	3.5	3.5	（1.8 × 功率[d]）÷ 体重[e]	功率在 300 ~ 1200 kg·m/min（50 ~ 200 W）之间时最准确
上肢自行车	3.5	—	（3 × 功率[d]）÷ 体重[e]	功率在 150 ~ 750 kg·m/min（25 ~ 125 W）之间时最准确

a 速度单位：m/min。

b 坡度采用百分率表达（如 10% = 0.10）。

c 台阶高度单位：m。

常用单位换算公式：1 lb = 0.454 kg；1 in = 2.54 cm；1 ft = 0.3048 m；1 mi = 1.609 km；1 mph = 26.8 m/min；1 kg · m/min = 0.164 W；1 W = 6.12 kg · m/min；1 MET = 3.5 mL/（kg · min）；1 L/min（氧耗速度）= 4.9 kcal/min

d 功率的单位是 kg · m/min，功率 = 阻力（kg）× 每转周长（m）× 每分转数。注：Monark 下肢功率车每转周长 6 米，Tunturi 和 BodyGuard 功率车每转周长 3 米，Monark 上肢功率车每转周长 2.4 米。

e 体重单位：kg。

$\dot{V}O_2$：单位时间的耗氧量。

改编自 [7]。

在使用 $\dot{V}O_2$ 和 METs 来确定运动处方强度范围时，从事健康/体适能、公共卫生、临床和健康保健的专业人士可以参考体力活动概要[1,2]或代谢计算公式[4,65]（见表 6.3）。目前已有一些用于计算散步、跑步、骑自行车和爬楼梯的 EE 的公式。虽然出现了一些推测椭圆机等其他运动方式的 EE 的公式，但是目前还缺乏推广这些公式的研究数据。如果可以通过运动负荷试验直接获得 HR 和 $\dot{V}O_2$，那么专业人士可以使用 HR 与 $\dot{V}O_2$ 之间的关系来确定运动处方的强度（见图 6.1）。这种方法特别适用于那些在运动过程中心率反应可能异常的人，如服用 β - 肾小腺素受体阻断剂，或是患有糖尿病、CVD 等某些慢性疾病患者（见附录 A、第九章和第十章）。

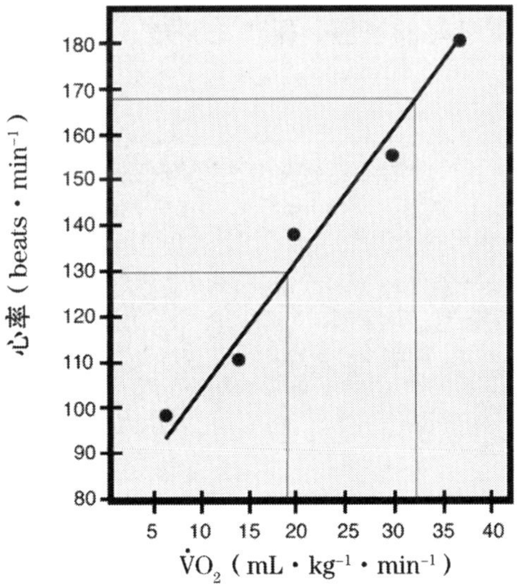

图 6.1　使用心率与 $\dot{V}O_2$ 的关系确定运动处方强度

图中通过假想的运动测试的 HR 和 $\dot{V}O_2$ 绘制一条直线，可以看到 $\dot{V}O_2max$ 是 38 mL/kg/min，HRmax 为 184bpm。使用 50% 和 85% $\dot{V}O_2max$ 对应的 HR 作为靶心率的范围。就此个体而言，50% $\dot{V}O_2max$ 大约为 19mL/kg/min，85% $\dot{V}O_2max$ 大约为 32mL/kg/min。对应的靶心率（THR）范围为 130 ~ 168bpm[7]。

通过评价运动者的主观疲劳感觉和情感效价（运动的愉悦感），可以调整或细化运动强度（见第十一章）。这些方法包括 Brog RPE 量表[15-17,74]、OMNI 量表[85,86,110]、谈话测试[77]和情感量表[49]。研究证明，谈话测试可以有效地评价运动强度，它可以代替乳酸阈、VT 和 RCP 指标，因此可以将此方法作为制定和监测运动强度的一种主要手段[11,18,44,56,65,73,76,81,87,115]。其他评价方法（RPE、OMNI 和情感量表）由于尚需要进行研究论证，因此建议将这些方法作为制定和监测运动强度的辅助手段[37]。

三、运动时间（持续时间）

运动时间/持续时间是指一段时间内进行 PA 的总时间（每次训练课时长、每天或每周运动的时间）。推荐大多数成年人每天累计进行至少 30 ~ 60 min（每周至少 150 min）的中等强度运动，或每天至少进行 20 ~ 60 min（每周至少 75 min）的较大强度运动，或中等和较大强度运动相结合的运动[37,107]。即使每天进行不足 20 min 的运动，可能对健康也是有益的，尤其是那些长期处于静坐少动状态的人[37,107]。如果运动训练的目的是管理体重，那么运动时间可能要更长（每天至少 60 ~ 90 min），特别是静坐少动人群[28]。有关减重和维持体重的 Ex R_x 的内容详见第十章和 ACSM 有关超重和肥胖的其他声明[28]。

可以连续完成 PA 的推荐时间/持续时间（一次训练课完成），也可以在一天中以每次至少 10 min 的多次活动累计完成。虽然不足 10 min 的运动可以为体适能极低的人或者是作为 HIIT 训练的一部分使机体获得良好的适应，但仍需要进一步的研究来确定这种短时间运动的有效性[37,41,94]。

FITT

有氧运动时间（持续时间）推荐

为大多数成年人推荐的运动时间为：每天应累计进行至少30~60min（每周不少于150min）的中等强度运动，或每天至少20~60min（每周不少于75min）的较大强度运动，或中等和较大强度相结合的运动。完成这一推荐量可以是连续的，也可以是一天中以每次持续至少10min的多次活动累计完成。即便运动时间低于最小推荐量，也可能为某些人群带来益处。

四、方式（模式）

建议运动者进行有节律的、大肌肉群参与的有氧运动来提高 CRF[37]。表 6.4 中列出了一些可以提高或维持 CRF 的 PA 方式。在选择 Ex R_x 的运动方式时，应遵循训练的特异性原则。特异性原则是指在进行不同方式的运动时，机体会发生特异的生理适应[37]。

表 6.4 根据强度和所需技巧对有氧和心肺耐力运动进行了分类。A 类运动可以推荐给所

有成年人，因为完成这些运动需要的技巧很少，并且运动强度很容易调整到适合于大部分体适能水平的人。B 类运动是典型的较大强度的运动，推荐给那些具有中等或更高体适能水平者，或有规律锻炼习惯的人群。C 类运动需要一定的技巧来完成，此组运动最好是由那些具有相对发达的控制技巧和体适能的人在保证安全下进行。D 类运动属于休闲运动，可以提高体适能，但一般建议将此类运动作为体能训练的辅助手段。D 类 PA 仅仅推荐给那些拥有足够控制技巧和体适能来完成这类运动的人，不过可以将其中某些运动进行调整，使其适合那些技巧和体适能水平低一些的人。

表 6.4　提高体适能的有氧（心肺耐力）运动方式

运动分类	运动类型	推荐人群	运动举例
A	需要最少技能或体适能的耐力活动	所有成年人	步行、休闲自行车、水中有氧运动、慢舞
B	需要最少技能的较大强度耐力运动	有规律锻炼的成年人和/或至少中等体适能水平者	慢跑、跑步、划船、有氧健身操、动感单车、椭圆机、爬台阶、快舞
C	需要技能的耐力运动	有技能的成年人和/或至少中等体适能水平者	游泳、越野滑雪、滑冰
D	休闲运动	有规律锻炼计划的成年人和/或至少中等体适能水平者	网羽运动、篮球、足球、高山速降滑雪、徒步旅行

改编自 [7]。

FITT

有氧运动方式推荐

为了促进健康和提高CRF，建议所有成年人都进行周期性的、大肌肉群参与的、所需技巧较低的、至少是中等强度的有氧运动。仅推荐那些拥有相应技巧和体适能的人来进行需要其他技巧和较高体适能水平的体育运动。

五、运动量（总量）

运动量是由运动的频率、强度和时间（持续时间）共同决定的，即训练的 FIT。运动量对促进健康/体适能的重要作用已被证实，它对身体成分和体重管理的重要性尤为突出。因此可以用运动量来估算个体 Ex R_x 的总 EE。运动量的单位可以用 MET - min/w 和 kcal/w 表示。专栏 6.3 列出了 METs、MET - min 和 kcal/min 的定义、计算方法和示例。此外，还可以使用其他 ACSM 出版物中的表格估算运动量[1,2]。MET－min 和 kcal/min 可以换算为 MET－min/wk 和 kcal/wk，从而评价运动量是否达到了促进健康/体适能的推荐量，本章的后面部分将介绍该推荐量。

专栏 6.3　METs、MET－min 和 kcal/min 的计算方法

代谢当量（METs）：是表示 EE 的指标。MET 是运动时的代谢率与安静时代谢率的比值。1MET 相当于安静、坐位时的能量代谢率，换算成耗氧量的话，1MET＝3.5mL/kg/min[80]。

MET－min：也是衡量 EE 的一个指标，它将人们从事各种体力活动的总和进行标准的量化[80]。计算方法是用一项或多项体力活动的 METs 乘以进行每项活动的时间（METs×min）；通常用每周或每天的 MET－min 来衡量运动量的大小。

千卡（kcal）：指 1kg 水温度升高 1℃所需要的热量。使用 METs 来计算 kcal/min 时，需要已知运动者的体重，即 kcal/min＝METs×3.5mL/kg/min×体重 kg÷1000×5。通常用每周或每天活动所消耗的千卡作为衡量运动量的标准。

示例：

某男性运动者，每天进行 30 min 的慢跑锻炼（跑步约 7METs），每周运动 3 天，那么他每周的总运动量为：

7METs×30 min×3 次/周＝630MET－min/wk

（7METs×3.5mL/kg/min×70 kg）÷1000×5＝8.575 kcal/min

8.575 kcal/min×30 min×3 次/周＝771.75kcal/wk

改编自［37］。

流行病学和随机临床试验的研究结果显示：运动量与健康/体适能获益之间存在量效反应关系（健康/体适能获益随着 PA 的增加而增加）[24,37,94,107]。虽然获得健康/体适能益处的运动量的上下限尚不清楚，但是总 EE 不少于 500～1000 MET－min/wk 与较低的 CVD 发病率和死亡率密切相关。因此推荐给大多数成年人的合理的运动量是≥500～1000 MET－min/wk[20,52]。这一运动量大约相当于：（1）每周能量消耗达到 1000 kcal 的中等强度 PA（或每周 150 min 中等强度 PA）；（2）3～5.9 MET 的 PA（适用于体重在 68～91 kg 或 150～200 lb 的个体）；（3）10MET－h/wk[37,107]。需要注意的是：较小的运动量（4 kcal/kg 或 330 kcal/wk）也可以为某些个体（尤其是那些低体适能水平者）带来健康/体适能益处[24,37,107]，甚至更小的运动量也能带来健康益处，但是目前仍缺少证据来确定最小推荐量[37]。

计步器是一种促进 PA 的有效工具，并且可以通过每天行走的步数来估算运动量[105]。人们经常提到“每天步行 10 000 步”，但是每天步行至少 5400～7900 步就已满足推荐量[37,105]。因此，建议大多数人每天达到至少 7000 步即可。为了到达每天 7000 步的目标，人们可以考虑使用以下方法估算总运动量：（1）以 100 步/min 的速度步行大约相当于中等强度的运动；（2）每天走 1 英里相当于每天走了 2000 步；（3）每天以中等强度步行 30 min，相当于每天走 3000 ~ 4000 步[11,37,57,105]。如果以体重管理为目的则需要更多的步数，基于人群的研究显示：为了维持正常体重，男性可能需要每天步行 11 000 ~ 12 000 步，女性为 8000 ~ 12 000 步[37,105]。使用计步器估算运动量存在潜在的误差，因此最明智的做法是将步行速度与目前推荐的运动时间/持续时间结合使用（如以 100 步/min 的速度每次步行 30 min，或以此速度每周步行 150 min）[37]。

FITT

有氧运动推荐运动量

为大多数成年人推荐的运动量是≥500~1000MET-min/wk。这一运动量大约相当于能量消耗是1000kcal/wk的中等强度体力活动，或每周进行150min的中等强度运动；或每天至少步行5400~7900步。使用计步器估算运动量存在潜在的误差，因此最明智的做法是将步行速度与目前建议的运动时间/持续时间结合使用。更小的运动量可能能为低体适能水平者带来益处，而体重管理则可能需要更大的运动量。

六、进阶速度

运动计划的进阶速度取决于运动者的健康状况、体适能、训练反应和运动计划的目的。进阶可以通过增加 Ex R_x 的 FITT 中运动者可以耐受的一项或几项来实现。在运动计划的开始阶段，应强调低起始剂量、循序渐进的原则，以降低心血管事件和 MSI 的发生风险，并增加运动者对运动的适应性和坚持性（见第一章和第二章）[37]。对于体力活动不足的人，推荐以低到中等强度开始运动，然后根据运动者的适应情况，逐渐增加运动时间/持续时间（每次训练课的时间）。在计划开始的 4 ~ 6 周中，每 1 ~ 2 周将每次训练课的时间延长 5 ~ 10 min[37]。当运动者规律锻炼至少 1 个月之后，在接下来的 4 ~ 8 个月（老年人和体适能较低的人应延长时间），逐渐增加 FIT 直到达到指南推荐的数量和质量。提高 Ex R_x 的 FITT – VP 中任何一项都应该遵循训练的循序渐进原则，避免大幅度增加，这样可以将肌肉酸痛、损伤、过度疲劳的发生风险，以及过度训练的长期风险降到最低。对 Ex R_x 进行任何调整都应该监控运动者的反应，观察其是否发生因运动量增加而产生的不良反应，如呼吸急促、疲劳和肌肉酸痛，当运动者无法耐受调整后的计划时应降低运动量[37]。

FITT

有氧运动推荐运动量

Ex R_x的FITT-VP原则为人们提供了个性化的训练计划，包括运动的频率（F）、强度（I）、时间（T）、方式或模式（T）、总量（V）和进阶（P）。FITT-VP的具体组成是多种多样的，这取决于运动者的身体特点和训练目标。Ex R_x的FITT-VP需要根据运动者的运动反应、需要、限制和适应情况，以及运动计划的目的和目标的改变而进行调整。表6.5总结了有氧运动Ex R_x的FITT-VP原则。

表 6.5　基于证据的有氧（心肺耐力）运动推荐

FITT - VP	基于证据的推荐
频率	中等强度运动每周不少于 5 天，或较大强度运动每周不少于 3 天，或中等到较大强度相结合的运动每周不少于 3 ~ 5 天
强度	1. 推荐大多数成年人进行中等和/或较大强度的运动 2. 非健康个体可以通过进行低到中等强度的运动获益
时间	1. 推荐大多数成年人进行每天 30 ~ 60 min 的中等强度运动，或 20 ~ 60 min 的较大强度运动，或中等到较大强度相结合的运动 2. 每天不足 20 min 的运动也可使静坐少动人群获益
方式	推荐进行规律的、有目标的、动用大肌肉群的持续性周期性运动
总量	1. 推荐的运动量每周应至少 500 ~ 1000 MET - min 2. 每天不少于 7000 步可获得健康益处，可以通过每天至少 2000 步开始逐渐到达这个目标 3. 不能或不愿意达到推荐运动量的个体通过较小的运动量也可获得一定的健康益处
模式	1. 完成这一推荐量可以是连续的，也可以是一天中以每次至少持续 10 min 的多次活动累计完成 2. 每次持续少于 10 min 的运动适用于健康状况差的患者
进阶	1. 循序渐进地调整运动的持续时间、频率和/或强度，从而达到运动目标 2. 循序渐进的运动计划可以增加运动者的坚持性、减少骨骼肌损伤和不良心血管事件的发生风险

改编自［37］。

第五节　肌肉适能

ACSM 使用“肌肉适能”一词来统称肌肉力量、耐力和爆发力。任何一项肌肉适能的提高，都需要合理的抗阻训练计划和准确的练习动作。经过抗阻训练后，肌肉的力量和体积都会增大（肥大），因此要想增加肌肉力量和体积就必须逐渐增加训练的阻力（递增负荷抗阻训练）。为了提高抗阻运动的效果，应根据运动目标对 Ex R_x 的 FITT－VP 进行调整[4,37]。

肌肉力量和肌肉耐力训练往往是轻、中年人以促进健康/体适能为目的的运动处方的基本内容，但仍要强调爆发力的重要性。老年人（≥65 岁）可能会在爆发力训练中得到更多的益处，因为随着年龄的增加，肌肉爆发力的下降速度是各项肌肉适能中下降最快的一项，并且爆发力不足与更高的意外跌倒风险有关[14,23]。而且，老年人可以安全地完成快速或重复的肌肉收缩运动，这是训练爆发力最好的方法[83]。

FITT

健康相关抗阻训练计划的目标

对于所有成年人来说，健康相关抗阻运动的目标应该是：（1）降低ADL（如爬楼梯和提杂货袋）的生理应激；（2）有效管理、缓解，甚至是预防慢性疾病，如骨质疏松症、2型糖尿病和肥胖。正因如此，虽然抗阻运动对所有年龄段的人都很重要，但是年纪越大抗阻运动就越重要[5,37,72]。

本章介绍的抗阻运动指南的主要目的是促进健康，因此，这些内容更适合于那些不强调增加肌肉体积的、全面或通用的体适能项目[4,37]。

一、抗阻运动频率

对于那些以发展一般性肌肉适能为目的的运动者，尤其是无训练经历或进行业余训练（未执行正规训练计划）的人，适宜的抗阻运动应该是每周对全身主要大肌群（胸部、肩部、背部、腰部、腹部、臀部和下肢）进行 2～3 天的训练，并且同一肌群的练习应至少间隔 48 小时[4,37]。根据运动者的日程安排，在一次训练课中可以训练所有大肌群（整体法），也可以将身体“分化”成若干部分，每次训练课仅对部分肌群进行训练[4,37]。例如：运动者在周一和周四锻炼下半身肌群，而在周二和周五锻炼上半身肌群。采用这种分化训练，运动者需要每周用 4 天的时间将每个肌群每周训练 2 次，但是每次训练课的时间要比一次完成全部肌群训练的时间短。只要运动者每周对每个肌群训练 2～3 次，分化法和整体法都是有效的。有了这些不同的抗阻运动安排的选择，运动者可以更灵活地安排时间，这样也可有助于提高抗阻运动的依从性。

FITT

抗阻运动的推荐频率

建议所有成年人每周对每个大肌群进行2~3天的训练，并且同一肌群的训练应至少间隔48小时。

二、抗阻运动方式

很多抗阻运动工具都可以用来有效地提高肌肉适能，包括自由负重、重块堆叠式或空气阻力式器材以及弹力带。抗阻练习应包含多关节或复合练习，既能调动多个肌群参与运动（如卧推、肩部推举、下拉、臂屈伸、俯卧挺身、仰卧起坐/屈膝两头起、蹬腿和深蹲），还应包括单关节练习（如肱二头肌向心训练、肱三头肌离心训练、股四头肌离心训练、小腿弯举、提踵），以及核心肌群练习（如平板支撑和桥式）[4,37]。

肌肉力量不平衡会引起损伤，因此为了避免肌力失衡，运动者在进行抗阻练习时应同时练习相对应的肌群（主动肌与拮抗肌），如腰部和腹部，股四头肌和腘绳肌[4,37]。举例来说，可以采用俯卧挺身和仰卧起坐分别锻炼腰部和腹部肌肉；用蹬腿和小腿弯举分别锻炼股四头肌和腘绳肌。

FITT

抗阻运动方式推荐

多种抗阻运动工具都可以有效地提高肌肉适能。由于多关节训练效果优于单关节训练，推荐所有成年人进行能够同时发展主动肌和拮抗肌的多关节抗阻运动。抗阻运动计划中也可以包含主要肌群的单关节运动。

三、抗阻运动量（组数和重复次数）

进行抗阻运动时，每一个肌群应练习2~4组。运动者可以采用同一个动作来完成这些组数，也可以采用动员同一肌群的不同动作共同完成[4,37]。例如，在锻炼胸肌时，可以进行4组卧推，也可以进行2组卧推+2组俯卧撑[79]。合理的组间休息时间为2~3 min。采用不同的动作练习同一肌群可以增加训练的多样性，从而预防长期锻炼产生的精神“疲劳”，虽然证据不足，但是这样做可能会提高运动者的锻炼依从性[37]。

每个肌群完成4组动作比2组的效果更好，但即使只做1组练习也可以显著提高肌肉力量，特别对于初学者而言[4,37,79]。在多组训练中，肌肉适能的提高主要受益于第 1 组动作[60,61]。如果采用不同动作来锻炼相同的肌群，每个动作完成 1 组，那么相当于对这一肌群锻炼了 2 组。例如，采用卧推和俯卧撑来锻炼胸部的胸大肌，每个动作各做 1 组，那么对胸肌的锻炼一共是 2 组，而且卧推和俯卧撑的复合训练也可锻炼到肱三头肌。从实际角度出发，为了能够坚持锻炼，运动者应该考虑到其日常安排、所需时间、投入水平，从而确定抗阻训练课中每一肌群的训练组数，采用确实能够让运动者长期坚持的抗阻运动计划是至关重要的。

抗阻练习的强度和每组动作的重复次数呈负相关。也就是说，在练习中强度或阻力越大，需要完成的重复次数越少。为了提高肌肉的力量和体积以及一定程度的肌肉耐力，抗阻练习中每组动作的重复次数应该为 8 ~ 12 次。换算成阻力就是大约 1 次最大重复次数（1 - RM）的 60% ~ 80%，也就是一次能够举起的最大重量的 60% ~ 80%。例如，某人的 1 - RM 为 100lb（45.5 kg），那么选择的负重范围应该在 60 ~ 80 lb（27 ~ 36kg）。如果运动者以同一个动作做多组练习，在第 1 组练习中出现疲劳前所完成的重复次数应达到或接近 12 次，在最后 1 组练习时，这个数值可下降至 8 次。每组动作都应练习到刚好达到肌肉的瞬时疲劳，而不是使肌肉真正疲劳，因为在到达肌肉疲劳点之后继续训练可能会增加肌肉损伤或酸痛的发生率，尤其对于初学者而言[4,37,79]。最大肌肉力量的增长存在量效反应关系，在未经过训练时，每次训练课仅完成 1 组练习就会明显增加肌肉力量，但是每周 3 次，每次 4 组 60% 1 - RM 的训练会使力量增长达到峰值[84]。如果运动的目的是增加最大肌肉力量，那么随着能力的提高，训练可以从每次 1 组，逐渐增长至每次 4 组。对于那些业余运动员或中等训练水平的人来说，训练时可以用 80% 1 - RM 的重量，每个肌群做 4 组，训练频率是每周 2 次[84]。

如果抗阻运动计划的主要目的是提高肌肉耐力而不是力量和体积，那么应该进行重复次数较多（可能 15 ~ 25 次/组）的练习，组间休息较短，且组数较少（同一肌群练习 1 或 2 组）[4,37]。这种练习的强度或阻力以不超过 50% 1 - RM 为宜。同样，对于年老和体适能极低的人来说，由于他们很容易发生肌腱损伤，因此在抗阻运动计划的开始阶段应采用多重复次数（10 ~ 15 次/组），40% ~ 50% 1 - RM 的极低到低强度，或 RPE 评分在 5 ~ 6 分（10 分量表中）的强度为宜[4,37,72]。当老年人经过了一段时间的抗阻训练、适应并且肌腱有所增强之后，可以选择按照年轻人的指南进行锻炼（增加负荷，重复 8 ~ 12 次/组）[37]（见第七章）。

FITT

抗阻运动的推荐量

在理想情况下，为了提高肌肉适能，推荐成年人进行抗阻运动的量为：每一肌群练习2~4组，每组重复8~12次，组间休息2~3min。对老年人和体适能极低的人的推荐量是：极低到低强度（40%~50%1-RM），每组重复10~15次，至少练习1组。

四、抗阻运动技术

为了获得最佳的健康/体适能益处、最小化运动损伤的发生率，任何训练水平或年龄段的运动者都应按照技术动作要求完成所有的抗阻练习动作。运动者应该以正确的姿势和技术进行练习，包括缓慢且有控制地重复动作，在全 ROM 内活动肢体，并且采用适当的呼吸方法（向心阶段呼气、离心阶段吸气，并且避免 Valsalva 动作）[4,37]。但是不建议运动者进行单纯的大强度（如 >100% 1 - RM）离心收缩或拉长收缩练习，因为这样可能会大大增加肌肉损伤和严重肌肉酸痛的发生风险，甚至导致横纹肌溶解（由于肌肉损伤导致肌红蛋白进入尿液而引发的肾脏功能损伤）等严重并发症[4,37]。初学者在进行抗阻运动时，应该由有资格的健康/体适能专业人士（如 ACSM 认证的健康体适能专家或 ACSM 认证的私人教练）对抗阻训练课中每一个动作进行指导[4,37]。

FITT

抗阻训练技术推荐

所有人在进行抗阻运动时，都应使用正确的技术。适当的抗阻训练技术要求在全ROM内对动作进行控制，包含向心和离心肌肉训练动作。

五、提高或保持

运动者通过抗阻训练计划使其肌肉适应了原有负荷之后，应该通过超负荷或更大的刺激来增加肌肉力量和体积。这种“递增负荷”原则可以通过多种方法实现。最常用的方法是增加训练负荷，例如：某人一直使用 100lb（45. 5 kg）的负荷进行抗阻练习，当其肌肉适应到能够轻松地重复练习 12 次时，就应该加大负荷，使其在采用新负荷进行一组练习时能够重复完成的次数不超过 12 次，并且在该组练习到最后一次时肌肉没有明显的疲劳和不适。其他的递增负荷方法还包括增加每个肌群的训练组数以及每周练习的天数[4,37]。

此外，如果运动者的肌肉力量和体积已经达到预期目标，并且只想维持这一肌肉适能水平，那么就没有必要进一步增大训练刺激。也就是说，抗阻练习的维持计划不需要额外增加练习阻力、组数，或每周练习次数。运动者可能只需要以原有的练习强度或阻力，每周练习1天，长期坚持就可以保持肌肉力量[4,37]。

FITT

抗阻训练进阶或保持推荐

当肌肉适应了当前的抗阻运动计划时，运动者应该通过逐渐增加阻力、组数或频率来继续提高肌肉力量和体积。

表6.6总结了抗阻练习Ex R_x 的FITT－VP原则。由于这些指南更适用于一般的健身计划，所以运动者如果打算最大限度地增加肌肉力量和体积，那么必须采用更严格的训练计划，尤其是橄榄球和篮球等专业运动员。对于那些想最大限度地发展肌肉力量和体积的运动专业人士，可参见其他ACSM有关健康成年人抗阻训练的资料[4,37]。

表6.6 基于证据的抗阻运动推荐

FITT－VP	基于证据的推荐
频率	每周对每一个大肌群训练2～3次
强度	1. 初学者以60%～70%1－RM间歇训练提高力量 2. 有经验的力量训练者以80%1－RM提高力量 3. 老年人以40%～50%1－RM为起始强度提高力量 4. 久坐人群以40%～50%1－RM为起始强度也有利于力量的增长 5. 以<50%1－RM增加肌肉耐力 6. 老年人以20%～50%1－RM提高爆发力
时间	尚无明确证明的有效时间
方式	1. 推荐进行包含所有大肌群在内的抗阻运动 2. 推荐所有人进行多关节运动，它不仅能动员一个以上的大肌群，并且能针对主动肌和拮抗肌进行训练 3. 抗阻运动计划中也可包含针对主要肌群的单关节练习，通常安排在特定肌群的多关节练习之后 4. 可以使用多种抗阻训练工具和/或自身体重来完成上述运动
重复次数	1. 推荐大多数成年人以8～12次提高力量和爆发力 2. 中老年人开始练习时，重复10～15次以便有效地提高力量 3. 建议重复15～20次提高耐力

续表

FITT－VP	基于证据的推荐
组数	1. 推荐大多数成年人以 2～4 组提高力量和爆发力 2. 仅 1 组练习也是有效的，尤其对老年人和初学者而言 3. ≤2 组用来提高肌肉耐力
模式	1. 有效的组间休息时间为 2～3 min 2. 建议同一肌群练习应至少间隔 48h
进阶	推荐逐步增加阻力和/或每组重复次数，和/或逐渐增加频率

1－RM：1 次最大重复次数。
改编自［37］。

第六节　柔韧性练习（拉伸）

所有年龄段的人都可以通过柔韧性练习提高关节的 ROM 或柔韧性。关节的 ROM 会在柔韧性练习后即刻就得到提高，如果运动者坚持 3～4 周，每周至少 2～3 次的规律拉伸之后，关节 ROM 会得到长期的改善[37,72]。柔韧性练习还可提高韧带的稳定性和平衡性，特别是与抗阻训练结合进行时[37]。

柔韧性练习计划的目的是根据个体化训练目标来发展大关节的 ROM。本章后文将介绍一些提高柔韧性训练效果的动作。最有效的柔韧性练习的方法是通过热身使肌肉温度升高后再进行练习[37]。

在进行肌肉力量和爆发力训练之前做静态拉伸，会短时间降低肌肉的力量和爆发力，特别是在长时间（>45s）拉伸之后[93]。这种不良影响在进行以力量和爆发力为主的运动时体现得尤为明显[37,68]，但其机制尚不清楚[25]。在为大众提供明确的柔韧性练习推荐之前，我们还需要对柔韧性练习的即刻效应进行进一步研究。根据已有的研究结果，较合理的建议是运动者在进行一般体适能计划时，可以将柔韧性训练安排在心肺耐力或抗阻训练之后，或者单独进行[37]。

FITT

柔韧性练习推荐

短期和长期的柔韧性练习均可以提高关节的ROM。在肌肉温度升高后进行柔韧性练习的效果最好。由于柔韧性练习会短时间降低爆发力和力量，因此应将其安排在以力量和爆发力为主的运动和体育活动之后进行。

一、柔韧性练习方式

柔韧性练习应针对机体主要的肌肉肌腱单元，包括肩带、胸部、颈部、躯干、腰部、臀部、大腿前后和脚踝[37]。专栏 6.4 列出了一些提高 ROM 的柔韧性练习类型。适宜的弹震式拉伸与静力性拉伸对提高关节 ROM 的效果是一样的，对于参与需要弹跳力的运动（如篮球运动）的成年人，可以适当进行这种练习[26,37,66,116]。需要搭档才能进行的神经肌肉本体感觉促进法（PNF）练习和静力性拉伸在提高关节 ROM 方面都比动力性或慢动作拉伸更好[37]。PNF 练习通常是在运动者进行等长收缩之后，再对同一肌肉/肌腱群进行静态拉伸（收缩—放松）。

FITT

推荐的柔韧性练习方式

应对主要肌肉、肌腱单元进行一系列的柔韧性练习。静力性拉伸、动力性拉伸以及PNF练习都可提高关节的ROM。

专栏 6.4　不同类别柔韧性练习的定义

弹震式或“跳跃”式拉伸是利用肢体运动所产生的势能而进行的拉伸[116]。

动力性或慢动作拉伸是指通过反复多次重复动作，使身体从一个体位逐步过渡到另一体位，同时逐步增加动作幅度和 ROM[69]。

静力性拉伸是缓慢地拉伸肌肉/韧带到某一位置后静止不动，保持一段时间（10～30 s）。静力拉伸包括主动静力拉伸和被动静力拉伸[114]。

主动静力拉伸是利用主动肌的力量使身体保持某一拉伸姿势，最常见的就是瑜伽[37]。

被动静力拉伸是指在同伴或设备（如弹力带或芭蕾扶杆）的帮助下，抬高肢体或身体某一部位到某一设定的位置[37]。

PNF 有多种方法，但常用的是在肌肉/肌腱群等长收缩后，再对此肌肉/肌腱群进行拉伸（收缩—放松）[82,92]。

改编自【37】

二、柔韧性练习量（时间、重复次数和频率）

运动者在进行拉伸练习时，当感觉到肌肉轻微紧张后，保持这一姿势 10 ~ 30 s，这样就可以达到提高关节 ROM 的目的，虽然证据并不充分，但是延长拉伸的时间可能不会带来更多的益处[36,37]，但对于老年人来说，拉伸时间延长到 30 ~ 60 s，可以使其柔韧性得到更大的提高[37]（见第七章）。所有年龄段的人在进行 PNF 练习时，建议先进行 3 ~ 6 s 的低到中等强度的收缩（20% ~75% 最大随意收缩），紧接着由搭档进行辅助拉伸 10 ~ 30 s[37]。根据运动者的需要，每个柔韧性练习都应重复 2 ~ 4 次，累计达到 60 s。例如，同一动作运动者可以重复拉伸 2 次，每次 30 s；也可以重复拉伸 4 次，每次 15s[37]。每周进行 2 ~ 3 天的拉伸就可以提高 ROM，但是每天拉伸的效果更好[37]。遵循这些指南进行拉伸时，大多数人可以在不到 10 min 时间内完成练习[37]。柔韧性练习 Ex R_x 的 FITT – VP 原则总结详见表 6.7。

表 6.7　基于证据的柔韧性练习推荐

FITT – VP	基于证据的推荐
频率	至少每周 2 ~ 3 次，每天练习效果最好
强度	拉伸达到拉紧或轻微不适状态
时间	1. 推荐大多数人静力性拉伸保持 10 ~ 30 s 2. 老年人拉伸保持 30 ~ 60 s 获益更多 3. 在进行 PNF 时，最好是先进行 3 ~ 6 s 的轻到中等强度收缩（20% ~ 75% 最大随意收缩），紧接着进行 10 ~ 30 s 辅助拉伸
方式	1. 建议对所有主要肌肉、肌腱单元进行一系列的柔韧性练习 2. 静力性拉伸（包括主动和被动拉伸）、动力拉伸、弹震式拉伸以及 PNF 都是有效的方法
总量	合理的练习量是每个柔韧性练习的总时间为 60 s
模式	1. 建议每个柔韧性练习都重复 2 ~ 4 次 2. 肌肉温度升高时进行柔韧性练习的效果最好，通过主动热身或热敷、洗澡等被动方法都可以提高肌肉温度
进阶	尚无最佳进阶计划建议

改编自［37］。

柔韧性练习的推荐量

FITT

建议对每个关节进行60s的柔韧性练习。拉伸达到肌肉轻微紧张时，保持10~30s，这样可以有效提高柔韧性。老年人持续拉伸30~60s获益更多。建议在做PNF练习时，先进行3~6s的20%~75%的最大随意收缩，紧接着进行10~30s辅助拉伸。建议每周进行至少2~3天的柔韧性练习，每天进行效果最佳。

第七节　神经肌肉练习

神经肌肉练习包括平衡、协调、步态、灵活性和本体感觉等控制技能的练习，有时也被称为功能性体适能训练。某些将神经肌肉练习与抗阻、柔韧性练习相结合的综合性 PA 有时也被看作是神经肌肉练习，如太极、气功和瑜伽等。神经肌肉练习有益于老年人的健康。这类练习可以提高老年人的平衡性、灵活性和肌肉力量，并且可以降低跌倒的风险和对跌倒的恐惧感[5,37,72]（见第七章）。虽然有研究显示运动员进行平衡和灵活性练习可以减少损伤，但是有关中青年人进行神经肌肉练习获益的研究仍很少[37]。由于缺乏中青年人的研究资料，因此无法为大多数人提供明确的神经肌肉练习推荐。

目前尚无适用于所有成年人的、最有效的神经肌肉练习的类型、运动量（FIT）和训练方案[37,72]。多数研究中采用的可以提高控制能力的神经肌肉练习是：每周至少 2 ~ 3 天，每次至少 20 ~ 30 min，每周累计不少于 60 min[37,72]。目前有关练习的重复次数、强度或最佳进阶计划的数据尚缺少。表 6. 8 总结了神经肌肉练习 Ex R_x 的 FITT – VP 原则。

FITT　**表 6. 8　基于证据的神经肌肉练习推荐**

FITT – VP	基于证据的推荐
频率	每周至少 2 ~ 3 次
强度	有效的神经肌肉练习强度尚不清楚
时间	可能每天至少需要练习 20 ~ 30 min
方式	1. 建议老年人通过适当的训练和综合性活动（如太极、瑜伽）来提高控制能力（如平衡、灵活性、协调性和步态），这样可以保持身体机能，并且降低跌倒的风险 2. 中青年人进行神经肌肉训练的效果并不十分明确，但是可能也会为运动者带来益处
总量	最佳的运动量（如重复次数、强度）尚不清楚
模式	最好的运动模式尚不清楚
进阶	最适合的进阶计划还不明确

改编自［37］。

神经肌肉练习的建议

建议老年人每周至少进行2~3天的神经肌肉练习，包括平衡、灵敏、协调和步态训练，年轻人通过这些练习也可能获得益处。最适合的持续时间或重复次数还不清楚，但是每次至少20~30min，每周累计至少60min的练习可以达到神经肌肉训练效果。

第八节　静坐少动行为和静坐少动间断

静坐少动行为会对健康带来不利影响，即使是经常锻炼的人，如果长时间静坐也会有害健康[12,29,59,62,76]。越来越多的证据表明，减少静坐少动有益健康，并且可以作为日常锻炼的一个补充。静坐少动会对心血管代谢标志物、身体成分、体适能造成不良影响，但是我们可以通过短时间 PA（例如站立或散步 1 ~ 5 min）打断这种静坐少动状态，从而减少静坐少动的不利影响[13,30,39,40,64,90,95,100]。虽然目前有关静坐少动行为和打断静坐少动状态的研究结果仍存在争议[42,103]，但是有足够的证据已证明，我们应该限制静坐行为，并增加打断静坐少动状态的 PA[37]。因此，增加打断静坐少动状态的 PA 应该成为 Ex R_x 的一部分[89]。虽然打断静坐少动状态的 PA 的频率、强度、时间（持续时间）和方式尚不明确，但我们仍鼓励人们每静坐 1 小时就要通过站立、低到中等强度的散步或其他 PA 来打断静坐少动状态[67]。

第九节　运动计划的医务监督

健康/体适能专业人员在为运动者确定最适合的医务监督时，可以参考运动前健康筛查（见第二章）和风险评估（见第三章）的相关资料，其中包括健康检查、医学评价和/或按照运动者的训练目的和健康状况所进行的运动测试的结果。如果运动者在经验丰富的专业指导人员的监督下进行锻炼，可以提高其锻炼的依从性，并且可以提高慢性疾病患者和有健康问题者的锻炼安全性[37,72,111]。如果静坐少动和慢性疾病人群打算执行新的锻炼计划，那么个体化的指导是非常有帮助的[37,72]。

在线资源

美国2008体力活动指南[107]：http：//www.health.gov/PAguidelines/

ACSM运动是良医：http：//www.exerciseismedicine.org

ACSM有关抗阻训练进阶模式的立场声明[4]：http：//www.acsm.org

ACSM有关运动量和质量的立场声明[37]：http：//www.acsm.org

美国心脏协会：http：//www.heart.org

体力活动概要：https：//sites.google.com/site/compendiumofphysicalactivities/

国家研究所老年人运动和体力活动指南[108]：http：//www.nia.nih.gov/HealthInformation/Publications/

国家力量和体能协会：http：//www.nsca-lift.org

美国塑身网：http：//www.shapeup.org

（李博文　译）

参考文献

1. Ainsworth BE, Haskell WL, Leon AS, et al. Compendium of physical activities: classifi cation of energy costs of human physical activities. *Med Sci Sports Exerc.* 1993;25(1):71-80.
2. Ainsworth BE, Haskell WL, Whitt MC, et al. Compendium of physical activities: an update of activity codes and MET intensities. *Med Sci Sports Exerc.* 2000;32(9 Suppl):S498-504.
3. American College of Sports Medicine. American College of Sports Medicine position stand. Osteoporosis and exercise. *Med Sci Sports Exerc.* 1995;27(4):i-vii.
4. American College of Sports Medicine. American College of Sports Medicine position stand. Progression models in resistance training for healthy adults. *Med Sci Sports Exerc.* 2009;41(3):687-708.
5. American College of Sports Medicine, Chodzko-Zajko WJ, Proctor DN, et al. American College of Sports Medicine position stand. Exercise and physical activity for older adults. *Med Sci Sports Exerc.* 2009;41(7):1510-30.
6. Angadi SS, Mookadam F, Lee CD, Tucker WJ, Haykowsky MJ, Gaesser GA. High-intensity interval training vs. moderate-intensity continuous exercise training in heart failure with preserved ejection fraction: a pilot study. *J Appl Physiol.* 2015;119(6):753-8.
7. Armstrong LE, Brubaker PH, Whaley MH, Otto RM, American College of Sports Medicine. *ACSM's Guidelines for Exercise Testing and Prescription.* 7th ed. Baltimore(MD): Lippincott Williams & Wilkins; 2005. 366 p.
8. Astrand PO. *Experimental Studies of Physical Working Capacity in Relation to Sex and Age.* Copenhagen (Denmark): Musksgaard; 1952. 171 p.
9. Bailey DP, Locke CD. Breaking up prolonged sitting with light-intensity walking improves postprandial glycemia, but breaking up sitting with standing does not. *J Sci Med Sport.* 2015;18(3):294-8.
10. Ballweg J, Foster C, Porcari J, Haible S, Aminaka N, Mikat RP. Reliability of the talk test as a surrogate of ventilatory and respiratory compensation thresholds. *J Sports Sci.* Med. 2013;12(3):610-1.
11. Bassett DR Jr, Wyatt HR, Th ompson H, Peters JC, Hill JO. Pedometer-measured physical activity and health be-

haviors in U. S. adults. *Med Sci Sports Exerc.* 2010;42(10):1819 – 25.

12. Biswas A, Oh PI, Faulkner GE, et al. Sedentary time and its association with risk for disease incidence, mortality, and hospitalization in adults: a systematic review and meta – analysis. *Ann Intern Med.* 2015;162(2):123 – 32.
13. Blankenship JM, Granados K, Braun B. Effects of subtracting sitting versus adding exercise on glycemic control and variability in sedentary offi ce workers. *Appl Physiol Nutr Metab.* 2014;39(11):1286 – 93.
14. Bonnefoy M, Jauff ret M, Jusot JF. Muscle power of lower extremities in relation to functional ability and nutritional status in very elderly people. *J Nutr Health Aging.* 2007;11(3):223 – 8.
15. Borg GA. Perceived exertion. *Exerc Sport Sci Rev.* 1974;2:131 – 53.
16. Borg GA, Hassmen P, Lagerstrom M. Perceived exertion related to heart rate and blood lactate during arm and leg exercise. *Eur J Appl Physiol Occup Physiol.* 1987;56(6):679 – 85.
17. Borg GA, Ljunggren G, Ceci R. The increase of perceived exertion, aches and pain in the legs, heart rate and blood lactate during exercise on a bicycle ergometer. *Eur J Appl Physiol Occup Physiol.* 1985;54(4):343 – 9.
18. Brawner CA, Vanzant MA, Ehrman JK, et al. Guiding exercise using the talk test among patients with coronary artery disease. *J Cardiopulm Rehabil.* 2006;26(2):72 – 5; quiz 76 – 7.
19. Brown WJ, Bauman AE, Bull FC, Burton NW. *Development of Evidence – Based Physical Activity Recommendations for Adults* (18 – 64 *Years*) [Internet]: Canberra (Australia): Australian Government Department of Health; 2012 [cited 2015 Sept 23]. 170 p. Available from: http://www.health.gov.au/internet/main/publishing.nsf/Content/health – pubhlth – strateg – phys – act – guidelines/ $ File/DEB – PAR – Adults – 18 – 64years.pdf.
20. Buchheit M, Laursen PB. High – intensity interval training, solutions to the programming puzzle. Part I: cardiopulmonary emphasis. *Sports Med.* 2013;43(5):313 – 38.
21. Buchheit M, Laursen PB. High – intensity interval training, solutions to the programming puzzle. Part II: anaerobic energy, neuromuscular load and practical applications. *Sports Med.* 2013;43(10):927 – 54.
22. Burgomaster KA, Howarth KR, Phillips SM, et al. Similar metabolic adaptations during exercise after low volume sprint interval and traditional endurance training in humans. *J Physiol.* 2008;586(1):151 – 60.
23. Chan BK, Marshall LM, Winters KM, Faulkner KA, Schwartz AV, Orwoll ES. Incident fall risk and physical activity and physical performance among older men: the Osteoporotic Fractures in Men Study. *Am J Epidemiol.* 2007;165(6):696 – 703.
24. Church TS, Earnest CP, Skinner JS, Blair SN. Effects of diff erent doses of physical activity on cardiorespiratory fi tness among sedentary, overweight or obese postmenopausal women with elevated blood pressure: a randomized controlled trial. *JAMA.* 2007;297(19):2081 – 91.
25. Clark L, O'Leary CB, Hong J, Lockard M. The acute eff ects of stretching on presynaptic inhibition and peak power. *J Sports Med Phys Fitness.* 2014;54(5):605 – 10.
26. Covert CA, Alexander MP, Petronis JJ, Davis DS. Comparison of ballistic and static stretching on hamstring muscle length using an equal stretching dose. *J Strength Cond Res.* 2010;24(11):3008 – 14.
27. Currie KD, Dubberley JB, McKelvie RS, MacDonald MJ. Low – volume, high – intensity interval training in patients with CAD. *Med Sci Sports Exerc.* 2013;45(8):1436 – 42.
28. Donnelly JE, Blair SN, Jakicic JM, et al. American College of Sports Medicine position stand. Appropriate physical activity intervention strategies for weight loss and prevention of weight regain for adults. *Med Sci Sports Ex-*

erc. 2009;41(2):459 – 71.

29. Dunstan DW, Howard B, Healy GN, Owen N. Too much sitting a health hazard. D iabetes Res Clin Pract. 2012;97(3):368 – 76.

30. Duvivier BM, Schaper NC, Bremers MA, et al. Minimal intensity physical activity (standing and walking) of longer duration improves insulin action and plasma lipids more than shorter periods of moderate to vigorous exercise (cycling) in sedentary subjects when energy expenditure is comparable. *P LoS One*. 2013;8(2):e55542.

31. Edge J, Bishop D, Goodman C, Dawson B. Effects of high – and moderate – intensity training on metabolism and repeated sprints. *Med Sci Sports Exerc*. 2005;37(11):1975 – 82.

32. Ehrman JK, American College of Sports Medicine. *ACSM's Resource Manual for Guidelines for Exercise Testing and Prescription*. 6th ed. Baltimore(MD):Lippincott Williams & Wilkins;2009. 868 p.

33. Elliott AD, Rajopadhyaya K, Bentley DJ, Beltrame JF, Aromataris EC. Interval training versus continuous exercise in patients with coronary artery disease: a meta – analysis. *Heart Lung Circ*. 2015;24(2):149 – 57.

34. Fletcher GF, Ades PA, Kligfi eld P, et al. Exercise standards for testing and training: a scientifi cstatement from the American Heart Association. *Circulation*. 2013;128(8):873 – 934.

35. Fox SM III, Naughton JP, Haskell WL. Physical activity and the prevention of coronary heart disease. *Ann Clin Res*. 1971;3(6):404 – 32.

36. Freitas SR, Vilarinho D, Rocha Vaz J, Bruno PM, Costa PB, Mil – homens P. Responses to static stretching are dependent on stretch intensity and duration. *Clin Physiol Funct Imaging*. 2015;35(6):478 – 84.

37. Garber CE, Blissmer B, Deschenes MR, et al. American College of Sports Medicine position stand. The quantity and quality of exercise for developing and maintaining cardiorespiratory, musculoskeletal, and neuromotor fi tness in apparently healthy adults: guidance for prescribing exercise. *Med Sci Sports Exerc*. 2011;43(7):1334 – 59.

38. Gellish RL, Goslin BR, Olson RE, McDonald A, Russi GD, Moudgil VK. Longitudinal modeling of the relationship between age and maximal heart rate. *Med Sci Sports Exerc*. 2007;39(5):822 – 9.

39. Gennuso KP, Gangnon RE, Th raen – Borowski KM, Colbert LH. Dose – response relationships between sedentary behaviour and the metabolic syndrome and its components. *Diabetologia*. 2015;58(3):485 – 92.

40. Gianoudis J, Bailey CA, Daly RM. Associations between sedentary behaviour and body composition, muscle function and sarcopenia in community – dwelling older adults. *Osteoporos Int*. 2015;26(2):571 – 9.

41. Gibala MJ, Gillen JB, Percival ME. Physiological and health – related adaptations to low – volume interval training: infl uences of nutrition and sex. *Sports Med*. 2014;44(2 Suppl):S127 – 37.

42. Gibbs BB, Hergenroeder AL, Katzmarzyk PT, Lee IM, Jakicic JM. Defi nition, measurement, and health risks associated with sedentary behavior. *Med Sci Sports Exerc*. 2015;47(6):1295 – 300.

43. Gillen JB, Gibala MJ. Is high – intensity interval training a time – effi cient exercise strategy to improve health and fi tness? *Appl Physiol Nutr Metab*. 2014;39(3):409 – 12.

44. Gillespie BD, McCormick JJ, Mermier CM, Gibson AL. Talk test as a practical method to estimate exercise intensity in highly trained competitive male cyclists. *J Strength Cond Res*. 2015;29(4):894 – 8.

45. Gist NH, Fedewa MV, Dishman RK, Cureton KJ. Sprint interval training eff ects on aerobic capacity: a systematic review and meta – analysis. *Sports Med*. 2014;44(2):269 – 279.

46. Glass S, Dwyer GB, American College of Sports Medicine. *ACSM's Metabolic Calculations Handbook*. Baltimore

(MD):Lippincott Williams & Wilkins;2007. 128 p.

47. Gulati M,Shaw LJ,Th isted RA,Black HR,Merz CN,Arnsdorf MF. Heart rate response to exercise stress testing in asymptomatic women. The St. James Women Take Heart Project. *Circulation.* 2010;122(2):130 – 7.
48. Gunnarsson TP,Bangsbo J. The 10 – 20 – 30 training concept improves performance and health profi le in moderately trained runners. *J Apply Physiol*(1985). 2012;113(1):16 – 24.
49. Hardy CJ,Rejeski WJ. Not what,but how one feels:the measurement of aff ect during exercise. *J Sport Exer Psych.* 1989;11:304 – 17.
50. Haskell WL,Lee IM,Pate RR,et al. Physical activity and public health:updated recommendation for adults from the American College of Sports Medicine and the American Heart Association. *Med Sci Sports Exerc.* 2007;39(8):1423 – 34.
51. Hawkins S,Wiswell R. Rate and mechanism of maximal oxygen consumption decline with aging:implications for exercise training. *Sports Med.* 2003;33(12):877 – 88.
52. Healy GN, Dunstan DW, Salmon J, et al. Breaks in sedentary time: benefi cial associations with metabolic risk. *Diabetes Care.* 2008;31(4):661 – 6.
53. Helgerud J,Høydal K,Wang E,et al. Aerobic high – intensity intervals improve V. O 2max more than moderate training. *Med Sci Sports Exerc.* 2007;39(4):665 – 71.
54. Hill M,Talbot C,Price M. Predicted maximal heart rate for upper body exercise testing. *Clin Physiol Funct Imaging.* 2016;36(2):155 – 8.
55. Howley ET. Type of activity:resistance,aerobic and leisure versus occupational physical activity. *Med Sci Sports Exerc.* 2001;33(6 Suppl):S364,9;discussion S419 – 20.
56. Jeanes EM,Foster C,Porcari JP,Gibson M,Doberstein S. Translation of exercise testing to exercise prescription using the talk test. *J Strength Cond Res.* 2011;25(3):590 – 6.
57. Kang M,Marshall SJ,Barreira TV,Lee JO. Eff ect of pedometer – based physical activity interventions:a meta – analysis. *Res Q Exerc Sport.* 2009;80(3):648 – 55.
58. Kiviniemi AM,Tulppo MP,Eskelinen JJ,et al. Cardiac autonomic function and high – intensity interval training in middle – age men. *Med Sci Sports Exerc.* 2014;46(10):1960 – 7.
59. Kohl HW III, Craig CL, Lambert EV, et al. The pandemic of physical inactivity: global action for public health. *Lancet.* 2012;380(9838):294 – 305.
60. Krieger JW. Single versus multiple sets of resistance exercise:a meta – regression. *J Strength Cond Res.* 2009;23(6):1890 – 901.
61. Krieger JW. Single vs. multiple sets of resistance exercise for muscle hypertrophy:a meta – analysis. *J Strength Cond Res.* 2010;24(4):1150 – 9.
62. Lee IM,Shiroma EJ,Lobelo F,et al. Eff ect of physical inactivity on major non – communicable diseases worldwide:an analysis of burden of disease and life expectancy. *Lancet.* 2012;380(9838):219 – 29.
63. Little JP,Francois ME. High – intensity interval training for improving postprandial hyperglycemia. *Res Q Exerc Sport.* 2014;85(4):451 – 6.
64. Lyden K,Keadle SK,Staudenmayer J,Braun B,Freedson PS. Discrete features of sedentary behavior impact cardiometabolic risk factors. *Med Sci Sports Exerc.* 2015;47(5):1079 – 86.

65. Lyon E, Menke M, Foster C, Porcari JP, Gibson M, Bubbers T. Translation of incremental talk test responses to steady – state exercise training intensity. *J Cardiopulm Rehabil Prev.* 2014;34(4):271 – 5.

66. Mahieu NN, McNair P, De Muynck M, et al. Eff ect of static and ballistic stretching on the muscle – tendon tissue properties. *Med Sci Sports Exerc.* 2007;39(3):494 – 501.

67. Manini TM, Carr LJ, King AC, Marshall S, Robinson TN, Rejeski WJ. Interventions to reduce sedentary behavior. *Med Sci Sports Exerc.* 2015;47(6):1306 – 10.

68. McHugh MP, Cosgrave CH. To stretch or not to stretch: the role of stretching in injury prevention and performance. *Scand J Med Sci Sports.* 2010;20(2):169 – 81.

69. McMillian DJ, Moore JH, Hatler BS, Taylor DC. Dynamic vs. static – stretching warm up: the effect on power and agility performance. *J Strength Cond Res.* 2006;20(3):492 – 9.

70. Mezzani A, Hamm LF, Jones AM, et al. Aerobic exercise intensity assessment and prescription in cardiac rehabilitation: a joint position statement of the European Association for Cardiovascular Prevention and Rehabilitation, the American Association of Cardiovascular and Pulmonary Rehabilitation and the Canadian Association of Cardiac Rehabilitation. *Eur J Prev Cardiol.* 2013;20(3):442 – 67.

71. Nakahara H, Ueda SY, Miyamoto T. Low – frequency severe – intensity interval training improves cardiorespiratory functions. *Med Sci Sports Exerc.* 2015;47(4):789 – 98.

72. Nelson ME, Rejeski WJ, Blair SN, et al. Physical activity and public health in older adults: recommendation from the American College of Sports Medicine and the American Heart Association. *Med Sci Sports Exerc.* 2007;39(8):1435 – 45.

73. Nielsen SG, Buus L, Hage T, Olsen H, Walsøe M, Vinther A. The graded cycling test combined with the talk test is reliable for patients with ischemic heart disease. *J Cardiopulm Rehabil Prev.* 2014;34(4):276 – 80.

74. Noble BJ, Borg GA, Jacobs I, Ceci R, Kaiser P. A category – ratio perceived exertion scale: relationship to blood and muscle lactates and heart rate. *Med Sci Sports Exerc.* 1983;15(6):523 – 8.

75. O'Donovan G, Blazevich AJ, Boreham C, et al. The ABC of Physical Activity for Health: a consensus statement from the British Association of Sport and Exercise Sciences. *J Sports Sci.* 2010;28(6):573 – 91.

76. Owen N, Healy GN, Matthews CE, Dunstan DW. Too much sitting: the population health science of sedentary behavior. *Exerc Sport Sci Rev.* 2010;38(3):105 – 13.

77. Persinger R, Foster C, Gibson M, Fater DC, Porcari JP. Consistency of the talk test for exercise prescription. *Med Sci Sports Exerc.* 2004;36(9):1632 – 6.

78. Petersen AK, Maribo T, Hjortdal VE, Laustsen S. Intertester reliability of the talk test in a cardiac rehabilitation population. *J Cardiopulm Rehabil Prev.* 2014;34(1):49 – 53.

79. Peterson MD, Rhea MR, Alvar BA. Applications of the dose – response for muscular strength development: a review of meta – analytic effi cacy and reliability for designing training prescription. *J Strength Cond Res.* 2005;19(4):950 – 8.

80. Physical Activity Guidelines Advisory Committee. *Physical Activity Guidelines Advisory Committee Report*, 2008 [Internet]. Washington(DC): U. S. Department of Health and Human Services; 2008 [updated Sep 24]. 683 p. Available from: http://health. gov/paguidelines/pdf/paguide. pdf.

81. Reed JL, Pipe AL. The talk test: a useful tool for prescribing and monitoring exercise intensity. *Curr Opin Cardi-*

ol. 2014;29(5):475 – 80.

82. Rees SS, Murphy AJ, Watsford ML, McLachlan KA, Coutts AJ. Effects of proprioceptive neuromuscular facilitation stretching on stiff ness and force – producing characteristics of the ankle in active women. *J Strength Cond Res.* 2007;21(2):572 – 7.
83. Reid KF, Fielding RA. Skeletal muscle power: a critical determinant of physical functioning in older adults. *Exerc Sport Sci Rev.* 2012;40(1):4 – 12.
84. Rhea MR, Alvar BA, Burkett LN, Ball SD. A meta – analysis to determine the dose response for strength development. *Med Sci Sports Exerc.* 2003;35(3):456 – 64.
85. Robertson RJ, Goss FL, Dube J, et al. Validation of the adult OMNI scale of perceived exertion for cycle ergometer exercise. *Med Sci Sports Exerc.* 2004;36(1):102 – 8.
86. Robertson RJ, Goss FL, Rutkowski J, et al. Concurrent validation of the OMNI perceived exertion scale for resistance exercise. *Med Sci Sports Exerc.* 2003;35(2):333 – 41.
87. Rodríguez – Marroyo JA, Villa JG, García – López J, Foster C. Relationship between the talk test and ventilatory thresholds in well – trained cyclists. *J Strength Cond Res.* 2013;27(7):1942 – 9.
88. Roxburgh BH, Nolan PB, Weatherwax RM, Dalleck LC. Is moderate intensity exercise training combined with high intensity interval training more eff ective at improving cardiorespiratory fi tness than moderate intensity exercise training alone? *J Sports Sci Med.* 2014;13(3):702 – 7.
89. Rutten GM, Savelberg HH, Biddle SJ, Kremers SP. Interrupting long periods of sitting: good STUFF. *Int J Behav Nutr Phys Act.* 2013;10:1.
90. Sardinha LB, Santos DA, Silva AM, Baptista F, Owen N. Breaking – up sedentary time is associated with physical function in older adults. *J Gerontol A Biol Sci Med Sci.* 2015;70(1):119 – 24.
91. Scharhag – Rosenberger F, Walitzek S, Kindermann W, Meyer T. Diff erences in adaptations to 1 year of aerobic endurance training: individual patterns of nonresponse. *Scand J Med Sci Sports.* 2012;22(1):113 – 8.
92. Sharman MJ, Cresswell AG, Riek S. Proprioceptive neuromuscular facilitation stretching: mechanisms and clinical implications. *Sports Med.* 2006;36(11):929 – 39.
93. Simic L, Sarabon N, Markovic G. Does pre – exercise static stretching inhibit maximal muscular performance? A meta – analytical review. *Scand J Med Sci Sports.* 2013;23(2):131 – 48.
94. Sisson SB, Katzmarzyk PT, Earnest CP, Bouchard C, Blair SN, Church TS. Volume of exercise and fi tness nonresponse in sedentary, postmenopausal women. *Med Sci Sports Exerc.* 2009;41(3):539 – 45.
95. Stephens BR, Granados K, Zderic TW, Hamilton MT, Braun B. Effects of 1 day of inactivity on insulin action in healthy men and women: interaction with energy intake. *Metabolism.* 2011;60(7):941 – 9.
96. Swain DP. Energy cost calculations for exercise prescription: an update. *Sports Med.* 2000;30(1):17 – 22.
97. Swain DP, American College of Sports Medicine. *ACSM's Resource Manual for Guidelines for Exercise Testing and Prescription.* 7th ed. Baltimore(MD): Lippincott Williams & Wilkins; 2014. 896 p.
98. Swain DP, Franklin BA. VO(2) reserve and the minimal intensity for improving cardiorespiratoryfi tness. *Med Sci Sports Exerc.* 2002;34(1):152 – 7.
99. Swain DP, Leuholtz BC. Heart rate reserve is equivalent to % $\dot{V}O_2$ reserve, not to % $\dot{V}O_2$max. *Med Sci Sports Exerc.* 1997;29(3):410 – 4.

100. Swartz AM, Squires L, Strath SJ. Energy expenditure of interruptions to sedentary behavior. *Int J Behav Nutr Phys Act.* 2011;8:69.

101. Tanaka H, Monahan KD, Seals DR. Age – predicted maximal heart rate revisited. *J Am Coll Cardiol.* 2001;37(1):153 – 6.

102. Th ompson WR, Gordon NF, Pescatello LS, American College of Sports Medicine. *ACSM's Guidelines for Exercise Testing and Prescription.* 8th ed. Baltimore(MD): Lippincott Williams & Wilkins; 2010. 400 p.

103. Th yfault JP, Du M, Kraus WE, Levine JA, Booth FW. Physiology of sedentary behavior and itsrelationship to health outcomes. *Med Sci Sports Exerc.* 2015;47(6):1301 – 5.

104. Tschentscher M, Eichinger J, Egger A, Droese S, Schönfelder M, Niebauer J. High – intensity interval training is not superior to other forms of endurance training during cardiac rehabilitation. E ur J Prev Cardiol. 2016;23(1): 14 – 20.

105. Tudor – Locke C, Hatano Y, Pangrazi RP, Kang M. Revisiting "how many steps are enough?" *Med Sci Sports Exerc.* 2008;40(7 Suppl):S537 – 43.

106. U. S. Department of Agriculture. *Report of the Dietary Guidelines Advisory Committee on the Dietary Guidelines for Americans*, 2010 [Internet]. Washington(DC): U. S. Government Printing Offi ce; 2010 [updated Jul 13]. Available from: http://www. cnpp. usda. gov/DGAs2010 – DGACReport. htm.

107. U. S. Department of Health and Human Services. 2008 *Physical Activity Guidelines for Americans* [Internet]. Washington(DC): U. S. Department of Health and Human Services; 2008 [updated Oct]. Available from: http://health. gov/paguidelines/pdf/paguide. pdf.

108. U. S. Department of Health and Human Services. *Exercise & Physical Activity: Your Everyday Guide from the National Institute on Aging* [Internet]. Bethesda(MD): National Institute on Aging, National Institutes of Health; 2010 [updated Oct 20]. Available from: http://www. nia. nih. gov/HealthInformation/Publications/ExerciseGuide/.

109. U. S. Department of Health and Human Services, United States Department of Agriculture, United States Dietary Guidelines Advisory Committee. *Dietary Guidelines for Americans*, 2005. 6th ed. Washington(DC): Government Printing Offi ce; 2005. 71 p.

110. Utter AC, Robertson RJ, Green JM, Suminski RR, McAnulty SR, Nieman DC. Validation of the Adult OMNI Scale of perceived exertion for walking/running exercise. *Med Sci Sports Exerc.* 2004;36(10):1776 – 80.

111. Warburton DE, Bredin SS, Charlesworth SA, Foulds HJ, McKenzie DC, Shephard RJ. Evidence – based risk recommendations for best practices in the training of qualifi ed exercise professionals working with clinical populations. *Appl Physiol Nutr Metab.* 2011;36(1 Suppl):S232 – 65.

112. Weston KS, Wisløff U, Coombes JS. High – intensity interval training in patients with lifestyleinduced cardiometabolic disease: a systematic review and meta – analysis. *Br J Sports Med.* 2014;48(46):1227 – 34.

113. Wilmot EG, Edwardson CL, Achana FA, et al. Sedentary time in adults and the association with diabetes, cardiovascular disease and death: systematic review and meta – analysis. *Diabetologia.* 2012;55(11):2895 – 905.

114. Winters MV, Blake CG, Trost JS, et al. Passive versus active stretching of hip fl exor muscles in subjects with limited hip extension: a randomized clinical trial. *Phys Ther.* 2004;84(9):800 – 7.

115. Woltmann ML, Foster C, Porcari JP, et al. Evidence that the talk test can be used to regulate exercise intensity. *J*

Strength Cond Res. 2015;29(5):1248 – 54.

116. Woolstenhulme MT, Griffi ths CM, Woolstenhulme EM, Parcell AC. Ballistic stretching increases fl exibility and acute vertical jump height when combined with basketball activity. *J Strength Cond Res.* 2006; 20 (4): 799 – 803.

117. Zadow EK, Gordon N, Abbiss CR, Peiff er JJ. Pacing, the missing piece of the puzzle to high – intensity interval training. *Int J Sports Med.* 2015;36(3):215 – 9.

118. Zhu N, Suarez – Lopez JR, Sidney S, et al. Longitudinal examination of age – predicted symptomlimited exercise maximum HR. *Med Sci Sports Exerc.* 2010;42(8):1519 – 27.

第七章　健康人群在特殊情况下的运动处方

本章包含了健康人群在特殊情况下的运动处方指南和建议，根据现有文献以 FITT 原则（频率、强度、时间和方式）呈现，具体来说，本章着重于儿童和青少年、腰痛患者（LBP）、孕妇和老年人。

第一节　儿童和青少年

儿童和青少年（定义为 6 ~ 17 岁）应该比成年人的体力活动多。然而，只有最小的儿童（6 ~ 7 岁）达到了专家推荐的体力活动量[119]，大多数超过 10 岁的青少年不能满足体力活动指南的推荐活动量。《2008 体力活动指南》建议儿童和青少年每天至少进行 60 min 中等至较大强度的体力活动，并且包括较大强度体力活动、抗阻运动和每周至少 3 天的骨骼负重运动[119]。在美国，年龄在 6 ~ 11 岁的儿童只有 42% 达到这一推荐量，12 ~ 19 岁的青少年中只有 8% 达到[113]。

除了体力活动指南，美国国立心脏、肺和血液研究所和美国儿科学会的专家小组也建议儿童的屏幕（Screen）时间限制在每天 2 小时内[6,38]。5 ~ 17 岁的儿童和青少年过多的屏幕时间与肥胖增加、体适能下降、血压、血脂和血糖升高有关[115]。但是，美国全国健康与营养调查（NHANES）数据显示全美国只有一半稍多的 6 ~ 11 岁的儿童满足推荐量[40]。也许最重要的是，儿童的体力活动和静坐少动行为会进入成年期，所以从小开始并保持一种积极的生活方式非常重要[19,113]。

儿童和青少年对有氧运动训练[102]、抗阻训练[17]和骨骼负重运动[112]都有生理适应性。事实上，证据表明，青春期前的儿童参加抗阻训练可以获得类似于青春期的相对力量[70]，而且，运动训练可以改善心血管代谢风险因素、体重控制、骨强度和心理幸福感，也可以帮助预防运动损伤，因此，运动的益处远大于它的风险（例如过度使用性损伤、脑震荡）[39,93]。最近也有证据支撑体力活动和体适能与认知和学习成绩呈正相关[35]。

大多数的孩子都是健康的，不进行医学筛查就开始中等强度运动是安全的。较大强度的运动可以在安全进行中等强度运动后再开始。但由于青春期前的儿童骨骼尚未发育成熟，较小儿童不应该参与过多的较大强度运动。儿童对急性、分级运动的生理学反应从本质上来说与成年人相似。但是，也存在重要的定量化区别，很多区别与体重、肌肉质量和身高的影响有关。此外值得注意的是，由于儿童的无氧能力比成年人低很多，限制了他们完成持续性较大强度运动的能力[18]。

一、运动测试

通常成年人运动测试标准的指南也适用于儿童和青少年（见第六章）。但是，儿童和青少年运动时的生理反应与成年人不同（见表 7.1），因此需注意以下事项[87,127]：

1. 运动测试通常是为了临床或健康/体适能检查，除非儿童或青少年有健康问题，一般没有必要。

2. 运动测试计划应当依据正在进行的测试以及儿童或青少年的功能能力制订。

3. 儿童和青少年在测试前应熟悉测试过程，以最大程度地减小心理压力、增加测试成功率。

4. 跑台和功率车都可以在测试中使用。跑台可以测出较高的峰值摄氧量（$\dot{V}O_2peak$）和最大心率（HRmax）。功率车测试的受伤风险较低，但需要对儿童或青少年做出车型大小调整。

5. 相比成年人，儿童和青少年在智力和心理上发育还不成熟，测试中需要给予额外的鼓励和支持。

此外，健康/体适能测试可以在临床场所之外的地方实施。在学校里，FITNESSGRAM 成套测试可以用来评价健康相关体适能[95]。这一成套测试的测试项目包括身体成分（如 BMI、皮褶厚度或生物电阻抗分析）、心肺适能（CRF）［如 1 min 走/跑和渐进性有氧心血管耐力跑（progressive aerobic cardiovascular endurance run，PACER）、肌肉适能（如卷腹测试，curl－up test）、躯干抬高测试（trunk lift test）和引体向上/俯卧撑测试］和柔韧性（如坐位体前屈测试和肩部伸展测试）。年龄和性别相关的参照标准可进行人口统计学特征比较[95]。

表 7.1　与成年人相比，儿童对急性运动的生理反应[61,110]

指标	变化
绝对摄氧量	较低
相对摄氧量	较高
心率	较高
心输出量	较低
每搏输出量	较低
收缩压	较低
舒张压	较低
呼吸频率	较高
潮气量	较低
每分通气量	较低
呼吸交换率（RER）	较低

鉴于健康与体适能之间的密切关系，评价有氧和肌肉适能的测试仍然是重要的筛查工具。而追踪行为尤其是客观方法（如计步器或加速度计）为评价体力活动水平提供了更合适的标准。尽管计步器不能记录体力活动强度，但它为评估每日运动量提供了一种普通的、低成本的选择。最近有研究用加拿大和美国的全国数据库把每天运动 60 min 的指南转化为了每天步行 9000 ~ 12000 步[2,27,117]。

二、运动处方

本章针对儿童和青少年的运动处方指南列出了通过规律的体力活动来获得健康/体适能益处的最低体力活动量[119]。应鼓励儿童、青少年参与各种有趣的、与年龄相适应的体力活动。较小儿童应该包括非结构化的游戏活动，通常由几段中等和较大强度的体力活动以及短暂的间歇构成。这些体力活动虽然时间短，但是也应计入 FITT 推荐量。

FITT 儿童和青少年的 FITT 推荐[119]

	有氧	抗阻	骨骼负重运动
频率	每天	每周≥3 天	每周≥3 天
强度	大部分应该是中等-较大强度有氧运动，并且应该包括每周至少 3 天较大强度运动。中等强度运动时 HR 和呼吸显著增加。较大强度时心率和呼吸急剧增加	用体重作为阻力或 8～15 次最大重复次数运动至中度疲劳	N/A
时间	作为每天 60 min 或更多运动的一部分	作为每天 60 min 或更多运动的一部分	作为每天 60 min 或更多运动的一部分
方式	有趣、与发育相适应的有氧体力活动，包括跑步、健步走、游泳、跳舞、骑自行车和体育活动如足球、篮球或网球	肌肉力量性体力活动可以是非组织性的（如在操场的健身设施上玩、爬树或拔河）或者是有组织性的（如举重、使用弹力带运动）	骨骼负重运动包括跑步、跳绳、篮球、网球、抗阻训练和跳房子游戏

三、注意事项

1. 儿童和青少年可以在指导和监督下安全地参加力量训练。一般针对成年人抗阻训练的指南也可以应用于儿童和青少年（见第六章）。

2. 由于体温调节系统发育不成熟，儿童、青少年应避免在炎热潮湿的环境下持续运动，并且应注意补水和适当地减少运动。更多信息见第八章和 ACSM 立场声明中关于热环境中的运动和补水[10]。

3. 超重或体力活动不足的儿童、青少年可能不能保证每天进行 60 min 中等至较大强度的体力活动。这些孩子应该以中等强度体力活动开始，适应后逐渐增加运动频率和时间以达到每天 60 min 的目标。可以逐渐增加较大强度的体力活动直到每周至少 3 天。

4. 对于有疾病或残障的儿童、青少年，如哮喘、糖尿病、肥胖、囊性纤维化以及脑瘫者，应根据他们的身体状态、症状以及体适能水平制定运动处方（见第十章和第十一章）。

5. 应努力减少静坐少动行为（如看电视、上网和玩视频游戏），增加有益于终生体力活动和体适能的活动（如步行和骑自行车）。

在线资源

美国卫生及人类服务部.2008美国人体力活动指南（2008）［互联网］. 华盛顿特区：美国卫生及人类服务部，2008[119]：http：//www. health. gov/paguidelines/guidelines

美国卫生及人类服务部. 体力活动指南咨询委员会报告，2008. 华盛顿特区：美国卫生及人类服务部，2008[93]：http：//www. health. gov/paguidelines/guidelines/#committee

第二节　腰　痛

腰痛（LBP）被定义为肋骨以下、臀下皱襞以上区域的疼痛、肌肉紧张或肌肉僵硬，可能伴发或者不伴发腿疼[14,121]。腰痛是一种重要的公共健康问题，终生患病率高达84%[5]。有4%到33%的成人在任何时间点都出现了腰痛[42]，有70%以上的病例出现了反复的腰痛[45]，约20%的病例变成慢性病，10%进展为残障[5]。

腰痛的个体可以被分为3种：（1）与潜在的其他疾病（如癌症、骨折、感染、强直性脊柱炎或马尾神经综合征）相关的腰痛；（2）与神经根病或椎管狭窄有关的腰痛；（3）非特异性腰痛[17]，可高达所有病例的85%以上[25]。为方便治疗，将腰痛分为急性期（<6周）、亚急性期（6～12周）和慢性期（>12周）[5,34]。

约90%的急性腰痛不管是否治疗都会在6周内得到缓解[118]。为了减少残障的可能性，腰痛的个体应该在疼痛限制范围之内继续活动，避免卧床休息，尽快返回工作岗位[128]。如果持续性疼痛超过了6周，推荐采用包括心理社会因素在内的多学科方法[34]进行治疗。有些腰痛患者对腰痛恐惧、焦虑或存在错误认识，从而加重了持续的疼痛[96]。把治疗与有氧运动和疼痛教育相结合，可以改善个体的态度、结局、感知和疼痛阈值[72,81]。增加腰痛发展成为或永久成为长期残障和工作损失风险的心理社会因素（见专栏7.1）。

专栏7.1　与腰痛有关的长期残障和工作损失的心理社会因素[103]

1. 消极态度，认为腰痛有害或可能严重致残。
2. 恐惧回避行为和减少活动量。
3. 治疗期望消极。
4. 抑郁倾向、情绪低落、不合群。
5. 社会或经济问题。

目前的文献并不支持腰痛最初发作的确切原因[34]，但是，最初的腰痛是未来腰痛的最强预测因子[14]。反复腰痛会加重严重程度，增加发作时间，引起更高程度的包括工作残障在内的残障，并需要更高的医疗和保障费用[22,123]。目前的指南非常强调预防措施和早期的干预，希望把急性腰痛发展为慢性腰痛和/或残障的风险降到最低[52]。目前最好的循证医学指南指出，体力活动是管理腰痛病情的关键组成部分。

必须注意到一些害怕疼痛和/或再损伤而避免体力活动的腰痛个体，以及那些即使体力活动会使症状恶化还坚持进行运动的个体[58,98]。害怕疼痛和/或再损伤的腰痛个体经常误解为任何症状的加剧都是脊柱状况的恶化，并且错误地相信疼痛等同于组织损伤[105]，相反，那些出现腰痛但仍坚持体力活动的个体可能没有给损伤组织所需的治愈时间。这两种行为都与慢性疼痛的发生有关[58]。

当腰痛是另一种严重疾病（如癌症）的症状时，应该考虑最主要疾病的运动测试和运动处方指南。对于所有的其他原因引起的腰疼，没有共存的疾病存在时（例如心血管疾病和它的相关危险因素），运动测试和运动处方的推荐应该与健康人群相似（见第六章）。鉴于大多数腰痛都是非特异性的，这里所推荐的运动处方也是针对与创伤或其他任何特定潜在疾病（如癌症或感染）无关的腰痛。

一、运动测试

急性或亚急性腰痛患者的体力活动水平不同，与疼痛相关的残障无关，但残障水平较高的慢性腰痛患者可能出现低水平的体力活动[71]。个体对腰痛的看法通常会影响锻炼意愿[66]，因此，在症状出现的一周内应该使用症状限制性运动测试[1,98]。

（一）心肺耐力

疼痛引起的回避行为可能导致体力活动减少，这不可避免地会导致 CRF 的降低[59]。但目前尚未有证据发现 CRF 与疼痛之间有明确的关系[]122]。

几乎没有研究让腰痛患者在运动测试过程中运动到力竭[37]。对于腰痛患者来说，次大强度运动负荷试验被认为是可靠和有效的[98]，不过，实际的或可预料到的疼痛可能会限制次大强度运动负荷测试和最大强度运动负荷测试[37,64,98,108,109]。因此，指导腰痛个体选择最大强度和次大强度运动负荷测试的原则应该和一般人群相同（见第四章）。

（二）肌肉力量和耐力

腰痛患者经常出现躯干肌肉力量和肌肉耐力不足[43,63,74]和神经肌肉不平衡[44,99]，但这些因素在腰痛的发生和发展过程中所起的作用尚不清楚[63,86]。肌肉力量和肌肉耐力的下降可能与腰痛的发生周期和程度无关[32,129]。

对腰痛病人肌肉力量和耐力的测试方法指南应该与普通人群一致（见第四章）。在腰痛个体中进行躯干肌肉力量和耐力的测试（例如等速测力器的背部组件、选定的机器和背伸凳）是很常见的[53]，但这些测试的可靠性是值得怀疑的，因为学习的作用，第一次与第二次的测试结果就不同[53,120]。腰痛患者的肌肉力量和肌肉耐力的评价往往受到实际或对可预料的再次损伤的恐惧的限制[69]。

（三）柔韧性

目前有关总体脊柱柔韧性和腰痛或功能丧失之间的关系还不清楚[3]，一系列研究显示脊柱柔韧性、髋关节柔韧性与腰痛具有一定的关系[78]，但是这种关系的本质很复杂，仍需进一步研究。建议将脊柱柔韧性的评价作为腰痛临床评价标准中的一部分[13]，同时可以反映个体的身体状况。虽然证据相对薄弱，但对腰痛个体进行下肢柔韧性测试尤其是髋部柔韧性测试却似乎合理[34,62]。腰痛个体柔韧性测试方法指南应该与普通人群一致（见第四章），但重要的是需要注意辨别测试受限是柔韧性本身所致还是腰痛症状的加重导致。

二、运动处方

治疗腰痛的临床指南一直推荐要多进行体力活动、避免卧床休息[5,21,34,52,128]。尽管急性、严重的腰痛最好避免运动以防止症状的加重[1,25,62]，但对处于亚急性、慢性腰痛和腰痛复发的个体应鼓励参加体力活动[1]。急性腰痛 2 周内要谨慎推荐活动，规律步行就是一种比较好的方式，可以推荐给腰痛患者而不会加重症状[52]。有氧运动被证明是有效的运动疗法，特别是步行、骑自行车和游泳，不管是对急性、亚急性腰痛，还是慢性腰痛都有效[62,118]。

尽管运动可以帮助治疗慢性腰痛已经成为共识，但是并没有哪一种运动干预已经显示出优越性[52]。推荐给这部分人群时，应建议他们跟普通人群一样运动（见第六章），应将有氧、抗阻和柔韧性练习进行结合[1]。对于慢性腰痛的病人来说，包含个体化、监督、拉伸和力量等方面的运动项目与最佳结果相关[25,60]，而且，证据表明，非特异性慢性腰痛的多维特性显示了最有利的结果是个性化的方法，它能达到解决心理困扰、恐惧回避信念、控制疼痛的自我效能，还包括了应对策略[86]。

三、注意事项

1. 躯干协调性、力量性和耐力性运动可以减少动作协调受损的亚急性和慢性腰痛患者的腰痛和残障[34]。但是，没有足够证据证明单一治疗（如腹部力量训练）可以获得益处[62,86]。

2. 可以通过提供保证、鼓励运动、强调超过 90% 的腰痛不需要治疗可以缓解，来改善个人的背部疼痛[62]。

3. 对核心稳定性相关的定义、组成和评估技术缺乏共识。此外，大多数评估核心稳定性的测试都没有证明其有效性[73,75]。

4. 应小心使用腹部支撑（躯干肌肉收缩）[77]，因为腹部支撑会增加脊髓受压程度，对个体会造成进一步的损害[4]。

5. 某些运动或姿势会加重腰痛的症状。步行，尤其是下坡走可能会加重椎管狭窄病人的疼痛[97]。

6. 有些腰痛的个体经历过症状的“外周化”，也就是腰椎持续或重复运动后，疼痛症状会有向下肢放射的现象[76]。这种情况下，加重“外周化”的运动或活动应该暂停[114]。鼓励从事症状“集中化”（下肢疼痛从远端到近端减轻）的重复动作和运动，比如斜体俯卧撑，来减轻腰痛急性期的下肢远端疼痛[34]。

7. 建议将柔韧性练习作为整体运动计划的一部分。尽管没有研究证明拉伸干预可以有效治疗和预防腰痛，但仍建议加强髋关节和下肢柔韧性的练习[36]；不推荐通过躯干柔韧性的练习来治疗腰痛[112]。

8. 伴有全身性疼痛（多于一个身体部位的疼痛）的慢性腰痛患者可以采用渐进、低强度有氧运动，未伴有全身性疼痛的慢性腰痛患者可以采用中等到高强度的有氧运动[34]。

第三节　老年人

老年人被定义为≥65 岁，以及 50～64 岁有明显临床疾病或存在影响运动、体适能或体力活动等生理限制的人，表现出多种年龄范围的不同生理功能[107]。由于人衰老的程度不一致，年龄相似的个体对运动引起的反应可表现出明显的不同。此外，很难区分衰老与身体异常状态或疾病对生理功能造成的影响（表 7.2 提供了一系列年龄相关的重要生理指标的改变）。因此，相对年龄来说，健康状况通常是一个判断是否有能力参加体力活动更好的指标。

大量的证据支持体力活动带来如下益处：（1）减缓衰老带来的运动能力下降；（2）优化老龄化造成的身体成分变化；（3）促进心理和认知能力的健全；（4）控制慢性疾病；（5）减少身体残障的风险；（6）延长寿命[9,106]。尽管有这些好处，老年人仍是所有年龄组中体力活动最少的。只有 11% 的 65 岁以上的老年人满足指南所要求的有氧运动与力量锻炼量，仅有 5% 的年龄超过 85 岁的老年人满足要求[41]。

安全、有效地进行运动测试和合理地制定运动处方需要全面了解年龄增加在安静和运动时对生理功能的影响。表 7.2 提供了一系列年龄相关的主要生理学改变。而潜在的疾病和服用药物可能会改变预期的急性运动应激反应。

表 7.2　衰老对特定的生理和健康相关指标的影响[107]

变量	变化
安静心率	无变化
最大心率	较低
最大心输出量	较低
安静和运动时血压	较高
绝对和相对最大摄氧量［$\dot{V}O_2$RmaxL/min 和 mL/（kg·min）］	较低
残气量	较高
肺活量	较低
反应时	较慢
肌肉力量	较低
柔韧性	较低
骨量	较低
瘦体重	较低
体脂%	较高
糖耐量	较低
恢复时间	较长

一、运动测试

大多数老年人在进行中等强度体力活动之前没必要进行运动测试（见第二章）。但是，如果推荐进行运动测试，要注意心电图（ECG）对于老年人的敏感性（84%）高于年轻人（<50%），而特异性（70%）低于年轻人（>80%），同时，其产生假阳性的概率更高，这可能与左心室肥大（LVH）、传导异常等发生率较高有关[49]。

（一）注意事项

虽然老年人的运动测试终止标准没有超出第四章所述的成年人的运动测试终止标准，但在年龄较大的人群中，心血管、代谢和骨等方面问题的增加常常会导致运动测试提前终止。因此，老年人运动测试在测试方案和方法上会有所不同，需要在医生或其他健康保健人员的指导下进行。下面将详细列出老年人运动测试时的注意事项[107]：

1. 对于工作能力较低者，起始负荷应该较低（如<3METs），负荷递增的幅度也要小（如0.5~1.0MET），修订的 Naughton 跑台方案是个很好的例子（见图 5.1）。

2. 对平衡能力差、神经肌肉协调能力不好、视力差、老年步态模式、体重承受受限和/或足部有疾患者，使用功率车可能比跑台更好。不过，局部肌肉酸痛可能会是使用功率车测试终止的原因之一。

3. 由于平衡能力下降、肌肉力量减小、神经肌肉协调能力差和害怕等原因，有必要在跑台上安装扶手。但是，利用扶手支撑纠正步态异常会降低根据运动持续时间或峰值工作负荷完成情况推断峰值 MET 能力的精确度。

4. 根据受试者的行走能力，跑台的负荷可以通过增加坡度而非速度进行调节。

5. 许多老年人在做最大运动强度测试时，最大心率常常会超过根据年龄预测的最大心率值。

6. 对很难适应运动方案者，可能需要延长起始阶段、重新开始测试或重复测试。还可以考虑间歇性测试的方法（见第五章）。

7. 运动诱发的心律失常在老年人群中的发生率比其他年龄组要高。

8. 药物可能会影响运动中的心电图（ECG）和血液动力学的反应（见附录 A）。

高龄人群（年龄≥75 岁）和行动不便的个体大多数都有一种或者多种慢性疾病。随着年龄的增长，身体限制也越来越多。前面所提到的方法并不适用于高龄人群和行动不便人群。目前，这部分人群在运动中或运动测试的过程中会出现死亡和心血管事件风险增加的证据还不足，因此，除非有医学指征（如 CVD 症状、未控制的糖尿病），否则就不需要进行运动测试。另外，无 CVD 症状的个体，应该以无风险的低强度（ <3METs）运动开始[50]。

（二） 运动能力测试

运动能力测试在很大程度上已经代替了运动负荷测试用来评价老年人的功能状态[55]。一些测试方法已经被制定和验证与潜在的体适能状况相关，另一些测试被制定和验证用于预测以后的残障、生活自理能力和死亡。运动能力测试是很有吸引力的，因为大部分测试只需要很少的空间、设备和花费；可以由非专业人员或者经过简单训练的健康/体适能相关专业人士实施；并且被认为在健康和临床人群中是非常安全的[23,101]。运动能力测试最广泛的应用是针对一项运动干预，能够确定与较差的健康状态相关的功能限制临界点。表 7.3 描述了一些最常用的运动能力测试方法。在完成这些评估之前，（1）仔细考虑每项测试的特定人群；（2）了解地板效应或天花板效应；（3）理解影响得分或预测能力的因素（例如：样本、年龄、健康状况和干预措施）。

老年人体适能测试是根据大量、健康的居住在社区的样本制定的，并发布了针对 60 ~ 94 岁男性和女性老年人的标准数据，反映上肢和下肢的力量、上肢和下肢的柔韧性、心肺耐力、灵活性和动态平衡[101]。老年人体适能调查者公布了每项测试的阈值，定义了 65 ~ 85 岁老年人要独立活到 90 岁所需要的与年龄相匹配的每一个功能的能力水平[100]。简易运动能力测试（SPPB）[56]是一项下肢功能的测试，对残障、生活自理能力和死亡有很好的预测能力，但是发现在普通健康老年人中也存在天花板效应，限制了其作为结果在运动干预中的使用。在 SPPB 测试中 0.5 分的改变被认为是意义较小的改变，1 分的改变认为是有显著的变化[54]。普通步态速度测试被广泛认为是测试行走能力最简单的测试，预测效果与 SPPB 测试一致[90]，但它随运动干预变化的敏感性会不一致。普通步态速度测试中，0.05 m/s 的改变被认为是意义较小的改变，0.1m/s 的改变则被认为有显著性的变化[49]。

表 7.3　常用的运动能力测试

方法和描述	实施时间	代表较低功能的界值点
老年人体适能测试[101] 7 项：30 s 坐立测试、30 s 臂弯举、8 英尺（2.44 米）起立行走、6 min 走、2 min 台阶试验、坐位体前屈和背抓。每个测试都有标准的尺度	共 30 min 每项测试 2 ~ 10 min	依据年龄标准，≤第 25 百分位数
简易运动能力测试[56] 一项下肢功能测试。将普通步态速度、平衡时间测试和坐立测试的得分结合。得分范围从 0 至 12，得分越高代表功能越好	10 min	10 分
普通步态速度测试 以普通的速度行走很短的距离（3 ~ 10 m），通常测试两次，以较好的一次做评价	<2 min	1 m/s
6 min 走测试 作为心肺耐力的一项指标广泛使用。评价个体在 6 min 内可以行走的最远距离。50 m 的变化被认为有显著的改变[49]	<10 min	依据年龄标准，≤第 25 个百分位[97]
运动能力测试连续量表（scale）[29] 有长、短两个版本可以使用。 测试包括连续完成日常生活中的工作，例如端起一盆很重的水、穿上和脱下夹克、从地板上起来和坐下、爬楼梯、提杂物和其他，在自然的环境下实施测试，可以反映潜在的身体功能。得分从 0 至 100，得分越高代表功能越好	60 min	57 分

二、运动处方

运动处方的一般原则适合各个年龄段的成年人（见第六章）。老年人相应的运动适应能力及体适能成分提高百分比与年轻人群研究报告中的相当类似，对于维持健康、功能能力并减缓与年龄相关的多种生理功能衰退等（见表 7.2）非常重要。与其他年龄组相比，老年人普遍存在功能能力低下、肌力不足以及体适能下降等情况，都可能导致生活独立性丧失[9]。因此，一个合适的运动处方应该包括有氧、肌肉力量/耐力和柔韧性运动。如果一个人经常跌倒或行走不便，还应当做些神经肌肉练习以提高平衡能力和灵敏性，还应该进行本体感觉训练（如太极），以提高健康相关体适能的其他的能力。而且，年龄不应该成为促进体力活动的障碍，因为无论任何年龄，都会获得明显收益。

相对于年轻人而言，老年人运动处方最大的不同就是制定相对运动强度。对于明显健康的成年人，中等到较大强度体力活动用与 METs 相关的值来定义，中等强度为 3 ~ 5.9 METs，较大强度运动为≥6METs。相反，对于老年人，活动要相对于个人的体适能水平，用一个 10 分的主观感觉费力程度量表进行评分，0 分的费力程度相当于坐着，10 分相当于竭尽全力，中等强度运动为 5 分或 6 分，较大强度运动为 7 分或 8 分。中等强度运动会引起心率和呼吸显著增加，而较大强度运动会引起心率或呼吸的大幅度增加[85]。

（一）针对经常跌倒或行动受限个体的神经肌肉（平衡）练习

神经肌肉（平衡）练习没有被专门纳入运动处方之中。但是包括平衡、灵敏和本体感觉训练的神经肌肉练习，如果能坚持每周 2 ~ 3 天的训练，对于减少和预防跌倒效果明显[9,46]。一般的建议包括：（1）通过逐渐增加动作的难度来减少其支撑力（如双腿站立、半前后站立、前后站立、单腿站立）；（2）移动人体重心的动力性运动（如交叉步伐或旋转）；（3）肌群压力姿势练习（如脚跟或足尖站立）；（4）减少感觉输入（如闭眼站立）；（5）太极。包含了力量、平衡能力、耐力或柔韧性运动中的 2 种或多种运动模式可以降低跌倒率和跌倒的人数[124]。有监督地进行运动（如太极或个人在家运动）对于降低跌倒风险都有好处[51]。但应该保证这些运动中的医务监督[9]。

FITT　老年人的 FITT 推荐[9,46,85]

	有氧	抗阻	柔韧性
频率	每周≥5 天中等强度体力活动；每周≥3 天较大强度体力活动；每周 3～5 天中等强度与较大强度体力活动相结合	每周≥2 天	每周≥2 天
强度	依据 0～10 分体力活动量表。5～6 分为中等强度，7～8 分为较大强度	以低强度（例如 40%～50% 1－RM）开始；逐渐过渡到中等强度（例如 60%～80% 1－RM）；或者 0～10 分量表中的中等强度（5～6 分）到较大强度（7～8 分）	拉伸至感觉到拉紧或轻微的不适
时间	每天 30～60 min 中等强度体力活动；每天至少 20～30 min 较大强度运动；或同等运动量的中等强度和较大强度运动相结合；可以累计，但保证每次至少 10 min	8～10 个大肌肉群的运动	保持拉伸 30～60 s
方式	不对骨施加过大压力的任何方式的运动（如步行）。水上运动和固定功率车运动较那些因需要承受自身体重而耐受能力受限制的项目来说更具优越性	渐进式负重运动项目或承受体重的柔软体操、爬楼梯和其他大肌群参与的力量训练	任何保持或提高柔韧性的体力活动，通过缓慢的动作拉伸身体的各大肌群。且静力性拉伸优于快速弹振式拉伸

三、注意事项

为了最大限度获得运动的有效性，应注意以下问题：

1. 在刚开始参加体力活动时，强度要低、运动持续时间不要太长，尤其是那些因身体素质很差、功能受限或有慢性疾病影响他们完成体力活动的老年人而言更是如此。

2. 循序渐进的体力活动必须是个性化的、合适的、可以承受的和有兴趣的；保守的方法对于大多数身体素质差和活动功能受限的老年人比较适用。

3. 肌肉力量随年龄增长快速下降，尤其是大于 50 岁的人。尽管抗阻训练在一生中都很重要，随着年龄的增加，抗阻运动变得更加重要[9,46,85]。

4. 使用器械或自身重量进行力量训练时，刚开始训练时应该由能够认识到老年人特殊需要的专业人士进行密切监督和指导。

5. 老年人可能额外受益于肌肉功率训练（power training），这是力量训练的一种，因为随着年龄的增加，肌肉爆发力快速下降，爆发力不足与更高的意外跌倒风险有关[20,24]。健康老年人进行爆发力训练应该包含单关节和多关节运动（1~3 组），轻到中等负荷（30%~60% 1-RM），快速重复 6~10 次。

6. 因患有肌肉减少症而身体虚弱的个体，需要在生理能力可以参与有氧训练之前增加肌肉力量。

7. 如果老年人患有慢性疾病，无法达到推荐的最小运动量，也应当尽可能地做些可以耐受的体力活动而避免静坐少动状态。

8. 老年人应该逐渐地超过所推荐的最小体力活动量，如果他们想提高和/或维持体适能，可以尝试着继续增加运动量。

9. 老年人应当尽量超过体力活动最小推荐量以加强对慢性疾病和健康状态的管理。因为众所周知，较高的体力活动水平具有治疗作用。

10. 应鼓励认知减退的老年人进行中等强度体力活动，认识到体力活动可以改善认知。有严重认知障碍的个体也可以参与体力活动，但可能需要个性化的帮助。

11. 结构性的体力活动应该以适当的整理运动结束，尤其是对于患心血管疾病的个体。整理运动应该包括逐渐减少用力、强度和适当的柔韧性运动。

12. 加入行为策略，如社会支持、自我效能、健康选择的能力和安全感，这些都可能促进老年人参与规律的运动项目（见第十二章）。

13. 运动专业人士还应当定期提供反馈信息、积极鼓励、应用其他行为/计划性的策略，以增强运动者的依从性。

在线资源

身体功能表现能力持续筛查[28]：http://www.rehabmeasures.org/Lists/RehabMeasures/DispForm.aspx?ID=1125

快速身体表现能力筛查[12]：http://www.grc.nia.nih.gov/branches/ledb/sppb/index.htm

第四节　妊　娠

推荐健康、无运动禁忌证（专栏 7.2）的孕妇在整个妊娠过程中进行运动[7,33,93]。越来越受到关注的是，孕期进行运动有益于健康（专栏 7.3），而静坐少动行为则存在短期和长期的健康风险[33]。美国妇产学会[7,11]、美国卫生和人类服务部在他们的指南中，指出了孕期运动的重要性，给出了以循证医学为基础的运动处方指南，以最大程度地减少风险，促进健康。适当的改变和循序渐进，怀孕是久坐少动女性进行体力活动的机会[93]。

专栏 7.2　妊娠过程中运动禁忌证

相对禁忌证

1. 严重贫血。
2. 未经诊治的心律失常。
3. 慢性支气管炎。
4. 未得到有效控制的 1 型糖尿病。
5. 极度肥胖。
6. 极度低体重。
7. 极度静坐少动的生活方式。
8. 本次妊娠胎儿宫内发育迟缓。
9. 未得到有效控制的高血压。
10. 限制运动的骨关节疾病。
11. 未得到有效控制的癫痫。
12. 未得到有效控制的甲亢。
13. 重度吸烟者。

绝对禁忌证

1. 伴血流动力学异常的心脏病。
2. 限制性肺部疾病。
3. 宫颈功能不全/宫颈环扎术后。
4. 有劳力性早产风险的多胎妊娠。
5. 妊娠中期或晚期持续性出血。
6. 妊娠 26 周后胎盘前置。
7. 本次妊娠有劳力性早产风险。
8. 胎膜破裂。
9. 先兆子痫/妊娠高血压。

经许可，引自［7］

一、运动测试

除非医疗需要，孕妇不应该进行最大强度运动负荷测试[7,11,33,65]。如果获准进行最大强度运动负荷测试，应该在对孕妇进行运动禁忌证的医学评估之后在医师的监督下进行（见专栏 7.2）。

与妊娠前相比，在妊娠过程中对运动的急性生理反应通常会增加[127]（表 7.4）。由于妊娠带来的生理变化，预测最大有氧能力的次大强度运动负荷测试的准确性会受到影响，因此，次大强度运动负荷测试大多用于确定训练的有效性而非准确估算最大有氧能力。

专栏 7.3　妊娠过程中的运动益处[8,13,30,31,57,80,84,89]

1. 预防孕期体重增加过多。
2. 预防妊娠糖尿病。
3. 降低先兆子痫的风险。
4. 降低腰痛发病率/缓解症状。
5. 降低尿失禁的风险。
6. 预防/改善抑郁症状。
7. 保持体适能。
8. 预防产后体重滞留。

表 7.4　与妊娠前相比，在妊娠过程中对急性运动的生理反应[127]

指标	变化
摄氧量（在体重－依赖的运动中）	增加
心率	增加
心搏出量	增加
心输出量	增加
潮气量	增加
每分通气量	增加
氧通气当量（E/O_2）	增加
二氧化碳通气当量（E/CO_2）	增加
收缩压（SBP）	无变化/下降
舒张压（DBP）	无变化/下降

二、运动处方

无产科或医学并发症的情况下，推荐怀孕期间的运动与健康成人的一致，即每周的大多数天数里，累计进行至少150 min中等强度有氧运动或至少75 min较大强度有氧运动[119]。孕妇的运动处方应该根据孕妇的运动史、症状、不适和妊娠中的运动能力进行调整。加拿大运动生理学会将孕期体力活动前医学检查问卷（PARmed - X）和电子版孕期体力活动前医学检查问卷（ePARmed - X），应用于孕妇参加运动项目前的健康筛查（见图7.1）[88]。所有妊娠妇女应接受教育警示，哪些情况应该停止运动（专栏7.4）。

关于妊娠期的抗阻运动的研究有限，已有的结果显示，相对于静坐少动的对照组，抗阻训练要么没有效果（如在胎龄、早产或剖宫产以及足月正常体重儿分娩方式无差别），要么结局更好（如腰痛发生率更低、产程更短、产后恢复时间更短）[15,16,47,68,91,126]。

专栏7.4 妊娠期停止运动的警示

1. 阴道出血或（羊水）液体渗漏。
2. 运动前呼吸困难。
3. 眩晕，视线模糊或头痛。
4. 胸痛。
5. 肌肉无力。
6. 小腿疼痛或肿胀。
7. 胎儿运动减少。
8. 早产。

经许可，引自［7］。

孕期体力活动前医学检查问卷（2002）

孕期体力活动前医学检查问卷（PARmed－X）

孕期体力活动前医学检查是孕妇参加体适能训练或运动健身前的健康筛查指南

没有妊娠并发症的健康妇女可以将体力活动融入她们的日常生活中，参加对母亲、胎儿无明显风险的体力活动。这些项目带来的益处包括提高有氧适能和肌肉适能，有助于获得适当的体重和帮助分娩。规律运动还可以帮助预防妊娠糖尿病和妊娠高血压。

分娩前运动项目的安全性取决于适当的母体－胎儿生理储备水平。孕期 PARmed－X 是一种方便的检查列表和处方，供医务人员评价准备进行产前体适能锻炼的妊娠人群在运动中进行医务监督时使用。

妊娠 PARmed－X 使用说明如下：

1. 病人应该填写表格中的病人基本信息和运动前健康筛查表（1、2、3 及 4 的一部分），并将此表交给负责妊娠监护的医师。
2. 负责妊娠监护的医师应检查病人提供信息的准确性，并根据现有的医学信息填写有关禁忌证的 C 部分。
3. 如果没有运动禁忌证，则应完成健康评估表格、健康管理医师签名后，由病人交给她的妊娠监护医师。

为了使医学管理更加审慎，应考虑参加者合适的运动方式、运动强度和运动量，从而有益于妊娠。妊娠 PARmed－X 提供安全的个性化运动处方和运动计划的建议。

注意：A 和 B 部分应该在提交给健康管理人士之前由病人完成。

A 病人信息

姓名______________________________

地址______________________________

电话______________ 出生日期______________ 健康保险号______________

妊娠监护医师姓名______________ 妊娠监护医师电话______________

B 运动前健康筛查

第一部分：一般健康状况

过去你是否经历过（选择是或否）：

	是	否
1. 既往妊娠中曾经流产？	□	□
2. 其他妊娠并发症？	□	□
3. 在过去的 30 d 之内完成过一份 PAR－Q。	□	□

如果您在 1 或 2 中回答的“是”，请解释：

____

既往妊娠次数？______________

第二部分：目前妊娠状态

妊娠的日期：______________

此次妊娠中您是否经历了：

	是	否
1. 明显的乏力？	□	□
2. 阴道出血（点状）？	□	□
3. 原因不明的虚弱或眩晕？	□	□
4. 原因不明的腹痛？	□	□
5. 踝部、手或面部的突然肿胀？	□	□
6. 持续头痛或伴随有头痛的其他问题？	□	□
7. 单侧小腿肿胀、疼痛或发红？	□	□
8. 第 6 个月后胎动是否减少？	□	□
9. 第 5 个月后体重增加停止？	□	□

如果对上述任一问题您选择了“是”，请解释：

____

第三部分：既往运动习惯

1. 仅列出规律的健身/娱乐活动：

____

____

强度	运动频率（次/wk）			运动时间（min/d）		
	1～2	2～4	4^{+}	<20	20～40	40^{+}
重	___	___	___	___	___	___
中	___	___	___	___	___	___
轻	___	___	___	___	___	___

2. 您参加的规律体力活动（工作/居家时）包括：	是	否
抬举重物？	□	□
频繁步行/爬楼梯？	□	□
偶尔步行（>1 次/h）？	□	□
长时间站立？	□	□
久坐？	□	□
正常日常活动？	□	□
3. 您目前吸烟吗？ *	□	□
4. 您饮酒吗？	□	□

第四部分：体力活动强度

您希望参加什么体力活动？

____

这与您目前参加的体力活动相同吗？ □是 □否

* 注意：强烈建议妊娠女性不要在妊娠期和哺乳期吸烟和饮酒。

图 7.1 妊娠体力活动前医学检查（PARmed－X） 经许可，引自［88］

孕期体力活动前医学检查问卷（2002）

孕期体力活动前医学检查问卷（PARmed－X）

孕期体力活动前医学检查是孕妇参加体适能训练或运动健身前的健康筛查指南

C 运动禁忌证：请您的医务人员完成

绝对禁忌证	是	否	相对禁忌证	是	否
孕妇具有以下情况吗？			孕妇具有以下情况吗？		
1. 胎膜破裂、早产？	☐	☐	1. 既往妊娠中有自发流产或早产？	☐	☐
2. 妊娠中或晚期持续出血/胎盘前置？	☐	☐	2. 轻度/中度心血管或呼吸疾病（如慢性高血压、哮喘）？	☐	☐
3. 妊娠高血压或先兆子痫？	☐	☐	3. 贫血或缺铁？（Hb＜100 g/L）	☐	☐
4. 宫颈闭锁不全？	☐	☐	4. 营养不良或进食异常（厌食症，食欲过盛）？	☐	☐
5. 胎儿宫内发育迟缓？	☐	☐	5. 28 周后的双胎妊娠？	☐	☐
6. 多胎妊娠（如三胞胎）？	☐	☐	6. 其他明显的医学问题？	☐	☐
7. 未控制的 1 型糖尿病、高血压或甲状腺疾病、其他严重心血管、呼吸或系统性功能紊乱？	☐	☐	请指出：________________		
			注意：在这些情况下规律体力活动的风险可能超过获益。应由有资格的医学专家决定是否参加体力活动。		
体力活动建议：					
☐建议/赞同			☐禁忌		

图 7.1　妊娠体力活动前医学检查（PARmed－X）　（续图）

三、注意事项

1. 虽然没有理想的天数，但妊娠期的运动频率依然应该是每周规律地进行，并根据运动总量进行调整（运动天数可以根据运动强度和持续时间进行变化）。之前不活动的妇女，推荐妊娠期进行低强度和/或短时间的运动，而不要减少频率或无规律运动。

2. 孕妇进行中等强度运动的心率范围已经在专栏 7.5 中给出。但根据心率变异性，主观用力量表（RPE）也可以用于监测孕期的运动强度[94]。

3. 运动可以通过多个短时间运动进行累积（如 15 min），或连续进行。推荐每次运动前后分别进行 10～15 min 的热身和 10～15 min 低强度的整理运动[33]。

4. 孕前不活动的女性应该从每周 3 天、每天 15 min、合适 RPE 或目标心率强度的运动，逐渐增加到每周的大部分日子里每天进行 30 min 的运动[11]。妊娠期的不同阶段运动目的和进展不同，运动计划应该是灵活可变的。由于妊娠期会出现生理上的适应性改变，体力活动应具有可替代性[26]。

5. 有抗阻训练习惯的女性在妊娠期应该保持抗阻训练，并与健康保健人员商量如何调整运动计划[90]。

6. 推荐进行凯格尔运动和加强盆底肌的运动，以减少妊娠期和产后尿失禁的风险[82]。

四、特别注意事项

1. 孕妇在妊娠的 16 周后应避免仰卧位的运动，确保不会发生静脉回流受阻[7]。

2. 孕妇应避免在炎热潮湿的环境中运动，并注意补水、穿着适宜以避免热应激。更多信息见第八章和 ACSM 立场声明中关于热环境中运动和补水[10]。

3. 妊娠期间，每天的能量代谢需求会增加约 300kcal。孕妇应额外增加能量摄入以满足妊娠和运动的需求。能量摄入高于或低于推荐水平，同时伴有体重增加出现变化，可能与母亲和胎儿的不良结果相关[125]。为避免在妊娠期间体重过度增长，医学研究所和国家研究委员会依据妊娠前的 BMI 制定合理的体重增加指南[125]。

4. 体力活动可以帮助调节妊娠期的体重增长[92]。对运动量超过推荐水平的女性要进行监测，确保她们有足够的能量摄入和体重增长[7,93]。

5. 有严重肥胖和/或妊娠糖尿病或妊娠高血压的孕妇在开始一项运动项目之前应咨询医生，并由医生根据她们的病情、症状和体适能水平对运动处方进行调整。

6. 运动有益于体重控制[8]，也可能有益于先兆子痫和妊娠糖尿病的一级预防[7,84]，特别是对肥胖孕妇更是如此[67]。

7. 孕妇应避免可能导致身体失衡、引起母亲或胎儿损伤的身体接触性运动或体育活动。例如足球、篮球、冰球、直排轮滑、骑马、滑雪、潜水和较大强度的壁球。

8. 孕妇在任何运动中均应避免 Valsalva 动作、持续的等长收缩和静止不动。

9. 产后可以恢复体力活动，但应该循序渐进，因为产后刚开始阶段会出现正常的产后失调。通常产后健身运动可以在正常分娩后 4 ~ 6 周或者在剖腹产分娩后 8 ~ 10 周（医学体检合格）开始[82]。孕前及孕期心肺耐力水平较高者和有严密运动计划的女性可以在产后快速恢复运动[91]，产后进行低到中等强度的运动对于恢复到产前 BMI 很重要[67]，同时不会影响母乳喂养[82]。

10. 在产后的早期阶段可能出现典型的低体适能状态，所以产妇应该逐渐增加体力活动水平直至达到妊娠前的体适能状态。低 – 中等强度运动不会妨碍母乳喂养[75]。

专栏 7.5　低风险正常体重的孕妇与中等强度运动一致的心率范围、低风险超重或肥胖孕妇与低强度运动相一致的心率范围[33,83]

BMI < 25 kg/m^2

年龄	体适能水平	心率范围（次/min）[a]
< 20	——	140 ~ 155
20 ~ 29	低	129 ~ 144
	活跃	135 ~ 150
	良好	145 ~ 160
30 ~ 39	低	128 ~ 144
	活跃	130 ~ 145
	良好	140 ~ 156

BMI ≥ 25 kg/m^2

年龄	心率范围（次/min）[b]
20 ~ 29	102 ~ 124
30 ~ 39	101 ~ 120

BMI，体重指数。

a 靶心率范围是根据经医学筛查的低风险孕妇的峰值运动测试获得。

b 目标心率范围是根据医学筛查为低风险的孕妇进行最大强度运动负荷测试获得[83]。

FITT 孕妇的 FITT 推荐[11,93,104]

	有氧	抗阻	柔韧性
频率	每周≥3～5 天	每周 2～3 天，隔天进行	每周≥2～3 天，每日进行更有效
强度	中等强度（3～5.9METs；6～20 分值 RPE 量表的 12～13 分）；孕前高体力活动水平者或孕期高体适能水平者可进行较大强度运动（≥6METs；6～20 分值 RPE 量表的 14～17 分）	可以重复多次的强度（8～10 次或 12～15 次重复次数），运动到中度疲劳	拉伸至感觉到拉紧或轻微的不适
时间	每天累计 30 min 每周累计至少 150 min 中等强度运动，或 75 min较大强度有氧运动	初学者完成 1 组，之后完成 2～3 组；主要的肌肉群	保持拉伸 10～30 s
方式	各种耐受性较好的自身体重或非负重活动（如远足、团体运动、游泳）	各种器械、自由重量和体重练习的耐受性较好（如垂直胸部推举机、哑铃、弓步）	每组肌肉肌腱的静力性（主动或被动）和动力性拉伸

METs：代谢当量；RPE：主观疲劳感觉。

在线资源

美国妇产科医学会：http：//www. acog. org/

加拿大运动生理学会（孕期 PARmed－X 问卷）[88]：http：//www. csep. ca/english/view. asp？ x＝698

（王娟，王艳　译）

参考文献

1. Abenhaim L, Rossignol M, Valat JP, et al. The role of activity in the therapeutic management of back pain. Report of the International Paris Task Force on Back Pain. *Spine*. 2000;25(4):1S－33S.
2. Adams MA, Johnson WD, Tudor－Locke C. Steps/day translation of the moderate－to－vigorous physical activity guideline for children and adolescents. *Int J Behav Nutr Phys Act*. 2013;10:49.
3. Airaksinen O, Brox JI, Cedraschi C, et al. Chapter 4. European guidelines for the management of chronic nonspecifi c low back pain. *Eur Spine J*. 2006;15(Suppl 2):S192－300.
4. Aleksiev AR. Ten－year follow－up of strengthening versus fl exibility exercises with or without abdominal bracing in recurrent low back pain. *Spine*(*Phila Pa* 1976). 2014;39(13):997－1003.
5. Almoallim H, Alwafi S, Albazli K, Alotaibi M, Bazuhair T. A simple approach of low back pain. *Intern J Clin Med*. 2014;5:1087－98.
6. American Academy of Pediatrics. Children, adolescents, and the media. *Pediatrics*. 2013;132:958－61.

7. American College of Obstetricians and Gynecologists Committee on Obstetric Practice. ACOG committee opinion. Number 267, January 2002: exercise during pregnancy and the postpartum period. *Obstet Gynecol.* 2002;99(1):171-3.

8. American College of Sports Medicine. Impact of physical activity during pregnancy and postpartum on chronic disease risk. *Med Sci Sports Exerc.* 2006;38:989-1006.

9. American College of Sports Medicine, Chodzko-Zajko WJ, Proctor DN, et al. American College of Sports Medicine position stand. Exercise and physical activity for older adults. *Med Sci Sports Exerc.* 2009;41(7):1510-30.

10. American College of Sports Medicine, Sawka MN, Burke LM, et al. American College of Sports Medicine position stand. Exercise and fl uid replacement. *Med Sci Sports Exerc.* 2007;39(2):377-90.

11. Artal R, O'Toole M. Guidelines of the American College of Obstetricians and Gynecologists for exercise during pregnancy and the postpartum period. *Br J Sports Med.* 2003;37(1):6-12.

12. *Assessing Physical Performance in the Older Patient* [Internet]. Bethesda, (MD): National Institute on Aging, National Institutes of Health; 2010 [updated Jul 26]. Available from: http://www.grc.nia.nih.gov/branches/ledb/sppb/index.htm.

13. Aune D, Saugstad OD, Henriksen T, Tonstad S. Physical activity and the risk of preeclampsia: a systematic review and meta-analysis. *Epidemiology.* 2014;25(3):331-43.

14. BalaguéF, Mannion AF, PelliséF, Cedraschi C. Non-specifi c low back pain. *Lancet.* 2012;379(9814):482-91.

15. Barakat R, Lucia A, Ruiz JR. Resistance exercise training during pregnancy and newborn's birth size: a randomised controlled trial. *Int J Obes (Lond).* 2009;33(9):1048-57.

16. Barakat R, Ruiz JR, Stirling JR, Zakynthinaki M, Lucia A. Type of delivery is not aff ected by light resistance and toning exercise training during pregnancy: a randomized controlled trial. *Am J Obstet Gynecol.* 2009;201(6):590e.1-6.

17. Barbieri D, Zaccagni L. Strength training for children and adolescents: benefi ts and risks. *Coll Antropol.* 2013;37 Suppl 2:219-25.

18. Bar-Or O, Rowland T. *Pediatric Exercise Medicine: From Physiological Principles to Health Care Application.* Champaign (IL): Human Kinetics; 2004. 501 p.

19. Biddle SJ, Pearson N, Ross GM, Braithwaite R. Tracking of sedentary behaviours of young people: a systematic review. *Prev Med.* 2010;51(5):345-51.

20. Bonnefoy M, Jauff ret M, Jusot JF. Muscle power of lower extremities in relation to functional ability and nutritional status in very elderly people. *J Nutr Health Aging.* 2007;11(3):223-8.

21. Bouwmeester W, van Enst A, van Tulder M. Quality of low back pain guidelines improved. *Spine.* 2009;34(23):2562-7.

22. Casazza BA. Diagnosis and treatment of acute low back pain. *Am Fam Physician.* 2012;85(4):343-50.

23. Cesari M, Kritchevsky SB, Newman AB, et al. Added value of physical performance measures in predicting adverse health-related events: results from the health, aging and body composition study. *J Am Geriatr Soc.* 2009;57(2):251-9.

24. Chan BK, Marshall LM, Winters KM, Faulkner KA, Schwartz AV, Orwoll ES. Incident fall risk and physical activity and physical performance among older men: the Osteoporotic Fractures in Men Study. *Am J Epidemiol.* 2007;165

(6):696 - 703.

25. Chou R, Qaseem A, Snow V, et al. Diagnosis and treatment of low back pain: a joint clinical practice guideline from the American College of Physicians and the American Pain Society. *Ann Intern Med.* 2007;147:478 - 91.
26. Clapp JF III. *Exercising through Your Pregnancy.* Omaha(NE): Addicus Books; 2002. 245 p.
27. Colley RC, Janssen I, Tremblay MS. Daily step target to measure adherence to physical activity guidelines in children. *Med Sci Sports Exerc.* 2012;44(5):977 - 82.
28. *Continuous Scale Physical Functional Performance: Evaluation of Functional Performance in Older Adults* [Internet]. Athens(GA): University of Georgia [cited 2016 Jun 16]. Available from: http://www.coe.uga.edu/cs - pfp/index.html.
29. Cress ME, Buchner DM, Questad KA, Esselman PC, deLateur BJ, Schwartz RS. Continuous - scale physical functional performance in healthy older adults: a validation study. *Arch Phys Med Rehabil.* 1996;77(12):1243 - 50.
30. Daley AJ, Foster L, Long G, et al. The eff ectiveness of exercise for the prevention and treatment of antenatal depression: systematic review with meta - analysis. *BJOG.* 2015;122(1):57 - 62.
31. Daley AJ, Macarthur C, Winter H. The role of exercise in treating postpartum depression: a review of the literature. *J Midwifery Womens Health.* 2007;52(1):56 - 62.
32. Davarian S, Maroufi N, Ebrahimi I, Farahmand F, Parnianpour M. Trunk muscles strength and endurance in chronic low back pain patients with and without clinical instability. *J Back Musculoskelet Rehabil.* 2012;25(2):123 - 9.
33. Davies GA, Wolfe LA, Mottola MF, MacKinnon C, Society of Obstetricians and Gynecologists of Canada, SOGC Clinical Practice Obstetrics Committee. Joint SOGC/CSEP clinical practice guideline: exercise in pregnancy and the postpartum period. *Can J Appl Physiol.* 2003;28(3):330 - 41.
34. Delitto A, George SZ, Van Dillen LR, et al. Low back pain. *J Orthop Sports Phys Ther.* 2012;42(4):A1 - 57.
35. Donnelly JE, Hillman CH, Castelli D, et al. Physical activity, fi tness, cognitive function, and academic achievement in children: a systematic review. *Med Sci Sports Exerc.* 2016:48(6):1223 - 4.
36. Dugan S. The role of exercise in the prevention and management of acute low back pain. *Clin Occup Environ Med.* 2006;5(3):615 - 32.
37. Duque I, Parra J, Duvallet A. Aerobic fi tness and limiting factors of maximal performance in chronic low back pain patients. *J Back Musculoskelet Rehabil.* 2009;22(2):113 - 9.
38. Expert Panel on Integrated Guidelines for Cardiovascular Health and Risk Reduction in Children and Adolescents, National Heart, Lung, and Blood Institute. Expert Panel on Integrated Guidelines for Cardiovascular Health and Risk Reduction in Children and Adolescents: summary report. *Pediatrics.* 2011;128(Suppl 5):S213 - 56.
39. Faigenbaum AD, Kraemer WJ, Blimkie CJ, et al. Youth resistance training: updated position statement paper from the National Strength and Conditioning Association. *J Strength Cond Res.* 2009;23(Suppl 5):S60 - 79.
40. Fakhouri TH, Hughes JP, Brody DJ, Kit BK, Ogden CL. Physical activity and screen - time viewing among elementary school - aged children in the United States from 2009 to 2010. *JAMA Pediatr.* 2013;167(3):223 - 9.
41. Federal Interagency Forum on Aging - Related Statistics. *Older Americans* 2012: *Key Indicators of Well - Being.* Washington(DC): Federal Interagency Forum on Aging - Related Statistics; 2012. 200 p.
42. Finestone AS, Raveh A, Mirovsky Y, Lahad A, Milgrom C. Orthopaedists' and family practitioners' knowledge of simple low back pain management. *Spine*(*Phila Pa* 1976). 2009;34(15):1600 - 3.

43. Fortin M, Macedo L. Multifi dus and paraspinal muscle group cross – sectional areas of patients with low back pain and control patients: a systematic review with a focus on blinding. *Phys Ther.* 2013;93(7):873 – 88.

44. França FR, Burke TN, Caff aro RR, Ramos LA, Marques AP. Effects of muscular stretching and segmental stabilization on functional disability and pain in patients with chronic low back pain: a randomized, controlled trial. *J Manipulative Physiol Ther.* 2012;35(4):279 – 85.

45. Freeman MD, Woodham MA, Woodham AW. The role of the lumbar multifi dus in chronic low back pain: a review. *PM R.* 2010;2(2):142 – 6.

46. Garber CE, Blissmer B, Deschenes MR, et al. American College of Sports Medicine position stand. Quantity and quality of exercise for developing and maintaining cardiorespiratory, musculoskeletal, and neuromotor fi tness in apparently healthy adults: guidance for prescribing exercise. *Med Sci Sports Exerc.* 2011;43(7):1334 – 559.

47. Garshasbi A, Faghih Zadeh S. The effect of exercise on the intensity of low back pain in pregnant women. *Int J Gynaecol Obstet.* 2005;88(3):271 – 5.

48. Genest DS, Falcao S, Gutkowska J, Lavoie JL. Impact of exercise training on preeclampsia: potential preventive mechanisms. *Hypertension.* 2012;60(5):1104 – 9.

49. Gibbons RJ, Balady GJ, Bricker JT, et al. ACC/AHA 2002 guideline update for exercise testing: summary article: a report of the American College of Cardiology/American Heart Association Task Force on Practice Guidelines (Committee to Update the 1997 Exercise Testing Guidelines). *Circulation.* 2002;106(14):1883 – 92.

50. Gill TM, DiPietro L, Krumholz HM. Role of exercise stress testing and safety monitoring for older persons starting an exercise program. *JAMA.* 2000;284(3):342 – 9.

51. Gillespie LD, Robertson MC, Gillespie WJ, et al. Interventions for preventing falls in older people living in the community. *Cochrane Database Syst Rev.* 2012;(9):CD007146.

52. Goertz M, Th orson D, Bonsell J, et al. *Adult Acute and Subacute Low Back Pain.* Bloomington(IN): Institute for Clinical Systems Improvement; 2012. 92 p.

53. Gruther W, Wick F, Paul B, et al. Diagnostic accuracy and reliability of muscle strength and endurance measurements in patients with chronic low back pain. *J Rehabil Med.* 2009;41(8):613 – 9.

54. Guralnik JM, Ferrucci L, Pieper CF, et al. Lower extremity function and subsequent disability: consistency across studies, predictive models, and value of gait speed alone compared with the short physical performance battery. *J Gerontol A Biol Sci Med Sci.* 2000;55(4):M221 – 31.

55. Guralnik JM, Leveille S, Volpato S, Marx MS, Cohen – Mansfi eld J. Targeting high – risk older adults into exercise programs for disability prevention. *J Aging Phys Activ.* 2003;11(2):219 – 28.

56. Guralnik JM, Simonsick EM, Ferrucci L, et al. A short physical performance battery assessing lower extremity function: association with self – reported disability and prediction of mortality and nursing home admission. *J Gerontol.* 1994;49(2):M85 – 94.

57. Hall DC, Kauff man D. Effects of aerobic and strength conditioning on pregnancy outcomes. *Am J Obstet Gynecol.* 1987;157(5):1199 – 203.

58. Hasenbring MI, Hallner D, Klasen B, Streitlein – Böhme I, Willburger R, Rusche H. Pain – related avoidance versus endurance in primary care patients with subacute back pain: psychological characteristics and outcome at a 6 – month follow – up. *Pain.* 2012;153(1):211 – 7.

59. Hasenbring M, Hallner D, Rusu A. Fear – avoidance – and endurance – related responses to pain: development and validation of the Avoidance – Endurance Questionnaire (AEQ). *Eur J Pain.* 2009;13(6):620 – 8.

60. Hayden J, van Tulder M, Tomlinson G. Systematic review: strategies for using exercise therapy to improve outcomes in chronic low back pain. *Ann Intern Med.* 2005;142(9):776 – 85.

61. Hebestreit HU, Bar – Or O. Diff erences between children and adults for exercise testing and prescription. In: Skinner JS, editor. *Exercise Testing and Exercise Prescription for Special Cases: Theoretical Basis and Clinical Application.* 3rd ed. Baltimore (MD): Lippincott Williams & Wilkins; 2005. p. 68 – 84.

62. Hegmann KT. Low back disorders. In: Hegmann KT, editor. *Occupational Medicine Practice Guidelines. Evaluation and Management of Common Health Problems and Functional Recovery in Workers.* 3rd ed. Elk Grove Village (IL): American College of Occupational and Environmental Medicine; 2011. p. 333 – 796.

63. Hides J, Stanton W, Mendis M, Sexton M. The relationship of transversus abdominis and lumbar multifi dus clinical muscle tests in patients with chronic low back pain. *Man Ther.* 2011;16:573 – 7.

64. Hodselmans A, Dijkstra P, Geertzen J, van der Schans C. Exercise capacity in non – specifi c chronic low back pain patients: a lean body mass – based Astrand bicycle test; reliability, validity and feasibility. *J Occup Rehabil.* 2008;18(3):282 – 9.

65. Hopkins SA, Cutfi eld W. Exercise in pregnancy: weighing up the long – term impact on the next generation. *Exerc Sport Sci Rev.* 2011;39(3):120 – 7.

66. Huijnen IPJ. Physical functioning in low back pain: exploring diff erent activity – related behavioural styles [dissertation]. Maastricht (The Netherlands): Universitaire Pers Maastricht; 2011. 215 p.

67. Jovanovic – Peterson L. Peterson C. Review of gestational diabetes mellitus and low – calorie diet and physical exercise as therapy. *Diabetes Metab Rev.* 1996;12(4):287 – 308.

68. Larson – Meyer DE. Eff ect of postpartum exercise on mothers and their off spring: a review of the literature. *Obes Res.* 2002;10(8):841 – 53.

69. Lee C, Simmonds M, Novy D, Jones S. Functional self – effi cacy, perceived gait ability and perceived exertion in walking performance of individuals with low back pain. *Physiother Theory Pract.* 2002;18(4):193 – 203.

70. Lillegard W, Brown E, Wilson D, Henderson R, Lewis E. Effi cacy of strength training in prepubescent to early postpubescent males and females: eff ects of gender and maturity. *Pediatr Rehabil.* 1997;1:147 – 57.

71. Lin CW, McAuley JH, Macedo L, Barnett DC, Smeets RJ, Verbunt JA. Relationship between physical activity and disability in low back pain: a systematic review and meta – analysis. *Pain.* 2011;152(3):607 – 13.

72. Louw A, Diener I, Butler DS, Puentedura EJ. The effect of neuroscience education on pain, disability, anxiety, and stress in chronic musculoskeletal pain. *Arch Phys Med Rehabil.* 2011;92(12):2041 – 56.

73. Majewski – Schrage T, Evans TA, Ragan B. Development of a core – stability model: a Delphi approach. *J Sport Rehabil.* 2014;23(2):95 – 106.

74. Mannion AF, O'Riordan D, Dvorak J, Masharawi Y. The relationship between psychological factors and performance on the Biering – Sørensen back muscle endurance test. *Spine J.* 2011;11(9):849 – 57.

75. Marshall PW, Desai I, Robbins DW. Core stability exercises in individuals with and without chronic nonspecifi c low back pain. *J Strength Cond Res.* 2011;25(12):3404 – 11.

76. May S, Aina A. Centralization and directional preference: a systematic review. *Man Ther.* 2012;17:497 – 506.

77. McGill SM, Karpowicz A. Exercises for spine stabilization: motion/motor patterns, stability progressions, and clinical technique. *Arch Phys Med Rehabil.* 2009;90(1):118 – 26.

78. McGregor AH, Hukins D. Lower limb involvement in spinal function and low back pain. *J Back Musculoskelet Rehabil.* 2009;22(4):219 – 22.

79. Melzer K, Schutz Y, Boulvain M, Kayser B. Physical activity and pregnancy: cardiovascular adaptations, recommendations and pregnancy outcomes. *Sports Med.* 2010;40(6):493 – 507.

80. Mørkved S, BøK. Eff ect of pelvic fl oor muscle training during pregnancy and after childbirth on prevention and treatment of urinary incontinence: a systematic review. *Br J Sports Med.* 2014;48(4):299 – 310.

81. Moseley GL. Graded motor imagery is eff ective for long – standing complex regional pain syndrome: a randomised controlled trial. *Pain.* 2004;108(1 – 2):192 – 8.

82. Mottola MF. Exercise in the postpartum period: practical applications. *Curr Sports Med Rep.* 2002;1(6):362 – 8.

83. Mottola MF, Davenport MH, Brun CR, Inglis SD, Charlesworth S, Sopper MM. $\dot{V}O_2$peak prediction and exercise prescription for pregnant women. *Med Sci Sports Exerc.* 2006;38(8):1389 – 95.

84. Nascimento SL, Surita FG, Cecatti JG. Physical exercise during pregnancy: a systematic review. *Curr Opin Obstet Gynecol.* 2012;24(6):387 – 94.

85. Nelson ME, Rejeski WJ, Blair SN, et al. Physical activity and public health in older adults: recommendation from the American College of Sports Medicine and the American Heart Association. *Med Sci Sports Exerc.* 2007;39(8):1435 – 45.

86. O'Sullivan P. It's time for change with the management of non – specific chronic low back pain. *Br J Sports Med.* 2012;46(4):224 – 7.

87. Paridon SM, Alpert BS, Boas SR, et al. Clinical stress testing in the pediatric age group: a statement from the American Heart Association Council on Cardiovascular Disease in the Young, Committee on Atherosclerosis, Hypertension, and Obesity in Youth. *Circulation.* 2006;113(15):1905 – 20.

88. *PARmed – X for Pregnancy* [Internet]. Ottawa, Ontario(Canada): Canadian Society for Exercise Physiology; 2002 [cited 2016 Jun 16]. Available from: http://www.csep.ca/english/view.asp? x = 698.

89. Pelaez M, Gonzalez – Cerron S, Montejo R, Barakat R. Pelvic fl oor muscle training included in a pregnancy exercise program is eff ective in primary prevention of urinary incontinence: a randomized controlled trial. *Neurourol Urodyn.* 2014;33(1):67 – 71.

90. Perera S, Mody SH, Woodman RC, Studenski SA. Meaningful change and responsiveness in common physical performance measures in older adults. *J Am Geriatr Soc.* 2006;54(5):743 – 9.

91. Perkins C, Dewalt H. CrossFit training during pregnancy and motherhood: a new scientifi cfrontier. *CrossFit J.* 2011:1 – 9.

92. Perkins CC, Pivarnik JM, Paneth N, Stein AD. Physical activity and fetal growth during pregnancy. *Obstet Gynecol.* 2007;109(1):81 – 7.

93. Physical Activity Guidelines Advisory Committee. *Physical Activity Guidelines Advisory Committee report*, 2008 [Internet]. Washington (DC): U. S. Department of Health and Human Services; 2008 [updated Sep 24]. 683 p. Available from: http://www.health.gov/paguidelines/Report/pdf/committeereport.pdf.

94. Pivarnik JM. Maternal exercise during pregnancy. *Sports Med.* 1994;18(4):215 – 7.

95. Plowman SA, Meredith M. *FITNESSGRAM/ACTIVITYGRAM Reference Guide.* 4th ed. Dallas(TX): The Cooper Institute; 2013. 202 p.

96. Puentedura EJ, Louw A. A neuroscience approach to managing athletes with low back pain. *Phys Ther Sport.* 2012; 13(3): 123 – 33.

97. Rainville J, Childs LA, Peña EB, et al. Quantifi cation of walking ability in subjects with neurogenic claudication from lumbar spinal stenosis—a comparative study. *Spine J.* 2012; 12(2): 101 – 9.

98. Ratter J, Radlinger L, Lucas C. Several submaximal exercise tests are reliable, valid and acceptable in people with chronic pain, fi bromyalgia or chronic fatigue: a systematic review. *J Physiother.* 2014; 60(3): 144 – 50.

99. Renkawitz T, Boluki D, Grifk a J. The association of low back pain, neuromuscular imbalance, and trunk extension strength in athletes. *Spine J.* 2006; 6(6): 673 – 783.

100. Rikli RE, Jones C. Development and validation of criterion – referenced clinically relevant fi tness standards for maintaining physical independence in later years. *Gerontologist.* 2013; 53(2): 255 – 67.

101. Rikli RE, Jones C. *Senior Fitness Test Manual.* Champaign(IL): Human Kinetics; 2001. 161 p.

102. Rowland T. Oxygen uptake and endurance fi tness in children, revisited. *Pediatr Exerc Sci.* 2013; 25 (4): 508 – 14.

103. Samanta J, Kendall J, Samanta A. 10 – minute consultation: chronic low back pain. *BMJ.* 2003; 326(7388): 535.

104. Schoenfeld B. Resistance training during pregnancy: safe and eff ective program design. *Strength Cond J.* 2011; 33 (5): 67 – 75.

105. Simmonds MJ, Goubert L, Moseley GL, Verbunt JA. Moving with pain. In: Flor H, Kalso E, Dostrovsky JO, editors. *Proceedings of the 11th World Congress on Pain, Sydney, Australia, August* 21 – 26, 2005. Seattle (WA): IASP Press; 2006. p. 799 – 811.

106. Singh MA. Exercise comes of age: rationale and recommendations for a geriatric exercise prescription. *J Gerontol A Biol Sci Med Sci.* 2002; 57(5): M262 – 82.

107. Skinner JS. Aging for exercise testing and exercise prescription. In: Skinner JS, editor. *Exercise Testing and Exercise Prescription for Special Cases: Theoretical Basis and Clinical Application.* 3rd ed. Baltimore(MD): Lippincott Williams & Wilkins; 2005. p. 85 – 99.

108. Smeets R, van Geel K, Verbunt J. Is the fear avoidance model associated with the reduced level of aerobic fi tness in patients with chronic low back pain? *Arch Phys Med Rehabil.* 2009; 90(1): 109 – 17.

109. Smeets R, Wittink H, Hidding A, Knottnerus J. Do patients with chronic low back pain have a lower level of aerobic fi tness than healthy controls? Are pain, disability, fear of injury, working status, or level of leisure time activity associated with the difference in aerobic fi tness level? *Spine.* 2006; 31(1): 90 – 7.

110. Strong WB, Malina RM, Blimkie CJ, et al. Evidence based physical activity for school – age youth. *J Pediatr.* 2005; 146(6): 732 – 7.

111. Sullivan M, Shoaf L, Riddle D. The relationship of lumbar fl exion to disability in patients with low back pain. *Phys Ther.* 2000; 80(3): 240 – 50.

112. Tan VP, Macdonald HM, Kim S, et al. Infl uence of physical activity on bone strength in children and adolescents: a systematic review and narrative synthesis. *J Bone Miner Res.* 2014; 29(10): 2161 – 81.

113. Telama R. Tracking of physical activity from childhood to adulthood: a review. *Obes Facts.* 2009; 2(3): 187 – 95.

114. Toward Optimized Practice. *Guideline for the Evidence – Informed Primary Care Management of Low Back Pain.* Edmonton, Alberta(Canada): Toward Optimized Practice; 2011. p. 21.

115. Tremblay MS, LeBlanc AG, Kho ME, et al. Systematic review of sedentary behaviour and health indicators in school – aged children and youth. *Int J Behav Nutr Phys Act.* 2011; 8: 98.

116. Troiano RP, Berrigan D, Dodd KW, Masse LC, Tilert T, McDowell M. Physical activity in the United States measured by accelerometer. *Med Sci Sports Exerc.* 2008; 40(1): 181 – 8.

117. Tudor – Locke C, Craig CL, Beets MW, et al. How many steps/day are enough? for children and adolescents. *Int J Behav Nutr Phys Act.* 2011; 8: 78.

118. University of Michigan Health System. *Acute Low Back Pain.* Ann Arbor(MI): University of Michigan Health System; 2010. p. 16.

119. U. S. Department of Health and Human Services. 2008 *Physical Activity Guidelines for Americans* [Internet]. Washington(DC): U. S. Department of Health and Human Services; 2008 [cited 2016 Jun 16]. Available from: http://health. gov/paguidelines/pdf/paguide. pdf.

120. Van Damme BB, Stevens VK, Van Tiggelen DE, Duvigneaud NN, Neyens E, Danneels LA. Velocity of isokinetic trunk exercises infl uences back muscle recruitment patterns in healthy subjects. *J Electromyogr Kinesiol.* 2013; 23(2): 378 – 86.

121. Van Tulder M, Becker A, Bekkering T, et al. Chapter 3. European guidelines for the management of acute nonspecifi c low back pain in primary care. *Eur Spine J.* 2006; 15(Suppl 2): s169 – 91.

122. Verbunt JA, Smeets RJ, Wittink HM. Cause or eff ect? Deconditioning and chronic low back pain. *Pain.* 2010; 149(3): 428 – 30.

123. Wasiak R, Kim J, Pransky G. Work disability and costs caused by recurrence of low back pain: longer and more costly than in fi rst episodes. *Spine.* 2006; 31(2): 219 – 25.

124. Weerdesteyn V, Rijken H, Geurts AC, Smits – Engelsman BC, Mulder T, Duysens J. A fi ve – week exercise program can reduce falls and improve obstacle avoidance in the elderly. *Gerontology.* 2006; 52(3): 131 – 41.

125. *Weight Gain During Pregnancy: Reexamining the Guideline. Report Brief* [Internet]. Washington (DC): National Academy of Sciences; 2009 [updated May 28]. Available from: http://www. iom. edu/Reports/2009/Weight – Gain – During – Pregnancy – Reexamining – the – Guidelines. aspx.

126. White E, Pivarnik J, Pfeiff er K. Resistance training during pregnancy and perinatal outcomes. *J Phys Act Health.* 2014; 11(6): 1141 – 8.

127. Wolfe LA. Pregnancy. In: Skinner JS, editor. *Exercise Testing and Exercise Prescription for Special Cases: Theoretical Basis and Clinical Application.* 3rd ed. Baltimore(MD): Lippincott Williams & Wilkins; 2005. p. 377 – 91.

128. Work Loss Data Institute. *Low Back—Lumbar and Th oracic(Acute and Chronic).* Encinitas(CA): Work Loss Data Institute; 2013.

129. Yahia A, Jribi S, Ghroubi S, Elleuch M, Baklouti S, Habib Elleuch M. Evaluation of the posture and muscular strength of the trunk and inferior members of patients with chronic lumbar pain. *Joint Bone Spine.* 2011; 78(3): 291 – 7.

第八章　运动处方中的环境注意事项

第一节　高原环境中的运动

随着海拔高度上升而逐渐降低的大气压使得吸入空气中的氧分压降低，导致动脉氧含量下降。急性代偿反应包括增加通气量和心输出量（Q），后者常常通过提高心率（HR）来完成[27]。对大多数人来说，1200 米（3937 英尺）或以上的海拔高度就会产生一定的影响。本节中，低海拔是指所在位置低于 1200 米（3937 英尺），中等海拔所指的位置是 1200 ~ 2400 米（3937 ~ 7874 英尺），高海拔所指的位置是在 2400 ~ 4000 米（7874 ~ 13123 英尺），极高海拔是指 4000 米（13 123 英尺）以上[30]。

海拔升高至 1200 米（3937 英尺）以上时，身体活动能力就会降低。一般来说，身体活动能力随着海拔高度、体力活动持续时间、肌肉量的增加而明显减退，但是随着高原习服而减轻。高原对身体活动能力最常见的影响是运动完成时间的增加，或休息频率的增多。高原暴露 1 周以上，就会出现高原习服（如通气量和动脉氧含量增加，酸碱平衡恢复），完成一项运动的时间减少，但是仍然要比在海平面完成时间长。在高原暴露初期和 1 周的高原习服后，为完成不同持续时长的运动，运动时间增加的估算百分数与不同海拔的关系可参见表 8. 1[19]。

表 8.1　高原地区随海拔高度的增加完成体力活动时间的估计[19]

不同海拔高度下完成体力活动的时间增加百分数（%）								
	活动时间 <2 min		活动时间 2～5 min		活动时间 10～30 min		活动时间 >3 h	
高度	起始	>1 周	起始	>1 周	起始	>1 周	起始	>1 周
中等	0	0	2～7	0～2	4～11	1～3	7～18	3～10
高	0～2	0	12～18	5～9	20～45	9～20	40～65	20～45
非常高	2	0	50	25	90	60	200	90

一、医学问题：高原病

迅速上升至高或非常高海拔时，就会增加个体患高原病的易感性。高原病主要包括急性高山病（AMS）、高原性脑水肿（HACE）、高原性肺水肿（HAPE）。此外，许多个体在高海拔地区出现咽痛、支气管炎，这些可以导致在高海拔高度的功能损害和严重的阵发性咳嗽。有既往史、在早期高原暴露中有长时间体力消耗和脱水的人会增加高原病的易感性。

AMS 是高原病中最常见的一种类型。症状包括头痛、恶心、疲劳、食欲下降、睡眠障碍，严重的病例可出现平衡障碍，手、脚、面部的轻微肿胀。AMS 通常发生在高原暴露的前 24 小时内。它的发生率和严重程度与上升的速度、高度成正比。据估计，不适应的个体直接快速上升到中等海拔高度时，AMS 的发病率是 15% 以内；直接快速上升到高海拔高度时，AMS 的发病率是 15%～70%；到极高海拔高度时，AMS 的发病率是 75%～85%[7]。对于绝大多数人来说，海拔不再上升并限制体力活动时，AMS 症状在 18～22 小时达到峰值，并在之后的 24～48 小时恢复。

HACE 是一种不常见但有可能致命的疾病，在超过 3658 米（12 000 英尺）的海拔高度时发病率是 2% 以内。HACE 是严重的，是 AMS 没能得到处理的进一步恶化，最常发生在有 AMS 症状却又继续升高海拔高度的人身上。

HAPE 是一种不常见但有潜在致命可能的疾病，在超过 3658 米（12 000 英尺）的海拔高度发病率 10% 以内。在 3658 米（12 000 英尺）海拔高度上下波动的个体和在高原暴露早期费力运动的个体会增加 HAPE 的易感性。肺中的水泡音和啰音的出现提示发生 HAPE 的可能性增大。发生 HAPE 时会有口唇和指甲紫绀现象。

二、高原病的预防和治疗

高原习服是所有高原病的最佳对策。尽可能减少持续运动/体力活动、维持充足的水分和食物摄入量将降低对高原病的易感性并促进恢复。当发生与高原相关疾病的中等或严重的症状和体征时，首选的治疗方法是下降到低海拔地区。305～915 米（1000～3000 英尺）的昼夜逗留能够有效预防所有高原病和恢复。

预防性或治疗性使用乙酰唑胺（Diamox）可以明显地预防或减轻 AMS。乙酰唑胺是一种碳酸酐酶抑制剂，可促进尿液中碳酸氢盐的排泄，并产生二氧化碳以刺激通气。治疗头痛最有效的药物是布洛芬。吸氧或高压氧舱治疗通常会缓解 AMS 症状和伴随的睡眠不良。丙氯嗪（Compazine）可以用于减轻恶心、呕吐。如果上述治疗方法都无法提供或无效，则可使用地塞米松（Decadron，Hexadrol）[23]。对诊断为 HACE 或 HAPE 的治疗包括降低海拔高度、氧疗和/或高压氧袋治疗。

三、海拔快速增高

很多没有适应过程滑雪或徒步旅行者会选择直接进入高海拔地区，在快速进入海拔约为 4300 米（14 107 英尺）地区的数小时内，就会产生 AMS 的症状，体力和认知力就会达到最低值，并且这个状况会持续数天。在此期间，主动体力活动不能过多，应停止耐力性运动训练或大幅度降低运动强度以避免 AMS 的加重。随着高原习服，AMS 症状有所减轻后可逐渐恢复正常体力活动和运动训练。像在海平面训练那样，用心率监控在高原上的运动强度是简单、安全、客观的途径。例如，在高原上可采用任何一个基于心率的运动处方模型（见表 6.2），在每周的训练量和每次的持续时间能保持的情况下，即可以提供一个与平原相似的训练刺激方式。应该注意，在同样的主观疲劳感觉的情况下，在高原进行慢跑或赛跑的速度都会比平原要低并且与高原习服无关。

四、高原习服

在高原习服过程中，个体可以降低对高原病的敏感性，并使其在该海拔高度产生适应，身体活动能力和认知表现达到最佳。高原习服由在中等或高海拔地区持续或重复暴露形成时间依赖性的生理适应和高原病易感性的降低组成。除了通过在给定的目标高度上连续居住来实现适应环境，还可以通过生活在适度的高度产生至少部分高原习服，然后升高到更高的目标海拔，专业术语叫作分阶段适应。分阶段升高海拔的目的是逐渐促进高原习服的发展，防止快速攀升到高海拔的不良结果（例如高原病）。用低氧面罩、罩帽或在低氧房（常压低氧）生活来呼吸低浓度氧以引起功能性高原习服的效果都没有直接暴露在自然高原环境（低压低氧）中的效果好[18]。

对于从低海拔地区上升到高海拔的个体，在所有分阶段升高海拔的方案中，第一阶段都应该在中等海拔地区居住 3 天或更长时间。在此海拔高度上，个体的身体活动能力将略有下降，高原病的发生率也比较低。在任一海拔高度上，几乎所有的适应性反应都是在 7～12 天内获得。在中等海拔高度 3～7 天的短时间居住会降低在较高海拔高度高原病的易感性。6～

12 天的居住是提高身体工作能力所要求的。高原习服反应的大小随着进入较高海拔阶段或者在某一指定阶段高度上时间的延长而有所提高。最后的上升阶段应该尽可能地接近目标海拔高度。可参照专栏 8.1 给出的高原运动训练的分阶段指南。

专栏 8.1　高原运动的分阶段适应指南

普遍性的分阶段适应指南如下：对于在 1200 米（3937 英尺）中等海拔进行预适应的个体，后续能快速上升的海拔高度等于该个体在原来海拔高度身体适应的天数乘以 305 米（1000 英尺）。例如，如果某人按照分阶段原则在 1829 米（6000 英尺）停留 6 天，身体能力会得到改善，他上到海拔 3657 米（12 000 英尺）的高原发生高原病的可能性就很低。这个指导原则适用于海拔 4267 米（14 000 英尺）以内。

五、个体高原习服的评估

在给定海拔高度产生适应的最佳指标是高原病的降低（或不发生）、身体活动能力改善、HR 降低（休息和运动时）、动脉血氧饱和度（SaO_2）升高。AMS 的存在和严重程度可以通过其症状程度（如头痛、恶心、疲劳、食欲减退、睡眠不良）和体征（如尿液量减少，平衡障碍，手、脚、面部的轻微肿胀）进行评估。在海拔高度上升的第 3 ~ 4 天没有发生 AMS 或只有轻微的症状说明是正常的适应性反应。高原习服的第 1 ~ 2 周亚极量强度运动能力得到改善。在特定海拔高度下，随着适应的出现，长时间运动和工作的能力也得到改善。对高海拔产生适应性变化的早期表现是尿量增加，通常出现在特定海拔高度的前几天。随着海拔高度的上升尿量会继续增加，但随着适应会逐渐恢复正常。

通过无创脉搏血氧仪测量的动脉血氧饱和度（SaO_2）是一个非常好的反应适应性的指标。脉搏血氧仪应该在安静状态下操作。从特定海拔高度的第一天 SaO_2 的最低点开始，一直到稳态之前的 3 ~ 7 天内 SaO_2 将逐渐升高。例如，刚暴露于 4300 米（14 107 英尺）的海拔高度时，安静时的 SaO_2 为 81%；在同一高度连续居住一周后，安静时的 SaO_2 逐渐上升至 88%[43]。

六、运动处方

在高原的前几天，应该减少运动或体力活动，可降低发生高原病的可能性。这个时期之后，运动处方中有具体靶心率的个体应该在高原也保持相同的运动心率，每周训练次数和每次运动的持续时间也应尽量与个体在平原上使用的计划相类似。这种方法可降低发生高原病和过度生理疲劳的危险。例如在高原，通过降低速度、距离或阻力来达到与平原相同的靶心率。一旦形成高原习服，将可逐渐增加运动强度以达到靶心率的要求。

七、特殊注意事项

产生高原习服的成人和儿童，需要有充足的休息、营养、液体补充以降低发生高原病的危险性，提高身体活动能力。为了进一步降低高原的负面影响，应该考虑到下列因素：

1. 监测环境：高原地区通常与温度、湿度、风力、太阳辐射等更多日常极限现象有关。对于热环境[3]和冷环境[2]应遵循相应的指南。

2. 调整在高原的活动：考虑到高原习服状况、体适能、营养、睡眠质量和数量、年龄、运动持续时间和强度、液体的供应。为了方便休息和恢复，应该延长和/或增加休息间歇，缩短活动时间。高原对较长持续时间活动的影响大于对较短持续时间活动的影响。

3. 服装：服装和装备需要在更大的温度变化、风力条件和太阳辐射范围内为运动者提供保护。

4. 教育：对运动者、私人教练、教练、社区紧急应变小组的教育可以降低高原相关疾病的发病率、加强对高原病的认识和治疗。

八、组织计划

当人们在高原进行运动时，体适能机构和组织应该制订一个标准化的管理计划，此计划应包括以下程序：

1. 对有风险的参加者进行筛查和监测。
2. 优化高原习服程序，尽量减少高原病，提高身体活动能力。
3. 设计运动方案和活动时，应考虑多山地形的危险性。
4. 警惕高原病的症状和体征。
5. 制定针对高原病急救医疗救护的组织程序。
6. 队医要提前准备好供氧设备和药物以预防和治疗高原病。

第二节　寒冷环境中的运动

人们会在寒冷天气环境中进行运动和工作，环境因素会包括低温、强风、低太阳辐射和淋雨/水。尽管有时令人不愉快，但寒冷天气并不一定是进行健身活动的障碍[6]。许多因素（包括环境、服装、身体成分、健康状况、营养状态、年龄和运动强度等）的相互作用决定了在寒冷环境中运动较之在温暖环境中做同样的运动是否会产生更多的生理应激或运动损伤风险。一般情况下，在寒冷环境中运动时是不会增加冻伤风险的。但是，在运动相关的冷应激过程中，存在全身或局部热平衡不能维持的情况（如浸泡、下雨、有风的低环境温度），会导致体温过低、冻伤、运动能力和表现下降。此外，运动相关的冷应激会增加患有心血管疾病（CVD）和哮喘等危险人群的发病率和死亡风险，冷空气的吸入也可以使上述人群症状加重。

当散热超过产热时就会发生体温过低，引起体热量的下降[35]。环境、个体特征、服装都会影响低体温的发生。某些特殊的因素可以增加发生体温过低的危险，包括浸泡、淋雨、湿衣服、低体脂、年龄偏大（如≥60 岁）和低血糖[2]。

一、医学问题：冻伤

当组织温度降到 0℃（32℉）时，就会发生冻伤[16,28]。最容易发生冻伤的部位是皮肤暴露部位（如：鼻子、耳朵、面颊、暴露在外的手腕），也发生在手和脚上。接触冻伤往往会在裸露的皮肤接触冷物体时发生，特别是导致快速热传导的金属或石头。

引起冻伤的主要冷应激因素有空气温度、风速、湿度。风通过促进对流散热和降低服装隔热性来加速散热。风寒温度指数表（WCT）（图 8.1）是将风速和空气温度结合在一起评估环境的致冷能力。WCT 提供了具体的正确应用方法，仅针对走速为 1.3m/s（3mph）的个体暴露在外的皮肤发生冻伤的危险进行评估。下列是包括关于风和 WCT 重要信息的注意事项：

1. 风不会使暴露的物体变得比环境温度更冷。

2. 天气预报中报告的风速没有把人为因素带来的风考虑进去（如：跑步、滑雪）。

3. WCT 显示了暴露的面部皮肤发生冻伤和预计发生冻伤时间的相对危险性（图 8.1）。选择面部皮肤的原因是身体的这个部位具有代表性的不受保护的部位。

4. 如果气温在 0℃（32℉）以上，是不会发生冻伤的。

5. 潮湿的皮肤暴露在风中温度下降更快。如果皮肤潮湿同时暴露在风中，WCT 表中所显示的环境温度应该比实际环境温度低 10℃[9]。

6. 当环境温度超过 −15℃（5℉）时，冻伤的危险性为5%，但是当 WCT 降低到 −27℃（−8℉）以下时，应该确保增加运动安全监督措施。在上述条件下，暴露的皮肤在 30 min 以内就会发生冻伤[2]。

风速（mph）↓ 气温（°F）

风速（mph）	40	35	30	25	20	15	10	5	0	−5	−10	−15	−20	−25	−30	−35	−40	−45
5	36	31	25	19	13	7	1	−5	−11	−16	−22	−28	−34	−40	−46	−52	−57	−63
10	34	27	21	15	9	3	−4	−10	−16	−22	−28	−35	−41	−47	−53	−59	−66	−72
15	32	25	19	13	6	0	−7	−13	−19	−26	−32	−39	−45	−51	−58	−64	−71	−77
20	30	24	17	11	4	−2	−9	−15	−22	−29	−35	−42	−48	−55	−61	−68	−74	−81
25	29	23	16	9	3	−4	−11	−17	−24	−31	−37	−44	−51	−58	−64	−71	−78	−84
30	28	22	15	8	1	−5	−12	−19	−26	−33	−39	−46	−53	−60	−67	−73	−80	−87
35	28	21	14	7	0	−7	−14	−21	−27	−34	−41	−48	−55	−62	−69	−76	−82	−89
40	27	20	13	6	−1	−8	−15	−22	−29	−36	−43	−50	−57	−64	−71	−78	−84	−91
45	26	19	12	5	−2	−9	−16	−23	−30	−37	−44	−51	−58	−65	−72	−79	−86	−93
50	26	19	12	4	−3	−10	−17	−24	−31	−38	−45	−52	−60	−67	−74	−81	−88	−95
55	25	18	11	4	−3	−11	−18	−25	−32	−39	−46	−54	−61	−68	−75	−82	−89	−97
60	25	17	10	3	−4	−11	−19	−26	−33	−40	−48	−55	−62	−69	−76	−84	−91	−98

冻伤时间
- 在 30 min 内发生冻伤
- 在 10 min 内发生冻伤
- 在 5 min 内发生冻伤

图 8.1　风寒温度指数（暴露的面部皮肤发生冻伤的时间与华氏温度之间的相关性）[10,34]

组织在 0℃ 至 15℃（32℉到 60℉）的寒冷潮湿环境下长时间暴露[42]时，通常会发生非冻结性冷损伤（NFCI）。这些冷损伤是由于沉浸在寒冷潮湿的环境中，或在靴子或手套内部形成潮湿环境中发生的，如在大量出汗期间。诊断 NFCIs 需要随着时间的推移观察临床症状，不同的是，不同程度的发展阶段会在初始损伤后几天到几个月出现[42]。最常见的 NFCI 是脚掌部冻疮，手部也比较常见。

NFCI 最初的症状是出现肿胀和水肿，有麻木感。初始颜色为红色，但如果损伤加重，则很快会变成苍白和紫色。脚掌伴有疼痛，疼痛进一步增加并伴随感染，使外周脉搏难以察觉。发展成冻疮的时间是非常不一样的，在寒冷湿润环境中估计为 12 小时至 3 ~ 4 天[24,42]。当穿湿袜子和鞋子在多天时间内连续磨损时，脚冻疮的出现极为普遍。除了在冬季进行徒步越野、露营和探险外，在大多数体育活动中，脚冻疮发生的可能性很低[2]。

预防 NFCIs 通常可以通过鼓励个人保持活动来增加血液流向脚部，并通过不断更换袜子保持脚部干燥。强烈建议在寒冷潮湿的环境中长时间暴露时，每天更换袜子 2 ~ 3 次。使用含有氢氧化铝的止汗剂进行预防性治疗也可减少脚部出汗。防蒸汽靴（一些登山靴、滑雪靴）和衬里不允许脚部的汗水蒸发，因此更换袜子变得更加重要。这些靴子和衬里应该每天脱掉，擦干净并进行干燥。如果穿的是普通靴子，则需要时间干燥以避免在绝缘层中产生水分[2]。

二、服装的注意事项

防寒服通过衣料和两层衣料之间的夹层空气起隔热作用来减少散热，从而对抗体温过低和冻伤[23]。典型的防寒服包括三层：(1) 内层（如薄的涤纶或聚丙烯纤维）；(2) 中间层（如聚酯纤维或羊毛），起着内层隔热的作用；(3) 外层：在遮挡风雨的同时有透气的作用。关于服装穿着的推荐建议应包括下列事项[2]。

1. 调整服装的隔热层，以尽量减少出汗。
2. 利用服装的通风口减少汗水的积累。
3. 除非有雨或有风，一般不要穿衣服的外层。
4. 当运动强度增加时，要减少服装的隔热层。
5. 在一个完整的运动队中不要使用单一的服装标准。
6. 在有冰雪的天气要穿着合适的鞋子以减小滑倒或跌倒的风险。

三、运动处方

在进行有氧运动时，整个身体和面部温度降低会诱发心绞痛的发作。运动－冷应激的类型和强度会改变心脏病病人的发病危险性。上半身活动或增加新陈代谢的活动均会增加其危险性。

1. 铲雪能使心率增加到97% HRmax，收缩压（SBP）增加至200 mmHg[17]。
2. 在紧实的或柔软的雪中行走都会增加能量需求和心肌氧需求量，所以患有动脉粥样硬化性心脏病的病人需要减慢步行的速度。
3. 在低于25℃（77℉）的水中游泳对患有心脏病的病人是一个威胁，因为他们可能无法识别心绞痛症状，从而可能面临更大的风险[2]。

第三节　热环境中的运动

肌肉收缩产生代谢热量，这些热量从活动肌肉转移到血液，然后转移到身体的核心部位。随后体温升高引起皮肤血流增加和汗液分泌增加会引起热量散发，从而通过蒸发将热量散发到环境中[38]。因此，心血管系统在体温调节中发挥着非常重要的作用。皮肤和环境之间的热交换通过出汗和热交换完成，并由周围环境温度、湿度、空气流动、天空和地面的辐射、衣着等诸多生物物理特性所决定[20]。然而，当机体代谢时的产热量超过散热量时，就会产生高热（体内温度的升高）。汗液如果只是从身体或衣服上滴下来，对降温不会有什么帮助。如果分泌的汗液从身体上滴下来而不是蒸发掉，则需要更高的出汗率才能达到蒸发降温的要求[38]。汗液的丢失在不同人之间差异很大，主要取决于运动的量和强度、衣服、保护装备以及周围的环境条件[21]。其他的因素（如水合状态和有氧能力水平）也可以改变出汗率和最终液体的需求。例如，热习服会导致更高、更持久的排汗率，而有氧耐力训练对提高排汗率的反应有适度的影响[38]。当采用恰当的控制和比较方法时，男性和女性之间体温调节（例如出汗）的差异很小[13,15]。

在运动引起的热应激中，脱水会增加生理负担，如核心温度、心率、自我感觉等[36]。在给定的运动负荷下，身体脱水越严重，生理负担就越大[29]。在一定的温度下运动[33]，以及在热环境中运动[41]，脱水都会增加核心温度。脱水与核心温度上升的关系通常是脱水达体重的 1% 时体温升高 0.1～0.2℃（0.2～0.4℉）[37]。脱水引起更多的蓄热，同时伴随更少的热丢失。因此，由于运动中脱水，排汗率（蒸发散热）的下降和皮肤血流量（干燥散热）的降低会导致更多的热储存[31]。

一、对抗脱水

脱水可能损害力量和爆发力的机制目前尚不清楚。对运动表现文献的非常规分析显示，大多数研究支持脱水超过体重的 2% 会对耐力运动表现产生负面影响，而对力量和爆发力的负面影响要小一些[13]。无论是在脱水状态下开始运动还是在运动过程中加速液体丢失，情况都是如此。

脱水的临界值（如大多数个体为体重 ±2%）和运动能力下降幅度可能与环境温度，运动任务和个体独特的生物学特征（例如脱水耐受性）有关。急性脱水无论在全身高热或环境温度如何，都会降低耐力运动表现，耐力（运动到力竭时间）在热环境中比在温暖或寒冷环境中降低得多[25]。

排汗率因人而异，因此对不同个体而言，在相同的条件下完成相同的任务所需液体可能是不同的。通过在运动前后测量体重确定排汗率（L/h 或 q/h），可以提供补液指南。活动的个体每丢失 1 磅体重应至少补充 0.5L（1 品脱）的液体。食物可以帮助刺激口渴，从而恢复液体平衡。在长时间的运动过程中适当补充食物有利于补液，同时对钠离子和其他电解质的交换代谢起着重要作用。目前还没有关于如何在运动现场最佳评估水合状态的科学共识。然而，在大多数情况下，将晨起体重、尿液浓度的测试和口渴感相结合可以提供一种简单、低成本的方法以确定机体处于脱水状态还是水合状态（见图 8.2）[14]，如果尿液颜色清淡表明机体处于充足的水合状态，若尿液颜色呈深黄或褐色越重，则提示机体的脱水状态越严重。专栏 8.2 提供了在运动前、中、后的补水建议[3]。

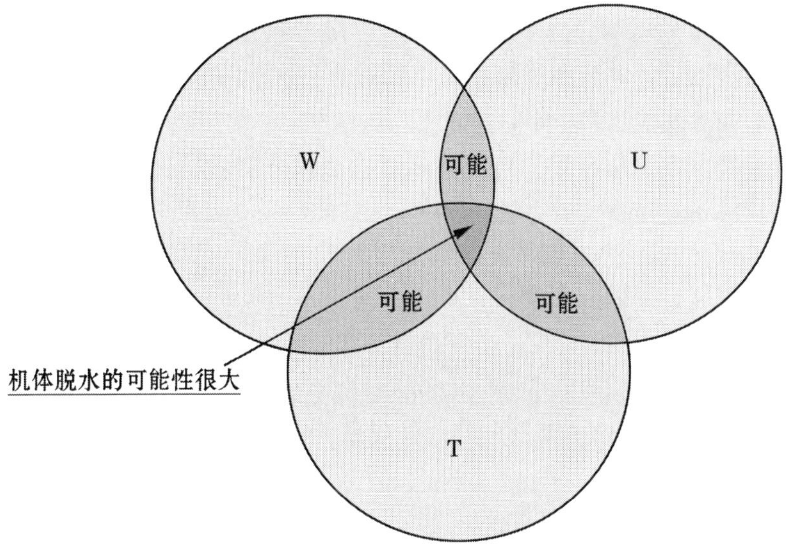

图 8.2　W 表示"体重"，U 表示"尿液"，T 表示"口渴感"。当出现两项及以上的简单标记，提示机体有可能脱水，如果三项简单标记都存在，提示机体脱水的可能性很大

经允许，引自参考文献［14］。

专栏 8.2　运动前、中、后补水建议

	补水	注解
运动前	运动前 4 小时饮水 5 ~ 7mL/kg（0.08 ~ 0.11 oz/Ib），（如一位 154Ib 的个体饮水 12 ~ 17oz）。	如果没有尿液或尿液颜色较深，应在运动前 2 小时再饮水 3 ~ 5mL/kg（0.05 ~ 0.08oz/Ib）；钠盐饮料或含盐零食可以有助于保留水分。
运动中	在运动中通过监控体重变化来估计汗液的丢失；补液的成分应包含 20 ~ 30mEq/L 的钠、2 ~ 5mEq/L 的钾，以及 5% ~ 10% 的碳水化合物。	防止体重丢失 >2%。根据个体排汗率、环境和运动持续时间来确定补水量和速度。
运动后	正常食物和饮料的补充有助于水合状态的恢复。如果需要快速恢复，体重每丢失 1kg 需饮水 1.5L（23oz/Ib）。	目标是充分补液、补充体内丢失的电解质。钠的摄入通过刺激口渴感和液体潴留有助于恢复。

引自参考文献［1，3］，略有调整。

过度饮用低渗液体（如，水）会导致运动性低钠血症。低钠血症是一种血钠离子浓度比正常水平低的状态（通常＜135mEq/L），同时伴随着认知状态的改变。低钠血症经常发生在长时间的体力活动后，以及在过量补充了超过汗液丢失量（通过体重变化来表示）的低渗饮料时出现。当参加连续多个小时持续出汗的运动时，可以通过诸如制订个性化的补水计划，防止过量补液（超过出汗量）以及摄取含盐液体或食物的做法来防止低钠血症。更多信息参见 ACSM 关于液体补充的立场声明[3]。

二、医学问题：劳力性热病

热病的范围从肌肉痉挛到威胁生命的高热，具体见表 8.2。脱水可能是热病的直接因素（如热痉挛和热衰竭）[39]或间接因素（如劳力性休克）[12]。

表 8.2　热环境中发生中暑时症状和体征的比较[1]

疾病	典型症状和体征	精神状态	体内温度的升高
劳力性休克	定向障碍、头晕、非理性行为、冷漠、头痛、恶心、呕吐、过度换气、皮肤潮湿	明显（定向障碍、反应迟缓）	明显［＞40.0℃（＞104°F）］
运动性热衰竭	血压下降、心率和呼吸频率增快、皮肤潮湿苍白、头痛、无力、头晕、肌力下降、寒战、恶心、呕吐、腹泻	很少或无，焦虑	无到中等［37～40℃（98.6～104℉）］
热晕厥	心跳、呼吸减慢、皮肤苍白、在晕厥前会感觉虚弱、视野缩小、眩晕、恶心等	短暂性晕厥发作	很少或无
运动性热痉挛	无力、痉挛，可以形成虚弱性痉挛	无	中等［37～40℃（98.6～104℉）］

热痉挛是指肌肉的疼痛或痉挛，常常发生于与剧烈活动有关的腹部、手臂或腿部的大部分肌肉。运动性肌肉痉挛的发生原因存在一些争议，原因可能是多方面的，每个运动员又是不一样的。证据表明，与水合状态和电解质浓度相比，肌肉痉挛可能与肌肉疲劳和神经元兴奋性更为相关[40]。但是，脱水和明显的汗液钠丢失是诱发因素，并且可能在大量出汗的人或者失去相当数量的体液和钠的人中起作用。一个治疗或预防策略对每个人都有效是不可能的。不过，休息、长时间的拉伸、饮食中氯化钠的摄入（如将 1/8～1/4 茶匙的食盐或 1～2 片食盐片加入 300～500mL 液体、肉汤或咸的零食中）、静脉注射生理盐水等都是治疗热痉挛的有效方法[22]。

热晕厥是由于外周静脉尤其是下肢静脉血液回流受阻引起短暂性循环衰竭。通常发生在身体状态差、静坐少动、对环境适应性差的个体中。长时间的站立、突然停止剧烈运动、延长运动、直立运动可引起最大皮肤血管扩张，导致血压下降和脑部供氧不足。热晕厥的症状可从轻微的头晕到意识丧失。一旦个体转为坐位或平躺后症状很快就可以恢复，但若要完全恢复至安静时心率和血压则需要几个小时。更多信息参见 ACSM 关于运动中热中暑的立场声明[1]。

热衰竭是严重热病的最常见类型[4]。在热环境中进行运动或体力活动时，当身体不能维持一定的心输出量水平以支持调节温度的皮肤血流量和运动代谢需求时的血流量，就会发生热衰竭。以明显疲劳、进行性乏力、无严重高热为特征。对神志清醒、能吞咽、无消化道丢失液体（如呕吐、腹泻）的个体而言，口服液体是体液补充的首选方法。静脉注射液体有利于不能口服液体或重度脱水个体的恢复。

劳力性休克是由高热引起，以体温升高为特征（>40℃或>104℉）[26]。严重中枢神经系统功能紊乱、多器官系统功能衰竭导致谵妄、惊厥或昏迷。当周围环境中湿球温度指数（WBGT）超过 28℃（82℉）时，高强度、长时间的运动是发生劳力性休克的最危险因素。它是一种威胁生命的医疗紧急情况，需要立即有效地全身冷却与冷水和冰水浸泡治疗。身体不适、身体过度肥胖、服装不合适、佩戴护具、热环境不适应、疾病、含有某些刺激成分（如麻黄素、辛弗林）的药物或营养补剂也会增加劳力性休克的风险[26]。

三、运动处方

运动专家可以使用美国国家职业安全健康研究所（NIOSH）制定的标准来定义引起热损伤增加的 WBGT 水平，但是如果采取有效的预防措施，仍可进行运动[32]，这些预防措施包含了运动过程中必要的休息。

如果运动处方中规定了靶心率，那么在温暖或炎热环境中运动时与较冷环境相比，运动者以较低的绝对负荷强度就能达到靶心率的要求。例如，在炎热潮湿的天气，降低跑速就可以完成靶心率。在热环境中降低运动负荷以维持相同的靶心率将有助于降低热病发生的风险。当热适应形成，逐渐增加运动强度来达到靶心率。为安全起见，在热环境中开始运动的时间持续 5～10 min，以后可以随着耐受能力的增加逐渐延长运动时间。

四、特殊注意事项

充分休息、营养、水分、热适应的成年人和儿童可以降低发生劳力性热病的危险。然而，当客户/参与者在炎热或潮湿的环境中锻炼身体时，工作人员、教练或教育人员需要制订标准化的热应激管理计划，该计划应充分考虑专栏 8.3 中的因素[14]，以便最小化劳力性热病和脱水带来的影响。

1. 环境监测：用 WBGT 指数确定适当的操作，并基于建立的标准来修改或取消运动计划。

2. 在极端环境中调整活动：启用充足的液体补充和休息室设施，缩短或推迟比赛时间，以便获取足够的液体，提供较长时间的休息以便散热。选择与中午相比气温较低的时间运动（清晨或傍晚）。儿童和老年人要根据一天的气温和湿度调整自己的运动计划。（见专栏 8.3）

3. 优化但不要过度补液，（a）补液量应该与汗液丢失量相匹配，（b）将体重丢失控制在体重的 2%。

4. 筛查和监测有风险的参与者，并制定具体的应急程序。

5. 应考虑对热环境的适应状态、体适能、营养、睡眠不足、既往病史（特别是呕吐和/或腹泻）、运动参加者的年龄；运动强度、持续时间、液体的供应；比赛场地表面的热反射（如草坪与沥青）。在两次运动之间恢复和补充体液的时间至少要有 3 小时，最好是 6 小时。

6. 热环境的适应：这种适应包括降低直肠温度、心率、主观疲劳感觉（RPE）；增加运动耐受时间、出汗率，减少汗中排盐量。热习服包括：（1）改善热量从体内核心区域到外界环境的传递；（2）改善心血管功能；（3）更有效地排汗；（4）改善运动能力和热耐受性。春末夏初时，在热环境中静坐可以逐渐形成季节性气候适应，而通过 10 ~ 14 天在热环境中有计划的中等强度运动来适应更热的环境温度可促进热适应过程。

7. 服装：具有高排汗功能的服装有助于蒸发散热。运动员应该尽量减少衣物和装备（尤其是头盔），尽可能地使热量散发，降低发生高热的危险，特别是在热适应的开始几天中尤为重要。

8. 教育：对参与者、健康专家、教练和社区应急小组进行培训，可降低热相关疾病的发生率，提高认识和治疗水平。上述培训计划应该强调认识热耐受不良的相关症状/体征、补液、饮食、休息和热适应等的重要性。使参加运动的人学会有关脱水的知识、评估水合状态、掌握补水方法等，以帮助人们保持良好的水合状态。

专栏8.3　评估热环境中运动准备的问题[5]

成年人应该采用以下问题来评估在炎热的环境中运动的准备情况。如有任何问题回答“否”，都应采取纠正措施：

1. 我是否制订了一个计划来避免脱水和高热？
2. 我是否通过逐渐增加运动持续时间和强度的10～14天运动，来适应气候？
3. 我是否将剧烈的运动限制在一天中较冷的时间（清晨）？
4. 在炎热潮湿的天气，我是否避免长时间的热身？
5. 在户外训练时，我知道在哪里取水或者身上、背包里带瓶装水了吗？
6. 我是否知道自己的出汗率，知道应该喝多少水来补充体重的丢失？
7. 我今天早晨的体重是在平均体重变化的1%之内吗？
8. 我24小时内的尿量足够吗？
9. 我尿液颜色是“淡黄色”或者“稻草色”吗？
10. 在炎热和潮湿的天气中，我是否降低了自己的目标、运动速度、距离和/或运动量、比赛的持续时间？
11. 我是否穿着宽松、透气、轻便的服装？
12. 我是否了解热衰竭、劳力性休克、热晕厥、热痉挛的症状和体征？（表8.2）
13. 我是否与同伴一起运动、能够对他/她的身体表现做出反应？
14. 在日常饮食中我是否摄入足够的食盐？
15. 如果存在睡眠不足，患有传染性疾病、发热、腹泻、呕吐、碳水化合物耗竭、服用某些药物、酒精或药物滥用等情况，我是否避免或减少在热环境中运动？

在线资源

美国运动医学学会关于训练和比赛时劳力性热病的立场声明[1]：http：//www. acsm. org
美国运动医学学会关于运动与补液的立场声明[3]：http：//www. acsm. org
美国运动医学学会关于预防冻伤的立场声明[2]：http：//www. acsm. org
国家运动训练协会关于冻伤的立场声明[11]：http：//www. nata. org/position-statements
国家运动训练协会关于劳力性热病的立场声明[8]：http：//www. nata. org/position-statements
环境医学美国军队研究所：http：//www. usariem. army. mil

（邱俊强，王艳　译）

参考文献

1. American College of Sports Medicine, Armstrong LE, Casa DJ, et al. American College of Sports Medicine position stand. Exertional heat illness during training and competition. *Med Sci Sports Exerc*. 2007;39(3):556－72.
2. American College of Sports Medicine, Castellani JW, Young AJ, et al. American College of Sports Medicine position stand. Prevention of cold injuries during exercise. *Med Sci Sports Exerc*. 2006;38(11):2012－29.

3. American College of Sports Medicine, Sawka MN, Burke LM, et al. American College of Sports Medicine position stand. Exercise and fl uid replacement. *Med Sci Sports Exerc.* 2007;39(2):377 – 90.

4. Armstrong LE. Classifi cation, nomenclature, and incidence of the exertional heat illnesses. In: Armstrong LE, editor. *Exertional Heat Illnesses.* Champaign(IL): Human Kinetics; 2003. p. 17 – 28.

5. Armstrong LE. Heat and humidity. In: Armstrong LE, editor. *Performing in Extreme Environments.* Champaign(IL): Human Kinetics; 2000. p. 15 – 70.

6. Bass DE. Metabolic and energy balances of men in a cold environment. In: Horvath SM, editor. *Cold Injury.* Montpelier(VT): Capitol City Press; 1958. p. 317 – 38.

7. Beidleman BA, Tighiouart H, Schmid CH, Fulco CS, Muza SR. Predictive models of acute mountain sickness after rapid ascent to various altitudes. *Med Sci Sports Exerc.* 2013;45:792 – 800.

8. Binkley HM, Beckett J, Casa DJ, Kleiner DM, Plummer PE. National Athletic Trainers' Association position statement: exertional heat illnesses. *J Athl Train.* 2002;37(3):329 – 43.

9. Brajkovic D, Ducharme MB. Facial cold – induced vasodilation and skin temperature during exposure to cold wind. *Eur J Appl Physiol.* 2006;96(6):711 – 21.

10. *Canada's Windchill Index: Windchill Hazards and What to Do* [Internet]. Gatineau, Québec(Canada): Environment Canada; 2011 [cited 2015 Aug 18]. Available from: http://www.ec.gc.ca/meteo – weather/default.asp?lang = En&n = 5FBF816A – 1.

11. Cappaert TA, Stone JA, Castellani JW, et al. National Athletic Trainers' Association position statement: environmental cold injuries. *J Athl Train.* 2008;43(6):640 – 58.

12. Carter R III, Cheuvront SN, Williams JO, et al. Epidemiology of hospitalizations and deaths from heat illness in soldiers. *Med Sci Sports Exerc.* 2005;37(8):1338 – 44.

13. Cheuvront SN, Kenefi ck RW. Dehydration: physiology, assessment and performance eff ects. *Compr Physiol.* 2014; 4(1):257 – 85.

14. Cheuvront SN, Sawka MN. Hydration assessment of athletes. *Gatorade Sports Sci Exch.* 2005;18(2):1 – 5.

15. Cramer MN, Jay O. Selecting the correct exercise intensity for unbiased comparisons of thermoregulatory responses between groups of diff erent mass and surface area. *J Appl Physiol*(1985). 2014;116(9):1123 – 32.

16. Danielsson U. Windchill and the risk of tissue freezing. *J Appl Physiol.* 1996;81(6):2666 – 73.

17. Franklin BA, Hogan P, Bonzheim K, et al. Cardiac demands of heavy snow shoveling. *JAMA.* 1995;273(11):880 – 2.

18. Fulco CS, Muza SR, Beidleman BA, et al. Eff ect of repeated normobaric hypoxia exposures during sleep on acute mountain sickness, exercise performance, and sleep during exposure to terrestrial altitude. *Am J Physiol Regul Integr Comp Physiol.* 2011;300(2):R428 – 36.

19. Fulco CS, Rock PB, Cymerman A. Maximal and submaximal exercise performance at altitude. *Aviat Space Environ Med.* 1998;69(8):793 – 801.

20. Gagge AP, Gonzalez RR. Mechanisms of heat exchange: biophysics and physiology. In: Fregly MJ, editor. *Handbook of Physiology/Section 4, Environmental Physiology.* Bethesda(MD): American Physiological Society; 1996. p. 45 – 84.

21. Gill TM, DiPietro L, Krumholz HM. Role of exercise stress testing and safety monitoring for older persons starting

an exercise program. *JAMA*. 2000;284(3):342 – 9.

22. Givan GV, Diehl JJ. Intravenous fl uid use in athletes. *Sports Health*. 2012;4(4):333 – 9.
23. Hackett PH, Roach RC. High – altitude illness. *N Engl J Med*. 2001;345(2):107 – 14.
24. Hamlet MP. Human cold injuries. In: Pandolf KB, Sawka MN, Gonzalez RR, editors. *Human Performance Physiology and Environmental Medicine at Terrestrial Extremes*. Dubuque(IA): Brown & Benchmark; 1988. p. 435 – 66.
25. Kenefi ck RW, Cheuvront SN, Palombo LJ, Ely BR, Sawka MN. Skin temperature modifi es the impact of hypohydration on anaerobic performance. *J Appl Physiol*. 2010;109(1):79 – 86.
26. Leon LR, Kenefi ck RW. Pathophysiology of heat – related illnesses. In: Auerbach PS, editor. *Wilderness Medicine*. Philadelphia(PA): Elsevier; 2012. p. 215 – 31.
27. Mazzeo RS, Fulco CS. Physiological systems and their responses to conditions to hypoxia. In: Tipton CM, editor. *ACSM's Advanced Exercise Physiology*. Baltimore(MD): Lippincott Williams & Wilkins; 2006. p. 564 – 80.
28. Molnar GW, Hughes AL, Wilson O, Goldman RF. Eff ect of skin wetting on fi nger cooling and freezing. *J Appl Physiol*. 1973;35(2):205 – 7.
29. Montain SJ, Latzka WA, Sawka MN. Control of thermoregulatory sweating is altered by hydration level and exercise intensity. *J Appl Physiol*. 1995;79(5):1434 – 9.
30. Muza SR, Fulco C, Beidleman BA, Cymerman A. *A ltitude Acclimatization and Illness Management*. Washington (DC): Department of the Army Technical Bulletin; 2010. 120 p.
31. Nadel ER, Fortney SM, Wenger CB. Circulatory adjustments during heat stress. In: Cerretelli P, Whipp BJ, editors. *Exercise Bioenergetics and Gas Exchange: Proceedings of the International Symposium on Exercise Bioenergetics and Gas Exchange, Held in Milan, Italy, July* 7 – 9, 1980, *a Satellite of the XXVIII International Congress of Physiological Sciences*. Amsterdam(The Netherlands): Elsevier/North – Holland Biomedical Press; 1980. p. 303 – 13.
32. National Institute for Occupational Safety and Health, Division of Standards Development and Technology Transfer. *Working in Hot Environments*. Cincinnati (OH): National Institute for Occupational Safety and Health; 1992. 12 p.
33. Neufer PD, Young AJ, Sawka MN. Gastric emptying during exercise: eff ects of heat stress and hypohydration. *Eur J Appl Physiol Occup Physiol*. 1989;58(4):433 – 9.
34. *NWS Windchill Chart* [Internet]. Silver Spring(MD): National Oceanic and Atmospheric Administration, National Weather Service; 2009 [cited 2015 Aug 18]. Available from: http://www. nws. noaa. gov/om/windchill/index. shtml.
35. Pozos RS, Danzl DF. Human physiological responses to cold stress and hypothermia. In: Pandolf KB, editor. *Textbooks of Military Medicine: Medical Aspects of Harsh Environments*. Falls Church(VA): Offi ce of the Surgeon General, United States Army; 2002. p. 351 – 82.
36. Sawka MN, Coyle EF. Infl uence of body water and blood volume on thermoregulation and exercise performance in the heat. *Exerc Sport Sci Rev*. 1999;27:167 – 218.
37. Sawka MN, Francesconi RP, Young AJ, Pandolf KB. Infl uence of hydration level and body fl uids on exercise performance in the heat. *JAMA*. 1984;252(9):1165 – 9.
38. Sawka MN, Young AJ. Physiological systems and their responses to conditions of heat and cold. In: Tipton CM, American College of Sports Medicine, editors. *ACSM's Advanced Exercise Physiology*. Baltimore (MD): Lippincott

Williams & Wilkins;2006. p. 535 – 63.

39. Sawka MN, Young AJ, Latzka WA, Neufer PD, Quigley MD, Pandolf KB. Human tolerance to heat strain during exercise: infl uence of hydration. *J Appl Physiol.* 1992;73(1):368 – 75.

40. Schwellnus MP. Cause of exercise associated muscle cramps (EAMC) — altered neuromuscular control, dehydration or electrolyte depletion? *Br J Sports Med.* 2009;43(6):401 – 8.

41. Senay LC Jr. Relationship of evaporative rates to serum [Na], [K], and osmolarity in acute heat stress. *J Appl Physiol.* 1968;25(2):149 – 52.

42. Th omas JR. Oakley EHN. Nonfreezing cold injury. In: KB Pandolf RB, editor. *Textbooks of Military Medicine: Medical Aspects of Harsh Environments, Volume* 1. Falls Church (VA): Offi ce of the Surgeon General, U. S. Army; 2002. p. 467 – 90.

43. Young AJ, Reeves JT. Human adaptation to high terrestrial altitude. In: Lounsbury DE, Bellamy RF, Zajtchuk R, editors. *Medical Aspects of Harsh Environments.* Washington (DC): Offi ce of the Surgeon General, Borden Institute; 2002. p. 647 – 91.

第九章　心脏、外周血管、脑血管和肺部疾病病人的运动处方

概　述

本章的目的在于介绍患有各种心脏疾病和外周血管、脑血管以及肺部疾病（见专栏9.1）病人的 Ex R_x 指南。有氧、抗阻和柔韧性训练 Ex R_x 的基本原则已在第六章中进行了介绍，而心脏、外周血管、脑血管或肺部疾病病人具体的 Ex R_x 见下文。

专栏9.1　心血管疾病的表现

1. 急性冠状动脉综合征：渐进性心绞痛、心肌梗死或猝死等冠状动脉疾病表现。
2. 心血管疾病：涉及心脏和/或血管的疾病；包括高血压、冠状动脉疾病、外周动脉疾病；包括但不仅限于动脉硬化性动脉疾病。
3. 脑血管疾病：脑供血血管的疾病。
4. 冠状动脉疾病：心脏动脉的疾病（通常为动脉硬化性疾病）。
5. 心肌缺血：与心肌需氧量相关的冠状动脉暂时性供血不足，常常表现为心绞痛。
6. 心肌梗死：心肌组织损伤/死亡。
7. 外周动脉疾病：心、脑血管以外的动脉血管疾病。

第一节　心脏疾病

参加规律的运动并进行生活方式干预对心脏疾病病人是有益的。心脏康复（CR）通常用于促进运动和生活方式干预，它由多种为心血管疾病（CVD）病人设计的，用于减少其危险因素、促进和保持健康行为、减少功能障碍和促进形成活跃生活方式的干预方法联合组成[15]。CR 通常分为住院病人 CR（原称 CR 第 I 阶段）和门诊病人 CR（原称 CR 第 II 阶段）两个阶段，可以通过稳定、减缓甚至逆转动脉粥样硬化的进程而减少多种心脏病病人的发病率和死亡率[122]。CR 带来的益处对病人和社会而言都是非常重要的，因为参加 CR 后可以降低疾病导致的医疗负担[91]，对于继发心脏事件风险较高的病人有更好的成本－效益比[78]。目前，医疗保险和多数其他商业和私人保险公司均提供 CR 保险，这有益于那些近期（过去的 12 个月内）发生心肌梗死（MI）或急性冠状动脉综合征、冠状动脉重建（冠状动脉旁路移植术，CABG；或经皮冠状动脉介入手术，PCI）、稳定型心绞痛、心瓣膜修复或置换（开胸手术或经皮手术）、心脏衰竭伴随射血分数下降（HFrEF）和心脏移植的病人。下文提供常规住院和门诊病人 CR 计划的相关信息，并附对应的多种 CVD 和手术病人的运动测试和 Ex R_x。

一、住院病人心脏康复计划

在美国，住院病人 CR 是一个包括早期评估和动员、确定 CVD 相关危险因素并进行教育、评估病人参加体力活动（PA）的行为改变阶段，以及制订综合计划在内的短期项目，在急性心脏事件或手术或其他心脏相关问题发生后的住院期间进行。在欧洲，至少有 64% 的国家在急性事件及其发生后的一段时间内提供住院病人 CR。

根据执业医生推荐，心脏事件或手术后的住院病人应该参加以预防和康复服务为重点的住院病人 CR 项目[123]。住院病人 CR 项目的指南应注意如下几条：

1. 当前的临床状态评估；
2. 动员；
3. 确定和提供可改变的危险因素和自我管理的相关信息；
4. 制订包括家庭 PA 和日常生活中的体力活动（ADL）在内的计划并转介给门诊病人 CR。

在开始下床活动之前，应在有资质的健康管理人士的指导下进行基线评估。专栏 9.2 列出了进行日常下床活动前需要考虑的适应证，而专栏 9.3 提供了终止运动的指征。对下床活动阶段进行监督的工作人员应具备必要的技能和资质以评估和记录生命体征、进行心脏和肺部听诊并提供病人肌肉力量和柔韧性的相关反馈。在发生急性心脏事件或手术后，应该尽早对这些病人进行危险分层，以便为开始进行循序渐进的 PA 做准备。美国运动医学会（AC-

SM）采用了美国心肺康复协会（AACVPR）为确诊的 CVD 住院病人建立的危险分层系统，因为它考虑到了病人的全面预后以及他们的康复潜力[5]（见专栏 2.2），ACSM 推荐将此系统用于住院病人 CR。

专栏 9.2　美国心肺康复协会（AACVPR）住院病人心脏康复中进行日常下床活动适应证

1. 最近 8h 内没有新发或正在发生的胸痛。
2. 病情稳定或肌酸激酶和肌钙蛋白值下降。
3. 无充血性心力衰竭的症状（如：安静状态下呼吸困难和啰音）。
4. 最近 8h 内心律正常且心电图稳定。

专栏 9.3　导致住院病人终止运动的运动中不良反应

1. 舒张压（DBP）≥110 mmHg。
2. 运动中随着负荷的增加收缩压（SBP）下降 >10 mmHg。
3. 有相关症状或体征的严重室性或房性心律不齐。
4. Ⅱ度或Ⅲ度传导阻滞。
5. 出现对运动不能耐受的体征或症状，包括心绞痛、明显的呼吸困难以及心电图（ECG）提示缺血改变。

经允许，引自［5］

住院和门诊 CR 的适应证和禁忌证列在专栏 9.4 中，但应该根据主治医生或病人的私人医生的临床判断与 CR 团队一起考虑例外情况。近来，急性事件或干预后住院时间有缩短的趋势，这使得可用于病人评估和住院病人 CR 干预的时间受限。经过 PCI 手术的病人可在获得允许后 24h 之内出院，单纯 MI 或冠状动脉旁路移植术（GABG）后的病人通常也在 5 天内出院，简单事件或手术后的病人，包括 MI、急性冠状动脉综合征、CABG 或开瓣手术以及瓣膜置换术（如：经导管主动脉瓣置换术，TAVR），通常在 5 天内出院。早期恢复阶段的体力活动或计划应根据 MI 的面积和恢复期发生的并发症确定，这些活动应包括自理活动、上下肢全关节范围活动（ROM）、姿势改变，以及有监督的限制性下床活动[5]。在 MI 后 12 ~ 24h 内单纯暴露于直立或重力负荷（如：间歇地坐和站）可预防急性心脏事件及其后卧床休息导致的运动表现下降[35,36]。住院病人最佳的运动量目前还不清楚，病人应从生活自理（如：坐、上厕所）开始，在没有帮助或最小的帮助下步行短到中等距离 3 ~ 4 次/天，然后在医院内进行独立的下床活动，活动的目标应作为整个管理计划的一部分。其他的活动可以包括上半身运动和适当地爬楼梯以便为回家做准备[5]。活动的量和进阶速度应该根据病人个体化的评估结果在有资质的工作人员（如：ACSM 认证的临床运动生理学家®，CEP）指导下每天进行，运动强度可用主观疲劳感觉（RPE）进行监测（见第六章）。一般来说，住院病人终止运动的标准与低强度运动测试的终止标准相似或更加保守一些[5]。尽管不是所有的病人都适合进行住院病人运动干预，但实际上所有病人都会从一定的住院病人干预中获益，这些干预包括 CVD 危险因素评估（见表 3.1）、PA 咨询和病人及其家属教育。

专栏 9.4　住院和门诊病人心脏康复适应证和禁忌证[15]

适应证

1. 稳定型 MI。
2. 稳定型心绞痛。
3. 冠状动脉旁路移植术（CABG）。
4. 经皮冠状动脉腔内成形术（PTCA）。
5. 由收缩或舒张功能障碍引起的稳定型心力衰竭（心肌病）。
6. 心脏移植。
7. 心瓣膜疾病或手术。
8. 外周动脉疾病（PAD）。
9. 确诊糖尿病、血脂异常、高血压或肥胖的冠状动脉疾病高危病人。
10. 基于内科医生的推荐和康复团队的共识，能从有计划的运动和/或耐心的教育中获益的其他病人。

禁忌证

1. 不稳定型心绞痛。
2. 未控制的高血压，即安静状态下 SBP > 180 mmHg 和/或 DBP > 110 mmHg。
3. 直立后 BP 下降 > 20 mmHg 并伴有症状者。
4. 严重的动脉狭窄（主动脉瓣区 < 1.0 cm^2）。
5. 未控制的房性或室性心律不齐。
6. 未控制的窦性心动过速（> 120 bpm）。
7. 未控制的心力衰竭。
8. Ⅲ度房室传导阻滞且未植入起搏器。
9. 活动性心包炎或心肌炎。
10. 新近形成的栓塞（肺循环或体循环）。
11. 急性血栓性静脉炎。
12. 夹层动脉瘤。
13. 急性全身性疾病或发热。
14. 未控制的糖尿病。
15. 影响运动的严重运动系统异常。
16. 其他代谢异常，如：急性甲状腺炎、低血钾、高血钾或血容量不足（未得到适当处理前）。
17. 严重的心理障碍。

FITT 住院病人心脏康复的 FITT 推荐a[5]

	有氧	柔韧性
频率	住院的第 1～3 天每天 2～4 次	至少 1 次/天，能耐受时尽量增加频率
强度	坐或站，MI 病人心率：HRrest + 20 bpm，心脏手术恢复期病人心率：HRrest + 30 bpm 上限≤120 bpm，对应 RPE≤13（6～20 评分）	拉伸至有非常轻度的不适感
时间	从间歇步行开始，能耐受的情况下每次持续 3～5 min,逐步增加持续时间。间歇期可进行缓慢的步行（或完全休息），时间短于运动期，尽量达到 2∶1 的运动/休息比。逐步进阶到 10～15 min 的持续步行	全身大关节，每个关节至少 30 s
方式	步行。用医院的住院病人康复设备进行其他有氧运动也是有益的（如：跑台、功率车）	重点发展 ROM 和动态活动，特别注意腰部和大腿后侧 健康管理专家团队（如：CEP、PT）提供的被动拉伸可为卧床病人带来益处

a 住院病人不推荐进行抗阻训练。

CEP：临床运动生理学家；HRrest：安静心率；ROM：关节活动范围；RPE：主观疲劳感觉；PT：物理治疗师。

出院时，应该让病人知道哪些费力的活动（如举重、爬楼梯、园艺、家务劳动）是他们可以做的，哪些是他们应该避免的[10]，而且在病人出院前应该为其制订一个安全、循序渐进的运动计划。在经过运动测试评估或参与一个有临床医务监督的门诊病人 CR 项目前，运动过程中的心率（HR）或 RPE 上限不应该超过住院期间观察到的水平[5]，而且应该让病人能够识别代表运动不耐受并需要进行医学检查的异常症状和体征。强烈建议所有准备进行活动的病人参加一个有临床医务监督的门诊病人 CR 项目以提高生活质量和功能能力，并降低发病和死亡风险。

二、门诊病人心脏康复

在近期 MI、冠状动脉综合征急性发作或心绞痛、冠状动脉旁路移植术、PCI、心力衰竭（HF）、心瓣膜修复或置换术，以及心脏或心肺移植术的临床指南中，门诊病人 CR 或二级预防属于 I 级推荐（见专栏 9.5）[123]。门诊病人 CR 的目标列在专栏 9.6 中，其组成列在专栏 9.7 中。

专栏 9.5　指南推荐分级[29]

推荐分级

Ⅰ级：有证据和/或共识支持特定的操作或治疗是有用和有效的。

Ⅱ级：对特定的操作或治疗是否有用或有效的相关证据和/或意见不一致。

Ⅲ级：有证据和/或共识支持特定的操作或治疗是没用或没有效果的，甚至对某些病例而言是有害的。

证据级别

A 级：数据来自大量的随机临床试验。

B 级：数据来自单一的随机试验或非随机研究。

C 级：专家共识。

专栏 9.6　门诊病人心脏康复的目标

1. 促进并帮助病人执行一个安全、有效、规律的运动和日常体力活动计划。
2. 提供适当的监督和管理以便发现临床情况的变化。
3. 提供连续的监测数据以便病人的健康管理者加强其医疗管理。
4. 使病人重新开始工作和娱乐，或根据病人的临床情况调整这些活动。
5. 为病人及其配偶/朋友/家庭提供教育，以通过积极的生活方式管理和心脏保护药物的使用优化二级预防（如矫正危险因素）。

专栏 9.7　门诊病人心脏康复的组成

1. 心血管危险因素评估和积极的生活方式管理咨询。
2. 教育并支持进行健康生活方式改变，以降低心脏事件复发风险。
3. 制订和执行安全、有效的个体化运动计划并进行监督。
4. 监测的目的是改善血压、血脂和胆固醇以及糖尿病。
5. 心理或压力评估和咨询。
6. 与每一个病人的医生和其他健康管理者交流其治疗和相关医学管理事宜。
7. 让病人重新开始适当的工作和娱乐活动。

在医生转介或刚进入项目时，应该进行如下的评估[5]：

1. 医疗或手术史，包括最近一次发生的心血管事件、并发症和其他相关医疗史。

2. 体检，重点检查心肺和骨骼肌肉系统。

3. 回顾近期心血管测试和手术，包括 12 导联心电图（ECG）、冠状动脉造影、超声心动图、负荷测试（运动或影像研究）、心脏手术或经皮手术以及植入起搏器/复律除颤器。

4. 目前服用的药物，包括剂量、服用方法和频率。

5. CVD 危险因素（见表 3.1）

对大多数心脏病病人来说运动训练是安全有效的，但应该根据病人在运动训练过程中发生心脏相关事件的危险因素对所有病人进行危险分层（见专栏 2.2）。在每一个 CR 阶段的前、中、后都应该进行常规的运动风险评估（见第三章和第五章），由有资质的工作人员来评估以下内容：

1. HR；

2. 血压（BP）；

3. 体重；

4. 与体力活动没有必然联系的症状或临床状况改变的证据（如安静时呼吸困难、头晕或眩晕、心悸或心律不齐、胸部不适、体重突然增加）；

5. 有不能耐受运动的症状和证据；

6. 药物治疗处方中的药物改变或依从性改变；

7. 根据病人的危险分层和对精确节律检查的需求选择的 ECG 和 HR 监测，可由遥测、蓝牙或有线监测设备、带有除颤电极的快速监测设备、周期性节律带组成，也可用无 ECG 的 HR 监测设备组成。

（一）运动测试

美国心脏病学会（ACC）/美国心脏协会（AHA）2002 年运动测试指南升级版[55]指出：早期（2 ~3 周）或出院后 3 ~6 周进行运动测试对进行（IIa 级推荐）或没进行（I 级推荐）过冠状动脉重建的 MI 病人的 Ex R_x 制定是有用的。运动测试还可用于持续参加有医务监督的运动训练和 CR（IIb 级推荐）的病人的周期性监测。运动测试的注意事项如下[5]：

1. 测试应使用症状限制性运动测试，并按照标准的运动测试流程进行（见第五章）。

2. 病人应在指南推荐的治疗下达到稳定状态时完成测试。要特别注意 β - 受体阻滞剂的服用时间对运动测试和运动训练的影响，因为它会对 HR 反应以及后续以 HR 为基础的 Ex R_x 产生影响[5]。

运动测试可能会因为达到保险免赔额和采用共同支付的形式使病人产生经济支出，因此，医生或中级健康管理人员可能会要求病人在没有进行运动测试的情况下参加门诊 CR，下面有关 Ex R_x 的部分提供了在没有运动测试结果可以参考的情况下指导运动强度的方法。

（二）运动处方

为总体表现健康的人群制定 Ex R_x 的运动量或运动频率、强度、时间和方式（FITT 原则）的技术在第六章中有详细介绍。用于总体健康的成年人的 Ex R_x 技术也可用于许多 CVD 病人，本段提供了确诊为 CVD 病人的 Ex R_x 的调整方法和特殊注意事项。

FITT 参加门诊病人心脏康复的心血管疾病个体的 FITT 推荐[5,50]

	有氧	抗阻	柔韧性
频率	至少 3d/wk，≥5d/wk 最佳	2～3d/wk，隔天进行	≥2～3d/wk，每天做效果最好
强度	进行过运动测试，用 40%～80% 的运动能力，用 HRR、$\dot{V}O_2R$、$\dot{V}O_2peak$ 表示。未进行运动测试，用坐位或站位 HRrest +20 bpm 到 HRrest +30 bpm 或 RPE12～16（6～20 评分）[23]	在没有明显疲劳的情况下每个动作重复 10～15 次；RPE 11～13（6～20 评分）或 40%～60% 1－RM	达到拉紧或轻度不适感
时间	20～60 min	1～3 组；8～10 个锻炼全身大肌肉群的不同动作	静态拉伸保持 15s，每个动作重复次数≥4 次
方式	上肢功率车、上下肢（双功能）功率车、直立或卧式自行车、卧式踏步机、划船机、椭圆机、爬楼梯、跑台	选择病人使用起来安全、舒适的设备	重点关注四肢和腰部主要关节静态和动态拉伸，考虑 PNF 技术。

1－RM：1 次最大重复次数；HRR：储备心率；HRrest：安静心率；PNF：本体感受性神经肌肉易化拉伸术；RPE：主观疲劳感觉；$\dot{V}O_2R$：储备摄氧量；$\dot{V}O_2peak$：峰值摄氧量。

（三）运动训练注意事项

1. 运动频率取决于一些因素，包括基线运动耐受能力、运动强度、体适能和其他健康目的以及整合在整个计划中的运动方式。

2. 成年人和老年人的通用指南建议每次运动持续时间不少于 10 min[7,52]。但对于运动能力非常有限的病人而言，也可考虑在开始时进行每天少量（＜10 min）多次的锻炼[52]。如果开始时每次持续时间＜10 min，建议逐渐增加有氧运动时间[52]，增加幅度可以小到每次 1～5 min 或每周 10%～20%。

3. 应该鼓励病人根据本章给出的推荐进行一些独立运动（没有直接的医务监督）。

4. 如果病人有确定的缺血阈（运动测试中发生心绞痛和/或≥1mm 的缺血性 ST 段压低），制定运动强度时应该将 HR 和功率控制在此缺血阈以下。在测试到缺血阈的情况下，以 HR 为基础的运动强度上限应该低于最早发生缺血时所对应的 HR 的 10 bpm 以上[50]。除运动测试外，存在典型的运动训练诱发、休息或含服硝酸甘油后缓解的心绞痛也是存在心肌缺血的充分证据。

5. 如果 HR 未知，应该用 RPE 来指导运动强度，如下的关系供参考[50]：

（1）＜12（＜3，CR10 级评分）对应“轻松”或＜40% HRR；

（2）12～13（4～6，CR10 级评分）对应“有些吃力”或 40%～59% HRR；

（3）14～16（7～8，CR10 级评分）对应“吃力”或 60%～80% HRR。

6. 病人应按照健康管理人士给他们推荐的常规用药时间服用处方药。服用 β 肾上腺素能受体阻滞剂（β－受体阻滞剂）的病人运动中 HR 反应可能会下降，而最大运动能力也可能会提高或下降。运动测试后或 CR 过程中 β－受体阻滞剂剂量发生改变的病人可重新进行运动测试[5]。

7. β－受体阻滞剂剂量发生改变，但没有重新进行运动测试的病人，可用如下的推荐指导运动强度：

（1）监测症状和体征；

（2）记录在最近用于 CR 的负荷下出现的 RPE 和 HR 反应。所观察到的 HR 和 RPE 可作为病人运动强度的目标。

8. 推荐出现症状或相应临床改变的病人进行运动测试[5]，例如：胸痛或呼吸困难程度出现改变的病人，或未进行冠状动脉重建术的缺血性疾病病人，或血管未完全重建（存在残余阻塞冠状动脉病变）的病人，或存在心律不齐并希望进行较大强度运动的病人。但对于进行过完全性冠状动脉重建、没有症状或理论上不需要的病人在医学上可不用再次进行运动测试。

9. 使用利尿剂治疗的病人出现血容量不足、低血钾或直立性低血压的风险会增高，特别是在运动后。对于这些病人，应该监测其运动中的 BP 反应、头晕或眩晕的症状，以及心律不齐的情况，同时提供有关适当补水的教育[8]。其他在运动中和运动后可能影响血液动力学反应的药物参见附录 A。

10. 每次运动时都应该进行 5～10 min 的热身和整理活动，包括动力性和静力性拉伸，以及低或极低强度（见表 6.1）的有氧活动。

11. 每次训练中的有氧运动部分都应该包括周期性全身主要大肌肉群参与的活动，重点在于增加能量消耗以保持健康的体重并获得其他相关的健康益处（参见第一章和第十章）。

12. 为了促进整体体适能水平，应该在运动计划中整合包括上下肢体能训练在内的多种形式的有氧活动和运动设备。

13. 高强度间歇训练（HIIT）是用 3～4 min80%～90% HRR 强度的运动和 60%～70% HRR 强度的运动交替进行的一种训练方法。已证明每周进行 3 次这种训练，每次大约持续 40 min，可以更显著地改善稳定型冠状动脉心脏病病人[73]和心力衰竭病人[130]的 $\dot{V}O_2peak$。还有证据证明，与标准的持续性中等强度运动相比，HIIT 可以更长时间地改善 CABG 术后病人[83]的 $\dot{V}O_2peak$。这说明 HIIT 可能是提高 CVD 病人峰值有氧能力的既安全又有效的方法[127]。

14. 应该考虑的安全因素包括：病人的临床情况、危险分层（见专栏 2.2）、运动能力、缺血或心绞痛阈值、运动系统功能障碍和认知或心理损害。

15. CR 中进行运动指导时需要考虑的相关因素包括：发病前的体力活动水平、工作或业余爱好的目标和要求，以及个体的健康或体适能目标。

16. 当病人可以连续 2 个训练日超过预定重复次数 1～2 次完成抗阻训练时，训练量可以增加 2%～10%[6]。

17. 避免在抗阻训练和静力性拉伸过程中憋气。

（四） 持续的心电图监测

在 CR 最初几周的有医务监督的运动训练中进行 ECG 监测是有益的。下面推荐的 ECG 监测与病人运动训练中的相关风险有关[50]：

1. 确诊稳定性 CVD 且并发症风险低的病人可在开始时持续监测 ECG，然后在 6～12 次训练后或在医疗团队认为适当的时候减少至间歇 ECG 监测或不进行 ECG 监测。

2. 确诊 CVD 且并发症风险中等或高风险的病人应该开始时持续监测 ECG，然后在 12 次训练后或在医疗团队认为适当的时候减少至间歇 ECG 监测或不进行 ECG 监测。

3. 在考虑减少或停止 ECG 监测时，应该让病人了解其运动水平是安全的。

（五） 未进行运动测试者的运动处方

随着住院时间缩短、侵入性治疗增多和诊断方法的成熟，使得病人在进行运动测试前就开始 CR 的现象并不少见。在病人存在一些极端情况、运动系统功能障碍、近期经皮手术或没有阻塞性冠状动脉并发症的血管重建术时，可能无法进行运动前运动测试。只有在进行了运动测试后，Ex R_x 的制定和实施才能遵循这些住院期间和家中运动锻炼指南的推荐。推荐用 RPE 来指导运动，应该密切监测病人运动耐受的症状和体征，如过度疲劳、眩晕或头晕目眩、变时性功能不全，以及缺血的症状和体征。

（六） 日常体力活动

门诊运动项目的参与者每次的能量消耗大约为 300kcal[109]，也就是说每周参加 3 次训练的病人每周运动产生的能量消耗 <1000kcal。而根据降低 CVD 风险（见第六章）和进行体重管理（见第十章）的能量消耗推荐，鼓励病人在参加门诊项目之余进行规律的 PA 和有目的的运动。除了正规的门诊项目训练之外，应该鼓励病人逐渐回到经康复小组评估并适当修正的常见 ADL 中，如家务劳动、园艺、购物，以及一些兴趣爱好。如果要参加竞技运动，则应该遵从 ACC Bethesda 会议的推荐[124]。相关的低价计步器、有计步功能的智能手机和其他可穿戴设备可以帮助监督体力活动并可加强步行计划的依从性[26]，而且很多这样的设备都设计有配套的在智能手机或平板电脑上使用的各种应用软件（APP），但目前还需进一步研究以确定这些 APP 是否能适当地协助跟踪监测并增强依从性。

三、心力衰竭病人

慢性 HF 是以劳力性呼吸困难和疲劳为特征的疾病，包括 HFrEF（收缩功能障碍）、左心室射血分数保留（HFpEF，舒张功能障碍）或两者同时存在。HF 发病率上升有部分原因是人口老龄化和急性心脏疾病结局的改善，这种失代偿性心衰在美国的老年人中是最常见的诊断，会导致每年超过 100 万人住院[58]。初次由于 HF 住院后，有 25% 的病人会在 30 天内再次住院，66% 的病人会在 1 年内再次住院[41,80]。美国每年 HF 的新增病例是 825 000 人，2010 年的发病率达到了 600 万人[58]。

运动训练作为稳定型慢性 HF 病人的一个有价值的辅助治疗手段已得到广泛认可，也得到了 ACC 和 AHA 的推荐[131]。运动训练对 HFrEF 病人的益处如前所述[71]，包括了临床结果（如住院）和健康相关生活质量的改善[43,90,98,102,104]。运动训练还能提高 HFrEF 病人的运动能力（10% ~30% $\dot{V}O_2$peak）、中心血流动力学功能、自主神经系统功能，以及外周血管和骨骼肌功能[3]。总而言之，这些适应性改变可以使病人在更高的峰值功率下运动，或在特定次大强度水平运动时 HR 更低、主观费力程度更低、呼吸困难和疲劳水平也更低。一个纳入了 57 个研究的荟萃分析显示：直接测量得到的 $\dot{V}O_2$peak 提高了 17%[116]。最新的数据显示：HFpEF 病人也能从运动训练中获益，已证明运动可以改善此类病人的骨骼肌功能、生活质量和运动能力[60]。

（一） 运动测试

症状限制性运动测试对 HFrEF 病人来说是安全的，而且与间接气体分析测试相比，不仅可以提供有关运动中心电图和血流动力学反映的信息，还能提供预后信息[50]。

1. 与相同年龄的健康人相比，HFrEF 病人运动中的峰值 HR、每搏输出量和心输出量（$\dot{Q}$）均较低。
2. 大血管（如肱动脉）舒张功能和血管阻力下降，使得局部血流受限[45]。
3. 骨骼肌组织化学异常限制了代谢比较活跃的细胞的氧化能力。
4. 上述三个 HFrEF 病人的相关问题也与在 HFpEF 病人中观察到的运动能力下降有关。
5. 与正常对照组相比，运动耐受能力下降了 30% ~40%[75]。由于存在这种限制，常常使用起始功率较低且每级功率增幅较小的运动方案，如改良 Naughton 方案（见第五章）。
6. $\dot{V}O_2$peak、每分通气量和二氧化碳生成量的斜线关系（$\dot{V}_E-\dot{V}CO_2$ 斜线）与预后相关，并能用于帮助指导什么时候应该将病人转介给更高级别的 HF 专家或什么时候进行进一步治疗的评估，例如：持续血流左心室辅助装置（LVAD）或心脏移植[50]。

（二） 运动处方

由于 HF 病人运动训练的两个主要目标是逆转运动不耐受并降低继发的临床事件风险，因此其训练原则的特殊性在于选择已证明能够改善功能并获得临床益处的、在测试中使用的运动方式，但运动方案中必须包括有氧活动。

FITT 心力衰竭病人的 FITT 推荐[24,128]

	有氧	抗阻	柔韧性
频率	3～5d/wk	1～2d/wk，隔天进行	≥2～3d/wk，每天做效果最好
强度	如果有 GXT 得到的 HR 数据，强度设置在 60%～80% HRR。如果没有 GXT 数据或存在房颤，用 RPE 11～14（6～20 评分）	从上肢 40% 1－RM 和下肢 50% 1－RM 开始，通过几周到数月时间，逐渐增加到 70% 1－RM	达到拉紧或轻度不适感
时间	逐渐增加到 30 min/d，最长不超过 60 min/d	2 组，每组 10～15 次重复；重点锻炼全身大肌肉群	静态拉伸保持 10～30 s，每个动作重复 2～4 次
方式	跑台或步行和功率车	由于力量和平衡能力下降，最好选择器械	静态、动态拉伸和/或 PNF

1－RM：1 次最大重复次数；GXT：递增运动负荷试验；HR：心率；HRR：储备心率；PNF：本体感受性神经肌肉易化拉伸术；RPE：主观疲劳感觉

（三）运动训练注意事项

1. 对于特定的病人，可以考虑进行较高强度的有氧间歇训练，训练强度可以高达 90% HRR。HIIT 可以使稳定型 HFrEF 病人的 $\dot{V}O_2$peak 提高 46%，并与左心室反向重构相关[72,129]。

2. 由临床医生负责制定 Ex R_x 并监督病人的进阶情况，需要确保每周进行的运动量是随时间缓慢、持续增加的。对于大多数病人而言，制定的运动量应该在 3－7MET－h/周上下[74]。

3. 一般情况下，应该先增加运动时间和频率，再提高运动强度。

4. 当病人对常规持续至少 4 周的有氧训练适应并耐受后，可以加入抗阻运动。

（四）特殊注意事项

1. 大约有 40% 的 HF 病人在第 1 年末时都能按制定的运动处方坚持执行，这与确诊的冠状动脉疾病病人的长期依从性相当[42,49,90]。

2. 由于在开始和坚持运动的过程中存在各种各样的障碍，应该注意影响干预依从性的因素，如：对抗焦虑和抑郁、提高动机水平、寻找其他社会支持，以及诸如交通之类的后勤管理问题（见第十二章）。

3. 规律的运动训练可以改善 LVAD 病人的运动耐受能力和生活质量[68]。下面列出的是 HF 和 LVAD 病人的特殊注意事项：

（1）不管是移植搭桥还是疾病晚期作为最终的治疗手段而进行 LVAD 的病人，其运动训练和测试越来越常见。这些病人功能能力低下，其 $\dot{V}O_2peak$ 为 7～23 mL/kg/min[69]。

（2）由于 LVAD 连续的血流（非波动性血流），BP（平均动脉压，MAP）要用多普勒超声测量，而不是用听诊器听诊，安静状态下的平均动脉压应该控制在 70～80 mmHg[115]。一般情况下，MAP 应该随功率的增加缓慢增加，研究显示：住院期间 MAP 保持 70～90 mmHg 进行运动是安全的[110]。

（3）运动中 HR 基本随功率的增加呈线性增加。

（4）在增加运动强度时，LVAD 的流量（可能高达 10L/min）通常会适当地增加。

（5）运动早期发生疲劳是很常见的。当开始一个运动训练项目时，可能在当天晚些时候会出现疲劳。当疲劳发生时，间歇运动可降低后续运动训练的疲劳水平。

（6）在得到更多有关 HR 与运动强度之间关系的重要信息之前，可以用 RPE 11－13 来控制运动强度。

四、胸骨切开术后病人

正中胸骨切开是心血管手术（如 CABG 或心脏瓣膜置换术）理想的标准切口。

1. 尽管多数病人在 8～10 周内能够恢复并达到适当的胸骨稳定性，且没有任何并发症，但仍有高达 16% 的案例存在胸骨不稳的现象[14,128]。诸如糖尿病、年龄、特定药物和肥胖之类的因素会使病人容易发生这种并发症。

2. 胸骨线可以用于手术后闭合胸骨，以便最大限度地减小分散在胸骨边缘的压力并促进骨骼恢复。

3. 常规指导病人限制 ROM 并为上肢活动提供一个外加重量负荷限制。这个上半身活动的限制通常在病人住院期间告诉病人，同时对术后 8～12 周的门诊病人进行强调[5]。

4. 上半身活动的限制通常包括活动方式、负荷量（如自身体重，限制在一个重量上限内），以及允许的 ROM 范围[5]。

5. 出院后 5～6 周的门诊阶段，多数病人能恢复到没有疼痛的、负自身体重的上肢 ROM。

6. 有关上举限制的指导通常在出院前告诉病人，一般在出院后的 10～12 周内将此限制设在 5～10lb（或 <50% 最大自主收缩），但也可以调整[128]。

7. 在进行 CR 时，应该鼓励病人进行特定的有节奏的负自身体重和低负荷的上肢活动（如上肢功率车）。CR10～12 周内对正中胸骨切开术后病人的一个常见管理目标是将重点放在恢复或提高肌肉力量或耐力之前，通过无痛的 ROM 活动进行发展和提高。

为正中胸骨切开术后病人服务的运动专家的一个重要工作是监督所有提示胸骨不稳的早期症状或体征，这就要求对疼痛或不适、胸骨活动或不稳以及胸骨震颤进行常规评估。如果有任何有临床意义的发现，应该告知相应的内科或外科医生。

五、起搏器和植入式复律除颤器

心脏起搏器用于恢复安静状态下和运动中理想的 HR、在心律不齐时使房室充盈和收缩同步、并在左束支传导阻滞（LBBB）时同步左右心室的收缩。植入起搏器的指征包括病态窦房结综合征伴随有症状的心动过缓、获得性房室（AV）传导阻滞，以及 MI 后持续发展的 AV 传导阻滞。起搏器的不同类型如下：

1. 心率反应式（心率自适应或心率调节）起搏器中设定了加快或减慢 HR 的功能以便适应不同水平的 PA（如静坐或步行）。

2. 单腔起搏器只有一个导联放置于右心房或右心室；一般用于有慢性房颤伴随有症状的心动过速的病人，常见于新发或继发于完全性心脏传导阻滞的 AV 传导阻滞，并需要进行明确的心率控制时。

3. 双腔起搏器有两个导联：一个置于右心房，另一个置于右心室；用于生理性起搏以重建心脏房室之间正常的收缩顺序和时间。

4. 心脏同步治疗起搏器有三个导联：一个置于右心房，一个置于右心室，还有一个置于冠状窦或有时通过外科手术的方法置于左心室心肌中；用于有 LBBB 且功能能力低下的 HF 病人。这种治疗可以提高功能能力（$\dot{V}O_2$peak 和 6 min 步行试验的距离，6MWT）[2]。

起搏器的种类用四个字母的代码来表示，说明如下：

1. 代码的第一个字母代表起搏心腔，如：心房（A）、心室（V）、双腔（D）。

2. 代码的第二个字母代表感应心腔。

3. 代码的第三个字母代表起搏器对感应事件的反应，如：触发（T）、抑制（I）和双腔（D）。

4. 代码的第四个字母代表起搏器的心率反应能力，如：抑制（I）、心率反应（R）。

例如：代码为 VVIR 的起搏器代表：心室起搏（V）和感应（V）；当起搏器感应到一个正常的心室收缩时，则出现心率反应抑制（I）；冲动发生器是心率反应（R）式的。

运动测试是对准备增加 PA 或参加竞技运动的病人进行心率反应式起搏器评估的 I 级（见专栏 9.5）指征[50]。在这些案例中，运动测试可以帮助优化 HR 反应，继而可增强病人的运动能力。

植入式心脏除颤器（ICD）是监控心律并在探测到威胁生命的心律失常时进行复律的设备。ICD 用于发生过心脏骤停、心肌病、HF 或药物治疗无效的心律失常后，有高频室性心动过速或室颤风险的病人。当 ICD 探测到过快的或无规律的心跳时，会首先尝试使心脏恢复到正常的心率和心律（抗心动过速起搏）。如果没有成功，则发出冲动以使心脏恢复到正常的 HR 和电传导模式（复律）。因此，ICD 的目标是保护心脏避免发生由室性心动过速和室颤引起的心脏骤停，而且对进行规律运动的人来说是安全的[97]。

运动训练注意事项

1. 应该在运动测试或训练前从病人的心脏病治疗专家那里获取程序化的起搏器模式、HR 限制和 ICD 心律探测的运算方法。

2. 在开始运动计划前应该用运动测试评估 HR 和心律反应。如果病人的 HR 在运动测试过程中没有增加，则不能开始运动训练，需要调整运动传感设备（动作或呼吸感应）使 HR 能够随 PA 的增加而增加。

3. 当植入了 ICD 时，运动测试和训练计划的峰值心率（HRpeak）应该保持在设置的抗心律失常起搏 HR 和室颤 HR 阈值以下 10 ~ 15 bpm。

4. 在设备植入后的 24 小时内，可以进行轻柔的上肢 ROM 活动，这可能有助于避免继发的并发症。

5. 为了保持设备和切口完整，植入后的 3 ~ 4 周内应避免较大强度的上肢活动，如游泳、保龄球、举重、椭圆机和高尔夫，但下肢活动是允许进行的。

6. 单独植入起搏器和 ICD 并不是 CR 的指征，但对这些病人、特别是有长期静坐少动生活史的病人而言，有医务监督的运动是很重要的。与存在明显的心脏功能下降和/或有心脏骤停史的病人相比，那些心脏功能正常的病人参加一些有医务监督的运动课也是恰当的。

六、心脏移植后病人

对于预期 1 年生存率很低且标准的药物治疗已不能控制症状的 HF 晚期病人，心脏移植可能是一个可选的外科手术。全世界每年大约进行 4000 例心脏移植手术，不同年龄的病人 3 年生存率为 75% ~81%[92]。强烈推荐在术后进行有氧和抗阻训练以提高运动能力和生活质量、帮助保持骨矿物质密度、逆转肌肉萎缩并帮助纠正心血管危险因素，如：肥胖、高血压和糖耐量下降[38]。

一般情况下，2 ~ 6 个月的运动计划可以使用 $\dot{V}O_2peak$ 表示的运动能力提高 15% ~ 30%[89]。这种提高在一定程度上归功于变时性反应和外周效应的改善，如：代谢活跃的骨骼肌的摄氧能力的增强，此外，抗阻训练还可以加强肌肉力量和耐力[25]。心脏移植后病人会有一些并发症的风险，包括心脏同种异体移植物脉管病、移植失败、癌症、高脂血症、高血压和糖尿病（DM）。

（一） 运动测试

了解无神经支配（分散的）心脏的相关知识对于更好地了解这种心脏如何对运动产生反应并调整相应的运动测试方案是很重要的。尽管有一些证据证明术后 1 年或 1 年以上，在没有直接的交感传出神经支配的情况下，心脏自主神经功能可以恢复，但峰值仍然会下降 20% ~35%。术前存在的骨骼肌和外周异常（如内皮功能障碍）并不会通过手术本身而得到纠正，因此，与年龄相同的健康人相比，这些外周异常仍然会引起心脏移植病人的运动能力下降[66]：

1. HRrest 一般会增快，但急性运动中和最大强度运动时的 HR 反应会下降。同样地，在没有副交感神经支配的情况下，需要更长时间才能使 HR 恢复到运动前水平。

2. 安静状态下 BP 常常较高，在最大强度运动时的反应会下降。

3. 假设 HR 和 BP 反应以及前述的运动能力均下降，则应该使用增幅更小的运动测试方案，如：每 30 s～1 min 递增 1MET 或以下的跑台方案，或每 2～3 min 一级、每级递增 1～2METs 的跑台方案，也可以使用改良 Naughton 方案（见第五章）。如果用功率车进行测试，可以考虑每分钟递增 10～15W 或每 2～3 min 一级，每级递增 25～30W 的方案。

4. 其他测试相关条款，如：终止测试的指征，与那些用于其他 CVD 病人的相同，但应除去心绞痛探查，因为在无神经支配的心脏中不可能进行心绞痛探查。

（二） 运动处方

为进行心脏移植的病人制定运动处方在很大程度上与其他 CVD 病人非常相似，但由于心肌无神经支配，制定一个以 HR 为基础的训练强度范围是不合适的。由于免疫抑制药物的副作用，骨或骨骼肌的抗阻训练方案应该包含所有大肌肉群的训练。

FITT　心脏移植病人的 FITT 推荐[70]

	有氧	抗阻	柔韧性
频率	3～5d/wk	1～2d/wk，隔天进行	≥2～3d/wk，每天做效果最好
强度	用 RPE 11～14（6～20 评分）	通过几周到数月的时间，缓慢增加上半身活动，从 40% 1－RM 到 70% 1－RM。下半身运动应从 50% 1－RM 开始	达到拉紧或轻度不适感
时间	从 15～20 min/d 逐渐增加到 30～60 min/d	1～2 组，每个动作重复 10～15 次	静态拉伸保持 10～30 s，每个动作重复 2～4 次
方式	跑台或步行、功率车和双功能功率车	最好选择负重器械，但也可以使用哑铃、弹力带和自重训练	静态、动态拉伸和/或 PNF 拉伸

1－RM：1 次最大重复次数；PNF：本体感受性神经肌肉易化拉伸术；RPE：主观疲劳感觉。

（三） 特殊注意事项

1. 用于预防移植物排斥反应的免疫抑制治疗可导致骨质丢失、DM 和高血压，而规律的有氧和抗阻运动均能帮助管理这些代谢紊乱。

2. 较高强度的间歇训练也可应用于心脏移植病人，强度设定在 90% $\dot{V}O_2$peak 或 >91% HRpeak[89]。

3. 由于胸骨正中切口的影响，涉及上肢的运动和活动时的 ROM 和功率都应在最多 12 周的时间内进行限制，见本章“胸骨切开术病人”的内容。

七、外周动脉疾病病人

外周动脉疾病（PAD）发生发展的病理过程与冠状动脉疾病相同，粥样硬化斑块导致血管狭窄和血管舒张受限，进而导致阻塞区域远端局部血流量下降；局部血流量的下降又使得氧的供需失衡，导致受累区域发生缺血[62]。PAD 的严重程度可根据是否存在症状和体征（见表 9.1）或踝臂指数（ABI）（见表 9.2）来进行分级[63]。PAD 的治疗推荐包括早期以减少心血风险为目标的保守治疗和运动训练，然后是药物治疗（如西洛他唑）（见附录 A）。当运动或药物治疗无效时，可进行外周血管重建[63]。

表 9.1 外周动脉疾病的 Fontaine 分级[51]

分级	症状
1	无症状
2	间歇性跛行
2a	发生疼痛的步行距离 >200m
2b	发生疼痛的步行距离 <200m
3	安静状态下疼痛
4	坏疽、组织坏死

表 9.2 外周动脉疾病的踝臂指数评分[1]

仰卧位安静状态下 ABI	说明
>0.90	正常
≤0.90	PAD 诊断阈值
随时间的推移下降 >0.15	PAD 显著进展
运动后 ABI	**说明**
无改变	正常
下降 > 30 mmHg 或 > 安静状态下 ABI 的 20%	不管安静状态下的 ABI 是否正常，均可考虑作为 PAD 诊断阈值
随时间的推移下降 >0.15	PAD 显著进展

ABI：踝臂指数；PAD：外周动脉疾病。

PAD 的主要症状是间歇性跛行，其典型表现是在进行诸如步行之类的负重运动时，常发生单腿或双腿小腿肌肉的反复疼痛、抽筋样感觉或疲劳，休息时缓解[12]。由于疾病的严重程度和受累部位不同，跛行也可发生在大腿或臀部。按照早期的临床描述，PAD 病人中有典型跛行症状的达到 35%，有典型腿部疼痛且不能在休息后迅速缓解的有 50%[63,88]。随着症状的恶化，病情甚至会严重到使病人 ADL 受限的程度，严重影响生活质量[54,63]。

有症状的 PAD 发病率随年龄的增加而增加，在 50～54 岁的人中发病率大约为 2%，在 ≥60 岁的人中发病率增加到 6%[88]。PAD 的主要危险因素包括：DM、高血压、抽烟、血脂异常、高同型半胱氨酸、非高加索人种、男性、年龄、炎症因子和慢性肾功能不全[88]。PAD 病人与没有 PAD 的个体相比，MI 的发病风险增加 20%～60%，死于 CVD 的风险增高 2～6倍[118]。

（一） 运动测试

PAD 病人进行运动测试是为了确定其功能能力、评估运动限制、确定治疗干预前后跛行疼痛的发作时间和步行总时间，以及诊断是否存在 CVD 并评估其他运动安全相关因素[63]。

1. 记录用药量和时间并在之后的运动测试中服用同样的药物以评估潜在的治疗改变。
2. 按照标准的 ABI 测量方法，在仰卧休息 5～10 min 后应进行双侧踝臂动脉 SBP 测量[61]。ABI 的计算是用踝动脉 SBP 高值除以肱动脉 SBP 高值。
3. 应该使用标准的自动跑台方案来确定没有疼痛的步行时间[63]。跛行疼痛感可以用数字化的分级量表来进行监测（见图 5. 3）[126]。
4. 运动测试的起始负荷应使用较慢的速度并逐渐增加坡度[12]（见第五章）。
5. 在运动测试完成后，病人应该静坐休息。
6. 对于不能进行跑台测试的病人，6MWT 可以用于客观地评估步行功能限制[63]。

（二） 外周动脉疾病病人的 FITT 推荐

有监督的运动训练是 AHA 对下肢有症状的 PAD 治疗的 IA 级推荐（见专栏 9. 5）[63]。大量研究显示运动训练是 PAD 病人安全、有效的治疗方法。间歇运动训练可使 PAD 病人在开始发生疼痛到最大疼痛耐受程度之间的步行时间和距离延长[54]；参加运动训练计划后，无疼痛的步行时间和距离可增加 106%～177%、绝对步行能力增加 64%～85%[30]。以下是推荐给 PAD 病人的 Ex R_x 的 FITT 原则。

FITT　下肢有症状的外周动脉疾病病人的 FITT 推荐[12,63]

	有氧	抗阻	柔韧性
频率	3～5d/wk	至少 2d/wk，隔天进行	≥2～3d/wk，每天做效果最好
强度	中等强度（40%～59% $\dot{V}O_2R$）到中等疼痛程度（3 分，4 级跛行疼痛评分量表）	60%～80% 1－RM	达到拉紧或轻度不适感
时间	30～45 min/d（不包含间歇时间）持续 12 周，可逐渐增加到 60 min/d	2～3 组，每个动作重复 8～12次；6～8 个全身主要大肌肉群的训练动作	静态拉伸保持 10～30 s，每个动作重复 2～4 次
方式	间歇负重运动（步行或跑台上步行），达到中等疼痛程度时静坐休息，疼痛完全缓解后继续运动	全身大肌肉群训练，如果时间有限则重点训练下肢	静态、动态和/或 PNF 拉伸

1－RM：1 次最大重复次数；PNF：本体感受性神经肌肉易化拉伸术。

（三）运动训练注意事项

1. 无医务监督的运动训练可能是有益的，但尚未证实其与有医务监督的运动训练一样是有效的治疗方法。

2. 一些病人可能在开始训练计划时运动时间只需要达到累计 15 min/d，然后每 2 周逐渐增加 5 min/d 的时间。

3. 负重运动（如上、下肢功率车）可作为无负重运动的补充。

4. 骑车或其他无负重运动模式可作为准备活动，但不能作为主要的活动方式。

（四）其他注意事项

1. PAD 病人最理想的运动休息时间比尚不清楚，可能需要对每个病人进行个性化调整。

2. 寒冷的环境可能会加重间歇性跛行的症状，可能需要进行更长时间的准备活动[10]。

3. 鼓励病人控制所有 CVD 危险因素。

第二节 脑血管意外（中风）病人的运动处方

当血液不能流至脑梗的部位（脑血管意外、CVA 或中风），大脑功能迅速受损并导致神经细胞死亡，进而引起运动（功能上）、感觉、情感和认知损害。损害的范围在很大程度上取决于受累区域的大小和位置，以及是否存在侧支循环。中风的病因最常见的是缺血（87% 由于血栓形成或栓塞）或出血。每年居民中风的医疗支出将近 800 000 美元，其中女性终生中风的风险高于男性[58]。

通常需在中风后 3 ~6 个月利用体力活动和职业治疗去改善或恢复功能性运动、平衡并回到 ADL。AHA/美国中风协会联合推荐了中风后恢复期各阶段的 PA 和运动[20]。中风后病人常有体力下降、情绪紊乱和静坐少动行为，Ex R_x 除了常规地用于提高病人的功能能力外，还可以通过运动训练提高病人的运动能力（10% ~20% $\dot{V}O_2$peak）和生活质量，并帮助降低脑血管事件复发的风险[95]。

一、运动测试

与没有发生中风的人相比，中风后病人在相同的次大强度水平运动摄氧量较高，但在峰值负荷下摄氧量下降。在运动测试中，发生变时功能不全和早期疲劳是很常见的。

1. 运动测试应该使用与病人的身体损害相适应的测试模式。

2. 如果需要坐着锻炼以减少平衡障碍的影响，可使用功率车（功率递增 5 ~10W/min 或每级递增 20W）和双功能半坐卧式踏步机。对于不同的案例，可能需要调整设备（如踏板类型、旋转座椅、座椅靠背、反转扶手）以保证病人安全、降低使用难度[95]。

3. 跑台测试的功率递增方案应为每级增加 0. 5 或 1 ~2METs/2 ~3 min，而且仅在病人能够站立并有足够的平衡能力，且步行时不需要或仅需要简单的帮助时才考虑使用。

二、运动处方

因为大多数中风病人是老年人，很多人都有诸如 CVD、关节炎和代谢紊乱等并发症，因此，在制定运动处方时应考虑到所有的并发症以及用于治疗并发症的任何对运动反应或运动计划有影响的药物。中风后病人的一个主要目标是恢复其能力以回到 ADL 中，然后通常会继续进行有氧、神经肌肉运动和肌肉力量训练以进一步改善功能、预防静坐少动并提高体适能。

FITT 脑血管意外病人的 FITT 推荐[20]

	有氧	抗阻	柔韧性
频率	3～5d/wk	2d/wk，隔天进行	≥2～3d/wk，每天做效果最好
强度	如果有近期 GXT 得到的 HR 数据，用 40%～70% HRR。如果未进行 GXT 或存在房颤，用 RPE 11～14（6～20 评分）	50%～70% 1－RM	达到拉紧或轻度不适感
时间	从 20 min/d 逐渐增加到 60 min/d。考虑分次完成，每次持续 10 min	1～3 组，8～15 次重复	静态拉伸保持 10～30 s；每个动作重复 2～4 次
方式	功率车和半坐卧式踏步机，可能需要根据功能和认知障碍进行调整。如果病人有足够的平衡能力且步行时不需要或仅需要简单的帮助，可以考虑在跑台上步行	能力（如力量、耐力、平衡）欠佳者应使用安全的设备并进行安全的运动：器械或自由负重、杠铃或手握式负重、坐或站位	静态、动态和/或 PNF 拉伸

1－RM：1 次最大重复次数；GXT：递增运动负荷试验；HR：心率；PNF：本体感受性神经肌肉易化拉伸术；RPE：主观疲劳感觉。

三、运动训练注意事项

1. 在抗阻训练过程中避免憋气，以免 BP 过度升高。

2. 开始时应该使用较低的跑台速度（0.8mph），并提供吊带装置保障病人安全，必要时部分病人可采用无负荷的步行。

四、其他注意事项

1. 注意一些感情因素，如：情绪、动机、失败和迷茫。正确管理感情因素可以对病人的行为、依从性及其对运动处方计划的反应产生有利影响。根据这些因素采用的最小化负性影响的策略（包括独立管理前进行密切监督和个体化指导、家人陪伴、重复指导以及更换教学方法）可以产生积极的作用。

2. 早期发生局部肌肉和全身疲劳是正常反应，但在设定功率和进阶速度时应该予以考虑。

第三节　重返工作岗位的运动训练

针对那些计划重返原先工作岗位的病人，运动计划应该考虑到进行职业工作会用到的肌群和工作负荷。与大量职业工作相对应的 MET 水平表（体力活动概要）已经公开发表并可用于评估需要的工作负荷[4]。个体化的训练在有氧和抗阻训练中都可以使用，目的是达到个体化的力量和耐力需求以便重返原先的工作岗位。运动训练可提高病人完成体力劳动的能力、增强自我效能，并加强病人在病后回到工作岗位的主观意愿和适应程度[79,112]。专栏 9.8 描述了准备重返工作岗位的标准 Ex R_x 的相关信息。

专栏 9.8　重返工作岗位的运动处方

1. 评估病人的工作需要和环境。
（1）工作的自然环境。
（2）工作时用到的肌群。
（3）主要涉及肌肉力量和耐力的工作需求。
（4）工作中进行的主要活动。
（5）高代谢需求与低代谢需求的时长。
（6）环境因素，包括温度、湿度和海拔。
2. 运动处方
（1）注意运动方式要选择与工作中用到的肌群相同的运动。
（2）如果可能，模拟工作中用到的活动模式进行运动。
（3）平衡与工作有关的抗阻和有氧训练。
（4）如果工作中有环境压力，应让病人了解适当的注意事项，包括必要时要避免的情况，如果可能的话，应在进行与工作相似的活动时将病人暴露在相似的环境中（更多有关环境注意事项的信息见美国运动医学会立场声明和第八章）。
（5）如果可能，监测在相似工作环境中的生理反应。

第四节　肺部疾病

慢性肺部疾病的发病率和死亡率都比较高。有力的证据已证明肺部康复（PR）可以改善运动耐受能力、减轻症状并提高生活质量。对于有慢性阻塞性肺部疾病（COPD）的病人，有证据支持的推荐[86,117]和临床实践指南[77,106]指出：运动训练应该作为 PR 的必要组成部分。有科学的理论基础支持运动在非 COPD 呼吸系统疾病病人中具有与在 COPD 病人中相似的益处[107]，运动对呼吸系统疾病的潜在益处列在专栏 9.9 中。

专栏 9.9　能够在肺部康复和运动中获益的肺部疾病病人

1. 慢性阻塞性肺部疾病——基本不可逆的气道狭窄，包括如下几种：

（1）慢性支气管炎——至少连续 2 年、每年持续 3 个月的慢性咳痰，排除其他疾病引起的慢性咳痰。

（2）肺气肿——终末细支气管远端的永久性扩张，伴随支气管壁破坏但无明显纤维化。

（3）哮喘——炎症和支气管痉挛引起的可逆性气道阻塞。

（4）囊性纤维化——遗传疾病，产生过多的黏稠黏液阻塞气道（和其他管道）、反复发作最终演变为慢性呼吸系统感染。

（5）支气管扩张——异常的慢性气道扩张，伴随黏液清除能力受损。

2. 限制性肺部疾病——影响正常肺部扩张的肺外呼吸系统疾病，包括如下几种：

（1）间质性肺部疾病/肺纤维化——肺实质增厚和瘢痕形成。

（2）尘肺——长时间暴露于粉尘，特别是石棉。

（3）限制性胸壁疾病（如脊柱侧弯或后凸）。

（4）肥胖相关。

3. 肺动脉高压——由于狭窄、堵塞或破坏导致的肺动脉血压增高。

4. 肺癌——一种致死性癌症，常常由吸烟引起。

一、哮　喘

哮喘是一种变应性慢性气道炎症，以支气管高反应性发作、多变的气道阻塞，以及多在夜间和凌晨反复发作的喘息、气促、胸闷和咳嗽为特征，这些症状通常是多变而可逆的[56]。运动可以诱发或加重哮喘，使病人减少运动和 PA 并最终导致其功能障碍和心肺耐力（CRF）下降。功能障碍的发生使得低强度的运动即可诱发哮喘症状，进而导致病人的运动耐受能力进一步下降，进入恶性循环。

虽然尚缺乏明确的证据证明运动训练是治疗哮喘的一种有效手段，而且目前也没有专门针对哮喘病人的有证据支持的运动训练指南，但大量的证据支持推荐进行规律的 PA，因为 PA 能对健康带来益处[56]并能阻止病情恶化[53]。一些系统综述和荟萃分析[32,47,101]表明运动训练对哮喘病人是有益的，但研究结果并不一致[94]。由于随机对照实验的数量较少且实验方法和对象的异质性较大，这些综述的数据结果受到了限制，但仍发现没有哮喘症状的时间、有氧能力、最大功率、运动耐力和肺每分通气量（E）均明显增加。总的来说，稳定性哮喘病人能够很好地耐受运动训练，应该鼓励他们进行运动[32,39,84]。

运动性支气管痉挛（EIB），即运动诱发的气道狭窄，是哮喘病人会经历的重要症状，但没有诊断为哮喘的人也有可能会出现 EIB。对运动员来说，诸如寒冷、干燥的空气和空气污染（包括不溶性微粒、变应原和游泳池中的三氯胺）之类的环境因素也可诱发短暂的 EIB。药物可以很好地控制 EIB[96]，也强烈推荐进行 10～15 min 较大强度或变强度（低－较大强度结合）的准备活动诱导“不应期”以减少 EIB 的发生[96,119]。

（一） 运动测试

1. 生理功能的评价应该包括心肺耐力、肺功能（运动前后）和血氧饱和度的无创检测。

2. 测试前可使用吸入式支气管扩张药（β_2－受体激动剂，见附录 A）来预防 EIB，以便评估最佳的心肺耐力。

3. 通常使用电动跑台或电磁阻力的功率自行车来进行运动测试，使用跑台能够达到更高的通气量和 HR。对运动员而言，用专项运动模式进行测试可能更好。

4. 应该在相对干燥的空气中在 2～4 min 内达到较大强度运动并持续 4～6 min 来评估 EIB 的程度，运动测试的同时进行肺功能测试，评估基线和运动测试第 5、10、15、30 min 的一秒用力呼气量（$FEV_{1.0}$）变化[96]。EIB 的诊断标准并不统一，但很多实验室都用 $FEV_{1.0}$ 与基线相比下降≥15% 来判断，因为此标准有较好的特异性[96]。

5. 经过适当训练的工作人员应该对 EIB 进行监测。当对风险较高的个体进行测试时应该请医生进行监督，因为测试后可能会发生严重的支气管痉挛。直接进行支气管扩张剂的雾化吸入通常可以很好地缓解支气管痉挛[40]。

6. 尽管运动测试已被认为是探测 EIB 的特异性很高的方法，但当不能或无法实施运动测试时，评估气道高反应性的替代测试包括干燥空气主动过度换气（eucapnic voluntary hyperventilation），吸入 4.5% 高渗盐、干粉甘露醇或醋甲胆碱气雾剂[48]，这些测试应该由经过专门训练的人在医务监督下进行。

7. EIB 诊断性测试的具体流程已有描述[40,96]。尽管诊断 EIB 的这些替代测试中没有一个有 100% 的信度和效度，但对鉴别气道高反应性还是有用的。

8. 血氧饱和度≤80% 应作为终止测试的标准加入常规的终止标准中[9]。

9. 当其他方法都不能使用时，中到重度的顽固性哮喘病人可用 6MWT 进行测试[13]。

（二） 运动处方

目前还没有针对哮喘病人的有证据支持的运动训练指南。但通过药物治疗成功控制和远离支气管痉挛诱发因素（如寒冷、干燥、雾霾、可吸入的污染物）可缓解症状的个体一般对运动训练都能很好地耐受[32]，因此，根据病人的能力对常规健康成年人综合运动的 FITT 推荐进行调整后即可适用（见第六章）。有关哮喘病人运动的立场声明[84]和系统综述[32]都支持这个推荐。

FITT 哮喘病人的 FITT 推荐

	有氧	抗阻	柔韧性
频率	3～5d/wk	2～3d/wk	≥2～3d/wk，每天做效果最好
强度	中等强度（40%～59% HRR 或 $\dot{V}O_2R$）开始。如果耐受良好则 1 个月后进阶到 60%～70% HRR 或 $\dot{V}O_2R$	力量：无力量训练习惯者用 60%～70% 1－RM；有力量训练习惯者≥80% 耐力：<50% 1－RM	达到拉紧或轻度不适感
时间	逐渐增加到至少 30～40 min/d	力量：2～4 组，8～12 次重复 耐力：≤2 组，15～20 次重复	静态拉伸保持 10～30 s，每个动作重复 2～4 次
方式	全身大肌肉群参与的有氧活动，如：步行、跑步、骑车、游泳或水中运动	器械、自由负重或自身体重运动	静态、动态和/或 PNF 拉伸

1－RM：1 次最大重复次数；HRR：储备心率；PNF：本体感受性神经肌肉易化拉伸术；$\dot{V}O_2R$：储备摄氧量。

（三） 特殊注意事项

1. 根据预测的最大心率（HRmax）用 HR 控制运动强度时应特别注意，因为 HR 与通气量之间的关系存在很大的变异性，而且控制哮喘的药物对 HR 也可能产生影响。
2. 哮喘症状恶化的病人在症状和气道功能改善前应暂停运动。
3. 运动前后服用短效支气管扩张剂可以防治 EIB（见附录 A）。
4. 长期口服皮质类固醇激素的患者可能会出现外周肌肉萎缩，可以进行抗阻训练加以防治。
5. 应该限制敏感病人在冷环境和有空气变应原或污染物的环境中进行运动，以避免诱发支气管痉挛。长时间或高强度运动也可诱发 EIB。
6. 尚没有足够的证据证明哮喘病人进行呼吸肌训练（IMT）可以获得临床益处[101]。
7. 最好使用无氯化泳池，这样诱发哮喘事件的可能性较小。
8. 应了解在运动后，特别是在高变应原环境中运动可能会使哮喘加重。

二、慢性阻塞性肺部疾病

在全球范围内，COPD 是第 4 大死因和主要的慢性疾病[57]。COPD 是可以预防和治疗的，以危险因素导致的慢性气道炎症为特征的疾病，主要病因是暴露于有毒气体或颗粒中，特别是香烟及各种环境和职业的因素，其常见症状是呼吸困难、慢性咳嗽和咳痰，常伴有诸如体重下降、营养不良、肌肉萎缩和骨骼肌功能紊乱之类的显著的全身性影响[57]。COPD包括慢性支气管炎和/或肺气肿，由肺功能测试和慢性阻塞性肺部疾病全球自发行动（GOLD）的标准得到的疾病严重程度可用于对病人进行分类（见表 9.3）[57]。

表 9.3 以肺功能测试获得的 $FEV_{1.0}$ 为基础的 COPD 病人 GOLD 疾病严重程度分类

疾病严重程度	支气管扩张后 $FEV_{1.0}$/FVC	支气管扩张后 $FEV_{1.0}$%
轻度	<0.70	$FEV_{1.0}$≥80% 预测值
中度	<0.70	50%≤$FEV_{1.0}$<80% 预测值
重度	<0.70	30%≤$FEV_{1.0}$<50% 预测值
极重度	<0.70	$FEV_{1.0}$<30% 预测值或 $FEV_{1.0}$<50% 预测值伴呼吸衰竭

$FEV_{1.0}$：1s 用力呼气量；FVC：用力肺活量。

用力后呼吸困难或气促是 COPD 的主要症状，会导致 PA 受限和功能障碍。由于存在通气受限和气促与 PA 下降的恶性循环，使得废用性肌肉萎缩在 COPD 病人中很常见，并由此引起肌肉力量、做功能力和耐力下降以及日常功能性活动能力减退。运动是一种有效的干预手段，可以改善症状、减缓功能损害和功能障碍的发展，并提高不同疾病严重程度的 COPD 病人的生活质量[86,106]。运动产生的有益影响主要通过骨骼肌和心血管系统的适应性改变而实现，这些适应性改变可以在运动中轮流地降低呼吸系统的压力[114]。

（一）运动测试

1. 有证据支持的指南认可心肺运动测试在 COPD 和其他慢性肺部疾病（间质性肺部疾病、原发性肺动脉高压和囊性纤维化）病人中的作用：心肺运动测试可以提供客观的运动能力、运动耐受机制、诊断和疾病预后、以及治疗反应的测评[48]。

2. 递增运动负荷试验（GXT）可用于评估心肺功能和 CRF。改良的传统方案（如：较小的递增功率）可根据功能障碍和呼吸困难的发生时间进行应用。中到重度的 COPD 病人最佳测试时间是 8～12 min[28]，对于重到极重度的病人而言，推荐测试时间控制在 5～9min[19]。

3. 中到重度 COPD 病人运动时会出现血氧饱和度下降，因此，应该在开始运动前的 GXT 中监测血氧饱和度，包括动脉氧分压（P_aO_2）和动脉血氧饱和度（SaO_2）百分比。

4. 可根据测试的目的和病人的临床情况使用次大强度运动测试。但肺部疾病病人运动时可能存在通气障碍，因此，用年龄预测 HRmax 预测的 $\dot{V}O_2peak$ 可能不能作为次大强度 GXT 的终止标准。

5. 在没有运动测试设备的情况下，可使用 6MWT 和往返步行试验来评估较严重的肺部疾病病人的功能性运动能力[13,22,46,113,132]。

6. 用 GXT 中达到的峰值功率的 80% ~90% 进行恒定功率测试（CWR），特别在用跑台进行测试时，是很有用的，因为它可以评估日常生活中遇到的工作相关的活动方式的水平[33]。

7. 在 GXT 过程中应用商业仪器测量通气流量曲线可帮助判断动态过度通气和由于呼气障碍导致的呼吸困难加重，使用支气管扩张药进行治疗可给这类病人带来益处[117]。

8. 劳力性呼吸困难是许多肺部疾病病人的常见症状，改良 Borg 0 ~ 10 评分（CR10）量表（见图 9.1）已广泛地应用于运动前、中、后呼吸困难的监测[105]。应给予病人专门的标准化指导使他们能够将呼吸困难的程度与量表的描述联系起来[13]。由于呼吸困难量表是主观量表，在进行说明时可有一些提示，如：运动不耐受时可能导致呼吸困难的评分偏高，与生理指标变化不一致[37]。

9. 除常规的终止标准外，动脉血氧饱和度明显下降（$SaO_2 \leqslant 80\%$）时也应终止运动测试[9]。

10. 典型的运动测试方式是步行或骑功率车。对于患有严重疾病且肌肉力量弱到不能抵抗下肢功率车的递增阻力的病人，步行测试可能是更合适的选择。上肢功率车可能会使呼吸困难加重，进而对运动强度和时间产生限制。

0	完全没有呼吸困难
0.5	极轻（刚能察觉）
1	非常轻
2	轻度
3	中度
4	中重度
5	重度
6	
7	非常重度
8	
9	极重度
10	最严重

图 9.1　Borg CR10 改良呼吸困难量表

经允许引自［67］。

（二）运动处方

目前尚没有证据支持的指南专门描述 COPD 病人的 FITT 原则，尽管如此，有关 FITT 原则的各个部分都有专家综述、官方声明和临床实践指南发表出来[77,86,106,117]，并得到广泛的认可。

推荐能够参与运动的各阶段 COPD 病人都进行有氧运动训练[77]。肺部疾病及其治疗对肺部和骨骼肌（由于肌萎缩和虚弱导致的四肢肌肉功能障碍）均会产生影响，抗阻训练是对抗 COPD 病人肌肉功能障碍最有效的干预手段，应作为 Ex R_x 中的重要组成部分[77,82,93,106,117]。抗阻训练对疾病结果的影响尚不完全清楚，有关 COPD 病人抗阻训练效果的系统综述和荟萃分析中有一些证据证明用力肺活量（FVC）和峰值每分通气量（Epeak）得到改善，但 $FEV_{1.0}$ 没有得到提高[120]。人们越来越多地发现，COPD 病人常常摔倒[18,108]，这是由肌肉力量下降、步态和平衡能力异常等危险因素导致的[125]，而下肢力量和平衡训练是有效的干预措施。

已证明 PR 项目带来的益处可以持续 12～18 个月[106]。尽管有数据提示：PR 后进行运动的效果优于普通护理后进行运动，但长期（>18 个月）持续的益处尚不清楚，需要进一步研究，尚没有最理想的 PR 项目干预后的推荐[17]。

FITT 慢性阻塞性肺部疾病病人的 FITT 推荐[76,77,86,106,117]

	有氧	抗阻	柔韧性
频率	至少 3～5d/wk	2～3d/wk	≥2～3d/wk，每天做效果最好
强度	中等到较大强度（50%～80% 峰值功率或 Borg CR10 量表 4～6 分）	力量：无力量训练习惯者用 60%～70% 1－RM；有习惯者 ≥80% 耐力：<50% 1－RM	达到拉紧或轻度不适感
时间	能耐受的情况下，中等到较大强度运动 20～60 min/d，如果不能达到可累计完成，每持续运动 ≥20 min 后进行低强度活动或休息间歇	力量：2～4 组，8～12 次重复 耐力：≤2 组，15～20 次重复	静态拉伸保持 10～30 s，每个动作重复 2～4 次
方式	常规有氧运动，包括：步行（或在跑台上步行）、骑功率车和上肢功率车	器械、自由负重或自身体重运动	静态、动态和/或 PNF 拉伸

1－RM：1 次最大重复次数；PNF：本体感受性神经肌肉易化拉伸术。

（三） 运动训练注意事项

1. 较高强度运动可带来更好的生理益处（如：在给定负荷下使每分通气量和 HR 下降），在适用时应鼓励进行[77,86]。

2. 轻度 COPD 病人可使用健康老年人的运动强度指南（见第七章），中到重度的 COPD 病人推荐的运动强度应 >60% 峰值功率[117]。

3. 重度 COPD 或非常虚弱的病人可进行低强度有氧运动，已耐受者可在目标时间期限内增加运动强度。

4. 在起始训练阶段进行医务监督能够指导运动计划正确地实施、加强安全性并得到理想的效果[99]。

5. 重度 COPD 病人在峰值强度运动时发生的通气障碍与全身运动中的代谢储备一致[103]。这可能是这些病人能够耐受相对高的、接近峰值水平的功率[106]并实现明显的训练效果的原因。

6. 峰值功率或 $\dot{V}O_2$peak 可作为一种确定运动强度的替代方法，也可用呼吸困难程度达到 Borg CR10 量表的 3 ~6 分来控制运动强度（见图 9.1）[65,117]，已证明呼吸困难程度达到 Borg CR10 量表的 3 ~6 分相当于 53% ~80% O_2[65] peak。多数 COPD 病人在递增运动负荷试验中可以准确、清晰地给出呼吸困难程度，而这个呼吸困难程度可作为正规的或有监督的运动强度控制目标。

7. 用年龄预测的 HRmax 或 HRR 百分比制定运动强度目标可能并不合适[27]。特别是在重度 COPD 病人中，其 HRrest 常常会增快，而且通气障碍和一些药物的影响导致无法达到预测的 HRmax，进而影响其在运动强度计算中的应用。

8. 推荐在最开始的运动训练阶段使用血氧定量测试来监测可能出现的血氧饱和度下降及其发生时对应的负荷。

9. 柔韧性练习可以帮助克服体位限制导致的胸廓活动受限及其对肺功能的影响。

10. 不管制定的运动强度如何，在刚开始运动的阶段，运动专家都应该进行密切的监测并根据病人的反应和耐受能力调整运动强度和时间。在许多案例中都可以用是否存在症状（特别是呼吸困难或气促）来对 Ex R_x 的执行情况进行观察。

（四） 特殊注意事项

1. 外周肌肉功能障碍会导致运动不耐受[81]，而且与健康管理资源的消耗[44]、较差的预后[111]以及死亡率[121]都有显著而独立的关联。

2. 运动训练前用支气管扩张剂最大限度地提高气道狭窄病人的肺功能，可以减轻呼吸困难并提高运动耐受能力[117]。

3. COPD 病人在进行涉及上肢的 ADL（包括上半身肌群的抗阻运动）时会出现呼吸困难加重的现象。

4. 呼吸肌力量不足是 COPD 病人发生运动不耐受和呼吸困难的一个原因。得到良好药物治疗但仍然存在呼吸肌力量不足和呼吸困难的病人，在不能参加运动训练时可使用 IMT[59,77,106]。IMT 能改善呼吸肌力量和耐力、功能能力、呼吸困难和生活质量，进而提高运动耐受能力[59]。

5. 虽然推荐的训练强度是≥30% 最大吸气压力，但目前尚没有清晰的 IMT 指南[77]。

6. 在室内空气中进行呼吸时 P_aO_2 ≤55 mmHg 或 SaO_2 ≤88% 的病人应进行吸氧[100]，这个推荐在运动过程中考虑吸氧时同样适用。使用移动吸氧装置的病人，在运动过程中可能需要增加气流流速以实现 SaO_2 >88% 。尽管尚不确定，但有证据支持对于那些没有出现过运动性低氧血症的病人，吸氧可进一步提高运动耐力，特别是在高强度运动中的耐力[87,106,117]。

7. 肺部疾病急剧恶化的病人，在症状缓解前应限制其运动。

三、除 COPD 外其他肺部疾病病人的运动训练

尽管对于 COPD 外的其他慢性肺部疾病病人而言，运动训练对其带来的益处很少有研究，但有力的科学证据支持许多 COPD 外的肺部疾病病人进行运动训练，以获得已证明的临床和生理益处[31,85,107]，不过这些项目应该根据疾病具体的策略进行调整。总的来说，用于 COPD 病人的运动计划根据个体的运动耐受能力进行调整后也适用于囊性纤维化和肺移植前后的病人[107]。药物控制良好的稳定型肺动脉高压（PAH）和间质性肺部疾病病人的运动训练已有专门的推荐[11,107]。这些病人的 FITT 指南与 COPD 病人相似，但中等强度有氧运动应作为运动计划的核心组成部分。PAH 病人不适合进行较大强度训练，因为肺部血流动力学的快速变化会使晕厥的风险增高。已确认在有氧训练后增加一些抗阻运动训练是可以耐受的。运动强度应该低于诱发严重呼吸困难、血氧饱和度下降或高血压的强度[11,107]。应避免进行上肢功率车、大强度抗阻训练和盆底肌训练以减少出现 Valsalva 呼吸的风险[5]。PAH 病人运动过程中的肺动脉血压会突然急剧增高，使其容易出现右心室失代偿和心血管性虚脱[16]。使 COPD 外的慢性肺部疾病病人适应运动训练的方法已有阐述[64]。

在线资源

美国心肺康复协会：http：//www. aacvpr. org

美国心脏协会：http：//www. heart. org

美国肺部协会：http：//www. lungusa. org/lung – disease/copd/

囊性纤维化基金：http：//www. cff. org/UploadedFiles/LivingWithCF/StayingHealthy/LungHealth/Exercise/Day – to – Day – Exercise – and – CF. pdf

EPR3：哮喘诊断和管理指南（专家组报告3）：http：//www. nhlbi. nih. gov/guidelines/asthma/asthgdln. htm

哮喘全球行动：http：//www. ginasthma. org

慢性阻塞性肺部疾病全球行动：http：//www. goldcopd. org/uploads/users/files/GOLD _ Report2014 _ Feb07. pdf

脉管医学协会：http：//www. svmb. org

（罗曦娟 译）

参考文献

1. Aboyans V, Criqui MH, Abraham P, et al. Measurement and interpretation of the ankle – brachial index: a scientifi c statement from the American Heart Association. *Circulation*. 2012;126:2890 – 909.

2. Abraham WT, Fisher WG, Smith AL. Cardiac resynchronization in chronic heart failure. *N Engl J Med*. 2002;346:1845 – 53.

3. Ades PA, Keteyian SJ, Balady GJ, et al. Cardiac rehabilitation exercise and self – care for chronic heart failure. *JACC Heart Fail*. 2013;1:540 – 7.

4. Ainsworth BE, Haskell WL, Whitt MC, et al. Compendium of physical activities: an update of activity codes and MET intensities. *Med Sci Sports Exerc*. 2000;32(9 Suppl):S498 – 504.

5. American Association of Cardiovascular and Pulmonary Rehabilitation. The continuum of care: from inpatient and outpatient cardiac rehabilitation to long – term secondary prevention. In: *Guidelines for Cardiac Rehabilitation and Secondary Prevention Programs*. 5th ed. Champaign(IL): Human Kinetics; 2013. p. 5 – 18.

6. American College of Sports Medicine. American College of Sports Medicine position stand. Progression models in resistance training for healthy adults. *Med Sci Sports Exerc*. 2009;41:687 – 708.

7. American College of Sports Medicine, Chodzko – Zajko WJ, Proctor DN, et al. American College of Sports Medicine position stand. Exercise and physical activity for older adults. *Med Sci Sports Exerc*. 2009;41(7):1510 – 30.

8. American College of Sports Medicine, Sawka MN, Burke LM, et al. American College of Sports Medicine position stand. Exercise and fl uid replacement. *Med Sci Sports Exerc*. 2007;39(2):377 – 90.

9. American Th oracic Society, American College of Chest Physicians. ATS/ACCP Statement on cardiopulmonary exercise testing. *Am J Respir Crit Care Med*. 2003;167(2):211 – 77.

10. Antman EM, Anbe DT, Armstrong PW, et al. ACC/AHA guidelines for the management of patients with ST – elevation myocardial infarction: a report of the American College of Cardiology/American Heart Association Task

Force on Practice Guidelines(Committee to Revise the 1999 Guidelines for the Management of Patients with Acute Myocardial Infarction). *Circulation.* 2004;110(9):e82 – 292.

11. Arena R. Exercise testing and training in chronic lung disease and pulmonary arterial hypertension. *Prog Cardiovasc Dis.* 2011;53(6):454 – 63.
12. Askew CD, Parmenter B, Leicht AS, Walker PJ, Golledge J. Exercise & Sports Science Australia (ESSA) position statement on exercise prescription for patients with peripheral arterial disease and intermittent claudication. *J Sci Med Sport.* 2014;17(6):623 – 9.
13. ATS Committee on Profi ciency Standards for Clinical Pulmonary Function Laboratories. ATS statement: guidelines for the six – minute walk test. *Am J Respir Crit Care Med.* 2002;166(1):111 – 7.
14. Balachandran S, Lee A, Royse A, Denehy L, El – Ansary D. Upper limb exercise prescription following cardiac surgery via median sternotomy: a web survey. *J Cardiopulm Rehabil Prev.* 2014;34:390 – 5.
15. Balady GJ, Williams MA, Ades PA, et al. Core components of cardiac rehabilitation/secondary prevention programs: 2007 update: a scientifi c statement from the American Heart Association Exercise, Cardiac Rehabilitation, and Prevention Committee, the Council on Clinical Cardiology; the Councils on Cardiovascular Nursing, Epidemiology and Prevention, and Nutrition, Physical Activity, and Metabolism; and the American Association of Cardiovascular and Pulmonary Rehabilitation. *Circulation.* 2007;115:2675 – 82.
16. Barst RJ, McGoon M, Torbicki A, et al. Diagnosis and differential assessment of pulmonary arterial hypertension. *J Am Coll Cardiol.* 2004;43(12 Suppl S):40S – 7S.
17. Beauchamp MK, Evans R, Janaudis – Ferreira T, Goldstein RS, Brooks D. Systematic review of supervised exercise programs after pulmonary rehabilitation in individuals with COPD. *Chest.* 2013;144:1124 – 33.
18. Beauchamp MK, Hill K, Goldstein RS, Janaudis – Ferreira T, Brooks D. Impairments in balance discriminate fallers from non – fallers in COPD. *Respir Med.* 2009;103:1885 – 91.
19. Benzo RP, Paramesh S, Patel SA, Slivka WA, Sciurba FC. Optimal protocol selection for cardiopulmonary exercise testing in severe COPD. *Chest.* 2007;132(5):1500 – 5.
20. Billinger SA, Arena R, Bernhardt J, et al. Physical activity and exercise recommendations for stroke survivors: a statement for healthcare professionals from the American Heart Association/American Stroke Association. *Stroke.* 2014;45:2532 – 53.
21. Bjarnason – Wehrens B, McGee H, Zwisler AD, et al. Cardiac rehabilitation in Europe: results from the European Cardiac Rehabilitation Inventory Survey. *Eur J Cardiovasc Prev Rehabil.* 2010;17:410 – 8.
22. Borel B, Pepin V, Mahler DA, Nadreau É, Maltais F. Prospective validation of the endurance shuttle walking test in the context of bronchodilation in COPD. *Eur Respir J.* 2014;44(5):1166 – 76.
23. Borg GA. Psychophysical bases of perceived exertion. *Med Sci Sports Exerc.* 1982;14(5):377 – 81.
24. Braith RW, Beck DT. Resistance exercise: training adaptations and developing a safe exercise prescription. *Heart Fail Rev.* 2008;13:69 – 79.
25. Braith RW, Edwards DG. Exercise following heart transplantation. *Sports Med.* 2000;30:171 – 92.
26. Bravata DM, Smith – Spangler C, Sundaram V, et al. Using pedometers to increase physical activity and improve health: a systematic review. *JAMA.* 2007;298(19):2296 – 304.
27. Brolin SE, Cecins NM, Jenkins SC. Questioning the use of heart rate and dyspnea in the prescription of exercise in

subjects with chronic obstructive pulmonary disease. *J Cardiopulm Rehabil.* 2003;23(3):228 – 34.

28. Buchfuhrer MJ, Hansen JE, Robinson TE, Sue DY, Wasserman K, Whipp BJ. Optimizing the exercise protocol for cardiopulmonary assessment. *J Appl Physiol Respir Environ Exerc Physiol.* 1983;55(5):1558 – 64.
29. Budoff MJ, Achenbach S, Blumenthal RS, et al. Assessment of coronary artery disease by cardiac computed tomography: a scientifi c statement from the American Heart Association Committee on Cardiovascular Imaging and Intervention, Council on Cardiovascular Radiology and Intervention, and Committee on Cardiac Imaging, Council on Clinical Cardiology. *Circulation.* 2006;114(16):1761 – 91.
30. Bulmer AC, Coombes JS. Optimising exercise training in peripheral arterial disease. *Sports Med.* 2004;34(14): 983 – 1003.
31. Burtin C, Hebestreit H. Rehabilitation in patients with chronic respiratory disease other than chronic obstructive pulmonary disease: exercise and physical activity interventions in cystic fibrosis and non – cystic fibrosis bronchiectasis. *Respiration.* 2015;89(3):181 – 9.
32. Carson KV, Chandratilleke MG, Picot J, Brinn MP, Esterman AJ, Smith BJ. Physical training for asthma. *Cochrane Database Syst Rev.* 2013;(9):CD001116.
33. Casaburi R. Factors determining constant work rate exercise tolerance in COPD and their role in dictating the minimal clinically important difference in response to interventions. *COPD.* 2005;2(1):131 – 6.
34. Castellani JW, Young AJ, Ducharme MB, et al. American College of Sports Medicine position stand: prevention of cold injuries during exercise. *Med Sci Sports Exerc.* 2006;38(11):2012 – 29.
35. Chobanian AV, Lille RD, Tercyak A, Blevins P. The metabolic and hemodynamic effects of prolonged bed rest in normal subjects. *Circulation.* 1974;49:551 – 9.
36. Convertino VA. Value of orthostatic stress in maintaining functional status soon after myocardial infarction or cardiac artery bypass graft ing. *J Cardiovasc Nurs.* 2003;18:124 – 30.
37. Cooper CB, Storer TW. *Exercise Testing and Interpretation: A Practical Approach.* Cambridge (United Kingdom): Cambridge University Press; 2001. 17 p.
38. Costanzo MR, Dipchand A, Starling R, et al. The International Society of Heart and Lung Transplantation guidelines for the care of heart transplant recipients. *J Heart Lung Transplant.* 2010;29:914 – 56.
39. Craig TJ, Dispenza MC. Benefi ts of exercise in asthma. *Ann Allergy Asthma Immunol.* 2013;110(3):133 – 40.
40. Crapo RO, Casaburi R, Coates AL, et al. Guidelines for methacholine and exercise challenge testing – 1999. Th is offi cial statement of the American Th oracic Society was adopted by the ATS Board of Directors, July 1999. *Am J Respir Crit Care Med.* 2000;161(1):309 – 29.
41. Curtis LH, Whellan DJ, Hammill BG, et al. Incidence and prevalence of heart failure in elderly persons, 1994 – 2003. *Arch Intern Med.* 2008;168(4):418 – 24.
42. Daly J, Sindone AP, Th ompson DR, Hancock K, Chang E, Davidson P. Barriers to participation in and adherence to cardiac rehabilitation programs: a critical literature review. *Prog Cardiovasc Nurs.* 2002;17:8 – 17.
43. Davies EJ, Moxham T, Rees K, et al. Exercise based rehabilitation for heart failure. *Cochrane Database Syst Rev.* 2010;(4):CD003331.
44. Decramer M, Gosselink R, Troosters T, Verschueren M, Evers G. Muscle weakness is related to utilization of health care resources in COPD patients. *Eur Respir J.* 1997;10:417 – 23.

45. Duscha BD, Schulze PC, Robbins JL, Forman DE. Implications of chronic heart failure on peripheral vasculature and skeletal muscle before and after exercise training. *Heart Failure Rev.* 2008;13:21 – 37.

46. Eaton T, Young P, Nicol K, Kolbe J. The endurance shuttle walking test: a responsive measure in pulmonary rehabilitation for COPD patients. *Chron Respir Dis.* 2006;3(1):3 – 9.

47. Eichenberger PA, Diener SN, Kofmehl R, Spengler CM. Effects of exercise training on airway hyperreactivity in asthma: a systematic review and meta – analysis. *Sports Med.* 2013;43(11):1157 – 70.

48. ERS Task Force, Palange P, Ward SA, et al. Recommendations on the use of exercise testing in clinical practice. *Eur Respir J.* 2007;29(1):185 – 209.

49. Evangelista LS, Hamilton MA, Fonarow GC, Dracup K. Is exercise adherence associated with clinical outcomes in patients with advanced heart failure? *Phys Sportsmed.* 2010;38:28 – 36.

50. Fletcher GF, Ades PA, Kligfi eld P, et al. Exercise standards for testing and training: a scientifi cstatement from the American Heart Association. *Circulation.* 2013;128(8):873 – 934.

51. Fontaine R, Kim M, Kleny R. Die chirugische Behandlung der peripheren Durchblutungssorungen (Surgical treatment of peripheral circulation disorders). *Helv Chir Acta.* 1954;21(5 – 6):499 – 533.

52. Garber CE, Blissmer B, Deschenes MR, et al. American College of Sports Medicine position stand. Quantity and quality of exercise for developing and maintaining cardiorespiratory, musculoskeletal, and neuromotor fi tness in apparently healthy adults: guidance for prescribing exercise. *Med Sci Sports Exerc.* 2011;43:1334 – 59.

53. Garcia – Aymerich J, Varraso R, Antó JM, Camargo CA Jr. Prospective study of physical activity and risk of asthma exacerbations in older women. *Am J Respir Crit Care Med.* 2009;179(11):999 – 1003.

54. Gardner AW, Montgomery PS, Flinn WR, Katzel LI. The effect of exercise intensity on the response to exercise rehabilitation in patients with intermittent claudication. *J Vasc Surg.* 2005;42(4):702 – 9.

55. Gibbons RJ, Balady GJ, Bricker JT, et al. ACC/AHA 2002 guideline update for exercise testing: summary article. A report of the American College of Cardiology/American Heart Association Task Force on Practice Guidelines (Committee to Update the 1997 Exercise Testing Guidelines). *J Am Coll Cardiol.* 2002;40(8):1531 – 40.

56. Global Initiative for Asthma. *G lobal Strategy for Asthma Management and Prevention* [Internet]. Global Initiative for Asthma; [cited 2016 Sep 8]. Available from: http://www. ginasthma. org.

57. Global Initiative for Chronic Obstructive Lung Disease. *Global Initiative for Chronic Obstructive Lung Disease Pocket Guide to COPD Diagnosis, Management, and Prevention. A Guide for Health Care Professionals: Updated* 2015 [Internet]. Florence (Italy): Global Initiative for Chronic Obstructive Lung Disease; [cited 2016 Sep 8] http://www. goldcopd. it/materiale/2015/GOLD_Pocket_2015. pdf.

58. Go AS, Mozaff arian D, Roger VL, et al. Heart disease and stroke statistics—2014 update: a report from the American Heart Association. *Circulation.* 2014;129:e28 – 292.

59. Gosselink R, De Vos J, van den Heuvel SP, Segers J, Decramer M, Kwakkel G. Impact of inspiratory muscle training in patients with COPD: what is the evidence? *Eur Respir J.* 2011;37(2):416 – 25.

60. Haykowsky MJ, Kitzman DW. Exercise physiology in heart failure and preserved ejection fraction. *Heart Failure Clin.* 2014;10:445 – 52.

61. Hiatt WR. Medical treatment of peripheral arterial disease and claudication. *N Engl J Med.* 2001;344:1608 – 21.

62. Hiatt WR, Cox L, Greenwalt M, Griffi n A, Schechter C. Quality of the assessment of primary and secondary end-

points in claudication and critical leg ischemia trials. *Vasc Med.* 2005;10(3):207 – 13.

63. Hirsch AT, Haskal ZJ, Hertzer NR, et al. ACC/AHA 2005 practice guidelines for the management of patients with peripheral arterial disease (lower extremity, renal, mesenteric, and abdominal aortic): a collaborative report from the American Association for Vascular Surgery/Society for Vascular Surgery, Society for Cardiovascular Angiography and Interventions, Society for Vascular Medicine and Biology, Society of Interventional Radiology, and the ACC/AHA Task Force on Practice Guidelines (Writing Committee to Develop Guidelines for the Management of Patients With Peripheral Arterial Disease): endorsed by the American Association of Cardiovascular and Pulmonary Rehabilitation; National Heart, Lung, and Blood Institute; Society for Vascular Nursing; TransAtlantic Inter – Society Consensus; and Vascular Disease Foundation. *Circulation.* 2006;113(11):e463 – 654.
64. Holland AE, Wadell K, Spruit MA. How to adapt the pulmonary rehabilitation programme to patients with chronic respiratory disease other than COPD. *Eur Respir Rev.* 2013;22(130):577 – 86.
65. Horowitz MB, Littenberg B, Mahler DA. Dyspnea ratings for prescribing exercise intensity in patients with COPD. *Chest.* 1996;109(5):1169 – 75.
66. Jendzjowsky NG, Tomczak CR, Lawrance R, et al. Impaired pulmonary oxygen uptake kinetics and reduced peak aerobic power during small muscle mass exercise in heart transplant recipients. *J Appl Physiol.* 2007;103:1722 – 7.
67. Kendrick KR, Baxi SC, Smith RM. Usefulness of the modifi ed 0 – 10 Borg scale in assessing the degree of dyspnea in patients with COPD and asthma. *J Emerg Nurs.* 2000;26(3):216 – 22.
68. Kerrigan DJ, Williams CT, Ehrman JK, et al. Cardiac rehabilitation improves functional capacity and patient – reported health status in patients with continuous – flow left ventricular assist devices: the Rehab – VAD randomized controlled trial. *JACC Heart Fail.* 2014;2(6):653 – 9.
69. Kerrigan DJ, Williams CT, Ehrman JK, et al. Muscular strength and cardiorespiratory fi tness are associated with health status in patients with recently implanted continuous – fl ow LVADs. *J Cardiopulm Rehabil Prev.* 2013;33:396 – 400.
70. Keteyian S, Ehrman J, Fedel F, Rhoads K. Heart rate – perceived exertion relationship during exercise in orthotopic heart transplant patients. *J Cardiopulmonary Rehabil.* 1990;10:287 – 93.
71. Keteyian SJ. Exercise training in congestive heart failure: risks and benefi ts. *Prog Cardiovasc Dis.* 2011;53:419 – 28.
72. Keteyian SJ. High intensity interval training in patients with cardiovascular disease: a brief review of the physiologic adaptations and suggestions for future research. *J Clin Exerc Physiol.* 2013;2:12 – 9.
73. Keteyian SJ, Hibner BA, Bronsteen K, et al. Greater improvement in cardiorespiratory fi tness using higher – intensity interval training in the standard cardiac rehabilitation setting. *J Cardiopulm Rehabil.* 2014;34:98 – 105.
74. Keteyian SJ, Leifer ES, Houston – Miller N, et al. Relation between volume of exercise and clinical outcomes in patients with heart failure. *J Am Coll Cardiol.* 2012;60:1899 – 905.
75. Kitzman DW, Little WC, Brubaker PH, et al. Pathophysiological characterization of isolated diastolic heart failure in comparison to systolic heart failure. *JAMA.* 2002;288:2144 – 50.
76. Kortianou EA, Nasis IG, Spetsioti ST, Daskalakis AM, Vogiatzis I. Eff ectiveness of interval exercise training in patients with COPD. *Cardiopulm Phys Ther J.* 2010;21(3):12 – 9.

77. Langer D, Hendriks E, Burtin C, et al. A clinical practice guideline for physiotherapists treating patients with chronic obstructive pulmonary disease based on a systematic review of available evidence. *Clin Rehabil.* 2009;23(5):445 – 62.

78. Leggett LE, Hauer T, Martin BJ, et al. Optimizing value from cardiac rehabilitation: a cost – utility analysis comparing age, sex, and clinical subgroups. *Mayo Clin Proc.* 2015;90(8):1011 – 20.

79. Leon AS, Franklin BA, Costa F, et al. Cardiac rehabilitation and secondary prevention of coronary heart disease: an American Heart Association scientifi c statement from the Council on Clinical Cardiology (Subcommittee on Exercise, Cardiac Rehabilitation, and Prevention) and the Council on Nutrition, Physical Activity, and Metabolism (Subcommittee on Physical Activity), in collaboration with the American Association of Cardiovascular and Pulmonary Rehabilitation. *Circulation.* 2005;111(3):369 – 76.

80. Madigan EA, Gordon NH, Fortinsky RH, Koroukian SM, Piña I, Riggs JS. Rehospitalization in a national population of home health care patients with heart failure. *Health Serv Res.* 2012;47:2316 – 38.

81. Maltais F, Decramer M, Casaburi R, et al. An offi cial American Th oracic Society/European Respiratory Society statement: update on limb muscle dysfunction in chronic obstructive pulmonary disease. *Am J Respir Crit Care Med.* 2014;189(9):e15 – 62.

82. Marciniuk DD, Brooks D, Butcher S, et al. Optimizing pulmonary rehabilitation in chronic obstructive pulmonary disease practical issues: a Canadian Th oracic Society Clinical Practice Guideline. *Can Respir J.* 2010;17(4):159 – 68.

83. Moholdt TT, Amundsen BH, Rustad LA, et al. Aerobic interval training versus continuous moderate exercise after coronary artery bypass surgery: a randomized study of cardiovascular eff ects and quality of life. *Am Heart J.* 2009; 158(6):1031 – 7.

84. Morton AR, Fitch KD. Australian association for exercise and sports science position statement on exercise and asthma. *J Sci Med Sport.* 2011;14(4):312 – 6.

85. Naji NA, Connor MC, Donnelly SC, McDonnell TJ. Eff ectiveness of pulmonary rehabilitation in restrictive lung disease. *J Cardiopulm Rehabil.* 2006;26(4):237 – 43.

86. Nici L, Donner C, Wouters E, et al. American Th oracic Society/European Respiratory Society statement on pulmonary rehabilitation. *Am J Respir Crit Care Med.* 2006;173(12):1390 – 413.

87. Nonoyama M, Brooks D, Lacasse Y, Guyatt GH, Goldstein RS. Oxygen therapy during exercise training in chronic obstructive pulmonary disease. *Cochrane Database Syst Rev.* 2007;(2):CD005372.

88. Norgren L, Hiatt WR, Dormandy JA, et al. Inter – Society Consensus for the Management of Peripheral Arterial Disease (TASC II). *J Vasc Surg.* 2007;(45 Suppl S):S5 – 67.

89. Nytrøen K, Gullestad L. Exercise after heart transplantation: An overview. *World J Transplant.* 2013;3:78 – 90.

90. O'Connor CM, Whellan DJ, Lee KL, et al. Effi cacy and safety of exercise training in patients with chronic heart failure: HF – ACTION randomized controlled trial. *JAMA.* 2009;301(14):1439 – 50.

91. Oldridge N, Furlong W, Feeny D, et al. Economic evaluation of cardiac rehabilitation soon after acute myocardial infarction. *Am J Cardiol.* 1993;72:154 – 61.

92. Organ Procurement and Transplantation Network Web site [Internet]. Richmond (VA): Organ Procurement and Transplantation Network; [cited 2016 Sep 8]. Available from: http://optn.transplant.hrsa.gov/.

93. O'Shea SD, Taylor NF, Paratz JD. Progressive resistance exercise improves muscle strength and may improve elements of performance of daily activities for people with COPD: a systematic review. *Chest.* 2009; 136 (5): 1269 – 83.

94. Pakhale S, Luks V, Burkett A, Turner L. Effect of physical training on airway inflammation in bronchial asthma: a systematic review. *BMC Pulm Med.* 2013; 13: 38.

95. Palmer – McLean K, Harbst K. Stroke and brain injury. In: Durstine JL, Moore GE, Painter PL, Roberts SO, editors. *ACSM's Exercise Management for Persons with Chronic Diseases and Disabilities.* Champaign (IL): Human Kinetics; 2009. p. 287 – 97.

96. Parsons JP, Hallstrand TS, Mastronarde JG, et al. An official American Th oracic Society clinical practice guideline: exercise – induced bronchoconstriction. *Am J Respir Crit Care Med.* 2013; 187(9): 1016 – 27.

97. Piccini JP, Hellkamp AS, Whellan DJ, et al. Exercise training and implantable cardioverterdefi brillator shocks in patients with heart failure: results from HF – ACTION (Heart Failure and A Controlled Trial Investigating Outcomes of Exercise TraiNing). *JACC Heart Fail.* 2013; 1(2): 142 – 8.

98. Piepoli MF, Davos C, Francis DP, Coats AJ, ExTraMATCH Collaborative. Exercise training meta – analysis of trials in patients with chronic heart failure (ExTraMATCH). *BMJ.* 2004; 328: 189.

99. Puente – Maestu L, Sánz ML, Sánz P, Cubillo JM, Mayol J, Casaburi R. Comparison of eff ects of supervised versus self – monitored training programmes in patients with chronic obstructive pulmonary disease. *Eur Respir J.* 2000; 15(3): 517 – 25.

100. Qaseem A, Wilt TJ, Weinberger SE, et al. Diagnosis and management of stable chronic obstructive pulmonary disease: a clinical practice guideline update from the American College of Physicians, American College of Chest Physicians, American Th oracic Society, and European Respiratory Society. *Ann Intern Med.* 2011; 155: 179 – 91.

101. Ram FS, Robinson SM, Black PN, Picot J. Physical training for asthma. *Cochrane Database Syst Rev.* 2005; (4): CD001116.

102. Rich MW, Beckham V, Wittenberg C, Leven CL, Freedland KE, Carney RM. A multidisciplinary intervention to prevent the readmission of elderly patients with congestive heart failure. *N Engl J Med.* 1995; 333: 1190 – 5.

103. Richardson RS, Sheldon J, Poole DC, Hopkins SR, Ries AL, Wagner PD. Evidence of skeletal muscle metabolic reserve during whole body exercise in patients with chronic obstructive pulmonary disease. *Am J Respir Crit Care Med.* 1999; 159: 881 – 5.

104. Riegel B, Moser DK, Anker SD, et al. State of the science: promoting self – care in persons with heart failure: a scientifi c statement from the American Heart Association. *Circulation.* 2009; 120: 1141 – 63.

105. Ries AL. Impact of chronic obstructive pulmonary disease on quality of life: the role of dyspnea. *Am J Med.* 2006; 119(10 Suppl 1): 12 – 20.

106. Ries AL, Bauldoff GS, Carlin BW, et al. Pulmonary Rehabilitation: joint ACCP/AACVPR Evidence – Based Clinical Practice Guidelines. *Chest.* 2007; 131(5 Suppl): 4S – 42S.

107. Rochester CL, Fairburn C, Crouch RH. Pulmonary rehabilitation for respiratory disorders other than chronic obstructive pulmonary disease. *Clin Chest Med.* 2014; 35(2): 369 – 89.

108. Roig M, Eng JJ, MacIntyre DL, et al. Falls in people with chronic obstructive pulmonary disease: an observational cohort study. *Respir Med.* 2011; 105: 461 – 9.

109. Schairer JR, Kostelnik T, Proffitt SM, et al. Caloric expenditure during cardiac rehabilitation. *J Cardiopulm Rehabil.* 1998;18:290 – 4.

110. Scheiderer R, Belden C, Schwab D, Haney C, Paz J. Exercise guidelines for inpatients following ventricular assist device placement: a systematic review of the literature. *Cardiopulm Physical Ther J.* 2013;24:35.

111. Schols AM, Soeters PB, Dingemans AM, Mostert R, Frantzen PJ, Wouters EF. Prevalence and characteristics of nutritional depletion in patients with stable COPD eligible for pulmonary rehabilitation. *Am Rev Respir Dis.* 1993; 147(5):1151 – 6.

112. Sheldahl LM, Wilke NA, Tristani FE. Evaluation and training for resumption of occupational and leisure – time physical activities in patients after a major cardiac event. *Med Exerc Nutr Health.* 1995;4:273 – 89.

113. Singh SJ, Morgan MD, Hardman AE, Rowe C, Bardsley PA. Comparison of oxygen uptake during a conventional treadmill test and the shuttle walking test in chronic airfl ow limitation. *Eur Respir J.* 1994;7(11):2016 – 20.

114. Skeletal muscle dysfunction in chronic obstructive pulmonary disease. A statement of the American Th oracic Society and European Respiratory Society. *Am J Respir Crit Care Med.* 1999;159(4 Pt 2):S1 – 40.

115. Slaughter MS, Pagani FD, Rogers JG, et al. Clinical management of continuous – fl ow left ventricular assist devices in advanced heart failure. *J Heart Lung Transplant.* 2010;29(4 Suppl):S1 – 39.

116. Smart N, Marwick T. Exercise training for patients with heart failure: a systematic review of factors that improve mortality and morbidity. *Am J Med.* 2004;116:693 – 706.

117. Spruit MA, Singh SJ, Garvey C, et al. An offi cial American Th oracic Society/European Respiratory Society statement: key concepts and advances in pulmonary rehabilitation. *Am J Respir Care Med.* 2013;188:e13 – 64.

118. Stein R, Hriljac I, Halperin JL, Gustavson SM, Teodorescu V, Olin JW. Limitation of the resting ankle – brachial index in symptomatic patients with peripheral arterial disease. *Vasc Med.* 2006;11:29 – 33.

119. Stickland MK, Rowe BH, Spooner CH, Vandermeer B, Dryden DM. Eff ect of warm – up exercise on exercise – induced bronchoconstriction. *Med Sci Sports Exerc.* 2012;44(3):383 – 91.

120. Strasser B, Siebert U, Schobersberger W. Effects of resistance training on respiratory function in patients with chronic obstructive pulmonary disease: a systematic review and meta – analysis. *Sleep Breath.* 2013; 17(1): 217 – 26.

121. Swallow EB, Reyes D, Hopkinson NS, et al. Quadriceps strength predicts mortality in patients with moderate to severe chronic obstructive pulmonary disease. *Thorax.* 2007;62(2):115 – 20.

122. Taylor RS, Brown A, Ebrahim S, et al. Exercise – based rehabilitation for patients with coronary heart disease: systematic review and meta – analysis of randomized controlled trials. *Am J Med.* 2004;116(10):682 – 92.

123. Th omas RJ, King M, Lui K, et al. AACVPR/ACC/AHA 2007 performance measures on cardiac rehabilitation for referral to and delivery of cardiac rehabilitation/secondary prevention services endorsed by the American College of Chest Physicians, American College of Sports Medicine, American Physical Therapy Association, Canadian Association of Cardiac Rehabilitation, European Association for Cardiovascular Prevention and Rehabilitation, Inter – American Heart Foundation, National Association of Clinical Nurse Specialists, Preventive Cardiovascular Nurse Association, and the Society of Th oracic Surgeons. *J Am Coll Cardiol.* 2007;50:1400 – 33.

124. Th ompson PD, Balady GJ, Chaitman BR, Clark LT, Levine BD, Myerburg RJ. Task Force 6: coronary artery disease. *J Am Coll Cardiol.* 2005;45(8):1348 – 53.

125. Tinetti ME, Speechley M, Ginter SF. Risk factors for falls among elderly persons living in the community. *N Engl J Med*. 1988;319(26):1701 – 7.

126. Treat – Jacobson D, Henly SJ, Bronas UG, Leon AS, Henly GA. The pain trajectory during treadmill testing in peripheral artery disease. *Nurs Res*. 2011;60(3 Suppl):S38 – 49.

127. Weston KS, Wisløff U, Coombes JS. High – intensity interval training in patients with lifestyle induced cardiometabolic disease: a systematic review and meta – analysis. *Br J Sports Med*. 2014;48:1227 – 34.

128. Williams MA, Haskell WL, Ades PA, et al. Resistance exercise in individuals with and without cardiovascular disease: 2007 update: a scientific statement from the American Heart Association Council on Clinical Cardiology and Council on Nutrition, Physical Activity, and Metabolism. *Circulation*. 2007;116(5):572 – 84.

129. Wisløff U, Støylen A, Loennechen JP, et al. Superior cardiovascular effect of aerobic interval training versus moderate continuous training in heart failure patients: a randomized study. *Circulation*. 2007;115(24):3086 – 94.

130. Womack CJ, Gardner AW. Peripheral arterial disease. In: Durstine JL, Moore GE, editors. *ACSM's Exercise Management for Persons with Chronic Diseases and Disabilities*. 2nd ed. Champaign (IL): Human Kinetics; 2003. p. 81 – 5.

131. Yancy CW, Jessup M, Bozkurt B, et al. 2013 ACCF/AHA guideline for the management of heart failure: a report of the American College of Cardiology Foundation/American Heart Association Task Force on Practice Guidelines. *J Am Coll Cardiol*. 2013;62:e147 – 239.

132. Zainuldin R, Mackey MG, Alison JA. Prescription of walking exercise intensity from the incremental shuttle walk test in people with chronic obstructive pulmonary disease. *Am J Phys Med Rehabil*. 2012;91(7):592 – 600.

第十章 代谢性疾病及存在心血管疾病危险因素人群的运动处方

概 述

本章包括代谢性疾病及存在心血管疾病（CVD）危险因素个体的运动处方（Ex R_x）指南及建议。针对可利用的个人信息，Ex R_x 指南和建议通过运动频率（Frequency）、强度（Intensity）、时间（Time）、方式（Type）的 FITT 原则来展示 Ex R_x。关于运动量和进度，运动专家可以参照第六章，本章不再赘述慢性疾病人群和有健康问题人群运动量和进度问题。对慢性疾病和健康问题进行良好的临床评估后，参照第六章关于健康人群的指南和建议，针对具体情况进行调整即可。

第一节 糖尿病

糖尿病（DM）是由于胰岛素分泌减少或无法利用引起的血糖浓度升高（即高血糖）为特征的一组代谢性疾病。持续升高的血糖水平使病人有不同程度的微血管和大血管疾病及神经病变（周围神经和自主神经）风险。美国疾病预防控制中心的数据显示，290 万美国人，即 9.3% 的美国人患有糖尿病，其中 28% 未明确诊断[20]。基于病因糖尿病可分为 4 种分型：1 型糖尿病（T1DM）、2 型糖尿病（T2DM）、妊娠期糖尿病（妊娠期被诊断出来）和其他特殊类型的糖尿病（如遗传缺陷和药物导致）；然而，绝大多数是 T2DM 患者（占总患病人数的 90%），其次是 T1DM（占总患病人数的 5% ～10%）[10]。

T1DM 最常见的原因是分泌胰岛素的胰岛 β 细胞自身免疫损伤所致，其中一些病例是先天性的[10]。胰岛素绝对缺乏和酮症酸中毒倾向是 T1DM 的基本特点。T2DM 是由于骨骼肌、脂肪组织和肝脏胰岛素抵抗伴随胰岛素分泌缺陷所致。T2DM 的常见特征是身体脂肪在躯干部位堆积过多（如腹部肥胖或中心性肥胖）[10]。诊断时通常根据患者的临床表现来分型，但某些患者明确的分型并不是十分清晰（如患 T1DM 或 T2DM），不同类型的糖尿病临床表现和疾病进展均不尽相同[10]。

中心性肥胖和胰岛素抵抗通常会发展为糖尿病前期，主要表现为：（1）进食碳水化合物后血糖升高，称为葡萄糖耐量受损（IGT），和/或（2）空腹血糖升高，称为空腹血糖受损（IFG）（见表 10.1）。随着时间的推移，当胰岛 β 细胞胰岛素的高分泌状态减退而无法抑制血糖升高时，糖尿病前期个体就有发展为糖尿病的高风险。

糖尿病管理的基本目标是通过饮食、运动，在一些病例中还用药物，如胰岛素或口服或其他降糖药（见附录 A）控制血糖。控制血糖的强化治疗可降低任何类型糖尿病患者罹患并发症的风险[10]。糖尿病和糖尿病前期的诊断标准见表 10.1[14]。糖化血红蛋白（HbA_{1C}）是一项血生化测试，可反映过去 2～3 个月平均血糖水平[10]（见第三章）。美国糖尿病协会（ADA）和世界卫生组织（WHO）将 HbA_{1C}≥6.5% 作为糖尿病的诊断标准，但是大多数诊断仍基于空腹血糖升高（≥126 mg/dL 或 7.0 mmol/L）[10]。

表 10.1　糖尿病前期和糖尿病诊断标准[10]

正常	糖尿病前期	糖尿病
HbA_{1C} <5.7%	HbA_{1C}5.7% ～6.4%	HbA_{1C} ≥6.5%
FPG <100 mg/dL（5.6 mmol/L）	FPG100 ～ 125 mg/dL（5.6 ～ 6.9 mmol/L）（IFG）	FPG≥126 mg/dL（7.0 mmol/L）
OGTT 试验 2 – h PG <140 mg/dL（7.8 mmol/L）	OGTT 试验 2 – h PG =140 ～199 mg/dL（7.8 ～11.0 mmol/L）（IGT）	OGTT 试验 2 – h PG≥200 mg/dL（11.1 mmol/L）
		伴有高血糖典型症状或高血糖危象的患者，随机 PG≥200 mg/dL（11.1 mmol/L）

FPG：空腹血糖（至少空腹 8 小时）；HbA_{1C}：糖化血红蛋白；IFG：空腹血糖受损；IGT：糖耐量受损；OGTT：口服糖耐量试验（75g 葡萄糖）；PG：血浆葡萄糖。

一、规律体力活动对糖尿病病人的益处

体力活动（PA）是各种类型糖尿病管理的关键措施，并可预防糖尿病相关并发症、胰岛素抵抗和 T2DM。T2DM 患者进行规律的运动可改善糖耐量、增加胰岛素敏感性并降低 HbA_{1C}[95,100]。对于 T1DM、T2DM 和糖尿病前期的其他获益包括改善 CVD 危险因素和自我感觉[29]。糖尿病前期个体是 T2DM 的高危人群，参加规律的运动可预防或延缓 T2DM 的

发生[70]。

包括 DM 在内的全人群观察性研究显示累计 150 min/wk 中等强度运动与患病率和死亡率的降低相关[89]。研究发现延长静坐少动时间与 T2DM 或全因死亡等不良健康结局独立相关，而较高的 PA 水平可降低这些因静坐少动导致的不良结局[14]。因此，应鼓励所有 DM 及糖尿病前期患者进行规律的体力活动，包括增加日常体力活动和结构性的运动来促进健康并延长寿命。

二、运动测试

以下是糖尿病患者运动测试的特殊要求：

1. 对于没有 CVD 症状和低风险（Framingham 风险计算器评估 10 年心脏事件风险 < 10%）[13,29,102]的糖尿病或糖尿病前期患者开始进行低至中等强度运动之前运动测试不是必需的。

2. 心电图监测下的负荷试验适用于糖尿病患者[29,46]，尤其是静坐少动或希望参加较大强度运动的患者。

3. 对运动测试中 ECG 阳性或非特异性 ECG 改变的患者，或安静时无或非特异性 ST – T 改变的 DM 患者需进行诊断性测试。无症状糖尿病患者缺血筛查研究（DIAD）纳入 1123 例无症状冠心病（CAD）的 T2DM 患者进行腺苷负荷心肌放射性核素灌注显像筛查心肌缺血，随访 4.8 年并未观察到心脏事件发生率的改变[111]。因此，从性价比与诊断价值方面考虑，是否需要更进一步的测试目前尚有争议。

4. DM 患者的无症状心肌缺血不易被发现[106]，因此应每年进行心血管风险评估[29]。

三、运动处方

适用于健康成年人运动处方的 FITT 原则仍适用于 DM 患者（见第六章）。

参与运动的获益对于 T1DM 和 T2DM 尤为重要。运动带来的心血管获益及结局改善是两种类型糖尿病患者的主要获益。对于非糖尿病患者来说，运动可剂量依赖性地增加胰岛素敏感性[39]；对于 2 型糖尿病病人和糖尿病前期人群而言，可增加细胞摄取血糖的能力，从而达到控制血糖的效果。对于 T1DM 患者来说，胰岛素敏感性增加虽不能改善胰岛功能，但是降低了外源性胰岛素的需求[36]。合理减重和维持体重是 T2DM 和糖尿病前期患者面临的棘手问题，T1DM 患者同样存在超重或体脂过多的问题，运动可以起到较好的作用（见本章中超重、肥胖和代谢综合征部分）。

近期的系统性综述和荟萃分析发现目前没有证据显示抗阻运动有别于有氧运动可以更好地降低心血管风险因素或提高 T2DM 患者安全性。因此，选择哪一种形式对于参加 PA 并不重要[109]。有证据显示有氧运动联合抗阻运动的方式比单独进行某一种运动可更好地改善血糖控制[23,36,94]。运动能量消耗增加或特殊的有氧联合抗阻的运动方式是否会有更多的获益[23,36]目前尚无定论。

FITT　糖尿病患者的 FITT 推荐[29,40,41]

	有氧	抗阻	柔韧性
频率	每周 3 ~ 7 天	每周至少在不连续的 2 天进行，最好 3 天	≥2 ~ 3d/wk
强度	中等强度（40% ~ 59% $\dot{V}O_2R$，或 11 ~ 12RPE）至较大强度（60% ~ 80% $\dot{V}O_2R$，或 14 ~ 17RPE）	中等（50% ~ 69% 1 – RM）至较大强度（70% ~ 85% 1 – RM）	拉伸至感觉紧张或轻度不适
时间	T1DM：中等强度 150 min/wk，或较大强度 75 min/wk，或两者结合 T2DM：中等至较大强度 150 min/wk	进行至少 8 ~ 10 种不同动作的练习，每组 10 ~ 15 次，重复 1 ~3 组，达到接近疲劳的状态；随着训练的推进可进行每组 8 ~ 10 次，重复 1 ~ 3 组	静态拉伸 10 ~ 30 s，每个动作重复 2 ~ 4 次
方式	持续性的、有节奏的、动员大肌肉群的运动（如步行、骑车、游泳）	器械练习或自由力量练习器	静态拉伸、动态拉伸和/或 PNF 拉伸

1 – RM：1 次最大重复次数；PNF：本体感觉神经肌肉促进法；RPE：主观疲劳感觉；$\dot{V}O_2R$：储备摄氧量。

运动训练注意事项

1. 多数 DM 患者存在伴发疾病，制定 Ex R_x 时需统筹考虑。多数糖尿病前期或 DM 患者处于 CVD 高风险状态（见第九章）。

2. 多数 T2DM 和糖尿病前期患者以及很多 T1DM 患者处于超重状态（见“超重及肥胖”章节和 ACSM 相关立场声明[37]）。

3. 因为体适能水平较低，多数 T2DM 患者每周应进行 150 min 中等至较大强度有氧运动以达到降低 CVD 风险的目的[29]。

4. 在中等强度有氧运动中穿插短时间高强度的间歇运动有助于运动后早期血糖降低的恢复[53]。

5. 对于合并症无运动禁忌的患者，以提高心肺耐力（CRF）为运动目标时应强调进行较大强度有氧运动。较大强度有氧运动也可更好地控制整体血糖水平。高强度间歇训练（HIIT）和连续较大强度有氧运动均是向 DM 患者推荐的运动方式[62]。T2DM 患者不应间隔 2 天以上不进行有氧运动，否则运动改善胰岛素活性的作用会降低。

6. 除外运动禁忌证后，如未能控制的高血压、严重增殖性视网膜病变或近期接受过激光治疗，鼓励 DM 和糖尿病前期患者进行抗阻运动。较高阻力（如负重较大）有利于改善骨骼肌力量、胰岛素活性及血糖控制[41,108]，中等强度抗阻运动对于之前属于静坐少动的个体有同样的获益[12]。

7. 循序渐进地进行提高抗阻运动强度可有效预防 DM 患者的关节损伤，因为 DM 患者因糖基化胶原蛋白累积使关节活动度受限[1]。初始运动时应选择中等强度，每组 10～15 次，当达到目标重复次数后可逐渐增加负重并减少每组的重复次数（8～10 次/组）。抗阻运动可通过增加重复次数和增加运动频率来推进[48]。

8. 联合训练时，在有氧运动前先完成抗阻运动可能会降低 T1DM 患者低血糖的风险[110]。

9. 建议各种类型糖尿病患者均进行柔韧性训练，并且不能替代其他建议的活动（如有氧运动和抗阻训练），因为柔韧性训练并不影响血糖控制、身体成分或胰岛素活性。

10. 潜在的并发症可能不适于某些类型的活动（如足部溃疡未愈合的患者应避免负重和水下运动）。

四、特殊注意事项

1. 低血糖是参加运动的糖尿病病人面临的最严重的问题，这是使用胰岛素或口服胰岛素促泌剂药物者最关心的问题[29]（见附录 A）。

（1）血糖水平 <70 mg/dL（<3.9 mmol/L）即定义为低血糖，是进行急性运动的相对禁忌证[29]。

（2）运动时可能血糖快速下降，即使血糖水平大于 70 mg/dL 患者也会出现低血糖症状。相反，某些患者血糖下降时并没有明显的症状（如无症状低血糖）。

（3）低血糖的常见交感神经兴奋症状包括颤抖、虚弱、异常出汗、神经质、焦虑、口和手发麻及饥饿。更严重的低血糖神经系统症状包括头痛、视物模糊、反应迟钝、意识障碍、健忘、惊厥和昏迷。

2. 使用胰岛素或服用胰岛素促泌剂的 DM 患者应在运动前、运动后及运动中测血糖，并按需适当调整饮食和药物剂量（在健康顾问的指导下）以保持血糖相对稳定[29]（见[30]）。

3. 运动时及运动后即刻低血糖风险较高，有时低血糖也可能发生在运动后 12 小时，对食物和/或药物进行适当的调整，尤其应针对胰岛素使用者[79]。频繁监测血糖是发现和预防迟发性低血糖的关键。

4. 磺脲类药物和其他可增加胰岛素分泌的药物（如格列本脲、格列吡嗪、格列美脲、那格列奈和瑞格列奈）会增加低血糖症的风险，原因在于胰岛素和肌肉收缩使血糖摄取增加[47,66]。在进行规律运动时应监测血糖来评估是否需要调整药物剂量。

5. 使用胰岛素的患者选择适当的运动时间十分重要。调整胰岛素注射时间、减少胰岛素用量和/或增加碳水化合物摄入是预防运动时及运动后低血糖和高血糖的有效方式[22]。与常规中等强度运动降低血糖相比，晨练可能会使血糖升高[91]。

6. 运动前血糖≤100mg/dL（mmol/L）且使用胰岛素的患者在运动前需补充碳水化合物（不超过15g）[29]。

7. 制订运动计划时，应减少速效或短效胰岛素的用量来预防低血糖，尤其是运动时处于胰岛素峰值水平时（通常2～3小时）。人工合成的速效胰岛素类似物（如赖脯胰岛素、门冬胰岛素和谷赖胰岛素）比常规人胰岛素降糖速度更快。

8. 长效基础胰岛素（如甘精胰岛素、地特胰岛素和中性鱼精蛋白锌胰岛素）较少引起运动相关低血糖[90]，但规律运动时应对胰岛素用量进行整体调整。

9. 使用胰岛素泵的T1DM患者，运动时应根据运动强度和运动时间减少基础胰岛素量泵入或短时间停止使用胰岛素。减少胰岛素泵入基础量应持续到运动后12h，可有效预防迟发性低血糖。

10. 连续血糖监测可监测多天血糖，评价运动时和持续的效果[5]。

11. 出现过运动相关低血糖的DM患者应结伴运动或在医务监督下进行运动，可减少低血糖相关事件的危险。建议患者运动时携带糖尿病医疗信息卡、手机、糖块或其他快速升高血糖的食品来预防低血糖。

12. 糖尿病自主神经病变、长病程T1DM及近期运动中出现低血糖可能与肾上腺素和其他激素反应受损及无症状低血糖相关[45]，因此频繁监测血糖是必要的。老年T2DM患者无症状低血糖和认知功能受损常同时存在，这是运动中血糖管理需要考虑的两个主要问题[16]。

13. 血糖控制欠佳的T1DM患者应注意高血糖伴或不伴酮症。高血糖症的相关症状包括多尿、疲劳、虚弱、口渴感增加和酮臭味呼吸。血糖过高的患者（如血糖≥300mg/dL或16.7mmol/L）若感觉良好，且尿酮体或血酮体阴性，可以进行中等强度的运动，但需密切监测血糖，血糖下降前应避免较大强度运动，并保证适当的饮水量[29]。

14. 血糖较高且酮体阳性时应暂缓运动。建议T1DM患者血糖≥250mg/dL（13.9mmol/L）时，在运动前应检测尿酮体[69]。

15. 若餐后2～3小时内血糖仍较高，T2DM患者在进行有氧运动时会出现血糖降低的表现，因为此时内源性胰岛素水平较高[47,77]。T1DM患者若餐后胰岛素剂量较高也会在餐后运动时出现类似的血糖下降。

16. 无论运动前血糖处于什么水平，任何类型较大强度的运动都会因肾上腺素和糖原等反向调节激素释放而使血糖升高[93]。如遇此类情况，T1DM需给予小剂量胰岛素以降低运动后高血糖。

17. 多尿引起的脱水是高血糖症的常见问题，它可能影响体温调节反应[17]。脱水也会导致血糖升高。因此，任何热病风险增加患者都应密切关注脱水的症状和体征（见第八章和其他ACSM相关立场声明[7,9]）。

18. 糖尿病患者在热或冷环境下的体温调节功能受损，更应关注或预防热或冷相关疾病（见第八章和其他 ACSM 相关立场声明[7,9,18]）。

19. 糖尿病伴有视网膜病变的患者存在玻璃体出血的风险。避免急速升高血压（BP）的活动可以使风险降到最低。所有严重非增生性和增殖性糖尿病视网膜病变的患者，应该避免较大强度有氧运动和抗阻训练、跳跃、撞击性运动、低头的运动和运动发力时屏息（Valsalva 动作）[29]。

20. 在运动中，自主神经病变可能引起慢性不适应（如 HR 反应迟钝）、摄氧量变化削弱和无汗症（如脱水）[29]。在这种情况下，需要考虑以下问题：

（1）监测无症状心肌缺血的症状和体征，如不正常的气短、后背痛，因为患者因没有典型症状或体征而不能识别心绞痛。

（2）注意监测运动前后的血压，以控制较大强度运动引起的高血压和低血压反应（见“高血压”章节）。

（3）自主神经病变可能影响运动中 HR 和 BP 的反应，应通过 RPE 来监控运动强度[31]。

21. 对于伴有周围神经病变的糖尿病患者应采取正确的足部防护措施，预防足部溃疡[29]。要采取特殊预防措施来防止脚上长水泡。脚要保持干燥，使用硅胶或空气夹层鞋垫，或者穿涤纶或混纺的袜子。所有患者每天都应进行足部检查以便及时发现和治疗早期的溃疡。

22. 对有肾脏病变的患者，虽然运动后蛋白尿短时间增加，但没有证据证明运动会加速肾脏病变进展[11,29]。有氧运动和抗阻训练均可改善肾病患者身体功能能力和生活质量，应鼓励这类患者运动。若患者有氧能力和肌肉功能下降，应从少量低强度运动逐步开始[105]。

在线资源

美国运动医学会立场声明——运动与 2 型糖尿病：http：//www. acsm. org

美国糖尿病协会：http：//www. diabetes. org

糖尿病运动（糖尿病患者运动安全性的相关信息）：http：//www. diabetesmotion. com

美国国立糖尿病、消化和肾脏疾病研究所：https：//www. niddk. nih. gov/

第二节　脂代谢紊乱

脂代谢紊乱是指血脂（如胆固醇）浓度异常。可进一步分为总胆固醇、低密度脂蛋白胆固醇（LDL－C）或甘油三酯（TG）浓度升高，或高密度脂蛋白胆固醇（HDL－C）浓度下降。血脂异常的具体定义见表 3. 3。接近 30% 的美国公民患有血脂异常[50]，是动脉粥样硬化 CVD 的主要危险因素。

血脂异常的原因众多。常见的主要原因是不良饮食习惯和生活方式，遗传因素也在其中扮演重要角色。极高水平的胆固醇多有家族聚集性（单纯家族性高胆固醇血症和家族性混合型高脂血症）[57]。不同的疾病状态也会影响血脂水平。LDL－C 升高多见于甲状腺功能减退和肾病综合症患者。极高浓度 TG 可见于肥胖、胰岛素抵抗或糖尿病患者。代谢综合征（MetSyn）的主要诊断指标之一是出现高 TG。此外，20%～70% 的 HDL－C 浓度下降与口服类固醇激素相关[2]。

无论患者是否需要药物治疗血脂异常，改变生活方式都是治疗血脂异常的基础。尽管改善力度较小，但运动可以改善血脂异常。有氧运动可使 LDL－C 降低 3－6mg/dL（0.17～0.33mmol/L），但并没有改善 HDL－C 或 TG 的作用[43]。抗阻训练可降低 LDL－C 和 TG 浓度 6～9 mg/dL（0.33～0.5mmol/L），但研究结果的一致性略低于有氧运动[43]。饮食控制和减重可以有效改善血脂异常，应积极鼓励患者执行[34,98]。

他汀类药物是羟甲基戊二酰－辅酶 A（HMG－CoA）还原酶抑制剂，可有效治疗血脂异常[96]。恰当使用他汀类药物可以通过预防心肌梗死和卒中来改善存活率。四类他汀类药物主要获益人群包括：（1）已诊断 CVD 的患者；（2）LDL－C 水平 >190mg/dL 的患者；（3）≥40yr 的糖尿病患者；（4）10 年 CVD 风险≥7.5% 的患者。10 年风险评分基于已有心脏疾病危险因素的数量和严重程度，可通过已有的在线计算器计算（见文末的“在线资源”）。不同危险分层患者血脂异常的药物治疗指南可参见 2013ACC/AHA 降低成年人心血管疾病风险的心血管疾病风险评估和血脂治疗报告[43,51,96]。需要药物治疗时，建议应由私人健康顾问通过基于循证医学的指南和个体化的评估来综合考虑治疗方案。

总体来说，人群的血脂水平正在改善[63]。这些改善来自血脂异常知晓率改善、饮食结构改变、反式脂肪摄入减少以及药物治疗增加[63]。然而世界范围内仍然存在大量血脂异常未控制的人群，在过去的十年里，人群血脂异常的改善率提高得很缓慢[63]。

ACSM 对血脂异常患者的运动测试和运动处方提出以下建议：

一、运动测试

1. 总体来看，不需要对拟进行低至中等强度运动训练计划的无症状患者进行运动测试。
2. 标准的运动测试方法和方案适用于血脂异常个体（见第五章）。
3. 血脂异常患者测试时应小心谨慎，因为运动可能诱发潜在的 CVD。
4. 对伴有其他慢性疾病和健康问题的患者（如 MetSyn、肥胖、高血压）应按需调整标准运动测试方案和测试形式（见其他章节和 ACSM 有关慢性疾病和健康问题的相关立场声明[37,87]）。

二、运动处方

无伴随疾病血脂异常患者制定运动处方的 FITT 原则与健康成年人的类似[48,55]（见第六章）。二者主要不同之处在于，对血脂异常患者应强调健康体重管理。因此，以增加能量消耗（EE）减轻体重为目的的有氧运动成为运动处方的基础，FITT 原则包括健康体重管理的相关建议以及保持 250～300 min/wk 的运动量（“超重与肥胖”章节及 ACSM 相关立场声明[37]）。抗阻练习和柔韧性练习都是血脂异常患者进行有氧运动的辅助练习，虽然对健康人群获益明确，但对于血脂异常患者的研究结果不完全一致[15,65]。柔韧性训练仅用于提高整体健康状况。

FITT　糖尿病患者的 FITT 推荐[15,37,48]

	有氧	抗阻	柔韧性
频率	每周≥5 天使能量消耗最大化	2～3d/wk	≥2～3d/wk
强度	40%～75% $\dot{V}O_2R$ 或 HRR	中等（50%～69% 1－RM）至较大强度（70%～85% 1－RM）以增加肌肉力量；＜50% 1－RM 以改善肌肉耐力	拉伸至感觉紧张或轻度不适
时间	30～60 min/d 以促进或维持减重，推荐 50～60 min/d 或更长时间	进行至少 8～10 种不同动作的练习，肌肉力量：每组 8～10 次，重复 2～4 组；肌肉耐力：每组 12～20 次，重复≤2 组	静态拉伸 10～30 s，每个动作重复 2～4 次
类型	持续性的、有节奏的、动员大肌肉群的运动（如步行、骑车、游泳）	器械练习和/或自由力量练习器	静态拉伸、动态拉伸和/或 PNF 拉伸

1－RM：1 次最大重复次数；HRR：储备心率；PNF：本体感觉神经肌肉促进法；$\dot{V}O_2R$：储备摄氧量

运动训练注意事项

1. 对伴有其他（如 MetSyn、肥胖和高血压等）慢性疾病和健康问题的患者应按需调整 Ex R_x 的 FITT 原则（见“高血压”章节和 ACSM 有关慢性疾病和健康问题的相关立场声明[37,87]）。

2. 65 岁以上伴有血脂异常的患者应遵循 ACSM 老年人运动指南[8]。对于不能连续进行 30～60 min 运动的患者可选择间断进行每次不少于 10 min 的运动累计达到推荐的运动时间作为一种有效的替代方式。

三、特殊注意事项

使用降脂药物（如他汀和盐酸类药物）的个体可能会出现肌痛（见附录 A），表现为肌肉乏力或疼痛。虽然较为罕见，但降脂药物可直接导致严重的肌肉损伤。当患者服用此类药物并在运动时出现异常或持续肌肉疼痛时应咨询健康顾问。

在线资源

美国心脏协会：http：//my. americanheart. org/professional/ScienceNews/Clinical – Practice – Guidelines – for – Prevention_ UCM_ 457211_ Article. jsp

ASCVD 风险评估工具：http：//tools. cardiosource. org/ASCVD – Risk – Estimator/

第三节 高血压病

美国高血压预防、诊断、评估和治疗联合协会第七版报告（JNC7）中将非同日两次测量安静收缩压（SBP）≥140 mmHg 和/或安静舒张压（DBP）≥90 mmHg 或已服用抗高血压药物控制血压定义为有原发性高血压[21]。95% 的 CVD 患者都患有高血压，高血压是 CVD 发展和早期死亡的危险因素[21,92]。原发性高血压的影响因素包括遗传、高脂和高盐饮食、体力活动不足等不良生活方式[21,92]。继发性高血压占其余 5%。常见的继发性高血压的病因包括慢性肾脏疾病、肾动脉狭窄、嗜铬细胞瘤、醛固酮分泌过多和睡眠呼吸暂停[212,49,92]。美国有 779 万≥20 岁的成年患有高血压，世界范围内约有 10 亿高血压患者[49,64]。

美国公民中近 420 万男性和 280 万女性（37% 美国成年人）处于高血压前期（高血压分级和危险分层见表 3. 2）或先兆高血压[49]。≥65 岁的成年人 4 年随访高血压发病率为 26% ~50%[104]。虽然高血压前期进展为高血压与年龄、基础 BP 及伴随疾病相关[54]，但高血压并不是人类增龄的基础特征，而是不良生活方式的结果（如高脂和高盐饮食、体重过多和体力活动不足）[54,71]。

多种药物可有效地治疗高血压。高血压管理指南中提供了每种药物治疗的特殊介绍[60]。多数患者需要一种以上药物治疗使血压控制达标。有些抗高血压药物影响运动中的生理反应，因此在运动测试和制定运动处方时应给予关注（见附录 A）[87]。

一、运动测试

虽然高血压不是运动测试的指征，但评估运动中 BP 的反应有助于制定 Ex R_X[46]。高血压患者即使安静血压得到有效控制，也可能会出现运动时异常 BP 反应[71]。有些高血压前期的个体可能在运动时存在类似反应[73]。

建议根据高血压患者的血压水平和其他 CVD 危险因素（见表 3.1）、靶器官的损害情况，或临床 CVD 情况来制订运动测试方案[46,87]。多数无症状高血压患者和高血压前期个体在开始步行等低至中等强度运动时可进行适当的血压控制，不必进行额外的医学评估和运动测试[46]。

建议如下：

1. 未得到有效控制的高血压病人（如安静 SBP≥140 mmHg 和/或 DBP≥90 mmHg）进行运动前，应先咨询医师是否应在参与运动训练计划前进行运动测试。

2. 高血压 2 级（SBP≥160 mmHg 或 DBP≥100 mmHg）或伴有靶器官损害（如左心室肥厚、视网膜病变）在咨询医生和有效控制血压前不应进行运动及运动测试。此类患者参与运动训练前建议进行症状限制性的运动测试。根据运动测试结果和临床状况可能需要其他额外的评估。

3. 为了制定 Ex R_x 而进行运动测试时建议患者常规服用抗高血压药物[46]。

4. 服用 β-受体阻滞剂的患者运动中 HR 的反应减弱，最大运动能力下降。服用利尿剂治疗的患者可能会出现低钾血症和其他电解质紊乱、心律失常或运动测试假阳性等（见附录 A）。

二、运动处方

高血压患者进行适当运动强度、持续时间和运动量的规律有氧运动可提高运动能力并安静 SBP 和 DBP 下降 5 ~ 7mmHg，并降低次大强度运动中的血压[71,87]。参加规律有氧运动可逆转高血压患者的心室壁厚度及左心室重量[56,73]，可降低高血压前期个体的左心室厚度，中等至高体适能水平的患者可有更多获益[72]。高血压患者应重视有氧运动，某些研究报道单独进行中等强度有氧运动可以降低 BP，但研究结果不一致[43]。柔韧性练习应参照健康成年人的指南推荐意见在全面热身后或整理运动时进行（见第六章）。

FITT　高血压患者的 FITT 推荐[43,48,88]

	有氧	抗阻	柔韧性
频率	5～7d/wk	2～3d/wk	≥2～3d/wk
强度	中等强度（40%～59% $\dot{V}O_2R$ 或 HRR）；RPE 12～13（6～20 评分法）	60%～70% 1－RM；可逐渐递增至 80% 1－RM。至较大强度（70%～85% 1－RM）以增加肌肉力量；＜50% 1－RM 以改善肌肉耐力	拉伸至感觉紧张或轻度不适
时间	累积或连续进行≥30 min/d 的运动；若需分次完成，每次运动不少于 10 min	进行至少 8～10 种不同动作的练习，肌肉力量：每组 8～10 次，重复 2～4 组；肌肉耐力：每组 12～20 次，重复≤2 组	静态拉伸 10～30 s，每个动作重复 2～4 次
类型	持续性的、有节奏的、动员大肌肉群的运动（如步行、骑车、游泳）	器械练习和/或自由力量练习器	静态拉伸、动态拉伸和/或 PNF 拉伸

1－RM：1 次最大重复次数；HRR：储备心率；PNF：本体感觉神经肌肉促进法；RPE：主观疲劳感觉；$\dot{V}O_2R$：储备摄氧量。

运动训练注意事项

1. 应特别关注受试者的血压控制水平、近期降压药的调整情况、药物相关副作用、其他靶器官受累情况、其他禁忌证及年龄，需根据这些情况制定 Ex R_x。总而言之，应循序渐进，避免 Ex R_x 中 FITT 任意组分的快速增加，对所属高血压患者来说控制运动强度尤为重要。

2. 安静状态药物控制良好的高血压患者有些会在低于年龄预测最大心率 85% 的相对较低强度运动时出现血压和心率的过度反应。对于某些人来说可通过运动测试了解心率与血压过度反应时的关系。

3. 运动时应确保 SBP≤220 mmHg 和/或 DBP≤105 mmHg[87]。

4. 虽然较大强度有氧运动（如≥60% $\dot{V}O_2R$）并不是高血压患者的绝对禁忌证，但中等强度有氧运动（如 40%～59% $\dot{V}O_2R$）的获益风险比更理想。

5. 高血压患者多为超重或肥胖状态。Ex R_x 应以增加能量消耗同时降低能量摄入以优化体重控制为目标（见“超重和肥胖”章节及相关 ACSM 立场声明[37]）。

6. 在举重时多会出现吸气并屏息的动作（如 Valsalva 动作），会导致血压过度升高、头晕甚至跌倒。因此，抗阻训练时应避免此类动作。

三、特殊注意事项

1. 对中高危心脏并发症风险的高血压患者应在医务监督下进行运动测试和较大强度运动训练直至运动处方的安全性确立[46]。

2. β－受体阻断剂和利尿剂可能减弱体温调节功能。（β－受体阻断剂还可能会增加某些个体，尤其是注射胰岛素或服用促胰岛素分泌剂的糖尿病 DM 患者）出现低血糖的倾向并掩盖某些低血糖的表现（尤其是心悸）。在这种情况下，要告知患者热环境不耐受和低血糖时的症状和体征[7,9]，并采取预防措施避免这些情况（见“糖尿病”章节和附录 A）。

3. β－受体阻断剂，尤其是非选择性的，可降低无心肌缺血患者次大强度和最大强度时的运动能力（见附录 A）。通过标准运动负荷测试获得峰值运动 HR 可作为确定运动训练强度的依据。若峰值运动 HR 不可用，应参考 RPE。

4. 降压药，如β－受体阻断剂、钙通道阻断剂及血管扩张剂会引起运动后的血压突然降低。因此，应逐渐停止运动并延长整理活动，密切监测 BP 和 HR 直至恢复至接近安静状态。

5. 大部分老年人患有高血压。运动相关的 BP 下降独立于年龄。因此，老年人和年轻人一样，均存在运动可引起血压下降（见第七章以及 ACSM/AHA 相关推荐[83]）。

6. 有氧运动的降压效果是短暂的，这种生理反应称为运动后低血压。应告知患者警惕运动后低血压及如何调整这一作用（如继续进行慢步走等极低强度运动等）。

7. 若高血压患者在运动中有心肌缺血表现，应参考伴有心肌缺血的 CVD 患者的 Ex R_x 推荐意见。更多信息见第九章。

在线资源

美国运动医学会运动与高血压立场声明：http：//www. acsm. org

美国心脏病学会：http：//www. heart. org/HEARTORG/Conditions/HighBloodPressure/PreventionTreatmentof-HighBloodPressure/Physical－Activity－and－Blood－Pressure_ UCM_ 301882_ Article. jsp

美国高血压学会：http：//www. ash－us. org/ASH－Patient－Portal/Get－in－Control/Make－Physic－Activity－Part－of－Your－Day. aspx

（张献博，王正珍，王娟　译）

第四节　代谢综合征

代谢综合征以一系列 CVD、糖尿病和中风危险因素聚集为特征[26]。目前尚不确定 MetSyn 是一种独特的病理生理学现象，或仅是未来未发生事件尤其是 CVD 死亡率的临床标记。观察性研究发现，与无 MetSyn 的患者相比，伴有 MetSyn 的患者 CVD 死亡的风险更高[58]，目前仍缺乏前瞻性研究证明这一发现。

多个机构关于 MetSyn 的定义目前仍存在争议[24]，目前认为美国成年人的患病率为 34% 或 39%[3,80]。目前被多个机构采纳较为一致的定义包括[3]高血糖（或常规使用降糖药物）、BP 升高（或常规使用降压药物）、血脂异常（或常规使用调脂药物）和按照国家或区域腰围切点诊断的腹型肥胖，但仍有一些特异的评价指标（见表 10.2）。进一步认定男性或女性存在至少三个被定义的危险因素时可诊断 MetSyn。

表 10.2　代谢综合征诊断标准：NCEP/ATP III、IDF 和 WHO

诊断标准	NCEP/ATP III[52]	IDF[99]	WHO[4]a
体重	腰围[a,b]	腰围[c]	腰臀比（男性 >0.9，女性 >0.85）和/或 BMI >30 kg/m²
男性	>102 cm（>40in）	>94cm（>37in）	>0.9
女性	>88cm（>35in）	>80cm（>31.5in）	>0.85
胰岛素抵抗/血糖	≥100mg/dL[d] 或因血糖升高需药物治疗	≥100mg/dL[d] 或已诊断 2 型糖尿病	见脚注[e]
血脂异常			
HDL	男性：<40mg/dL 女性：<50 mg/dL 因 HDL－C 降低需药物治疗	男性：<40 mg/dL 女性：<50 mg/dL 因 HDL－C 降低需药物治疗	男性：<35 mg/dL 女性：<39 mg/dL
甘油三酯	≥150 mg/dL 或因高甘油三酯需药物治疗	≥150 mg/dL 或因高甘油三酯需药物治疗	≥150 mg/dL 或因高甘油三酯需药物治疗
血压升高	≥130 或 ≥85 mmHg 或需要药物治疗的高血压	≥130 或 ≥85 mmHg 或需要药物治疗的高血压	抗高血压药物治疗和/或 BP ≥140 或 ≥90 mmHg
其他	无	无	尿蛋白排泄率 ≥20ug/min 或白蛋白：肌酐≥30mg/g

a 超重和肥胖与胰岛素抵抗和代谢综合征（MetSyn）相关。与 BMI 相比，腹型肥胖与代谢危险因素的

相关性更高。因此，建议在评估 MetSyn 体重组分时应常规测量腰围。

b 某些男性在腰围轻度升高（94～102 cm 或 37～39 in）就会出现多个代谢危险因素。此类患者胰岛素抵抗的遗传易感性较强。这些患者可通过改变生活习惯受益，腰围增加的患者效果类似。

c 不同种族有不同的腰围诊断切点，欧洲男性腰围≥94cm（≥37 in），欧洲女性腰围≥80cm（≥31.2 in）。

d 美国糖尿病协会将血糖≥100mg/dL 作为切点，血糖高于这个水平的患者属于糖尿病前期（空腹血糖受损）或糖尿病[10]。这一数值是作为血糖组分的最低诊断标准。

e 以下几种情况需按照诊断标准诊断：2 型糖尿病、空腹血糖受损、糖耐量受损、高胰岛素血症最低四分位数以下血糖升高的个体及高血糖个体。注意本标准已更新为 ADA 最新正常空腹血糖的标准[10]。

f 诊断切点已更新，与 ATP Ⅲ最新标准保持一致。注：葡萄糖单位由 mg/dL 转换为 mmol/L，乘以 0.0555。HDL 单位由 mg/dL 转换为 mmol/L，乘以 0.0259。甘油三酯单位由 mg/dL 转换为 mmol/L，乘以 0.0113。

ATP Ⅲ，成人治疗组Ⅲ；IDF，国际糖尿病联盟；NCEP，国家胆固醇教育计划；WHO，国际卫生组织。

国家胆固醇计划（NCEP）成人治疗组Ⅲ（ATPⅢ）针对 MetSyn 的治疗建议主要包括以下三点：控制体重、PA 和治疗 CVD 相关危险因素（包括使用药物）[82]。国际糖尿病联盟（IDF）初级干预指南包括：（1）适度限制能量摄入（EI）以达到 1 年内减重 5%～10%；（2）适度增加 PA 达到每周多数天数 30 min 中等强度 PA 的公共健康推荐量[55]；（3）改变饮食构成有利于 CVD 危险因素（如减少简单碳水化合物、增加植物蛋白、减少饱和脂肪酸摄入等）[99]。IDF 的二级预防还包括药物治疗相关 CVD 危险因素[35,99]。

一、运动测试

1. 代谢综合征患者在开始低至中等强度运动训练时不需要进行运动测试。

2. 如果进行运动测试，可参照健康人的推荐意见（见第五章），对伴有血脂异常、高血压或高血糖的患者需特殊处理。

3. 因为多数代谢综合征患者处于超重或肥胖，运动测试时应给予特殊考虑（见“超重和肥胖”章节及 ACSM 相关立场声明[37]）。

4. 对于超重或肥胖且心肺耐力较低的个体，运动测试时应以低强度起始（如：2～3METs），每级测试以较小的幅度递增（0.5～1.0METs）（见第五章）。

5. 运动测试中 BP 可能会升高，测试方案中应测量安静 BP 并监测测试过程中的 BP[86]（见第三章和第五章）。

二、运动处方和特殊注意事项

MetSyn 患者 Ex R_x 的 FITT 原则与健康成年人的推荐意见类似，需包括有氧运动、抗阻运动和柔韧性运动（见第六章）。与公共健康的建议类似改善健康/体适能的最小 PA 为 150 min/wk 或每周大多数天进行 30 min 中等强度 PA[58,59]。但因为 MetSyn 聚集了多种 CVD 和糖尿病危险因素，且常伴有多种慢性疾病或健康问题，以下提出了几点 MetSyn 患者制定 Ex R_x 需要特殊考虑的问题：

1. 制定 MetSyn 患者 Ex R_x 时应充分考虑每个危险因素或健康状况，并以最保守的方案作为起始强度（参照其他章节或 ACSM 立场声明有关相关慢性疾病或健康状况 Ex R_x 的 FITT 原则的内容[29,37,87]）。随着时间延长以及耐受性提高，可适当延长运动时间和增加运动强度以获得更显著的健康和体适能结局。

2. 为了减少 MetSyn 以及相关 CVD 或糖尿病危险因素的影响，初始运动训练的强度应从中等强度（如 40% ~59% $\dot{V}O_2R$ 或 HRR）开始达到最少 150 min/wk 或每周大多数天进行 30 min 的运动量以达到最优的健康/体适能改善。适应之后可逐渐增加到较大强度（如≥60% $\dot{V}O_2R$ 或 HRR）。

3. 减重是 MetSyn 的主要目标之一[52]，因此，应逐渐增加 PA 达到 250 ~300 min/wk 或每天 50 ~60 min 并在每周大多数日子都运动的运动量[37]。每日或每周的 PA 量可通过多个短时间运动（≥10 min 每次）累计完成，并可以包含多种形式的中等强度日常生活中的 PA。对某些个体而言，逐渐达到 60 ~90 min/d 的 PA 是促进或保持减重的必要运动量（见超重和肥胖 Ex R_x 推荐意见章节及 ACSM 立场声明[37]）。

4. 抗阻训练与有氧运动联合时比单独有氧运动降低 MetSyn 患病率的作用更显著[42,78]。有研究报道每周≥2 次肌肉力量练习可以降低血脂异常、IFG、高血压前期、腰围增加及 MetSyn 风险聚集的风险[25]（见第六章关于抗阻训练指南相关内容）。

在线资源

美国运动医学会运动与高血压立场声明：http：//www. acsm. org

美国心脏协会，代谢综合征：http：//www. heart. org/HEARTORG/Conditions/More/MetabolicSyndrome/Metabolic – Syndrome_ UCM_ 002080_ SubHomePage. jsp

梅奥诊所疾病和临床状况，代谢综合征：http：//www. mayoclinic. org/diseases – conditions/metabolic – syndrome/basic/definition/con – 20027243

国家心肺和血液中心，什么是代谢综合征？http：//www. nhlbi. nih. gov/health/health – topics/topics/ms

（张献博，王正珍，王娟 译）

第五节 超重和肥胖

超重和肥胖以分别体重指数（BMI）为 25 ~ 29.9 kg/m^2 和≥30 kg/m^2 来定义。近期统计结果显示，约 68% 的美国成年人处于超重（BMI≥25 kg/m^2），34% 为肥胖（BMI≥30 kg/m^2），6% 为极度肥胖（BMI≥40 kg/m^2）[84]。肥胖率在某些特定种族和性别人群中比例最高。例如，非西班牙裔黑人女性年龄调整的超重/肥胖率为 82%，西班牙裔男性为 78.6%[84]。尽管过去 30 年肥胖率稳定增长，近期的数据显示整体的肥胖率趋于稳定[84]。

年轻人的相关统计数据显示 32% 的儿童和青少年处于超重或肥胖状态[84]。在美国，儿童（6 ~ 11 岁）肥胖率从 1980 年的 7% 增加至 2012 年的 18%；青少年（12 ~ 19 岁）的肥胖率在同一时间段内由 5% 增加至 21%[84]。成年人和儿童超重/肥胖流行率的数据令人担忧，伴随而来的健康问题逐渐受到重视，识别和治疗体重过度增加的意义重大[33,37,74,103]。

对各年龄段和种族来说，超重和肥胖与包括 CVD、DM、某些癌症和骨骼肌肉问题等多种慢性疾病的风险增加相关[27]。据估计，肥胖相关问题的支出占全美医疗总支出的 7%，每年直接或间接的支出超过 1900 亿美元[19]。

体重的管理依赖于能量平衡，受能量摄入（EI）和能量消耗（EE）的影响。超重或肥胖个体减重时，EE 需超过 EI。维持体重减少 3% ~5% 会带来有临床意义的多种 CVD 风险降低，包括 TG、血糖和 HbA_{1C}水平，并可使发展为 T2DM 的风险降低[61]，也有证据显示体重仅下降 2% ~3% 可表现出类似 CVD 风险改善[37]。维持体重下降能够持久获益，但维持体重下降是一种挑战，因为在停止治疗后 1 年内，33% ~50% 的个体会出现体重反弹[97]。

通过运动和其他 PA 增加能量消耗并联合减少 EI 的生活方式干预可以减少初始体重的 5% ~10%[107]。与减少 EI 相比，PA 在减体重方面似乎影响较小[27]。一个有关减重干预的综述指出与单纯控制饮食相比，PA 联合饮食控制可多减重 20%（约 3kg）[32]，但当 EI 限制过于严格时效果减弱[37]。PA 和饮食控制达到相同的能量负平衡时减重效果相当[37]。由于超重/肥胖患者体适能水平较低，很难通过 PA 达到临床上有意义的减重量。因此，超重和肥胖患者应把适当减少 EI 并进行可耐受的 PA 量以达到最大的减重效果。

PA 水平与减重量存在量效关系。ACSM 体力活动和减重的立场声明中指出：（1）<150 min/wk 的 PA 可使体重轻度减低；（2）>150 min/wk 的 PA 可使体重适度减低 2 ~3kg；（3）>225 ~420 min/wk 的 PA 可使体重减低 5 ~7.5 kg[37]。

对多数人来说 PA 可预防体重反弹，但目前仍缺乏恰当、有力的关于能量平衡的试验设计来证明减重后需要多少 PA 来预防体重反弹[37]。有文章指出可能需要比公共健康 PA 活动推荐量每周 150 min 或每周多数日子进行 30 min 的 PA 更多的 PA 来预防体重反弹[37,55,101]。有些研究支持 200 ~300 min/wk 的 PA 来预防减重后体重反弹，并认为“越多越好”[37]。

基于科学数据和临床实践指南[37]，ACSM 针对超重及肥胖病人的运动测试和训练给出如下的推荐。

一、运动测试

1. 运动测试不是超重/肥胖人群开始低至中等强度运动项目前所必需的。

2. 超重和肥胖个体存在其他并发症（例如：血脂异常、高血压、高胰岛素血症和高血糖等）的风险，并与 CVD 风险相关。

3. 在运动测试时应考虑治疗并发症所使用药物，特别是诸如β-受体阻滞剂和抗糖尿病药物。

4. 若存在肌肉骨骼损伤或者使用矫形器具的情况，则应调整运动测试方案，可能会用到上肢或下肢功率车。

5. 超重和肥胖人群是潜在的低运动能力人群，因此需要采用低起始负荷（如 2～3 METs），每级递增 0.5～1.0 METs（见第五章方案举例）。

6. 出于安全和标准化的目的，运动设备必须满足超重和肥胖人群特殊体重的要求。

7. 为了准确地测量血压，对超重和肥胖人群应特别注意袖带的宽度是否合适。

二、运动处方

减重期运动的目的：（1）使能量消耗最大化以促进减重；（2）将运动融入生活中去为减重成功后维持体重做准备。

FITT　超重和肥胖患者的 FITT 推荐[37,85]

	有氧	抗阻	柔韧性
频率	≥5d/wk	2～3d/wk	≥2～3d/wk
强度	以中等强度（如 40%～59% $\dot{V}O_2R$ 或 HRR）起始，逐渐递增至较大强度（≥60% O_2R 或 HRR）以获得更多健康收益	60%～70% 1-RM，可逐渐递增以增加肌力和肌肉量	拉伸至感觉紧张或轻度不适
时间	30 min/d（150 min/wk），逐渐增加至 60 min/d 或不少于 250～300 min/wk	每个主要肌群进行 2～4 组，每组重复 8～12 次的练习	静态拉伸 10～30 s，每个动作重复 2～4 次
类型	持续性的、有节奏的、动员大肌肉群的运动（如步行、骑车、游泳）	器械练习和/或自由力量练习器	静态拉伸、动态拉伸和/或 PNF 拉伸

1-RM：1 次最大重复次数；HRR：储备心率；PNF：本体感觉神经肌肉促进法；$\dot{V}O_2R$，储备摄氧量。

运动训练注意事项

1. 应逐渐达到至少 30 min/d 的中等至较大强度 PA。

2. 为了长期控制体重，应逐渐达到至少 250 min/wk（≥2000kcal/wk）中等至较大强度运动。为了实现≥250 min/wk 的每周活动目标，应将 PA 分在每周的 5 ~7 天内进行。

3. 超重或肥胖的成年人可以通过累计多次不少于 10 min 连续体力活动达到总 PA 量，或以其他形式日常生活中的中等强度 PA 来实现。累计多次运动可增加之前静坐少动个体的 PA 量并可增加 PA 的适应性和持续性[76]。

4. 抗阻运动并未导致有临床意义的体重减低[37]。在能量限制的基础上附加抗阻运动并不能阻止去脂体重的减少或静息代谢率的下降[38]。

5. 抗阻运动能加强超重和肥胖人群的肌肉力量和身体机能。此外，参加抗阻运动可能会带来其他健康获益，如减少 CVD、DM 和其他慢性疾病的危险因素[38]。

三、特殊注意事项[37,59]

1. 按照减重目标时间来制订减重计划。应在 3 ~ 6 个月内至少减少初始体重的 3% ~10%。

2. 按照目标减少 EI 以达到减重效果。每日减少 500 ~ 1000kcal 能量摄入，适用于每周减少 1 ~2lb（0.5 ~0.9kg/wk）的计划。EI 的减少应与减少每日脂肪摄入量相结合。

3. 希望减重 5% ~10% 需要更严格的营养、运动和行为干预（见第十二章）。对任何程度生活方式干预均无效的个体可选择医学治疗，如药物或手术治疗。

4. 与适度 EI 减少相比，极低热量饮食达到 1500kcal/d 可在最初阶段达到快速减重的目的。这种医学饮食管理计划仅适用于部分个体短时间实施。

5. 在减重的最初阶段，要为肥胖和超重个体创造与健康管理专家、注册营养师及运动专家交流的机会。以改变饮食和运动习惯为目标，因为持续的行为改变获得显著的、长期的减重和维持体重的效果。帮助客户在减重和维持体重阶段实现基于证据的有氧运动建议。

四、减重手术

减重手术最初适用于 BMI≥40 kg/m^2 或 BMI≥35 kg/m^2 同时存在多种危险因素的人群。术后全面的治疗应包括运动，有证据显示术后运动可促进体重减轻[44,81]，但仍缺乏系统研究。运动可以帮助病人在术后达到和保持能量平衡，并有证据显示术后运动可以促进胰岛素敏感性和 CRF 提高[28]。一项由美国国立卫生研究院资助的多中心实验（减重手术的纵向评价，LABS）[75] 正在开展。结果发布时将提供迄今为止关于运动与减重手术最全面的数据[67]。LABS 队列的初步资料显示大多数患者减重手术后 PA 水平增加，但 24% ~29% 的活动量较术前减少[68]。

当医生认为患者术后可以安全运动时，应按照本章所列内容为超重和肥胖个体按照 FITT 原则制定逐步递进的减重和维持体重的 Ex R_x。继往有骨科损伤史的个体应加强评估，减少因运动负重而加重损伤的风险。若因体重过重而限制负重活动或连续运动的能力，应采取可间断运动和非负重运动交替进行的方式。此后，会逐渐将诸如步行的持续性运动和负重运动作为运动计划的主要组成部分。

在线资源

美国运动医学会超重和肥胖立场声明：http：//www. acsm. org
国家心肺及血液中心，成年人超重肥胖定义、评价和治疗指南：美国国立卫生研究院证据报告：http：//www. nhlbi. nih. gov/health – pro/guidelines/archive/clinical – guidelines – obesity – adults – evidence – report

（张献博，王正珍，王娟　译）

参考文献

1. Abate M, Schiavone C, Pelotti P, Salini V. Limited joint mobility (LJM) in elderly subjects with type II diabetes mellitus. *Arch Gerontol Geriatr.* 2011;53(2):135 –40.
2. Achar S, Rostamian A, Narayan SM. Cardiac and metabolic effects of anabolic – androgenic steroid abuse on lipids, blood pressure, left ventricular dimensions, and rhythm. *Am J Cardiol.* 2010;106(6):893 –901.
3. Alberti KG, Eckel RH, Grundy SM, et al. Harmonizing the metabolic syndrome. A joint interim statement of the International Diabetes Federation Task Force on Epidemiology and Prevention; National Heart, Lung, and Blood Institute; American Heart Association; World Heart Federation; International Atherosclerosis Society; and International Association for the Study of Obesity. *Circulation.* 2009;120:1640 –5.
4. Alberti KG, Zimmet PZ. Definition, diagnosis and classification of diabetes mellitus and its complications. Part 1: diagnosis and classification of diabetes mellitus provisional report of a WHO consultation. *Diabet Med.* 1998;15(7): 539 –53.
5. Allen NA, Fain JA, Braun B, Chipkin SR. Continuous glucose monitoring counseling improves physical activity behaviors of individuals with type 2 diabetes: a randomized clinical trial. *Diabetes Res Clin Pract.* 2008;80(3):371 – 9.
6. Altena TS, Michaelson JL, Ball SD, Guilford BL, Thomas TR. Lipoprotein subfraction changes after continuous or intermittent exercise training. *Med Sci Sports Exerc.* 2006;38(2):367 –72.
7. American College of Sports Medicine, Armstrong LE, Casa DJ, et al. American College of Sports Medicine position stand. Exertional heat illness during training and competition. *Med Sci Sports Exerc.* 2007;39(3):556 –72.
8. American College of Sports Medicine, Chodzko – Zajko WJ, Proctor DN, et al. American College of Sports Medicine

position stand. Exercise and physical activity for older adults. *Med Sci Sports Exerc.* 2009;41(7):1510 – 30.

9. American College of Sports Medicine, Sawka MN, Burke LM, et al. American College of Sports Medicine position stand. Exercise and fluid replacement. *Med Sci Sports Exerc.* 2007;39(2):377 – 90.
10. American Diabetes Association. Section 2: classification and diagnosis of diabetes. *Diabetes Care.* 2015;38(1 Suppl):S8 – 16.
11. American Diabetes Association. Section 4: foundations of care: education, nutrition, physical activity, smoking cessation, psychosocial care, and immunization. *Diabetes Care.* 2015;38(1 Suppl):S20 – 30.
12. Balducci S, Zanuso S, Cardelli P, et al. Effect of high – versus low – intensity supervised aerobic and resistance training on modifiable cardiovascular risk factors in type 2 diabetes; the Italian Diabetes and Exercise Study (IDES). *PLoS One.* 2012;7(11):e49297.
13. Bax JJ, Young LH, Frye RL, et al. Screening for coronary artery disease in patients with diabetes. *Diabetes Care.* 2007;30:2729 – 36.
14. Biswas A, Oh PI, Faulkner GE, et al. Sedentary time and its association with risk for disease incidence, mortality, and hospitalization in adults: a systematic review and meta – analysis. *Ann Intern Med.* 2015;162(2):123 – 32.
15. Braith RW, Stewart K. Resistance exercise training: its role in the prevention of cardiovascular disease. *Circulation.* 2006;113:2642 – 50.
16. Bremer JP, Jauch – Chara K, Hallschmid M, Schmid S, Schultes B. Hypoglycemia unawareness in older compared with middle – aged patients with type 2 diabetes. *Diabetes Care.* 2009;32(8):1513 – 7.
17. Burge MR, Garcia N, Qualls CR, Schade DS. Diff erential effects of fasting and dehydration in the pathogenesis of diabetic ketoacidosis. *Metabolism.* 2001;50(2):171 – 7.
18. Castellani JW, Young AJ, Ducharme MB, et al. American College of Sports Medicine position stand: prevention of cold injuries during exercise. *Med Sci Sports Exerc.* 2006;38(11):2012 – 29.
19. Cawley J, Meyerhoefer C. The medical care costs of obesity: an instrumental variables approach. *J Health Econ.* 2012;31:219 – 30.
20. Centers for Disease Control and Prevention. *National Diabetes Statistics Report*, 2014 [Internet]. Atlanta (GA): U. S. Department of Health and Human Services; [cited 2014 Jan 14]. Available from: http://www. cdc. gov/diabetes/pubs/statsreport14/national – diabetes – report – web. pdf.
21. Chobanian AV, Bakris GL, Black HR, et al. The Seventh Report of the Joint National Committee on Prevention, Detection, Evaluation, and Treatment of High Blood Pressure: the JNC 7 report. *JAMA.* 2003;289(19):2560 – 72.
22. Chu L, Hamilton J, Riddell MC. Clinical management of the physically active patient with type 1 diabetes. *Phys Sportsmed.* 2011;39(2):64 – 77.
23. Church TS, Blair SN, Cocreham S, et al. Effects of aerobic and resistance training on hemoglobin A1c levels in patients with type 2 diabetes: a randomized controlled trial. *JAMA.* 2010;304(20):2253 – 62.
24. Churilla JR, Fitzhugh EC, Th ompson DL. The metabolic syndrome: how definition impacts the prevalence and risk in U. S. adults: 1999—2004 NHANES. *Metab Syndr Relat Disord.* 2007;5(4):331 – 42.
25. Churilla JR, Magyari PM, Ford ES, Fitzhugh EC, Johnson TM. Muscular strengthening activity patterns and metabolic health risk among US adults. *J Diabetes.* 2012;4:77 – 84.
26. Churilla JR, Zoeller R. Physical activity: physical activity and the metabolic syndrome: a review of the evidence. *Am*

J Lifestyle Med. 2008;2:118 – 25.

27. Clinical guidelines on the identification, evaluation, and treatment of overweight and obesity in adults the evidence report. National Institutes of Health. *Obes Res*. 1998;(6 Suppl 2):51S – 209S.
28. Coen PM, Tanner CJ, Helbling NL, et al. Clinical trial demonstrates exercise following bariatric surgery improves insulin sensitivity. *J Clin Invest*. 2015;125(1):248 – 57.
29. Colberg SR, Albright AL, Blissmer BJ, et al. Exercise and type 2 diabetes: American College of Sports Medicine and the American Diabetes Association: joint position statement. Exercise and type 2 diabetes. *Med Sci Sports Exerc*. 2010;42(12):2282 – 303.
30. Colberg SR, Riddell MC. Physical activity: regulation of glucose metabolism, clinical management strategies and weight control. In: Peters A, Laffel L, editors. *American Diabetes Association/JDRF Type 1 Diabetes Sourcebook*. Alexandria(VA): American Diabetes Association; 2013. p. 249 – 92.
31. Colberg SR, Swain DP, Vinik AI. Use of heart rate reserve and rating of perceived exertion to prescribe exercise intensity in diabetic autonomic neuropathy. *Diabetes Care*. 2003;26(4):986 – 90.
32. Curioni CC, Lourenço PM. Long – term weight loss after diet and exercise: a systematic review. *Int J Obes*. 2005; 29:1168 – 74.
33. Daniels SR, Jacobson MS, McCrindle BW, Eckel RH, Sanner BM. American Heart Association Childhood Obesity Research Summit Report. *Circulation*. 2009;119(15):e489 – 517.
34. Dattilo AM, Kris – Etherton PM. Effects of weight reduction on blood lipids and lipoproteins: a meta – analysis. *Am J Clin Nutr*. 21992;56(2):320 – 8.
35. Dela F, Larsen JJ, Mikines KJ, Ploug T, Petersen LN, Galbo H. Insulin – stimulated muscle glucose clearance in patients with NIDDM. Effects of one – legged physical training. *Diabetes*. 1995;44(9):1010 – 20.
36. D'hooge R, Hellinckx T, Van Laethem C, et al. Influence of combined aerobic and resistance training on metabolic control, cardiovascular fitness and quality of life in adolescents with type 1 diabetes: a randomized controlled trial. *Clin Rehabil*. 2011;25(4):349 – 59.
37. Donnelly JE, Blair SN, Jakicic JM, et al. American College of Sports Medicine position stand. Appropriate physical activity intervention strategies for weight loss and prevention of weight regain for adults. *Med Sci Sports Exerc*. 2009;41(2):459 – 71.
38. Donnelly JE, Jakicic JM, Pronk NP, et al. Is resistance exercise effective for weight management? *Evid Based Prev Med*. 2004;1(1):21 – 9.
39. Dubé JJ, Allison KF, Rousson V, Goodpaster BH, Amati F. Exercise dose and insulin sensitivity: relevance for diabetes prevention. *Med Sci Sports Exerc*. 2012;44(5):793 – 9.
40. Dunstan DW, Daly RM, Owen N, et al. High – intensity resistance training improves glycemic control in older patients with type 2 diabetes. *Diabetes Care*. 2002;25(10):1729 – 36.
41. Dunstan DW, Daly RM, Owen N, et al. Home – based resistance training is not sufficient to maintain improved glycemic control following supervised training in older individuals with type 2 diabetes. *Diabetes Care*. 2005;28(1): 3 – 9.
42. Earnest CP, Johannsen NM, Swift DL, et al. Aerobic and strength training in concomitant metabolic syndrome and type 2 diabetes. *Med Sci Sports Exerc*. 2014;46(7):1293 – 301.

43. Eckel RH, Jakicic JM, Ard JD, et al. 2013 AHA/ACC guideline on lifestyle management to reduce cardiovascular risk: a report of the American College of Cardiology/American Heart Association Task Force on Practice Guidelines. *Circulation.* 2014; 129(25 Suppl 2): S76 – 99.

44. Egberts K, Brown WA, Brennan L, O'Brien PE. Does exercise improve weight loss after bariatric surgery? A systematic review. *Obes Surg.* 2012; 22: 335 – 41.

45. Fanelli C, Pampanelli S, Lalli C, et al. Long – term intensive therapy of IDDM patients with clinically overt autonomic neuropathy: effects on hypoglycemia awareness and counterregulation. *Diabetes.* 1997; 46(7): 1172 – 81.

46. Fletcher GF, Ades PA, Kligfield P, et al. Exercise standards for testing and training: a scientific statement from the American Heart Association. *Circulation.* 2013; 128(8): 873 – 934.

47. Galbo H, Tobin L, van Loon LJ. Responses to acute exercise in type 2 diabetes, with an emphasis on metabolism and interaction with oral hypoglycemic agents and food intake. *Appl Physiol Nutr Metab.* 2007; 32(3): 567 – 75.

48. Garber CE, Blissmer B, Deschenes MR, et al. American College of Sports Medicine position stand. Quantity and quality of exercise for developing and maintaining cardiorespiratory, musculoskeletal, and neuromotor fitness in apparently healthy adults: guidance for prescribing exercise. *Med Sci Sports Exerc.* 2011; 43(7): 1334 – 59.

49. Go AS, Mozaff arian D, Roger VL, et al. Heart disease and stroke statistics—2014 update: a report from the American Heart Association. *Circulation.* 2014; 129: e28 – 292.

50. Goff DC Jr, Bertoni AG, Kramer H, et al. Dyslipidemia prevalence, treatment, and control in the Multi – Ethnic Study of Atherosclerosis (MESA): gender, ethnicity, and coronary artery calcium. *Circulation.* 2006; 113(5): 647 – 56.

51. Goff DC Jr, Lloyd – Jones DM, Bennett G, et al. 2013 ACC/AHA guideline on the assessment of cardiovascular risk: a report of the American College of Cardiology/American Heart Association Task Force on Practice Guidelines. *Circulation.* 2014; 129(25 Suppl 2): S49 – 73.

52. Grundy SM, Cleeman JI, Daniels SR, et al. Diagnosis and management of the metabolic syndrome: an American Heart Association/National Heart, Lung, and Blood Institute Scientific Statement. *Circulation.* 2005; 112(17): 2735 – 52.

53. Guelfi KJ, Ratnam N, Smythe GA, Jones TW, Fournier PA. Effect of intermittent high – intensity compared with continuous moderate exercise on glucose production and utilization in individuals with type 1 diabetes. *Am J Physiol Endocrinol Metab.* 2007; 292(3): E865 – 70.

54. Gurven M, Blackwell AD, Rodríguez DE, Stieglitz J, Kaplan H. Does blood pressure inevitably rise with age? Longitudinal evidence among forager – horticulturalists. *Hypertension.* 2012; 60: 25 – 33.

55. Haskell WL, Lee IM, Pate RR, et al. Physical activity and public health: updated recommendation for adults from the American College of Sports Medicine and the American Heart Association. *Med Sci Sports Exerc.* 2007; 39(8): 1423 – 34.

56. Hinderliter A, Sherwood A, Gullette EC, et al. Reduction of left ventricular hypertrophy after exercise and weight loss in overweight patients with mild hypertension. *Arch Intern Med.* 2002; 162: 1333 – 9.

57. Hopkins PN, Toth PP, Ballantyne CM, Rader DJ, National Lipid Association Expert Panel on Familial Hypercholesterolemia. Familial hypercholesterolemias: prevalence, genetics, diagnosis and screening recommendations from the National Lipid Association Expert Panel on Familial Hypercholesterolemia. *J Clin Lipidol.* 2011; 5(3 Suppl): S9

-17.

58. Isomaa B, Almgren P, Tuomi T, et al. Cardiovascular morbidity and mortality associated with the metabolic syndrome. *Diabetes Care.* 2001;24(4):683-9.
59. Jakicic JM, Clark K, Coleman E, et al. American College of Sports Medicine position stand. Appropriate intervention strategies for weight loss and prevention of weight regain for adults. *Med Sci Sports Exerc.* 2001;33(12):2145-56.
60. James PA, Oparil S, Carter BL, et al. 2014 evidence-based guideline for the management of high blood pressure in adults: report from the panel members appointed to the Eighth Joint National Committee(JNC 8). *JAMA.* 2014; 311(5):507-20.
61. Jensen MD, Ryan DH, Apovian CM, et al. 2013 AHA/ACC/TOS guideline for the management of overweight and obesity in adults: a report of the American College of Cardiology/American Heart Association Task Force on Practice Guidelines and The Obesity Society. *J Am Coll Cardiol.* 2014;63:25.
62. Karstoft K, Winding K, Knudsen SH, et al. Mechanisms behind the superior effects of interval vs continuous training on glycaemic control in individuals with type 2 diabetes: a randomised controlled trial. *Diabetologia.* 2014;57(10):2081-93.
63. Kaufman HW, Blatt AJ, Huang X, Odeh MA, Superko HR. Blood cholesterol trends 2001—2011 in the United States: analysis of 105 million patient records. *PloS One.* 2013;8(5):e63416.
64. Kearney PM, Whelton M, Reynolds K, Muntner P, Whelton PK, He J. Global burden of hypertension: analysis of worldwide data. *Lancet.* 2005;365(9455):217-23.
65. Kelley GA, Kelley KS. Impact of progressive resistance training on lipids and lipoproteins in adults: another look at a meta-analysis using prediction intervals. *Prev Med.* 2009;49(6):473-5.
66. Khayat ZA, Patel N, Klip A. Exercise- and insulin-stimulated muscle glucose transport: distinct mechanisms of regulation. *Can J Appl Physiol.* 2002;27(2):129-51.
67. King WC, Belle SH, Eid GM, et al. Physical activity levels of patients undergoing bariatric surgery in the Longitudinal Assessment of Bariatric Surgery study. *Surg Obes Relat Dis.* 2008;4(6):721-8.
68. King WC, Hsu JY, Belle SH, et al. Pre-to postoperative changes in physical activity: report from the Longitudinal Assessment of Bariatric Surgery-2(LABS-2). *Surg Obes Relat Dis.* 2012;8(5):522-32.
69. Kitabchi AE, Umpierrez GE, Murphy MB, et al. Hyperglycemic crises in diabetes. *Diabetes Care.* 2004;27(Suppl 1):S94-102.
70. Knowler WC, Barrett-Connor E, Fowler SE, et al. Reduction in the incidence of type 2 diabetes with lifestyle intervention or metformin. *N Engl J Med.* 2002;346(6):393-403.
71. Kokkinos P. Cardiorespiratory fi tness, exercise, and blood pressure. *Hypertension.* 2014;64:1160-4.
72. Kokkinos P, Pittaras A, Narayan P, Faselis C, Singh S, Manolis A. Exercise capacity and blood pressure associations with left ventricular mass in prehypertensive individuals. *Hypertension.* 2007;49:55-61.
73. Kokkinos PF, Narayan P, Colleran JA, et al. Effects of regular exercise on blood pressure and left ventricular hypertrophy in African-American men with severe hypertension. *N Engl J Med.* 1995;333:1462-7.
74. Kumanyika SK, Obarzanek E, Stettler N, et al. Population-based prevention of obesity: the need for comprehensive promotion of healthful eating, physical activity, and energy balance: a scientific statement from American Heart As-

sociation Council on Epidemiology and Prevention, Interdisciplinary Committee for Prevention (formerly the Expert Panel on Population and Prevention Science). *Circulation.* 2008;118(4):428 – 64.

75. *Longitudinal Assessment of Bariatric Surgery* [Internet]. Pittsburgh (PA): University of Pittsburgh, Epidemiology Data Center; [cited 2014 Dec 5]. Available from: http://www.edc.gsph.pitt.edu/labs/.

76. Macfarlane DJ, Taylor LH, Cuddihy TF. Very short intermittent vs continuous bouts of activity in sedentary adults. *Prev Med.* 2006;43(4):332 – 6.

77. MacLeod SF, Terada T, Chahal BS, Boulé NG. Exercise lowers postprandial glucose but not fasting glucose in type 2 diabetes: a meta – analysis of studies using continuous glucose monitoring. *Diabetes Metab Res Rev.* 2013;29(8):593 – 603.

78. Mann S, Beedie C, Balducci S, et al. Changes in insulin sensitivity in response to different modalities of exercise: a review of the evidence. *Diabetes Metab Res Rev.* 2014;30:257 – 68.

79. McMahon SK, Ferreira LD, Ratnam N, et al. Glucose requirements to maintain euglycemia after moderate – intensity afternoon exercise in adolescents with type 1 diabetes are increased in a biphasic manner. *J Clin Endocrinol Metab.* 2007;92(3):963 – 8.

80. Mozumdar A, Liguori G. Persistent increase of prevalence of metabolic syndrome among U. S. adults: NHANES III to NHANES 1999 – 2006. *Diabetes Care.* 2011;34(1):216 – 9.

81. Mundi MS, Lorentz PA, Swain J, Grothe K, Collazo – Clavell M. Moderate physical activity as predictor of weight loss after bariatric surgery. *Obes Surg.* 2013;23:1645 – 9.

82. National Cholesterol Education Program (NCEP) Expert Panel on Detection, Evaluation, and Treatment of High Blood Cholesterol in Adults (Adult Treatment Panel III). Third Report of the National Cholesterol Education Program (NCEP) Expert Panel on Detection, Evaluation, and Treatment of High Blood Cholesterol in Adults (Adult Treatment Panel III) final report. *Circulation.* 2002;106(25):3143 – 421.

83. Nelson ME, Rejeski WJ, Blair SN, et al. Physical activity and public health in older adults: recommendation from the American College of Sports Medicine and the American Heart Association. *Circulation.* 2007;116:1094 – 105.

84. Ogden CL, Carroll MD, Kit BK, Flegal KM. Prevalence of childhood and adult obesity in the United States, 2011—2012. *JAMA.* 2014;311(8):806 – 14.

85. Pate RR, Pratt M, Blair SN, et al. Physical activity and public health. A recommendation from the Centers for Disease Control and Prevention and the American College of Sports Medicine. *JAMA.* 1995;273(5):402 – 7.

86. Perri MG, Anton SD, Durning PE, et al. Adherence to exercise prescriptions: effects of prescribing moderate versus higher levels of intensity and frequency. *Health Psychol.* 2002;21(5):452 – 8.

87. Pescatello LS, Franklin BA, Fagard R, et al. American College of Sports Medicine position stand. Exercise and hypertension. *Med Sci Sports Exerc.* 2004;36(3):533 – 53.

88. Pescatello LS, MacDonald HV, Ash GI, et al. Assessing the existing professional exercise recommendations for hypertension: a review and recommendations for future research priorities. *Mayo Clin Proc.* 2015;90(6):801 – 12.

89. Physical Activity Guidelines Advisory Committee. *Physical Activity Guidelines Advisory Committee Report*, 2008 [Internet]. Washington (DC): U. S. Department of Health and Human Services; [cited 2016 Jan 18]. 683 p. Available from: http://www.health.gov/paguidelines/Report/pdf/CommitteeReport.pdf.

90. Plöckinger U, Topuz M, Riese B, Reuter T. Risk of exercise – induced hypoglycaemia in patients with type 2 diabe-

tes on intensive insulin therapy: comparison of insulin glargine with NPH insulin as basal insulin supplement. *Diabetes Res Clin Pract.* 2008;81(3):290 – 5.

91. Poirier P, Mawhinney S, Grondin L, et al. Prior meal enhances the plasma glucose lowering effect of exercise in type 2 diabetes. *Med Sci Sports Exerc.* 2001;33(8):1259 – 64.

92. Rosendorff C, Black HR, Cannon CP, et al. Treatment of hypertension in the prevention and management of ischemic heart disease: a scientific statement from the American Heart Association Council for High Blood Pressure Research and the Councils on Clinical Cardiology and Epidemiology and Prevention. *Circulation.* 2007;115(21):2761 – 88.

93. Sigal RJ, Fisher SJ, Halter JB, Vranic M, Marliss EB. Glucoregulation during and after intense exercise: effects of beta – adrenergic blockade in subjects with type 1 diabetes mellitus. *J Clin Endocrinol Metab.* 1999;84(11):3961 – 71.

94. Sigal RJ, Kenny GP, Boulé NG, et al. Effects of aerobic training, resistance training, or both on glycemic control in type 2 diabetes: a randomized trial. *Ann Intern Med.* 2007;147(6):357 – 69.

95. Snowling NJ, Hopkins WG. Effects of different modes of exercise training on glucose control and risk factors for complications in type 2 diabetic patients: a meta – analysis. *Diabetes Care.* 2006;29(11):2518 – 27.

96. Stone NJ, Robinson JG, Lichtenstein AH, et al. 2013 ACC/AHA guideline on the treatment of blood cholesterol to reduce atherosclerotic cardiovascular risk in adults: a report of the American College of Cardiology/American Heart Association Task Force on Practice Guidelines. *Circulation.* 2014;129(25 Suppl 2):S1 – 45.

97. Svien LR, Berg P, Stephenson C. Issues in aging with cerebral palsy. *Top Geriatr Rehabil.* 2008;24(1):26 – 40.

98. Tang JL, Armitage JM, Lancaster T, Silagy CA, Fowler GH, Neil HA. Systematic review of dietary intervention trials to lower blood total cholesterol in free – living subjects. *BMJ.* 1998;316(7139):1213 – 20.

99. *The IDF Consensus Worldwide Definition of the Metabolic Syndrome* [Internet]. Brussels(Belgium): International Diabetes Federation; [cited 2016 Jan 18]. Available from: http://www. idf. org/webdata/docs/IDF_Meta_def_fi nal. pdf.

100. Umpierre D, Ribeiro PA, Kramer CK, et al. Physical activity advice only or structured exercise training and association with HbA1c levels in type 2 diabetes: a systematic review and meta – analysis. *JAMA.* 2011;305(17):1790 – 9.

101. Unnithan VB, Cliff ord C, Bar – Or O. Evaluation by exercise testing of the child with cerebral palsy. *Sports Med.* 1998;26(4):239 – 51.

102. U. S. Preventive Services Task Force. Screening for coronary heart disease: recommendation statement. *Ann Intern Med.* 2004;140(7):569 – 72.

103. U. S. Preventive Services Task Force, Barton M. Screening for obesity in children and adolescents: U. S. Preventive Services Task Force recommendation statement. *Pediatrics.* 2010;125(2):361 – 7.

104. Vasan RS, Larson MG, Leip EP, Kannel WB, Levy D. Assessment of frequency of progression to hypertension in non – hypertensive participants in the Framingham Heart Study: a cohort study. *Lancet.* 2001;358:1682 – 6.

105. Violan MA, Pomes T, Maldonado S, et al. Exercise capacity in hemodialysis and renal transplant patients. *Transplant Proc.* 2002;34(1):417 – 8.

106. Wackers FJ, Young LH, Inzucchi SE, et al. Detection of silent myocardial ischemia in asymptomatic diabetic sub-

jects: the DIAD study. *Diabetes Care*. 2004;27(8):1954 – 61.

107. White LJ, McCoy SC, Castellano V, et al. Resistance training improves strength and functional capacity in persons with multiple sclerosis. *Mult Scler*. 2004;10(6):668 – 74.

108. Willey KA, Singh MA. Battling insulin resistance in elderly obese people with type 2 diabetes: bring on the heavy weights. *Diabetes Care*. 2003;26:1580 – 8.

109. Yang Z, Scott CA, Mao C, Tang J, Farmer AJ. Resistance exercise versus aerobic exercise for type 2 diabetes: a systematic review and meta – analysis. *Sports Med*. 2014;44(4):487 – 99.

110. Yardley JE, Kenny GP, Perkins BA, et al. Effects of performing resistance exercise before versus after aerobic exercise on glycemia in type 1 diabetes. *Diabetes Care*. 2012;35(4):669 – 75.

111. Young LH, Wackers FJ, Chyun DA, et al. Cardiac outcomes after screening for asymptomatic coronary artery disease in patients with type 2 diabetes: the DIAD study: a randomized controlled trial. *JAMA*. 2009;301(15):1547 – 55.

第十一章　其他慢性疾病和健康问题人群的运动测试和运动处方

这一章包括第九章（心、脑血管疾病）和第十章（代谢疾病）以外的慢性疾病人群和有健康问题人群的运动处方（Ex R_x）和建议。根据专业的立场声明或其他资料，像其他章节一样，按照频率（Frequency）、强度（Intensity）、时间（Time）、方式（Type）的 FITT 原则提供运动处方和建议。运动测试的一般原则见第五章，运动处方的一般原则见第六章。很多情况下，各种慢性疾病和健康问题人群在运动之前并不需要进行运动测试，但如果需要进行，本章提供了具体的建议。第六章为健康人群提供的运动量和进度适用于慢性疾病人群和有健康问题人群，因此，本章不再赘述慢性疾病人群和有健康问题人群运动量和进度问题。

第一节　关节炎

在美国，关节炎和其他风湿性疾病是疼痛和残障的首要原因[42]，在全球，这些骨骼肌肉疾病的患病率也在快速增加[191]。在美国 18 岁及以上的成年人中，有 23%（5250 万人）明确诊断为关节炎，其中的 43%（2270 万人）报告有关节炎相关的活动受限[44]。关节炎的特点是疼痛、身体功能受损、疲劳、身体成分变差（肌肉丢失和脂肪增加），66% 的患者超重或肥胖[264]。由于人口老龄化和肥胖发生率的增加，预计到 2030 年将会有 6700 万人患有关节炎[130]。

关节炎类疾病有 100 多种，最常见的 2 种是骨性关节炎和风湿性关节炎。骨性关节炎是影响一个或多个关节的局部变性的关节病变（常见于手、髋、脊椎、膝），与常见的风险因素超重/肥胖、关节损伤史或外科手术史、老龄化有关。风湿性关节炎是一种慢性、系统性、炎症性的自身免疫性疾病，病因不明；炎症反应导致关节局部炎症（滑膜炎）、骨侵蚀、全身性的肌肉减少、脂肪增加、动脉粥样硬化快速发展[181]。其他常见的关节炎性疾病有纤维肌痛（见本章第六节）、痛风、脊柱关节病（如强直性脊柱炎、银屑病关节炎、反应性关节炎和肠病性关节炎）和特定的结缔组织病［如系统性红斑狼疮、系统性硬化症（硬皮病）

和皮肌炎]。

关节炎的治疗药物主要包括镇痛药、糖皮质激素、非甾体类抗炎药（NSAIDs）和针对风湿性关节炎的抗风湿药（DMARDs）。关节炎的最佳治疗方案采用多学科的方法，包括教育病人自我管理、作业疗法和运动[63,125]。当关节损伤活动受限严重，而且用药物和保守治疗不能恢复功能水平和控制疼痛时（疾病后期），应采用全关节置换术和其他手术。

尽管疼痛和功能限制对关节炎病人进行体力活动提出了挑战，但规律的运动对管理病情是必要的。比如，由于体力活动减少和疾病本身的进展，关节炎患者比同年龄段同性别的人更容易出现肌肉萎缩和超重[281]。运动能保持并改善力量和有氧能力，从而减少运动功能下降，减轻疼痛和关节僵硬，帮助控制体重和达到健康身体成分，降低并发症（如心血管疾病、2 型糖尿病、代谢综合征和骨质疏松症），促进心理健康，提高生活质量[31,58,90,91,134,181]。

一、运动测试

大多数关节炎个体可以耐受向健康成年人推荐的症状限制性运动测试（见第四章、第五章）。对关节炎人群的运动测试注意事项如下：

1. 在急性炎症反应阶段（关节的红、肿、热、痛），不宜采用大强度运动（如大强度运动负荷测试），要等到急性炎症反应消退后再进行运动测试。

2. 尽管大多数关节炎病人可以在跑步机上步行，但进行下肢或上肢功率车测试可能疼痛更少，并可以更好地评价心肺功能。应选择疼痛最少的运动测试方式。

3. 在进行递增负荷运动试验之前，给予病人充足的时间在极低或低强度水平进行热身。

4. 有多种量表可以监测运动测试中的疼痛程度，包括 Borg CR10（见图 5.2）[28]和视觉数字疼痛量表（见图 11.1）[242]。

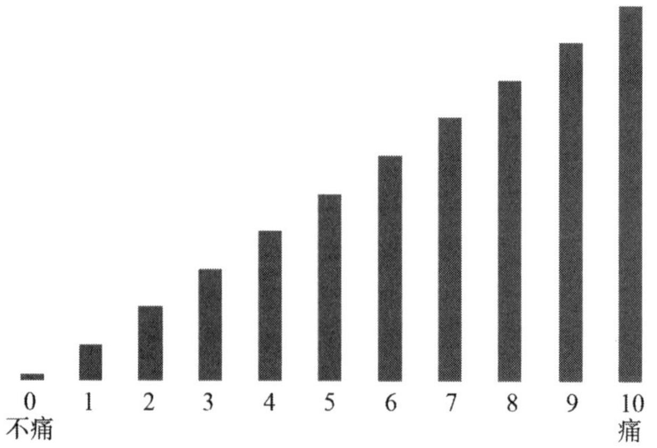

图 11.1　视觉数字疼痛量表

经许可，引自［242］。

5. 虽然可以用标准方案测试肌肉力量和肌肉耐力（见第四章），但测试者应该意识到，疼痛可能会影响受损关节的肌肉最大随意收缩。

二、运动处方

关节炎病人开始运动的主要障碍是，认为运动尤其是负重运动会加重关节损伤、疼痛和疲劳等症状。这种担忧不仅普遍存在于关节炎病人中，在医生和健康专业人员中也很常见[190]。因此，需要向关节炎病人再三保证运动不仅是安全的，而且可以改善疼痛、疲劳、炎症和疾病[12,31,58,64,90,91,134]。关节炎病人，尤其是那些伴有疼痛和未受过训练的病人，应该逐渐增加运动强度和运动量，从而获得临床上的健康益处。总的来说，推荐的运动处方组成与健康成年人的一致（见第六章），但是 FITT 的推荐和额外的注意事项应该考虑到关节炎病人的疾病状况、疼痛、功能限制和个人运动喜好。虽然推荐的有氧运动和抗阻训练适用于大多数的关节炎病人，但运动强度需要考虑病人的个人情况，从而让病人尽可能进行和坚持运动。

FITT　关节炎病人的 FITT 推荐

	有氧	抗阻	柔韧性
频率	每周 3～5 天	每周 2～3 天	每天
强度	中等（40%～59% $\dot{V}O_2R$ 或 HRR）到较大强度（≥60% $\dot{V}O_2R$ 或 HRR）	60%～80% 1－RM。没有抗阻运动习惯的人强度可降低（即 50%～60% 1－RM）	在关节活动范围（ROM）内运动，有紧绷/拉伸感而没有疼痛。在没有疼痛的情况下缓慢增加关节活动范围
时间	每周至少 150 min 中等强度或 75 min 较大强度运动，或两者相结合的等量运动	采用健康成年人的标准并随之调整（即 8～12 次重复次数，2～4 组），包含所有大肌肉群	动力性运动达到 10 次，静力性拉伸保持 10～30 s
方式	关节负荷较小的运动，如步行、骑车、游泳或水上运动	器械或自由重量练习。抗体重练习也适用	所有主要关节的动力性与静力性拉伸相结合

1－RM：1 次最大重复次数；HRR：储备心率；ROM：关节活动范围；$\dot{V}O_2R$：储备摄氧量。

三、注意事项

1. 有氧运动的目的是在不引起疼痛和关节损害的前提下提高心肺耐力。并没有明确的证据指出关节炎病人不能参加高撞击性运动，比如跑步、爬楼梯，以及那些快速启动和急停动作。但因为关节炎病人的心肺耐力和肌肉力量一般比较低，因此，在参与高撞击性运动前，他们应该进行锻炼，尽量减少损伤机会，避免加重关节症状。

2. 明显疼痛和功能受限的病人刚开始很难进行长时间的有氧运动，可以从每次 10 min 或更短时间开始。

3. 抗阻运动除了能够提高肌肉力量和肌肉耐力，还能减轻疼痛，提高身体功能。

4. 柔韧性练习可以提高关节活动度，避免关节炎对关节的不良影响。

5. 充足的准备活动和整理活动（5 ~ 10 min）对缓解疼痛至关重要。准备活动和整理活动应该是在全关节活动范围内进行的强度很低的有氧运动。

6. 明显疼痛和功能受限的病人的运动时间可能要低于推荐量，应鼓励他们完成一切他们能完成的体力活动。推荐关节炎病人像普通人群一样，在开始运动的 4 ~6 周内每 1 ~2 周增加运动时间 5 ~ 10 min。

四、特殊注意事项

1. 在急性期避免剧烈运动，不过可以在全关节活动范围内轻轻地移动关节。

2. 要告知关节炎病人，在进行不熟悉的运动过程中和运动后即刻出现一些肌肉或关节不适是常见的，并不是运动加重了关节的损伤。不过，如果运动后 2 小时关节疼痛仍然比运动前重，应在以后的运动中减少运动时间和/或运动强度。运动后 48 ~72 小时疼痛更严重的话考虑是延迟性肌肉酸痛（DOMS），尤其是新手进行运动时更明显。

3. 如果某些特定的运动加剧了关节疼痛，应该用动用相同肌群和能量系统的运动方式代替。

4. 鼓励关节炎病人在疼痛最轻时段和/或结合止痛药物发挥最大功效的时候运动。

5. 能缓冲震动和增加稳定性的合适的鞋子对关节炎病人尤为重要。制鞋专业人士可提供适用于不同人体生物力学需要的鞋子。

6. 功能锻炼（如坐站转换、台阶运动、爬楼梯）可以改善神经肌肉控制能力，提高平衡能力和灵活性，完成日常生活活动（ADL）。

7. 水疗的温度为 28°C ~31°C（83°F ~88°F），可帮助放松肌肉和减轻疼痛。

在线资源

关节炎基金会：http：//www. Arthritis. org

美国风湿病学会：http：//www. rheumatology. org

（王娟，王正珍　译）

第二节　恶性肿瘤

恶性肿瘤是由内部因素（如遗传突变）和环境暴露（如吸烟环境）造成DNA损害而引起的以细胞生长失控和异常扩散为特点的由近200种恶性肿瘤构成的一类疾病。大多数恶性肿瘤根据细胞类型起源进行分类。癌是起源于器官上皮细胞的恶性肿瘤，占恶性肿瘤的80%以上，其他恶性肿瘤起源于血液（白血病）、免疫系统（淋巴瘤）和结缔组织（肉瘤）中的细胞。一生中患恶性肿瘤的概率，男性是1/2，女性是1/3[4]。恶性肿瘤可以发生在任何年龄段但以老年人最常见，大约78%的恶性肿瘤是在55岁以后被诊断出来[4]，因此，恶性肿瘤病人有并存疾病的可能性很大（如心肺疾病、糖尿病、骨质疏松症、关节炎）[23,33,54,56]。与其他慢性疾病的发展相似，许多恶性肿瘤患者的预期寿命在诊断和治疗后延长了。

治疗恶性肿瘤的方法有外科手术、放射治疗、化学疗法、激素治疗和免疫疗法。在消灭癌细胞的过程中，一些治疗方法也破坏了健康组织。在治疗过程中和治疗后病人的运动能力可能会受到限制。恶性肿瘤治疗的长期和迟发作用在其他地方有专门论述[178]。此外，病人的总体身体功能普遍降低[145,222]。即使在存活5年或有更多后期治疗的恶性肿瘤幸存者中，也有一半以上声称有身体活动能力的受限，比如屈膝/跪、站立2小时、举重/负重10磅(4.5 kg)、步行1/4英里（0.4km）能力下降[201]。在后文中，使用了美国国家恶性肿瘤生存联盟（National Coalition for Cancer Survivorship）对恶性肿瘤幸存者的定义，即从恶性肿瘤被确诊开始到生命结束，包括治疗期[193]。

一、运动测试

恶性肿瘤的诊断和治疗对身体的多个系统，包括运动系统和/或运动可能影响到的系统造成挑战。例如，手术后的乳腺癌病人因淋巴结切除引起手术侧对炎症和损伤出现不同反应，影响运动测试和运动处方。恶性肿瘤及恶性肿瘤的治疗潜在地影响了健康相关身体素质（心肺耐力、肌肉力量和肌肉耐力、身体成分和柔韧性）以及神经肌肉控制能力。

对于正在治疗或治疗后的恶性肿瘤病人，在进行运动测试和制定运动处方前明确恶性肿瘤对病人的影响很重要[167]。每一个恶性肿瘤病人可能都有独一无二的经历和反应。由于这类疾病病人的多样性，恶性肿瘤病人运动前评估的安全指南侧重于常规性以及恶性肿瘤部位特异性医学评估（见表11.1）[258]。

表 11.1　恶性肿瘤病人运动前的医学评估

肿瘤部位	乳腺	前列腺	结肠	成年人血液系统（非 HSCT）	成年人 HSCT	妇科
运动前常规医学评估推荐	推荐评估治疗后任何时间的外周神经和肌肉骨骼的继发性病变。如果采用激素疗法，推荐进行骨折风险评估。对于已知骨骼转移性疾病的个体，在开始运动之前需要通过评估去辨别什么是安全的。对于已知心脏问题的病人（继发于恶性肿瘤或原发），需要进行运动前安全性的医学评估。经常会有一些骨骼的转移性病变或者继发于治疗的心脏毒性作用的风险未被发现。这些风险广泛地存在于恶性肿瘤病人中。体适能专业人士可以咨询病人的医疗团队以发现相关问题。然而并不推荐所有恶性肿瘤病人进行针对转移性病变和心脏毒性作用的特殊医学检查，因为这将对大多数可能没有发生转移性病变和心脏毒性作用的恶性肿瘤病人获得运动带来的公认的健康益处造成不必要的障碍					
运动前恶性肿瘤部位特异性医学评估推荐	上半身运动之前进行上肢和肩部的评估	评价肌肉力量和萎缩情况	造瘘的病人在参加大于步行强度的较大强度运动之前，应该评价病人是否已经建立连续的、主动的预防感染措施	无特异性	无特异性	病人伴有严重肥胖时的运动风险超过恶性肿瘤部位特异性带来的运动风险，为增加其活动的安全性需要额外的医学评估。在进行较大强度有氧运动或抗阻运动前推荐对下肢淋巴水肿进行评估

HSCT：造血干细胞移植。

经允许，引自［259］。

标准的运动测试方法通常适用于经医学筛查可进行运动测试的恶性肿瘤病人，注意事项如下：

1. 理想情况下，恶性肿瘤病人应该接受所有与健康相关体适能的评估（见第四章）。但在开始运动之前进行全面的体适能评估，可能会对开始运动造成不必要的障碍。因此，不要求恶性肿瘤病人在进行小强度的步行、渐进性的力量练习和柔韧性练习之前进行评估。

2. 在进行健康相关体适能评估或者制定运动处方之前，应当了解病人的病史、合并的慢性疾病、健康状况和运动禁忌证（见图 11.2）[194]。

3. 对于评价恶性肿瘤相关的疲劳或者其他影响功能的常见症状对肌肉力量和耐力或者心肺耐力的影响程度，健康相关体适能评估可能是有价值的。

4. 尚无证据表明恶性肿瘤病人进行症状限制性或最大强度运动负荷测试时的医务监督不同于其他人群（见第五章）。

5. 运动专业人士理解肿瘤治疗所致的常见毒性反应是非常重要的，包括骨折风险、心血管事件、与特殊治疗相关的神经病变和肌肉骨骼的继发性病变[178,194]。询证医学相关文献指出，乳腺癌病人进行 1－RM 测试是安全的[258]。

二、运动处方

恶性肿瘤病人在治疗中和治疗后应该避免体力活动不足的状态。因为恶性肿瘤人群的多样性，按照 FITT 原则给出一种精确的运动处方是不可能的。美国运动医学会（ACSM）成年人恶性肿瘤病人运动指导专家团队指出，有充分的证据说明所有类型的恶性肿瘤病人（如乳腺、前列腺、结肠、血液和妇科恶性肿瘤）在治疗中和治疗后进行运动都是安全的[258]。对恶性肿瘤病人的运动建议与本书第六章以及美国恶性肿瘤协会关于恶性肿瘤病人的建议一致，每周至少 5 天、每天 30～60 min 中等到较大强度的体力活动[194,244]。值得注意的是，应用 FITT 原则向恶性肿瘤病人推荐的运动处方仅基于很少的参考文献，FITT 需要根据恶性肿瘤的情况进行调整，需要制定个性化的运动处方。需要特别注意保证这个潜在的脆弱群体的运动安全性（见表 11.2）[258]。迄今为止，还没有证据可以给出贯穿整个生存期或各种运动环境（如家、健康/健身所、临床）的运动医务监督的建议。运动专业人士应使用良好的判断力确定病人所需要的运动医务监督水平。

FITT　恶性肿瘤病人的 FITT 推荐

	有氧	抗阻	柔韧性
频率	每周 3～5 天	每周 2～3 天	每周≥2～3 天，每天进行更有效
强度	中等（40%～59% $\dot{V}O_2R$；64%～75% HRmax；RPE12～13）到较大强度（60%～89% $\dot{V}O_2R$；76%～95% HRmax；RPE14～17）	从低强度（如 30% 1－RM）开始，小幅度地增加	在可以忍受的情况下在关节活动范围内活动
时间	每周 150 min 中等强度或 75 min 较大强度运动，或两者相结合的等量运动	至少 1 组 8～12 次重复次数	静力性拉伸保持 10～30 s
方式	动用大肌群的、长时间的、有节奏的活动（如步行、骑车、游泳等）	自由重量、抗阻器械或自身体重的功能活动（如坐站转换），活动所有大肌群	所有大肌群的拉伸或关节活动范围的运动。明确因类固醇、放射线或外科手术治疗引起的关节或肌肉受限的特定区域

1－RM：1 次最大重复次数；HRmax：最大心率；HRR：储备心率；ROM：关节活动范围；RPE：主观疲劳感觉；$\dot{V}O_2R$：储备摄氧量。

体力活动评价

询问之前和现在进行的体力活动，定期评价体力活动水平	→	重点临床评价 1. 体重/BMI 2. 血压 3. 贫血史（考虑 CBC） 4. 功能状态 5. 评价确诊之前和目前的体力活动水平 6. 评估恶性肿瘤病人进行体力活动的障碍 (1) 环境（家、健身房、通道、室外区域） (2) 经济 (3) 身体限制 (4) 时间/竞赛要求 (5) 社会支持 (6) 压力 7. 系统回顾 8. 疾病状态 评估可以治疗的影响因素 1. 疼痛 2. 疲劳 3. 情绪困扰 4. 营养不良/不平衡 5. 药物	→	酌情评估合并症和治疗效果 1. 心血管疾病（包括心肌病） 2. 肺疾病 3. 关节炎/肌肉骨骼问题 4. 淋巴水肿 5. 外周神经病变 6. 骨健康/骨强度（包括骨转移） 7. 尿失禁 8. 存在吻合口或造瘘口 9. 跌倒的风险评估 10. 需要支撑装置（手杖、助步车等） 11. 有贫血/血小板减少症病史 12. 类固醇肌病	→	确定运动性不良事件的风险等级

BMI：体重指数；CBC：全部血细胞数量。

图 11.2　恶性肿瘤病人参与运动前的评估推荐

经允许，引自［194］。

表 11.2　美国人及恶性肿瘤病人 DHHS 体力活动指南（PAGs）变更概述

	乳腺	前列腺	结肠	成年人血液系统（非 HSCT）	成年人 HSCT	妇科
基本陈述	避免体力活动不足，手术后尽快恢复到日常活动水平。在非手术治疗期间或之后，尽可能继续参加日常体力活动和运动。对于已经发生骨转移的病人需要调整运动处方以避免骨折。对于有心脏问题的病人（继发于恶性肿瘤或原发）需要调整运动处方，提高确保运动安全性的医务监督水平					
有氧运动（运动量、强度和进度）	推荐与相同年龄段的美国人推荐的 PAGs 相同				可以每天运动，降低运动强度，延缓进度	推荐与同年龄段的美国人 PAGs 相同。对严重肥胖者应提高医务监督水平，延缓进度
有氧运动处方的恶性肿瘤部位特异性建议	注意骨折风险	注意骨折风险的潜在增加	造瘘后的病人参加接触性运动要经医生的允许（撞击风险）	无特殊要求	注意避免因较大强度的过度训练对免疫系统的影响	对于有末梢神经病变的超重者，功率车运动是一种更可取的方式
抗阻运动（运动量、强度和进度）	调整推荐意见，见下述	与相同年龄段的美国人推荐的 PAGs 相同	调整推荐意见，见下述	与相同年龄段的美国人推荐的 PAGs 相同	调整推荐意见，见下述	

续表

	乳腺	前列腺	结肠	成年人 血液系统 （非 HSCT）	成年人 HSCT	妇科
对恶性肿瘤部位特异性的抗阻运动处方建议	最开始可以进行至少可以重复 16 次的有监督的运动，负荷低，小幅度增加。对此类病人没有阻力负荷的上限；注意上肢和肩部的症状，包括淋巴水肿，根据症状的反应减轻负荷或停止某些运动。如果停止运动，之后恢复运动时每 1 周的负荷低于停止运动前每 2 周的负荷水平（例如，停止运动 2 周后的运动负荷低于 4 周前的水平）。注意此人群有骨折风险	对进行根治性前列腺切除术的病人应加强盆底肌练习。注意此人群有骨折风险	与同年龄段推荐的 PAGs 相同。对有吻合口的病人，应采用低负荷的抗阻运动并延缓进度以避免形成吻合口疝	无特殊要求	对 BMT 病人来说，抗阻运动可能比有氧运动更重要。见进一步的讨论	尚无关于继发于妇产科恶性肿瘤的下肢淋巴水肿病人进行抗阻运动安全性的数据。这种状态管理起来很复杂，很难从上肢淋巴水肿的结果去推断。对于腹股沟淋巴结切除或者进行淋巴结放射治疗的病人应谨慎进行
柔韧性练习（运动量、强度和进度）	与相同年龄段的美国人推荐的 PAGs 相同		与相同年龄段的美国人推荐的 PAGs 相同。对造瘘的病人应注意避免增加腹内压	与相同年龄段的美国人推荐的 PAGs 相同		
运动注意事项（例如：瑜伽、功能性练习和普拉提）	只要注意上肢和肩部的病变，瑜伽是安全的。尚无龙舟比赛的实验检验，但是参加者的数量表明了此项运动是安全的。有组织的体育活动或普拉提尚无相关证据	缺少研究	对造瘘病人，应避免游泳和接触性运动。缺少研究	缺少研究	缺少研究	缺少研究

BMT：骨髓移植；HSCT：造血干细胞移植；U. S. DHHS：美国健康与人类服务部。
经允许，引自［258］。

三、注意事项

1. 需要意识到运动对接受治疗的患者症状的影响是可变的[259]。

2. 与健康成人相比，恶性肿瘤病人需要延缓运动进度。如果运动进度导致疲劳或其他不良反应增加，运动处方的 FITT 需要降低到病人可以耐受的水平。

3. 已完成治疗的病人在不加重症状或副作用的情况下，可以逐渐增加运动时间。有氧运动的频率逐渐增加到每周 3 ~ 5 天。

4. 如果可以耐受没有出现症状加重或副作用，运动处方与健康人群一样。

5. 最近的研究指出，因为个体的安静心率和最大心率不同，用储备心率来监测之前或目前接受治疗的恶性肿瘤病人的有氧运动强度可能不太可靠，可以教育病人用自我感觉用力程度或用最大心率的百分比来监测运动强度[254]。

6. 淋巴水肿病人在进行抗阻运动时应戴压力套[194,196]。

7. 乳腺癌和妇科癌症病人应考虑进行有监督的抗阻训练计划[48]。

8. 在治疗期也可以进行柔韧性练习。重点关注因手术、皮质类固醇使用和/或放射治疗而导致关节活动度下降的关节[177]。

9. 证据显示，即使是正在接受系统治疗的恶性肿瘤病人，也可以增加日常体力活动[258]。

10. 每天几次短时间的运动比一次较长时间的运动可能更有益，尤其是在积极治疗期间更是如此。

四、特殊注意事项

1. 90% 以上的恶性肿瘤病人在某些时间段经历过肿瘤相关的疲劳[280]。在接受化学治疗和放射治疗的病人中疲劳很常见，可能会影响或限制运动能力。在一些病例中，治疗结束后的疲劳会持续数月或者数年。无论如何，恶性肿瘤病人应避免体力活动不足的状态，即使在治疗过程中也是如此，因为有氧运动可以改善疲劳[32]。

2. 骨是很多恶性肿瘤的常见转移部位，尤其是乳腺癌、前列腺癌、肺癌和多发性骨髓瘤。为了减少骨脆性和骨折风险，发生骨转移的恶性肿瘤病人需要调整运动处方（如减少撞击性运动、降低强度和减少运动量）[194]。

3. 对消化道恶性肿瘤病人来说，恶病质或肌肉萎缩很常见，这些变化会限制运动能力，且与肌肉萎缩的程度有关。

4. 应该明确病人是否处于免疫抑制状态（如骨髓移植后使用免疫抑制剂的病人或进行化疗或放射治疗的病人），对这些病人来说，在家或者在医疗机构运动比在公共健身区域运动更明智。

5. 体内留置导管、中心静脉置管或食物输送管的病人和接受放射治疗后的病人都应避免进行游泳运动。

6. 病人接受化学治疗期间可能会反复出现呕吐和疲劳，因此需要调整运动处方，如根据症状期周期性地降低运动强度和/或减少运动时间。

7. 恶性肿瘤病人运动中的注意事项（见表 11.3），更多的相关信息见其他地方[194,196]。一般来说，严重贫血、病情恶化或有活动性感染的病人在手术后不应立即进行运动[258]。与其他人群一样，恶性肿瘤病人要权衡进行体力活动和缺乏体力活动造成的风险。当然，若在运动中出现异常情况（如头晕、恶心、胸痛），也应像其他人群一样及时终止运动。

表 11.3　恶性肿瘤病人开始运动和终止运动时的禁忌证与损伤风险

	乳腺	前列腺	结肠	成年人血液系统（非 HSCT）	成年人 HSCT	妇科
所有恶性肿瘤病人开始运动时的常见禁忌证	应保证手术伤口愈合的时间，通常需要 8 周。这期间的病人可经历发热、极度疲劳、显著疲劳或运动失调。可遵循 ACSM 为心血管疾病和肺部疾病病人制定的运动禁忌证。由于放射治疗和化学治疗的毒性以及手术的长期影响，恶性肿瘤病人运动中的心血管事件发生率高于同年龄段人群					
恶性肿瘤病人参加运动的特殊禁忌证	有继发于乳腺癌治疗的上肢和肩部急性问题的妇女应在参加上半身运动之前就医治疗	无特殊要求	造瘘的病人需经过医生的允许才能参加接触性运动（冲撞的风险）和负重运动（疝气的风险）	无特殊要求	无特殊要求	伴有腹部、腹股沟或下肢肿胀或炎症的病人应在参加下半身运动之前就医治疗
终止运动的肿瘤特异性原因（注：ACSM 运动终止指南包括此类人群）	上肢或肩部症状加重或水肿时应减少或避免上半身运动，除非医学评估和治疗解决了这些问题	无特殊要求	瘘管突出、造瘘术所致的全身性感染	无特殊要求	无特殊要求	伴有腹部、腹股沟或下肢肿胀或炎症的病人应减少或避免下半身运动，除非医学评估和治疗解决了这些问题

续表

	乳腺	前列腺	结肠	成年人血液系统（非 HSCT）	成年人 HSCT	妇科
常见肿瘤部位的损伤风险	骨转移病人应通过改变运动强度、持续时间调整他们的运动计划，以降低骨折风险。进行化疗或放疗的病人因免疫力受到影响而具有较高的感染风险，应注意减少到健身中心进行运动者的感染风险。治疗中或治疗后的病人对运动的耐受能力不同，应根据治疗日程调整运动。对发生骨转移性病变的病人应调整运动处方并增加医务监督力度以避免骨折。对有心脏问题的病人（继发或原发）应调整运动处方并增加医务监督力度以保证运动的安全性					
癌症特异性损伤风险的急救程序	应该进行上肢和肩部的运动，但由于乳腺癌病人的上肢和肩部发病率高，应采取积极的预防措施。对伴有淋巴水肿的病人，运动时应穿戴松紧适宜的服装。应明确用激素治疗、有骨质疏松症或骨转移病人的骨折风险	注意用 ADT 治疗、有骨质疏松症或骨转移病人的骨折风险	造瘘术的病人应特别注意避免腹压升高	多发性骨髓瘤病人应被视为骨质疏松症进行治疗	无特殊要求	应该进行下半身运动，但此类病人有出现下肢水肿或炎症的可能，应采取积极的预防措施。对伴有淋巴水肿的病人，运动时应穿戴松紧适宜的服装。应明确用激素治疗、有骨质疏松症或骨转移病人的骨折风险

ACSM：美国运动医学会；ADT：雄激素阻断治疗；HSCT：造血干细胞移植。

经允许，引自［258］。

在线资源

美国癌症学会：http：//www. cancer. org

美国运动医学会运动与癌症专家团队报告：http：//www. acsm. org

国家学术出版社（B5）（从恶性肿瘤病人到幸存者，2011）：http：//www. nap edu/catalog. php？ record_ id＝11468#toc

美国国家综合癌症网：http：//www. nccn. org/professionals/physician_ gls/f_ guidelines. asp#supportive

（王娟，王正珍　译）

第三节 脑 瘫

脑瘫是指发生于产前、产程中或产后短期内，非渐进性脑损伤所导致的脑功能发育障碍。脑瘫的原因与负责控制和调节肌张力、反射、姿势和动作的脑区受损有关。脑损伤的部位和严重程度是影响脑瘫患者肌张力和反射的决定性因素，因此，脑瘫的种类和功能障碍的严重程度具有明显的个体差异。据报道，发达国家活产婴儿的脑瘫发生率为1.5‰~5‰。

脑瘫的临床表现多种多样，但常见两种类型：痉挛型（占脑瘫的70%）[169]和手足徐动型[293]。痉挛型脑瘫的特点是上肢屈肌（如肱二头肌、肱肌、旋前圆肌）和下肢伸肌（如股四头肌、小腿三头肌）的肌张力明显增加，而与痉挛肌群对应的拮抗肌群力量较弱。痉挛状态会发生动态改变，慢速牵拉、温热和良好的姿势体位会缓解痉挛，而快速动作、寒冷、疲劳或情绪压力都会引起痉挛加重。手足徐动型脑瘫的特征是肢体发生不随意运动，或不能控制动作，完成动作变得更加费力，同时心理压力增加。

根据瘫痪部位进一步细化分类，如四肢瘫型、单肢瘫型、偏瘫型等。但在制定运动处方时，依据国际脑瘫人体育与休闲协会（the Cerebral Palsy International Sport and Recreation Association，CPISRA）的功能分类方法更适用，尽管目前只限于运动（见表11.4）[46]。CPISRA从痉挛和手足徐动状态最严重到轻微活动异常的范围进行细化分类。从功能角度区分，1至4级适用于使用轮椅代步的人群，5至8级适用于可以自由活动的人群[46]。

表11.4 国际脑瘫人体育与休闲协会（CP-ISRA）功能分类系统[46]

级别	分级标准
1	四肢严重瘫痪；躯干控制受限；无法抓握；上肢肌力差，需要使用电动轮椅
2	中重度四肢瘫，能够用手缓慢操作或脚蹬地推动轮椅；上肢肌力差，控制困难
3	中度四肢瘫，上肢和躯干肌力不足，动作控制中度障碍，使用轮椅
4	下肢中重度障碍；上肢和躯干肌力良好，动作控制轻度障碍，使用轮椅
5	上肢肌力良好，动作控制轻度不良，佩戴或不戴辅助器具能够行走
6	中重度四肢瘫；不用助行器能够行走，轻度协调不良；跑或投有平衡问题；上肢正常
7	中轻度偏瘫，健侧肢体功能良好，患侧能走或跑
8	轻度受损，轻度不协调，能够自由跑跳，平衡功能良好

由于原始反射的持续存在，脑瘫患者的运动控制模式多样，并且更为复杂。在正常的运动发育过程中，反射出现、成熟，然后整合到正常动作模式中，其他反射受高级神经中枢（如大脑皮层）控制或者调节。脑瘫患者的原始反射（如掌颌反射、张力性迷路反射）可能

持续存在，而高水平的反射活动（如姿势反射）会延迟或者消失。严重损伤的脑瘫患者通过反射模式实现移动，而轻度损伤者只有在肢体用力，有情绪压力时才会受到反射的阻碍[169]。

一、运动测试

脑瘫的主要特征是运动控制障碍，同时还伴有不同程度的其他感官障碍（如视觉障碍、听觉障碍）或认知障碍（如智力障碍、知觉运动障碍），会影响患者的活动参与能力，甚至比运动障碍的影响更加严重[59]。伴发的症状如惊厥发作（癫痫），会严重干扰运动测试和计划。通过运动测试，能够明确常规的体力活动对于脑瘫患者是挑战还是阻碍，明确引起继发性健康问题的风险因素，了解个体的功能潜力，得出适宜强度的有氧运动和抗阻训练处方。然而，开启运动训练方案之前，并不需要脑瘫患者进行症状限制性运动负荷试验。

运动测试的注意事项：

1. 首先，躯干和四肢的功能性测试，包括对关节活动范围、肌力、柔韧性和平衡能力进行评价，从而有利于选择测试器械、测试流程和适应性调整。在体适能测试之前应先进行医学筛查。

2. 所有测试都使用合适的设备，必要时配备皮带和抓握手套，在保证安全、优化测试条件下完成。

3. 考虑患者的体位和舒适度，特别是使用调节型设备要避免增加肌张力或是促进原始反射。

4. 心肺耐力测试模式由个体的功能水平、活动能力，以及脑瘫运动员的个人爱好来决定。通常是：

（1）上肢和下肢功率车适用于手足徐动型脑瘫，因为是闭链运动，负重和对称、有节奏的运动可抑制手足徐动的程度。

（2）功能障碍明显的患者（1 级或 2 级），一些人只需要较小用力就能达到做功水平在无氧阈以上，而另一些人则可能需要最大努力。

（3）中度功能受限（3 级或 4 级），上肢和躯干功能良好，只有轻度协调障碍的患者，推荐使用轮椅功率车。

5. 功能水平高的患者（5 ~ 8 级）可以自由活动，推荐使用跑台测试，但注意在测试进行的后期阶段，患者可能会因疲劳而出现行走和跑步能力下降，跌倒风险增加。

6. 由于脑瘫人群特征的多样性，很难使用统一的极量运动测试程序。对于新的测试者，推荐先从较小功率输出的运动开始，选择 2 ~ 3 种亚极量水平测试，再决定是否进行极量运动测试。

7. 采用极量运动测试时，需明确限制运动能力表现的因素。10m 折返跑（SRT – I 和 SRT – II），McMaster 自行车测试，McMaster 上肢摇车测试，7.5m 折返跑（SRT – II）已经明确适用于此类人群（304）。

8. 由于脑瘫患者的动作优化能力差，不适合进行常规的极量心肺耐力试验或测试结果不准确。在这种情况下，极量心肺耐力试验的负荷应选择与运动能力相匹配的亚极量稳态负荷水平，患者能优化动作，改善力学效率。在踏车运动测试中，踏车阻力或齿轮装置方面的选取对脑瘫患者至关重要。有些患者适合低阻高速的方式，而另一些动作能力较好的患者更适合高阻低速的方式。

9. 亚极量运动测试测试运动耐力。6 min 步行试验（6－MWT）是一项简易的场地测试项目，与日常生活活动较为接近[206,304]。但该试验更倾向于衡量步行能力，因此对佩戴辅助活动设备的脑瘫患者来说就至关重要[172,273]。多次练习会提高最终测试结果。需监测测试中心率和 RPE。

10. 单臂摇车模式属实验室测试法，适用于亚极量运动耐量的测试，尤其是依赖轮椅的患者[304]。

11. 渐进性极量踏车运动测试用于功能水平高的脑瘫成人和儿童的最大摄氧量测试较为可靠，能够检测心肺耐力变化[30,251]。

12. 中重度脑瘫患者的肢体活动无法连贯完成，Wingate 无氧测试能够很好地评估个体的动作表现潜力[304]。

13. 力量冲刺测试和 10×5 冲刺测试广泛应用于无氧能力和灵敏性测试[306]。

14. 手足徐动型脑瘫患者的肌力测试应该以闭链运动形式进行。

15. 脑瘫运动员的专项体能测试在评价体能和运动表现，以及制订体能训练计划、实现专项目标有积极作用[152]。

16. 由于肌张力的波动，同一位脑瘫患者不同时间的运动测试结果也可能是不同的。

二、运动处方

脑瘫患者相比于同龄人的体适能水平差[305]。然而，针对脑瘫人群的研究非常有限，目前主要集中在儿童、青少年以及身体活动重度或中度障碍的患者[60,69,224]。脑瘫属于非渐进性疾病，但临床症状和继发性问题往往会引起身体功能的下降，且随着年龄增长和环境、社会、经济等因素的变化而进一步衰退。青春期脑瘫患者表现出：关节活动度减少、身体姿势改变或者出现疼痛，导致粗大运动功能减退，并伴有有氧运动能力下降。成年的脑瘫患者表现出残疾相关的改变（如身体易疲劳、动作障碍、关节挛缩、活动能力下降等），从而影响了整体健康水平[284]。事实上，25% 的成年脑瘫患者随着年龄增长出现的运动能力下降，是与严重的疼痛和疲劳相关的[185]。因此，成年脑瘫患者应储备更高水平的体适能来抵御由脑瘫和年龄增加而造成的影响。体力活动可提高下肢肌肉力量。脑瘫患者的下肢肌肉力量不足是进行无氧运动和有氧运动的限制因素[62]。因此，通过运动训练改善肌肉力量和肌肉耐力以延缓机体功能退化，提升体适能，对于脑瘫患者来说是十分有价值的[128]。

一般情况下，针对健康人的运动处方的 FITT 原则同样也适用于脑瘫患者（见第六章）[95,116]。然而，需要注意的是，脑瘫患者的运动处方研究非常少。基于这个原因，加之脑瘫会引起神经运动功能障碍，推荐的运动处方 FITT 原则将在注意事项中阐述。

三、注意事项

1. 促进脑瘫患者的健康和体适能水平的运动处方尚不明确，制订促进健康的运动方案可遵循一般原则，再结合个体功能活动水平、合并症和肢体受累程度进行调整[240]。

2. 由于缺乏动作控制能力，即使低功率水平运动时能量消耗也是较高的。严重脑瘫患者（1、2 级），有氧运动应该从少量多次的中等强度开始（40% ~59% 储备摄氧量或储备心率，或 6 ~20 量表 RPE 为 12 ~13），运动强度过大时需要增加身体恢复期。运动强度增加逐渐达到 50% ~85% 储备摄氧量并持续 20 min。由于动作完成困难，可以考虑短时间叠加累计。

3. 如果患者有平衡问题，推荐使用三轮下肢功率车或者斜靠式固定自行车[88]，或上肢功率自行车进行锻炼，具有以下好处：(1) 功率输出范围较广；(2) 动作是闭链运动；(3) 肌肉收缩速度可以自由改变，不需要通过调节外加阻力或者齿轮来改变功率输出；(4) 动作完成与平衡控制无关，降低了跌倒损伤风险。

4. 存在严重运动障碍的脑瘫患者，可选用安全性好、实施性高的卧式踏步机[221]，完成这种渐进式有氧运动不发生延迟性肌肉酸痛。

5. 由于动作控制障碍，脑瘫患者容易疲劳，而疲劳会加重痉挛肌群的高肌张力状态，从而影响随意运动模式的完成。因此，对于肌张力已经增高的患者，训练单元的安排必须更加有效，如：(1) 将较长时间的训练单元分解成若干个短时间的小单元；(2) 训练过程中要安排放松与牵拉练习；(3) 训练中提前介绍后续学习的新技能[39,245]。

6. 因肌肉力量和肌肉耐力下降可影响到脑瘫患者的健康相关体适能水平[128]。

7. 脑瘫患儿的有氧和无氧运动反应要低于同龄正常儿童[11]。

8. 抗阻训练能够增加脑瘫患者的肌力，对肌张力不会造成有害的影响[69,217]。但对脑瘫患者的功能预后和活动能力的影响尚无定论[184,260]。抗阻训练应结合柔韧性练习进行。

9. 对痉挛肌群的拮抗肌进行抗阻训练，不但可以提高肌力，还可以通过交互抑制改善痉挛肌群的肌张力。例如，伸肘肌慢速的向心收缩能够改善屈肘肌的痉挛状态。此外，神经肌肉电刺激[217]和整个身体的活动[2]也会增加肌力而不会对痉挛造成负面影响。为避免拮抗肌的牵张反射，推荐采用慢速的、全范围的动态抗阻训练。

10. 开始开链力量练习之前（如哑铃、杠铃、其他自由重量），检查原始反射对运动表现的影响（如头、躯干和四肢关节的姿势），以及患者能否具备足够的神经肌肉控制能力进行自由重量的练习。

11. 脑瘫儿童进行离心力量训练，通过关节活动范围增加离心运动时的力矩，同时减少做功肌肉的肌电活动信号。离心训练还可能会降低肌肉协同收缩，改善那些增加肌张力肌群的力矩[236]。

12. 慢速牵拉痉挛肌群到活动末端以维持肌肉长度，牵拉维持 30 s 能够改善拮抗肌群的肌肉激活度，而持续牵拉 30 min 能够暂时减少肌肉痉挛[313]。应该避免弹性牵拉。

13. 一般来说，脑瘫儿童的重点是抑制异常反射活动，恢复肌张力，发展平衡反应，而青春期和成年患者则更加重视功能预后和动作表现。有经验的脑瘫运动员会学习如何利用过度活跃的牵张反射和原始反射来更好地完成针对性的运动任务。

14. 在成长过程中，由于肌肉长度的适应性变化不足，肌群的高张力状态以及关节周围肌肉不平衡的状况可能也会发生明显改变。训练计划应该及时进行调整，以适应这些变化[217]。

15. 药物介入（如肉毒杆菌素注射），虽可缓解患者的强直症状，但可能大大改变患者的功能潜能。在药物注射期间对运动训练的相关指导少。强直状态的缓解在药物注射后持续数月，可以进行一段时间的运动训练。

16. 利用绑带固定头、躯干和肢体近端关节，保持良好体位，使持续的原始反射得到控制。一些低成本的材料，如魔术贴手套能将手固定在器械上。

17. 脑瘫患者更易受到过度使用损伤的影响，因为他们大部分都活动不足，存在肌肉痉挛、挛缩、关节疼痛现象[2]。

18. 优秀的脑瘫运动员的研究稀缺，公认的假说也并不十分清晰，但强烈建议参与运动，因为未证实杰出脑瘫运动员与神经肌肉疲劳相关[249]。

在线资源

美国神经疾病与中风研究中心：http：//www. ninds. nih. gov/disorders/cerebral_ palsy/cerebral_ palsy. htm
疾病控制和预防中心，增加成年人和残疾人体力活动：http：//www. cdc. gov/ncbddd/disability andhealth/pa. html
皮特·哈里森残疾体育中心：http：//www. lboro. ac. uk/research/phc/educational - toolkit/

（钱菁华　译）

第四节　纤维肌痛

纤维肌痛是一种以广泛的慢性非关节源性疼痛、全身感觉过敏、弥漫性压痛、疲劳、睡眠不佳、晨僵、记忆障碍（如混淆或健忘）和心理困扰为特征的综合征[15,51,314]。在加拿大、欧洲和美国约有 1% ~4% 的人口患有此病，且女性多于男性[29,163,314]。纤维肌痛的发病率随着年龄的增加而增加，50 ~80 岁发病率最高[29,163,314]。纤维肌痛病人没有急性炎症或者肌肉组织异常的症状，也不会发展成关节畸形或者关节疾病，因此，它不是一种真正的关节炎，而是被认为是中枢性疼痛和感觉异常的结果[51]。疼痛持续数年但没有固定发作方式，即不同时间出现身体不同部位的疼痛[15]。大约 75% ~80% 的纤维肌痛病人感到疲劳和睡眠差[205]，但针对睡眠障碍的治疗并不能缓解纤维肌痛的症状（见专栏 11.1 完整的症状和体征）[51]。纤维肌痛病情与其他疾病如肠易激综合征、间质性膀胱炎、颞颚关节症和慢性疲劳综合征有关[15,51]。

专栏 11.1　纤维肌痛的症状和体征[a]

1. 广泛性疼痛。
2. 疲劳。
3. 无恢复精神效果之睡眠。
4. 环境敏感性（冷、灯光、噪声、气味）。
5. 感觉异常（无明显原因的皮肤灼热、刺痛或瘙痒）。
6. 虚弱。
7. 感觉手和脚肿胀。
8. 头痛。
9. 多动腿。
10. 焦虑。
11. 抑郁。

a 症状可能因情绪紧张、睡眠不好、损伤或手术、潮湿、体力活动不足或过量而加重。

因为纤维肌痛本身的属性，明确诊断非常困难。2013 修订版的诊断标准[17]是明确过去 7 天有多少个疼痛部位以及症状的严重程度。特定的身体疼痛部位包括颈部、上背部、腰部、前胸、肩、手臂、手腕、手、髋、大腿、膝、脚踝和脚。严重程度由以下 10 种症状来确定：疼痛、精神、僵硬、睡眠、抑郁、记忆、焦虑、触痛、平衡和环境敏感性。

纤维肌痛病人的有氧能力、肌肉功能（如力量和耐力）、关节活动范围、体力活动、功能表现（如行走、上下楼梯）、体适能水平都明显下降[37,85,142]。这些能力的下降是由于广泛发作的慢性疼痛限制了日常体力活动的完成，最终导致功能持续下降和生理储备丢失。

纤维肌痛的治疗包括疼痛、睡眠、情绪的药物治疗和教育、认知行为治疗和运动。但病人之间存在着较大的个体差异。因此，虽然足够的运动可以提高体适能水平[37]，但治疗的效果却取决于个体的生理和心理反应[37,126,174,290]。运动能够改善纤维肌痛病人的柔韧性、神经肌肉功能、心肺功能、功能表现、体力活动水平、疼痛和其他症状，同时改善自我效能、抑郁、焦虑和生活质量[21,37,110,143,144,157,248,295,296]。而且，即使是很少的生活中的体力活动的增加也可以改善身体功能、疼痛和情绪。

由于存在疼痛和症状加重的可能性，在开始运动测试或制定运动处方之前，应该先了解病人的病史和目前的健康状况。客观地评价生理和功能的受限情况有助于设计合理的运动测试，制订最佳的运动计划。

一、运动测试

纤维肌痛病人能够参加症状限制性运动测试（见第五章）。临床判断病人能否继续耐受运动测试需要结合疼痛或疲劳的主观报告。6min 步行测试常用来测试这类人群的有氧运动能力[36]。纤维肌痛病人完成测试的注意事项如下：

1. 测试前明确症状，了解疼痛的严重程度和部位，以及整体疲劳程度。修订版的纤维肌痛影响问卷（Fibromyalgia Impact Questionnaire）经常被用于评价身体功能、整体影响和症状[16]。

2. 评估过去和现在的运动情况，判读运动测试后病人症状是否会加重，选择更合适的运动测试模式。

3. 通过不断口头鼓励提高病人动机，在运动测试过程中达到最高水平。

4. 认知障碍者，明确理解能力，用口头和书面测试以及测试指南指导他们完成测试。

5. 根据病人的症状选择测试方案（见第四章和第五章），需要个性化的测试方案。

6. 测试顺序要考虑给不同系统和肌群留有足够的休息与恢复时间。例如：考虑到纤维肌痛最主要的症状（疲劳和疼痛），在测试时将耐力测试安排在力量测试之前完成，上肢和下肢交替进行。

7. 测试过程中全程监控疲劳和疼痛，可以用视觉疼痛量表，简便易行（见图 11. 1）。

8. 测试时注意让受试者保持姿势正确并正确使用设备，尽可能进行无痛运动。必要时调整设备，如调节功率自行车的座椅高度、踏板类型，升高台阶高度以限制上下台阶时髋、膝、背部等关节的屈伸，或在标准力量训练器械上配备更小的杠铃片。

9. 测试前如果存在下肢疼痛，可以考虑选择下肢不负重的运动方式（如下肢功率车），以使心肺耐力测试结果更加准确，也使病人能够完成更高强度的测试而不会因为疼痛停止测试。

10. 在测试和训练开始之前，教会病人鉴别锻炼后的肌肉酸痛和疲劳与纤维肌痛的疼痛和疲劳的不同。

二、运动处方

纤维肌痛病人的运动处方建议是根据非常有限的文献资料制定的。因此，运动处方的 FITT 原则的组成与健康成年人的运动处方一致（见第六章）并注意以下几点：

1. 尽管每周 1 ~ 2 天的运动可以起到积极作用，但每周 3 天的运动可以更好地改善症状。

2. 在运动组间和运动日之间安排足够的恢复时间，不同身体部位或不同系统（如肌肉骨骼系统与心肺系统）的运动交替进行。

3. 纤维肌痛病人刚开始很难完成持续的 30 min 运动，可以用多段≥10 min 运动来代替。可能需要更多的支持来维持依从性。

4. 纤维肌痛病人的运动处方进度完全取决于他们的症状。告知纤维肌痛病人当症状加重时如何降低运动强度和运动时间。在急性期应进行低水平的运动，但应时刻注意症状，尽量减少受伤机会。

5. 尽量减少离心抗阻运动，以减少肌肉微损伤，尤其是在症状发展期更是如此。

6. 运动中或运动后如果症状增加，要减少运动量。减少运动强度与运动时间要比减少运动频率更好[144,173]。

FITT　纤维肌痛病人的 FITT 推荐

	有氧	抗阻	柔韧性
频率	每周 1 ~ 2 天，逐渐增加到每周 2 ~ 3 天	每周 2 ~ 3 天，两次间隔最少 48h	每周 1 ~ 3 天，逐渐增加到每周 5 天
强度	刚开始极低强度（< 30% $\dot{V}O_2R$ 或 HRR），逐渐增加（40% ~ 59% $\dot{V}O_2R$ 或 HRR）	增加肌肉力量：40% ~ 80% 1 - RM，逐渐增加到 60% ~ 80% 1 - RM。增加肌肉耐力：≤50% 的 1 - RM	在无痛范围内主动完成肌肉肌腱的拉伸，直到感到肌肉被拉紧或轻微不适的程度

续表

	有氧	抗阻	柔韧性
时间	刚开始每天 10 min，逐渐增加到每天 30～60 min	增加肌肉力量：从 4～5 次重复次数逐渐增加到 8～12 次重复次数，每组肌群逐渐增加到 2～4 组，每组之间至少休息 2～3 min。增加肌肉耐力：15～25 次重复次数，逐渐增加到 2 组，并缩短组间间隔时间	每次拉伸保持 10～30 s，逐渐增加到保持 60 s
方式	低撞击性运动/无负重的运动（如水中运动、骑车、步行、游泳），以尽量避免运动引起的疼痛	弹力带、哑铃、沙袋、力量训练器械或抗自身体重运动	弹力带和无负重拉伸

1－RM：1 次最大重复次数；HRmax：最大心率；HRR：储备心率；ROM：关节活动范围；$\dot{V}O_2R$：储备摄氧量。

三、注意事项

1. 由于症状的原因，很多纤维肌痛病人都存在体力活动不足。从个人能完成而不会产生过度疼痛的水平开始运动，然后缓慢增加，以达到生理适应而不加重症状。要监测疼痛程度和位置[28,36,37,57,85,117,173,287]。

2. 选择依从性最好的个人喜爱的运动计划。如果运动在较长时间内连续完成，而不是分两次较短时间完成，纤维肌痛病人的运动依从性就可能会改善[253]。鼓励进行有监督的或团体性运动，特别是在运动早期，有监督的或团体性运动可以提供社会支持帮助减轻身体和心理的压力，促进依从性[37,247,253,287]。

3. 对于出现疼痛和疲劳的病人而言，即使是在症状发作期，也推荐进行功能性活动（如步行、上下楼梯、坐站转化、舞蹈）以保证轻到中等强度的体力活动。

4. 教会病人正确的运动动作，减少损伤风险。

5. 为避免症状恶化，应该在温度和湿度适宜的房间进行锻炼。

6. 陆地和水中有氧运动都可能帮助纤维肌痛病人提高身体功能和整体的健康水平。

7. 考虑一些辅助治疗方法，比如太极[263]和瑜伽，它们可以缓解纤维肌痛病人的症状。

8. 帮助纤维肌痛病人设定合理的目标。要改善疼痛和功能，可能需要运动 7 周以上[21,263]。

在线资源

关节炎基金会：http：//www. arthritis. org/about - arthritis/types - of - arthritis/fibromyalgia/
美国国家纤维肌痛协会：http：//www. fmaware. org

（王娟，钱菁华 译）

第五节 人类免疫缺陷病毒（HIV）

工业化国家中抗逆转录病毒治疗（ART）的广泛应用降低了免疫缺陷病毒（HIV）的病毒载量，使得诊断为人类免疫缺陷病毒（HIV）的感染者生存寿命显著增加[75,303]，结果就是越来越多的 HIV 病人的寿命超过了 50 岁。最近的调查显示，大多数 HIV 阳性病人希望他们拥有和其他人群一样长的寿命[192]。ART 显著减轻了消耗症状和免疫抑制的发生率，但是，ART 会导致代谢异常和类似的健康异常状况，包括脂代谢紊乱、体脂异常分布（腹部肥胖和皮下脂肪减少）和胰岛素抵抗[8]。更具体的是，蛋白酶抑制剂与胰岛素抵抗有关，增加了 HIV 病人患 2 型糖尿病的风险。新的数据显示 HIV 感染可能会增加心功能不全和 CVD 的风险。过去 20 年里，HIV 感染群体倾向于少数民族和经济阶层较低的群体，因此，进行治疗的 HIV 病人往往体重指数较高且肌肉力量和质量较低。个人和环境的原因使他们更容易出现向心性肥胖[200,267]。对于年龄增大如何影响 HIV 状态、人口学特征、慢性疾病风险和如何影响 ART 相关的预期寿命延长，目前尚不清楚。但研究发现，在老年男性中，低心肺耐力与其他合并症有关，与 CD4 细胞数量和病毒载量无关[209]。体力活动和饮食指导应该作为 ART 治疗的辅助方法，合成代谢类固醇、生长激素和生长因子也可用于治疗伴有肌肉萎缩的 HIV[316]。

有氧运动和抗阻运动为 HIV/获得性免疫缺陷综合征（AIDS）病人提供很重要的健康益处[97,114,135,136,208,289]。运动训练能够增强有氧能力、心肺功能、肌肉耐力和身心健康，减少体脂，改善代谢功能障碍指标。抗阻运动的相关研究较少，但仍然可以发现抗阻运动可以增加人体瘦体重，提高肌肉力量。AIDS/HIV 病人由于长期进行 ART 容易出现骨量减少，而长期的规律抗阻运动可以提高或保持骨密度，从而延缓骨质疏松症的发生。同样有证据表明，规律运动训练可以调节情绪改善心理状态[135]。重要的是，有规律地参加中等强度运动不会抑制 AIDS/HIV 病人的免疫功能[114,115]。

一、运动测试

并不是所有的 AIDS/HIV 病人都需要进行运动测试。如果进行的话，伴随的心血管病理生理的改变、代谢紊乱、2 型糖尿病、高脂血症和复杂的用药都需要在病人运动前进行专门的询问，询问工作应由传染病专家完成，或至少是一名具有艾滋病相关药物知识的医疗保健专业人员来进行。除此之外，还应注意以下几点：

1. 患有急性感染的病人需要推迟进行运动测试。

2. HIV 病人的测试结果变异性高于普通健康人。与同年龄段的人群相比，他们的 $\dot{V}O_2peak$ 更低[210,276]。

3. 当进行心肺功能运动测试时，应采用感染控制措施[149]。尽管 HIV 病毒不通过唾液传播，但在没有可用的一次性设备时，经过杀菌的可重复使用的设备或耗材仍会引起高口腔传染率。考虑使用一次性设备，所有非一次性设备在每次使用后都要进行消毒，所有的工作人员每年要注射流感疫苗和进行肺结核测试。

4. 心肺功能损害（尤其是心脏功能不全）发病率的增加要求对受试病人的血压和心电图进行监控。

5. 由于周围神经病变患病率较高，必要时应对运动方式、运动强度和关节活动度进行合理的调整。

6. 对处于疾病不同时期的病人进行运动负荷试验时常见的限制包括：

（1）无症状的病人——运动能力降低的常规运动测试。

（2）有症状的病人——运动时间、$\dot{V}O_2peak$ 和通气阈（VT）下降。

（3）AIDS 病人的运动时间和 $\dot{V}O_2peak$ 明显下降。运动持续时间的降低会影响通气阈，而达到年龄预测的最大心率的 85% 会引起潜在的神经和内分泌异常反应。

二、运动处方

HIV 感染引起的慢性疾病和健康状况提示，有氧和抗阻运动相结合的规律运动能带来健康益处。的确，大量临床研究发现，参与体力活动的习惯使这部分人群的身心获得了益处[97,113,114,135,136,208,289]。不同症状的 HIV 病人需要不同的运动方法。值得注意的是，研究并未发现体力活动对有症状的 HIV 感染者具有免疫抑制作用，相反，HIV 感染者更能适应运动，他们对运动的反应超过预期，大于普通健康人[97,115,135,136,208,289]。但很少有可用的数据来指导 HIV 感染者参与运动[102]。因此，HIV 感染者的运动处方与健康成年人或老年人的运动处方应大体相似（见第六章、第七章），但应加强 CVD 风险管理。运动专业人士应注意 HIV 感染者病情的改变，特别是高发的急性感染，并随时调整运动处方。

FITT　感染免疫缺陷病毒病人的 FITT 推荐

	有氧	抗阻	柔韧性
频率	每周 3 ~ 5 天	每周 2 ~ 3 天	每周≥2 ~ 3 天
强度	刚开始低强度（30% ~ 39% $\dot{V}O_2R$ 或 HRR），逐渐增加至中等强度（40% ~ 59% $\dot{V}O_2R$ 或 HRR）	从低强度开始增加，直到 60% 1 - RM	拉伸直到感到肌肉被拉紧或轻微不适的程度
时间	每天 10 min，逐渐增加到每天 30 ~ 60 min	8 ~ 10 次重复次数 1 ~ 2 组，逐渐增加到 3 组	每次拉伸保持 10 ~ 30 s，每个动作重复 2 ~ 4 次
方式	运动方式因病人的健康状况和兴趣不同而不同。有骨质疏松的病人需要进行负重运动	无监督的器械锻炼是安全有效的，自由重量适合于有经验的运动者和/或在监督下进行	静力性、动力性和/或 PNF 拉伸

1 - RM：1 次最大重复次数；HRmax：最大心率；HRR：储备心率；PNF：本体感觉神经促进法；$\dot{V}O_2R$：储备摄氧量。

三、注意事项

1. 不推荐进行接触性或高风险的体育运动（如滑板运动、攀岩），因为有出血的可能。

2. 由于病毒和药物的副作用，病人的运动进度要比健康人更缓慢，但无症状的 HIV/AIDS 病人其长期的运动目标仍然是要达到 ACSM 推荐给健康成人的有氧运动和抗阻运动的运动量，有症状的病人其运动目标可进行适当调整。运动处方应根据个人的年龄和健康状况进行调整。

四、特殊注意事项

1. 目前尚无关于 HIV/AIDS 病人运动禁忌证的指南。

2. 有症状的 HIV/AIDS 病人或有并发症的 HIV/AIDS 病人，无论在家还是在社区都推荐其在医务监督下进行运动。

3. 除了运动中的医务监督，HIV/AIDS 病人需要更高水平的健康监测。这对于参加剧烈运动和/或间歇训练（较大强度的有氧运动和/或抗阻运动）的病人尤为重要。

4. HIV/AIDS 病人在运动中更常出现疲劳感或费力、胃肠道不适和呼吸困难等现象。

5. 轻微的疲劳不需要停止运动，但是如果出现眩晕、关节肿大或呕吐，则要停止运动。

6. 周围神经病变高发者可能要调整运动方式、运动强度和关节活动范围。

7. 规律监测体力活动的健康益处和 CVD 的危险因素对于临床管理和坚持参加运动十分重要。

在线资源

美国疾病控制与预防中心：http：//www.cdc.gov/hiv

（王娟，王正珍 译）

第六节 智力残疾和唐氏综合征

智力残疾（ID）（原称精神发育迟缓）是美国 18 岁以下人群最常见的发育障碍类型，发病率占总人口的 2.3%[161]。智力残疾者存在两方面的障碍：（1）智力低下，低于平均水平 2 个标准差或者智商 <70 为轻/中度智力障碍，智商 <35 为重度智力障碍；（2）适应性行为障碍，指社交和实践技能的使用存在障碍[5]。30% ~50% 的病因尚无法明确，但遗传病（如唐氏综合征 DS、X 染色体易损综合征、苯丙酮尿症 PKU），产伤（窒息），传染性疾病（弓形体病、风疹、脑膜炎），母体因素（酗酒、吸烟、吸毒），早产儿，低体重儿，贫困、无知（如营养不良，孕产妇及儿童卫生保障不足，教育支持不足），这些都是导致智力残疾的主要原因[5]。

智力残疾根据病因可分为很多亚种群（X 染色体易损综合征、苯丙酮尿症 PKU），但文献研究集于两类：伴发或不伴发唐氏综合征。成年的智力残疾人，不论有无伴发唐氏综合征，均为中等智力残疾（85% 以上患者智商为 50 ~70），而且大多数人生活在家庭或疗养院。不伴发唐氏综合征的轻度智力残疾者的寿命接近正常人水平[22]。而伴发唐氏综合征的智力残疾者，其平均寿命已显著增长，从 1970 年的 13.5 岁增加到现在的 53 岁[232]。但是随着智力残疾者年龄的增加，心血管并发症、肥胖和体力活动不足导致的发病率和死亡率也和正常人群一样显现[137]。因此，更需要专业人士开展针对智力残疾者的运动测试和训练。

一、运动测试

伴有唐氏综合征的智力残疾患者对运动的反应与没有唐氏综合征的患者是完全不同的，因此，这两者在进行运动测试和运动处方设定时也不一样。运动测试对于智力残疾者是非常安全的，心血管并发症发生的比例和普通群体相似[80]。然而，尽管对运动并发症的报告很少甚至不存在，但是同样也没有科学证据支持或者反对智力残疾者进行运动测试。考虑到运动测试的合法性和可靠性，应用个体化的跑台测试，或者可以使用 Schwinn Airdyne 测试（见表 11.2）[80]。只有少数场地测试能够有效评估智力残疾者的心肺耐力[80]。开始训练之前，推荐智力残疾者进行全面的健康体适能评价，包括心肺耐力、肌肉力量、肌肉耐力和身体成分[78]。

为了保证测试结果的准确度，需要注意以下事项[80,83]：

1. 受试者的健康筛查需遵循 ACSM 指南，唐氏综合征例外。因为 50% 的唐氏综合征患者伴有先天性心脏病[35]，30% 患有寰枢椎不稳定（寰枢韧带松弛会导致第 1、第 2 颈椎的过度动作）[175]，体格检查和病史问诊需更加详细。此外，唐氏综合征患者运动测试时需医生监控。

专栏 11.2　智力残疾的适能测试建议[77]

	推荐	不推荐
心肺耐力	以个体的行走速度在跑台上完成步行测试程序 上下肢健身运动自行车 25W 20 米往返跑 步行 1 英里	跑步测试程序 功率车 上肢功率车 1 ~ 1.5 英里跑
肌肉力量与耐力	1 – RM 使用负重器械 等速测试 最大等长收缩	1 – RM 使用自由负重 俯卧撑 屈臂悬垂
身体测量与身体成分	体重指数 腰围 皮肤皱褶 空气体积描记法 双能 X 线吸收测定法（DEXA）	
柔韧性	坐位体前屈 关节量角器	

2. 熟悉测试过程和人员，才能提高测试的信度和效度[81,241]。熟练程度取决于理解和鼓励受试者，在正式测试前进行多次练习。尤其在进行练习前应主动询问患者所有设备是否符合其自身的大小、长度等，例如嘴吹尺寸是否合适或面罩通气量是否通畅。

3. 提供一个让受试者感到被尊重的测试环境，给予简单的口语化、视觉化和规律化的指令引导，提供安全环境保障受试者不会摔倒或担心摔倒。在进行血压、心电图和肺活量测试时，应有 2 ~ 3 名工作人员监控设备和保护受试者。

4. 选择适当的测试（见专栏 11.2）和个体化测试程序。只有少数的心肺耐力测试对于智力残疾者是可信和可靠的，其余测试的信度和效度较差[78]。当进行心肺耐力测试时，从表 11.5 选择正确的公式。

5. 心肺耐力场地测试是可靠的，但无法预测唐氏综合征个体的有氧运动能力。

6. 不建议用功率自行车（无上肢参与），因为患者向前的运动协调能力差。

7. 由于唐氏综合征的最大心率变异大[80]，不能用标准公式 220 - 年龄来预测其最大心率。推荐以下公式用于运动测试，但不适用于制定运动处方[79]：最大心率 =210 - 56（年龄）-15.5（DS 状态）；（1 表示无唐氏综合征，2 表示有唐氏综合征，代入公式）。

8. 与同龄无残疾者相比，智力残疾不伴有唐氏综合征者在有氧运动能力、超重/肥胖状态方面没有差别，但肌力水平低[77]。唐氏综合征患者有氧运动能力低、肌肉力量较小，通常会超重或者肥胖[13,55,310]。

9. 平衡测试非常重要。当前用于评估平衡的方法包括功能性测量（如计时走测试）[227]、功能性前伸试验[71]和高级的技术测量（如压力平台）[211]。

表 11.5　预测智力残疾最大耗氧量的公式

20 米往返跑[72]： $\dot{V}O_2max$（mL. kg^{-1}. min^{-1}）=0.35（20 米圈的数量）-0.59（BMI）-4.5（性别：1 = 男，2 = 女）+50.8
600 码跑/走[72]： $\dot{V}O_2max$（mL. kg^{-1}. min^{-1}）= -5.24（600 码跑的时间）-0.37（BMI）-4.61（性别：1 = 男，2 = 女）+ 73.64
1 英里 Rockport 步行适能测试[240]： $\dot{V}O_2max$（L/min）= -0.18（行走时间）+0.03（BMI）+2.90

BMI：体重指数；$\dot{V}O_2max$：最大摄氧量

二、运动处方

智力残疾的运动处方与普通健康成年人的非常相似。唐氏综合征由于体力活动水平低，体重过大，需要关注其日常体力活动水平和能量消耗[80]。有氧训练推荐能量消耗每周≥2000kcal。在这个能量消耗目标达成之前可能需要数月努力。如患者不适合以上推荐，尽可能保持身体允许的活动，锻炼计划应以促进有氧能力、肌肉功能和平衡能力为主[211]。

FITT　伴有唐氏综合征的智力残疾患者的 FITT 推荐[78]

	有氧	抗阻	柔韧性
频率	每周 3～7 天，最大热量消耗活动，包含每周 3～4 天的中等到大强度锻炼和其余天的轻度的体力活动	每周 2～3 天	至少每周 2～3 天，但需考虑寰枢关节的不稳定问题，选择每天进行柔韧性训练
强度	40%～80%储备摄氧量或储备心率；主观疲劳感觉不适宜作为强度的指示	从 60%～70% 1－RM，重复 12 次开始，持续 1～2 周；渐进性增加到 75%～80% 1－RM	牵拉到肌肉被拉紧或轻度不适
时间	每天 30～60 min，每 10～15 min 的间断性运动	每块主要肌群进行 2～3 组的练习	每次牵拉保持 10～30 s，重复 2～4 次
方式	行走作为锻炼开始时采用的方式，进展到间断跑、游泳；结合四肢力量练习	以安全为准则，进行器械训练	静态牵拉

1－RM：1 次最大重复次数；HRmax：最大心率；HRR：储备心率；PNF：本体感觉神经促进法；$\dot{V}O_2R$：储备摄氧量。

运动处方的注意事项

1. 智力残疾者的肌肉力量和肌肉耐力差，有氧活动类型受限，因此需要力量训练[80]。

2. 瑜伽除了有助于提高关节的灵活性和力量之外，还能加强患者与社会的互动。但对于伴有唐氏综合征的智力残疾者需注重安全保护，特别注意关节失稳现象，其中寰枢关节与寰枕关节的失稳问题尤为突出。

三、注意事项

1. 伴有唐氏综合征的智力残疾者在运动测试与运动锻炼中需要更多的鼓励。

2. 智力残疾者可能服用多种不同类型药物，包括抗抑郁剂、抗惊厥药、催眠药、抗精神病药、甲状腺替代药物。

3. 许多智力残疾者有动作控制问题，为协调障碍引起的平衡和步态问题，摔倒风险升高[132]。因此，应考虑进行神经肌肉控制训练。

4. 患者存在注意力不集中问题，使用一步指令与演示动作。

5. 有氧和肌肉功能训练计划中，应安排熟悉任务和练习时间，认真监护。

6. 推荐多种多样的活动，以增加训练过程的兴趣和忠诚度。使用音乐和简单游戏作为锻炼的一部分，鼓励患者参与运动，特别是残奥会项目。

7. 小组活动设计应符合个体水平，提供患者的练习机会，使其达到适宜的运动强度。

伴有唐氏综合征的注意事项

1. 有氧运动能力和肌力水平较低，大约是同年龄和性别人群的50%水平；通常比较肥胖，重度肥胖常见。

2. 唐氏综合征患者的最大心率低，原因是运动时儿茶酚胺反应降低[80]。

3. 寰枢关节不稳定非常常见，因此，禁忌过度的颈椎屈曲或伸展活动。

4. 骨骼肌张力低、关节松弛也普遍存在[226]，需要增强关节周围肌群的抗阻训练（如膝关节），参与直接接触性运动要小心。

5. 身体形态特征：身材矮小，肢体、手指短小，足和足趾畸形，口腔鼻腔较小，可能也会影响运动。

6. 有研究证实，计算步行能量消耗的 ACSM 公式可能低估了唐氏综合征患者在特定速度下的耗氧量[1]。

7. 内耳疾病在伴有唐氏综合征的智力残疾者中常见[225]，选择水上运动之前需要先得到医生批准。

在线资源

包容性健身联盟：http：//incfit. org/node/83
美国智力与发育残疾协会：http：//www. aaidd. org
美国国家唐氏综合征协会：http：//www. nads. org
美国国家体力活动与残疾中心：http：//www. ncpad. org
美国国家唐氏综合征学会：http：//www. ndss. org

（钱菁华　译）

第七节　肾脏疾病

尿中出现微蛋白或者 3 个月以上肾小球滤过率 <60 mL/（min · 1. 73m^2）[166]，说明有肾脏损伤，这样的个体可以诊断为慢性肾脏疾病。根据美国肾脏基金会慢性肾病及其透析的临床实践指南（K/DOQI），按照肾小球滤过率（参见表 10. 6）和尿蛋白量将慢性肾病分为五个阶段来明确疾病进展和预后（见表 11. 6）[156]。阶段 1（肾小球滤过率正常，少量尿蛋白）没有慢性肾病，阶段 5［肾小球滤过率 <15 mL/（min · 1. 73m^2）］需要进行肾脏替代治疗，

如肾脏透析或移植。晚期慢性肾病的症状和并发症决定了肾脏替代治疗开始的时间。最近，估计约超过 2000 万美国人（占成年人口的 10%）患有慢性肾病[43]，由于糖尿病和肥胖症的增多，慢性肾脏疾病人数还将增加。慢性肾病病人往往并存高血压、糖尿病和心血管疾病，在疾病从阶段 1 发展到阶段 5 的过程中这些并发症也在增多[294]。

表 11.6　慢性肾病肾小球滤过率（GFR）分级[156]

阶段	肾小球滤过率 mL/（min・1.73m²）	判断结果
1	≥90	正常或高
2	60～89	轻度下降[a]
3[a]	45～59	轻到中度下降
3[b]	30～44	中度到严重下降
4	15～29	严重下降
5	<15	肾衰竭

注：在出现肾损害的情况下，不管是阶段 1 还是阶段 2 都将被列为慢性肾病的标准。

[a]相对于年轻成人水平。

一、运动测试

在过去 3 个月没有规律参加运动的慢性肾病病人在运动测试前需要进行医学筛查（见第二章）。由于心血管疾病是慢性肾病病人的主要死亡原因，当有心血管疾病症状或被确诊时，病人在进行中等到较大强度的运动计划之前进行的医学筛查包含了运动测试。在肾脏移植前或患有胸痛的慢性肾病病人也被要求做运动测试[168]。但也有人认为慢性肾病 5 级时没有必要进行运动测试，肌肉疲劳会影响症状限制运动测试的结果，测试本身会阻碍病人参与运动[177]。在做运动测试时，慢性肾病病人需要适时地使用测试终止标准和终止方法（见第五章）。

大多数研究是针对 5 级的慢性肾病病人。这些病人的功能能力大约为同年龄同性别健康人的 50%～80%[140]。峰值摄氧量的范围是 15～25 $mL \cdot kg^{-1} \cdot min^{-1}$，训练后可以提高 17%～23%，但仍不能达到同年龄同性别的健康人水平[140]。功能能力下降与许多因素有关，包括静坐少动的生活方式、心功能不全、贫血和肌肉骨骼功能障碍。以下是运动测试中的注意事项：

1. 获得医学许可。

2. 病人可能服用多种药物，如治疗高血压、血脂异常和糖尿病的常用药物（见附录 A）。

3. 有慢性肾病（1～4 阶段）的病人在进行运动测试时，需要遵守标准测试程序（见第五章）。接受血液透析治疗的病人，运动测试应安排在非透析日，并且血压测试应在没有动静脉瘘的手臂进行[214]。

4. 接受持续腹膜透析的病人进行运动测试时，要保证腹部没有透析液[214]。

5. 进行肾移植术后的病人应进行标准运动测试。

6. 跑台和功率车都可以作为肾病病人的运动测试仪器。因为肾病病人功能能力较低，改良的 Balke 或 Naughton 方案是适宜的[213]（见第五章）。如果使用功率车，推荐最初的热身运动从 20～25W 开始，每 1～3 min 增加 10～30W[52,307]。

7. 持续透析的肾病病人峰值心率会更低，可能不会超过年龄预测最大心率的 75%[215]。由于慢性肾病病人的心率不能准确地反映运动强度，需要运用主观疲劳感觉进行监测（见第四章）。

8. 由于肾病病人功能能力较低，传统的运动测试可能不能提供最有价值的信息用于制定运动处方和评价运动效果[216]。因此，可以使用其他一些已经在其他人群中使用的身体机能测试，用于评价心肺耐力、肌肉力量、平衡能力和柔韧性[212,216]。

9. 等张肌力测试应采用 3 - RM 或者重复次数更多的负荷（如 10 - 12RM），1 - RM 测试不适合慢性肾病病人，因为可能会引起撕脱性骨折[20,138,214,250]。可以用多次重复次数的测试来推算 1 - RM[9,34]。推算的 1 - RM 可以用于制定运动处方中的抗阻运动。

10. 角速度位于 60°/s 至 180°/s 范围的等速测力计可以安全地评价肌肉力量和肌肉耐力[68,119,213]。

11. 由于慢性肾病病人的功能能力很低，约有 50% 的病人不能完成症状限制性运动试验。由于传统的运动测试未包含所有情况，因此，这部分病人可以使用应用于其他人群（如老年人）的身体机能测试（见第八章）。这些测试适用于评定心肺耐力、肌肉力量、平衡能力和柔韧性[174,175]。

12. 应该用计算机测功仪来评估爆发力，因为它更多的是与功能能力相关，而非肌肉力量或耐力[216]。为了评估爆发力，要求病人尽可能快地完成最大值的某一特定百分比值[14]。

二、运动处方

慢性肾病病人进行运动训练可以降低血压，提高有氧能力、改变心率变异性、肌肉功能和生活质量[120]。慢性肾病病人的理想运动处方尚不完善，但基于现有的研究，推荐病人进行有氧和抗阻训练相结合的运动[120,138]。肾脏疾病：改善全球预后（KDIGO）临床实践指南推荐慢性肾病病人进行每天至少 30 min、每周至少 5 天的有氧运动，但对运动处方没有提供更具体的指导[156]。美国国家肾病基金会鼓励慢性肾病病人活跃起来，并提出了慢性肾病病人应与健康成人一样的运动建议[195]。由于慢性肾病病人的理想运动处方尚不完善，推荐给这一群体的运动处方可在普通人群运动处方的基础上进行改进，以低到中等强度为起始强度，根据病人的耐受情况逐渐增加。接受肾移植的病人获得医学许可后在手术后 8 天就开始运动[188,212]。

FITT　慢性肾病病人的 FITT 推荐

	有氧	抗阻	柔韧性
频率	每周 3 ~ 5 天	每周 2 ~ 3 天	每周 2 ~ 3 天
强度	中等强度［40% ~ 59% $\dot{V}O_2R$ 或 RPE12 ~ 13（6 ~ 20 范围）］	65% ~ 75% 1 – RM，不推荐 1 – RM，用 ≥3 – RM 估算 1 – RM	静力性拉伸：拉伸直到感到肌肉被拉紧或轻微不适的程度。PNF：20% ~ 75% 最大自主收缩
时间	20 ~ 60 min 持续活动，如果不能完成，用 3 ~ 5 min 的多次运动累计达到每天 20 ~ 60 min	至少完成 1 组 10 ~ 15 次重复次数。选择 8 ~ 10 种运动，锻炼主要大肌群	每个关节静力性拉伸 60 s（每次拉伸 10 ~ 30 s）；PNF：辅助拉伸 10 ~ 30 s 后 3 ~ 6 s 收缩
方式	动用大肌群的、持续的、有节律的运动（如步行、骑车、游泳）	器械、自由重量或弹力带	静力性或 PNF 拉伸

1 – RM：1 次最大重复次数；PNF：本体感觉神经促进法；$\dot{V}O_2R$：储备摄氧量。

三、注意事项

1. 有些慢性肾病病人不能完成连续运动，可以进行 3 min 运动、3 min 休息的间歇运动。当病人适应运动后，可以增加运动持续时间，减少休息时间。开始时可以进行持续 15 min 的运动，之后可以增加到 20 ~ 60 min 的连续运动。

2. 应注意病人的临床情况，如果病人的病情出现反复，应减缓运动进度。

3. 包括 5 级肾病在内的慢性肾病病人应该逐渐增加运动量。根据个体的临床状态和功能能力，起始运动强度应从小强度开始（30% ~ 40% O_2R），连续运动 10 ~ 15 min 或病人能承受的运动量。运动时间可以每周增加 3 ~ 5 min，当可以连续运动 30 min 时再增加运动强度。

四、特殊注意事项

（一） 血液透析病人

1. 运动应在非透析日进行。

2. 透析后立即运动可能会增加低血压反应的风险。

3. 应采用 RPE 监测所有有氧运动的强度，因为用心率监测不太可靠。目标 RPE 强度是轻（RPE =9 ~11）到中等强度（RPE =12 ~13）。

4. 病人可能会锻炼到有永久性血管通路的手臂，应避免将重量或压力放在此部位[138]。

5. 血压测试应在没有动静脉瘘的手臂进行。

6. 如果在透析过程中运动，应该在治疗的前半段完成以防止发生低血压，尽管有些病人可能会通过延长透析来抵消降压反应。通常在透析过程中进行的运动是踩自行车和踏步运动，可以坐在透析椅上进行。在透析过程中，病人不能锻炼有永久性血管通路的手臂。

（二） 腹膜透析的病人

接受持续腹膜透析治疗的病人在腹部还有液体的时候，可以尝试运动。但如果出现不适，应建议他们先排出液体再运动[119]。

（三） 肾移植病人

在排斥反应期，运动强度应降低，但运动仍可以进行[212]。

在线资源

美国国家糖尿病、消化道疾病和肾病研究所：http：//www. niddk. nih. gov/
美国国家肾脏基金会：http：//www. kidney. org/
美国国家肾脏数据系统：http：//www. usrds. org/atlas. htm
肾脏疾病，改善全球预后：http：//kdigo. org/home/

（王娟，王正珍　译）

第八节　多发性硬化

多发性硬化是一种中枢神经系统的慢性炎症性自身免疫病，目前全世界有 200 万 ~300 万人患有此病，美国约有 40 万人受此疾病影响[197]。虽然多发性硬化的确切病因仍然未知，但大多数学者认为这是一种受环境、感染和基因等因素影响的异常免疫反应。它的特点是神经性脱髓鞘，是由激活的 T 细胞穿过血脑屏障所致。在最初的炎症反应之后，损伤的髓鞘在脑和脊髓形成瘢痕样斑块（硬化），从而影响神经传导和传递[300]，引起一系列的症状和体征，包括视力障碍、虚弱无力、疲劳和感觉丧失。最初的症状通常是短暂性的神经功能障碍，如麻木或虚弱无力、视力模糊或重影、认知功能障碍和平衡出现问题。专栏 11. 3 列出了多发性硬化病人常见的症状和体征。

多发性硬化的发病年龄在 20 ~ 50 岁，女性发病率是男性的 2 ~ 3 倍。它的病程具有很大的个性差异性，但可以分为 4 种（表 11.7）。85% 的多发性硬化病人被诊断为复发缓解型（RRMS），10% 被诊断为原发进展型（PPMS），5% 被诊断为进展复发型[170]。50% 的复发缓解型（RRMS）在 10 年内会转变成继发进展型（SPMS），90% 会在 25 年转变成继发进展型[197]。表 11.8 对 Kurtzke 残障状态量表（EDSS）进行了总结，这个量表的分值为 0 ~ 10，常用来表示与多发性硬化相关的残疾水平[160]。

与同年龄段的健康人群相比，多发性硬化病人的运动耐受性更差，更容易疲劳[93]。随着病情的发展，多发性硬化病人的系统失调[76]，较低的体力活动水平[203]，完成步行需要耗费更多的体力[89,207]或许可以部分解释他们对运动的不耐受和容易疲劳。多发性硬化病人的最大有氧能力下降（ < 60% $\dot{V}O_2$peak）[153,246]，而且随着残疾程度增加持续下降[153,231]。病人在运动过程中的心率和血压反应减弱[220]，可能是自主神经功能失调[278]和/或骨骼肌肌内代谢反应减少[202]的结果。研究证明，有氧运动提高了轻中度的多发性硬化病人的峰值摄氧量[220,235]、疲劳耐受度[282]、步行能力[235,298]和生活质量[220]，降低了心血管疾病的危险因素（如腰围、甘油三酯、血糖）[274]。最近，有研究让重度多发性硬化病人（EDSS6. 5 ~ 8. 0）进行 10 次上半身的耐力训练（6 组 3 min 的间歇训练，目标心率 65% ~ 75% $\dot{V}O_2$peak），发现病人的 $\dot{V}O_2$peak 升高[272]，提示重度多发性硬化病人也应进行足够强度的运动以获得心血管益处。

肌肉功能下降也是多发性硬化病人常见症状之一，与同龄同性别人群相比，肌肉等长肌力[202-204,262]和爆发力[41,50,230]都有所下降[47,136,190]。肌肉功能下降的原因，与中枢神经系统（如较低的中枢激活率[204,238]、较低的运动单元放电率[70,238]）和外周神经系统（如收缩功能的改变）的改变[204]、有氧能力的下降[151]、肌肉体积的缩小[150,204]和产生力量的相关因素有关，支配和传导功能以及外周氧化能力下降等因素有关。而这些生理改变可能是低体力活动水平的激发效应[203]。有几项研究证明了多发性硬化病人进行抗阻运动，增加了等长肌力[158,179,312]和做功功率[61,285]，提高了功能能力[62,158,246]、肌肉耐力[287]和平衡能力[118,133]，改善了步态[104]，减轻了症状性疲劳[104,312]。

专栏 11.3　多发性硬化病人的常见症状与体征

症状

1. 肌肉无力。
2. 症状性疲劳。
3. 麻木。
4. 视觉障碍。
5. 步行、平衡能力以及协调性存在问题。
6. 膀胱功能障碍。
7. 肠功能紊乱。
8. 认知功能障碍。
9. 头晕和眩晕。
10. 抑郁。
11. 情绪的变化。
12. 性功能障碍。
13. 疼痛。

体征

1. 视神经炎。
2. 眼球震颤。
3. 感觉异常。
4. 痉挛。

经允许，引自［50］。

表 11.7　多发性硬化的病程

类型	特点
复发缓解型	周期性恶化，之后全部或部分缓解
原发进展型	从症状很轻或没有症状或没有改善的持续性进展
继发进展型	由复发缓解型缓慢而稳定地进展
进展复发型	在稳定进展过程中出现明显复发

表 11.8 Kurtzke 残障状态量表（EDSS）小结

等级	残障水平
0 ~ 2.5	无或很轻的残障
3 ~ 5.5	中度残障，但无辅助装置仍可以活动
6 ~ 7	重度残障，使用辅助装置可以活动
7.5 ~ 9	需要轮椅或卧床
10	死亡

一、运动测试

运动测试可以帮助多发性硬化病人明确体适能水平、对运动的生理反应和运动的效果。在进行运动测试前，建议询问受试患者病史、用药史和进行功能评估。常见的功能测试有 6 min 步行测试（评价耐力）、计时 5 次坐站转换（评价力量）、计时 25 英尺（7.62 米）步行（评价步速）、Berg 平衡量表（评价平衡能力）[18] 和动态步态指标（评价动态平衡性）[122]。

1. 在症状急性恶化时应避免测试。

2. 密切监测随运动强度的增加出现的麻木、疲劳、过热和症状的恶化。

3. 运动测试尽量在一天的更早时间进行，因为多发性硬化病人的疲劳感会在一天中加重。

4. 在温度为 22.2 ~ 24.4℃（72 ~ 74℉）的低相对湿度房间进行运动测试。

5. 用 RPE 和心率评估运动强度。心率和血压反应可能会因自主神经功能失调而减弱，因此，心率可能不能有效评估运动强度。

6. 推荐大多数多发性硬化病人使用功率自行车进行有氧能力测试，因为与跑台相比，功率车对平衡能力和协调性的要求更低[297]。有平衡能力和协调性问题的病人需要使用直立位或卧位下肢功率车。

7. 对于某些病人，采用斜躺式或双倍功率车（如 NuStep 或 Schwinn Airdyne）进行最大强度的运动测试可能更好，因为它们允许上肢和下肢共同参与运动，减小了局部肌肉疲劳的潜在影响。

8. 不能行走但上肢功能能力足够的病人可以用上肢功率车。

9. 进行运动测试前，应先进行 1 ~ 2 min 的准备活动。

10. 根据病人的残障和体适能水平，选择持续或间断的测试程序，3 ~ 5 min 为一个阶段，下肢功率车每一阶段的功率增加 12 ~ 25W，上肢功率车每一阶段的功率增加 8 ~ 12W。

11. 多发性硬化病人的肌肉力量和肌肉耐力通常都可以通过标准测试方案获得。应测试所有大肌群和所有肢体，因为病变位置不同可能引起出现肌肉无力的肌群或肢体不同。在临床或社区，可以用 8～12－RM 或功能测试（如 30 s 坐站转换）来测试肌肉力量和肌肉耐力。

12. 评估柔韧性非常重要，因为肌张力增高和痉挛可能出现在柔韧性差的病人中，它们会导致肌肉挛缩。关节活动度可以用测角仪进行测量。

二、运动处方

轻度功能障碍（EDSS 0～2.5）的多发性硬化病人可以应用第七章所列出的推荐给健康成年人的运动处方，当症状和残障水平加重时，需要按以下推荐进行调整。

FITT 多发性硬化病人的 FITT 推荐

	有氧	抗阻	柔韧性
频率	每周 2～5 天	每周 2 天	每周 5～7 天，每天 1～2 次
强度	40%～70% $\dot{V}O_2R$ 或 HRR；RPE12～15	60%～80%1－RM	拉伸直到感到肌肉被拉紧或轻微不适的程度
时间	增加强度前先延长运动时间，从 10 min 开始逐渐增加到 30～60 min	至少完成 1 组 10～15 次重复次数，逐渐增加到 2 组	保持 30～60 s，重复 2～4 次
方式	动用大肌群的、持续的、有节律的运动（如步行、骑车、游泳）	使用器械、自由重量、弹力带或自身体重的多关节或单关节运动	静力性拉伸

1－RM：1 次最大重复次数；HRR：储备心率；RPE：主观疲劳感觉；$\dot{V}O_2R$：储备摄氧量。

三、注意事项

1. 尽可能地将功能活动（如上下楼梯、坐站转换等）加入运动计划。

2. 对有明显局部麻痹的个体，可考虑使用 0～10 分 OMNI 量表（见图 11.3）分别评价各个肢体的 RPE[27] 以评价局部肌肉疲劳对运动耐受程度的影响。

3. 在多发性硬化病人的症状加重期，降低运动处方的频率、强度、时间和方式，以达到能耐受的程度。如果症状严重，则要重点维持功能活动和/或有氧运动和柔韧性练习。要知道，在疾病加重的情况下，任何运动都可能难以进行。

4. 存在肌肉无力或容易出现疲劳的病人在运动时，可以增加组间休息时间（如 2～5 min），便于肌肉恢复。重点是大肌肉群的锻炼，尽量减少动作数量。

5. 拉伸是肌肉“热身”最有效的运动方式。多发性硬化可能会引起体温调节能力下降，要谨慎使用湿热敷来“热身”肌肉。

6. 应在坐位或卧位进行缓慢而轻柔的被动关节活动度运动，以消除平衡问题。

7. 针对痉挛肌肉，增加柔韧性练习的频率和时间。肌肉和关节明显紧张或挛缩的，需要延长持续时间数秒至数小时，低负荷拉伸以达到长时间的改善。极低强度、低速度或无负荷的功率车可能有益于经常出现肌肉痉挛的病人。

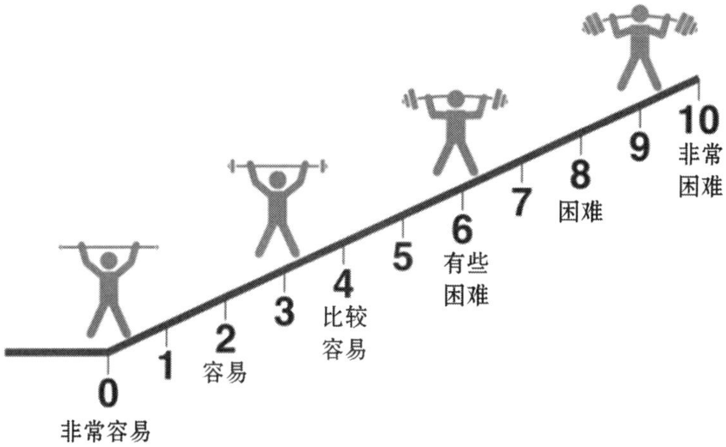

图 11.3　OMNI－抗阻运动主观用力量表

经允许，引自［243］。

四、特殊注意事项

1. 多发性硬化病人的常用药，如阿沃纳斯（β－1a 干扰素）、倍泰龙（β－1b 干扰素）、利比（β－1a 干扰素）、醋酸格拉替雷有短暂的副作用，如流感样症状、注射局部易激惹等。在进行运动测试时需要注意药物的副作用。

2. 全身疲劳较常见，但随着体适能的提高会得到改善。帮助病人学会区分原发性中枢疲劳和与运动相关的暂时性外周疲劳。建议使用“改良疲劳影响量表”[197]记录疲劳的情况。

3. 有一些病人有膀胱控制障碍，需要限制日常液体摄入量。为了避免脱水，在体力活动水平增加时液体摄入也应该增加。

4. 有一些病人有认知障碍，影响其对测试和训练指令的理解，也可能存在短期记忆丧失，需要书面指令、反复口头提示和强化。

5. 注意观察 Uhthoff 现象的症状和体征，表现为：短暂性（＜24h）神经症状加重，常见运动相关的视觉障碍和体温升高。降温处理、调整运动时间和强度可以减轻症状。

6. 使用风扇、颈部冷敷贴、液体置换装置，以尽量减少运动中的高温和疲劳，尤其是存在热敏感的多发性硬化病人更应如此。

在线资源

美国国家健康、体力活动与残疾中心：http：//www.nchpad.org/156/1192/Multiple－Sclerosis——Designing－an－Exercise－Program
美国国家神经障碍与中风机构：http：//www.ninds.nih.gov/multiple_ sclerosis/multiple_ sclerosis.htm
美国国家多发性硬化学会：http：//www.nationalmssociety.org

（王娟，钱菁华　译）

第九节　骨质疏松症

骨质疏松症是以骨密度（BMD）降低、骨组织微细结构变化，并伴随骨折风险增加为特征的骨骼疾病。骨质疏松症给社会和病人造成了明显的负担。每 2 名女性中就有 1 名出现过骨质疏松症。骨质疏松症主要出现在女性中，但男性的发病率也高达 15%[147]。美国有超过 5400 万人有骨质疏松症或骨密度低下[198]。特别是股骨骨折，与残障和死亡有关。老年人股骨骨折后 3 个月的全因死亡率增加了 5 倍[107]。

国际临床骨密度学会（International Society of Clinical Densitometry）立场声明定义绝经后女性和 50 岁以上男性腰椎骨、髋骨或股骨颈密度 T－值≤－2.5 即为骨质疏松症[261]。美国全国骨健康联盟工作组提出了额外的诊断标准，骨质疏松症还包括那些被诊断为骨质疏松的有持续的低创伤椎体、肱骨、骨盆或前臂骨折，或按照世界卫生组织的骨折风险计算法（World Health Organization's Fracture Risk Algorithm，FRAX）骨折风险增高的病人[270]。但要注意，骨密度较高的人也可能发生骨质疏松性骨折，特别是老年人。

最近的研究指出，运动可以延缓骨质疏松症的发生，降低骨折风险[26,148,228]。运动对骨健康的益处可以发生在儿童和成年人中，可以提高骨密度、骨量和骨强度，同时增加肌肉力量[6,26,148,228]。运动也能提高年轻人和老年人的平衡能力，降低跌倒和骨质疏松性骨折的风险[40,141]。因此，运动是预防骨质疏松症的首选非药物性方法。但也有研究指出，还需要大型随机对照试验来确定预防骨质疏松症和骨折的最佳运动处方[26,148,228]。

一、运动测试

一般来说，骨质疏松症病人进行运动测试应遵循正常的程序（见第五章），在进行运动测试时应注意以下问题：

1. 走路会引起疼痛的严重椎骨骨质疏松病人，在做心肺耐力测试时，最好选用功率自行车而不是跑台。

2. 多椎体压缩性骨折使脊柱缩短，脊柱变形会影响通气量，导致身体重心的前移。后者可能会影响在跑台步行的平衡。

3. 虽然没有最大肌力测试禁忌证的指南，但对严重骨质疏松病人来说，可能不适宜进行最大肌力测试。

4. 骨质疏松病人或骨量减少的病人应进行平衡能力或跌倒风险评估。可用的平衡能力评估方法有 4 级平衡测试[45]和跌倒效能量表[288]。

二、运动处方

目前，关于骨质疏松病人或骨质疏松高危人群最佳运动方案的数据很少。一般而言，负重的有氧运动和一些高撞击性、高速度和高强度的抗阻运动相结合，被认为是最佳选择[6,26,99,228]。

FITT　骨质疏松病人的 FITT 推荐

	有氧	抗阻	柔韧性
频率	每周 4～5 天	每周 1～2 天（非连续性日子），逐渐增加到每周 2～3 天	每周 5～7 天
强度	中等强度（40%～59% $\dot{V}O_2R$ 或 HRR），CR－10 量表的 3～4 级	调整阻力，最后 2 次重复要具有挑战性。如果能够忍受可以进行高强度训练	拉伸直到感到肌肉被拉紧或轻微不适的程度
时间	从 20 min 开始，逐渐增加到至少 30 min（最多 45～60 min）	从 1 组 8～12 次重复次数开始，约 2 周后增加到 2 组。每次运动不要超过 8～10 个运动动作	静力性拉伸保持 10～30 s，每个动作重复 2～4 次
方式	步行、骑车，或其他合适的有氧活动（负重运动更好）	在适当指导和安全保障下进行标准的器械锻炼	主要关节的静力性拉伸

HRR：储备心率；$\dot{V}O_2R$：储备摄氧量。

三、注意事项

1. 用骨强度来量化运动强度是很困难的，但是，在传统的一些方法中（如有氧运动中使用%HRR，抗阻运动中使用%1－RM 来量化运动强度），骨强度的增加通常与运动强度的增加成正比。推荐进行负重有氧运动和高速抗阻运动。合适的运动形式与组合比运动强度更重要，特别是对于过去发生过骨折的人[99]。

2. 目前还没有建立骨质疏松病人的运动禁忌证指南。一般会给出不引起或不加重疼痛的中等强度的运动处方。应避免爆发性和高撞击性运动，还应避免需要过度扭曲、弯曲和挤压脊柱的特殊运动（如瑜伽、普拉提），尤其是对于骨量极低的病人。

3. 跌倒会增加骨质疏松病人骨折的可能性。对于跌倒风险增加的老年人，运动处方要包括提高平衡能力的练习（见第七章和相关的 ACSM 立场声明[6]）。要主要锻炼股四头肌、腘绳肌、臀部和躯干的肌肉，因为这些肌肉主要是负责身体平衡的[40]。

4. 由于制动和卧床休息可以引起快速的、明显的骨质丢失，而恢复期骨密度却很难恢复，因此，即使是虚弱的老年人，也应该在健康状况允许的情况下尽量保持体力活力以维持骨骼健康。在长时间的患病期，即使是短暂的站立或行走也是可取的。

5. 本部分的运动推荐是针对一般的骨质疏松症病人或骨质疏松高危人群，对某些病人可能需要根据临床判断调整运动处方。

在线资源

美国运动医学会骨质疏松症立场声明：http：//www. acsm. org
国际临床骨密度学会：http：//www. iscd. org/official－positions/
美国国家骨质疏松症和相关骨疾病研究所：http：//www. niams. nih. gov/Health_ Info/Bone/default. asp
美国国家骨质疏松症基金会：http：//www. nof. org

（王娟　译）

第十节　帕金森氏病

帕金森氏病是最常见的神经系统退行性疾病之一，在美国超过 150 万人患有帕金森氏病，而且每年还有 70 000 新增病例[112]。目前全球约有 600 万人患有帕金森氏病[291]。帕金森氏病是以静止性震颤、运动迟缓、僵硬、姿势不稳、步态异常为临床特征的一种慢性进展性神经系统疾病（见专栏 11.4），由于中脑的多巴胺黑质纹状体通路损伤，导致神经递质多巴胺的减少。尽管确切的发病原因不清楚，但普遍认为基因和环境是发病因素，衰老、自身免疫反应和线粒体功能障碍也可能会加重疾病的发展[24,66,87,233]。

帕金森氏病的严重程度可分为：（1）早期病变，以轻度震颤或僵硬为主要特征；（2）中期病变，以轻至中度的震颤和活动受限为主要特征；（3）后期病变，无论是治疗或用药都表现出明显活动受限[233]。Hoehn 与 Yahr 量表更加详细地描述了帕金森氏病的症状发展进度[127]（见表 11.9）。

专栏 11.4	帕金森氏病患者的常见动作障碍[187]
运动迟缓	动作速度减慢和幅度减小；肢体运动功能减退，与运动无力有关。
运动不能	动作启动困难。
突然僵冻	在完成连续运动时，突然出现停顿、活动受阻而不能运动。
平衡障碍和姿势不稳	重心受到干扰或闭眼时，由于支撑面窄难以维持身体直立状态；坐位或转移时无法保持稳定；经常跌倒。
动作困难	肌肉过度活跃，有扭动或翻滚动作。
震颤	拮抗肌交替的节律性运动，“搓泥丸样”运动，静止性震颤。
肌强直	肢体的屈伸肌群在所有被动活动范围内都僵硬。
适应性反应	活动减少，肌力减弱，肌肉长度缩短，挛缩，畸形，有氧工作能力下降。

表 11.9　帕金森氏病 Hoehn 与 Yahr 分级[127]

0.0 级 = 没有帕金森氏病的症状
1.0 级 = 单侧病变
2.0 级 = 双侧病变，可以保持身体平衡
2.5 级 = 轻度的双侧病变，可以通过上拉试验恢复
3.0 级 = 轻度至中度的双侧病变；某些姿势不稳；躯干自主活动
4.0 级 = 重度无力；仍可以独立地走路或站立
5.0 级 = 轮椅依赖或卧床不起

帕金森氏病会影响身体活动，中度和重度患者完成日常生活中的体力活动都有困难。静止性震颤明显，但在随意运动、睡觉或躯干肌完全放松情况下消失，压力和焦虑时增加。肌强直使动作完成困难并增加能量消耗，也会增加患者的动作知觉和疲劳感，特别是运动后疲劳。运动迟缓和启动困难表现在开始完成有目的动作时的动作衰减或不稳。姿势不稳或平衡功能不足会增加患者的摔倒次数，摔倒后果更为严重，是影响帕金森氏病患者的严重问题。此外，动作缓慢、小碎步、拖曳步、伴随手臂摆动幅度减少和向前弯腰姿势[49,94]。完成转体、站起、转移和日常生活等动作困难和缓慢。还有分泌唾液过量、流口水、口齿不清以及小写症等其他问题也会影响生活质量。患者还出现自主神经系统紊乱，尤其在发病期的心血管功能紊乱现象。直立性低血压、心律失常、排汗障碍，以及心率和血压的失调对帕金森氏病患者的日常活动、体力活动和运动均造成影响。

治疗帕金森氏病主要依靠药物治疗。左旋多巴是治疗帕金森氏病的所有症状主要的，也是唯一最有效的药物，尽管效果显著，但作用也只能持续 10 年左右。长期服药会造成约

50% 的患者在 5 年里出现运动波动和动作困难等并发症[223,279]，其他影响还包括恶心、失眠、体位性低血压和出现幻觉等精神症状。左旋多巴与甲基多巴肼结合使用可预防系统性的不良反应[237]。其他的药物组合还有儿茶酚－氧位－甲基转移酶抑制剂、抗胆碱能类、单胺氧化酶 B 抑制剂（丙炔苯丙胺和雷沙基酶）、金刚烷胺、抗胆碱能药物和多巴胺激动剂，这些药物可以单一使用或联合用药减轻帕金森氏病的症状，同时也可能带来副作用而影响运动治疗。因此，运动专家需要熟悉药物治疗。

重度帕金森氏病的患者可能需要外科手术治疗。深层脑部电刺激（DBS）是对深部脑核团进行电刺激，苍白球和丘脑腹中央核是主要接受刺激的两个部位，刺激后运动功能的改善是相似的[86]。在药物治疗不足以控制运动并发症时，选择外科手术介入。深层脑部刺激在改善运动障碍，提高运动功能和生活质量方面比药物治疗更加有效[309]。

运动是治疗帕金森氏病的重要辅助治疗手段。规律运动会减少或推迟帕金森氏病患者因身体活动减少而继发的骨骼肌系统和心血管系统问题。帕金森氏病是慢性进展性疾病，通过持续运动来预防是有必要的。有证据表明运动可以改善步态，提高生活质量和有氧运动能力，降低帕金森氏病的严重程度[19,121,252,256,266]。运动还可以对帕金森氏病患者起到神经保护作用[318]，但研究证据主要来自动物模型[318]。

一、运动测试

帕金森氏病患者身体活动能力减退，表现在步态、平衡和功能活动等方面的问题，个体差异大，且伴随着身体适能水平的下降（如心肺耐力、肌肉力量、肌肉耐力和柔韧性）。以下是帕金森氏病患者运动测试的注意事项：

1. 帕金森氏病的患者以老年人居多，体力活动水平明显下降，需要在运动测试之前进行心血管系统风险评估。

2. 运动测试前建议先对患者的平衡能力、步态、身体活动、关节活动度、柔韧性和肌肉力量进行评价。评价结果可以指导如何安全地进行运动测试。

3. 为了运动测试安全而有效进行，需要先评价患者的动态和静态平衡能力，以及体力活动情况。临床平衡测试包括功能性前伸试验[71]、闭目直立试验[275]、单腿站立试验[275]、拉力试验[189,218,275]、计时站立—行走测试[171,227]和坐—站试验[265]等。

4. 步态观察选用 10 米步行测试，要求以适宜速度完成 10 米步行[155,255]。

5. 肌力评价方法包括徒手肌力评定法、手臂弯曲试验、抗阻训练器械、握力计和坐—站试验[100]；量角器法、坐位体前屈试验和用于评估柔韧性的摸背试验[239]；6 min 步行试验用于评定心肺耐力[73]。

6. 根据运动测试结果、帕金森氏病严重程度（见表 11.9）以及体力受限情况来制定运动处方。对于有严重步态和平衡问题或有摔倒史的患者[233]，可以单独使用下肢功率车或结合上肢功率车进行测试。但是，使用功率车可能会在达到最大心肺耐力前肌肉过早疲劳，而影响患者最大心肺耐力水平的评测[311]。跑台测试适用于轻度的帕金森氏病患者（HY 分级 1 ~2 级）[311]。亚极量强度的测试适合于严重病例（HY 分级≥3 级）和有明显活动受限的患者。

7. 帕金森氏病可能出现自主神经系统紊乱问题[317]，增加血压异常反应的风险[105]，需要药物控制病情[234]。

8. 对于非常严重的患者（HY≥4 级）和各种原因导致不能完成递增负荷运动测试的，如无法站立、严重驼背者、体力不支者，可能需要进行放射性核素负荷测试和负荷超声心动图检查。

9. 对于那些体力不支、下肢无力或有摔倒史的患者，需要小心采取保护和预防措施，尤其注意在跑台测试的最后阶段，疲劳时患者会出现步行不稳。确保患者佩戴保护带，专人站在跑步机旁注意保护患者。

10. 强烈建议应用症状限制性运动测试，症状包括疲劳、呼吸短促、血压异常反应和一般情况恶化。建议使用 RPE 感觉程度评分表监测身体费力程度[27]。

11. 帕金森氏病患者可能会有直立性低血压的情况，与患病的严重性和药物因素有关[227]。如在服用抗帕金森药物，应当在进行运动测试前注明。

12. 实施递增负荷试验时需要以下条件：在药物作用达到最佳效果、患者的活动表现最佳时进行；提前在跑步机上练习步行；选择改良 Bruce 方案（见第五章）。以上因素让患者有机会完成大强度运动[311]。虽然 Bruce 方案是最常使用的跑台运动测试方案[146]，但对于帕金森氏病患者来说也是一种激进而费力的方案[311]。

13. 使用深部脑功能刺激的患者，由于刺激产生的电信号会干扰心电图，因此需要暂时关闭刺激器，但是一旦没有刺激，患者会有功能退步和达不到最大耐受的情况。当关闭深部脑功能刺激器时，会出现身体不适、震颤、痉挛和情绪症状（如紧张、焦虑、疼痛）等的潜在危险。医生应首先与神经科专家对患者会诊，再进行运动测试。关闭深部脑刺激器必须由受过训练的医生或神经学家来操作，不起作用时，才可以进行心电监测，运动测试期间可以使用 RPE 来监测。

14. 此外，运动测试中还要注意标准化流程、运动测试的禁忌证、监测时间间隔、规范化终止标准（见第五章）。

15. 目前得知，药物与运动之间相互作用不存在严重的不良影响。仅有少数的几例报道显示在进行跑步机训练时，收缩压下降 20mmHg[271]。但没有任何证据证明药物使用与运动中收缩压的下降有必然联系。

二、运动处方

帕金森氏病运动的主要目的是延缓残疾，预防继发的并发症和提高患者的生活质量。运动处方涉及柔韧性、心肺耐力、肌肉力量、功能训练和运动控制。由于帕金森氏病是慢性进行性疾病，一旦确诊就应尽早制订运动方案，并坚持长期规律运动。随着病程进展，不同的阶段会出现不同的身体问题，因此需要及时复查并修改方案。

帕金森氏病患者运动处方的四个主要康复结果包括步态功能、移动能力、平衡功能、关节灵活度和肌肉力量的改善，心肺耐力提升[154]。因为关于帕金森氏病运动处方的文献非常有限[95]，健康成年人的运动处方也适用于这一人群，但需要评估疾病进程引起的应用局限，并完善运动处方。

帕金森氏病患者的抗阻训练运动处方的参考文献十分有限。抗阻训练能增加患者的肌肉力量，但是绝大多数的试验却持保守态度[74]。抗阻训练之后的肌肉力量改变，帕金森氏病患者与神经系统正常的普通人相似[53,253]。因此，神经系统正常的老年人的抗阻训练处方适用于帕金森氏病患者[253]。轻至中度的帕金森氏病的患者，进行中等强度的有氧运动能改善体能，抗疲劳，改善情绪，提高生活质量[292]。

FITT 帕金森氏病的 FITT 推荐[252,292]

	有氧	抗阻	柔韧性
频率	每周 3 天	每周 2～3 天	每周 ≥2～3 天，每天进行更有效
强度	40%～59% 储备摄氧量或储备心率； RPE 达到 6～20 量表的 12～13 级	从 40%～50% 的 1－RM 开始，能力更强的用 60%～70% 的 1－RM	全范围的屈曲、伸展和旋转，或牵伸到轻微不适处
时间	持续或累计 30 min	≥1 组，8～12 次重复；成年帕金森氏病患者从 10～15 次重复开始	保持静态牵拉 10～30 s，重复 2～4 次
方式	持续的、节律性的大肌肉群参与的活动（如步行、自行车、游泳、舞蹈）	安全起见，避免自由重量的练习；主要是力量器械和其他抗阻训练设备（如阻力带、自身体重）	缓慢地静态牵拉所有大肌肉群

（一）运动训练注意事项

1. 根据帕金森氏病患者临床病情严重程度选择运动类型。固定自行车、卧式自行车或者上肢功率车对严重患者来说是更为安全的运动方式。

2. 抗阻训练中，注重对躯干伸肌和臀肌的训练以预防错误姿势的出现。训练下肢主要肌肉群以维持身体活动能力。

3. 注重上肢和躯干的柔韧性训练和关节活动度训练。各阶段的帕金森氏病患者都应强调全身大关节的灵活性[233]。

4. 帕金森氏病的严重阶段，应加强脊柱活动与转体练习。

5. 颈椎柔韧性训练，以缓解伴随身体姿势、步态、平衡以及功能活动问题的颈椎僵直[92]。

6. 综合功能活动训练，如坐—站转换、上台阶、翻身和床边坐起训练，可改善神经系统控制、平衡功能，维持日常生活活动。

（二）帕金森氏病患者的神经控制训练建议

平衡障碍和跌倒是帕金森氏病患者面对的主要问题，平衡训练适用于所有帕金森氏病患者。最近有综述报道了体力活动和运动可以改善轻中度患者的姿势稳定性和平衡功能[67]，功能活动中进行静态和动态平衡训练。在进行挑战平衡能力的体力活动时，医生要确保患者的安全，例如：使用步行保护带、附近有扶栏或平行杠、清除地上杂物。训练方案要包含多种挑战身体运动的动作，例如：各方向踏步、上下迈步、向前和侧向重心移动、跨越障碍物、转身、以合适的步长行走[159,187]。太极拳、探戈舞和华尔兹也是改善平衡能力的训练形式[72,106,166]。

三、注意事项

1. 一些治疗帕金森氏病的药物会加重自主神经系统功能失调[105]。左旋多巴或卡比多巴可能引起运动性心动过缓和突发峰值剂量性心动过速及运动障碍。在试验和训练中要谨慎对待近期调整药物的患者，因为无法预测新服用药物的反应[233]。一些非运动系统的症状也可能会影响运动表现[47,229]（见专栏 11.5）。

2. 由于帕金森氏病的复杂性和进行性特点，运动的结果个体差异明显[233]。

3. 认知能力减退和痴呆是帕金森氏病的非运动系统症状，会对运动和病情发展产生不良影响[277]。

4. 在运动训练中强调预防或减少跌倒，教会患者如何防止摔倒，并加强练习预防严重伤害。摔倒主要发生在完成多重任务或冗长而复杂的活动时[186,188]。

5. 所有帕金森氏病患者都应进行平衡训练[103]。

6. 刚开始运动的患者应避免完成双重或多重任务。帕金森氏病患者很难充分集中注意力关注到所有的任务。在开始下一个动作之前要先完成当前动作[155]。多重任务有利于帕金森氏病患者产生应对平衡干扰的反应[268]，因此可以在单一任务完成较好后进展到多重任务组合。

7. 尽管没有报道说抗阻运动会加重帕金森氏病的症状，但需要关注运动后疲劳的发展和处理[96]。

8. 记录跌倒史。帕金森氏病患者一年中有 1 次以上跌倒，则未来 3 个月再次跌倒的可能性极高[154]。

9. 在运动期间，视觉与听觉的提示有助于改善患者步态[283]。

专栏 11.5　帕金森氏病的非运动系统症状[47]

方面	症状
心血管系统	直立性症状、晕厥、轻度头晕
睡眠/疲劳	睡眠障碍、白天嗜睡、失眠、疲劳、无力、不宁腿综合征
情绪/认知能力	冷漠、萎靡不振、缺乏动力、生活无趣、焦虑、惊恐、认知能力减退
知觉问题/幻觉	幻觉、错觉、复视
注意力/记忆力	注意力集中障碍、健忘、失忆
胃肠道系统	腹泻、吞咽问题、窒息、便秘
泌尿系统	尿失禁、夜间多尿、尿频
性功能	性兴趣改变、性生活障碍
其他	疼痛、无味觉或嗅觉、无食欲或体重下降、过度出汗、药物反应波动

在线资源

美国帕金森氏病协会：http：//www. apdaparkinson. org/userND/index. asp

戴维斯菲尼基金会：http：//www. davisphinneyfoundation. org/site/c. mvKWLaMOIqG/b. 5109589/k. BFE6/Home. htm

迈克尔 J·福克斯帕金森氏病研究基金会：http：//www. michaeljfox. org

美国国家神经疾病和中风研究所：http：//www. ninds. nih. gov/parkinsons_ disease/parkinsons_ disease. htm

美国国家帕金森氏病基金会：http：//www. parkinson. org/

帕金森氏病基金会：http：//www. pdf. org

帕金森氏病联盟：http：//www. parkinsonalliance. org/

帕金森氏病行动网：http：//parkinsonsaction. org/

欧洲帕金森氏病联合会：http：//www. epda. eu. com

（钱菁华　译）

第十一节　脊髓损伤

脊髓损伤（SCI）会导致损伤节段以下完全或不完全的运动、感觉和自主神经功能障碍。颈段脊髓损伤会引起四肢瘫或四肢轻瘫（颈椎损伤节段以下的完全损伤或不完全损伤)，而胸、腰、骶段的损伤会引起截瘫或下肢轻瘫（胸椎、腰椎、骶椎损伤节段以下的完全损伤或不完全损伤)。约 60% 的脊髓损伤患者为不完全损伤，损伤平面以下部分功能保留[199]，其中一半是颈段损伤，与胸、腰和骶段损伤量相等，且 80% 是男性[199]。创伤性脊髓损伤患者较年轻，继发并发症的风险高，如肩痛、尿路感染、压疮、骨质疏松、慢性疼痛、痉挛、关节挛缩、抑郁、肥胖、2 型糖尿病、心血管疾病等。

脊髓损伤节段直接影响身体功能、代谢水平及运动的心肺反应。运动测试和设定运动处方时要充分考虑脊髓损伤节段。各节段完全性脊髓损伤的功能如下：

1. L2—S2 节段损伤：膀胱、肠道和性功能缺乏自主控制，而上肢和躯干的功能正常。

2. T6—L2 节段损伤：不同的腹肌残存功能，呼吸和运动控制相应受影响。T6 节段损伤控制最差，L2 节段损伤控制相对最好。

3. T1—T6 节段损伤：体温调节障碍，直立性低血压，自主反射障碍（这种反应称为自主神经过反射，是一种可危及生命的医疗紧急情况。主要临床表现为血压骤增、心动过缓、头痛、脊髓损伤节段以上的竖毛、战栗、颤抖、出汗、鼻充血、皮肤斑点)。无交感神经支配心脏的心率峰值限制在 115 ~ 130 次/min。肋间肌麻痹导致呼吸功能进一步减退，上肢功能正常。

4. C5—C8 节段损伤：截瘫。C8 节段损伤的患者肩、肘和腕关节的随意控制正常，但手功能减退；C5 节段损伤，需要依靠肱二头肌和肩周肌肉实现自我照顾和身体活动，自主神经反射失调，直立性低血压。

5. C4 节段损伤：需要人工辅助呼吸、自主神经反射失调、直立性低血压。

一、运动测试

脊髓损伤患者的运动测试需要考虑以下情况：

1. 首先进行功能评价，包括关节活动度、肌力、平衡、转移能力、轮椅活动能力和上下肢运动功能，从而有助于选择运动测试设备，制订和调整方案。

2. 需要考虑运动测试的目的、脊髓损伤节段和完全程度、参与者的体能水平，以便优化运动设施和方案的选择。

3. 运动模式的选择应遵循最大化动员肌肉的原则。如果患者躯干和下肢功能大部分保留，可考虑选用四肢联动功率自行车或卧位踏步。如果患者为完全损伤或近乎完全损伤者，上肢运动是最容易的运动模式，同时也是评定心肺耐力的常见指标[108]，其他数据可在轮椅运动中获得[269]。

4. 恰当调节轮椅后可用固定轮椅滚轴系统或电动跑台，使用电动跑台可以通过坡度和车速的变化，模拟真实外界因素的刺激[302]。

5. 评定心肺耐力的递增负荷试验，四肢瘫患者应从 0 阻力开始，并在每阶段增加 5 ~ 10W。根据功能和体能情况，截瘫患者可以每阶段增加 10 ~ 25W。

6. 进行室内运动专项的心肺耐力评定，要预定一个方形球场作为测试场地，递增试验改编自“Leger 与 Boucher 折返试验”，地面与轮椅的接触面要标准化[164,302]。

7. 四肢瘫患者最大用力运动后，可采取休息、躺下、抬高下肢和补液等措施，治疗运动后低血压和疲劳。

8. 肌肉力量评估没有特别的注意事项，只需考虑损伤节段决定着残存功能，需要相应地维持稳定以及调节测试设备。

9. 依靠轮椅活动的脊髓损伤患者可能会出现关节挛缩，这是由于肌肉痉挛、肌力不平衡、坐轮椅的关节屈曲姿势（如屈髋、髋内收、屈膝）以及反复推轮椅的徒手转移（前胸和肩膀肌紧张）。因此，强化运动专项训练，必须加强上肢原动肌群的牵伸，加强拮抗肌力量训练，以促进关节周围肌肉的平衡。

二、运动处方

运动训练的目标是：预防体能下降，增强体质（例如，体重管理、血糖稳定、降低心血管疾病风险）；提高肌肉力量、肌肉耐力及柔韧性以促进功能性独立（轮椅移动、转移和日常活动能力），预防跌倒和运动损伤的发生，以及改善运动表现（安全顺利地进行适应性体育和娱乐活动）。目前，并没有出版脊髓损伤运动处方的推荐方案，需要进一步研究[25,124]。因此，基于一些系统综述和统一观点，建议如下：

FITT 脊髓损伤的 FITT 推荐[101,219]

	有氧	抗阻	柔韧性
频率	至少每周 2 天，进阶至每周 3 天。运动员可增加到每周 3～5 天	至少每周 2 天	每天，尤其是有关节挛缩、痉挛或频繁使用轮椅推进和徒手转移
强度	初级者：中等运动强度（40%～59%储备心率）；运动员：75%～90%的储备心率	从 20－RM 开始	拉伸时疼痛感＜2 分（0～10 分的疼痛等级）
时间	开始时 5～10 min 训练，5 min 积极恢复交替进行，逐渐增加到每个训练单元至少 20 min，减少休息时间	每个训练单元 1～2 组，8～12 次重复；逐渐增加到 3 组，每组 8～10 次	每天牵拉，每块肌肉群牵拉 3～4 min，可以在热身后或在训练和比赛结束即刻进行

	有氧	抗阻	柔韧性
方式	最大可能的肌肉参与，四肢联动功率自行车或合并功能性电刺激的下肢功率自行车，上肢功率自行车或划船机，卧位踏步，轮椅功率自行车等	可调节的抗阻训练器械，使用方便且安全，也可以使用哑铃、沙袋或弹力带	首选主动拉伸，或低强度的被动拉伸，自我完成或需要助手

运动处方的注意事项

1. 所有受神经支配的肌肉都要进行抗阻训练，尤其是上肢，但不要忽略了瘫痪的上肢、躯干或下肢肌肉。

2. 抗阻训练特别强调“推”的动作，例如推举或上臂支撑，增强胸肌、肩胛前伸肌群和肩内旋肌（完成轮椅驱动和转移活动等功能技巧的原动肌）。

3. “推”练习与“拉”练习应均衡应用，如划船、下拉，增强肩胛骨后缩和下降肌群、后三角肌、肩关节外旋肌和背阔肌。

4. 以发展肌肉力量为目标，为避免手臂出现过度使用综合征，建议抗阻训练以5~10RM为宜。随着患者训练适应能力增强，可增加组数至3~4组。

5. 运动员的进阶训练包括实心球练习、绳索训练，爆发力和速度相关的专项训练。

6. 运动治疗关节周围肌肉失衡和痉挛问题，目标是预防和纠正患者的关节挛缩，改善关节活动范围。

7. 缓慢拉伸痉挛肌肉，避免发生牵张反射而加重肌肉失衡和挛缩。重点拉伸胸部、肩前部和肩内旋的主要肌肉，固定临近关节实现有效的拉伸。

8. 拉伸存在关节挛缩风险的痉挛肌肉（如肘关节屈肌、髋膝关节屈肌、髋关节内收肌和踝关节跖屈肌）。被动/主动地站立也能拉伸屈髋肌和踝跖屈肌。

9. 关节活动度训练的进阶应缓慢推进，并以疼痛能耐受为原则，尤其对高龄、关节炎、关节挛缩、制动（长期卧床或住院病人）、异位骨化、慢性劳损和疼痛的患者。

三、注意事项

1. 运动前要排空肠道、膀胱或尿袋，因为充盈的膀胱或肠道会激发自主神经过度反射。

2. 随时注意避免皮肤压疮，定时检查易发部位。

3. T6节段以上完全性脊髓损伤的患者可能会有心血管功能下降的表现，尤其是四肢瘫患者。与T5-T6损伤的截瘫患者相比，四肢瘫患者会在较低的运动强度水平就达到了峰值心率、心输出量和耗氧量[131]。

4. 运动期间，自主神经过反射会导致儿茶酚胺的释放，这将会提高心率、耗氧量、血压和运动能力[257]。血压也可能会过度升高（如收缩压 250 ~ 300 mmHg 和/或舒张压 200 ~ 220 mmHg）。在这种情况下，需要做出紧急反应（如停止运动、坐直），查找并消除可能的激惹刺激（如导尿管、尿袋、衣服或支具过紧）。如果症状持续，需要寻求医务人员的治疗。在竞技运动中，如果运动员收缩压≥180 mmHg，要放弃比赛。

5. 新发病但身体健康的脊髓损伤患者可能会在达到足够的心血管中枢刺激之前出现肌肉疲劳。四肢瘫患者仅有少量肌肉主动收缩，会在消耗中枢心肺能力前出现肌肉疲劳。

6. 活动受限或近期无站立的脊髓损伤患者骨折风险增加，全负重活动会受到限制，尽管没有出现并发症或之前已获得全负重许可。

7. 高节段脊髓损伤患者，特别是四肢瘫，使用压力袜、弹性腹带或腿部肌肉电刺激，或者卧位姿势运动会有益，影响包括维持血压、降低心率和提高每搏输出量，上肢运动时补偿损伤节段之下的血容量储备。

8. 选取可动员最大肌肉群的动作模式。不完全脊髓损伤患者可选择四肢联动功率自行车或卧位踏步机；完全脊髓损伤患者可选择上肢划船器、轮椅推进、划船器。

9. T12 以上损伤的痉挛性瘫痪患者感觉丧失，对刺激的反应表现出持续的静态或动态收缩。与仅有上肢参与的运动相比，联合运动提供更高强度的心血管运动。与上肢划船器和功能性电刺激下肢自行车相比，联合运动能动员更大的肌肉群，提供更高的功率峰值，次最大摄氧量训练强度，心搏出量和（$\dot{Q}$）[123,129]，尤其对于四肢瘫的患者来说。但也有证据显示，联合式自行车运动与手踏车运动相比并没有特别益处[10]。

10. 肌肉力量训练从轮椅坐位训练到不用轮椅，更好地调动躯干稳定肌。然而，需要限制从轮椅到运动器材上的转移活动，因为会增加盂肱关节的接触力，可能发生劳损，如肩峰下撞击综合征和肩袖拉伤或撕裂，尤其是四肢瘫患者[301]。需特别注意肩部肌肉不平衡和劳损。牵伸助推轮椅的原动肌（如肩前部和胸肌），加强拮抗肌力量（如肩后部、肩胛带、背部肌群）[84]。

11. 肌腱滑移（主动地伸腕可以促进手指屈曲）帮助手部肌肉无力的四肢瘫患者实现功能抓握动作。为了保持效应，患者不能牵伸手指屈肌（最大范围地同时伸展腕关节和指关节）。

12. 耐力训练时，脊髓损伤患者比健康人更容易身体发热。除了促进体温调节，患者普遍较少出汗。要避免降低热耐受的情况：缺乏环境适应力、脱水、糖原耗竭、少眠、酒精和传染病。训练和比赛期间，建议装备轻装、冰衣、防晒霜和喷雾[3,7]。

在线资源

美国健康、体力活动与残疾中心：http：//www. nchpad. org/Articles/9/Exercise ~ and ~ Fitness
脊髓损伤康复证据：http：//www. scireproject. com/rehabilitation – evidence/cardiovascular – health
加拿大脊髓损伤行动：http：//sciactioncanada. ca/guidelines/
彼得·哈里森残疾体育中心：http：//www. lboro. ac. uk/research/phc/educational – toolkit/
美国脊髓损伤学会学习中心：http：//www. asia – spinalinjury. org/elearning/elearning. php

（钱菁华　译）

第十二节　同时存在多种慢性疾病和健康问题

随着老龄化、心血管疾病和癌症治疗的进步、超重和肥胖人口的增加，使得运动专业人士需要为越来越多的患有多种慢性疾病和健康问题的病人设计运动处方。2012 年，美国疾病控制和预防中心估计，有 1/2 的美国成年人（约 1. 17 亿）至少患有一种排在前 10 位的慢性疾病，有 1/4 的人不止患有一种慢性疾病[308]。第九章至第十一章为多种慢性疾病提供了运动处方，本部分是为患有其他慢性疾病的病人提供运动指南。一般来说，需要根据病情推荐最保守的指南。对大多数病情稳定又希望参与运动的患有多种疾病和健康问题的人，轻到中等强度的运动是安全的（见第一章和第二章）。但如果运动专业人士对客户或病人已知的疾病和健康问题存在疑问时，应咨询医务人员，因为疾病和健康问题可能会限制运动计划。

一、运动测试

根据第二章的健康筛查流程确定病人是否需要进行运动测试。如果进行的话，参考相关疾病或健康问题的运动测试。

二、运动处方

健康人的运动处方原则同样适用于有多种疾病和健康问题的人群（见第六章），除非疾病或健康问题需要更为保守的运动处方。审视每一种疾病和健康问题再做出判断。为患有多种疾病和健康问题的人群制定具体的运动处方是一项艰巨的任务，因为针对特定疾病、健康问题或心血管疾病危险因素的运动剂量有所不同，例如，降血压的运动量要低于改善血脂、腹部肥胖或骨密度的运动量。

三、注意事项

1. 要保证患有多种疾病或健康问题的人在开始运动计划前所有的病情都是稳定的。

2. 某些情况下，对运动适应后会增加运动强度，从而可能诱发疾病的症状。例如，间歇性跛行的病人进行规律的步行后增加运动强度，可能会发生心绞痛或呼吸困难的症状，这些症状在较低的运动强度时是不会出现的。

3. 大量科学研究认为体力活动可以延长寿命，降低许多慢性疾病和健康问题的风险，也明确了体力活动和健康之间存在量效反应关系。因此，应该鼓励进行所有可以进行的体力活动。

4. 应从最影响日常生活活动、生活质量、开始或保持运动计划的一种疾病或健康问题入手，开始相应的运动计划。也要考虑病人的爱好和目标。

5. 从最保守的针对多种疾病、健康问题或心血管疾病危险因素的运动处方开始。

6. 了解不同运动处方产生效果的程度和时间，并安全、恰当地推动运动处方的实施进度。

7. 及时监测症状和体征，确保运动处方安全、平稳和循序渐进地完成。

（王娟，钱菁华　译）

参考文献

1. Agiovlasitis S, Motl RW, Ranadive SM, et al. Prediction of oxygen uptake during over – ground walking in people with and without Down syndrome. *Eur J Appl Physiol.* 2011;111:1739 – 45.
2. Ahlborg L, Andersson C, Julin P. Whole – body vibration training compared with resistance training: effect on spasticity, muscle strength and motor performance in adults with cerebral palsy. *J Rehabil Med.* 2006;38(5):302 – 8.
3. American Association on Intellectual and Developmental Disabilities. *Intellectual Disability: Definition, Classification, and Systems of Support.* 11th ed. Washington(DC): American Association on Intellectual and Developmental Disabilities;2010. 280 p.
4. American Cancer Society. *Cancer Facts and Figures* 2015 [Internet]. Atlanta(GA): American Cancer Society; [cited 2015 Jan 9]. Available from: http://www. cancer. org/research/cancerfactsstatistics/cancerfactsfi gures2015/index.
5. American College of Sports Medicine, Armstrong LE, Casa DJ, et al. American College of Sports Medicine position stand. Exertional heat illness during training and competition. *Med Sci Sports Exerc.* 2007;39(3):556 – 72.
6. American College of Sports Medicine, Chodzko – Zajko WJ, Proctor DN, et al. American College of Sports Medicine position stand. Exercise and physical activity for older adults. *Med Sci Sports Exerc.* 2009;41(7):1510 – 30.
7. American College of Sports Medicine, Sawka MN, Burke LM, et al. American College of Sports Medicine position stand. Exercise and fluid replacement. *Med Sci Sports Exerc.* 2007;39(2):377 – 90.

8. Anuurad E, Semrad A, Berglund L. Human immunodefi ciency virus and highly active antiretroviral therapy – associated metabolic disorders and risk factors for cardiovascular disease. *Metab Syndr Relat Disord.* 2009; 7(5): 401 – 10.

9. Baechle TR, Earle RW, Wathen D. Resistance training. In: Baechle TR, Earle RW, editors. *Essentials of Strength Training and Conditioning.* 2nd ed. Champaign(IL): Human Kinetics; 2000. p. 395 – 425.

10. Bakkum AJ, de Groot S, Stolwijk – Swüste JM, et al. Effects of hybrid cycling versus handcycling on wheelchair – specific fitness and physical activity in people with long – term spinal cord injury: a 16 – week randomized controlled trial. *Spinal Cord.* 2015; 53(5): 395 – 401.

11. Balemans AC, Van Wely L, De Heer SJ, et al. Maximal aerobic and anaerobic exercise responses in children with cerebral palsy. *Med Sci Sports Exerc.* 2013; 45(3): 561 – 8.

12. Bartels EM, Lund H, Hagen KB, Dagfi nrud H, Christensen R, Danneskiold – Samsoe B. Aquatic exercise for the treatment of knee and hip osteoarthritis. *Cochrane Database Syst Rev.* 2007; (4): CD005523.

13. Baynard T, Pitetti KH, Guerra M, Unnithan VB, Fernhall B. Age – related changes in aerobic capacity in individuals with mental retardation: a 20 – yr review. *Med Sci Sports Exerc.* 2008; 40(11): 1984 – 9.

14. Bean JF, Kiely DK, Herman S, et al. The relationship between leg power and physical performance in mobility – limited older people. *J Am Geriatr Soc.* 2002; 50: 461 – 7.

15. Bennett RM. Clinical manifestations and diagnosis of fibromyalgia. *Rheum Dis Clin North Am.* 2009; 35: 215 – 32.

16. Bennett RM, Friend R, Jones KD, Ward R, Han BK, Ross RL. The Revised Fibromyalgia Impact Questionnaire (FIQR): validation and psychometric properties. *Arthritis Res Ther.* 2009; 11(4): R120.

17. Bennett RM, Friend R, Marcus D, et al. Criteria for the diagnosis of fi bromyalgia: validation of the modified 2010 preliminary American College of Rheumatology criteria and the development of alternative criteria. *Arthritis Care Res.* 2014; 66(9): 1364 – 73.

18. Berg K, Wood – Dauphinee S, Williams JI, Gayton D. Measuring balance in the elderly: preliminary development of an instrument. *Physiotherapy Canada.* 1989; 41(6): 304 – 11.

19. Bergen JL, Toole T, Elliott RG III, Wallace B, Robinson K, Maitland CG. Aerobic exercise intervention improves aerobic capacity and movement initiation in Parkinson's disease patients. *Neuro Rehabilitation.* 2002; 17(2): 161 – 8.

20. Bhole R, Flynn JC, Marbury TC. Quadriceps tendon ruptures in uremia. *Clin Orthop Relat Res.* 1985; (195): 200 – 6.

21. Bidonde J, Busch AJ, Bath B, Milosavljevic S. Exercise for adults with fi bromyalgia: an umbrella systematic review with synthesis of best evidence. *Curr Rheumatol Rev.* 2014; 10(1): 45 – 79.

22. Bittles AH, Petterson BA, Sullivan SG, Hussain R, Glasson EJ, Montgomery PD. The influence of intellectual disability on life expectancy. *J Gerontol A Biol Sci Med Sci.* 2002; 57: M470 – 2.

23. Blanchard CM, Courneya KS, Stein K. Cancer survivors' adherence to lifestyle behavior recommendations and associations with health – related quality of life: results from the American Cancer Society's SCS – II. *J Clin Oncol.* 2008; 26(13): 2198 – 204.

24. Blandini F. Neural and immune mechanisms in the pathogenesis of Parkinson's disease. *J Neuroimmune Pharmacol.* 2013; 8(1): 189 – 201.

25. Bochkezanian V, Raymond J, de Oliveira CQ, Davis GM. Can combined aerobic and muscle strength training improve aerobic fitness, muscle strength, function and quality of life in people with spinal cord injury? A systematic review. *Spinal Cord.* 2015; 53(6): 418 – 31.

26. Bolam KA, van Uff elen JG, Taaffe DR. The effect of physical exercise on bone density in middle – aged and older men: a systematic review. *Osteoporos Int.* 2013; 24: 2749 – 62.

27. Borg GA. Psychophysical bases of perceived exertion. *Med Sci Sports Exerc.* 1982; 14(5): 377 – 81.

28. Borg GA. Scaling pain and related subjective somatic symptoms. In: Borg GA, editor. *Borg's Perceived Exertion and Pain Scales.* Champaign(IL): Human Kinetics; 1998. p. 63 – 7.

29. Branco JC, Bannwarth B, Failde I, et al. Prevalence of fibromyalgia: a survey in five European countries. *Semin Arthritis Rheum.* 2010; 39(6): 448 – 53.

30. Brehm MA, Balemans AC, Becher JG, Dallmeijer AJ. Reliability of a progressive maximal cycle ergometer test to assess peak oxygen uptake in children with mild to moderate cerebral palsy. *Phys Ther.* 2014; 94(1): 121 – 8.

31. Brosseau L, MacLeay L, Robinson V, Wells G, Tugwell P. Intensity of exercise for the treatment of osteoarthritis. *Cochrane Database Syst Rev.* 2003; (2): CD004259.

32. Brown JC, Huedo – Medina TB, Pescatello LS, Pescatello SM, Ferrer RA, Johnson BT. Efficacy of exercise interventions in modulating cancer – related fatigue among adult cancer survivors: a meta – analysis. *Cancer Epidemiol Biomarkers Prev.* 2011; 20(1): 123 – 33.

33. Brown JC, Schmitz KH. The prescription or proscription of exercise in colorectal cancer care. *Med Sci Sports Exerc.* 2014; 46(12): 2202 – 9.

34. Brzycki M. Strength testing predicting a one – rep max from reps – to – fatigue. *J Physical Ed Rec Dance.* 1993; 64: 88 – 90.

35. Bull MJ. Health supervision for children with down syndrome. *Pediatrics.* 2011; 128: 393 – 406.

36. Busch AJ, Barber KA, Overend TJ, Peloso PM, Schachter CL. Exercise for treating fibromyalgia syndrome. *Cochrane Database Syst Rev.* 2007; (4): CD003786.

37. Busch AJ, Webber SC, Brachaniec M, et al. Exercise therapy for fibromyalgia. *Curr Pain Headache Rep.* 2011; 15(5): 358 – 67.

38. Busch AJ, Webber SC, Richards RS, et al. Resistance exercise training for fibromyalgia. *Cochrane Database Syst Rev.* 2013; (12): CD010884.

39. Butler JM, Scianni A, Ada L. Effect of cardiorespiratory training on aerobic fitness and carryover to activity in children with cerebral palsy: a systematic review. *Int J Rehabil Res.* 2010; 33(2): 97 – 103.

40. Cadore EL, Rodríguez – Mañas L, Sinclair A, Izquierdo M. Effects of different exercise interventions on risk of falls, gait ability, and balance in physically frail older adults: a systematic review. *Rejuvenation Res.* 2013; 16(2): 105 – 14.

41. Carroll CC, Gallagher PM, Seidle ME, Trappe SW. Skeletal muscle characteristics of people with multiple sclerosis. *Arch Phys Med Rehabil.* 2005; 86(2): 224 – 9.

42. Centers for Disease Control and Prevention. National and state medical expenditures and lost earnings attributable to arthritis and other rheumatic conditions—United States, 2003. *MMWR Morb Mortal Wkly Rep.* 2007; 56: 4 – 7.

43. Centers for Disease Control and Prevention. *National Chronic Kidney Disease Fact Sheet: General Information and*

National Estimates on Chronic Kidney Disease in the United States, 2014. Atlanta (GA): U. S. Department of Health and Human Services, Centers for Disease Control and Prevention; 2014. 4 p.

44. Centers for Disease Control and Prevention. Prevalence of doctor – diagnosed arthritis and arthritis – attributable activity limitation—United States, 2010—2012. *MMWR Morb Mortal Wkly Rep.* 2013;62:869 – 73.
45. Centers for Disease Control and Prevention. STEADI (Stopping Elderly Accidents, Deaths, and Injuries) Initiative for Health Care Providers. *Older Adults Falls Prevention* [Internet]. Atlanta (GA): Centers for Disease Control and Prevention; [cited 2014 Oct 21]. Available from: http://www.cdc.gov/steadi/materials.html.
46. Cerebral Palsy International Sports and Recreation Association. *Classification and Sports Rules Manual.* 9th ed. Nottingham (United Kingdom): Cerebral Palsy International Sports & Recreation Association; 2006. 162 p.
47. Chaudhuri KR, Martinez – Martin P, Brown RG, et al. The metric properties of a novel non – motor symptoms scale for Parkinson's disease: results from an international pilot study. *Mov Disord.* 2007;22(13):1901 – 11.
48. Cheema BS, Kilbreath SL, Fahey PP, Delaney G, Atlantis E. Safety and efficacy of progressive resistance training in breast cancer: a systematic review and meta – analysis. *Breast Cancer Res Treat.* 2014;148:249 – 68.
49. Christiansen CL, Schenkman M, McFann K, Wolfe P, Kohrt WM. Walking economy in people with Parkinson's disease. *Mov Disord.* 2009;24(10):1481 – 7.
50. Chung LH, Remelius JG, van Emmerik RE, Kent – Braun JA. Leg power asymmetry and postural control in women with multiple sclerosis. *Med Sci Sports Exerc.* 2008;40(10):1717 – 24.
51. Clauw DJ. Fibromyalgia: an overview. *Am J Med.* 2009;122(12 Suppl):S3 – 13.
52. Clyne N, Jogestrand T, Lins LE, Pehrsson SK. Factors influencing physical working capacity in renal transplant patients. *Scand J Urol Nephrol.* 1989;23(2):145 – 50.
53. Corcos DM, Robichaud JA, David FJ, et al. A two – year randomized controlled trial of progressive resistance exercise for Parkinson's disease. *Mov Disord.* 2013;28(9):1230 – 40.
54. Courneya KS, Vardy J, Gill S, et al. Update on the Colon Health and Life – Long Exercise Change Trial: a phase III study of the impact of an exercise program on disease – free survival in colon cancer. *Curr Colorectal Cancer Rep.* 2014;10:321 – 8.
55. Cowley PM, Ploutz – Snyder LL, Baynard T, et al. Physical fitness predicts functional tasks in individuals with Down syndrome. *Med Sci Sports Exerc.* 2010;42(2):388 – 93.
56. Cramer L, Hildebrandt B, Kung T, et al. Cardiovascular function and predictors of exercise capacity in patients with colorectal cancer. *J Am Coll Cardiol.* 2014;64(13):1310 – 9.
57. Dadabhoy D, Clauw D. The fibromyalgia syndrome. In: Klippel JH, Stone JH, Croff ord LJ, White PH, editors. *Primer on the Rheumatic Diseases.* 13th ed. New York (NY): Springer; 2008. p. 87 – 93.
58. Dagfi nrud H, Kvien TK, Hagen KB. Physiotherapy interventions for ankylosing spondylitis. *Cochrane Database Syst Rev.* 2008;(1):CD002822.
59. Damiano DL. Activity, activity, activity: rethinking our physical therapy approach to cerebral palsy. *Phys Ther.* 2006;86(11):1534 – 40.
60. Darrah J, Wessel J, Nearingburg P, OHonnor M. Evaluation of a community fitness program for adolescents with cerebral palsy. *Ped Phys Ther.* 1999;11(1):18 – 23.
61. DeBolt LS, McCubbin JA. The effects of home – based resistance exercise on balance, power, and mobility in adults

with multiple sclerosis. *Arch Phys Med Rehabil.* 2004;85(2):290 – 7.

62. De Groot S, Dallmeijer AJ, Bessems PJ, Lamberts ML, van der Woude LH, Janssen TW. Comparison of muscle strength, sprint power and aerobic capacity in adults with and without cerebral palsy. *J Rehabil Med.* 2012;44(11):932 – 8.
63. Deighton C, O'Mahony R, Tosh J, Turner C, Rudolf M. Management of rheumatoid arthritis: summary of NICE guidance. *BMJ.* 2009;338:b702.
64. De Jong Z, Munneke M, Kroon HM, et al. Long – term follow – up of a high intensity exercise program in patients with rheumatoid arthritis. *Clin Rheumatol.* 2009;28:663 – 71.
65. De Jong Z, Munneke M, Zwinderman AH, et al. Is a long – term high – intensity exercise program effective and safe in patients with rheumatoid arthritis? Results of a randomized controlled trial. *Arthritis Rheum.* 2003;48(9):2415 – 24.
66. Dias V, Junn E, Mouradian MM. The role of oxidative stress in Parkinson's disease. *J Parkinsons Dis.* 2013;3(4):461 – 91.
67. Dibble LE, Addison O, Papa E. The effects of exercise on balance in persons with Parkinson's disease: a systematic review across the disability spectrum. *J Neurol Phys Ther.* 2009;33(1):14 – 26.
68. Diesel W, Noakes TD, Swanepoel C, Lambert M. Isokinetic muscle strength predicts maximum exercise tolerance in renal patients on chronic hemodialysis. *Am J Kidney Dis.* 1990;16(2):109 – 14.
69. Dodd KJ, Taylor NF, Damiano DL. A systematic review of the eff ectiveness of strength – training programs for people with cerebral palsy. *Arch Phys Med Rehabil.* 2002;83(8):1157 – 64.
70. Dorfman LJ, Howard JE, McGill KC. Motor unit firing rates and firing rate variability in the detection of neuromuscular disorders. *Electroencephalogr Clin Neurophysiol.* 1989;73(3):215 – 24.
71. Duncan PW, Weiner DK, Chandler J, Studenski S. Functional reach: a new clinical measure of balance. *J Gerontol.* 1990;45(6):M192 – 7.
72. Earhart GM. Dance as therapy for individuals with Parkinson disease. *Eur J Phys Rehabil Med.* 2009;45(2):231 – 8.
73. Falvo MJ, Earhart GM. Six – minute walk distance in persons with Parkinson disease: a hierarchical regression model. *Arch Phys Med Rehabil.* 2009;90(6):1004 – 8.
74. Falvo MJ, Schilling BK, Earhart GM. Parkinson's disease and resistive exercise: rationale, review, and recommendations. *Mov Disord.* 2008;23(1):1 – 11.
75. Fang CT, Chang YY, Hsu HM, et al. Life expectancy of patients with newly – diagnosed HIV infection in the era of highly active antiretroviral therapy. *QJM.* 2007;100(2):97 – 105.
76. Feltham MG, Collett J, Izadi H, et al. Cardiovascular adaptation in people with multiple sclerosis following a twelve week exercise programme suggest deconditioning rather than autonomic dysfunction caused by the disease. Results from a randomized controlled trial. *Eur J Phys Rehabil Med.* 2013;49(6):765 – 74.
77. Fernhall B. The young athlete with a mental disability. In: Hebestreit H, Bar – Or O, editors. *The Young Athlete.* Malden(MA): Blackwell;2008. p. 403 – 14.
78. Fernhall B, Baynard T. Intellectual disability. In: Ehrman JK, Gordon PM, Visich PS, Keteyian SJ, editors. *Clinical Exercise Physiology.* 3rd ed. Champaign(IL): Human Kinetics;2013. p. 617 – 31.

79. Fernhall B, McCubbin JA, Pitetti KH, et al. Prediction of maximal heart rate in individuals with mental retardation. *Med Sci Sports Exerc.* 2001;33(10):1655-60.

80. Fernhall B, Mendonca G, Baynard T. Reduced work capacity in individuals with Down syndrome: a consequence of autonomic dysfunction? *Exerc Sport Sci Rev.* 2013;41:138-47.

81. Fernhall B, Pitetti KH, Rimmer JH, et al. Cardiorespiratory capacity of individuals with mental retardation including Down syndrome. *Med Sci Sports Exerc.* 1996;28(3):366-71.

82. Fernhall B, Pitetti KH, Vukovich MD, et al. Validation of cardiovascular fitness field tests in children with mental retardation. *Am J Ment Retard.* 1998;102(6):602-12.

83. Fernhall B, Tymeson G. Graded exercise testing of mentally retarded adults: a study of feasibility. *Arch Phys Med Rehabil.* 1987;68(6):363-5.

84. Figoni SF. Overuse shoulder problems after spinal cord injury: a conceptual model of risk and protective factors. *Clin Kinesiol.* 2009;63(2):12-22.

85. Fisher NM. Osteoarthritis, rheumatoid arthritis, and fibromyalgia. In: Myers J, Nieman DC, editors. *ACSM's Resources for Clinical Exercise Physiology: Musculoskeletal, Neuromuscular, Neoplastic, Immunologic, and Hematologic Conditions.* 2nd ed. Baltimore (MD): Lippincott Williams & Wilkins; 2010. p. 132-47.

86. Follett KA, Weaver FM, Stern M, et al. Pallidal versus subthalamic deep-brain stimulation for Parkinson's disease. *N Engl J Med.* 2010;362(22):2077-91.

87. Foltynie T, Kahan J. Parkinson's disease: an update on pathogenesis and treatment. *J Neurol.* 2013;260(5):1433-40.

88. Fowler EG, Knutson LM, Demuth SK, et al. Pediatric endurance and limb strengthening (PEDALS) for children with cerebral palsy using stationary cycling: a randomized controlled trial. *Phys Ther.* 2010;90(3):367-81.

89. Franceschini M, Rampello A, Bovolenta F, Aiello M, Tzani P, Chetta A. Cost of walking, exertional dyspnoea and fatigue in individuals with multiple sclerosis not requiring assistive devices. *J Rehabil Med.* 2010;42(8):719-23.

90. Fransen M, McConnell S. Exercise for osteoarthritis of the knee. *Cochrane Database Syst Rev.* 2008;(4):CD004376.

91. Fransen M, McConnell S, Hernandez-Molina G, Reichenbach S. Exercise for osteoarthritis of the hip. *Cochrane Database Syst Rev.* 2009;(3):CD007912.

92. Franzén E, Paquette C, Gurfinkel VS, Cordo PJ, Nutt JG, Horak FB. Reduced performance in balance, walking and turning tasks is associated with increased neck tone in Parkinson's disease. *Exp Neurol.* 2009;219(2):430-8.

93. Freal JE, Kraft GH, Coryell JK. Symptomatic fatigue in multiple sclerosis. *Arch Phys Med Rehabil.* 1984;65(3):135-8.

94. Gallo PM, McIsaac TL, Garber CE. Walking economy during cued versus non-cued treadmill walking in persons with Parkinson's disease. *J Parkinsons Dis.* 2013;3(4):609-19.

95. Garber CE, Blissmer B, Deschenes MR, et al. American College of Sports Medicine position stand. Quantity and quality of exercise for developing and maintaining cardiorespiratory, musculoskeletal, and neuromotor fitness in apparently healthy adults: guidance for prescribing exercise. *Med Sci Sports Exerc.* 2011;43(7):1334-59.

96. Garber CE, Friedman J. Effects of fatigue on physical activity and function in patients with Parkinson's disease. *Neurology.* 2003;60(7):1119-24.

97. Garcia A, Fraga GA, Vieira RC Jr, et al. Effects of combined exercise training on immunological, physical and biochemical parameters in individuals with HIV/AIDS. *J Sports Sci.* 2014;32(8):785-92.

98. Gavi MB, Vassalo DV, Amaral FT, et al. Strengthening exercises improve symptoms and quality of life but do not change autonomic modulation in fibromyalgia: a randomized clinical trial. *PLoS One.* 2014;9(3):e90767.

99. Giangregorio LM, McGill S, Wark JD, et al. Too fit to fracture: outcomes of a Delphi consensus process on physical activity and exercise recommendations for adults with osteoporosis with or without vertebral fractures. *Osteoporos Int.* 2015;26:891-910.

100. Gill TM, Williams CS, Tinetti ME. Assessing risk for the onset of functional dependence among older adults: the role of physical performance. *J Am Geriatr Soc.* 1995;43(6):603-9.

101. Ginis KA, Hicks AL, Latimer AE, et al. The development of evidence-informed physical activity guidelines for adults with spinal cord injury. *Spinal Cord.* 2011;49(11):1088-96.

102. Gomes Neto M, Ogalha C, Andrade AM, Brites C. A systematic review of effects of concurrent strength and endurance training on the health-related quality of life and cardiopulmonary status in patients with HIV/AIDS. *Biomed Res Int.* 2013;2013:319524.

103. Goodwin VA, Richards SH, Henley W, Ewings P, Taylor AH, Campbell JL. An exercise intervention to prevent falls in people with Parkinson's disease: a pragmatic randomised controlled trial. J Neurol Neurosurg Psychiatry. 2011;82(11):1232-8.

104. Gutierrez GM, Chow JW, Tillman MD, McCoy SC, Castellano V, White LJ. Resistance training improves gait kinematics in persons with multiple sclerosis. *Arch Phys Med Rehabil.* 2005;86(9):1824-9.

105. Haapaniemi TH, Kallio MA, Korpelainen JT, et al. Levodopa, bromocriptine and selegiline modify cardiovascular responses in Parkinson's disease. *J Neurol.* 2000;247(11):868-74.

106. Hackney ME, Earhart G. Effects of dance on gait and balance in Parkinson's disease: a comparison of partnered and nonpartnered dance movement. *Neurorehabil Neural Repair.* 2010;24(4):384-92.

107. Haentjens P, Magaziner J, Colón-Emeric CS, et al. Meta-analysis: excess mortality after hip fracture among older women and men. *Ann Intern Med.* 2010;152(6):380-90.

108. Haisma JA, van der Woude LH, Stam HJ, Bergen MP, Sluis TA, Bussmann JB. Physical capacity in wheelchair-dependent persons with a spinal cord injury: a critical review of the literature. *Spinal Cord.* 2006;44(11):642-52.

109. Häkkinen A. Effectiveness and safety of strength training in rheumatoid arthritis. *Curr Opinion Rheumatol.* 2004;16:132-7.

110. Häkkinen A, Häkkinen K, Hannonen P, Alen M. Strength training induced adaptations in neuromuscular function of premenopausal women with fibromyalgia: comparison with healthy women. *Ann Rheum Dis.* 2001;60(1):21-6.

111. Häkkinen A, Sokka T, Kotaniemi A, Hannonen P. A randomized two-year study of the effects of dynamic strength training on muscle strength, disease activity, functional capacity, and bone mineral density in early rheumatoid arthritis. *Arthritis Rheum.* 2001;44:515-22.

112. Hampton T. Parkinson disease registry launched. *JAMA.* 2005;293(2):149.

113. Hand GA, Jaggers JR, Lyerly GW, Dudgeon WD. Physical activity for CVD prevention in patients with HIV/

AIDS. Curr Cardiovasc Risk Rep. 2009;3(4):288-95.

114. Hand GA, Lyerly GW, Jaggers JR, Dudgeon WD. Impact of aerobic and resistance exercise on the health of HIV-infected persons. *Am J Lifestyle Med.* 2009;3(6):489-99.
115. Hand GA, Phillips KD, Dudgeon WD, et al. Moderate intensity exercise training reverses functional aerobic impairment in HIV-infected individuals. *AIDS Care.* 2008;20(9):1066-74.
116. Haskell WL, Lee IM, Pate RR, et al. Physical activity and public health: updated recommendation for adults from the American College of Sports Medicine and the American Heart Association. *Med Sci Sports Exerc.* 2007;39(8):1423-34.
117. Häuser W, Klose P, Langhorst J, et al. Efficacy of different types of aerobic exercise in fi bromyalgia syndrome: a systematic review and meta-analysis of randomised controlled trials. *Arthritis Res Ther.* 2010;12(3):R79.
118. Hayes HA, Gappmaier E, LaStayo PC. Effects of high-intensity resistance training on strength, mobility, balance, and fatigue in individuals with multiple sclerosis: a randomized controlled trial. *J Neurol Phys Ther.* 2011;35(1):2-10.
119. Headley S, Germain M, Mailloux P, et al. Resistance training improves strength and functional measures in patients with end-stage renal disease. *Am J Kidney Dis.* 2002;40(2):355-64.
120. Heiwe S, Jacobson S. Exercise training in adults with CKD: a systematic review and meta-analysis. *Am J Kidney Dis.* 2014;64(3):383-93.
121. Herman T, Giladi N, Gruendlinger L, Hausdorff JM. Six weeks of intensive treadmill training improves gait and quality of life in patients with Parkinson's disease: a pilot study. *Arch Phys Med Rehabil.* 2007;88(9):1154-8.
122. Herman T, Inbar-Borovsky N, Brozgol M, Giladi N, Hausdorff JM. The Dynamic Gait Index in healthy older adults: the role of stair climbing, fear of falling and gender. *Gait Posture.* 2009;29(2):237-41.
123. Hettinga DM, Andrews B. Oxygen consumption during functional electrical stimulationassisted exercise in persons with spinal cord injury: implications for fitness and health. *Sports Med.* 2008;38(10):825-38.
124. Hicks AL, Martin Ginis KA, Pelletier CA, Ditor DS, Foulon B, Wolfe DL. The eff ects of exercise training on physical capacity, strength, body composition and functional performance among adults with spinal cord injury: a systematic review. *Spinal Cord.* 2011;49(11):1103-27.
125. Hochberg MC, Altman RD, April KT, et al. American College of Rheumatology 2012 recommendations for the use of nonpharmacologic and pharmacologic therapies in osteoarthritis of the hand, hip, and knee. *Arthritis Care Res.* 2012;64(4):465-74.
126. Hoeger Bement MK, Weyer A, Hartley S, Drewek B, Harkins AL, Hunter SK. Pain perception after isometric exercise in women with fibromyalgia. *Arch Phys Med Rehabil.* 2011;92(1):89-95.
127. Hoehn MM, Yahr M. Parkinsonism: onset, progression and mortality. *Neurology.* 1967;17(5):427-42.
128. Hombergen SP, Huisstede BM, Streur MF, et al. Impact of cerebral palsy on health-related physical fitness in adults: systematic review. *Arch Phys Med Rehabil.* 2012;93(5):871-81.
129. Hooker SP, Figoni SF, Rodgers MM, et al. Metabolic and hemodynamic responses to concurrent voluntary arm crank and electrical stimulation leg cycle exercise in quadriplegics. *J Rehabil Res Dev.* 1992;29(3):1-11.
130. Hootman JM, Helmick C. Projections of US prevalence of arthritis and associated activity limitations. *Arthritis Rheum.* 2006;54(1):226-9.

131. Hopman MT, Oeseburg B, Binkhorst RA. Cardiovascular responses in persons with paraplegia to prolonged arm exercise and thermal stress. *Med Sci Sports Exerc.* 1993;25(5):577 – 83.

132. Hsieh K, Rimmer J, Heller T. Prevalence of falls and risk factors in adults with intellectual disability. *Am J Intellect Dev Disabil.* 2012;117(6):442 – 54.

133. Huisinga JM, Filipi ML, Stergiou N. Supervised resistance training results in changes in postural control in patients with multiple sclerosis. *Motor Control.* 2012;16(1):50 – 63.

134. Hurkmans E, van der Giesen FJ, Vliet Vlieland TP, Schoones J, van den Ende EC. Dynamic exercise programs (aerobic capacity and/or muscle strength training) in patients with rheumatoid arthritis. *Cochrane Database Syst Rev.* 2009;(7):CD006853.

135. Jaggers JR, Hand GA, Dudgeon WD, et al. Aerobic and resistance training improves mood state among adults living with HIV. *Int J Sports Med.* 2015;36(2):175 – 81.

136. Jaggers JR, Prasad VK, Dudgeon WD, et al. Associations between physical activity and sedentary time on components of metabolic syndrome among adults with HIV. *AIDS Care.* 2014;26(11):1387 – 92.

137. Janicki MP, Dalton AJ, Henderson CM, Davidson PW. Mortality and morbidity among older adults with intellectual disability: health services considerations. *Disabil Rehabil.* 1999;21(5—6):284 – 94.

138. Johansen KL. Exercise and chronic kidney disease: current recommendations. *Sports Med.* 2005;35(6):485 – 99.

139. Johansen KL. Exercise in end – stage renal disease population. *J Am Soc Nephrol.* 2007;18(6):1845 – 54.

140. Johansen KL, Painter P. Exercise in individuals with CKD. *Am J Kidney Dis.* 2012;59(1):126 – 34.

141. Johnson BA, Salzberg CL, Stevenson DA. A systematic review: plyometric training programs for young children. *J Strength Cond Res.* 2011;25(9):2623 – 33.

142. Jones CJ, Rakovski C, Rutledge D, Gutierrez A. A comparison of women with fibromyalgia syndrome to criterion fi tness standards: a pilot study. *J Aging Phys Act.* 2015;23(1):103 – 11.

143. Jones KD, Burckhardt CS, Clark SR, Bennett RM, Potempa KM. A randomized controlled trial of muscle strengthening versus flexibility training in fibromyalgia. *J Rheumatol.* 2002;29(5):1041 – 8.

144. Jones KD, Clark SR, Bennett RM. Prescribing exercise for people with fibromyalgia. *AACN ClinIssues.* 2002;13(2):277 – 93.

145. Jones LW, Courneya KS, Mackey JR, et al. Cardiopulmonary function and age – related decline across the breast cancer survivorship continuum. *J Clin Oncol.* 2012;30:2530 – 7.

146. Kaminsky LA, American College of Sports Medicine. *ACSM's Resource Manual for Guidelines for Exercise Testing and Prescription.* 5th ed. Baltimore(MD): Lippincott Williams & Wilkins; 2005. 749 p.

147. Kanis JA, Bianchi G, Bilezikian JP, et al. Towards a diagnostic and therapeutic consensus in male osteoporosis. *Osteoporos Int.* 2011;22(11):2789 – 98.

148. Kemmler W, Häberle L, von Stengel S. Effects of exercise on fracture reduction in older adults: a systematic review and meta – analysis. *Osteoporos Int.* 2013;24:1937 – 50.

149. Kendrick AH, Johns DP, Leeming JP. Infection control of lung function equipment: a practical approach. *Respir Med.* 2003;97(11):1163 – 79.

150. Kent – Braun JA, Ng AV, Castro M, et al. Strength, skeletal muscle composition, and enzyme activity in multiple sclerosis. *J Appl Physiol.* 1997;83(6):1998 – 2004.

151. Kent – Braun JA, Sharma KR, Weiner MW, Miller RG. Effects of exercise on muscle activation and metabolism in multiple sclerosis. *Muscle Nerve*. 1994;17(10):1162 – 9.

152. Kenyon LK, Sleeper MD, Tovin MM. Sport – specific fitness testing and intervention for an adolescent with cerebral palsy: a case report. *Pediatr Phys Ther*. 2010;22(2):234 – 40.

153. Kerling A, Keweloh K, Tegtbur U, et al. Physical capacity and quality of life in patients with multiple sclerosis. *NeuroRehabilitation*. 2014;35(1):97 – 104.

154. Keus SH, Bloem BR, Hendriks EJ, Bredero – Cohen AB, Munneke M, Practice Recommendations Development Group. Evidence – based analysis of physical therapy in Parkinson's disease with recommendations for practice and research. *Mov Disord*. 2007;22(4):451 – 60.

155. Keus SHJ, Hendriks HJM, Bloem BR, et al. KNGF guidelines for physical therapy in Parkinson's disease. *Ned Tijdschr Fysiother*. 2004;114(Suppl 3):5 – 86.

156. Kidney Disease: Improving Global Outcomes. KDIGO 2012 Clinical Practice Guideline for the Evaluation and Management of Chronic Kidney Disease. *Kidney International Supplements*. 2013;3:134 – 5.

157. Kingsley JD, McMillan V, Figueroa A. The effects of 12 weeks of resistance exercise training on disease severity and autonomic modulation at rest and after acute leg resistance exercise in women with fibromyalgia. *Arch Phys Med Rehabil*. 2010;91(10):1551 – 7.

158. Kjølhede T, Vissing K, de Place L, et al. Neuromuscular adaptations to long – term progressive resistance training translates to improved functional capacity for people with multiple sclerosis and is maintained at follow – up. *Mult Scler*. 2014;21(5):599 – 611.

159. Kloos AD, Heiss D. Exercise for impaired balance. In: Kisner C, Colby LA, editors. *Therapeutic Exercise: Foundations and Techniques*. 5th ed. Philadelphia: Davis; 2007. p. 251 – 72.

160. Kurtzke JF. Rating neurologic impairment in multiple sclerosis: an expanded disability status scale (EDSS). *Neurology*. 1983;33(11):1444 – 52.

161. Larson SA, Lakin C, Anderson L, Kwak N, Lee JH, Anderson D. Prevalence of mental retardation and developmental disabilities: estimates from the 1994/1995 National Health Interview Survey Disability Supplements. *Am J Mental Retard*. 2001;106(3):231 – 52.

162. Latimer – Cheung AE, Martin Ginis KA, Hicks AL, et al. Development of evidence – informed physical activity guidelines for adults with multiple sclerosis. *Arch Phys Med Rehabil*. 2013;94:1829 – 36.

163. Lawrence RC, Felson DT, Helmick CG, et al. Estimates of the prevalence of arthritis and other rheumatic conditions in the United States. Part II. *Arthritis Rheum*. 2008;58(1):26 – 35.

164. Léger L, Boucher R. An indirect continuous running multistage field test: the Université de Montréal track test. *Can J Appl Sport Sci*. 1980;5(2):77 – 84.

165. Lemmey AB, Marcora SM, Chester K, Wilson S, Casanova F, Maddison PJ. Effects of high – intensity resistance training in patients with rheumatoid arthritis: a randomized controlled trial. *Arthritis Rheum*. 2009;61(12):1726 – 34.

166. Li F, Harmer P, Fitzgerald K, et al. Tai chi and postural stability in patients with Parkinson's disease. *N Engl J Med*. 2012;366(6):511 – 9.

167. Ligibel JA, Denlinger C. New NCCN guidelines for survivorship care. *J Natl Compr Canc Netw*. 2013;11(5 Sup-

pl):640 – 4.

168. Lin K, Stewart D, Cooper S, Davis CL. Pre – transplant cardiac testing for kidney – pancreas transplant candidates and association with cardiac outcomes. *Clin Transplant.* 2001;15(4):269 – 75.

169. Lockette KF, Keyes AM. *Conditioning with Physical Disabilities.* Champaign(IL): Human Kinetics;1994. 288 p.

170. Lublin FD, Reingold SC, National Multiple Sclerosis Society(USA) Advisory Committee on Clinical Trials of New Agents in Multiple Sclerosis. Defining the clinical course of multiple sclerosis: results of an international survey. *Neurology.* 1996;46(4):907 – 11.

171. Mak MK, Pang M. Balance confi dence and functional mobility are independently associated with falls in people with Parkinson's disease. *J Neurol.* 2009;256(5):742 – 9.

172. Maltais DB, Robitaille NM, Dumas F, Boucher N, Richards CL. Measuring steady – state oxygen uptake during the 6 – min walk test in adults with cerebral palsy: feasibility and construct validity. *Int J Rehabil Res.* 2012;35(2): 181 – 3.

173. Mannerkorpi K, Iversen MD. Physical exercise in fibromyalgia and related syndromes. *Best Pract Res Clin Rheumatol.* 2003;17(4):629 – 47.

174. Mannerkorpi K, Nordeman L, Ericsson A, Arndorw M, GAU Study Group. Pool exercise for patients with fibromyalgia or chronic widespread pain: a randomized controlled trial and subgroup analyses. *J Rehabil Med.* 2009;41(9):751 – 60.

175. McKay SD, Al – Omari A, Tomlinson LA, Dormans JP. Review of cervical spine anomalies in genetic syndromes. *Spine.* 2012;37:E269 – 77.

176. McNeely ML, Courneya K. Exercise programs for cancer – related fatigue: evidence and clinical guidelines. *J Natl Compr Canc Netw.* 2010;8(8):945 – 53.

177. McNeely ML, Peddle C, Parliament M, Courneya KS. Cancer rehabilitation: recommendations for integrating exercise programming in the clinical practice setting. *Curr Cancer Ther Rev.* 2006;2(4):351 – 60.

178. The medical and psychological concerns of cancer survivors after treatment. In: Hewitt M, Greenfi eld S, Stovall E, editors. *From Cancer Patient to Cancer Survivor: Lost in Transition.* Washington(DC): National Academies Press;2006. pp. 66 – 186.

179. Medina – Perez C, de Souza – Teixeira F, Fernandez – Gonzalo R, de Paz – Fernandez JA. Effects of a resistance training program and subsequent detraining on muscle strength and muscle power in multiple sclerosis patients. *NeuroRehabilitation.* 2014;34(3):523 – 30.

180. Messier SP. Arthritic diseases and conditions. In: Kaminsky LA, editor. *ACSM's Resource Manual for Guidelines for Exercise Testing and Prescription.* 5th ed. Baltimore(MD): Lippincott Williams & Wilkins;2006. p. 500 – 13.

181. Metsios G, Stavropoulos – Kalinoglou A, et al. Rheumatoid arthritis, cardiovascular disease and physical exercise: a systematic review. *Rheumatology.* 2008;47:239 – 48.

182. Miller TD, Squires RW, Gau GT, Ilstrup DM, Frohnert PP, Sterioff S. Graded exercise testing and training after renal transplantation: a preliminary study. *Mayo Clin Proc.* 1987;62(9):773 – 7.

183. Minor MA, Kay D. Arthritis. In: Larry Durstine J, Moore GE, editors. *ACSM's Exercise Management for Persons with Chronic Diseases and Disabilities.* 2nd ed. Champaign(IL): Human Kinetics;2003. p. 210 – 6.

184. Mockford M, Caulton J. Systematic review of progressive strength training in children and adolescents with cere-

bral palsy who are ambulatory. *Pediatr Phys Ther*. 2008;20(4):318 – 33.

185. Morgan P, McGinley J. Gait function and decline in adults with cerebral palsy: a systematic review. D isabil Rehabil. 2014;36(1):1 – 9.
186. Morris ME. Locomotor training in people with Parkinson disease. *Phys Ther*. 2006;86(10):1426 – 35.
187. Morris ME. Movement disorders in people with Parkinson disease: a model for physical therapy. *Phys Ther*. 2000; 80(6):578 – 97.
188. Morris ME, Martin CL, Schenkman ML. Striding out with Parkinson disease: evidence – based physical therapy for gait disorders. *Phys Ther*. 2010;90(2):280 – 8.
189. Munhoz RP, Li JY, Kurtinecz M, et al. Evaluation of the pull test technique in assessing postural instability in Parkinson's disease. *Neurology*. 2004;62(1):125 – 7.
190. Munneke M, de Jong Z, Zwinderman AH, et al. High intensity exercise or conventional exercise for patients with rheumatoid arthritis? Outcome expectations of patients, rheumatologists, and physiotherapists. *Ann Rheum Dis*. 2004;63:804 – 8.
191. Murray CJ, Vos T, Lozano R, et al. Disability – adjusted life years(DALYs) for 291 diseases and injuries in 21 regions, 1990 – 2010: a systematic analysis for the Global Burden of Disease Study 2010. *Lancet*. 2012;380:2197 – 223.
192. Nakagawa F, Lodwick RK, Smith CJ, et al. Projected life expectancy of people with HIV according to timing of diagnosis. *AIDS*. 2012;26(3):335 – 43.
193. National Coalition for Cancer Survivorship Web site [Internet]. Silver Spring(MD): National Coalition for Cancer Survivorship; [cited 2015 Feb 19]. Available from: http://www.canceradvocacy.org/about – us/our – history.
194. National Comprehensive Cancer Network. *NCCN Guidelines Survivorship Version* 2. 2014. Fort Washington(PA): National Comprehensive Cancer Network; 2014. 72 p.
195. National Kidney Foundation. *Staying Fit with Kidney Disease* [Internet]. New York(NY): National Kidney Foundation; [cited 2015 Feb 19]. Available from: http://www.kidney.org/atoz/content/stayfit.
196. National Lymphedema Network Medical Advisory Committee. *Position Statement of the National Lymphedema Network. Topic: Exercise* [Internet]. Berkeley(CA): National Lymphedema Network; [cited 2015 Feb 19]. Available from: http://www.lymphnet.org.
197. National Multiple Sclerosis Society Web site [Internet]. New York(NY): National Multiple Sclerosis Society; [cited 2014 Nov 9]. Available from: http://www.nationalmssociety.org/About – the – Society/MS – Prevalence.
198. National Osteoporosis Foundation. *What Is Osteoporosis* [Internet]. Arlington(VA): National Osteoporosis Foundation; [cited 2014 Nov 19]. Available from: http://nof.org/articles/7.
199. National Spinal Cord Injury Statistical Center. *Spinal Cord Injury Facts and Figures at a Glance*. March 2013 [Internet]. Birmingham(AL): University of Alabama at Birmingham; [cited 2014 Oct 22]. Available from: https://www.nscisc.uab.edu/PublicDocuments/fact_fi gures_docs/Facts%202013.pdf.
200. Needle RH, Trotter RT II, Singer M, et al. Rapid assessment of the HIV/AIDS crisis in racial and ethnic minority communities: an approach for timely community interventions. *Am J Public Health*. 2003;93(6):970 – 9.
201. Ness KK, Wall MM, Oakes JM, Robison LL, Gurney JG. Physical performance limitations and participation re-

strictions among cancer survivors: a population – based study. *Ann Epidemiol.* 2006;16(3):197 – 205.

202. Ng AV, Dao HT, Miller RG, Gelinas DF, Kent – Braun JA. Blunted pressor and intramuscular metabolic responses to voluntary isometric exercise in multiple sclerosis. *J Appl Physiol.* 2000;88(3):871 – 80.
203. Ng AV, Kent – Braun J. Quantitation of lower physical activity in persons with multiple sclerosis. *Med Sci Sports Exerc.* 1997;29:517 – 23.
204. Ng AV, Miller RG, Gelinas D, Kent – Braun JA. Functional relationships of central and peripheral muscle alterations in multiple sclerosis. *Muscle Nerve.* 2004;29(6):843 – 52.
205. Nicassio PM, Moxham EG, Schuman CE, Gevirtz RN. The contribution of pain, reported sleep quality, and depressive symptoms to fatigue in fibromyalgia. *Pain.* 2002;100(3):271 – 9.
206. Nsenga Leunkeu A, Shephard RJ, Ahmaidi S. Six – minute walk test in children with cerebral palsy gross motor function classifi cation system levels I and II: reproducibility, validity, and training effects. *Arch Phys Med Rehabil.* 2012;93(12):2333 – 9.
207. Olgiati R, Burgunder JM, Mumenthaler M. Increased energy cost of walking in multiple sclerosis: effect of spasticity, ataxia, and weakness. *Arch Phys Med Rehabil.* 1988;69(10):846 – 9.
208. Ortiz A, Ramirez – Marrero F, Rosario M, Venegas – Rios HL. Long – term participation in a community – based fitness program for Hispanic adults living with HIV infl uences health – related outcomes. *J Physical Ther Health Prom.* 2014;2(1):1 – 7.
209. Oursler KK, Katzel LI, Smith BA, Scott WB, Russ DW, Sorkin JD. Prediction of cardiorespiratory fitness in older men infected with the human immunodeficiency virus: clinical factors and value of the six – minute walk distance. *J Am Geriatr Soc.* 2009;57(11):2055 – 61.
210. Oursler KK, Sorkin JD, Smith BA, Katzel LI. Reduced aerobic capacity and physical functioning in older HIV – infected men. *AIDS Res Hum Retroviruses.* 2006;22(11):1113 – 21.
211. Oviedo GR, Guerra – Balic M, Baynard T, Javierre C. Effects of aerobic, resistance and balance training in adults with intellectual disabilities. *Res Dev Disabil.* 2014;35:2624 – 34.
212. Painter PL. Exercise after renal transplantation. *Adv Ren Replace Ther.* 1999;6:159 – 64.
213. Painter PL. Physical functioning in end – stage renal disease patients: update 2005. *Hemodial Int.* 2005;9(3):218 – 35.
214. Painter PL, Hector L, Ray K, et al. A randomized trial of exercise training after renal transplantation. *Transplantation.* 2002;74(1):42 – 8.
215. Painter PL, Krasnoff JB. End – stage metabolic disease: renal failure and liver failure. In: Durstine JL, Moore GE, editors. *ACSM's Exercise Management for Persons with Chronic Diseases and Disabilities.* 2nd ed. Champaign (IL): Human Kinetics; 2003. p. 126 – 32.
216. Painter PL, Marcus R. Assessing physical function and physical activity in patients with CKD. *Clin J Am Soc Nephrol.* 2013(8):861 – 72.
217. Palisano RJ, Snider LM, Orlin MN. Recent advances in physical and occupational therapy for children with cerebral palsy. *Semin Pediatr Neurol.* 2004;11(1):66 – 77.
218. Pastor MA, Day BL, Marsden CD. Vestibular induced postural responses in Parkinson's disease. *Brain.* 1993;116(Pt 5):1177 – 90.

219. Pelletier CA, Totosy de Zepetnek JO, MacDonald MJ, Hicks AL. A 16 – week randomized controlled trial evaluating the physical activity guidelines for adults with spinal cord injury. *Spinal Cord*. 2015;53(5):363 – 7.

220. Petajan JH, Gappmaier E, White AT, Spencer MK, Mino L, Hicks RW. Impact of aerobic training on fitness and quality of life in multiple sclerosis. *Ann Neurol*. 1996;39(4):432 – 41.

221. Peterson MD, Lukasik L, Muth T, et al. Recumbent cross – training is a feasible and safe mode of physical activity for significantly motor – impaired adults with cerebral palsy. *Arch Phys Med Rehabil*. 2013;94(2):401 – 7.

222. Petrick JL, Reeve BB, Kucharska – Newton AM, et al. Functional status declines among cancer survivors: trajectory and contributing factors. *J Geriatr Oncol*. 2014;5(4):359 – 67.

223. Pezzoli G, Zini M. Levodopa in Parkinson's disease: from the past to the future. *Expert Opin Pharmacother*. 2010; 11(4):627 – 35.

224. Physical Activity Guidelines Advisory Committee. *Physical Activity Guidelines Advisory Committee Report* 2008, [Internet]. Washington(DC): U. S. Department of Health and Human Services; [cited 2011 Jan 6]. 683 p. Available from: http://www. health. gov/paguidelines/Report/pdf/CommitteeReport. pdf.

225. Pikora TJ, Bourke J, Bathgate K, Foley KR, Lennox N, Leonard H. Health conditions and their impact among adolescents and young adults with Down syndrome. *PLoS One*. 2014;9(5):e96868.

226. Pitetti K, Miller RA, Beets MW. Measuring joint hypermobility using the Beighton scale in children with intellectual disability. *Pediatr Phys Ther*. 2015;27:143 – 50.

227. Podsiadlo D, Richardson S. The timed "Up & Go": a test of basic functional mobility for frail elderly persons. *J Am Geriatr Soc*. 1991;39(2):142 – 8.

228. Polidoulis I, Beyene J, Cheung AM. The effect of exercise on pQCT parameters of bone structure and strength in postmenopausal women—a systematic review and meta – analysis of randomized controlled trials. *Osteoporos Int*. 2012;23:39 – 51.

229. Politis M, Wu K, Molloy S, G Bain P, Chaudhuri KR, Piccini P. Parkinson's disease symptoms: the patient's perspective. *Mov Disord*. 2010;25(11):1646 – 51.

230. Ponichtera JA, Rodgers MM, Glaser RM, Mathews TA, Camaione DN. Concentric and eccentric isokinetic lower extremity strength in persons with multiple sclerosis. *J Orthop Sports Phys Ther*. 1992;16:114 – 22.

231. Ponichtera – Mulcare JA, Mathews T, Barrett PJ, Gupta SC. Change in aerobic fitness of patients with multiple sclerosis during a 6 – month training program. *Sports Med Train Rehabil*. 1997;7(3):265 – 72.

232. Presson AP, Partyka G, Jensen KM, et al. Current estimate of Down syndrome population prevalence in the United States. *J Pediatr*. 2013;163:1163 – 8.

233. Protas EJ, Stanley R. Parkinson's disease. In: Myers J, Nieman DC, editors. *ACSM's Resources for Clinical Exercise Physiology: Musculoskeletal, Neuromuscular, Neoplastic, Immunologic, and Hematologic Conditions*. 2nd ed. Baltimore(MD): Lippincott Williams & Wilkins; 2010. p. 44 – 57.

234. Pursiainen V, Korpelainen JT, Haapaniemi TH, Sotaniemi KA, Myllylä VV. Blood pressure and heart rate in Parkinsonian patients with and without wearing off. *Eur J Neurol*. 2007;14(4):373 – 8.

235. Rampello A, Franceschini M, Piepoli M, et al. Effect of aerobic training on walking capacity and maximal exercise tolerance in patients with multiple sclerosis: a randomized crossover controlled study. *Phys Ther*. 2007;87(5): 545 – 55.

236. Reid S, Hamer P, Alderson J, Lloyd D. Neuromuscular adaptations to eccentric strength training in children and adolescents with cerebral palsy. *Dev Med Child Neurol.* 2010;52(4):358 – 63.

237. Rezak M. Current pharmacotherapeutic treatment options in Parkinson's disease. *Dis Mon.* 2007; 53 (4): 214 – 22.

238. Rice CL, Vollmer TL, Bigland – Ritchie B. Neuromuscular responses of patients with multiple sclerosis. *Muscle Nerve.* 1992;15(10):1123 – 32.

239. Rikli RE, Jones C. *Senior Fitness Test Manual.* Champaign(IL): Human Kinetics; 2001. 176 p.

240. Rimaud D, Calmels P, Devillard X. Training programs in spinal cord injury. *Ann Readapt Med Phys.* 2005; 48 (5):259 – 69.

241. Rintala P, McCubbin JA, Dunn JM. Familiarization process in cardiorespiratory fitness testing for persons with mental retardation. *Sports Med Training Rehab.* 1995;6:15 – 27.

242. Ritter PL, González VM, Laurent DD, Lorig KR. Measurement of pain using the visual numeric scale. *J Rheumatol.* 2006;33(3):574 – 80.

243. Robertson RJ, Goss FL, Rutkowski J, et al. Concurrent validation of the OMNI perceived exertion scale for resistance exercise. *Med Sci Sports Exerc.* 2003;35(2):333 – 41.

244. Rock CL, Doyle C, Demark – Wahnefried W, et al. Nutrition and physical activity guidelines for cancer survivors. *CA Cancer J Clin.* 2012;62(4):243 – 74.

245. Rogers A, Furler BL, Brinks S, Darrah J. A systematic review of the effectiveness of aerobic exercise interventions for children with cerebral palsy: an AACPDM evidence report. *Dev Med Child Neurol.* 2008;50(11):808 – 14.

246. Romberg A, Virtanen A, Ruutiainen J, et al. Effects of a 6 – month exercise program on patients with multiple sclerosis: a randomized study. *Neurology.* 2004;63(11):2034 – 8.

247. Rooks DS. Fibromyalgia treatment update. *Curr Opin Rheumatol.* 2007;19(2):111 – 7.

248. Rooks DS. Talking to patients with fi bromyalgia about physical activity and exercise. *Curr Opin Rheumatol.* 2008; 20(2):208 – 12.

249. Runciman P, Derman W, Ferreira S, Albertus – Kajee Y, Tucker R. A descriptive comparison of sprint cycling performance and neuromuscular characteristics in able – bodied athletes and paralympic athletes with cerebral palsy. *Am J Phys Med Rehabil.* 2014;94(1):28 – 37.

250. Ryuzaki M, Konishi K, Kasuga A, et al. Spontaneous rupture of the quadriceps tendon in patients on maintenance hemodialysis report of three cases with clinicopathological observations. *Clin Nephrol.* 1989;32(3):144 – 8.

251. Satonaka A, Suzuki N, Kawamura M. Validity of submaximal exercise testing in adults with athetospastic cerebral palsy. *Arch Phys Med Rehabil.* 2012;93(3):485 – 9.

252. Scandalis TA, Bosak A, Berliner JC, Helman LL, Wells MR. Resistance training and gait function in patients with Parkinson's disease. *Am J Phys Med Rehabil.* 2001;80(1):38 – 43.

253. Schachter CL, Busch AJ, Peloso PM, Sheppard MS. Effects of short versus long bouts of aerobic exercise in sedentary women with fibromyalgia: a randomized controlled trial. *Phys Ther.* 2003;83(4):340 – 58.

254. Scharhag – Rosenberger F, Kuehl R, Klassen O, et al. Exercise training intensity prescription in breast cancer survivors: validity of current practice and specific recommendations. *J Cancer Surviv.* 2015;9(4):612 – 9.

255. Schenkman M, Cutson TM, Kuchibhatla M, et al. Exercise to improve spinal flexibility and function for people

with Parkinson's disease: a randomized, controlled trial. *J Am Geriatr Soc.* 1998;46(10):1207 – 16.

256. Schenkman M, Hall DA, Barón AE, Schwartz RS, Mettler P, Kohrt WM. Exercise for people in early – or mid – stage Parkinson disease: a 16 – month randomized controlled trial. *Phys Ther.* 2012;92:1395 – 410.

257. Schmid A, Schmidt – Trucksäss A, Huonker M, et al. Catecholamines response of high performance wheelchair athletes at rest and during exercise with autonomic dysrefl exia. *Int J Sports Med.* 2001;22(1):2 – 7.

258. Schmitz KH, Courneya KS, Matthews C, et al. American College of Sports Medicine roundtable on exercise guidelines for cancer survivors. *Med Sci Sports Exerc.* 2010;42(7):1409 – 26.

259. Schneider CM, Dennehy CA, Roozeboom M, Carter SD. A model program: exercise intervention for cancer rehabilitation. *Integr Cancer Ther.* 2002;1(1):76 – 82.

260. Scholtes VA, Becher JG, Comuth A, Dekkers H, Van Dijk L, Dallmeijer AJ. Effectiveness of functional progressive resistance exercise strength training on muscle strength and mobility in children with cerebral palsy: a randomized controlled trial. *Dev Med Child Neurol.* 2010;52(6):e107 – 13.

261. Schousboe JT, Shepherd JA, Bilezikian JP, Baim S. Executive summary of the 2013 International Society for Clinical Densitometry Position Development Conference on bone densitometry. *J Clin Densitom.* 2013;16(4):455 – 66.

262. Schwid SR, Th ornton CA, Pandya S, et al. Quantitative assessment of motor fatigue and strength in MS. *Neurology.* 1999;53(4):743 – 50.

263. Segura – Jiménez V, Romero – Zurita A, Carbonell – Baeza A, Aparicio VA, Ruiz JR, Delgado – Fernández M. Effectiveness of tai – chi for decreasing acute pain in fibromyalgia patients. *Int J Sports Med.* 2014;35(5):418 – 23.

264. Shih M, Hootman J, Kruger J, Helmick C. Physical activity in men and women with arthritis. *Am J Prev Med.* 2006;30(5):385 – 93.

265. Shrier I, Schur P. Flexibility versus stretching. *Br J Sports Med.* 2001;35(5):364.

266. Shulman LM, Katzel LI, Ivey FM, et al. Randomized clinical trial of 3 types of physical exercise for patients with Parkinson disease. *JAMA Neurol.* 2013;70(2):183 – 90.

267. Sidney S, Lewis CE, Hill JO, et al. Association of total and central adiposity measures with fasting insulin in a biracial population of young adults with normal glucose tolerance: the CARDIA study. *Obes Res.* 1999;7(3):265 – 72.

268. Silsupadol P, Shumway – Cook A, Lugade V, et al. Effects of single – task versus dual – task training on balance performance in older adults: a double – blind, randomized controlled trial. *Arch Phys Med Rehabil.* 2009;90(3):381 – 7.

269. Simmons OL, Kressler J, Nash MS. Reference fitness values in the untrained spinal cord injury population. *Arch Phys Med Rehabil.* 2014;95:2272 – 8.

270. Siris ES, Adler R, Bilezikian JP, et al. The clinical diagnosis of osteoporosis: a position statement from the National Bone Health Alliance Working Group. *Osteoporos Int.* 2014;25(5):1439 – 43.

271. Skidmore FM, Patterson SL, Shulman LM, Sorkin JD, Macko RF. Pilot safety and feasibility study of treadmill aerobic exercise in Parkinson disease with gait impairment. *J Rehabil Res Dev.* 2008;45(1):117 – 24.

272. Skjerbæk AG, Næsby M, Lützen K, et al. Endurance training is feasible in severely disabled patients with progres-

sive multiple sclerosis. *Mult Scler.* 2014;20(5):627 – 30.

273. Slaman J, Dallmeijer A, Stam H, Russchen H, Roebroeck M, van den Berg – Emons R. The six – minute walk test cannot predict peak cardiopulmonary fitness in ambulatory adolescents and young adults with cerebral palsy. *Arch Phys Med Rehabil.* 2013;94(11):2227 – 33.
274. Slawta JN, McCubbin JA, Wilcox AR, Fox SD, Nalle DJ, Anderson G. Coronary heart disease risk between active and inactive women with multiple sclerosis. *Med Sci Sports Exerc.* 2002;34(6):905 – 12.
275. Smithson F, Morris ME, Iansek R. Performance on clinical tests of balance in Parkinson's disease. *Phys Ther.* 1998;78(6):577 – 92.
276. Somarriba G, Lopez – Mitnik G, Ludwig DA, et al. Physical fi tness in children infected with the human immunodefi ciency virus: associations with highly active antiretroviral therapy. *AIDS Res Hum Retroviruses.* 2013;29:112 – 20.
277. Stacy M. Medical treatment of Parkinson disease. *Neurol Clin.* 2009;27(3):605 – 31.
278. Sterman AB, Coyle PK, Panasci DJ, Grimson R. Disseminated abnormalities of cardiovascular autonomic functions in multiple sclerosis. *Neurology.* 1985;35(11):1665 – 8.
279. Stoessl AJ. Continuous dopaminergic therapy in Parkinson disease: time to stride back? *Ann Neurol.* 2010;68(1):3 – 5.
280. Stone PC, Minton O. Cancer – related fatigue. *Eur J Cancer.* 2008;44(8):1097 – 1104.
281. Summer GD, Deighton CM, Rennie MJ, Booth AH. Rheumatoid cachexia: a clinical perspective. *Rheumatology.* 2008;47(8):1124 – 31.
282. Surakka J, Romberg A, Ruutiainen J, et al. Effects of aerobic and strength exercise on motor fatigue in men and women with multiple sclerosis: a randomized controlled trial. *Clin Rehabil.* 2004;18(7):737 – 46.
283. Suteerawattananon M, Morris GS, Etnyre BR, Jankovic J, Protas EJ. Effects of visual and auditory cues on gait in individuals with Parkinson's disease. *J Neurol Sci.* 2004;219(1 – 2):63 – 9.
284. Svien LR, Berg P, Stephenson C. Issues in aging with cerebral palsy. *Top Geriatr Rehabil.* 2008;25(1):26 – 40.
285. Taylor NF, Dodd KJ, Prasad D, Denisenko S. Progressive resistance exercise for people with multiple sclerosis. *Disabil Rehabil.* 2006;28(18):1119 – 26.
286. Teo – Koh SM, McCubbin JA. Relationship between peak $\dot{V}O_2$ and 1 – mile walk test performance of adolescent males with mental retardation. *Pediatr Exerc Sci.* 1999;11(2):144 – 57.
287. Th omas EN, Blotman F. Aerobic exercise in fi bromyalgia: a practical review. *Rheumatol Int.* 2010;30(9):1143 – 50.
288. Tinetti ME, Richman D, Powell L. Falls efficacy as a measure of fear of falling. *J Gerontol.* 1990;45(6):239 – 43.
289. Tiozzo E, Jayaweera D, Rodriguez A, et al. Short – term combined exercise training improves the health of HIV – infected patients. *J AIDS HIV Res.* 2013;5:80 – 9.
290. Turk DC. The potential of treatment matching for subgroups of patients with chronic pain: lumping versus splitting. *Clin J Pain.* 2005;21(1):44 – 55.
291. Twelves D, Perkins KS, Counsell C. Systematic review of incidence studies of Parkinson's disease. *Mov Disord.* 2003;18(1):19 – 31.

292. Uc EY, Doerschug KC, Magnotta V, et al. Phase I/II randomized trial of aerobic exercise in Parkinson disease in a community setting. *Neurology*. 2014;83:413 – 25.

293. Unnithan VB, Clifford C, Bar – Or O. Evaluation by exercise testing of the child with cerebral palsy. *Sports Med*. 1998;26(4):239 – 51.

294. U. S. Renal Data System. *USRDS 2009 Annual Data Report: Atlas of Chronic Kidney Disease and End – Stage Renal Disease in the United States* [Internet]. Bethesda(MD): National Institutes of Health, National Institute of Diabetes and Digestive and Kidney Disease; [cited 2015 Jan 15]. Available from: http://www.usrds.org/atlas09.aspx.

295. Valkeinen H, Alen M, Hannonen P, Häkkinen A, Airaksinen O, Häkkinen K. Changes in knee extension and flexion force, EMG and functional capacity during strength training in older females with fibromyalgia and healthy controls. *Rheumatology(Oxford)*. 2004;43(2):225 – 8.

296. Valkeinen H, Häkkinen A, Hannonen P, Häkkinen K, Alén M. Acute heavy – resistance exercise – induced pain and neuromuscular fatigue in elderly women with fibromyalgia and in healthy controls: effects of strength training. *Arthritis Rheum*. 2006;54(4):1334 – 9.

297. van den Akker LE, Heine M, van der Veldt N, Dekker J, de Groot V, Beckerman H. Feasibility and safety of cardiopulmonary exercise testing in multiple sclerosis: a systematic review. *Arch Phys Med Rehabil*. 2015;96(11):2055 – 66.

298. van den Berg M, Dawes H, Wade DT, et al. Treadmill training for individuals with multiple sclerosis: a pilot randomised trial. *J Neurol Neurosurg Psychiatry*. 2006;77(4):531 – 3.

299. van den Ende CH, Hazes JM, le Cessie S, et al. Comparison of high and low intensity training in well controlled rheumatoid arthritis. Results of a randomised clinical trial. *Ann Rheum Dis*. 1996;55(11):798 – 805.

300. van der Kamp W, Maertens de Noordhout A, Th ompson PD, Rothwell JC, Day BL, Marsden CD. Correlation of phasic muscle strength and corticomotoneuron conduction time in multiple sclerosis. *Ann Neurol*. 1991; 29: 6 – 12.

301. van Drongelen S, van der Woude LH, Janssen TW, Angenot EL, Chadwick EK, Veeger DH. Glenohumeral contact forces and muscle forces evaluated in wheelchair – related activities of daily living in able – bodied subjects versus subjects with paraplegia and tetraplegia. *Arch Phys Med Rehabil*. 2005;86(7):1434 – 40.

302. Vanlandewijck Y, Theisen D, Daly D. Wheelchair propulsion biomechanics: implications for wheelchair sports. *Sports Med*. 2001;31(5):339 – 67.

303. van Sighem A, Gras L, Reiss P, Brinkman K, de Wolf F. Life expectancy of recently diagnosed asymptomatic HIV – infected patients approaches that of uninfected individuals. *AIDS*. 2010;24(10):1527 – 35.

304. Verschuren O, Ketelaar M, Keefer D, et al. Identification of a core set of exercise tests for children and adolescents with cerebral palsy: a Delphi survey of researchers and clinicians. *Dev Med Child Neurol*. 2011;53(5):449 – 56.

305. Verschuren O, Takken T. Aerobic capacity in children and adolescents with cerebral palsy. *Res Dev Disabil*. 2010;31(6):1352 – 7.

306. Verschuren O, Zwinkels M, Obeid J, Kerkhof N, Ketelaar M, Takken T. Reliability and validity of short – term performance tests for wheelchair – using children and adolescents with cerebral palsy. *Dev Med Child Neu-*

rol. 2013;55(12):1129 – 35.

307. Violan MA, Pomes T, Maldonado S, et al. Exercise capacity in hemodialysis and renal transplant patients. *Transplant Proc.* 2002;34(1):417 – 8.

308. Ward BW, Schiller JS, Goodman RA. Multiple chronic conditions among US adults: a 2012 update. *Prev Chronic Dis* [Internet]. 2014;11:130389. [cited 2015 Jan 6]. Available from: http://www.cdc.gov/pcd/issues/2014/pdf/13_0389.pdf. doi:10.5888/pcd11.130389.

309. Weaver FM, Follett K, Stern M, et al. Bilateral deep brain stimulation vs best medical therapy for patients with advanced Parkinson disease: a randomized controlled trial. *JAMA.* 2009;301(1):63 – 73.

310. Wee S, Pitetti KH, Goulopoulou S, Collier SR, Guerra M, Baynard T. Impact of obesity and Down syndrome on peak heart rate and aerobic capacity in youth and adults. *Res Dev Disabil.* 2014;36C:198 – 206.

311. Werner WG, DiFrancisco – Donoghue J, Lamberg EM. Cardiovascular response to treadmill testing in Parkinson disease. *J Neurol Phys Ther.* 2006;30(2):68 – 73.

312. White LJ, McCoy SC, Castellano V, et al. Resistance training improves strength and functional capacity in persons with multiple sclerosis. *Mult Scler.* 2004;10(6):668 – 74.

313. Wiart L, Darrah J, Kembhavi G. Stretching with children with cerebral palsy: what do we know and where are we going? *Pediatr Phys Ther.* 2008;20(2):173 – 8.

314. Wolfe F, Brähler E, Hinz A, Häuser W. Fibromyalgia prevalence, somatic symptom reporting, and the dimensionality of polysypmtomatic distress: results from a survey of the general population. *A rthritis Care Res.* 2013;65(5):777 – 85.

315. Wolfe F, Smythe HA, Yunus MB, et al. The American College of Rheumatology 1990 criteria for the classification of fi bromyalgia: report of the multicenter criteria committee. *Arthritis Rheum.* 1990;33(2):160 – 72.

316. Yarasheski KE, Roubenoff R. Exercise treatment for HIV – associated metabolic and anthropomorphic complications. *Exerc Sport Sci Rev.* 2001;29(4):170 – 4.

317. Ziemssen T, Reichmann H. Cardiovascular autonomic dysfunction in Parkinson's disease. *J Neurol Sci.* 2010;289:74 – 80.

318. Zigmond MJ, Smeyne R. Exercise: is it a neuroprotective and if so, how does it work? *Parkinsonism Relat Disord.* 2014;20(Suppl 1):S123 – 7.

第十二章　行为理论和运动促进策略

本章的目的是使运动和保健专业人士了解如何帮助个体采纳并遵守指南中有关运动处方（Ex R_x）的建议。指南的第一章侧重于对活跃生活方式的公共健康建议，但大多数公众仍然不知道这些建议[11]。此外，大多数美国成年人没有达到体力活动（PA）推荐量[99]，仅提供运动处方的知识和加强对其了解并不足以造成行为改变[48]；因此，有必要更好地理解可以用来促进体力活动生活方式的行为策略。

研究发现了与定期运动关系一致的因素。许多人口统计学因素（如年龄、性别、社会经济地位、受教育程度、民族等）都与个人定期运动的可能性密切相关[10,57]。虽然这些因素不适合进行干预，但它们仍预示着谁最有可能从运动干预中获益。本章重点介绍：（1）可变因素对运动处方的影响，（2）已被用于加强运动参与和保持的行为理论和模型，（3）针对特殊人群的注意事项。

第一节　运动处方

鉴于针对目标人群的运动处方中频率、强度、时间和方式（FITT）原则具有灵活性，因此首先要了解运动处方对参与和保持一种有运动习惯的生活方式可能产生的影响。

一、频率和时间

按照运动处方的建议可灵活地将不同的频率和时间进行组合。人们普遍认为，时间/持续时间和运动量的灵活组合，可使个体克服定期运动中最常见的障碍，即缺少时间[71]。然而，1998 年到 2008 年间，美国人的体力活动水平没有任何实质性变化，这说明情况并非如此[17]。对随机试验的回顾表明，以频率和时间的不同组合达到相同体力活动总量时，在运动坚持程度上并无差异[53,79]。然而应谨慎对待这些结果，因为所纳入的研究是随机试验，且将研究参与者分配到不同的频率和时间组合中。允许个体自主选择频率和时间可能对运动干预的坚持性有积极影响。

二、强 度

虽然运动强度对运动坚持方面影响的研究表明，个体更容易坚持低强度的运动项目[33,72]，但最近一项综述表明，这种负相关并不强，并且可能受到先前运动行为的调节[79]。有证据表明有更多运动经验的个体进行较高强度（65%～75% HRR）的运动为佳，而首次运动更适合或更宜选择中等强度（45%～55% HRR）[3]。

三、方 式

尽管个体参与运动的方式多种多样（即有氧、抗阻、神经肌肉和柔韧性运动）[3]，但针对不同运动形式对参与和坚持运动的影响的试验却不多。大部分针对运动坚持的研究都涉及有氧运动，且侧重于步行[79]。迄今为止，对参与和坚持抗阻训练和柔韧性运动项目的人员的特征仍知之甚少。在运动处方的 FITT 原则中，“方式”通常指运动的类型或种类。然而，在健康行为领域，“方式”还有附加的含义，更侧重于计划/传递方式（即基于家庭的，受监督的）。尽管传统运动处方的方法是结构化的、受监督的运动计划。相比之下，研究显示基于家庭的，并且通过远程传递支持程序的方式可能提高运动坚持程度。完全或主要通过电话传递干预措施已被证明能有效地增加不同人群的体力活动，而且技术传递（technology - delivered）的干预也有望促进体力活动的推广并能降低成本。虽然市面上有很多与体力活动和体适能有关的应用程序，但它们通常缺乏来自于行为改变策略、原则和理论证据的支撑。

第二节 理解运动行为的理论基础

理论和模型可提供一个框架，以便理解个体为何参与运动以及可能是促进或阻碍运动的因素。使用适当的理论可以指导运动和健康专业人士制定合适的策略，来帮助个人参与和保持定期运动。下文涉及在体力活动的文献中使用最广泛的理论和模型。本节内容是对相关理论和模型的基本介绍，本章后一部分将提及对这些理论和模型所产生的策略的应用。

一、社会认知理论

社会认知理论（Social cognitive theory，SCT）是一个综合性的理论框架，广泛应用于理解、描述和改变运动行为。社会认知理论及由其派生的策略已成功应用于对不同人群的运动干预中[6,60,61]。社会认知理论是基于交互决定论的原则；也就是说个人（例如：情感、人格、认知和生物因素）、行为（例如：过去和现在的成就）和环境（例如：物质、社会和文化因素）三者相互作用共同影响随后的行为[8]。重要的是要认识到，这些动态因素会随着时间的推移对彼此产生不同的影响。例如，刚刚开始一项运动的个体会有一种成就感，这会使他们更多地参与运动，从而使环境更有利于随后的运动（如购买家庭健身设备）；相反，另外一些个体开始一项运动项目时运动过度、感觉疲劳、缺乏动力，随后就把运动器材搬到地下室，从而使环境不利于随后的运动。社会认知理论假定通过观察他人和认知加工来从外部强化和惩罚中学习[9]。

社会认知理论的核心是自我效能感，是个体对自己有能力成功完成系列动作的信念[8]。涉及运动的自我效能感有两种典型的类型。任务自我效能感是个体克服运动本身出现的困难并完成运动的信念，而障碍自我效能感是个体克服诸如缺少时间、天气不好等常见障碍仍能进行定期运动的信念。个体面对障碍或挑战时，效能感越高，就会越努力、越坚持且心理韧性越大。在成人和青少年中，自我效能感与体力活动的相关是最常见的[10]。例如，一个不相信自己能“举重”的年长的成年人甚至不会考虑参加一个包含抗阻训练的运动项目。因此，这个人必须提高自己有能力进行抗阻训练的信心。增强自我效能感的策略将在本章后面介绍。

结果预期和期待（outcome expectations and expectancies）是社会认知理论的核心概念，指对行为结果及其价值的预期[105]。如果认为行为的具体结果可能发生并有价值，那么行为改变就更可能发生[105]。例如：超重的成年人想减肥并认为步行是有益的，于是就可能开始和保持这一运动。相反，如果相信抗阻训练会造成“肌肉感十足”或“男性化”，那么女性不太可能开始不符合她们期望的抗阻训练。

社会认知理论另一个重要的概念是自我调节/自我控制。自我调节/自我控制代表个体的能力，这种能力是指个体能设定目标，监控朝向这些目标的进展状况（或自我监控），当遇到障碍时，可以解决问题并进行自我奖赏。一项 Meta 分析发现，在自我调节/自我控制框架下自我监控至少与另外一项技术结合时，运动干预才最有效[61]。

二、跨理论模型

跨理论模型（TTM）为理解行为改变提供了一个理论框架，是最受欢迎的用以促进运动行为的方法之一[67,73,74]。跨理论模型因为直观所以流行，它指出个体处于行为改变的不同阶段，因此需要对不同阶段采取量身定制的干预措施。跨理论模型包括 5 个改变阶段：前意向阶段（即在未来 6 个月内没有定期运动的意图）、意向阶段（即准备在未来 6 个月内进行定期运动）、准备阶段（即准备在未来 30 天内进行定期行动）、行动阶段（即定期运动少于 6 个月）和保持阶段（即定期运动超过 6 个月）。当个体试图改变他们的行为时，这些阶段就会线性地依次出现，但经过多次不成功的尝试后也会出现多次反复或成功改变。

与 5 个阶段相关的是变化过程、决策权衡和自我效能感。这 10 个变化过程（提高认识、缓解紧张情绪、自我再评价、环境再评价、自我解放、寻求帮助、逆向制约、应变管理、刺激控制、社会解放）说明了个体在依次经历5个阶段时所采用的策略。建议在行为改变的早期阶段强调经验或认知变化过程（例如：了解运动的风险），而在行为改变的后期则强调行为变化过程（例如：自我奖赏）。决策权衡涉及权衡改变运动行为后的利弊。在行为改变的早期阶段，通常弊大于利，在行动和保持阶段，通常利大于弊[74]。自我效能感在最早的改变阶段最低，在最晚的改变阶段最高[29,67]（见图 12.1）。

从前意向阶段到意向阶段

过程焦点：意识唤起（提高认识）
环境再评价（关心结果对他人的影响）
生动解脱（意识到不进行体力活动的风险）
决策平衡：利＜弊
自我效能感：低

↓

从意向阶段到准备阶段

过程焦点：意识唤起（提高认识）
环境再评价（关心结果对他人的影响）
自我再评价（意识到体力活动是自身不可或缺的）
生动解脱（意识到不进行体力活动的风险）
决策平衡：利＞弊
自我效能感：增强

↓

从准备阶段到行动阶段

过程焦点：自我解放（承诺去改变）
社会解放（意识到社会是支持行为改变的）
决策平衡：利＞弊
自我效能感：高

↓

从行动阶段到保持阶段

过程焦点：刺激控制（使用提醒和提示来鼓励进行体力活动）
强化管理（使用奖励）
反条件化（提供替代不健康行为的其他健康替代性选择）
帮助关系（争取社会支持）
决策平衡：利＞弊
自我效能感：高

图 12.1　关键过程及与不同改变阶段转变的关系[58,67]

在决策平衡和自我效能感方面，有一些特定的变化过程和模式被证明是最有用的，以促进个体依次通过运动改变的5个阶段。在不同的群体和人群中，基于改变阶段的干预措施已经在有效地帮助个体进行定期运动方面取得进展[67,93]。促进改变阶段转变的策略将在本章后面介绍。

三、健康信念模型

健康信念模型（HBM）理论认为，个体对于自身是否易患疾病的观念和对于避免患病所带来益处的认识，会影响个体即将参与的行动[82]。

该理论基于个体准备参与行动这样一个理念，如果他们：

1. 相信自己容易受到该健康状况的影响（即主观觉察易感性）。
2. 相信该健康状况会造成严重后果（即主观觉察严重性）。
3. 相信参与运动减少了自身对该健康状况的主观易感性或严重性（即主观觉察收益）。
4. 相信参与运动的代价超过了其带来的益处（即主观觉察障碍）。
5. 对自己能成功进行运动的能力有信心（即自我效能感）。
6. 接触到了催化行动的因素（如在秤上看到了自己的体重，来自医师的有关运动的提醒）（即：行动线索）。

同时，HBM的6个构念提出了由健康问题引发的改变运动行为的策略（见表12.1）。例如，个体会觉得自己有患心脏病的风险（主观觉察易感性），觉得心脏病会对自己的生活产生消极影响（主观觉察严重性），相信开始一项运动会减少这种风险（主观觉察收益），觉得自己在运动上付出的时间和精力相对于风险下降的量来说是值得的（主观觉察收益多过主观觉察障碍），相信自己能够定期运动（自我效能感）。然而，这些因素单独作用并不足以促使个体开始运动，他们还需要某种类型的催化因素的提醒（如一个已患心脏病的朋友/亲戚），来促使他们真正开始运动（行动线索）。因此，有必要让个体做好改变的准备，并帮助他们想出办法以促使他们参与行动。

表 12.1 健康信念模型构念和策略[82]

构念	针对运动的定义	改变策略
主观觉察易感性	关于如果不运动就可能患病/健康状况变糟的观念	根据当前体力活动情况、家族史、其他行为等解释风险信息
主观觉察严重性	关于由不运动而导致的疾病/健康状况变糟的严重性/后果的观念	1. 为个体提供关于疾病的可靠的医学信息 2. 讨论不同的治疗方案、结果和费用
主观觉察收益	关于运动能有效降低易感性和/或严重性的信念	1. 提供关于运动有助于预防/治疗疾病或改善健康状况的信息 2. 提供关于运动的其他潜在益处的信息（如生活质量、心理健康）
主观觉察障碍	关于运动所带来的直接或间接的代价的信念	1. 讨论运动处方选项，以减小负担 2. 提供不同的可供选择的低成本运动的信息
行动线索	激发改变过程并使人开始运动的因素	1. 帮助个体寻找潜在线索 2. 询问什么可以促使他们开始运动
自我效能感	对运动能力的信心	1. 评估对于进行不同方式运动的信心水平 2. 运用建立自我效能感的技术增加运动自信

鉴于 HBM 主要以健康问题来理解动机，因此它可能更适合用来理解和干预那些主要由健康问题驱使而进行体力活动的人[39]。HBM 已被应用于心脏康复治疗以及糖尿病（DM）的预防和管理[64,92]。

四、自我决定理论

近来与运动有关的自我决定理论（SDT）受到越来越多的关注[25,40,96]。自我决定理论的基本假设是个体试图满足三个主要的心理社会需要：（1）自我决定或自主需要；（2）能力或胜任需要；（3）关系需要或与他人进行有意义的社交活动的能力的需要。该理论认为动机是一个从无动机到内部动机的连续体，无动机的自我决定水平最低，内部动机的自我决定水平最高。无动机的个体自我决定水平最低，不想进行运动。具有内部动机的个体拥有最高的自我决定水平，他们进行运动只是为了它所带来的满足感、挑战或愉悦感。在无动机和内部动机之间是外部动机，即个体进行运动是出于外部原因，如为了使自己对他人更具吸引力而进行体力活动[40,96]。

自我决定理论表明运用奖励使个体开始运动的效果是有限的，因为它们促进的是外部动机。相反，运动计划应该被设计成通过促进个体选择，并配合通过简单轻松练习来增强的能力感和乐趣体验，以最终提升自主需要。以提高自主需要为目标的干预措施能有效提高体力活动水平[19,89,90]。

五、计划行为理论

计划行为理论（TPB）假定，行为意向是实际行为的主要决定因素[1]。行为意向反映了个体进行运动的概率和可能性，但行为意向并不总是直接转化成行为，因为还涉及了与行为控制有关的问题[22]。行为意向由个体的态度、主观规范和知觉行为控制决定。行为意向受运动导致某些结果（正面或负面）的行为信念和行为结果评估的共同影响。主观规范是计划行为理论的社会成分，受到认为他人想让他们进行运动的信念（规范信念）和依从重要他人愿望动机的共同影响。最后，知觉行为控制受个体对行为执行的难易的信念（控制信念）和对障碍或促进因素的知觉强度的共同影响。因此，当个体相信运动所导致的预期结果是有益的，且被他们认为重要的人重视，并在个体的控制之下，那么，他们就打算进行运动（见图 12. 2）。

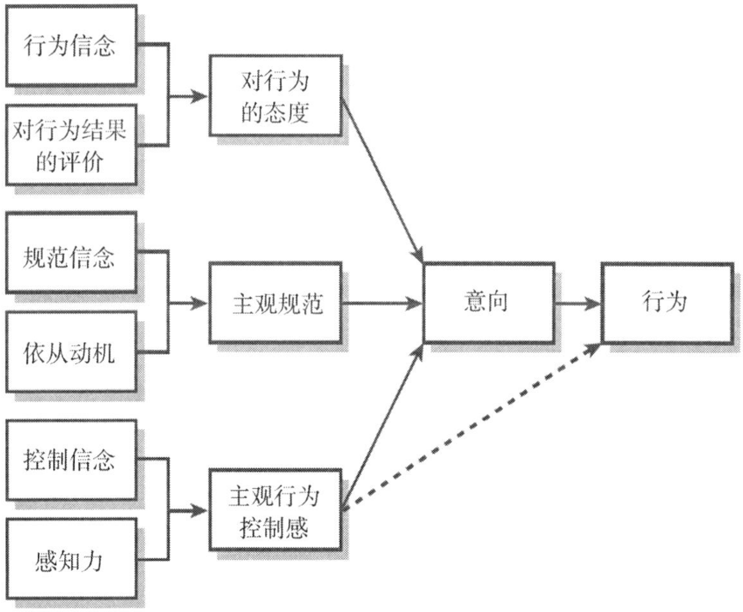

图 12. 2 计划行为理论[1]

尽管行为意向是行为的主要预测因素，但知觉行为控制与行为之间也存在一个假设的直接联系（见图 12. 2 中虚线）。个人的主观规范可能会使他们朝向更健康的行为发展，并产生对健康行为的积极态度，但个人控制之外的强大障碍可能会直接影响运动参与。例如：如果一个人觉得自己的运动能力不足以应对天气不好的情况，那么在下雨天他就可能不会进行运动。

在横断和前瞻性研究中，计划行为理论一直在解释行为意向和行为的关系[14,32]。然而，基于计划行为理论的干预措施能有效地提高体力活动水平的证据较少[49,101]。该模型已被广泛应用于临床人群，包括癌症患者[102]、心脏康复参与者[13]和孕妇[31]。

六、社会生态模型

社会生态模型很重要，因为它们考虑到了个体与环境之间的联系和影响。明确承认个体与其所处的物理环境之间的关系是社会生态模型的一个显著特征[84,85]。社会生态模型假定对行为结果的影响是多层次的，包括个人内在因素（如生物、心理）、人际/文化因素（如家庭、朋友、文化）、组织因素（如学校、工作场所、教堂）、物理环境（如建筑、自然）和政策（如法律、法规、规范）（见表 12.2）。重要的是，环境因素不仅直接影响行为，还通过个人的知觉间接影响行为。一个关键的信念是，当干预措施兼顾多个层次时，它们才最有可能有效[84,85]。例如，在公园里增加步行道后，如果这时通过对这条道路的宣传并结合对个人步行的动机与信念的干预措施，才最有可能让人们利用这条道路增加体力活动。虽然检验基于社会生态模型的干预效果的研究有限，但前景可期[85]。

表 12.2　社会生态模型的水平和潜在运动干预策略

社会生态水平	成分	潜在改变策略
个人内在因素	1. 知识、态度、行为、信念、主观决策障碍、动机、乐趣 2. 技能和自我效能感 3. 人口统计学特征（年龄、性别、受教育程度、社会经济地位和就业状况）	1. 重点改变个体的知识、技能、态度 2. 运用理论和方法，如跨理论模型、计划行为理论、自我决定理论 3. 使用人口统计信息来识别有风险的亚组或需要不同干预方法的亚组
人际因素/社会环境	1. 家庭、配偶或伴侣 2. 同伴 3. 同事 4. 可获得的社会支持 5. 健康专业人士的影响 6. 社区规范 7. 文化背景	1. 运用社区教育、支持团队和同伴项目 2. 社会营销活动可以促进对社区的积极态度和对体力活动的参与意识 3. 使用一致、准确和鼓励的信息来促进体力活动
组织因素	学校、工作场所、信仰环境和社区组织	在个人和团队层面上为组织创造机会，以便参与或增加体力活动

续表

社会生态水平	成分	潜在改变策略
物理环境	1. 自然因素，如天气或地理 2. 运动设施的可用性和使用权 3. 运动设施或自然环境的美学或主观觉察质量 4. 安全感，如犯罪率、交通情况 5. 社区设计 6. 公共交通方式	1. 建步行道或公园 2. 改善现有环境（如加强公园/社区的清理工作） 3. 帮助人们更加了解在其社区进行体力活动的各种机会（如公园、步行道、社区中心）
政策	1. 城市规划政策 2. 教育政策，如体育课 3. 卫生政策 4. 环境政策 5. 工作场所和其他组织政策	1. 将参与体力活动与降低对石化燃料的依赖和减少温室气体排放等当务之急的事项结合起来 2. 强调定期开展体育课的重要性 3. 要求工作场所为运动提供支持

第三节　减少参加体力活动的障碍

个体在参与或保持体力活动时会面临许多来自个人、社会或环境方面的障碍（例如，缺乏时间；不方便；缺乏自我激励；发现体力活动无聊或令人不愉快；缺乏自我管理技巧、自我效能感、社会支持和进行体力活动的场地等）[16,66]。表 12. 3 概述了个人在参与和保持运动中所面临的一些共性挑战，并且可以运用不同的行为理论来更好地理解和应对这些挑战。

表 12. 3　最常见的运动障碍[16]、相关理论和潜在策略

常见问题	赞同该障碍的比例	可运用的理论	策略示例
“我没有足够的时间”	69%	SCT，TPB，SET	1. 讨论修改 FITT 原则 2. 检查优先事项/目标 3. 简短咨询/动机性访谈
“我没有足够的精力”	59%	SCT，HBM，SET，TPB	1. 讨论修改 FITT 原则 2. 简短咨询/动机性访谈 3. 讨论影响运动强度设定的情感调节技术

续表

常见问题	赞同该障碍的比例	可运用的理论	策略示例
“我只是没有动力”	52%	SCT，HBM，TPB，TTM，SET，SDT	1. 讨论态度和结果预期 2. 确定改变阶段和提供按阶段定制的咨询 3. 检查主观觉察易感性和严重性 4. 讨论潜在的有效强化
“花销太多”	37%	HBM，TTM，SET	1. 检查其他可选择的运动以达成目标 2. 评估环境为参加运动的人提供的各种机会
“我生病或受伤了”	36%	TTM	1. 讨论保持/预防复发的措施 2. 讨论其他可选择的运动以达到目标
“我没有地方运动”	30%	SET	1. 评估环境为运动提供的各种机会 2. 讨论现有资源下的不同运动方式
“运动时我会感到尴尬”	29%	SCT，TPB	1. 检查自我效能感 2. 检查替代选项
“我不知道该怎么做”	29%	SCT，HBM，TTM，TPB	使用适当策略建立任务自我效能感
“我可能会受伤”	26%	SCT，HBM，TPB	1. 评估锻炼处方 2. 确定特定任务的自我效能感
“它不安全”	24%	SCT，SET	评估环境为运动提供的各种机会
“我运动的时候没人帮我照看小孩”	23%	SCT，SET	1. 发展社会支持结构 2. 检查可否为参加运动的人提供托儿服务
“没人陪我一起运动”	21%	SCT，TPB，TTM	1. 发展社会支持和运动伙伴系统 2. 确定可自行完成的不同方式的运动

FITT：运动的频率、强度、时间和方式；HBM：健康信念模型；SCT：社会认知理论；SDT：自我决定理论；SET：社会生态理论；TPB：计划行为理论；TTM：跨理论模型。

第四节　增加体力活动行为的认知和行为策略

认知策略是专注于运动行为改变[6]的干预措施的一个重要组成部分，并且非常有效地提高了体力活动水平[28]。这些策略侧重于改变个人对运动行为的思考、推理和想象的方式。行为策略也是运动干预的一个重要组成部分，它指的是个体的行为和对各种环境刺激的反应。因为行为和反应被认为是可以习得的，行为改变的方法可以用于那些假定不能被习得或改进的行为和反应。以证据为基础的认知和行为策略可用于增加体力活动行为，具体见表12.4，并在本节中逐步讨论。

表 12.4　增加体力活动的认知和行为策略

认知－行为策略	描述
提高自我效能感	通过确保他们的目标是现实的，观察与他们相似的人的积极体验，给予鼓励，帮助他们体验积极的情绪状态以提高他们对增加体力活动的自信
目标设置	与个体合作共同建立具体性的、可测的、行动性的、现实性的和自主性的（SMAR-TS）短期和长期目标
强化	鼓励个体达成行为目标后进行自我奖励。强化可以是外部的或内部的
社会支持	社会支持鼓励个体从家庭、朋友和同事那里获得对体力活动的支持
自我监控	鼓励个人通过体力活动日志、计步器、智能手表或其他技术装置追踪体力活动
问题解决	帮助个人找到克服体力活动障碍的方法
预防复发	为在体力活动中的过失做好准备，并制订克服这些过失的计划，使过失不再复发

一、提高自我效能感

自我效能感，对自己有执行某一行动所必备能力的自信[8]，是之前介绍的大多数理论（即 SCT，TTM，HBM 和 TPB）的核心组成部分[6]。自我效能感的增强与体力活动行为的改变有关[6]。个体利用各种有效性信息来增加运动行为，包括成功经验（如体验成功），这是自我效能感最有利的来源；替代性经验（如观察与他们相似的人所经历的积极体验）；言语说服（如鼓励他人）和生理反馈（如愉悦、积极的情绪状态）[6]。表 12.5 描述了自我效能感的来源和提高运动中的自我效能感的策略。

表 12.5 提高自我效能感的策略

自我效能感的信息来源	描述	策略
成功经验	有人成功地完成了这一行为	1. 设置可以实现的现实目标 2. 随着时间的推移逐渐进行 3. 提供适当的指导和示范 4. 使用体力活动日志来跟踪进度
替代性经验	让人观察其他有相似背景的人完成任务	1. 有被个人认同的运动团队领袖 2. 使用视频供大家模仿学习 3. 讨论具有相似背景和特征的个人的“成功”经历
言语说服	让别人告诉他或她可以成功	经常给予反馈（例如鼓励、赞扬），并表达对其个人能力的信心
生理反馈	传达与行为变化相关的症状的含义	1. 提供适当的指导和保证 2. 讨论体力活动引发的个人感受 3. 针对体力活动引发的不适提供相关教育 4. 鼓励利用音乐、风景等使体力活动变得令人愉快

二、目标设置

目标设置是促成行为改变的有力工具，它会导致运动行为的积极改变[6]。运动专业人士可以和患者/客户合作来帮助其制定、实施、测量和修正目标，并始终与他们的努力保持一致。SMARTS 原则可以用来指导有效的目标设置：

1. S（specific）具体性：目标应该是清晰具体的。

2. M（measurable）可测性：目标应该是可量化的。

3. A（action - oriented）行动性：目标应该指明需要做什么。

4. R（realistic）现实性：目标应该是可以实现的。

5. T（timely）限时性：目标应该有一个具体的和现实的时间框架。

6. S（self - determined）自主性：目标应该主要由客户/患者来制定。

对个人来说，制定短期和长期目标，以便定期进行测量和评估是很重要的。个人往往关注于长期目标；然而，当试图开始一项新的行为时，设定短期（即每天或每周）的可实现目标对提高自我效能感非常重要[97]。运动专业人员应定期监测进展情况，提供反馈，讨论成功经验并与对方一起努力解决问题。设置适当的目标是许多体力活动研究的重要组成部分，然而，由于目标设置被纳入到许多理论和干预措施当中，其作为独立因素对改变运动行为的贡献方面的研究证据有限[55,87,88]。

三、强 化

在 SCT，SDT 和 TTM 中强调使用正强化（如奖励）。应该鼓励个人通过自我奖励以达成行为目标。外部奖励包括有形的物质奖励，例如：金钱、一双新鞋或一本新书，这通常用于启动行为改变[68]。社会强化，如来自运动专业人士或家庭成员的赞美，也是一种外部强化物。内部奖励通常是来自内在的无形的奖励，如成就感、信心或愉快感。如果是由于内在原因进行体力活动，那么个体更有可能长期坚持运动[83]。给运动参与者提供内部强化物可能是困难的，但是有可能创造一个促进内部动机的环境。这些环境着重于提高参与者的自主需要，并被证明可以促成更高水平的体力活动[19]。促进内部动机的环境应注重：（1）提供积极的反馈以帮助参与者提高胜任感；（2）承认参与者在计划中所面临的困难；（3）通过强化使参与者自己选择和开始体力活动的意识来建立自主需要。

四、社会支持

社会支持是个体进行运动的重要动力，也是 SCT、TTM、TPB 和 SET 中的重要的内容，并且来自于教练、家人、锻炼伙伴、同事、邻居以及运动及其他健康专业人士。可以给客户/患者提供各种方式的社会支持，包括：（1）指导，即咨询和提供相关信息；（2）可靠的同盟，即确保在压力时有其他人可以信赖；（3）价值保证，即承认运动团队中的某成员的能力或私人教练对该成员能力的信任；（4）依附，即与私人教练或运动团队中至少一个人在情感上是亲密的；（5）社会整合，即集体运动中的归属感和舒适感；（6）照顾他人的机会，即为运动团队中的其他人提供帮助[103]。

与客户/患者在一起时，以指导的形式提供社会支持是最常见的。开始按计划运动的个体在面对压力或者运动过程中遇到困难时要感受到社会支持[36,38]。此外，开始按计划运动的个体可能会有不胜任感。通过成功经验，社会模仿和予以表扬来提高胜任感是行之有效的方法[8]。

增加个人对团队的依附感和成为该团队成员的感觉也是很重要的。运动者需要感觉舒适。使运动者感到舒适的方法是建立伙伴小组。在运动团队中，运动者可以从观察别人完成日常运动的过程中受益，同时也可从健身教练和同伴为获得正确的技术并付诸实现的不断努力中受益。在社区内建立支持性的运动团队与更高水平的运动行为有关[6,61]。

五、自我监控

自我监控是 SCT 和 TTM 的重要组成部分，它涉及观察和记录行为，且已被证明在运动行为改变中是重要的。运动自我监控可以采用纸笔记录、心率监测器、计步器，或像智能手表那样的“可穿戴”设备。技术设备可以为个人提供详细的反馈，包括运动时间、运动强度、行走距离或步数。可视化文档（例如：运动日志）可以帮助跟踪运动的进展，确定行为改变的障碍，并提醒人们保持运动。

六、问题解决

个体会遇到许多障碍，这些障碍可能会阻碍人们进行体力活动（见表 12.3）。问题解决可以帮助个人确定减少或消除障碍的策略，这包括四个主要步骤：（1）识别障碍；（2）通过头脑风暴的方式来克服障碍；（3）选择在头脑风暴中产生的最有可能成功的策略；（4）分析计划开展的情况，并根据需要对计划进行修改[12]。克服障碍的方法最好是由个人提出，而不是由运动专业人士提供。例如：如果缺少时间是开展运动的障碍，那么个人在运动专业人士的协助下一起找出克服这种障碍的可能解决方案（例如：安排运动“约会”，把体力活动纳入到这次约会中）。

七、预防复发

定期进行体力活动的人偶尔会遇到一些情况，这些情况使他们很难或几乎不可能坚持自己的运动计划。因此，许多理论和方法的一个重要组成部分是制定策略，帮助个人克服挫折和保持他们的体力活动水平[94]。虽然在执行运动计划中出现的过失（例如：错过几次运动）并不少见，但对可能由此导致静坐少动的生活方式或复发进行预防是最关键的。预防复发策略包括了解和预测高危情况（例如：旅行、度假、假期、疾病、与运动有冲突的家庭责任和恶劣的天气），并制订一个计划以确保不会因过失而导致复发[94]。有时候，没有按照计划进行运动是难以避免的，然而，好的预防过失和复发的策略帮助个体步入正轨，或情况过后重新回到正轨。最后，个体应该避免“要么全有要么全无”的想法，不要因为错过了计划中的运动而气馁。

第五节　增加运动参与和坚持的理论策略和方法

一、简短咨询和动机性访谈

增加运动参与的一个很有希望的领域是进行简短咨询，并且通常由医疗保健专业人士进行[4]。这些简短咨询的方法可以基于以前讨论过的任何理论；然而，他们必须比简单询问体力活动水平更为彻底，同时建议患者增加其运动行为。专栏 12.1 提供了可纳入咨询会议的策略和技术的范例。许多医学协会和“健康人民 2020”（Healthy People 2020）规划已经采纳这样的立场：初级保健提供者应该将体力活动咨询作为每次对患者进行常规访问的一部分[47]，但美国预防服务工作组得出的结论是，在促进体力活动的初级保健中进行行为咨询带来的健康获益很小[65,95]。

专栏 12.1　以客户为中心的体力活动咨询（5A 模型）

评估（Assess）体力活动行为、信念、知识和改变的愿望。
告知（Advise）客户体力活动的好处和不活动所带来的健康风险。
同意（Agree）以客户的兴趣、信心、能力和改变的愿望为基础合作制定体力活动目标。
协助（Assist）客户利用问题解决技术和来自社会和环境的支持和资源，来识别和克服障碍。
安排（Arrange）一个包含随访反馈，评估和支持的计划。

动机性访谈是在过去的 20 年中发展起来的，现在可以成功地应用于许多健康行为，包括体力活动[59,69]和减肥[5]。动机性访谈是一种以人为本的沟通方式，专业人员与客户/患者为行为改变共同努力。专业的做法是不带偏见的、共感的和鼓励性的。动机性访谈的重点是帮助矛盾的个体认识到可能带来不同的积极变化的内部动机。该方法尊重客户/患者的自主需要，并认为客户对改变负有完全的责任。表 12.6 突显了传统咨询和动机性访谈方法之间的一些差异。动机性访谈可以与现有的大多数理论相结合，有助于提升那些要参与或保持一个运动计划的个体的动机和自信。由于动机性访谈与 SDT（如内部动机、自主需要）理论间的相似性，人们对两者在发展干预中的结合越来越关注。

表 12.6　动机性访谈和提供建议的比较

	动机性访谈	提供建议
咨询目标	澄清个体不进行体力活动的根本原因，帮助建立行为改变的动机	劝说个体要进行体力活动并按运动处方进行
来访者（客户）	帮助个体探究不进行体力活动的原因，为什么和如何开展体力活动，以及运动是如何与个人价值观相一致的；运用同情心技术	解释由于不进行体力活动所增加的患病风险（如糖尿病、心血管疾病）
信息呈现	客观中立的解释目前的体力活动水平和推荐的体力活动水平之间的差异，并允许客户对此进行相应的反应	提供证据说明为什么不进行体力活动会增加患病的风险

续表

	动机性访谈	提供建议
提问方法	采用开放式提问鼓励对进行体力活动的想法和由此引发的情感进行探索	通过提问引导他们自己“证明”不进行体力活动的风险以及为什么要进行体力活动
阻抗的处理	使用反射技术来尝试承认他们的观点；阻抗是这种新方法的标志；认识到对行为改变的矛盾心理是正常的	反驳并“纠正”来访者错误的观念
总结	用他们的语言来总结体力活动的利弊	劝说个体要进行体力活动并按运动处方进行

动机性访谈的原则可以应用于时间压力通常很大的医疗和公共卫生环境中[81]。在这些环境中，首要目标是帮助解决矛盾心理，增加改变动机，这也是动机性访谈的初始阶段，而此时可能发生“改变谈话”。改变谈话指的是通过对个体提及的想要改变的渴望或理由的讨论，从而增大改变发生的可能性（见表 12.7）[63]。一些具体的、实用的方法已被用于体力活动的干预措施中[77]，并可以很容易地纳入这些简短咨询和访谈中。

表 12.7　引起改变的谈话方法

方法	描述	例子
询问令人深思的问题	问对方如下问题： 1. 现状的缺点 2. 改变的优点 3. 对改变的乐观态度 4. 改变的意向	“如果你什么都不改变，你觉得会发生什么？” “更多的体力活动会带来什么好处？” “什么样的改变对你来说是最好的？” “你打算怎么办？”
运用重要性原则	问一些简单的问题来评估体力活动对人有多重要，以及什么能使它更重要	“对你来说，体力活动有多重要？” （回答后）“你为什么相信这个？” “怎样才能提高运动对你的重要性？”
运用自信原则	问一些简单的问题来评估一个人的自信，以及什么可能增加这个人的自信	“你有信心进行定期的体力活动吗？” （回答后）“是什么让你有这样自信？” “怎样才能让你对定期进行体力活动更有自信？”
探究利弊	鼓励人们讨论目前行为的积极或消极作用	“你喜欢静坐少动吗？” “不运动有什么坏处吗？”
详细阐述	当健康专业人士听到任何改变的理由时，鼓励这个人详细阐述以加强“改变谈话”	“你说运动会让你感觉更好。你能对此多谈谈吗？”

续表

方法	描述	例子
询问极端情况	当这个人对改变不甚渴望时，鼓励其考虑不改变的极端后果，以及改变后所带来的最好结果	“假设你继续这样不进行体力活动的话，你认为可能发生在你身上的更糟糕的事情是什么？” “如果你做出改变，你能想到的最好结果是什么？”
回顾	帮助人们回顾其进行体力活动时的那一段时光	“你提到你以前常常走路。那时是什么样子的？”
期待	帮助人们设想未来行为改变后的情形	“如果有哪些是你未来不想面对的话，为此你希望做出哪些改变？”
探究价值与目标	让这个人告诉你什么是在他/她生活中最重要的事情，然后问其如果不运动所带来的影响	“生活中对你来说最重要的是什么？” （回答后）“运动或不运动对这个有什么影响吗？”

二、针对不同改变阶段的量身定制的咨询

TTM 理论是建立在行为改变阶段的基础上的，并且通过使用针对不同阶段的特定的策略和“定制”干预可以促进整个阶段的发展。专栏 12. 2 的例子说明在每个阶段如何使用特定的策略来对个体进行定制干预，以帮助他们发展到下一个阶段。干预研究一直以来都发现针对 TTM 中不同变化阶段的量身定制的干预适用于不同的人群，并且能有效地提高体力活动水平[46,93]。

三、团队领导互动

与针对个体行为改变的尝试不同的是促进运动参与和坚持的团队干预。坚持程度、社会互动、生活质量、生理有效性和功能有效性都已经在群体环境中进行了研究，并且与家庭计划进行比较。这些家庭计划是以家庭为基础并且涉及与医务人员接触和进行常规的运动课程。在一个团队中进行运动，教练会有目的地创造团队动力和团队目标，这样运动的效果会优于一般的运动课（每个人都自主地进行运动）或在家里进行的有或没有教练的运动。这些结果突显了基于团队的体力活动干预措施的价值。

专栏 12.2 促进阶段转换的策略示例

前意向阶段→意向阶段

1. 提供关于定期体力活动所带来益处的信息。
2. 讨论关于主观觉察障碍都有哪些误解，如“如果他们没有时间，可以在短时间内完成”。
3. 让他们想象一下，如果他们进行体力活动，他们会感觉到什么，强调短期的，容易实现的体力活动的益处，比如睡得好，减轻压力，还有更多的精力。
4. 探讨不运动将可能如何影响自己以外的其他人，如他们的配偶和孩子。

意向阶段→准备阶段

1. 探索消除阻碍体力活动因素的可能方案。
2. 评估自我效能感的水平，并运用技术建立自我效能感。
3. 强调在朝向有规律的运动中，即使前进一小步也是重要的。
4. 鼓励把自己看作一个健康的、活跃的人。

准备阶段→行动阶段

1. 帮助制订适当的体力活动计划，以达到其体力活动目标，并使用目标设定工作表或契约书来做出正式承诺。
2. 使用强化予以奖励。
3. 教授自我监控技术，如跟踪时间和距离。
4. 继续讨论如何克服任何妨碍自己进行体力运动的因素。
5. 鼓励他们创造一个有助于体力活动的环境。
6. 鼓励用体力活动来替代静坐少动。

行动阶段→保持阶段

1. 为目标进度提供积极和有意义的反馈。
2. 探索不同方式的体力活动，以避免倦怠。
3. 鼓励他们合作，甚至帮助他人更热爱运动。
4. 讨论预防复发策略。
5. 可用于维持动机的相关潜在奖励。

运动领导者对体力活动的参与和体力活动所带来的心理效益有影响[36]。该运动领导者和团队在 SCT 和 SDT 中扮演重要角色。一个具有社会支持型领导风格的运动领导者，可以提供鼓励、言语强化、表扬和对参与者的关注[38]。拥有上述领导风格领导者的运动参与者报告有更高的自我效能感，精力充沛，享受更多的乐趣，更强烈的运动意愿，更少的疲劳感和更少地感到尴尬[41]。除了运动领导者外，运动团队的各方面也可能影响对体力活动的参与。其中一个方面是团队凝聚力，它是团队在追求目标的过程中和为了满足成员的情感需要，团结在一起、保持一致倾向的动态过程。若要提高团队凝聚力、降低退出率，需遵循以下 5 项原则[18,37]：

1. 特色。构建团队身份认同（例如，团队名称）。

2. 定位。明确每一名成员在团队内的职责与角色。
3. 宗旨。明确团队要实现的共同目标。
4. 奉献。为了更大的团队利益，要学会放弃某些个人利益。
5. 沟通。团队内互动越多，团队凝聚力越强。

第六节　特殊人群

运动促进的一个重要领域是定制适宜的干预措施，以促进不同人群的运动行为，这的确是一种独特的挑战。要定制适宜的干预措施就需要了解某一人群或个体潜在的独特的信仰、价值观、所处的环境和他们面对的障碍。尽管每个人都是独特的，但以下部分仍将针对运动专业人士在工作中可能面对的最常见的特殊群体。

一、文化多样性

为了给运动者提供多元文化的保健，有必要接触和理解他们的文化信仰、价值观和习俗。这其中涉及住房、街区特色、宗教、可获得的资源、犯罪、种族、民族、年龄、能力水平和社会阶层等诸多方面。与其他种族/民族群体相比，非裔美国人体力活动水平较低，其原因可能是不仅受到环境的制约，也受到文化信仰的影响[70]。非裔美国女性缺少体力活动，源自缺少榜样、家庭责任（例如：担当家庭照顾者的角色）和与体型有关的问题（例如：人们往往欣赏较大的身材和身体曲线，因此降低了对体力活动的主观需要）和发型[45]。在针对这些人群的干预措施中，包括应对这些障碍的策略可能是至关重要的。

也许，针对不同种族或民族的运动干预措施最重要的特点是文化敏感性和量身定制。具有文化敏感性的干预措施应包括表层结构和深层结构[76]。表层结构包括将干预材料和消息与在目标人群观察到的“表面”特征进行匹配。应该使用人们熟悉和喜爱的人、场所、语言、音乐、食物、地点和服装。例如，针对非裔美国人的干预应该在运动项目材料中包括非裔美国人的照片。深层结构包括将影响体力活动的文化、社会、历史、环境和心理力量纳入到目标人群中。例如，在拉美文化中，家庭作为一个独立的单元是非常重要的。因此，增加体力活动的建议可能会包含这样一些方法，如让所有的家庭成员一起运动（例如，和整个家庭成员一起散步）。包含上述两个维度的干预措施可以使信息（表面结构）和显著特点（深层结构）更易被感受到进而被接纳[76]。

二、老年人

在促进老年人的参与和坚持运动的过程中（见第七章）会面临一些挑战[2,23]。老年人可能对体力活动的益处或如何建立安全有效的运动计划缺乏知识，因此，运动专业人员应对其进行初始教育[106]。尽管对一般人而言社会支持是有益于体力活动的，但它对老年人来说起的作用未必是积极的[20]。家人和朋友可能会通过告诉他们“放松”和“让我来做”来施加消极的影响。因为这些话隐含的信息是他们太老或身体太虚弱，无法进行体力活动[20]。

尽管老年人经历了许多常见的影响体力活动的障碍（例如：缺乏时间、缺乏动机）[33,66]，但有一些障碍可能具有特殊的意义，包括缺乏社会支持或社会对其漠不关心；社会隔离程度加大；担心摔倒/安全；还有身体上的疾病，比如受伤、慢性疾病和健康状况不佳[51,66]。很有可能，对老年人进行运动的最大障碍是担心运动会导致受伤、疼痛和不适或使现有的健康状况变糟[66]。此外，由于社会规范造成社会对女性进行体力活动的接受程度较低，从而使年龄较大的女性在早年的生活中缺乏体力活动。在促进这一人群的体力活动的开展和专为她们开发干预措施时，这些独特的障碍可能是非常重要的，并且需要认真对待。

三、儿童和青少年

当与儿童和青少年（见第七章）在一起时，很重要的一点是要认识到他们参加一项运动计划很可能是因为他们的父母希望他们这样做，对他们而言这是外在动机，并且通常需要有形的社会支持形式（例如：接送、付费）[66]。然而，为了让儿童和青少年在他们的一生中保持运动行为，需要帮助他们形成自主需要[98]，并让他们感受到自我效能感和行为控制感。如前所述，通过建立一个支持性的环境来形成自主需要和内在的动机，应该是培养儿童和青少年进行体力活动时优先考虑的事宜[19]。

学校对实施体力活动干预来说是充满吸引力的场所，因为可以涉及大多数儿童和青少年。对体育课的简单调整[54,91]，课间休息时的小变化[80]，以及在课内推广的结构化体力活动都可以增强体力活动[50]。虽然有人担心校内体力活动项目会影响学习，从而降低学习成绩，但数据并不支持这种观点。除了少数例外，体育课、课间休息和校内体力活动项目的干预效果是积极的，且可能与学业成绩、学术行为、认知技能和态度无关[75]。

四、肥胖个体

体力活动可以改善最不爱运动的肥胖个体的体重指数 BMI[100]。尽管对超重的担忧是许多肥胖患者进行运动的主要原因[30]，他们也可能面临影响体力活动的额外的、独特的、与体重有关的障碍，例如在运动时感到身体不适，对自己的外表感到不舒服，不想在别人面前锻炼[52]。肥胖个体在过去缺乏成功经验，因此需要增强他们的自我效能感，让他们相信他们能够成功地进行运动[7,21]。此外，他们可能相当虚弱，且认为中等强度的运动都很有挑战性，所以进行低强度的体力活动并保持活动的乐趣从而使他们积极地对待体力活动是尤为重要的[34]。虽然目标应该是自我决定的，但仍可能需要帮助肥胖个体设定现实的减肥目标，并确定适当的体力活动水平以使他们达到这些目标[26]。

五、存在慢性疾病和健康问题的个体

体力活动可以改善许多存在慢性疾病和健康问题的个体的症状。与存在慢性疾病和健康问题的个体合作时，既要考虑他们的任务自我效能感也要关注其由病情所带来的影响[66]。例如，患有关节炎的患者报告疼痛、疲劳和行走困难是参与体力活动的障碍[27,104]。那些患有神经系统疾病的人（如肌肉萎缩症、多发性硬化症、运动神经元疾病和帕金森氏病）都提到了疲劳，害怕跌倒或失去平衡，以及安全因素，这些都会随着疾病的发展而成为体力活动的障碍[35]。应特别考虑并确保活动可以用来预防、治疗或控制疾病进展和改善健康状况。此外，了解影响存在慢性疾病和健康问题的个体进行运动的障碍和让其担心的情况会有助于确保选择适当的体力活动。

在线资源

国民体力活动计划：http：//www. physicalactivityplan. org/
社区预防服务、行为和社会方法指南：http：//www. thecommunityguide. org/pa/behavioral – social/index. html
国家癌症研究所行为研究计划理论项目：http：//www. cancercontrol. cancer. gov/brp/research/theories_project/index. html
运动是良医：http：//www. exerciseismedicine. org

（张禹 译）

参考文献

1. Ajzen I. From intentions to actions：a theory of planned behavior. In：Kuhl J，Beckman J，editors. *Action Control：From Cognition to Behavior*. Heidelberg（Germany）：Springer；1985. p. 11 – 39.
2. American College of Sports Medicine，Chodzko – Zajko WJ，Proctor DN，et al. American College of Sports Medicine position stand. Exercise and physical activity for older adults. *Med Sci Sports Exerc*. 2009；41（7）：1510 – 30.
3. Anton SD，Perri MG，Riley J III，et al. Diff erential predictors of adherence in exercise programs with moderate versus higher levels of intensity and frequency. *J Sport Exercise Psychol*. 2005；27：171 – 87.
4. Armit CM，Brown WJ，Marshall AL，Ritchie CB，Trost SG，Green A. Randomized trial of three strategies to promote physical activity in general practice. *Prev Med*. 2009；48（2）：156 – 63.
5. Armstrong MJ，Mottershead TA，Ronksley PE，Sigal RJ，Campbell TS，Hemmelgarn BR. Motivational interviewing to improve weight loss in overweight and/or obese patients：a systematic review and meta – analysis of randomized controlled trials. *Obes Rev*. 2011；12（9）：709 – 23.
6. Artinian NT，Fletcher GF，Mozaff arian D，et al. Interventions to promote physical activity and dietary lifestyle chan-

ges for cardiovascular risk factor reduction in adults: a scientific statement from the American Heart Association Jul 27. *Circulation.* 2010;122(4):406 – 41.

7. Baba R, Iwao N, Koketsu M, Nagashima M, Inasaka H. Risk of obesity enhanced by poor physical activity in high school students. *Pediatr Int.* 2006;48(3):268 – 73.
8. Bandura A. *Self – Efficacy: The Exercise of Control.* New York(NY): Freeman; 1997. 604 p.
9. Bandura A. *Social Foundations of Thought and Action: A Social – Cognitive Theory.* Englewood Cliff s(NJ): Prentice Hall; 1985. 544 p.
10. Bauman AE, Reis RS, Sallis JF, Wells JC, Loos RJ, Martin BW. Correlates of physical activity: why are some people physically active and others not? *Lancet.* 2012;380(9838):258 – 71.
11. Bennett GG, Wolin KY, Puleo EM, Masse LC, Atienza AA. Awareness of national physical activity recommendations for health promotion among US adults. *Med Sci Sports Exerc.* 2009;41(10):1849 – 55.
12. Blair SN, Dunn AL, Marcus BH, Carpenter RA, Jaret P. *A ctive Living Every Day.* 2nd ed. Champaign(IL): Human Kinetics; 2011. 174 p.
13. Blanchard CM, Courneya KS, Rodgers WM, et al. Is the theory of planned behavior a useful framework for understanding exercise adherence during phase II cardiac rehabilitation? *J Cardiopulm Rehabil.* 2003;23(1):29 – 39.
14. Blue CL. The predictive capacity of the theory of reasoned action and the theory of planned behavior in exercise research: an integrated literature review. *Res Nurs Health.* 1995;18(2):105 – 21.
15. Burke SM, Carron AV, Eys MA, Ntoumanis N, Estabrooks PA. Group versus individual approach? A meta – analysis of the effectiveness of interventions to promote physical activity. *Sport Exerc Psychol Rev.* 2006;2:19 – 35.
16. Canadian Fitness and Lifestyle Research Institute. *Progress in Prevention* [Internet]. Ottawa, Ontario(Canada): Canadian Fitness and Lifestyle Institute; [cited 2015 Aug 28]. Available from: http://www. cfl ri. ca/document/bulletin – 04 – barriers – physical – activity.
17. Carlson SA, Fulton JE, Schoenborn CA, Loustalot F. Trend and prevalence estimates based on the 2008 Physical Activity Guidelines for Americans. *Am J Prev Med.* 2010;39(4):305 – 13.
18. Carron AV, Spink K. Team building in an exercise setting. *Sport Psychol.* 1993;7(1):8 – 18.
19. Chatzisarantis NL, Hagger M. Effects of an intervention based on self – determination theory on self – reported leisure – time physical activity participation. *Psychol Health.* 2009;24(1):29 – 48.
20. Chogahara M. A multidimensional scale for assessing positive and negative social influences on physical activity in older adults. *J Gerontol B Psychol Sci Soc Sci.* 1999;54(6):S356 – 67.
21. Conn VS, Minor MA, Burks KJ. Sedentary older women's limited experience with exercise. *J Community Health Nurs.* 2003;20(4):197 – 208.
22. Cooke R, Sheeran P. Moderation of cognition – intention and cognition – behaviour relations: a meta – analysis of properties of variables from the theory of planned behaviour. *Br J Soc Psychol.* 2004;43(Pt 2):159 – 86.
23. Cress ME, Buchner DM, Prohaska T, et al. Best practices for physical activity programs and behavior counseling in older adult populations. *J Aging Phys Act.* 2005;13(1):61 – 74.
24. Dalal HM, Zawada A, Jolly K, Moxham T, Taylor RS. Home based versus centre based cardiac rehabilitation: Cochrane systematic review and meta – analysis. *BMJ.* 2010;340:b5631.
25. Deci EL, Ryan R. *Intrinsic Motivation and Self – Determination in Human Behavior.* New York(NY): Plenum Pub-

lishing;1985. 371 p.

26. Delahanty LM, Nathan D. Implications of the diabetes prevention program and Look AHEAD clinical trials for lifestyle interventions. *J Am Diet Assoc.* 2008;108(4 Suppl 1):S66 – 72.

27. Der Ananian C, Wilcox S, Saunders R, Watkins K, Evans A. Factors that influence exercise among adults with arthritis in three activity levels. *Prev Chronic Dis.* 2006;3(3):A81.

28. Dishman RK, Buckworth J. Increasing physical activity: a quantitative synthesis. *Med Sci Sports Exerc.* 1996;28(6):706 – 19.

29. Dishman RK, Vandenberg RJ, Motl RW, Nigg CR. Using constructs of the transtheoretical model to predict classes of change in regular physical activity: a multi – ethnic longitudinal cohort study. *Ann Behav Med.* 2010;40(2):150 – 63.

30. Donnelly JE, Blair SN, Jakicic JM, et al. American College of Sports Medicine position stand. Appropriate physical activity intervention strategies for weight loss and prevention of weight regain for adults. *Med Sci Sports Exerc.* 2009;41(2):459 – 71.

31. Downs DS, Hausenblas H. Exercising for two: examining pregnant women's second trimester exercise intention and behavior using the framework of the theory of planned behavior. *Womens Health Issues.* 2003;13(6):222 – 8.

32. Downs DS, Hausenblas H. The theories of reasoned action and planned behavior applied to exercise: a meta – analytic update. *J Phys Act Health.* 2005;2(1):76 – 97.

33. Duncan GE, Anton SD, Sydeman SJ, et al. Prescribing exercise at varied levels of intensity and frequency: a randomized trial. *Arch Intern Med.* 2005;165(20):2362 – 9.

34. Ekkekakis P, Lind E. Exercise does not feel the same when you are overweight: the impact of self – selected and imposed intensity on affect and exertion. *Int J Obes(Lond).* 2006;30(4):652 – 60.

35. Elsworth C, Dawes H, Sackley C. A study of perceived facilitators to physical activity in neurological conditions. *Int J Ther Rehabil.* 2009;16(1):17 – 24.

36. Estabrooks PA. Sustaining exercise participation through group cohesion. *Exerc Sport Sci Rev.* 2000;28(2):63 – 7.

37. Estabrooks PA, Carron A. Group cohesion in older adult exercisers: prediction and intervention effects. *J Behav Med.* 1999;22(6):575 – 88.

38. Estabrooks PA, Munroe KJ, Fox EH, et al. Leadership in physical activity groups for older adults: a qualitative analysis. *J Aging Phys Act.* 2004;12(3):232 – 45.

39. Fitzpatrick SE, Reddy S, Lommel TS, et al. Physical activity and physical function improved following a community – based intervention in older adults in Georgia senior centers. *J Nutr Elder.* 2008;27(1 – 2):135 – 54.

40. Fortier MS, Duda JL, Guerin E, Teixeira PJ. Promoting physical activity: development and testing of self – determination theory – based interventions. *Int J Behav Nutr Phys Act.* 2012;9:20.

41. Fox LD, Rejeski WJ, Gauvin L. Effects of leadership style and group dynamics on enjoyment of physical activity. *Am J Health Promot.* 2000;14(5):277 – 83.

42. Garber CE, Blissmer B, Deschenes MR, et al. American College of Sports Medicine position stand. Quantity and quality of exercise for developing and maintaining cardiorespiratory, musculoskeletal, and neuromotor fitness in apparently healthy adults: guidance for prescribing exercise. *Med Sci Sports Exerc.* 2011;43(7):1334 – 559.

43. Geraedts H, Zijlstra A, Bulstra SK, Stevens M, Zijlstra W. Effects of remote feedback in homebased physical activi-

ty interventions for older adults:a systematic review. *Patient Educ Couns.* 2013;91(1):14 – 24.

44. Goode AD, Reeves MM, Eakin EG. Telephone – delivered interventions for physical activity and dietary behavior change: an updated systematic review. *Am J Prev Med.* 2012;42(1):81 – 8.
45. Harley AE, Odoms – Young A, Beard B, Katz ML, Heaney CA. African American social and cultural contexts and physical activity: strategies for navigating challenges to participation. *Women Health.* 2009;49:84 – 100.
46. Hutchison AJ, Breckon JD, Johnston LH. Physical activity behavior change interventions based on the transtheoretical model: a systematic review. *Health Educ Behav.* 2009;36(5):829 – 45.
47. Jacobson DM, Strohecker L, Compton MT, Katz DL. Physical activity counseling in the adult primary care setting: position statement of the American College of Preventive Medicine. *Am J Prev Med.* 2005;29(2):158 – 62.
48. Kahn EB, Ramsey LT, Brownson RC, et al. The effectiveness of interventions to increase physical activity. A systematic review. *Am J Prev Med.* 2002;22(4 Suppl):73 – 107.
49. Kelley K, Abraham C. RCT of a theory – based intervention promoting healthy eating and physical activity amongst out – patients older than 65 years. *Soc Sci Med.* 2004;59(4):787 – 97.
50. Kibbe DL, Hackett J, Hurley M, et al. Ten years of Take 10! ® integrating physical activity with academic concepts in elementary school classrooms. *Prev Med.* 2011;52:S43 – 50.
51. Lees FD, Clark PG, Nigg CR, Newman P. Barriers to exercise behavior among older adults: a focus – group study. *J Aging Phys Act.* 2005;13:23 – 33.
52. Leone LA, Ward D. A mixed methods comparison of perceived benefits and barriers to exercise between obese and nonobese women. *J Phys Act Health.* 2013;10:461 – 9.
53. Linke SE, Gallo LC, Norman GJ. Attrition and adherence rates of sustained vs. intermittent exercise interventions. *Ann Behav Med.* 2011;42(2):197 – 209.
54. Lonsdale C, Rosenkranz RR, Peralta LR, Bennie A, Fahey P, Lubans DR. A systematic review and meta – analysis of interventions designed to increase moderate – to – vigorous physical activity in school physical education lessons. *Prev Med.* 2013;56:152 – 61.
55. Lox CL, Martin Ginis KA, Petruzzello SJ. *The Psychology of Exercise: Integrating Theory and Practice.* 2nd ed. Scottsdale(AZ): Holcomb Hathaway Publishers; 2006. 450 p.
56. Lustria ML, Noar SM, Cortese J, Van Stee SK, Glueckauf RL, Lee J. A meta – analysis of web – delivered tailored health behavior change interventions. *J Health Commun.* 2013;18(9):1039 – 69.
57. Macera CA, Ham SA, Yore MM, et al. Prevalence of physical activity in the United States: Behavioral Risk Factor Surveillance System, 2001. *Prev Chronic Dis.* 2005;2(2):A17.
58. Marcus B, Forsyth L. *Motivating People to Be Physically Active.* Champaign(IL): Human Kinetics; 2003. 220 p.
59. Martins RK, McNeil D. Review of motivational interviewing in promoting health behaviors. *Clin Psychol Rev.* 2009; 29(4):283 – 93.
60. McAuley E, Blissmer B. Self – efficacy determinants and consequences of physical activity. *Exerc Sport Sci Rev.* 2000;28(2):85 – 8.
61. Michie S, Abraham C, Whittington C, McAteer J, Gupta S. Effective techniques in healthy eating and physical activity interventions: a meta – regression. *Health Psychol.* 2009;28(6):690 – 701.
62. Middelweerd A, Mollee JS, van der Wal C, Brug J, Te Velde SJ. Apps to promote physical activity among adults: a

review and content analysis. *Int J Behav Nutr Phys Act.* 2014;11(1):97.

63. Miller WR, Rollnick S. *Motivational Interviewing: Preparing People for Change.* 2nd ed. New York (NY): Guilford Press; 2002. 428 p.
64. Mirotznik J, Feldman L, Stein R. The health belief model and adherence with a community center – based, supervised coronary heart disease exercise program. *J Community Health.* 1995;20(3):233 – 47.
65. Moyer V, U. S. Preventive Services Task Force. Behavioral counseling interventions to promote a healthful diet and physical activity for cardiovascular disease prevention in adults: U. S. Preventive Services Task Force recommendation statement. *Ann Intern Med.* 2012;157:367 – 71.
66. Netz Y, Zeev A, Arnon M, Tenenbaum G. Reasons attributed to omitting exercising: a population – based study. *Int J Sport Exerc Psyc.* 2008;6:9 – 23.
67. Nigg CR, Geller KS, Motl RW, Horwath CC, Wertin KK, Dishman RK. A research agenda to examine the efficacy and relevance of the transtheoretical model for physical activity behavior. *Psychol Sport Exerc.* 2011; 12(1):7 – 12.
68. Noland MP. The effects of self – monitoring and reinforcement on exercise adherence. *Res Q Exerc Sport.* 1989;60(3):216 – 24.
69. O'Halloran PD, Blackstock F, Shields N, et al. Motivational interviewing to increase physical activity in people with chronic health conditions: a systematic review and meta – analysis. *Clin Rehabil.* 2014;28(12):1159 – 71.
70. Pasick RJ, D'Onofrio CN, Otero – Sabogal R. Similarities and differences across cultures: questions to inform a third generation for health promotion research. Health Educ Q. 1996;23(Suppl):S142 – 61.
71. Pate RR, Pratt M, Blair SN, et al. Physical activity and public health. A recommendation from the Centers for Disease Control and Prevention and the American College of Sports Medicine. *JAMA.* 1995;273(5):402 – 7.
72. Perri MG, Anton SD, Durning PE, et al. Adherence to exercise prescriptions: effects of prescribing moderate versus higher levels of intensity and frequency. *Health Psychol.* 2002;21(5):452 – 8.
73. Prochaska JO, DiClemente CC, Norcross JC. In search of how people change. Applications to addictive behaviors. *Am Psychol.* 1992;47(9):1102 – 14.
74. Prochaska JO, Velicer W. The transtheoretical model of health behavior change. *Am J Health Promot.* 1997; 12(1):38 – 48.
75. Rasberry CN, Lee SM, Robin L, et al. The association between school – based physical activity, including physical education, and academic performance: A systematic review of the literature. *Prev Med.* 2011;52:S10 – 20.
76. Resnicow K, Baranowski T, Ahluwalia JS, Braithwaite RL. Cultural sensitivity in public health: defined and demystified. *Ethn Dis.* 1999;9(1):10 – 21.
77. Resnicow K, Jackson A, Braithwaite R, et al. Healthy body/healthy spirit: a church – based nutrition and physical activity intervention. *Health Educ Res.* 2002;17(5):562 – 73.
78. Resnicow K, McMaster F. Motivational interviewing: moving from why to how with autonomy support. *Int J Behav Nutr Phys Act.* 2012;9:19.
79. Rhodes RE, Warburton DE, Murray H. Characteristics of physical activity guidelines and their effect on adherence: a review of randomized trials. *Sports Med.* 2009;39(5):355 – 75.
80. Ridges ND, Salmon J, Parrish A, Stanley RM, Okely AD. Physical activity during school recess: a systematic re-

view. Am J Prev Med. 2012;43(3):320 – 8.

81. Rollnick S, Mason P, Butler C. *Health Behavior Change: A Guide for Practitioners.* Edinburgh (United Kingdom): Churchill Livingstone; 1999. 240 p.
82. Rosenstock IM, Strecher VJ, Becker MH. Social learning theory and the health belief model. *Health Educ Q.* 1988; 15(2):175 – 83.
83. Ryan RM, Frederick CM, Lepes D, Rubio N, Sheldon KM. Intrinsic motivation and exercise adherence. *Int J Sport Psychol.* 1997;28:335 – 54.
84. Sallis JF, Cervero RB, Ascher W, Henderson KA, Kraft MK, Kerr J. An ecological approach to creating active living communities. *Annu Rev Public Health.* 2006;27:297 – 322.
85. Sallis JF, Floyd MF, Rodríguez DA, Saelens BE. Role of built environments in physical activity, obesity, and cardiovascular disease. *Circulation.* 2012;125(5):729 – 37.
86. Schoff man DE, Turner – McGrievy G, Jones SJ, Wilcox S. Mobile apps for pediatric obesity prevention and treatment, healthy eating, and physical activity promotion: just fun and games? *Transl Behav Med.* 2013;3(3):320 – 5.
87. Shilts MK, Horowitz M, Townsend MS. Goal setting as a strategy for dietary and physical activity behavior change: a review of the literature. *Am J Health Promot.* 2004;19(2):81 – 93.
88. Shilts MK, Horowitz M, Townsend MS. Guided goal setting: effectiveness in a dietary and physical activity intervention with low – income adolescents. *Int J Adolesc Med Health.* 2009;21(1):111 – 22.
89. Silva MN, Markland D, Carraça EV, et al. Exercise autonomous motivation predicts 3 – yr weight loss in women. *Med Sci Sports Exerc.* 2011;43(4):728 – 37.
90. Silva MN, Vieira PN, Coutinho SR, et al. Using self – determination theory to promote physical activity and weight control: a randomized controlled trial in women. *J Behav Med.* 2010;33(2):110 – 22.
91. Slingerland M, Borghouts L. Direct and indirect influence of physical education – based interventions on physical activity: a review. *J Phys Act Health.* 2011;8:866 – 78.
92. Speer EM, Reddy S, Lommel TS, et al. Diabetes self – management behaviors and A1c improved following a community – based intervention in older adults in Georgia senior centers. *J Nutr Elder.* 2008;27(1 – 2):179 – 200.
93. Spencer L, Adams TB, Malone S, Roy L, Yost E. Applying the transtheoretical model to exercise: a systematic and comprehensive review of the literature. *Health Promot Pract.* 2006;7(4):428 – 43.
94. Stetson BA, Beacham AO, Frommelt SJ, et al. Exercise slips in high – risk situations and activity patterns in long – term exercisers: an application of the relapse prevention model. *Ann Behav Med.* 2005;30(1):25 – 35.
95. Task Force on Community Preventive Services. Recommendations to increase physical activity in communities. *Am J Prev Med.* 2002;22(4 Suppl):67 – 72.
96. Teixeira PJ, Carraça EV, Markland D, Silva MN, Ryan RM. Exercise, physical activity, and self – determination theory: a systematic review. *Int J Behav Nutr Phys Act.* 2012;9:78.
97. Th atcher J, Day M, Rahman R. *Sport and Exercise Psychology.* Exeter (United Kingdom): Sage Learning Matters Ltd; 2011. 240 p.
98. Thøgersen – Ntoumani C, Ntoumanis N. The role of self – determined motivation in the understanding of exercise – related behaviours, cognitions and physical self – evaluations. *J Sports Sci.* 2006;24(4):393 – 404.

99. Tucker JM, Welk GJ, Beyler NK. Physical activity in US adults: compliance with the Physical Activity Guidelines for Americans. *Am J Prev Med.* 2011;40(4):454 – 61.

100. Tudor – Locke C, Brashear MM, Johnson WD, Katzmarzyk PT. Accelerometer profiles of physical activity and inactivity in normal weight, overweight, and obese U. S. men and women. *Int J Behav Nutr Phys Act.* 2010;7:60.

101. Vallance JK, Courneya KS, Plotnikoff RC, Mackey JR. Analyzing theoretical mechanisms of physical activity behavior change in breast cancer survivors: results from the activity promotion (ACTION) trial. *Ann Behav Med.* 2008;35(2):150 – 8.

102. Vallance JK, Lavallee C, Culos – Reed NS, Trudeau MG. Predictors of physical activity among rural and small town breast cancer survivors: an application of the theory of planned behavior. *Psychol Health Med.* 2012;17(6):685 – 97.

103. Weiss RS. The provisions of social relationships. In: Rubin Z, editor. *Doing unto Others.* Englewood Cliff s(NJ): Prentice Hall; 1974. p. 17 – 26.

104. Wilcox S, Der Ananian C, Abbott J, et al. Perceived exercise barriers, enablers, and benefits among exercising and nonexercising adults with arthritis: results from a qualitative study. *Arthritis Rheum.* 2006;55(4):616 – 27.

105. Williams DM, Anderson ES, Winett RA. A review of the outcome expectancy construct in physical activity research. *Ann Behav Med.* 2005;29(1):70 – 9.

106. Winett RA, Williams DM, Davy BM. Initiating and maintaining resistance training in older adults: a social cognitive theory – based approach. *Br J Sports Med.* 2009;43(2):114 – 9.

附　录

附录 A　常用药物

一、常用药物列表

附录 A 的第一部分内容是关于带有药名和商品名的常用药物适用范围列表，是运动和医疗保健方面人员给即将或正在进行体力活动的客户或患者的常用药物。此列表既没有详述也没有将所有药物全部包括在内，也没有涉及临床医生/内科医生为病人制定的药物治疗处方。下述列表是为国内外运动专业人员面对的受试者、病人、客户进行运动时提供一些详细的病史调查资料。因此，有一些最近在美国已经不用（如通用配方）或不上市的药物也包含在内。为获得更详细的信息列表，读者可以参考《美国医院处方服务机构》（AHFS）中的药物信息或美国食品药品监督管理局、美国卫生与公众服务部网站里面包含的下列药物信息。

（一）心血管药物

1. β－受体阻滞剂

适用范围：高血压（HTN）、心绞痛，包括室上性心动过速在内的心律失常、心室率得到控制的心房纤颤、急性心肌梗死（MI）、偏头痛、焦虑症、特发性震颤和由收缩功能障碍引起的心功能衰竭（HF）。

心脏选择性		非心脏选择性	
药名	商品名	药名	商品名
醋丁洛尔[a]	Sectral	卡维地洛[b]	Coreg，Coreg CR
阿替洛尔	Tenormin（天诺敏）	拉贝洛尔[b]	Trandate
倍他洛尔[a]	卡尔仑	纳多洛尔	Corgard
比索洛尔	Zebeta	吲哚洛尔[a]	Visken
艾司洛尔	Brevibloc	普萘洛尔	Inderal，Inderal LA
琥珀酸美托洛尔	Toprol－XL	索他洛尔	Betapace
酒石酸美托洛尔	Lopressor，Lopressor SR	噻吗洛尔	Blocadren
奈必洛尔	Bystolic		

[a] 有内源性拟交感活性的β－受体阻滞剂 [b] 兼有α－和β－受体阻滞剂作用。

2. 血管紧张素转化酶抑制剂（ACE－I）

适用范围：高血压、冠心病、收缩功能障碍引起的心功能衰竭、糖尿病肾病、慢性肾病和脑血管疾病。

药名	商品名	ACE－I＋HCTZ[a]	ACE－I＋CCB[b]
贝那普利	洛汀新	洛丁新＋氢氯噻嗪	Lotrel（＋氨氯地平）
卡托普利	开搏通	Capozide	
依那普利	Vasotec	Vaseretic	Lexxel（＋非洛地平）
福辛普利	蒙诺	蒙诺＋氢氯噻嗪	
赖诺普利	Zestril，Prinivel	Prinzide，Zestoretic	
莫西普利	Univasc	Uniretic	
培哚普利	Aceon		Prestalia（＋氨氯地平）
喹那普利	Accupril	Accuretic	
雷米普利	Altace		
群多普利	Mavik		Tarka（＋维拉帕米）

[a]HCTZ，氢氯噻嗪，噻嗪类利尿剂。

[b]CCB，钙离子通道阻滞剂。

3. **血管紧张素 II 受体拮抗剂（ARBs）**

适用范围：高血压、糖尿病肾病和心功能衰竭。

药名	商品名	ARB + 利尿剂（氢氯噻嗪[a] 或氯噻酮[b]）	ARB + HCTZ + CCB[c]	ARB + CCB[d]
阿齐沙坦	Edarbi	Edarbyclor[b]		
坎地沙坦	Atacand	Atacand ＋氢氯噻嗪[a]		
依普罗沙坦	Tevetan	Tevetan ＋氢氯噻嗪[a]		
厄贝沙坦	Avapro	Avalide（安博诺）[a]		
洛沙坦	Cozaar（科素亚）	Hyzaar（海捷亚）[a]		
奥美沙坦	Benicar	Benicar ＋氢氯噻嗪[a]	Tribenzor	Azor
替米沙坦	Micardis	Micardis ＋氢氯噻嗪[a]		Twynsta
缬沙坦	Diovan	Diovan ＋氢氯噻嗪[a]	Exforge＋＋氢氯噻嗪	Exforge

[a] ARB＋HCTZ 用于治疗高血压、心功能衰竭。

[b] ARB＋氯噻酮用于治疗高血压。

[c] ARB＋HCTZ＋CCB 用于治疗高血压。

[d] ARB ＋CCB 用于治疗高血压。

4. **直接肾素抑制剂（DRI）**

适用范围：高血压。

药名	商品名	DRI＋ HCTZ[a]
阿利吉仑	Tekturna（泰克特纳）	Tekturna＋ 氢氯噻嗪

[a] DRI＋ HCTZ 用于治疗高血压。

5. **钙离子通道阻滞剂（CCB）**

（1）二氢吡啶类

适用范围：高血压、单纯收缩期高血压、心绞痛、血管痉挛性心绞痛和缺血性心脏病。

药名	商品名
氨氯地平	Norvasc
氯维地平	Cleviprex
非洛地平	Plendil
伊拉地平	DynaCirc，DynaCirc CR
尼卡地平	Cardene，Cardene SR
硝苯地平	Adalat CC，Afeditab CR[a] Procardia[b]，Procardia XL[a]
尼莫地平	Nymalize
尼索地平	Sular

[a] 长效，[b] 短效。

（2）非二氢吡啶类

适用范围：心绞痛、高血压、阵发性室上性心动过速、心律失常。

药名	商品名
地尔硫卓	Cardizem
地尔硫卓缓释剂	Cardizem CD or LA，Cartia XT，Dilt CD or XR，Diltia XT，Diltzac，Taztia XT，Tiazac
维拉帕米	Calan，Verelan，Covera HS，Isoptin
维拉帕米，控释剂和缓释剂	Calan SR，Covera－HS，Verelan，Verelan PM
维拉帕米＋群多普利	Tarka

6. **利尿剂**

适用范围：水肿、高血压、心功能衰竭、某些肾功能紊乱。

药名	商品名	
噻嗪型		
苄氟噻嗪	（＋纳多洛尔）Corzide	
氯噻嗪	Diuril	
氢氯噻嗪（HCTZ）	Microzide，Oretic	
甲氯噻嗪	无	
泊利噻嗪	Renese	

续表

药名	商品名	
噻嗪		
氯噻酮	Thalitone（泰利通），（+阿替洛尔）Tenoretic	
吲达帕胺	Lozol	
美托拉宗	Zaroxolyn	
“袢”利尿剂		
布美他尼	Bumex	
利尿酸	Edecrin	
呋塞米	Lasix（速尿）	
托拉塞米	Demadex	
保钾利尿剂		**与 HCTZ 合用**
阿米洛利	Midamar	Moduretic，Hydro-ride
氨苯蝶啶	Dyrenium	Dyazide，Maxzide
醛固酮受体拮抗剂		**与 HCTZ 合用**
依普利酮	Inspra	
螺内酯	Aldactone（安体舒通）	Aldactazide

（二）血管扩张剂

1. 硝酸酯类和亚硝酸盐

适用范围：心绞痛、急性心肌梗死、心功能衰竭、低心排血量综合征和高血压。

药名	商品名
亚硝酸正戊酯（吸入）	Amyl Nitrite
单硝酸异山梨酯	Monoket
硝酸异山梨酯	Dilatrate SR，Isordil
硝酸异山梨酯+肼苯哒嗪 HCI	BiDil
一氧化氮（吸入）	INOmax
硝酸甘油，胶囊	Nitro-Time，Nitroglycerin Slocaps
硝酸甘油，喷雾剂	Nitrolingual Pumpspray，NitroMist
硝酸甘油，舌下含化	Nitrostat

续表

药名	商品名
硝酸甘油，外用药膏	Nitro－Bid
硝酸甘油，透皮贴剂	Minitran，Nitro－Dur，Nitrek，Deponit
硝酸甘油，经黏膜（颊）	Nitrogard

2. α－受体阻滞剂

适用范围：高血压、良性前列腺增生症。

药名	商品名
多沙唑嗪	Cardura，Cardura XL
哌唑嗪	Minipress
坦索罗辛	Flomax
特拉唑	Hytrin

3. 中枢 α－受体激动剂

适用范围：高血压。

药名	商品名
可乐定	Catapres，Catapres－TTS patch，Duraclon，Kapvay
胍那苄	Wytensin
胍法辛	Intuniv，Tenex
甲基多巴	Aldoril

4. 直接的血管扩张剂

适用范围：高血压、脱发和心功能衰竭。

药名	商品名
肼苯哒嗪	（＋氢氯噻）Hydra－Zide，（＋硝酸异山梨酯）BiDil
米诺地尔	Loniten，外用：Rogaine，Theroxidil
硝普钠	Nipride，Nitropress

5. **外周肾上腺素能受体拮抗剂**

适用范围：高血压、精神障碍。

药名	商品名
利血平	Raudixin，Serpalan，Serpasil

（三）其　他

1. **强心甙类**

适用范围：扩张性心肌病引起的慢性心衰、心房纤颤时房室传导阻滞引起的缓慢性心室反应。

药名	商品名
氨力农	Inocor
地高辛	Lanoxin
米力农	Primacor

2. **强心剂**

适用范围：稳定性冠心病发生心力衰竭时的症状治疗；窦性安静心率≥70 次/分、目前正在服用最大剂量的 β－受体阻滞剂或者 β－受体阻滞剂禁忌的心脏收缩功能不全患者，出现心率下降。

药名	商品名
伊伐布雷定	Corlanor，Procoralan

3. **抗心律失常药物**

适用范围：特殊的个体用药，一般包括抑制房颤和保持正常的窦性节律，某些临床中的严重室性心律失常，心房纤颤时房室传导阻滞引起的缓慢性心室反应。

药名	商品名
第 I 类	
IA	
丙吡胺	Norpace（CR）
普鲁卡因胺	Procanbid
奎尼丁	Quinora，Quinidex，Quinaglute，Quinalan，Cardioquin
IB	
利多卡因	Xylocaine
美西律	Mexitil
苯妥英钠	Dilantin（癫能停），Phenytek
IC	
氟卡尼	Tambocor
普罗帕酮	Rythmol（SR）
第 II 类	
β－受体阻滞剂	
阿替洛尔	Tenormin（天诺敏）
比索洛尔	Zebeta
艾司洛尔	Brevibloc
美托洛尔	Lopressor，Lopressor SR，Toprol XL
普萘洛尔	Inderal，Inderal LA
噻吗洛尔	Blocadren
第 III 类	
胺碘酮	Cordarone，Nexterone（IV），Pacerone
多非利特	Tikosyn
决奈达隆	Multaq
伊布利特	Covert（IV）
索他洛尔	Betapace，Betapace AF，Sorine
第 IV 类	
地尔硫卓	Cardizem CD or LA，Cartia XT，Dilacor XR，Dilt CD or XR，Diltia XT，Diltzac，Tiazac，Taztia XT
维拉帕米	Calan，Calan SR，Covera－HS，Verelan，Verelan PM

4. **抗心绞痛药**

适用范围：慢性稳定性心绞痛的辅助治疗，与 β－受体阻滞剂、CCBs、硝酸酯类、ACE－I、ARBs 以及降脂药联合应用。

药名	商品名
雷诺嗪	Ranexa

（四）降血脂药物

适用范围：总胆固醇、低密度脂蛋白（LDL）、甘油三酯升高，高密度脂蛋白（HDL）降低和代谢综合征。

药名	商品名
胆汁螯合剂	
考来烯胺	Questran，Cholybar，Prevalite
考来维仑	Welchol
考来替泊	Colestid
纤维酸螯合剂	
非诺贝特	Antara，Fenoglide，Lipofen，Lofibra（力平脂），Tricor，Triglide，Trilipix
吉非罗齐	Lopid（诺衡）
HMG－CoA 还原酶抑制剂（他汀类药物）	
阿伐他汀	Lipitor
氟伐他汀	Lescol（XL）（来适可）
洛伐他汀	Mevacor（美降酯），Altoprev
洛伐他汀＋烟酸	Advicor
匹伐他汀	Livalo
普伐他汀	Pravachol（普拉固）
舒伐他汀	Crestor

续表

药名	商品名
辛伐他汀	Zocor（舒降之）
辛伐他汀 + 烟酸	Simcor
他汀类药物 + CCB	
阿伐他汀 + 氨氯地平	Caduet
烟酸类	
烟酸（维生素 B_6）	Niaspan，Nicobid，Slo - Niacin
Omega - 3 **脂肪酸乙酯**	
Omega - 3 脂肪酸（EPA 和 DHA）	Epanova
二十碳五烯酸乙酯（EPA）	Vascepa
Omega - 3 脂肪酸乙酯（EPA 和 DHA）	Lovaza
胆固醇吸收抑制剂	
依替米贝	Zetia，（+辛伐他汀）Vytorin

DHA：二十二碳六烯酸；EPA：二十碳五烯酸；HMG - CoA：3 - 羟基 3 - 甲基戊二酰辅酶 A。

（五） 血液调节剂

1. 抗凝血剂

适用范围：治疗和预防血栓栓塞性疾病。预防血液凝集、心脏病发作、中风、间歇性跛行；患有已确诊的非瓣膜性心房颤动、深部静脉血栓形成、肺栓塞、肝素诱发的血小板减少症、外周动脉疾病、急性 ST 段抬高的心肌梗死等疾病引起的血管性死亡。

药名	商品名
阿哌沙班（选择性 Xa 因子抑制剂）	Eliquis（艾乐妥）
阿加曲班（直接凝血酶抑制剂）	Acova
比伐卢定（直接凝血酶抑制剂）	Angiomax
达比加群酯（直接凝血酶抑制剂）	Pradaxa
依度沙班（Xa 因子抑制剂）	Savaysa
达肝素钠（LMWH）	Fragmin
依诺肝素（LMWH）	Lovenox
磺达肝癸钠（LMWH）	Arixtra

续表

药名	商品名
利伐沙班（选择性 Xa 因子抑制剂）	Xarelto
华法林（维生素 K 拮抗剂）	Coumadin，Jantoven

Xa 因子是一种丝氨酸蛋白酶，也称为凝血酶原酶、凝血酶原激酶、促凝血酶原激酶；
LMWH：低分子量肝素。

2. **抗血小板聚集剂**

适用范围：抗血小板聚集，用于预防心肌梗死、缺血性脑卒中、短暂性脑缺血发作、不稳定性心绞痛等患者进一步发生血栓形成；作为有血栓形成危险性的患者初级预防。还可用于预防再闭塞、经皮冠状动脉介入后和旁路术后的再狭窄。

药名	商品名
阿斯匹林（COX－I 抑制剂）	无
西洛他唑（PDE 抑制剂）	Pletal
氯吡格雷（ADPR－抑制剂）	Plavix
双嘧达莫（腺苷再摄取抑制剂）	Persantine（潘生丁）、(＋阿司匹林）Aggrenox
己酮可可碱	Trental
普拉格雷（ADPR－抑制剂）	Effient
替格瑞洛（ADPR－抑制剂）	Brilinta
塞氯匹定（ADPR－抑制剂）	Ticlid（抵克力得）
沃拉帕沙	Zontivity

ADP－R：二磷酸腺苷核糖；COX：环氧合酶抑制剂；PDE：磷酸二酯酶。

（六）呼吸系统药物

1. **糖皮质激素吸入剂**

适用范围：哮喘、鼻息肉和鼻炎。

药名	商品名
倍氯米松	Beclovent，Qvar，Vanceril
布地奈德	Pulmicort（普米克）
环索奈德	Alvesco
氟尼缩松	Aerobid
氟替卡松	Flovent
糠酸莫米松	Asmanex
曲安缩松	Azmacort（曲安奈德）

2. 支气管扩张剂

（1）抗胆碱药（乙酰胆碱受体拮抗剂）。

适用范围：抗胆碱药或抗毒蕈碱药物用于阻塞性肺疾病、哮喘急性发作的管理。可以预防喘鸣、气短、哮喘引起的呼吸困难、慢性支气管炎、肺气肿及其他肺部疾病。

药名	商品名	与拟交感神经药（β_2－受体阻滞剂）结合
胃长宁	Robinul	
异丙阿托品	Atrovent	（＋硫酸沙丁胺醇）Combivent（可必特）
噻托溴铵	Spiriva	

（2）拟交感神经药（β_2－受体阻滞剂）。

适用范围：缓解哮喘症状、治疗慢性阻塞性肺疾病。预防喘息、呼吸急促、哮喘引起的呼吸困难、慢性支气管炎、肺气肿和其他肺部疾病。

药名	商品名	与类固醇结合
沙丁胺醇	ProAir，Proventil，Ventolin	
福莫特罗（LA）	Foradil	（＋布地奈德）Symbicort（＋莫米松）Dulera
茚达特罗	Arcapta	
左旋沙丁胺醇	Xopenex	
奥西那林（喘乐克）	Alupent，Metaprel	
吡布特罗	Maxair	
沙美特罗（LA）	Serevent（施立稳）	（＋氟替卡松）Advair
特布他林	Brethine、Brethaire，Bricany	

（3）黄嘌呤衍生物。

适用范围：用于哮喘、慢性阻塞性肺部疾病的联合治疗。

药名	商品名
氨茶碱	Phyllocontin，Truphylline
咖啡因	无
茶碱	Theo－24，Uniphyl

（4）白三烯合成抑制剂及拮抗剂。

适用范围：哮喘、运动性哮喘和鼻炎。

药名	商品名
孟鲁司特	Singulair
扎鲁司特	Accolate（安可来）
齐白通	Zyflo（CR）

3. 肥大细胞稳定剂

适用范围：预防喘息、呼吸急促、哮喘引起的呼吸困难、慢性支气管炎、肺气肿和其他肺部疾病。

药名	商品名
色甘酸（吸入）	Intal

（七）咳嗽/感冒药物

1. 抗组胺药

（1）第一代。

适用范围：过敏症、过敏反应（辅助）、失眠症、晕动病、皮肤瘙痒、鼻炎、镇静和荨麻疹（风疹）。

药名	商品名
溴苯那敏（马来酸溴苯那敏）	Lodrane，Bidhist；与伪麻黄碱和苯肾上腺素合用
卡比沙明	Arbinoxa，Palgic
氯苯吡胺	Teldrin，Aller－Chlor，Chlor－Trimeton；与伪麻黄碱和苯肾上腺素合用
氯马斯汀	Dayhist，Tavist
赛庚啶	Periactin
苯海拉明	Benadryl，Nytol；与对乙酰氨基酚（APAP）、伪麻黄碱和苯肾上腺素合用
抗敏安	Aldex，Unison Sleep Tabs，GoodSense Sleep Aid
异丙嗪	Phenergan；（与苯肾上腺素合用）Promethazine VC 糖浆
曲普利啶	Zymine，Zymine－D（与伪麻黄碱合用），Allerfrim（与伪麻黄碱结合），Aprodine（与伪麻黄碱合用）

（2）第二代。

适用范围：过敏性鼻炎和荨麻疹（风疹）。

药名	商品名
阿伐斯汀	semprex－D（与伪麻黄碱合用）、
西替利嗪	Zyrtec，Zyrtec
地氯雷他定	Clarinex，Clarinex－D（与伪麻黄碱合用）
非索非那定	Allegra，Allegra－D（与伪麻黄碱合用）
左西替利嗪	Xyral
氯雷他定	Claritin，Claritin－D（与伪麻黄碱合用），Alavert，Alavert－D（与伪麻黄碱合用）

2. **拟交感/肾上腺素能激动剂**

适用范围：过敏性鼻炎和鼻塞。

药名	商品名
苯肾上腺素	Sudafed PE
伪麻黄碱	Sudafed；多种药物合用

3. **祛痰剂**

适用范围：痰液异常（稀薄/黏稠分泌物）。

药名	商品名
愈创甘油醚	Robitussin，Guiatuss，Mucinex（多种药物合用）Day Quil Mucus Control

4. **镇咳剂**

适用范围：咳嗽和疼痛。

药名	商品名
苯佐那酯	Tessalon
可待因	Codeine；多种药物合用
右美沙芬	Robitussin Cough Gels，Robitussin Pediatric Cough Suppressant；多种药物合用
二氢可待因酮	多种药物合用

（八）激　素

1. **人类生长激素**

适用范围：获得性免疫缺陷综合征（AIDS）、生长激素缺乏症和短肠综合征等引起的恶病质。

药名	商品名
生长激素	Genotropin，Norditropin，Nutropin，Humatrope，Omnitrope
美卡舍明（静注）	Increlex
替莫瑞林（静注）	Egrifta

2. **肾上腺－皮质激素**

适用范围：肾上腺皮质功能不全、肾上腺性腺综合症、高钙血症、甲状腺炎、风湿性疾病、胶原蛋白疾病、皮肤疾病、过敏性疾病、眼部疾病、呼吸系统疾病（如哮喘、慢性阻塞性肺部疾病）、血液疾病、胃肠道疾病（如溃疡性结肠炎、克隆病）、肝脏疾病。

药名	商品名
倍氯米松	OVAR，Beclovent
倍他米松	Celestone，Celestone Soluspan（静脉注射）
布地奈德	Entocort EC，Pulmicort
环索奈德	Alvesco
可的松	Cortisone
地塞米松	Decadron
氟氢可的松	Florinef
氟尼缩松	Aerospan，Nasalide，Nasarel
氟替卡松	Flovent，与沙美特罗合用：Advair
氢化可的松	Cortef，Hydrocortone
甲基强的松龙	Medrol，Meprolone，Solu - Medrol，Depo - Medrol，A - Methapred
莫米松	Asmanex
氢化泼尼松	Orapred，Orapred ODT，Prelone，Pediapred
强的松	Sterapred，Prednisone Intensol
去炎松	Aristocort，Aristospan，Kenalog，Azmacort

3. **雄激素—合成代谢**

适用范围：男性性腺机能减退症、无睾症和隐睾症、子宫内膜异位症、遗传性血管性水肿、乳房纤维囊性疾病、性早熟。

药名	商品名
达那唑	Danocrine
氟羟甲睾酮	Halotestin，Androxy
甲基睾酮	Android，Testred，Virilon
氧甲氢龙	Oxandrin
睾酮	Striant，AndroGel，Androderm，Natesto，Testim，Delatestryl（静脉注射）

4. **雌激素**

适用范围：女性更年期和绝经期、骨质疏松症、中重度血管舒缩症状、糖皮质激素引起的性腺机能减退、转移性乳腺癌、前列腺癌、阿尔茨海默病。

药名	商品名	混合制剂
雌二醇	Elestrin，EstroGel，Evamist，Menostar，Alora，Climara，Vivelle，Vivelle－Dot，Estraderm，Estrace，Estrasorb	（＋诺孕酯）Prefest （＋醋酸炔诺酮）Activella （＋屈螺酮）Angeliq
雌二醇（醋酸）	Femtrace	
雌二醇（环戊丙酸）	Depo－Estradiol	（＋睾酮）Depo－Testadiol
雌二醇（戊酸盐）	Delestrogen	
雌二醇（乙炔）		（＋炔诺酮）Femhrt
雌二醇（共轭）	Premarin，Cenestin（合成），Enjuvia（合成）	（＋甲羟孕酮）Prempro，Premphase
雌二醇（酯化）	Ogen，Ortho－Est，Menest	（＋甲基睾丸酮）Covaryx

5. **避孕药**

药名	商品名
雌激素和孕酮合用	口服：Beyaz，Yaz，Alesse，Lybrel，Lessina，Aviane，LoSeasonique，Loestrin，Yasmin，Microgestin，Sprintec，Ortho－Cyclen，Ortho Tri－Cyclen
诺孕酯和炔雌醇合用的透皮贴剂	Ortho Evra
依托孕烯阴道避孕环	NuvaRing
左炔诺孕酮宫内节育系统	Mirena
孕酮：依托孕烯	皮下植入：Implanon，Nexplanon
孕酮：左炔诺孕酮	口服：Next Choice，Plan B One Step
孕酮：炔诺酮	口服：Micronor，Nor－QD

6. **甲状腺药**

适用范围：甲状腺功能减退症、垂体促甲状腺激素抑制。

药名	商品名
左旋甲状腺素	Levothroid，SynthroidLevoxyl，Unithroid
碘塞罗宁	Cytomel
复方甲状腺素	Thyrolar
甲状腺素	Armour

7. 降糖药

适用范围：2 型糖尿病。

（1）α－葡萄糖苷酶抑制剂（延缓胃肠道对碳水化合物的吸收）。

药名	商品名
阿卡波糖	Precose
米格列醇	Glyset

（2）胰淀素类似物（类似胰淀素，是胰岛素分泌的一种抑制葡萄糖的激素，用于餐后血糖控制）。

药名	商品名
普兰林肽	Symlin

（3）双胍类药物（减少肝葡萄糖的生成以及降低胰岛素抵抗）。

药名	商品名	混合制剂
二甲双胍	Glucophage，Fortamet，Glumetza	（＋格列吡嗪）Metaglip；（＋格列本脲）Glucovance

（4）钠－葡萄糖协同转运蛋白 2（SGLT2）抑制剂。

药名	商品名	混合制剂
卡格列净	Invokana	（＋二甲双胍）Invokamet
达格列净	Farxiga	（＋二甲双胍）Xigduo XR
恩格列净	Jardiance	

（5）二肽基肽酶－4 抑制剂［通过预防胰高血糖素样肽（GLP－1）的下降来提高胰岛素释放，GLP－1 是一种有效的治疗性激素］。

药名	商品名	混合制剂
阿格列汀	Nesina	（+二甲双胍）Kazano；（+吡格列酮）Oseni
利格列汀	Tradjenta	
沙格列汀	Onglyza	（+二甲双胍）Kombiglyze
西格列汀	Januvia	（+二甲双胍）Janumet

（6）胰高血糖素样肽（GLP－1）受体激动剂（激活 GLP－1，GLP－1 是一种刺激胰岛素释放的有效治疗性激素）。

药名	商品名
艾塞那肽	Byetta
利拉鲁肽	Victoza

（7）氯茴苯酸类（短效刺激 β 细胞产生更多的胰岛素）。

药名	商品名	混合制剂
那格列奈	Starlix	
瑞格列奈	Prandin	（+二甲双胍）Prandimet

（8）磺脲类（刺激 β 细胞分泌更多的胰岛素）。

药名	商品名	混合制剂
氯磺丙脲（第一代）	Diabinese（特泌胰）	
格列美脲	Amaryl（亚莫利）	（+吡格列酮）Duetact；（+罗格列酮）Avandaryl
格列吡嗪	Glucotrol（瑞易宁）	（+二甲双胍）Metaglip
格列本脲	Diabeta（达安疗） Glynase，Micronase	（+二甲双胍）Glucovance
妥拉磺脲（第一代）	Tolinase（妥兰纳斯）	
甲苯磺丁脲（第一代）	Orinase（甲糖宁）	

（9）噻唑烷二酮类（改善肌肉、肝脏和脂肪细胞中胰岛素受体的敏感性）。

药名	商品名	混合制剂
吡格列酮	Actos	（+二甲双胍）Actoplus Met（XR）；（+格列美脲）Duetact
罗格列酮	Avandia（文迪雅）	（+二甲双胍）Avandamet（+格列美脲）Avandaryl

（10）胰岛素。

短效	中效	中短效混合	长效
优泌乐	优泌林 L	优泌乐混合型	优泌林 U
优泌林 R	优泌林 N	优泌乐 50/50	兰德仕注射剂
诺和锐	诺和灵 L	优泌乐 75/25	Levemir
诺和灵 R	诺和灵 N	诺和灵 70/30	
胰岛素Ⅱ R		诺和锐 70/30	
Apidra			

（九）中枢神经系统

1. 抗抑郁药

适用范围：抑郁症。

药名	商品名
阿米替林（TCA）	Elavil，（+氯氮卓）Limbitrol，Limbitrol DS
阿莫沙平（TCA）	Asendin
安非他酮	Wellbutrin（SR and XL），Zyban
西酞普兰（SSRI）	Celexa
氯丙咪嗪（TCA）	Anafranil
盐酸去甲咪嗪（TCA）	Norpramin
去甲文拉法辛（SNRI）	Pristiq
多虑平（TCA）	Adapin，Sinequan
度洛西汀（SNRI）	Cymbalta
艾司西肽普兰（SSRI）	Lexapro

续表

药名	商品名
氟西汀（SSRI）	Prozac，Sarafem，（＋奥氮平）Symbyax
氟伏沙明（SSRI）	Luvox（CR）
丙咪嗪（TCA）	Tofranil，Tofranil－PM
闷可乐（MAO－I）	Marplan
左旋米那普仑（SNRI）	Fetzima
马普替林（TECA）	Ludiomil
米那普仑（SNRI）	Savella
米氮平（TECA）	Remeron
奈法唑酮	Serzone（Brand D/C 2004）
去甲阿米替林（TCA）	Pamelor
帕罗西汀（SSRI）	Paxil（CR），Pexeva
苯乙肼（MAO－I）	Nardil
普罗替林（TCA）	Vivactil
司来吉兰（MAO－I）	Emsam
司立吉林（MAO－I）	Anipryl
舍曲林（SSRI）	Zoloft
强内心百乐明（MAO－I）	Parnate
曲唑酮（SARI）	Desyrel Dividose，Oleptro
三甲丙咪嗪（TCA）	Surmontil
文拉法辛（SNRI）	Effexor（XR）
维拉佐酮（SARI）	Viibryd

MAO－I：单胺氧化酶抑制剂；SARI：5－羟色胺拮抗剂再摄取抑制剂；
SNRI：5－羟色胺去甲肾上腺素再摄取抑制剂；SSRI：选择性5－羟色胺再摄取抑制剂；
TCA：三环抗抑郁药；TeCA：四环抗抑郁药。

2. 抗精神病药

适用范围：行为综合征、双相情感障碍、抽动秽语综合征、行为过度活跃、精神病性障碍和精神分裂症。

药名	商品名
阿立哌唑（非典型的）	Abilify
阿塞那平（非典型的）	Saphris
氯丙嗪（典型的）	Thorazine
氯氮平（非典型的）	Clozarii，FazaClo
氟非那嗪（典型的）	Permitil，Prolixin
氟哌啶醇（典型的）	Haldol
伊潘立酮	Fanapt
锂盐	Eskalith（CR），Lithobid
洛沙平（典型的）	Adasuve，Loxitane
鲁拉西酮（非典型的）	Latuda
美索达嗪（吩噻嗪）	Serentil
吗啉酮（典型的）	Moban
奥氮平（非典型的）	Zyprexa，（+氟西汀）Symbyax
帕潘立酮（非典型的）	Invega
羟哌氯丙嗪（典型的）	Perphenazine，Trilafon
丙氯拉嗪（典型的）	Compazine
哌咪清	Orap
普马嗪	Sparine
奎硫平（非典型的）	Seroquel
利培酮（非典型的）	Risperdal
甲硫哒嗪（典型的）	Mellaril
氨砜噻吨（典型的）	Navane
三氟丙嗪	Vesprin
丙戊酸	Depakote（ER），Depakene
齐拉西酮（非典型的）	Geodon

3. **抗焦虑药**

适用范围：焦虑和惊恐症。

药名	商品名
阿普唑仑	Xanax（XR），Niravam
丁螺环酮	Buspar
利眠宁	Limbitrol（DS），Librium（+环奎二苯酯）Librax
氯硝西泮	Klonopin
氯拉酸	Tranxene
地西泮	Valium
劳拉西泮	Ativan
氨甲丙二酯	Equanil，Miltown，Meprospan
奥沙西泮	Serax

4. **镇静催眠药**

适用范围：全身麻醉、失眠症和镇静。

药名	商品名
异戊巴比妥	Amytal
仲丁巴比妥	Butisol
水合氯醛	Somnote，Aquachloral Supprettes
右旋美托咪啶	Precedex
艾司唑仑	ProSom
右旋佐匹克隆	Lunesta
氟胺安定	Dalmane
磷丙泊酚	Lusedra
普罗米那	Mebaral
异丙嗪	Phenergan，Phenadoz，Prometh
异丙酚	Diprivan
夸西泮	Doral，Dormalin
雷美替胺	Rozerem
司可巴比妥	Seconal
羟基安定	Restoril
三唑仑	Halcyon
扎来普隆	Sonata
唑吡坦	Ambien（CR），Intermezzo，Edluar

5. **兴奋剂**

适用范围：注意缺陷多动障碍（多动症）、嗜睡症、阻塞性睡眠呼吸暂停综合征和轮班工作睡眠紊乱。

药名	商品名
苯丙胺盐	Adderall（XR）
阿莫达非尼	Nuvigil
咖啡因	NoDoz，Vivarin
右哌甲酯	Focalin（XR）
右旋安非他命	Dexedrine，Dextrostat
二甲磺酸赖右苯丙胺	Vyvanse
甲基苯丙胺	Desoxyn
哌醋甲酯	Concerta，Metadate（CD or ER），Ritalin（LA，SR）Methylin（ER）
莫达非尼	Provigil

6. **尼古丁替代疗法**

适用范围：辅助戒烟。

药名	商品名
尼古丁	溶液：Nicotrol NS 吸入剂：Nicotrol Inhaler 经皮：尼古丁透皮吸收贴片 阶段 1，2，3 NicoDerm CQ 戒烟贴 阶段 1，2，3
尼古丁口香糖	含片：Commit 口香糖：Nicorette，Nicorette DS

7. **非甾体抗炎药（NSAIDS）**

适用范围：发热、头痛、幼年型类风湿性关节炎、偏头痛、骨性关节炎、疼痛、原发性痛经和风湿性关节炎。

药名	商品名
塞来昔布	Celebrex
双氯芬酸	Arthrotec，Cataflam，Voltaren
二氟尼柳	Dolobid
依托度酸	Lodine
非诺洛芬	Nalfon
氟比洛芬	Ansaid
异丁苯丙酸	Advil，Ibu－Tab，Menadol，Midol，Motrin，Nuprin，Genpril，Haltran
吲哚美辛	Indocin
酮洛芬	Actron，Orudis，Oruvail
酮咯酸	Toradol
甲氯灭酸酯	Meclomen
甲灭酸	Ponstel
美洛昔康	Mobic
萘丁美酮	Relafen
萘普生	Aleve，Anaprox，Naprelan，Naprosyn
奥沙普秦	Daypro，Daypro Alta
吡罗昔康	Feldene
舒林酸	Clinoril
甲苯酰吡啶乙酸	Tolectin

8. **阿片类**

（1）鸦片类药物。

适用范围：疼痛、慢性良性疼痛、心肌梗死、谵妄、急性肺水肿、术前镇静、咳嗽和鸦片依赖。

药名	商品名
可待因	可待因；［＋对乙酰氨基酚（APAP），伪麻黄碱和苯肾上腺素］，泰诺＋可待因3号和4号
芬太尼	Actiq，Fentora；Duragesic（典型的）
氢可酮	（＋APAP）Bancap HC，Ceta－Plus，Lorcet，Hydrocet，Lortab，Vicodin，Anexsia，Co－Gesic，（＋布洛芬）Vicoprofen，Zydone；Reprexain
二氢吗啡酮	Dilaudid，Exalgo

续表

药名	商品名
羟甲左吗喃	Levo – Dromoran
哌替啶	Demerol
美沙酮	Dolophine，Intensol，Methadose
吗啡	Avinza，MS Contin，Oramorph SR，Kadian
鸦片	无
羟考酮	OxyIR，OxyContin，Endocodone，Percolone，Roxicodone； （+ APAP）Percocet，Ty lox，Endocet，Roxicet； ［+阿司匹林（ASA）］Pe rcodan，Endodan，Roxiprin
羟吗啡酮	Opana（ER）
瑞芬太尼	Ultiva（IV）
舒芬太尼	Sufenta（IV）
他喷他多	Nucynta
曲马多	Ultram（ER），（+ APAP）Ultracet

（2）阿片受体部分激动剂（疼痛和阿片依赖）。

适用范围：全身麻醉（辅助的）和疼痛。

药名	商品名
丁丙诺啡	Butrans（典型的），Suboxone（舌下含片），Subutex（舌下片剂），Buprenex（静注）
布托啡诺	Stadol（静注），Stadol NS（鼻腔喷雾）
纳布啡	Nubain（静注）
喷他佐辛	（+纳洛酮）Talwin Nx，（+ 对乙酰氨基酚）Talacen，Talwin（静注）

9. **镇痛药和退烧药**

适用范围：痛经、发烧、头痛和疼痛。

药名	商品名
对乙酰氨基酚	Tylenol（泰诺林），多种药物合用

（十） 未分类的药物

抗痛风药

适用范围：治疗或预防痛风或治疗高尿酸血症（血液中尿酸过多）。

药名	商品名
别嘌呤醇	Zyloprim
秋水仙碱	Colcrys
非布索坦	Uloric
丙磺舒	（+秋水仙碱）Col－Probenecid
苯磺唑酮	Anturane

二、常用药物对运动反应的影响

附录 A 的第二部分包括表 A.1，列出了对运动反应有影响的常用药物相关文献数据［特别是对血液动力学、心电图（ECG）和运动能力］。在获取信息时，是通过药物分类和具体药物表现出对运动影响的数据。当文献中有详细说明时，休息和/或运动期间常用药物的影响会通过箭头方向的关系来表示。运动能力是一个被经常使用的常用术语，在文献中没有明确其具体的测试方法。例如，当记录有运动能力测试方法时，常被列出的是单位时间最大摄氧量（$\dot{V}O_2max$）、耐力、运动表现和耐受性，大多数时候作者提供的这些方法没有明显的差别。

表 A.1 并没有包含所有的内容，需要对已经超出指南范围的文献进行 Meta 分析。因此，表 A.1 仅作为运动和医疗保健等领域专业人士的参考指南。关注运动可能影响某种药物的药物代谢动力学（即身体对药物做了什么）和药效学（即药物对身体做了什么）是十分重要的，注意药物的剂量、给药间隔、患者或客户服药的时长和/或运动处方等方面的变化是必要的。

表 A.1 中摘录信息的原始文献来自《锻炼和运动中的药理学》[7] 和《运动和锻炼药理学》[5]。同时使用 MEDLINE 和 Google 学术搜索数据库对 2014 年 12 月 31 日之前的常用药物名称、分类及运动反应和/或运动能力进行了检索。

在线资源

美国医院处方服务机构（AHFS）药物信息：http://www.ahfsdruginformation.com/

美国食品药品管理局、美国卫生与人类服务部：http://www.accessdata.fda.gov/scripts/cder/drugsatfda/index.cfm?fuseaction=Search.Search_Drug_Name

MICROMEDEX 2.0（公正的、有关药物的参考信息）：http://www.micromedex.com/

表 A.1 药物对血液动力学、心电图（ECG）和运动能力的影响

药物	心输出量（Q）	心率（HR）	血压（BP）	心电图变化	运动能力
1. 心血管药物					
β－受体阻滞剂（BB）	↓或↔运动［5］	↓安静和运动时 ↓安静时内在拟交感神经活动减少＋BB ↓运动时 BB 的心脏选择性减少［5］	↓安静和运动时	↓安静 ↓运动时心肌缺血	$\dot{V}O_2max$↓，急性运动时 $\dot{V}O_2max$↑，慢性运动时［5］
血管紧张素转换酶抑制剂（ACE－I）	↔运动时［5］	↔运动时［5］	↓安静和运动时［5］		↔运动表现［5］； ↑耐力，患充血性心力衰竭（CHF）的患者［7］
卡托普利		↔运动时	↓安静和运动时		
血管紧张素 II 受体拮抗剂（ARBs） **钙离子通道拮抗剂**（CCB）		↓或↔安静和运动时	↓安静和运动时		↔
非二氢吡啶（non－DHP）			↓运动时［5］		↔运动表现和耐力；反应能力可能会改变［5］
地尔硫卓	↔运动时［5］	↓高血压患者运动时［5］			
维拉帕米		↓高血压患者运动时［5］			
二氢吡啶		↔运动时［5］	↓运动时（与非二氢吡啶相比更多）［5］		↔运动表现和耐力；反应能力可能会改变［5］

续表

药物	心输出量（Q）	心率（HR）	血压（BP）	心电图变化	运动能力
硝苯地平	↔运动时［5］ ↓每搏输出量［5］	↔运动时［5］			
2. 血管扩张剂					
硝酸盐类		↑安静时 ↑或↔运动时	↓安静时 ↓或↔运动时	↑安静 HR ↑或↔运动 HR ↓运动心肌缺血	↑心绞痛患者［7］ ↔无心绞痛患者 ↑或↔CHF 患者
α－受体阻滞剂	↔运动时［5］	↔运动时［5］	↓运动时收缩压（SBP） 不是舒张压（DBP）［5］	↓运动心肌缺血	↔运动表现［5］
哌唑嗪	↔运动时［5］	↑急性运动时 ↔慢性运动时［5］			
多沙唑嗪	↑以 50% $\dot{V}O_2max$ 运动时	↑以 75% $\dot{V}O_2max$ 运动时 ↔达到 50% $\dot{V}O_2max$ 运动时［5］			
中枢 α－激动剂	↔运动时［5］	↓运动时［5］	↓运动时［5］		
氯压定	↔	↓运动时［5］	↓规律运动者 BP［5］ ↔运动期间 SBP		交感神经对运动的反应迟钝；运动时考虑避免该影响［5］
胍那苄		↔运动时			

续表

药物	心输出量（Q）	心率（HR）	血压（BP）	心电图变化	运动能力
3. 其他					
强心苷 洋地黄		↓心房颤动和可能患 CHF 的患者，窦性心律的患者无明显变化	↔安静和运动时	安静时可能出现非特异性 ST－T 波的改变，运动期间可能发生 ST 段下降	↑心房颤动或 CHF 患者
抗心律失常药		所有的抗心律失常药物都可能引发新的或更严重的心律失常（例如药物性心律失常反应）			
分类 I					
奎尼丁		↑或↔安静和运动时	↓或↔安静时	↑或↔安静 HR 运动可能导致假阴性的测试结果	↔
丙吡胺			↔运动时	安静时可能会延长 QRS 和 QT 的间期	
普鲁卡因酰胺		↔安静和运动时	↔安静和运动时	安静时可能会延长 QRS 和 QT 的间期，运动可能导致假阴性的测试结果	↔
妥卡尼		↔安静和运动时	↔安静和运动时	↔安静和运动时	↔
莫雷西嗪		↔安静和运动时	↔安静和运动时	安静时可能会延长 QRS 和 QT 的间期 ↔运动时	↔

续表

药物	心输出量（Q）	心率（HR）	血压（BP）	心电图变化	运动能力
普罗帕酮		↓安静时 ↓或↔运动时	↔安静和运动时	↓安静时 HR ↓或↔运动 HR	↔
分类Ⅱ					
β-受体阻滞剂（见分类Ⅰ）					
分类Ⅲ					
胺碘酮	↔［7］	↓安静和运动时［7］	↔安静时 ↑运动时	↓安静 HR	↔或↑［7］
索他洛尔				↔运动时	
分类Ⅳ					
钙离子通道拮抗剂（CCB）（见分类Ⅲ）					
4. **降血脂药**					↔运动表现［5］
5. **血液调节剂**					
抗凝血剂		↔安静和运动时	↔安静和运动时	↔安静和运动时	↔
抗血小板药		↔安静和运动时	↔安静和运动时	↔安静和运动时	↔
6. **呼吸系统药物**					
吸入型皮质激素		↔安静和运动时［5］	↔运动时［5］	↔运动时［5］	↔
支气管扩张剂		↔安静和运动时	↔安静和运动时	↔安静和运动时	↔$\dot{V}O_2max$，↑或↔患有慢性阻塞性肺疾病（COPD）患者［1、3、6］
抗胆碱能药物		↔安静和运动时	↔	↑或↔HR	↑或↔患有 COPD 的患者［1、3、6］

续表

药物	心输出量（Q）	心率（HR）	血压（BP）	心电图变化	运动能力
拟交感神经药（β_2－受体激动剂）		↔安静和运动时［5］	↔		↔运动表现或 $\dot{V}O_2max$［5］ ↑或↔患有 COPD 的患者［1、3、6］
沙丁胺醇		可能↑运动时［5］			↔运动表现和 $\dot{V}O_2max$［5］
伪麻黄碱		↔安静和运动时 可能↑运动时［5］	↔运动时 可能↑运动时 SBP［5］	可能引发过早的心室收缩（PVC）［5］	↔运动表现［5］
黄嘌呤衍生物				安静和运动时可能引发 PVC	
－茶碱		↑安静时 ↔运动时［5］			↔运动表现和 $\dot{V}O_2max$［5］
－咖啡因	↔［5］	↑安静时 ↑或↔运动时［5］	↑运动时［5］		↑耐力［5］
肥大细胞稳定剂		↔休息和运动时	↔	↔	↔ $\dot{V}O_2max$［5］
抗组胺药		↑安静时 ↔运动时［5］			↔运动表现和耐力［5］
7. **激素**					
人类生长激素		↔安静和运动时	↔	↔	↑运动表现和 $\dot{V}O_2max$［5］
雄激素－合成代谢		↔安静和运动时［5］	↑DBP［5］		↔或↑运动表现和 $\dot{V}O_2max$［5］
甲状腺素		↑安静和运动时	↑安静和运动时	↑HR，可能引发心律失常	↔除非运动中心绞痛更严重

续表

药物	心输出量（Q）	心率（HR）	血压（BP）	心电图变化	运动能力
左旋甲状腺素					↑心肺功能储备 ↔恢复和运动表现［5］
8. **中枢神经系统**					
抗抑郁药		↑或↔休息和运动时	↓或↔休息和运动时	休息时多变	
抗精神病药					
－锂剂		↔安静和运动时	↔安静和运动时		
抗焦虑药		↑或↔安静和运动时	↓或↔安静和运动时	安静时多变	
兴奋剂		↑［5］	↑［5］		↑或↔耐力和运动表现［5］
尼古丁替代疗法		↑	↓		↔或↓
非甾体类抗炎药（NSAIDS）					↔或↑运动表现，与剂量相关［5］
阿片类					↔
止痛和解热剂					↔运动表现［5］
9. **未分类**					
抗痛风药		↔安静和运动时	↔安静和运动时	↔安静和运动时	↔
酒精		↔安静和运动时	长期使用可能使安静和运动时↑BP 急性摄入后↑BP	安静和运动可能引发心律失常	↓运动表现和 $\dot{V}O_2max$［5］
大麻					↓

说明：↑：升高；↓：降低；↔：无改变；$\dot{V}O_2max$：单位时间摄取的最大氧量。

附录 B 紧急事件的风险管理

1. 前 言

在各种类型的运动场所制定一套完善的紧急反应系统，是为运动参与者提供一个安全环境至关重要的环节，也是风险救护管理中的一项基本措施。紧急情况的对策、处理流程、健康/体适能设备的使用、实验室的临床运动测试都曾在 ACSM 和 AHA 所推荐的出版物中有详细描述［2，3，5，8］（详见专栏 B.1）。在健身房与在临床运动医学监测中心实施运动方案会有显著的差别。这些场所常常有不同的服务目的和对象，可否提供完善的组织方案，同时在急救准备工作中可否提供合格的运动专业人员指导。附录 B 提供了一个在具体运动场所急救准备工作中由合格的运动或健康管理专业人员监督下的紧急事件风险管理概述。

需要特别重视如下有关紧急反应救护管理的 ACSM 标准：

（1）提供运动服务的场所必须有书面的紧急反应系统对策和处理流程，必须经过审查和定期演练，包括进行上述活动的文件。这些对策能够让工作人员具备掌握基本急救情况和处理紧急心脏事件的能力。

①紧急反应系统必须完全文档化（例如：人员培训、紧急指令），这些文件应放在一个很容易被工作人员获取的地方。

②紧急反应系统应确定一位当地协调员（例如：一名工作人员，负责紧急准备工作的整体情况）。

③运动场所应利用当地的卫生保健或医疗人员，以帮助完成紧急反应程序。

④紧急反应系统必须能解决可能发生的重大紧急情况。在这些医疗紧急情况中，中等或较大强度运动引起的病症能够被合理预见，如低血糖、心跳骤停（SCA）、心脏病发作、中风、中暑和常见的骨科损伤。应急系统还必须能解决一些与体力活动无关的可预见的紧急情况，如火灾、化学事故或恶劣天气。

⑤紧急反应系统必须对各种紧急情况如何处理提供明确的步骤或指示，以及在紧急情况下每一位工作人员所扮演的角色。此外，紧急反应系统需要提供所有急救设备和紧急出口的位置，提供能够拨打 911 的电话，以及其他联系信息、为联系当地的紧急医疗服务（EMS）提供必要步骤。

⑥紧急反应系统必须至少每年两次进行物理审查和演练，并在日志中记录何时完成演练、参与的人员有哪些。

⑦紧急反应系统必须确保有可用的急救包和其他医疗设备。

专栏 B.1	ACSM 和 AHA 紧急事件风险管理综合资料

第四版 ACSM 健康/体适能设施标准和指南[2]提供了关于非临床或健康/体适能运动场所制定紧急反应系统最全面的信息，有关这些运动场所更详细的信息，读者可以参考此书籍。关于制定急救对策、程序的文件，在临床、科研、健康/体适能或其他运动场所进行实践的具体信息可以在 ACSM/AHA 联合出版的书籍中找到[3,4]。临床运动测试场所中特定的应急程序，AHA[8]已有详细阐述。

（2）在健康/体适能或社区场所的运动设施中，公用除颤器必须列在书面紧急反应系统计划中。

①配有自动体外除颤器（AEDs）的每一个场所，应该努力做到从心跳骤停到除颤的反应时间≤3 min（例如，AEDs 所放置的位置应该是通过步行获取 AEDs 的时间≤1.5 min）。

②在大多数运动场所，建议每 3～6 个月进行 AED 的技能和实践练习。

③根据制造商的要求，应该每天、每周、每月对 AED 进行检测和维护，所有的相关信息都应认真记录、并保存作为紧急反应系统记录的一部分。

（3）运动设施上必须有一个放置说明的位置，以便与用户、员工或独立承包商共享处理潜在危险材料的信息，包括工作人员按照职业安全和健康管理局（OSHA）的标准处理体液。这些标准包括以下内容：

①为员工提供体液处理的相关培训。

②所有化学制剂和药物都应储存在合适的位置。确保这些物质的存储远离地面，放在用户禁止进入的地方。这些地方应该上锁，以防意外发生或不当进入。

③应为处理有害物质的工人提供定期培训。

④张贴适当的标志警告用户，他们有可能接触到这些有害物质。

（4）医学紧急救护方案、临床运动测试或训练等特殊情况必须包括以下的关键点：

①在临床运动现场，所有参与运动测试和医务监督的人员都必须接受基础心肺复苏（CPR）和高级心脏急救（ACLS）的培训。

②对高危人群进行极量或症状限制性运动试验时，应该能够随时与医生取得联系。

③紧急求助电话号码应贴在电话机上或电话机旁边的醒目位置上，救护交通工具必须处于备用和良好的工作状态。

④安排专职人员对急救设备进行定期维修，对所有急救药物进行定期检查（例如：每月，或者按照医院的规定，或者按设备上的记录等情况）。

⑤应该对意外事故进行详细记录，包括事故发生的时间、日期、在场的目击者、医疗救护人员提供的详细报告。所有文件记载的复印件都应现场保存，保守受伤人员的秘密。极力推荐事故发生后进行相关的追踪报告。

⑥如果在临床运动场所进行运动测试和（或）训练时发生紧急医疗情况，立即向附近的医生或经过 CPR 培训的专业人员求助和/或转送到急诊科（如在医院外进行运动）。在医

院进行运动测试，医生或医疗救护分诊者应根据紧急事件是否有生命危险，决定是否将患者转移到急诊科。如果医生在现场不能有效处理病人的情况，且病人有呼吸困难的迹象，应该立刻送到急救部门就诊。

2. 特殊情况：急救设备和药物

应该记录医疗急救设备的正常运行情况，如手动除颤器、自动体外除颤器（AED）、供氧设备和吸痰设备（如果是在使用期，每天都应记录）。对所有存在故障的医疗急救设备应立即上锁或移开，暂缓使用，立即进行维修或更换。另外，对药物和其他辅助用品（例如静脉输液器械和静脉注射液）的失效期也应该建档记录，以便随时查阅。

在医院内实施训练计划的高危人群，在进行极量运动负荷试验的地方应该放置医疗急救设备和药物。只有经法律和相关政策授权的人员才能使用这些医疗急救设备（如：除颤器、注射器、针头）及合法地分发药物。在临床运动场所对已知患有心血管疾病的人进行极量运动负荷试验时，应该由上述被授权的人员进行监护。更多的细节，读者可以参考由 AHA 出版的临床运动试验指南[8]。

3. 体外自动除颤器的相关信息

体外自动除颤器（AED）是一种带有电脑程序的精密设备，可以指导目击者和医务人员针对无脉性室性心动过速/室颤（VF）、突发心脏骤停（SCA）等情况实施安全除颤提供语音和视觉线索。对于发生心脏骤停（SCA）的人，尽早使用除颤器是复苏成功的关键因素，原因如下：

（1）VF 是引起 SCA 的最常见因素。

（2）电除颤是治疗 VF 的主要方法。

（3）延迟电除颤，复苏的成功率会明显下降。

（4）VF 在数分钟内就会发展至心跳停止。

2010 年美国心脏病协会心肺复苏（CPR）和心血管急救指南提出：救援人员必须使用 AED 进行快速、完整的 CPR[7]。在发生心脏骤停的最初阶段，必须实施下列三项关键内容：

（1）启动紧急医疗服务体系（EMS）。

（2）实施 CPR。

（3）操作体外自动除颤器（AED）。

4. AED 实施细则

因为延迟做 CPR 或除颤将会降低 SCA 的生存率，所以 AHA 强烈呼吁在医疗和非医疗场所（如机场、飞机上、娱乐场、健康/体适能场所）都应该放置和使用 AED 设备[7]。在医疗场所，应该对发生心脏骤停的人立刻实施 CPR 和 AED。在医院外发生事故时，如果能够使用 AED，就应该尽可能地使用。当 AED 与 CPR 一起进行时，生存率会有明显改善[7]。

关于 AED 设备的更多功能和各种心血管急救管理的详细说明，请参考 2010 年美国心脏学会（AHA）关于心肺复苏和心血管急救指南[7] 以及所有 AHA 的修订版。由 AHA 制订的 AED 实施计划重要内容见表 B. 1[1]。

表 B. 1　AHA 推荐的 AED 实施计划

获得医疗监督	美国食品与药品安全管理局（FDA）允许在医生的药物处方中购买 AED。医生的作用还体现在急救对策、处理程序、训练计划制订、AED 使用方法的评估等方面进行审核或提出建议。指定某个人负责日常项目的实施
与当地 EMS 合作	大多数情况下，要求公共或社区 AED 计划应该与当地的 EMS 合作，在使用 AED 后为 EMS 提供随访资料
选择 AED	市面上有多种合适的 AED。挑选一种操作简便、制造商能够提供足够技术支持的 AED
确保程序是可用的	某些 AED 制造商会提供一定的帮助，诸如项目规划、实施和持续技术支持。他们可以协助安装、医疗授权、注册、培训和供应
将 AEDs 放在可以看见、方便取用的位置	有效的 AED 设计应该是在某人发生意外后 3 min 之内进行电击，采用 3 min 的反应时间作为标准来评判需要多少 AED、应该放在何处为宜
制订培训计划	操作 AED 的人员应该通过 CPR 和 AED 使用合格的认证。如果需要，应该定期进行急救计划和 AED 操作培训
增加对 AED 项目的认识	向组织或公司内的所有利益相关者提供有关 AED 项目的信息。这些信息应该包括设备的位置
实施长期的日常维护	每周或每月常规检查 AED，确保仪器正常工作。使用一份书面清单来评估 AED 和供应商的准备情况

CPR：心肺复苏术；EMS：急诊医疗服务；摘自［1］。

5. 法律问题

根据 AHA 资料，目前 50 个州和哥伦比亚特区都有关于使用 AED 的《善良的撒玛利亚人法》[1]。另外 2000 年通过的心脏停搏幸存法案为使用 AEDs 的救助者提供限制豁免权[6]。AHA 鼓励参加风险管理的人员认真阅读国家制定的有关使用 AED 的《善良的撒玛利亚人法》[11]。许多国家已经通过法律要求健康体适能机构配有 AED[2]。由于不同国家的要求和豁免规定有所不同，有必要对这些法律的解释和应用情况寻求法律咨询。

在运动场所发生诉讼案件的差别性很大，包括心源性猝死、AEDs，还包括：（1）现场没有配备 AED；（2）在现场没有事先配备 AED；（3）配备了 AED，但没有在合理的时间内充分利用 AED 的功能；（4）配置了一台运转不灵的 AED[11]。虽然上述法律案件引发的结果各不相同，但是作为紧急事件反应系统的一部分，在公共场所或社区妥善放置一台 AED 以防万一。ACSM 的立场声明中有对所有的运动设施进行管理的专业化标准。此建议（指南）最早是在 2002 年由 ACSM 和 AHA[4] 共同联合出版物中进行介绍，在 2007 年出版的 ACSM 健康/健身设施标准和指南第三版中变成了要求（标准）。

为了减少事故后的赔偿责任，运动设施应该放在紧急事件程序准备就绪之后，包括完成事故上报、事故发生现场的拍照、检查紧急事件发生的设备[5]。

在线资源

以下链接为紧急事件风险管理提供了更多信息。读者会阅读到有关医疗事件或非紧急情况下的案例计划、在运动场所 AED 的使用。然而，具体计划必须根据个人的需求和当地标准来制订，ACSM 建议重点关注地方、州和联邦法律制定的紧急事件风险管理对策和处理程序。

（1）Automated External Defibrillator Implementation Guide[1]（自动体外除颤器实施指南）：http：//www. heart. org/idc/groups/heart-public/@ wcm/@ ecc/documents/downloadable/ucm_455415. pdf

（2）State Laws on Cardiac Arrest and Defibrillators[11]（心脏骤停和除颤国家法律）：http：//www. ncsl. org/research/health/laws-on-cardiac-arrest-and-defibrillators-aeds. aspx

（3）Occupational Safety and Health Administration：Emergency Action Plans[9]（职业安全与卫生管理局：急救行动计划）：http：//www. osha. gov/pls/oshaweb/owadisp. show_document？p_id = 9726&p_table = STANDARDS

（4）Public Access Defibrillator Guidelines[10]（公众心脏除颤指南）：http：//www. foh. dhhs. gov/whatwedo/AED/HHSAED. ASP

附录 C　心电图分析

附录 C 的表格为心电图的记录和分析提供了快速指导。在对个体做出诊断时，每一个表格都可以作为整个临床资料的一部分。（表 C.1 – 表 C.9）

表 C.1　双极和加压单极肢体导联的电极位置[a]

导联	电极位置	心脏表面观
Ⅰ	左上肢（+），右上肢（-）	侧面
Ⅱ	左下肢（+），右上肢（-）	下面
Ⅲ	左下肢（+），左上肢（-）	下面
aVR	右上肢（+）	无
aVL	左上肢（+）	侧面
aVF	左下肢（+）	下面

[a]运动时电极位置的修订：可以把肢体导联中上臂的电极改放在左、右锁骨上窝处，把下肢的电极改放在左、右下腹部。在运动中这种心电图电极的放置可以减少电极的移动。然而，为了避免出现对心电图图形的错误诊断，应该对放在躯体上的肢体导联相关的心电图图形进行注释。所观察到最常见的变化是心电轴右偏，进而掩盖或引起下壁或前壁 Q 波、T 波或者额面 QRS 轴的变化，这些变化即使在正常人群中也能看到[5,7]。

表 C.2　心前区（胸导联）的电极位置

导联	电极位置	心脏表面观
V_1	胸骨右缘第 4 肋间	膈面
V_2	胸骨左缘第 4 肋间	膈面
V_3	V_2 与 V_4 两点连线的中点	前面
V_4	左锁骨中线与第 5 肋间相交处	前面
V_5	左腋前线与 V_4 水平处	侧面
V_6	左腋中线与 V_4、V_5 水平处	侧面

引自［6］。

表 C.3 心电图分析步骤

1. 检查刻度（1 mV = 10mm）和走纸速度（25mm · s^{-1}）是否正确
2. 核对心率，确定心律
3. 测量 PR、QRS、QT 间期
4. 在肢体导联中，测量平均 QRS 电轴和 T 波电轴
5. 检查有无异常 P 波、QRS 波群、ST 段、T 波、U 波（例如房室肥大、传导延迟、梗死形成、复极化改变）
6. 解释当前的心电图
7. 与以前的心电图对比
8. 做出诊断、临床相关性和建议

表 C.4 安静状态心电图：正常数值范围[3、8、9、11]

参数	正常范围	不正常	可能的原因[a]
心率	60 ~ 100 次/分	<60 次/分 >100 次/分	心动过缓 心动过速
P 波	<0.12s	在 I、II、aVL、$V_4 - V_6$ 导联增宽（>0.12s），V_1 上出现负向波	左心房肥大
	振幅 <2.5mm	在 II、III、aVF 上振幅 >2.5mm，V_1 导联 P 波直立	右心房肥大或增大
		在 I、II、III、aVL、aVF、$V_4 - V_6$ 上增宽、振幅增大，在 V_1 导联出现双向波	双房肥大
PR 间期	0.12 ~ 0.20 s	<0.12 秒	预激（如 WPW 综合征、LGL 综合征）
		>0.20 s	Ⅰ度房室传导阻滞
QRS 时限	0.06 ~ 0.10 s	≥0.11 秒	传导异常（如不完全和完全性束支传导阻滞、WPW、IVCD，或者电子起搏器）
QT 间期	心率依赖性 $QT = K\sqrt{RR}$ （男性和儿童 $K = 0.37$ 女性 $K = 0.40$）	QT_C 延长	药物影响、电解质异常、缺血
		QT_C 缩短	洋地黄效应、高血钙、高血镁

续表

参数	正常范围	不正常	可能的原因[a]
QRS 轴	$-30° \sim +110°$	$< -30°$	电轴左偏（如心室肥大、束支传导阻滞、心肌梗死）
		$> +110°$	电轴右偏（如 RVH、肺部疾病、心肌梗死）
		不确定	所有的肢体导联移位
T 波	在 I、II 和 V_3-V_6 导联直立，avR 导联倒置，Ⅲ、V_1-V_2 导联低平、倒置或双向	直立、倒置、低平或双向，或伴有 ST 段的改变	正常变异、缺血、左心室肥大、或因生理因素（体位改变、呼吸、药物）
T 轴	一般与 QRS 轴的方向相同	T 轴（向量）明显偏离损害区（如缺血、束支阻滞、心肌肥大）	房室肥大、缺血、药物影响、电解质紊乱
ST 段	一般在等电位线上（PR 段）或上下移动在 1mm 以内。在 V_1-V_4 导联上 ST 段可以抬高 1~2mm	ST 段抬高	正常变异（早复极），损伤、缺血、心包炎、电解质异常
		ST 段在 J 点后压低 80 ms	损伤、缺血、电解质异常、药物影响、正常变异
Q 波	<0.04 秒，振幅 < 同导联 R 波的 25%（Ⅲ和 V_1 导联除外）	>0.04 秒和（或）振幅 > 同导联 R 波的 25%（Ⅲ和 V_1 导联除外）	心肌梗死或假梗死（如心室增大、传导异常、WPW、COPD、心肌病）
转位区	通常介于 V_2-V_4 之间	在 V_2 前	逆时针旋转（早过渡）
		在 V_4 后	顺时针旋转（晚过渡）

a 如果有其他心电图资料和相关临床标准的支持。

AV：房室；COPD：慢性阻塞性肺病；IVCD：心室内传导延迟；L-G-L：Lown-Ganong-Levine 综合征；LVH：左心室肥大；QTc：根据心率校正的 QT 间期；RVH：右心室肥大；W-P-W：Wolf-Parkinson-White 综合征。

表 C.5 判定左心室肥大的 Romhilt – Estes 心电图标准

	得分
1. 具备下列任一项 肢体导联 R 波或者 S 波≥20mm V_1、V_2、V_3 导联上 S 波≥25mm V_4、V_5、V_6 导联上 R 波≥25mm	3
2. ST 段改变 典型劳损型 ST – T 段改变	3 1
3. 电轴左偏 >15°	2
4. QRS 时间 >0.09s	1
5. 室壁激动时间 >0.04s	1
6. V_1 导联 P 波的终末电势 >0.04s	3
总计：左心室肥大≥5 分 疑似左心室肥大≥4 分	13

注：通过心电图来筛选左心室肥大的 Romhilt – Estes 评分系统与中位数 95% 的置信区间相关。

经［10］许可后改编。

表 C.6 透壁性心肌梗死的定位[a]（Q 波诊断定位）

典型的心电图导联	梗死部位
V_1—V_3	前间壁
V_3—V_4	心尖部
V_4—V_6、Ⅰ、aVL	前外侧壁
V_1—V_6	广泛前壁
Ⅰ、aVL	高侧壁
Ⅱ、Ⅲ、aVF	下壁
V_1—V_2	室间隔或后面（R/S >1）
V_1、V_{3R}、V_{4R}	右心室

a 当有诊断意义的 Q 波在下壁导联出现、并且在 V_1 或者 V_2 导联的 R 波大于 S 波的电压值，反映出心肌下壁梗死向心肌后壁扩展。

V_{3R}，V_{4R}：右心前区导联。

表 C.7　室上性与室性异位搏动对比[a]

参数		室上性（正常传导）	室上性（异常传导）	室性
QRS 波群	持续时间	不超过 0.10 s	≥0.11 s	≥0.11 s
	波形	正常	宽大无畸形的 QRS 波群其前有 P 波	宽大畸形的 QRS 波群其前无相关的 P 波
P 波		有或无，与 QRS 波群有相关性	有或无，与 QRS 波群有相关性	有或无，与 QRS 波群无相关性
节律		通常为不完全性代偿间歇	通常为不完全性代偿间歇	通常为完全性代偿间歇

注：现有的多数心电图标准都可用于从异常心电传导中区分室性期前收缩（PVCs）[1,4]。主要的临床问题存在于有宽大 QRS 波群的心动过速病人中。这类心动过速可以是室性的或是伴有异常心电传导的室上性心动过速。通常，室性心动过速的特征是额面心电轴有明显偏移。相反，无心律失常的宽大 QRS 波群（室上性心动过速）电轴无偏移。根据经验判断：在有心脏病或心力衰竭病史的病人中出现宽大 QRS 波群的心动过速很可能是室性心动过速，尤其是对确诊有房室（AV）分离的病人而言。

表 C.8　房室传导阻滞

类型	P 波与 QRS 的关系	PR 间期	R－R 间期
Ⅰ度房室传导阻滞	1∶1	>0.20 s	规律或随着 P－P 间期
Ⅱ度房室传导阻滞：莫氏Ⅰ型（文氏现象）	>1∶1	间期逐渐延长直到出现一个 P 波后无 QRS 波的脱漏现象	逐渐缩短，QRS 脱漏前后的 R－R 间期小于正常 R－R 间期的 2 倍
Ⅱ度房室传导阻滞：莫氏Ⅱ型	>1∶1	间期恒定，突然脱漏一个 QRS 波群	基本规律，QRS 脱漏前后 R－R 间期等于正常 R－R 间期的 2 倍
Ⅲ度房室传导阻滞	无关系	间期不固定，但是 P－P 间期固定	规律（逸搏心律）

表 C.9 房室分离[a]

房室分离的类型	电生理学	实例	意义	注释
完全性房室分离	房室传导阻滞	窦性心律合并完全性房室传导阻滞	病理性	P 波与 QRS 波群无相关性。P－P 间期短于 R－R 间期
干扰性房室分离	正常起搏点或主导起搏点的减慢合并异位起搏点的逸搏	窦性心动过缓合并交界区的逸搏心律	生理性	P 波与 QRS 波群无相关性。P－P 间期长于 R－R 间期
夺获性房室分离	异位起搏点的加速夺获心室的控制	窦性心律合并交界区或室性心动过速	生理性	P 波与 QRS 波群无相关性。P－P 间期长于 R－R 间期
混合性房室分离	房室传导阻滞和干扰	房颤合并加速的交界性节律点和这个节律点以下的阻滞	病理性	P 波与 QRS 波群相关性

a 什么是房室分离？当心房或心室的跳动是各自独立时，它们的收缩是“分离的”，即为房室分离。心电图表现为 P 波和 QRS 波群是完全不相关的。房室分离分为完全性、不完全性、阵发性或持续性。房室分离的原因是阻滞和干扰，两者可以出现在同一心电图中。阻滞是和不应期的病理状态联系在一起的，阻碍正常起搏点的冲动向下传到房室。窦性心律合并完全房室传导阻滞就是一个例子。干扰则是由于正常起搏点的减慢或异位起搏点的加速。通过产生生理性的不应期使起搏点下方的房室冲动干扰了收缩，出现房室分离。窦性心律合并房室交界性或室性心动过速、且无逆行性传导就是一个例子。阻滞和干扰之间必须有明确的区别。此表介绍了房室分离的四种类型。

附录 D　美国运动医学会认证

（一）简　介

运动实践者已经逐渐认识到获得专业证书的好处。为了确保质量、减少责任风险以及保持竞争性，越来越多的单位要求他们的员工获得专业证书。此外，为了提高公共安全，已经建立了证书的授权单位和/或管理机构（例如许可证）以及第三方付费人。美国运动医学会（ACSM）为运动专业人员提供了 5 种基本认证和 5 种专业认证，如下：

1. 基本认证

（1）ACSM 认证的团体运动指导员SM（GEI）

（2）ACSM 认证的私人教练SM（CPT）

（3）ACSM 认证的运动生理学家SM（EP－C）

（4）ACSM 认证的临床运动生理学家®（CEP）

（5）ACSM 注册的临床运动生理学家®（RCEP）

2. 专业认证

（1）运动是良医认证®

（2）ACSM/NCHPAD 认证的健身教练SM

（3）ACSM/ACS 认证的癌症运动教练SM

（4）ACSM/NPAS 体力活动公共健康专家SM

（5）ARP/ACSM 认证的赛场医生

ACS：美国癌症协会；ARP：赛场医生协会；NCHPAD：国家健康、体力活动和残疾中心；NPAS：国家体力活动协会。

（二）工作定义和执业范围

ACSM 认证的团体运动教练SM（GEI）：（1）最低要持有高中毕业文凭；（2）在团体运动场所为健康个体和那些能够独立运动保持健康的个体指导运动，从而提高生活质量、改善健康相关的体适能、控制健康危险因素以及促进持续性健康行为改变。GEI 应用多种领导技术指导安全有效的运动计划来培养团队友爱、互助和激励精神，从而提高肌肉力量和耐力、柔韧性、心肺适能、身体成分和与健康体适能领域有关的其他运动技能。

ACSM 认证的私人教练SM（CPT）：（1）最低要持有高中毕业文凭；（2）为健康的个体和那些能够独立运动保持健康的个体指导运动，从而提高生活质量、改善健康相关的体适能、控制健康危险因素以及促进持续性健康行为改变。CPT 要能进行运动前健康筛查评估、次极量有氧运动测试、肌肉力量和耐力、柔韧性以及身体成分测试。CPT 要能促进参与者的积极性和坚持性，设计和实施运动方案提高肌肉力量和耐力、柔韧性、心肺耐力、身体成分和/或任何与运动技能相关的体适能部分（如平衡、协调、力量、灵敏、速度和反应时）。

ACSM 认证的运动生理学家^{SM}（EP－C）：是最低持有运动科学学士学位的健康体适能专家。EP－C 应能对健康的个体、患有已控制的疾病个体进行运动前健康筛查、体适能评价、结果分析、制定运动处方，并能应用行为和激励策略，帮助客户接受和保持健康生活方式行为。EP－C 的学术能力还包括体适能控制、管理和监督。EP－C 常在商业、社区、工作室、社团、大学和医院等场所从事工作或自主经营。

ACSM 认证的临床运动生理学家（CEP）：是最低持有运动科学学士学位的专职健康专业人员。CEP 与其他健康保健专业人员合作，为患者和患有心血管、肺部、代谢性疾病、功能紊乱的客户以及健康人群服务，提高其生活质量、控制健康相关风险和促进持续性健康行为改变。CEP 应能进行运动前健康筛查、极量和亚极量递增负荷运动测试，完成肌肉力量、柔韧性和身体成分测试。CEP 应能制订和组织运动方案以提高心肺耐力、肌肉力量和耐力、平衡性和关节活动范围。CEP 应负责教育、培训客户进行有关测试、运动处方的相关内容、为控制慢性疾病和健康问题进行临床和生活方式的自我保健等知识。

ACSM 注册的临床运动生理学家（RCEP）：（1）是最低持有运动科学硕士学位的专职健康专家；（2）应用体力活动和行为干预为患有临床疾病和健康问题的客户工作，已经证明体力活动和行为干预可以提供治疗性和/或功能性益处。RCEP 服务的对象可能包括但不仅限于以下人群：心血管疾病、肺部疾病、代谢性疾病、外科疾病/骨骼肌肉系统疾病、神经肌肉疾病、肿瘤、免疫学、血液等疾病的个体。在人群的整个生命过程中，RCEP 提供初级、二级预防和康复策略，改善体适能和健康。RCEP 应能进行运动筛查、运动和体适能测试、运动处方、运动和体力活动咨询、运动监督、运动和健康教育/促进、运动和体力活动测量和相关结果评价。在诊所、社区或者公共健康场所 RCEP 应独立工作或者作为跨学科团队的成员。根据已出版的职业指南、标准，州和联邦相关法律法规指导 RCEP 的实践和监督。

（三）ACSM 认证过程

认证考试过程是由工作任务分析（JTA）开始[1]。JTA 的目的是：（1）定义职业工作的主要范围（即领域）；（2）描述工作任务；（3）为了安全地胜任实践所需要的知识和技能（KSs）。领域是根据各自任务表现的重要性和频率进行加权最后确定的，然后基于领域的权重确定考试项目的数量。每一项考试反映了由 JTA 定义的内容及其权重。通过将考试内容和 JTA 联系起来（例如专业人士做什么），确保考试和实践之间的相关性是可行的。

考试随着问题的出现而持续发展。代表着学术和实践内容的专家被挑选出来并接受考试项目撰写的培训。这样的考试写作团队面临着指控，原因是他们要写出能够代表 JTA 或者与 JTA 一致的考试条目。每一项考试条目在被纳入得分项目之前需要进行心理测量学评估，接受全面的测试、编辑以及复检。最后，用标准参考方法学确定合格分数。每一项考试的合格分数都须与熟练掌握的最低水平相关，必须经得起安全性和实践检验。不管其他的应试者在考试中表现如何，以这种方式设置的合格分数代表了符合申请资格的应试者将获得认证。

ACSM 基本认证服务的主要人群、资格标准和能力详见表 D. 1。

ACSM 5 种专业认证（ACSM/NCHPAD 认证的健身教练SM、ACSM/ACS 认证的癌症运动教练SM、ACSM/NPAS 体力活动公共健康专家SM），包括认证领域、完成的工作任务和知识技能，都可以在线查询 http：//certification. acsm. org/outlines. 因为每一种认证考试的所有问题都必须参考 JTA 相关的具体知识或技能状况，这些文件为准备考试提供了一些资源指南。

表 D. 1　ACSM 认证一览表

认证	主要服务人群	合格标准	能力
ACSM 认证的团体运动指导员SM	健康个体和能够独立运动保持健康的个体	• ≥18 岁 • 高中文凭或同等水平文凭证明 • 通用的 CPR 和 AED 证书（必须包含实际操作技能内容），有美国和加拿大实践经历的人员不需要 AED 证书	• 发展和实施一系列团体运动、根据需求修改运动 • 应用多种领导技术指导安全有效的运动来加强与体适能领域相关的运动技能
ACSM 认证的私人教练SM	健康个体和能够独立运动保持健康的个体	• ≥18 岁 • 高中文凭或同等水平文凭证明 • 通用的 CPR 和 AED 证书（必须包含实际操作技能内容，例如：由美国心脏病协会或美国红十字会颁发的证书），有美国和加拿大实践经历的人员不需要 AED 证书	• 识别健康危险因素、实施体适能评价和运动前的健康筛查，制订运动方案促进持久性行为改变 • 设计合适、新颖的运动来提高功能能力，控制健康危险因素促进持久性行为改变

续表

认证	主要服务人群	合格标准	能力
ACSM 认证的运动生理学家[SM]	健康个体和疾病得到医学控制的个体	• 在运动科学、运动生理学、运动机能学领域获得学士学位或者以运动科学为基础的学位（如果应试者是在学位计划的最后一学期，也是符合要求的） • 通用的 CPR 和 AED 证书（必须包含实际操作技能内容，例如：由美国心脏病协会或美国红十字会颁发的证书），有美国和加拿大实践经历的人员不需要 AED 证书	• 在健康体适能领域具有运动科学的应用知识，包括运动功能学、功能解剖学、运动生理学、营养学、项目管理学、心理学和损伤预防学 • 实施运动前的健康筛查和体适能评价 • 分析评价结果、制定运动处方 • 执行与体适能管理和项目监督相关的任务 • 设计合适的体力活动以提高功能能力 • 应用恰当的行为方式改变技巧来有效教育和指导生活方式的调整
ACSM 认证的临床运动生理学家	健康个体和患有心血管疾病、肺部疾病以及代谢性疾病的个体	• 在运动科学、运动生理学、运动机能学领域获得学士学位或者以运动科学为基础的学位（如果应试者是在学位计划的最后一学期，也是符合要求的） • 毕业生具有健康联合教育协会认证程序中至少 400 个小时的临床工作经验或者非健康联合教育协会认证程序中至少 500 个小时的临床工作经验 • 持有美国心脏协会/基础生命支持（AHA BLS）证书的医疗服务人员或者美国红十字会颁发的 CPR/AED 证书的专业救援人员或者同等级别的人员（必须包含实际操作技能内容），有美国和加拿大实践经历的人员不需要 AED 证书	• 在临床领域具有广泛的应用知识，包括功能解剖学、运动生理学、病理生理学、心电图学、人类行为学/心理学、老年医学、递增负荷运动试验 • 在生活方式调整方面能为病人提供运动监督/指导和咨询 • 在运动测试和训练时具备处理紧急事件的能力

续表

认证	主要服务人群	合格标准	能力
ACSM 注册的临床运动生理学家	健康个体和患有心血管疾病、肺部疾病、代谢性疾病、外科疾病/骨骼肌肉系统疾病、神经肌肉疾病、肿瘤、免疫学、血液学等疾病的个体	• 获得临床运动生理学硕士学位并包含临床评估、运动测试、运动处方和运动训练的课程（如果应试者是在学位计划的最后一学期，也是符合要求的） • 在慢性疾病方面至少有 600 个小时的临床工作经验（课堂和实验室工作除外） • 持有美国心脏协会/基础生命支持（AHA BLS）证书的医疗服务人员或者美国红十字会颁发的 CPR/AED 证书的专业救援人员或者同等级别的人员（必须包含实际操作技能内容），有美国和加拿大实践经历的人员不需要 AED 证书	• 实施运动前健康筛查和运动、体适能测试 • 制定运动处方，为运动方案实施运动监督 • 提供运动和体力活动教育咨询 • 实施运动测试并对运动和体力活动相关结果进行评估

AED：自动体外除颤仪；BLS：基础生命支持；CAAHEP：联合健康教育专业认证委员会；CPR：心肺复苏。

在线资源

美国运动医学学会认证：http：//certification. acsm. org/get-certified
美国运动医学学会认证工作任务分析：http：//certification. acsm. org/exam-content-outlines
美国运动医学学会认证和注册专家道德规范编码：http：//certification. acsm. org/fag28-codeofethics
临床运动生理协会：http：//www. acsm – cepa. org

参考文献

Paternostro – Bayles M. The role of a job task analysis in the development of professional certifications. ACSM Health Fitness J. 2010;14(4):41 – 2.

附录 E　运动科学计划认证

在过去的十年里，运动科学专业的发展是巨大的。目前正式专业化存在的具体条件[1]主要包括：（1）技能培养的标准化体系；（2）技能合法化的标准化体系。

目前，运动科学认证委员会（CoAES）在健康教育联合认证委员会（CAAHEP）的支持下已经成立，并对大学的运动科学课程（如形成标准化技能）进行认证。为确保认证的公正性（如技能测试），国家认证机构委员会（NCCA）为考试的设计、开发和成绩提供了一个标准化、独立和客观的第三方评估。

随着研究生和本科生认证项目人数的增加，将有助于进一步将运动科学作为一种职业。为确保认证，提供适当的课程使得学生们毕业时具备成为运动生理学家或临床运动生理学家所必需的能力。CoAES 的主要作用是为专业教育计划建立标准和指南，帮助学生在预防和临床运动领域寻找工作做准备。CoAES 的次要作用是为了寻求所有的 CAAHEP 认证，建立和完成相关自学、复习和建议的过程（http：//www. coaes. org）。许多组织都加入了运动科学认证委员会（CoAES），包括美国运动医学会（ACSM）、美国运动协会（ACE）、Cooper 研究所、国家运动医学学会（NASM）和国家力量和健身委员会（NCSF）。

运动科学项目的认证也为重要的公众利益服务。随着资格合法化，认证是一种旨在为准备充分和合格的员工提供医疗保健服务的工具（CAAHEP：http：//www. caahep. org）。

在线资源

Commission on Accreditation of Allied Health Education Programs（健康教育联合认证委员会）：http：//www. caahep. org

Committee on Accreditation for the Exercise Sciences（运动科学认证委员会）：http：//www. coaes. org

The National Commission for Certifying Agencies under the National Organization for Competency Assurance（国家资格认证组织下属的国家认证机构委员会）：http：//www. credentialingexcellence. org

（王艳　译）

参考文献

Costanzo DG. ACSM certifi cation：The evolution of the exercise professional. ACSM Health Fitness J. 2006；10(4)：38－9.

索　引

G

H

J

K

L

M

N

P

Q

R

S

T

Y

Z